作者近照

2004年在扬州瘦西湖留影

耕耘和探索

——邱兆祥经济金融理论文选

上册

邱兆祥　著

中国财政经济出版社

图书在版编目(CIP)数据

耕耘和探索:邱兆祥经济金融理论文选/邱兆祥著.—北京:中国财政经济出版社,2009.12

ISBN 978-7-5095-1929-5

Ⅰ.耕… Ⅱ.邱… Ⅲ.①经济学-文选②金融学-文选
Ⅳ.F0-53 F830-53

中国版本图书馆CIP数据核字(2009)第232340号

责任编辑:周桂元
封面设计:白长江

中国财政经济出版社出版

URL:http://www.cfeph.cn

E-mail:cfeph@cfeph.cn

社址:北京市海淀区阜成路甲28号 邮政编码:100142

发行处电话:88190406 财经书店电话:64033436

北京振兴源印务有限公司 各地新华书店经销

787×1092毫米 16开 48.75印张 620 000字

2009年12月第1版 2009年12月北京第1次印刷

定价:98.00元(上、下册)

ISBN 978-7-5095-1929-5

(图书出现印装问题,本社负责调换)

本社质量投诉电话:010-88190744

目　录

·上　册·

自　序 …………………………………………………………（1）

第一部分　经济学科建设理论

关于经济科学学科分类问题的探讨 ……………………………（3）
略论经济科学新学科的产生和特点 ……………………………（10）
经济学和哲学 ……………………………………………………（17）
论自然科学与社会科学一体化的趋势 …………………………（22）
论现代经济科学的发展趋势 ……………………………………（31）
经济科学的数学化趋势浅议 ……………………………………（40）
经济理论研究贵在创新 …………………………………………（45）
经济科学方法论创新的思考 ……………………………………（48）
论创新是经济学者的基本价值观
　　——兼论“独创”是成就大师级经济学家的必备条件 ……（54）
从事经济学理论研究要多阅读原著 ……………………………（62）

第二部分 一般经济理论

论古典学派在劳动价值论上的贡献 …………………………………… (67)
第三产业和劳动价值论 …………………………………………………… (74)
从诺贝尔经济学奖评奖看中国经济理论研究 ………………………… (80)
要创建独具中国特色的经济学学派 …………………………………… (90)
时代呼唤经济学大师 ……………………………………………………… (94)
转型时期的中国经济学家 ………………………………………………… (96)
也谈衡量合格经济济学家的标准 ……………………………………… (102)
论经济学家的人文精神 ………………………………………………… (107)
学者应有的学术品格 …………………………………………………… (115)
谈要按经济规律办事 …………………………………………………… (119)
信息化和我国现代化 …………………………………………………… (123)
要把保就业摆在最重要的位置 ………………………………………… (137)
论企业要树立竞争意识 ………………………………………………… (140)
浅论企业文化建设 ……………………………………………………… (146)
大力推进独具特色的央行文化建设 …………………………………… (150)
在改革中异军突起的乡镇企业 ………………………………………… (154)
西方国家市场经济中的计划干预 ……………………………………… (163)
浅论政府在经济发展中的作用 ………………………………………… (172)

第三部分 马克思的货币、信用和银行理论

马克思货币理论的形成和发展 ………………………………………… (177)
马克思货币理论的基本内容及其现实意义 …………………………… (217)
马克思的货币理论与西方资产阶级的货币数量论 ………… (233)

《资本论》中的信用和银行理论 …………………………… (259)

第四部分　金融学科建设与金融教育改革理论

用科学的发展观指导金融学科建设 ……………………… (351)
关于现代金融科学学科建设的思考 ……………………… (358)
再谈现代金融科学的学科建设 …………………………… (363)
加快培养高层次跨世纪金融人才 ………………………… (367)
知识经济呼唤加快高等金融教育改革 …………………… (370)
经济学博士生的创新能力从何而来 ……………………… (376)
经济学博士论文写作中的若干问题 ……………………… (381)
现代市场经济呼唤提高国民金融意识 …………………… (389)
大力倡导和树立良好的信用意识 ………………………… (394)

自 序

我生于1941年端午节的前一天，出生在湖北省西部群山环抱的利川市。我祖辈原是书香门第，家境较殷实，后来衰落。我的祖父邱前模（字楷如）系原国立武昌高等师范学校（武汉大学的前身）学监，曾参加辛亥革命武昌起义，并在新生的军政府里担任内务部长及总务科长等要职。南北议和袁世凯篡夺革命胜利果实后，我的祖父邱前模为国事忧患成疾，1924年病逝于南京。据利川市志记载，邱前模“身经辛亥首义之役，至停战议和，戎马倥偬，为新生军政府做出重要贡献”。我的父亲邱殿樑是个小学教师，1940年时死于发生在重庆市磁器口的“民勇号”翻船事件。父亲死时，我尚怀在母亲肚内，母亲含泪生下我后不久，便因生活所迫改嫁并随继父远走他乡，杳无音讯。我自幼丧失父母，与祖母和小姑母相依为命，历经风雨坎坷。

我从小就爱读社会科学类书籍，成为一个哲学社会科学理论工作者是我孩提时代心中的梦。因家境不宽裕，上学不易，促使我读书特别用功。1965年我以优异成绩毕业于原湖北大学（现为中南财经政法大学）财政金融专业，学校有关领导根据我的专长和愿望，将我由武汉分配到北京高校担任教职。岁月匆匆，时光飞逝，转眼之间我在北京高校任教已有40多个年头。为了找一个安静的去处编辑这部书稿，今年元旦放假期间我又返回湖北武汉逗留了几天。故乡是一个人精神上的摇篮和流连忘返的灵魂栖居地。人到老年每次回到故乡，踏上孩提时代生活和学习的地方，总不由得往事悠悠，如烟似烟，不尽思念。

我这一生以教书为业。从1996年开始，我先后担任西南财经大学、暨南大学和对外经济贸易大学的博士生导师，现仍在这三所高校同时招收博士生。我招收的博士生已有50多人，毕业近30

人，取得博士学位的博士生大都已成为各自岗位上的栋梁和学术中坚。除教书而外，我还以相当多的精力从事理论研究工作。大学是培养高层次人才和探求高深学问的场所。它负有培根所倡导的“发展知识”的任务。在大学读书时，由于受谭寿清教授和侯厚吉教授二位恩师的影响，我对经济学特别是金融学产生了浓厚的兴趣。出于对所学专业的挚爱和做点学问的理想追求，自从跨进北京高校的门槛开始教书和学术研究的生涯，40 多年来，我已习惯于蛰居书斋，长年徜徉在经济科学的园地里。虽然在我的工作和个人生活经历中也曾遭遇挫折，但只要在条件允许的情况下，我都能尽量做到心无旁骛。人生的机缘巧合，使我如愿以偿地走上了学术研究的道路。学术研究尽管充满着艰辛，当看着一组组数据、一叠叠资料，通过分析及探讨而成为论文时，内心的快慰之情便会油然而生。

天道酬勤，经年累月，终于积累了一点成果。我的研究成果涉及经济金融学的多个领域，大体上包括以下几个方面：（1）关于马克思的货币理论问题。早年致力于对马克思货币理论问题的研究。我历时多年写成的《马克思的货币、信用和银行理论》一书，是国内唯一的一本全面系统研究马克思货币理论问题的学术专著。该书中的“马克思的货币理论的形成和发展”一文是积我多年思考的心血之作。该文公开发表后在学术界获得了很高的评价，曾被多家刊物转载，并先后获得“首届全国金融优秀论文奖”和“首届院校‘金晨’优秀科研成果奖”。（2）关于学科分类和学科建设问题。我先后撰写了《论现代经济科学的发展趋势》、《关于现代金融科学学科建设的思考》、《用科学的发展观指导金融学科建设》、《从诺贝尔经济学奖评奖看中国经济理论研究》、《论创新是经济学者的基本价值观——兼论“独创”是成就大师级经济学家的必备条件》和《经济学博士论文写作中的若干问题》等 20 多篇研究经济金融学科建设的学术论文，系国内在该领域发表论文较多的理论工作者之一。（3）金融中心建设理论问题。金融中心建设，近年来已成为国内经济金融界许多人关注的一个热门话题。我先后撰写了《国内大城市，谁能戴上金融中心的桂冠?》、《上海和香港，谁能成为中国的国际金融中心》和《关于国内大城市争当金融中心的若干思考》等多篇被有的学者称之为“很有影响”的学术论文，我曾应北京、深圳和重庆三市有关部门的邀请，就这三个城市的金融中心建设问题发表演讲。（4）关于我国改革和发展中的重大金融问题。近年来我很关注我国金融改革和发展中的一些热点问题，并撰文发表自己的看法。我撰写的《中小金融机构在我国有广阔的发展前景》、《对在我国发展民营银行问题的若干思考》、《论国有商业银行的商业化改革》、《论当前我国股份制商业银行发展中的若干问题》及《金融企业高管也应当减薪》等学术论文，发表后都产生了较大的社会影响，受到学术界和金融有关管理部门的重视。（5）反对学术腐败问题。近年来，我国经济学界浮躁之风日盛，弥漫在经济学界的诸多不正常现象已使经济学家群体的操守和人格受到广泛的质疑。针对这种情况，我撰写了《学者应有的学术品格》、《学者要潜心做学问》、《也谈衡量合格经济学家的标准》、《转型时期的中国经济学家》和《论经济学家的人文精神》等七八篇论文，被国内众多网站、刊物转载或引用。此外，我平素爱读一些文学作品，喜欢尝试用文学的手法阐释经济学理论，对撰写通俗性的经济学读物颇有兴趣。20 世纪 80 年代，我独自撰写或与人合写通俗性经济学读物有六七本，如《政治经济学 ABC》、《货币漫话》、《趣味经济学》和《漫话经济管理》等，为探索经济理论的通俗化付出了很多的精力。

摆在读者面前的这本分上下两册的集子，是我在已出版的《经济金融理论探索集》和《在经济科学的园地里耕耘》两本集子的基础上，对各类论文作少量的增减和修订后汇编而成的。选入这本集子的论文，主要选自公开出版的学术论著。此外，还选入了十多篇通俗性的经济金融学方面的文章。为了保持论文的原貌，仅对少数论文的标题、标点和个别文字作了一点改动。为了能更好地反映我对经济金融理论的学习和探索过程，与学生合写的 30 多篇学术论文均未选入本书，在本书的后面还附有新闻媒体的采访。

在步入近七旬之际，我编辑了这本集子。这本集子，虽然凝聚着我多年的辛劳和汗水，但也只是我学习和研究经济金融学理论的一个阶段的记录。学术研究犹如攀登丛林叠嶂高耸秀拔的山峦，“无限风光在险峰”。如今我虽年事已高，但追求学术真谛的理想仍是激励我永不停顿和不断进取的动力，只要生命不息，就会攀登不止。我深知，唯有不畏劳苦，孜孜以求，努力攀登，方能取得更多的收获。

本人不揣浅陋，不计工拙，把这本集子奉献给读者，倘有一孔之见予人有裨益的话，我将感到莫大的欣慰。

作者

2009 年 12 月底于武汉市

第一部分

经济学科建设理论

关于经济科学学科分类问题的探讨

如何对门类繁多的经济科学进行学科分类，是经济科学中的一个重要的理论问题。苏联经济学界曾就此问题作过多次专门的讨论①，但我国经济学界研究这一问题的论著至今仍尚不多。本文拟对此问题谈一点肤浅的看法，意在抛砖引玉，并期望能引起经济理论工作者对探讨此问题的注意和重视。

（一）

经济科学是研究人类社会中的经济关系及其发展规律的科学。这里所讲的经济关系，其内容是多方面的，生产关系只是它的一部分。因此，经济关系并不等于生产关系。经济关系所包含的内容，远比生产关系所包含的内容要丰富。经济关系除包括生产关系之外，还包括生产力内部的经济关系以及非生产领域里的经济关系。以上几个方面的经济活动或经济关系，共同构成了经济科学的研究对象。

从研究对象来看，经济科学是一个很复杂的客体，所涉及的领域十分广泛。由于人们从多种不同的角度，采用不同的方法，研究经济关系的某一侧面、某一个领域，因而便形成了门类繁多的分支学科。凡是研究经济关系这个总体对象某一个方面的学科，均属于经济学科。

自从人猿相揖别，人类就已有了经济活动。人类探讨经济活动

① 参见切尔科维茨：《经济科学要为实现加速发展的方针服务：经济科学体系问题讨论总结》，［苏］《经济问题》，1986 年第 4 期。

问题由来已久，如果从古希腊的色诺芬写作《经济论》算起，人类对经济活动问题的研究已有 2300 多年的历史了。但是，早期的经济理论是和伦理哲学混生在一起的，相间杂处很难分开，早期的经济思想家往往同时是哲学家和伦理学家。经济科学的历史沉思虽然很古老，但只是到了近代手工业时期，人类智慧在这一领域的努力才获得了突破性的进展，经济理论思维才构造出较为完整的体系，从而使经济科学确立了独立的地位。正如马克思所指出的，经济科学作为一门独立科学是工场手工业时期才产生的。

经济科学作为一门独立的科学出现后，在一段比较长的时期里是没有学科分类的，其内容处于浑然一体的状态。那时，政治经济学几乎囊括了经济科学的所有领域，各门具体的经济学科都还处在襁褓之中，统归在政治经济学的门下，以致经济科学被称之为政治经济学。然而，从混合到分化，这既是实践的需要，也是经济科学本身发展的一个必然趋势。由于社会经济活动的不断扩展，客观上要求人们对许多不同的经济问题进行分门别类的研究，因而造成了经济科学的分化和众多不同层次的分支学科。随着人们对社会经济活动认识的不断深化，经济科学内部专业越分越细，学科越来越多。时至今日，在社会科学领域里，经济科学已发展成为一个门户繁多兴旺发达的大家族。在经济科学这个大家族内部，又组成了各种经济学科的大家庭。例如，单是以流通问题为主要研究对象的经济学科，就有商业经济学、贸易经济学、货币银行学、物流经济学等，其中商业经济学又衍生出商业管理学、商品经营学、商业经济效益学、商业地理学、商业心理学、商业物价学、商标法学、商业计划学、商业统计学、商品包装学等。有的学者把现代经济科学形象地比喻为“多枝树”，现代经济科学确实犹如一棵生机盎然的大树，其枝干纵横，并不断萌蘖新枝。

现代经济科学是由许多具体学科组合而成的学科体系或学科群。在由门类众多学科组成的庞大的经济科学体系内，各门经济学科以其研究对象的共同性相互联系着，又以其所研究的具体经济问题的相异性和所提供的经济知识的不同而相互区别。经济科学体系的构成与经济科学的分类有密切的关联。根据不同的分类就会有不同的构成，而分类则是以一定的标准为转移的。所谓经济科学的分类，就是把众多的经济学科，按照一定的标准，进行分门别类的排列组合，使其形成相互区别又彼此联系的整体。

（二）

对于门类繁多的经济科学如何科学地进行分类，我国经济学界对这一问题尚缺乏深入的研究，专门探讨经济科学分类的论著不仅不多，而且由于分类标准的不同，在具体划分上意见也颇不一致。因此，弄清科学分类标准，对于正确划分经济科学的门类，具有极为重要的意义。

那么，究竟什么是划分各门经济学科的正确标准呢？

笔者认为，区分科学门类的关键就在于研究对象的不同。各门学科之间的最大差别就在于研究对象的差别，决定一门学科性质的只能是它研究的着力点和主攻方向，即研究对象的特殊矛盾性所决定的内容和特征。因此，应该以由各不相同的研究对象的特殊矛盾性所决定的差别，作为区分学科和进行分类的主要依据或标准。正如毛泽东同志所指出的那样："科学研究的区分，就是根据科学对象所具有的特殊的矛盾性"。① 我们对各门学科知识进行划分和分类时，首先应当从认识论上弄清各门学科研究对象所具有的特殊矛盾性及内容和基本特征，只有在此基础上，才能科学地区分和排列各门学科。经济科学也不例外，我们在对经济科学进行分类时，同样要以各门经济学科研究对象具有特殊的矛盾性所决定的内容和特征，作为主要依据或标准。

根据研究对象的内容和特点的不同，笔者认为，现代经济科学大致上可以划分为以下三大类：（1）理论经济学。它的主要职能是探索社会经济领域的运动、变化和发展规律。理论经济学通常主

① 《毛泽东著作选读》上册，人民出版社 1986 年版，第 148 页。

要是指政治经济学，此外还包括发展经济学、经济发展战略学、宏观经济学和微观经济学等。从广义上讲，理论经济学还应当包括另一大类，即研究经济现象演变过程的经济史学。经济史学又包括国民经济史和研究经济科学（包括各门具体经济学科）本身发展过程的经济学说史。（2）应用经济学。它是相对于理论经济学来讲的学科，主要侧重于经济理论在实际应用方面的研究。由于现代经济科学具有应用性不断增强的特点，因而一般来说应用经济学要比理论经济学发展得更为迅速，它涉及的范围更为广泛，包含的分支学科也更加繁多，大体上可以分为两大类：A. 具体经济学科。它是研究某一具体经济领域的特定经济问题并加以应用的学科。根据研究的空间范围或内容构成范围的不同，这一类学科又可划分为部门经济学、区域经济学和专门经济学三个子系统学科。部门经济学是研究国民经济各个具体部门经济活动的特殊规律的学科，如工业经济学、建筑经济学、交通经济学等；区域经济学是研究某一区域或跨地区、跨国家的经济活动的内在规律的学科，如城市经济学、国土经济学、世界经济学等；专门经济学是研究国民经济某个领域中的经济运行过程和一些专门的经济问题的学科，如劳动经济学、投资经济学、货币银行学等。B. 组织与管理经济学科。它是研究对具体经济活动和经济问题如何进行组织管理、监督、核算、决策的学科，如经济管理学、工业企业管理学、银行管理学、经济预测学、计划经济学、审计学、会计学等。（3）边缘经济学科。它是经济科学与其他社会科学和自然科学相互渗透过程中逐渐派生出来的交叉学科。从这类学科产生的原因和特点来看，它可以划分为以下两大类：A. 同社会科学交叉的边缘经济学科，如人口经济学、经济社会学、经济法学、经济哲学等；B. 同自然科学交叉的经济学科，如生态经济学、经济控制论、信息经济学、地质经济学等。

根据如上分析，关于经济科学的结构和分类模式，可以用图 1－1 来表示：

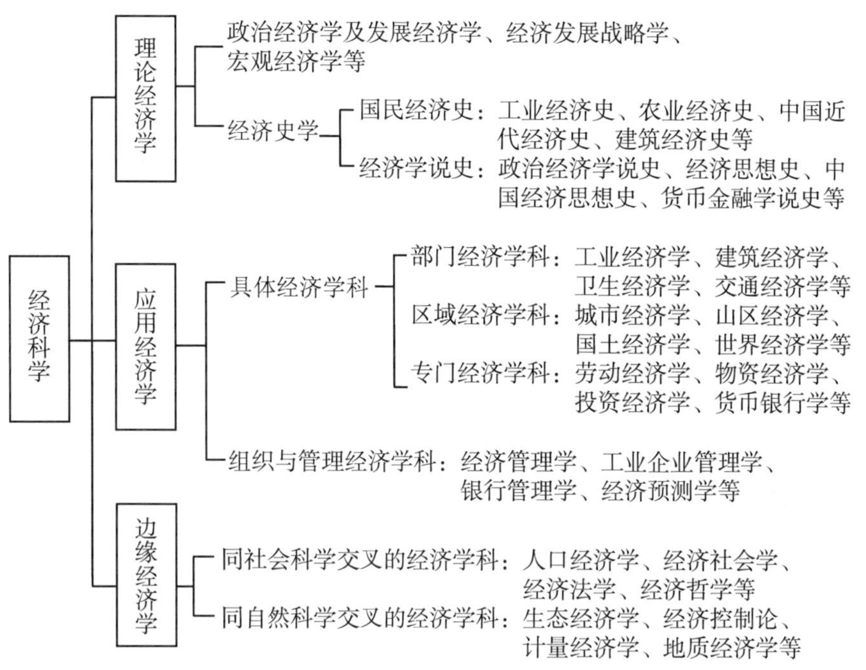

图1－1　经济科学的结构和分类模式

图1－1表明，经济科学可以分成以上三大门类。从这三大门类来看，它们之间存在着密切的内在联系和相互统一的关系。理论经济学是整个经济科学群体结构中的基础科学，应用经济学是把理论经济学的基本原理应用于不同的实践目的，而边缘经济学则是理论经济学和应用经济学同其他科学相互渗透交叉的产物。在过去一段比较长的时期内，人们曾把经济科学主要划分为理论经济学和应用经济学两大门类。边缘经济学作为一个独立的门类，崛起于理论经济学和应用经济学之间，虽然打破了把经济科学划分为两大门类的格局，但构成现代经济科学主体的仍然是理论经济学和应用经济学两大类，它们类似于自然科学中的基础科学和应用科学。

（三）

对经济科学进行分类，初看起来似乎只不过是简单的排列组合，实际上却是一件很复杂的事情。由于许多经济学科具有多种学科的特点，因而界限往往不易把握。例如，技术经济学、教育经济学和卫生经济学等学科虽然都具有明确的应用目的，可以划归应用经济学，但由于这些学科的研究内容跨越多个学科领域，呈现出交叉性和边缘性的特点，因而它们又都可以列入边缘经济学科。经济学科研究内容的相互渗透和交叉，使得学科的分类复杂化了。这种研究内容的不确定性，尽管给分类带来了一定的困难，但并不影响经济科学的以上大致分类。这是因为，任何科学分类都只有相对意义，都只能依据某个学科的主要特征来决定其归属。

这里还要指出的是，经济科学的分类体系并不是固定不变的。任何科学分类都反映着当时人们的认识水平和科学发展水平，一旦人们的实践和认识有了发展，科学分类也将随之改变。正如大科学家爱因斯坦所说的："像爬山一样，越是往上爬，越能看到新的更广泛的视野，并且越能显示出我们的出发点与其周围广大地域之间出乎意外的联系"，"如果要更加深入地理解各种联系，那就必须用另外一些离直接经验领域较远的概念来代替这些概念"。这就是说，科学是一个积累过程，过程都具有阶段性，每一阶段构成自己的体系，当旧阶段完结时，其分类体系也必定会随之改变。经济科学也是这样，其分类体系是伴随着人们的社会经济活动的发展和认识水平的提高，而不断发展、不断演变和完善的。

在研究经济科学理论时，把它视为一个知识体系，认真探讨其内部分类结构，这不仅具有理论方法论（即认识论）的意义，而且对社会主义现代化建设也具有现实意义。

首先，科学分类是制定正确的科研规划的客观依据。对各门经济学科进行科学的分类，有助于经济理论工作者和实际工作者根据社会主义现代化建设发展的要求以及经济科学的发展趋势，研究各门经济学科的科研远景规则，确定其近期的研究方向、任务，协调各门学科、各个领域之间的关系，最合理地分配人力、物力和财力，缩短科研工作周期，提高科研工作效率，以便更好地发挥各门经济学科的作用。

其次，每门学科在经济科学总体系中都应有符合自己"身份"

的地位，正确进行科学分类，就是为了揭示各门经济学科之间的区别和联系，确定它们的位置，使这些学科“居有其所”，各就其位。这对于研究和解决主要问题有好处，因为许多问题混在一起，眉毛、胡子一把抓，很难把所要研究的主要问题弄清楚。经济科学的内容十分庞杂，只有进行科学的分类，使每门学科的对象、范围明确，才能有目标、有计划、有步骤地致力于所要解决的某一方面的主要问题，从而更有效地进行研究工作，较快较好地达到预期的目的。

第三，经济学科分类的完善，可以起到相当于门捷列夫元素周期表的作用，不仅能科学地确定现有学科的位置，而且能预测可能产生或必然产生的新学科。有些现代化建设迫切需要的新的经济学科，甚至可以由经济理论工作者或实际工作者，根据记载着新学科密码的“元素周期表”，像培植“试管婴儿”一样，催促其衍生和发展。

总之，弄清经济科学体系内部的分类问题，对于更有效地开展各门具体经济学科的研究工作，促进经济科学的繁荣和发展，更好地发挥经济科学在社会主义现代化建设中的作用，都具有十分重要的意义。

（原载《马克思主义研究》1989 年第 3 期）

略论经济科学新学科的产生和特点

（一）

所谓经济科学新学科，是相对于经济科学中的传统学科（如政治经济学、经济学说史、工业经济学、会计学等）而言的。20世纪30年代以来，特别是第二次世界大战后，经济科学新学科发展很快，传统学科分支衍生，许多富有时代气息的新兴学科纷纷脱颖而出，不断为现代经济科学这棵大树增添新的枝叶。据统计，仅近30多年来，由经济科学派生出来的新兴学科就多达100多门。诸如生态经济学、技术经济学、经济控制论、信息经济学、能源经济学、资源经济学、旅游经济学、文化经济学、教育经济学，等等。

目前，经济科学新学科的增长势头还在发展，一些与社会经济活动密切相关的新兴学科仍在分蘖滋蔓，不断抽发新枝。从这些新学科的产生情况来看有一个显著的特点，就是它们的出现反映了社会科学和自然科学的相互渗透与合流。这一特点的具体表现是，在新兴的经济学科中边缘学科特别繁多。什么是边缘学科？简言之，边缘学科就是一种交叉学科。所谓交叉学科，主要是指自然科学和社会科学之间的交叉而产生的新学科。交叉学科除包括边缘学科之外，还包括横断学科（如信息论、控制论和系统论）和综合学科等。现代科学在其自身发展中所出现的互相交叉、互相依存的整体化趋势，必然会影响到经济科学的发展，由于这种影响，使得经济科学同自然科学和其他社会科学之间的关系日益密切，互相渗透、交叉产生的边缘学科也因而逐渐增多。

一般来说，经济科学中的边缘学科主要是通过“移植”和“杂交”两种方式产生的。“移植”，是指用某一学科的原理或方法去研究解决另一学科中的某些问题。例如，用数学方法计算和研究经济科学中的某些数量方面的问题，便产生了数量经济学；用经济理论研究和解决海洋、地质、卫生、建筑中的某些经济方面的问题，便产生海洋经济学、地质经济学、卫生经济学和建筑经济学。“杂交”，是指不同学科间互相渗透、合流，“内在地、有机地结为一体”而形成的新学科。例如，生物学和经济科学相结合，便产生了生物经济学；心理学和经济科学相结合，便产生了经济心理学，等等。

边缘学科同其他交叉学科一样，其特点是既从“母体”学科中分离、独立出来，又藕断丝连，而另一方面，又将其触角伸展到别的“母体”学科以至多种“子”学科之中，它是把其“母体”学科和邻近其他“母体”学科的合理内核结合而产生的新学科。由于经济科学在社会科学中门类最多、联系最广，因而它同自然科学或其他社会科学交相作用产生的边缘学科特别繁多。

边缘学科的大量涌现，使经济科学自身的性质发生变化，具体表现在二重性大大增加了。现代经济科学具有二重性，即社会性和自然性。作为一门重要的社会科学，现代经济科学不同于物理学、化学、医学和数学，它同大多数社会科学一样，也具有鲜明的社会属性或阶级属性。研究经济理论的人，从各自不同的阶级立场出发，对社会经济关系有着不同的评价标准，因而会得出不同的结论。众所周知，政治经济学就是一门具有鲜明阶级性和党性的学科。除具有社会性之外，现代经济科学既不同于自然科学，又不同于一般的社会科学（如政治学、哲学、法学、史学等），它还具有另一种特殊的属性，即自然性。从自然属性看，经济科学是人类知识的结晶，它可以为一切人所应用。

现代经济科学是一个总称，它是由一系列具体学科组成的。在由门类众多学科组成的庞大复杂的经济科学体系中，包容许多既可归属于社会科学又可隶属于自然科学的新兴的边缘学科。诸如生态经济学、环境经济学、卫生经济学、人口经济学等。这些学科可以说是“一手拖两家”，一边联结着社会科学，一边又联结着自然科学。因此，这些学科既包含有社会性，又包括有明显的自然性，它们既不是纯粹属于社会科学的东西，也不是纯粹属于自然科学的东西，而是二者兼而有之，它们是社会科学和自然科学的综合体。在一定意义上说，现代经济科学本身就是社会科学和自然科学相结合的产物，没有这种结合就没有现代经济科学。

在传统经济学科里，自然科学的成分较少，而新兴经济学科里，自然科学的成分则相对较多。有的新兴边缘经济学科，甚至主要是以自然科学中的某些问题作为自己的研究对象。例如，资源经济学就是一门以自然资源作为主要研究对象的经济学科。从趋势上看，新兴边缘学科越发展，经济科学与自然科学的交叉度就越大，经济科学中的自然科学的成分也就越多，从而导致经济科学的二重性不断增强。

现代经济科学已变成了一个集合概念。以往的资产阶级经济学和无产阶级经济学的划分，只是在个别理论经济学科（如政治经济学、经济学说史等）领域内才具有充分的意义。如果我们把视野扩展到整个经济科学领域，这种简单的划分显然已不适宜了。许多新兴的经济学科，特别是那些边缘经济学科，并不是阶级关系的理论表现，而主要是经济科学同自然科学交互作用的产物。这些学科其基本内容大多是没有阶级性的，也没有国界，可以为一切人所应用。但是，长期以来，我们的一些经济研究工作者，却把经济科学仅仅看作社会科学中的一个重要分支，而看不到现代经济科学与自然科学的密切关系，更看不到现代经济科学本身所具有的自然科学的属性和所包含的自然科学的内容。这是人们对现代经济科学认识上的一种偏颇，这种偏颇不仅不利于充分发挥经济科学在社会实践中的作用，也不利于经济科学本身的发展。

（二）

在经济科学领域里，由于新兴学科大多是边缘学科，因此，同传统学科相比，新兴的经济学科具有如下特点：

1. 开拓性。新兴经济学科大都是以社会经济活动中新产生出来的边缘性课题作为主要研究内容，这些课题是传统经济学科未能顾及的，是经济科学认识上的空白地带。新兴经济学科研究新的对象，涉足新的领域，可以不受已有的一些传统观念的约束，以尝试性的姿态提出一些新见解、新思想。在这些新见解、新思想中，常常带有突破经济科学旧的科学规范，创立新的科学规范的丰富信息，蕴含着积极的创造性的科学潜能。对于经济科学新学科的研究是一种拓荒性的劳动，只要善于在这些学科涉足的领域里进行开拓和耕耘，就有可能采集到新的有价值的认识成果，为人们从事经济活动提供新的知识、新的武器。

2. 综合性。经济科学新学科大多是两门或两门以上学科知识的“化合物”，具有综合性。就经济科学新学科的研究课题来看，其内容往往涉及多种学科，因而需要综合运用多种学科的知识。以技术经济学为例，其研究对象是一个很复杂的客体，同不少其他学科都有很密切的关系，特别是同自然科学技术（如农作物栽培、农田水利、畜牧饲养、林业、农业机械、能源、化工、冶金、土木、交通、环保等）和经济科学（如政治经济学、经济统计学、经济地理学等）的关系最为密切。技术经济学就是以经济科学和自然科学技术这两类学科的知识体系为主，吸收有关学科的理论而形成的一门综合性很强的新兴边缘学科。技术经济问题，一般都不单纯是科学技术问题，更不单纯是经济科学问题，不是单靠经济学家或技术专家就能解决的，而需要许多行业的专家协同工作，共同努力，才能攻克难关。其他许多新兴的经济学科，如生态经济学、城市经济学、经济管理学、教育经济学等等，都是两门以上学科知识的“化合物”，它们的研究课题也都带有综合性。这些新兴学科综合了经济科学和其他一些学科的特点，使之成为知识跨度大、应用范围广、在实践中十分活跃的学科，它们的作用是传统经济学科所不能替代的。

3. 应用性。经济科学中的传统学科大都比较注重抽象的理论分析，而新兴的经济学科一般都更加讲求实用、管理和决策，带有明显的务实性。新兴的经济学科，多侧重于对现实经济问题在应用方面的研究，能以其研究成果直接为经济建设服务。就每一门新兴的经济学科所要研究的课题或所要解决的问题而言，其应用性都表现得十分具体和明确。但所谓应用性，并非完全排除理论，新兴经济学科同样有很强的理论性，其立论的论证往往要涉及到一些比较高深的理论。在经济科学的传统学科中，理论部分和应用部分的界限一般都比较清楚，新兴经济学科则不同，它们具有理论性和应用性相统一的特点。这个特点决定了我们在对新兴经济学科进行研究时，既要把应用性（或可行性）放在很重要的突出的地位，同时又要理论和应用兼顾，认真探讨有关基本理论问题。

认识新兴经济学科的上述特点，对于我们进一步开展对这些学科的研究，扶植这些学科的成长，促使这些学科更好地在经济科学前沿发挥作用，都具有十分重要的意义。

（三）

近几十年来，经济科学新学科之所以大量产生，从根本上说，是因为社会实践发展的需要。正如恩格斯所指出的，一旦实践对科学提出了需要，就会比十几所大学对科学发展的推动力量要大得多。现代社会经济是一个社会——经济——科研——生态的复合体，具有错综复杂的联系网络和无穷变化的系列，各种经济的和其他的现象、过程纵横交错，互相联系，互相渗透，融为一个统一的、复杂的、网络型的特大系统。传统的经济学科体系已不能解释和包容这一系统的全部运动形式和规律，而必须由传统学科和新兴学科组成的新的经济科学体系来担当此任。在当今时代，人们要真正富有成效地解决所面临的许多重大社会经济发展问题，如果没有传统的经济学科与新兴的经济学科的和谐发展，并在实践中协调一致地发挥作用，是不可能做到的。

社会实践的需要是推动经济科学新兴学科产生、发展的原动力。社会实践的需要，不仅包括现代社会经济发展的需要，还包括经济科学本身发展的需要。尽管前者是主要的，但后者也很重要。统一完整的经济科学体系的形成及其综合化、一体化的发展趋势，使传统的经济学科的具体研究方法显示出一定的局限性，只有重视和发展新兴的经济学科，才能更好地对经济科学的体系结构和发展规律进行整体的综合性的研究，从而把经济科学的研究工作推向前进。

科学史表明，科学的突破点，往往发生在社会需要与科学内在逻辑的交叉点上，而许多新兴经济学科正是诞生在这种交叉点上。因此，尽管许多新兴经济学科处于初创阶段，其理论体系还不够完善，甚至内容、范畴、术语、研究方法还具有不确定性，不少问题需要进一步探索。然而这些学科却是发展中的“朝阳学科”，它们有着旺盛的生命力和广阔的发展前途。

经济科学新学科的大量产生，极大地拓展了人们的视野。它表明了经济科学横向扩散与纵向探微的发展趋势，即对象越来越多，领域越来越宽广，研究的深度也越来越加强了。在宏观和微观上都出现了这样的情况：经济科学过去有许多不可能研究的对象和领域，现在可以涉足了，甚至可以做一些比较深入的研究；有些过去在经济研究中不可能考虑到的领域（或者是因为思想认识还达不到，或者因为实践还没有提出问题，或者因为研究手段还不具备），现在也都提到研究日程上，列为研究课题了。经济科学的这种新的发展趋势，既为经济研究工作拓展了新的研究领域，同时也给经济研究工作者提出了更高更多的要求。

在新学科、新知识迅速发展的当今时代，作为经济研究工作者，既要立足于经济科学本身现有学科的深化，又不能囿于狭窄的专业领域，而要着眼于跨科越界，涉足新的领域，根据需要和可能尽量拓展自己的知识面。经济研究工作者除了要认真学习和掌握马克思主义经济学的基本原理之外，还应当努力学习现代科学的各种新知识和社会实践的新经验，尽量用各种新鲜的东西充实、丰富自己，使自己具有新的较广博的知识和开阔的思路，只有这样，才能胜任对许多新的“边缘”综合性课题的研究工作，并在推动经济科学发展中有所作为。

（原载《学术论坛》1990年第6期）

经济学和哲学

经济学和哲学有着紧密的内在联系。早期的经济理论是和伦理哲学混为一体的，那时的经济思想家往往同时又是哲学家和伦理学家，他们大都没有专门的经济学论著，其经济思想一般散见在伦理哲学著作之中。马克思说："政治经济学作为一门独立的科学，是在工场手工业时期才产生的。"① 到了近代社会，经济学虽然已从伦理哲学中蘖生独立出来，但它同哲学仍然是息息相通、互相依存的。无论是经济理论研究，还是经济实践，都离不开哲学的指导。反过来，哲学作为时代理论的精华，更不能脱离丰富多彩的社会经济实践，不能不对一些重大的经济理论问题作出哲学的解释和概括。

经济学与哲学的关系问题，也就是具体科学同哲学的关系问题。这个具体科学，除了包括经济学在内的社会科学各个学科之外，还可以是自然科学的各个学科。从现代科学的分类来说，经济学只是社会科学中的一门学科，哲学则处在另一更高的层次上，而且是比自然科学和社会科学更高的层次之上。自然科学和社会科学内的各门具体学科是研究特殊规律的，它们回答的只是客观世界某一领域的局部问题。哲学则不同，它是研究普遍规律的，即是把各种具体科学知识上升为世界观的理论。哲学是对自然科学和包括经济学在内的社会科学知识的总结和概括，它所回答的是有关整个世界的最普遍、最本质的问题。

哲学既然是关于世界观的学问，因此，它对社会实践和各门具体科学就具有普遍的指导意义，各门具体科学的研究工作无不受它的支配和影响。大科学家爱因斯坦曾形象地把哲学称之为"全部

① 《马克思恩格斯全集》第23卷，人民出版社1972年版，第494页。

科学研究之母”①。由于经济学与哲学的关系尤为密切，哲学对经济学的支配或影响作用也因而更为明显。哲学对经济学的支配或影响作用，是通过经济理论研究的主体，即研究经济理论的人为中介来实现的。具体来说，主要表现在以下几个方面：

1. 哲学为经济理论研究工作者的科研活动提供思想信念，指出研究方向。不同的哲学能使从事科研活动的人形成不同的世界观，从而为他们的科研活动提供不同的观点和思想信念，指出不同的研究方向和目标。而不同的思想信念和研究方向，则必然会导致不同的结果，甚至能决定研究工作的成败。大量的事实证明，哲学可以从思想信念和研究方向上对包括经济学在内的所有社会科学与自然科学的研究工作，产生举足轻重的影响。经济理论研究工作的成就与挫折，往往都与其研究课题的哲学前提的正确与否有直接的关系。

2. 哲学为经济理论研究提供思维形式和思维方法。恩格斯说："一个民族想要站在科学的最高峰，就一刻也不能没有理论思维”。② 对一个国家、一个民族是如此，对一个科学研究工作者也同样如此。经济理论研究从本质上讲是一种创造性的思维活动，经济理论工作者在从事研究活动时，必定会自觉或不自觉地借助于概念、范畴和规律等思维形式，也必定会借助于归纳和演绎、分析和综合、抽象和具体、逻辑的和历史的等思维方法。如果没有哲学提供的思维形式和思维方法，甚至连两个最简单的事实也不能联系起来，更谈不到对复杂的经济现象进行科学的认识。因此，经济理论研究离不开哲学提供正确的思维形式和思维方法。

3. 哲学为认识、理解和评价经济理论提供思想指导。经济学作为一门重要的社会科学，不同于物理学、化学、医学和语言学，它同绝大多数社会科学一样，也具有社会属性或阶级性。众所周知，政治经济学就是一门具有鲜明阶级性和党性的学科。由于政治经济学是一切其他经济学科的理论基础，因而使得其他许多经济学

① 《爱因斯坦文集》第1卷，商务印书馆1976年版，第619页。

② 《马克思恩格斯选集》第3卷，人民出版社1972年版，第467页。

科也在不同程度上打上了阶级烙印。研究经济理论的人，从各自不同的立场、世界观和思考问题的方法出发，对社会经济关系有着不同的评价标准，因而对同一经济理论、同一经济现象往往会得出不同的结论。正由于人们总是戴着某种哲学的眼镜来考察各种社会经济现象，因此，要对经济理论问题作出正确的评价，就必须要有正确的哲学思想作指导。

总之，哲学对经济理论研究有着重要的支配或指导作用。不管经济理论研究工作是否承认，这种支配或指导作用总是客观存在的，只不过有科学与不科学之分、自觉与不自觉之别罢了。但是，受正确的哲学思想指导还是受错误的哲学思想指导，其结果却是大不一样的。经济理论工作者必须关心和熟悉哲学问题，并坚定不移地以正确的哲学思想作为自己研究工作的指导，这是卓有成效地探讨经济理论问题的一个必要条件。

从经济学的发展史来看，凡是有创见的经济学家大都十分关心和熟悉哲学问题，正因为这样，他们往往能够突破自己所从事的研究工作的狭小范围，站得高，看得远，思路开阔，容易受到新事物、新思想的激发，提出新的观点、新的理论。例如，被马克思誉为近代经济学始祖的威廉·配第，就是一个关心哲学问题、勤于哲学思考的经济学家。由于深受17世纪英国哲学家弗兰西斯·培根和托马斯·霍布斯的唯物主义哲学思想的影响，在他看来，社会经济现象和自然现象一样也是客观存在的，是不依人们的主观愿望为转移的。这一认识很重要，是使经济学成为独立学科的一个关键条件。因为任何科学研究的首要前提都是承认事物的客观性，只有承认这一点，才有可能进一步揭示该事物运动发展的规律性。配第是最先认识到社会经济现象的客观性的资产阶级古典经济学家。在培根和霍布斯唯物主义哲学思想的启迪下，他还试图通过算术方法即用数量分析来考察社会经济发展的客观规律。正是这种新的认识论和研究方法，使他能够初步揭示资本主义经济关系的内在联系，从而使当时对经济学的研究工作大大前进了一步。这是配第在经济学上的一个重大贡献，也是使他成为古典政治经济学创始人的主要原因之一。

马克思在研究经济学之前，首先清算了头足倒置的唯心的黑格尔的辩证法和形而上学的费尔巴哈的唯物论，吸收了黑格尔的辩证法和费尔巴哈唯物论的合理内核，创立了新的科学的世界观和方法论——辩证唯物主义和历史唯物主义。这就为马克思研究经济理论奠定了坚实可靠的基础。马克思把他早期研究经济理论的读书笔记称之为“经济学——哲学手稿”，这说明马克思对经济学的研究是同对哲学的研究紧密结合在一起的。马克思正是因为把他的辩证唯物主义和历史唯物主义哲学运用到政治经济学的研究中，才发现了剩余价值理论，构建了马克思主义经济学理论大厦——《资本论》。马克思的《资本论》，既是经济学理论的鸿篇巨制，同时又是不朽的哲学著作。马克思既是杰出的经济学家，又是伟大的哲学家。马克思的经济学著作中处处闪耀着哲学的光辉，而他的哲学理论中又处处充溢着经济思想的精华。

我国著名经济学家孙冶方同志生前曾写过一篇名叫《要懂得经济必须学点哲学》的文章，对经济学和哲学的关系作了很透彻的论述。他指出：经济理论研究工作者要懂得经济，必须先学点哲学；如果不懂得点哲学，就不可能真正了解经济学。由于哲学是探索经济规律的向导，是打开经济学宝库的钥匙。因此，广大经济理论研究工作者必须把对经济理论问题的探讨同对哲学的思考和运用结合起来，认真学点哲学。

马克思主义哲学即辩证唯物主义和历史唯物主义，是迄今为止人类最完整、最科学的世界观和方法论，它能给包括经济理论研究在内的各项工作提供正确的方向和方法，可以使包括经济理论在内的各项工作完成得更快、更好，少走弯路。因此，我们讲学哲学，指的是首先应当学好马克思主义的哲学。在进行改革和现代化建设的今天，经济研究工作者要面向实际，认识和说明实际经济生活中涌现出来的大量新情况、新问题，无疑需要马克思主义经济学理论的指导，但从根本上说，由于马克思主义哲学是整个马克思主义学说的基础，因此要探讨与解决改革和现代化建设实践中产生出来的新问题，同样也离不开马克思主义哲学的指导。广大经济理论工作者，除了要认真学习和掌握马克思主义经济学的基本原理外，还应当自觉地认真读一点马克思主义的哲学著作，努力掌握辩证唯物主义和历史唯物主义的基本立场、观点和方法，不断提高自己的哲学素养，争取使自己成为具有较高的理论思维能力和正确的思维方法的经济理论工作者。只有这样，经济理论工作者才能更好地运用自己的经济学专业知识，对改革和现代化建设中的大量纷纭复杂的新情况、新问题作出科学的解答、总结和概括，并在实现我国现代化建设大业和发展经济科学中做出自己应有的贡献。

（原载《金融科学》1991 年第 1 期）

论自然科学与社会科学一体化的趋势

自然科学和社会科学互相渗透，两大科学像潮流一样彼此奔向对方，已成为当代科学发展的大趋势。交叉科学的大量涌现，是当代自然科学和社会科学一体化的最突出的表现。马克思主义经典作家不仅预见到现代社会出现的自然科学和社会科学一体化的发展趋势，而且十分重视自然科学家和社会科学家之间的联系与合作。自然科学和社会科学结合的关键，是要拥有大批通晓两大科学知识的人才。因此，在新的一代科学工作者的培养中，特别要注重同时对他们进行自然科学和社会科学两方面的训练。

关于自然科学与社会科学一体化的趋势，是马克思最早预见到的。马克思在《1844 年经济学哲学手稿》一文中指出："自然科学往后将会把关于人类的科学总括在自己下面，正如同关于人类的科学把自然科学总括在自己下面一样，它将成为一门科学。"① 20 世纪初，列宁在批判俄国自由主义民粹派司徒卢威教授的错误观点时也指出："从自然科学奔向社会科学的强大潮流，不仅在配第时代存在，在马克思时代也是存在的。在 20 世纪，这个潮流是同样强大，甚至可以说更加强大了。"② 当今世界自然科学与社会科学发展的现实，充分证实了革命导师预见的无比正确性。在我国大力促进科学发展和进行四个现代化建设的今天，重温革命导师的这些论断，深入探讨当代科学发展的大趋势，无疑是件颇具现实意义的事情。

---

① 《马克思恩格斯全集》第 42 卷，人民出版社 1979 年版，第 128 页。

② 《列宁全集》第 20 卷，人民出版社 1958 年版，第 189 页。

（一）

自然科学与社会科学一体化的趋向之所以会发生，其根本原因就在于科学本来就是一个内在的统一体。无论自然科学，还是社会科学，都是认识物质世界的科学。马克思主义哲学告诉我们，客观物质世界是统一的，因而科学在本质上是内在的统一体。自然科学和社会科学是共处于这个统一体中的两个部分，它们是有机地结合在一起的。科学被区分为不同的门类，是人类认识发展过程所造成的。德国著名物理学家普朗克在他的《世界物理图景的统一性》一书中写道："科学是内在的整体，它被分解为单纯的部门不是取决于事物的本质，而是取决于人类认识能力的局限性。实际上存在着由物理到化学，通过生物学和人类学到社会科学的连续的链条，这是任何一处都不能被打破的链条。"① 普朗克的这段话，比较深刻地揭示了自然科学与社会科学之间的内在联系和统一性。自然科学与社会科学之间的内在联系和统一性，首先表现在它们研究对象的客观性质的统一上；其次表现在它们有共同的认识论（哲学）和研究方法（数学、系统论等）；再次表现在它们有相同的目的性，最终都要用于社会实践。正由于自然科学和社会科学有以上共同点，二者就不可能长期处于分化状态，必然会相互渗透、相互贯通而趋于一体化。这是一种不可抗拒的历史潮流。

从科学发展的历史来看，自然科学和社会科学之间，大体上经历了"合"——"分"——"合"三个阶段。在古代，由于生产力水平低下，人们对自然和社会的了解都很肤浅，还不可能认识和掌握很多自然规律、社会规律。那时人们主要是凭直觉，以其自发的唯物论和朴素的辩证法来笼统地考察整个世界，其中既包括对自然科学的研究，也包括对社会科学的研究。虽然在古代的中国、希腊、罗马等国已经出现了数学、天文学等自然科学著作和政治、经

① 转引自：《中国社会科学》1981年第3期，第6页。

济、军事等社会科学著作，对部分自然发展规律和社会发展规律进行了探讨，但总的来说，那时的科学知识是笼统的、综合性的，自然科学和社会科学尚处于浑然一体之中，共同以自然哲学的知识形态出现。所以，那时的自然科学也就是社会科学，二者没有分家。

到了近代，特别是18世纪至19世纪中叶，随着生产力和科学技术的迅速发展，使人们能够运用仪器，通过科学的观察、实验去探索自然界的奥秘。尤其是伽利略开创了实验方法和数学方法相结合的新的研究途径以后，科学家们不仅能分门别类地对各种自然现象进行比较精细的实验研究，而且还能运用数学形式总结出各类自然规律，因而形成了一门门比较系统的科学知识，产生了物理学、化学等一系列自然科学的专门学科，致使以实验和数学分析作为主要研究方法的自然科学渐渐从自然哲学这个“大口袋”中分离出来，于是出现了分别以自然界或人类社会作为研究对象的自然科学家队伍和社会科学家队伍。一大批自然科学家和社会科学家，分别抓住自然界或人类社会中的各种特殊现象，系统地搜集资料，分门别类地进行比较深入的分析研究，因而使新的学科渐次增多，各种范围日益专门，造成了自然科学和社会科学内部不断分化的格局，以致发展成千门万类，支派横生的庞大体系。

到了20世纪，即现代社会，由于现代科学技术日新月异地迅猛发展，使得自然科学和社会科学都进入了一个新的发展阶段。随着人们对自然界和人类社会认识的拓展，打破了过去所认为的许多禁区。在宏观上和微观上都出现了这样的情况：过去许多被视为难以研究的对象和领域，现在可以涉足了，甚至可以做一些比较深入的研究；有些过去在研究中不可能考虑到的领域（或者是因为思想认识还达不到，或者因为实践还没有提出问题，或者因为研究手段还不具备），现在也都提到研究的日程上，被列为研究的课题，这样便使学科进一步高度分化，专业更加增多。但是，进入21世纪中叶以后，情况发生了很大的变化。由于现代科学技术的发展出现了“饱和”现象，某些科学前锋受阻，导致人类强大的科学能力朝横向转移和综合化的方向发展，因而使学科分化的速度明显地减慢了。从学科发展的内在因素来看，这不仅是因为随着各门学科向广延发展，使它们之间的界限模糊而融合了，也是由于各门学科向纵深进军，需要相互借助彼此的知识和方法，从而导致学科之间在质上的渗透、方法上的移植、理论上的综合以及由综合产生的新学科数量不断增多。有人在对4027门学科的研究对象和研究方法进行分析后发现：19世纪以前，新学科的建立主要是由于学科的高度分化；19世纪以后，由分化和综合产生的新学科数目几乎相等；而进入20世纪中叶以来，新学科主要是高度综合的产物。从当代科学发展的基本趋向来看，已进入了一个新的“合”阶段。这种“合”，当然不是回到原来的朦胧状态，也不是以“综合”代替“分化”。现代科学在高度综合的同时，分化仍在继续，分支学科不断衍生。分化和综合是现代科学同时存在的两种发展趋向，只不过随着综合化或一体化的趋向的逐渐增强，这一趋向越来越居于主导地位而成为现代科学发展的大趋势。

（二）

现代科学在高度分化的基础上出现的综合化的发展趋势，使得自然科学和社会科学之间的渗透和融合不断加强。起初是自然科学和社会科学内部不同学科之间互相渗透、综合，尔后，自然科学逐渐渗入社会科学，日益形成了“自然科学奔向社会科学的强大潮流”。

自然科学出现于15世纪下半叶，有较长的历史。与自然科学相比，社会科学则是年轻的科学门类。西方学者认为，社会科学成为独立的科学门类只有二百年左右的历史。由于自然科学比社会科学更成熟，因而从自然科学奔向社会科学是理所当然的事情。从自然科学奔向社会科学的潮流或趋势，主要是指自然科学对社会科学的渗透和促进作用。这种渗透和促进作用具体表现在：（1）自然科学的发展为社会科学提供了越来越多的研究工具和技术手段。例如，将放射化学用于考古研究，可以测定古生物的年代；利用现代科学技术（如光谱分析、生物化学分析、全息技术等）研究法学、心理学、人类学等社会科学，可以提高研究工作的周密性、精确性。（2）自然科学常用的数学方法和模拟方法，已逐渐渗透到社会科学的各个研究领域，成为社会科学研究的重要手段。（3）大量新的自然科学范畴涌入社会科学各个领域。其中有些概念，如宏观和微观等，已被社会科学所借用、改造、消化和吸收；有些概念，如系统、信息、控制、反馈等，正在逐渐被接受。

从自然科学奔向社会科学的潮流，虽然主要是自然科学对社会科学的渗透和促进作用，但是，必须看到另一方面，社会科学同样也在向自然科学渗透，并对自然科学的发展起着日渐增大的影响和作用。社会科学的一些概念，如“系统分析”、“模糊集合”、“目的假设”等等，正在逐渐被自然科学所吸取；社会科学中的一些研究成果，也越来越广泛地为自然科学所利用。例如，经济学里的关于经济效果的理论和方法，已被用于自然科学和工程技术的评价工作之中。另外，自然科学在迅猛发展的进程中，随着其社会影响和历史作用的增大，也越来越需要社会科学的指导与配合。

自然科学和社会科学互相渗透，像潮流一样彼此奔向对方，互相融合、汇流，不仅冲破了两大科学之间的壁垒，而且彼此“内在地”、“有机地”联成一体，产生了大批既是“亦此亦彼”，又是“非此非彼”的新兴交叉学科。交叉学科的大量涌现，是当代自然科学和社会科学一体化的最突出的表现。那么，什么是交叉学科呢？交叉科学，作为各种交叉学科的总称，还是一个发展的概念，通常被称之为跨学科的科学。在一般情况下，凡是突破一个专门学科的原有界限，其研究内容或研究方法跨越两门以上科学知识的学科，都可以列入交叉科学之中。因此，交叉科学既可以指自然科学内各学科的交叉，又可以指社会科学内各学科的交叉，还可以指自然科学和社会科学的交叉。但是，通常我们使用交叉科学这个概念，却有特定的含义，即主要是指自然科学和社会科学相互交叉地带生长出来的一系列新兴学科。

交叉科学具体包括边缘学科、横断学科和综合学科等新兴学科。边缘学科是在自然科学和社会科学两大领域之间邻接点上产生的学科。例如，科学与法学、教育学、心理学结合，便产生了科学法学、科学教育学和科学心理学；经济学与卫生学、地质学、邮电学、海洋学相结合，便产生了卫生经济学、地质经济学、邮电经济学、海洋经济学，等等。横断学科主要指系统论、控制论和信息论等学科，这些学科带有方法论的性质，它们就像一个横断面切入自然科学和社会科学两大领域，并且越来越广泛地为这两大科学所利用。综合学科是以自然和社会中的一定客体为对象，从各个不同的侧面进行综合性研究而形成的新的学科群，诸如生态科学、环境科学、能源科学、城市科学等等。所谓交叉科学，就是上述三个新兴学科群的统称。

交叉科学既不是单纯的自然科学，也不是单纯的社会科学，而是自然科学和社会科学的有机结合，是两大科学交相作用而形成的综合体。它同时具有自然科学和社会科学的特点和优势，适用于解决全局性的、综合性的重大研究课题。不仅如此，交叉科学对于推动现代科学本身的发展也有极其重要的意义。科学发展史表明，科学研究的重大突破点，往往都发生在社会需要和科学内在逻辑的边缘交叉地带。因此，尽管许多新兴的交叉学科处于初创阶段，其理论体系还不够完善，不少问题尚需要进一步深入探索，然而这些学科却有着强大的生命力和广阔的发展前途。我国著名学者钱三强教授预言："在某种意义上说，20 世纪到下世纪初将是一个交叉科学时代。"这个即将到来的交叉科学时代，实际上就是一个以自然科学和社会科学相结合为特征的交叉科学时代。

（三）

马克思主义经典作家不仅预见到现代社会出现的自然科学和社会科学之间的交叉融合或一体化的发展趋势，而且还十分重视自然科学家和社会科学家的联系与合作，并把这种联系与合作看成是推动科学变革和发展的重要力量。马克思主义经典作家不但主张加强自然科学家和社会科学家的联系与合作，还在这方面为后人树立了光辉的榜样。马克思和恩格斯都是社会科学家，在他们的一生中，虽然把主要精力放在对社会科学的研究上，但他们总是十分注重当时自然科学家的研究动向和各种最新发现，并力图更多地学习自然科学方面的新知识，以便在对自己的著述作理论概括时，能够考虑和充分反映当时自然科学方面的最新成果。此外，马克思和恩格斯在分析自己的思维方式与科研方法是否正确时，也总是首先考虑“是否完全跟自然科学的现状相符合”。① 他们善于把从最新的自然科学成果中总结和吸取新的研究方法，移植和推广到社会科学的研究工作中。众所周知，马克思的《数学手稿》和《资本论》、恩格斯的《自然辩证法》和《反杜林论》中的《哲学》篇等，都是饱含着当时自然科学方面最新成就的不朽著作。在一定意义上可以说，马克思主义本身就是自然科学和社会科学相结合的产物，没有这种结合，就没有马克思主义。对于马克思主义，我们既要看到它的革命性和斗争性，又要看到它的综合性，这样才有利于促进马克思主义的发展。

时代在前进，科学在发展，在自然科学和社会科学一体化发展趋势日渐增强的今天，自然科学家和社会科学家之间的联系与合作尤其显得重要。从现代社会提出的一系列重大问题来看，都是高度综合的大课题，诸如环境、生态、能源、人口、粮食以至整个经济发展和技术革命等问题，都不是自然科学或社会科学一家单独能够解决的，客观上需要自然科学家和社会科学家通力合作，共同来解答。可以说，在当今时代，在认识自然，认识社会和改造自然、改造社会的进程中，社会科学家离不开自然科学家，自然科学家同样也离不开社会科学家。因此，进一步加强自然科学家和社会科学家联盟，是当代科学发展提出的迫切要求，也是人类社会发展到现今时代提出的迫切要求。

对于自然科学和社会科学之间的交叉化、综合化和一体化的发

① 恩格斯：《费尔巴哈和德国古典哲学的终结》，人民出版社 1972 年版，第 6 页。

展趋势，世界上许多发达国家都十分关注。美国和日本等国家的经济之所以发展比较迅速，其中一个重要原因就是这些国家比较重视发展交叉科学，并采取了许多措施和法律规定，来“加强和鼓励科学技术，其中包括自然科学界、社会科学界以及生物医学界的不同学科的专业人员更密切的联系”。不仅如此，美国、日本等发达国家经多年努力培养，已经拥有一大批能胜任从事多学科、跨学科研究工作的自然科学家和社会科学家，并以这些人为骨干组成了各种交叉科学研究机构，诸如兰德公司、野村综合研究所、伦敦战略情报研究所、罗马俱乐部等等。这些机构里的工作人员，对人们最关心的一系列全球性的大问题或国家发展战略问题，进行综合交叉性的研究，不仅为本国，也为其他一些国家的社会经济发展和制定政策充当“智囊团”。

就我国而言，包括自然科学和社会科学在内，虽然已拥有4000个以上的科研机构和600万人以上的科研工作者，但由于种种历史的和认识上的原因，这些科研机构和科研队伍，与一些发达国家的同行相比，还有较大的差距。这种差距，不仅表现在专业水平上，更突出地表现在自然科学和社会科学相结合的水平上。两大科学的结合在我国起步较晚，因而水平不高。在自然科学和社会科学之间，目前实际上还存在着许多隔阂，甚至还有不少人为的互相封闭的领域。若不努力改变这种状况，就必定会影响我国科学事业的快速向前发展。

加强自然科学界和社会科学界的联系与合作，是个很值得我们重视的大问题。我们在进行教育体制改革、制定科研规划和进行科研管理时，都必须深刻地认识和适应自然科学与社会科学一体化发展趋势的需要，认真做好在两大科学之间的“搭桥”、“填沟”、“铺路”等方面的工作，大力扶植交叉科学的发展。自然科学和社会科学结合的关键，就是要拥有大批通晓两大科学知识的人才。因此，在新的一代科学工作者的培养中，特别要注意同时对他们进行自然科学和社会科学两方面的训练。现在国外，特别是发达国家，很多社会科学家同时又是自然科学家，很多知名的哲学家和经济学家是学理工的。有些国家不仅在高等院校开设综合性课程，而且还设有自然科学和社会科学的双重学位制，这种“两用人才”最受重视和欢迎，被称为“拿着金色护照”的人。科学发展至今日，不“博”就不能“专”，那种只专心于自然科学或社会科学某一狭小领域研究、视野不开阔的研究人员，是很难取得重大突破的。所以，教育要面向现代科学，努力培养和造就大量具有合理知识结构的新一代人才。顺应现代科学一体化的发展潮流，采取具体有力的措施，从教育抓起，大力培养人才，这既是推动我国统一的科学事业（包括自然科学和社会科学）迅速发展的有效途径，也是加快实现我国四个现代化建设的必要前提。

（原载《马克思主义研究》1987 年第 2 期）

论现代经济科学的发展趋势

20 世纪 30 年代以来，特别是第二次世界大战后，在社会生产和科学技术迅猛发展的影响下，现代经济科学出现了如下值得认真重视的发展趋势。

（一）学科的专业化和综合化

现代经济的一个突出特征，就是社会分工越来越细，生产越来越专业化。这就在客观上要求指导它发展的经济科学的研究对象也随之分解、细化。而随着经济科学研究对象的分解、细化，使得经济科学的分支学科越来越多。

在历史上，经济科学与政治经济学曾经是同义语，在 20 世纪之前，二者基本上还是一回事。自进入 20 世纪以来，随着生产的发展和科学的进步，经济科学得到了迅速发展和分化，其分支学科如雨后春笋般大量破土而出。如果说，在亚当·斯密和卡尔·马克思时代，经济科学的分支学科是寥若晨星的话，那么现在则是群星灿烂，学科林立。而今，经济科学已成为拥有数百个分支学科的庞大体系，经济科学园地已由过去政治经济学的一花独秀变成了现在的群花争艳。

经济科学分支学科的产生和发展，形成了对社会经济肌体某方面的专门研究。这种专门化的研究易于向纵深发展，从而有助于深化对社会经济的剖析。经过分化的经济学科，其研究对象的范围看似缩小了，而认识的内容却更为深入和具体了。因此，大量独立从事研究的新兴学科的产生和发展，是人类对社会经济活动的认识由粗到精和由浅入深的体现。它表明经济科学已进入了不同学科合理分工和专业化发展的时代。

经济科学新学科的大量涌现，不仅有助于经济科学向更深层面掘进，而且还大大拓宽了经济科学的研究范围，具体表现在如下两个方面：（1）从物质生产领域向非物质生产领域扩展。现代经济较马克思所处的19世纪的经济有很大的不同。马克思时代的经济主要是物质生产的经济活动，而在现代高度社会化的大生产的条件下，生产固然十分重要，但已不再是唯一的经济活动。现代经济是一个庞大复杂的系统，在非物质生产领域也兴起了许多经济部门，现代经济使物质生产和非物质生产都成为极其重要的构成部分。随着现代经济从物质生产领域向非物质生产领域的扩展，科学、教育、卫生、生态等一大批以非物质生产领域为研究对象的学科竞相问世，并大都形成了数量可观的学科群。这些学科的出现，使人们对社会经济关系、经济运行与发展规律有了新的更加全面深刻的认识。（2）从传统的物质生产部门向新的生产领域扩展。19世纪，物质生产是以机械加工为主，现代经济不仅有机械化生产，而且还有自动化生产。近几十年来，人类的生产活动在向高科技、新产品发展的同时，又从陆地奔向海洋，飞向天空，其触角甚至还延伸到宇宙空间。信息经济学、海洋经济学、航天经济学等学科因而应运而生。这些学科的出现，无疑为经济科学的发展提供了更加广阔的天地。

总之，大量新兴学科的涌现以及分工和专业化的发展，使经济科学研究的深度大大加强了，研究的对象越来越多，研究的领域越来越宽广。在宏观和微观上都出现了这样的情况：过去有许多不可能研究的对象和领域，现在可以涉足了，甚至能做一些比较深入的探讨；有些过去在研究中不可能考虑到的领域（或者为认识还达不到，或者因为实践还没有提出问题），现在也都提到研究的日程上，列为研究的课题了。所以，经济科学新兴学科的骤增、勃兴，反映了经济科学的纵向发展与横向扩散的态势。

现代经济科学的一个突出特点，在高度分化的基础上，经济科学内部各学科间以及与其他社会科学和自然科学间的交叉、渗透日益加强，互相依存，出现了综合化的发展趋势。从20世纪30年代起，特别是第二次世界大战后，综合化的发展趋势明显增强，并且显露出更为广阔的发展前景。许多偏于经济科学方面的边缘性学科的萌生，就是这种发展趋势增强的重要表现。

专业化和综合化是两个同时进行的并行不悖的趋势。在现代经济科学庞大体系中，对一门现有学科的研究越充分，其特有的研究对象、范畴、体系结构和方法就越完善，学科本身的独特性和专业性就越强，这是一方面。另一方面，这些学科越发展，就越与邻近的或相距较远的学科形成了互相渗透、互相贯通的纵横联系，综合性就越强，并因此而产生了许多以经济学科和其他不同学科间的结合点为研究对象的边缘交叉学科。

由于边缘经济学科大多是两门或两门以上学科知识的“化合物”，因而都具有综合性强的特点。就这些新兴学科的研究课题来看，其内容往往涉及多种学科，需要综合运用多种学科的知识。以技术经济学为例，其研究对象就是一个很复杂的客体，同不少其他学科都有很密切的关系，特别是同自然科学技术（如农作物栽培、农田水利、畜牧饲养、林业、农业机械、能源、化工、冶金、土木、交通、环保等）和经济科学（如政治经济学、经济统计学、经济地理学、人口经济学、教育经济学等）的关系最为密切。技术经济学就是以经济科学和自然科学技术这两类学科的知识体系为主，吸收有关学科的理论而形成的一门综合性很强的新兴边缘学科。技术经济问题，一般不是单靠经济学家或技术专家就能解决的，而是需要许多行业的专家携手合作，从事跨学科的研究，共同努力，才能攻克难关。

大量经济学边缘学科的涌现，把以往那些被认为是与经济科学毫不相干的学科紧密地联系起来了，从而填补经济科学与这些学科之间的空白，开阔了经济科学的研究领域。综合、交叉是一切科学发展的规律。经济科学同其他科学一样也是开放的，而不是封闭的，是不断同其他科学相互联结和综合、交叉的，而不是孤立的。综合化是现代经济科学发展的一个重要趋势。现代经济科学只有在同其他科学的综合、交叉中，善于不断从其他科学（特别是自然科学）的最新成就里吮吸富有养分的乳汁来充实自己，才能得到更加充分地发展。

（二）研究课题的实用化

一般来说，经济科学较之于其他社会科学更具有实用性，它历来被人看作最实用的一门科学，甚至有人把经济科学称之为致用之学。所谓致用，就是指经济科学理论是紧密联系实际，为经济实践服务的。经济科学理论来源于现实经济发展的需要，是从实际的经济生活中抽象和概括出来的，反过来，又应用于指导经济发展的实践。从经济科学理论的产生、发展到应用，都是与社会生产实践活动密切联系在一起的。经济科学理论与经济实践之间有着水乳交融的关系，随着经济科学理论越向社会生产实践活动靠近，其应用的色彩就越浓厚。

如果说有的传统经济学科偏重于抽象的理论分析，而在应用上往往粗耕简作、效益不高的话，现代经济科学从总体上讲则更加注重实用、管理和决策，绝大多数新兴的经济学科都带有明显的实践性和务实性。第二次世界大战后，经过几十年的和平发展，人类社会生产力得到空前未有的大提高，但随之而来的却是人口的大量增加，资源耗费日益加剧，生态环境的渐趋退化和破坏，以及现代大工业和农业造成的环境严重污染，因而使人类面临着一些新的难题。在此情况下，顺应实践的需要出现了一些新的实用性极强的边缘性和综合性的经济学科。例如，环境经济学、资源经济学、能源经济学、生态经济学、人口经济学、海洋经济学、文化经济学、卫生经济学、教育经济学等。这些学科的共同点是，知识跨度大，应用范围广，在实践中十分活跃。从这些学科所研究的对象或所要解决的问题来看，无不是为应用的目的，它们的实用性表现得十分明确和具体。正由于这些新兴的经济学科富有强烈的时代性和实用性，因而能够直接为解决现实经济问题服务。

当今时代，人类社会在建设和发展中面临着一系列新的理论和实践问题。经济科学既要重视和加强对基础理论的研究，在体系、规律、范畴、原理等领域作深入的探讨，提出新的有价值的见解，更要把实际运用的研究摆在很突出、很重要的位置。只有正视当今社会正在发生的伟大变革和人类面临的各种难题，善于倾听实践的呼声和把握实践的脉搏，致力于经济科学的实用化，在理论与实际联系的环节上花费更大的力气，才能使经济科学在人类克服面临的各种困难和挑战中发挥更大的作用。

（三）研究视野的国际化

现代经济是商品经济，而商品经济是开放经济。正因为如此，在现代新技术革命的条件下，全球经济一体化已成为当前国际经济活动中的一个很重要的特点。二战后，科技革命日新月异，经济的发展和新的产出方式，使各国市场日趋一体化。在生产社会化、国际化的驱动下，国际经济交往频繁复杂，相互开放、相互依存和相互渗透不断加深，商品、劳务和资金在国际间的流通迅速扩展。世界贸易增长越来越高于经济增长，资金流动更快于贸易的发展。为了适应这一趋势和提高本国的竞争能力，许多国家都在面向世界，抓紧进行经济调整，加大对外开放力度，注重实行国际化经营，以争取在提高综合国力的竞赛中立于不败之地。当前一些地区出现的区域化、集团化虽然有妨碍全球经济一体化的一面，但从总体上和长远看，又有促进和加强经济全球化发展的作用。区域化、集团化和全球一体化交织发展，使世界经济越来越成为一个整体，一个国家想要游离于世界经济体系之外而获得迅速发展已是不可能的事情。

全球经济一体化的发展趋势，使得现代经济科学具有越来越明显的跨国化的特点。这一特点主要表现在如下两个方面：（1）研究内容越来越超出国家、地区和民族的界限，呈现出国际化的发展趋势。现代经济科学研究的一些影响人类社会生存和发展的重大课题，诸如空间开发、资源（首先是能源）短缺、环境保护、生态平衡、地区经济发展等，均具有全球性质。（2）由于研究内容的国际化，研究方式也随之发生了变化，国家（地区）间的共同协作和攻关正成为一种较为普遍的研究方式。一方面，现代经济科学提出了一系列具有全球性的重大课题，而这些课题的解决往往不是某一个国家所能胜任的，客观上需要国与国之间的联系和协作，打破过去那种“鸡犬之声相闻，老死不相往来”的隔绝封闭状态，在经济科学重大课题的研究上携手合作，协同作战；另一方面，现代经济科学各学科本身也都毫无例外地存在着一些必须依靠国际合作才能解决的问题。因此，现代经济科学研究的视野不能只局限于一个国家，而应当用开放的眼光研究本国经济，立足本国，放眼世界，着眼于世界性、全球性的重大课题，并重视和加强国际间的交流与合作。

（四）理论学科基本内容的共同化

现代经济科学具有二重性，即社会性和自然性。作为一门重要的社会科学，现代经济科学不同于物理学、化学、医学和数学，它同大多数社会科学一样，也具有鲜明的社会属性或阶级属性。研究经济理论的人，从各自不同的阶级立场出发，对社会经济关系有着不同的评价标准，因而会得出不同的结论。众所周知，政治经济学就是一门具有鲜明阶级属性的学科。除具有社会性之外，现代经济科学既不同于自然科学，又不同于一般的社会科学（如政治学、哲学、法学、史学等），它还具有另一种特殊的属性，即自然性。从自然属性看，经济科学是人类知识的结晶，其基本内容具有普遍的、一般的科学意义上的“共同性”。这里说的所谓“共同性”或“共同化”，指的是经济科学中的某些理论的基本内容没有阶级属性，可以为一切人所应用。

在传统的经济学科里，自然科学成分较少，而新兴经济学科的自然科学成分则相对较多。有的新兴边缘经济学科，甚至主要是以自然科学中的某些问题作为自己的研究对象。例如，资源经济学就是一门以自然资源作为自己的主要研究对象的经济学科。伴随着新兴边缘经济学科的大量涌现，经济科学与自然科学的交叉度越来越增大，经济科学中的自然科学的成分也就越来越增多，从而导致经济科学理论基本内容共同化的趋势不断增强。

现代经济科学已变成一个集合的概念，它是由一系列具体学科组合而成的。在由门类众多学科组成的庞大复杂的经济科学体系中，以往的资产阶级经济学和无产阶级经济学的划分，只是在个别理论经济学科领域内才具有较为充分的意义。如果我们把视野扩展到整个经济科学领域，这种简单的划分显然已不适宜了。许多新兴的经济学科，特别是那些边缘经济学科，并不是阶级关系的理论表现，而主要是经济科学同自然科学交互作用的产物。

即使是理论经济学科，也不一定都浸透着阶级的观念。例如，诺贝尔经济学奖金获得者列昂节夫所创建的投入——产出理论，提出社会经济资源配置的最优化的标准模型，借用现代计算技术，找出有效求解的途径，在比较圆满地解决复杂的社会经济资源配置最优化问题方面向前推进了一大步。这种理论就应当说是无所谓社会性或阶级性的。无论是资本主义国家，还是社会主义国家都已广泛采用来进行经济分析。此外，经济理论学科中的关于生产函数理论、经济增长理论、经济发展理论、货币供给与物价水平关系的理论、总需求与总供给平衡关系的理论等等，这些理论其基本内容都是没有社会性或阶级性的，没有国界，它们对不同社会制度的国家也具有普遍适用的“共同性”。

现代科学技术的迅猛发展对不同社会制度的国家产生了重大而又共同的影响，这种影响反映在经济科学方面，就是不同制度下的经济理论的基本内容呈现出共同性增强的趋向。但是，多年以来，我们的一些经济研究工作者却把经济科学仅仅看作是社会科学中的一个重要分支，片面强调经济科学的社会属性，而看不到现代经济科学与自然科学的密切关系，更看不到现代经济科学中一些理论学科的基本内容所具有的普遍的一般科学意义上的“共同性”。这是人们对现代经济科学认识上的一种偏颇，这种偏颇不仅不利于充分发挥经济科学在实践中的作用，也不利于经济科学本身的发展。

（五）研究方法、研究手段日趋严密、精确和定量化

经济科学的研究方法和研究手段至关重要，能在很大程度上决定经济科学的研究水平和研究效率。传统的经济学科一般都重定性、重逻辑思维和推理，所使用的方法重演绎、重抽象，研究方式和研究手段也比较落后，基本上处于个体劳动和个体操作的状态。随着经济科学的发展及其在实践中的广泛运用，仅仅依靠传统的方法显然已不够了。现代经济科学讲求应用，注重解决实际问题，因此对客观存在的极为复杂的经济过程，不仅需要定性分析，而且需要定量分析和实用分析；不仅要进行周密的观察和预测，而且要直接地进行调节和控制。所有这些，如果没有先进的科学方法和相应的技术手段是难以办到的。

经济科学的现代化离不开同自然科学的结合，正像经济科学在自己的发展中要不断地从自然科学中吸取营养一样，经济科学的研究也要从自然科学的发展中寻找自己所需要的方法和手段。现代自然科学和技术科学的发展，尤其是诸如系统论、控制论和信息论等方法论的形成以及数学上的一系列新成就，深刻地影响着现代经济科学，使现代经济科学的研究方法及研究手段日趋严密、精确和定量化。

信息论、控制论、系统论是具有方法论特征的崭新学科。这些学科的理论同其他学科不同，它们的研究对象不是自然界的某种物质结构和运动形式，而是自然界和人类社会所有事物的共同属性和普遍现象的某一特定的共同方面，因而具有一般方法论的功能，对于包括经济科学在内的所有科学都是适用的。“三论”强调整体和联系，具有多维多向的开放性，便于融汇各种新的学术成果和使用新的技术手段。因此，以“三论”为代表的自然科学的理论和方法研究经济科学，不仅符合时代发展的需要，而且是促进现代经济

科学研究方法改造和发展的有力工具。

从方法论上讲，现代经济科学一个令人瞩目的特征，就是一些随着现代科技的发展而形成的新颖独到的思维结构及理论和方法，日渐增多地进入了经济科学的研究领域，为经济科学吸收、移植和应用，并因此而产生了一批应用数学和自然科学新成果的新兴经济学科，如经济计量学、经济控制论和经济预测学等。这种情况，在经济科学的领域里引起一些具有积极意义的变化，具体说来，就是经济科学的方法论得到丰富，思维方式逐渐更新，研究领域更加拓宽，以及研究工作朝更新更精确的方向发展。

自然科学的发展，不仅为现代经济科学提供了科学的研究方法，而且还给经济科学理论研究提供了一些先进的技术手段。自然科学中的一些现代化研究手段和电子计算机等，在经济科学研究工作中的运用已越来越普遍，使得经济科学认识工具和研究手段发生了很大的变化。电子计算机可以演算各种经济数据，处理终年积累的经济资料，传递和报告有关经济理论信息，储存和提供有关研究课题所需要的资料等。总之，电子计算机的应用，既可节约极为宝贵的时间，又能部分代替人脑和手足的功能，有助于在研究过程中把智力集中于思考、分析上，加快经济科学研究工作现代化的进程。

从经济科学总的发展趋势和前景来看，随着科技的进步和社会经济的变革，作为社会经济生活理论表现的经济科学必将会有一个更大的发展，并在人类社会经济的发展中发挥越来越大的促进作用。从理论上认真探讨经济科学的发展趋势，对于我们正确认识和把握经济科学的发展规律，更加有效地开展经济理论的研究工作，发挥经济理论对社会经济实践活动的先导作用，具有十分重要的意义。

（摘自《中国经济学向何处去》，经济科学出版社 1997 年版）

经济科学的数学化趋势浅议

现代科学发展的一个重要趋势，就是它们普遍处于数学化的过程之中。经济科学也不例外。数学方法在经济科学研究中的大量应用，这是现代经济科学发展的一个显著特点。

数学是一门古老的科学，以前主要是为自然科学和技术科学服务的，但也为社会科学所运用。数学及其方法普遍地适用于任何一门科学，一切科学都离不开数学。拉法格在《忆马克思》一文中指出：按照马克思的看法，“一种科学只有成功地运用数学时，才算达到了真正完善的地步”。① 这话当然也适用于经济科学。同其他事物一样，经济现象和过程既有质的规定性，又有其量的规定性，这就决定了把计量方法应用于经济科学是非常必要和完全可能的。

早在100多年前，马克思主义经济科学的创始人就十分重视把数学运用于经济理论的研究之中。马克思认为数学是研究经济过程的有力工具，不但可能而且必须运用数学方法来研究经济现象的规律性。马克思为了研究政治经济学理论，在他40多岁时还努力学习数学。在《资本论》这部巨著里，我们不难看到马克思利用数学描述和阐释经济规律的大量具体实例。为了分析资本主义经济危机，马克思甚至不止一次地想计算出这些作为不规则曲线的升降，以便用函数曲线表示法来揭示危机的主要规律。他一直坚持，如果有足够的经过检验的材料，这是可能的。

在经济科学的研究工作中，为什么要采用数学分析的方法呢？具体说来，这是由数学本身具有以下特点所决定的。

第一，数学具有精确性。经济生活虽然也有简单的规定，但大

---

① 转引自保尔·拉法格：《忆马克思》，《回忆马克思恩格斯》，人民出版社1957年版，第72～73页。

多是比较复杂的过程。诸如价格决定、流通中货币的投放量、国民经济比例关系的确定，都是数量关系的综合指标。即使是生产关系的变革，也要有数学的精确眼光，否则就会把我们的行动建立在一厢情愿的基础上。过去我们在生产力没有发生多大变化的情况下频繁改变生产关系，固然有多种原因，但缺乏数学的精确性，不能不说是一个重要的原因。

第二，数学具有直观性。在分析复杂的经济现象时，人们往往采取"逻辑的方法"，因此又要借助一系列概念、推理去把握整个体系。在许多场合，甚至是"把一连串比较级和最高级词汇同空论拼凑在一起"。[①] 为了使复杂的过程简单化，可以借助数学方法概述为一个公式、一个模型、一组图表，使人一望即知。诸如流通中需要货币量的公式、经济增长模型、再生产过程的经济表，都有简洁、直观的功效。

第三，数学更富于可行性。研究经济理论的目的全在于应用，因此必须具有可行性。繁复的论证固然需要，但毕竟和实践还有较大的距离。在经济学教科书和论文中，我们虽然可以有条有理地论证重大经济比例关系问题，但如果没有数量界限和经济活动目标参数，实际工作部门仍然感到茫然。我们的经济理论和实践严重脱节，其中一个重要原因是忽视了数学工具的运用。

如果说在经济科学中应用数学由来已久，那么，现代经济科学的发展则为数学的应用提供了更为广阔的天地。在当代西方经济学中，不仅建立了计量经济学，而且引入了运筹学、博弈论、概率论、线性代数、决策学以及各种经济模型。现代电子技术和信息技术的进展，尤其为经济科学增添了异彩。现代经济科学不仅经常大量地广泛应用初等数学即常量数学，而且已经开始应用高等数学即变量数学。随着经济科学分类的细化，数学手段已不仅应用于理论经济学，而且更广泛地渗入应用经济学；在每一种学科的研究中，不仅是数学手段的单项应用，而且是综合应用。这种发展态势虽然

① 《马克思恩格斯全集》第13卷，人民出版社1962年版，第42页。

在我国的经济研究中还不曾普遍化，但至少已初露端倪。

在经济科学中运用数学方法，从目前国内外研究的情况来看，主要表现为三个方面的内容：

（1）作为经济学的一个组成部分。在经济理论定性分析的基础上，利用数学分析方法，进一步分析经济过程的数量表现、数量联系，以及数量变化规律。

（2）作为经济学体系中的一个独立学科。在政治经济学、技术经济学和部门经济学利用数学方法进行数量分析和经济计算的基础上，从数学方法和计算技术应用的横向联系上，建立某些独立的经济科学分支，如计量经济学、经济数学、数量统计等等。

（3）作为邻近学科的边缘学科。由于科学的分工越来越细，人们的认识领域日益广泛，不仅在每门科学内会产生新的分支学科，还会在各种学科之间涌现一些边缘学科。这些边缘学科，有赖于共同通过数学工具进行研究，如运筹学、控制论、系统工程等等。

应该指出的是，数学方法“渗入”经济科学，在客观上有一个限度，它只能构成经济研究整个方法论中的一个技术性的从属部分。无论数学公式和模型表示的数量关系多么完备，它终究只能作为辅助工具。列宁就曾说过：“公式本身什么也不能证明；它只能在过程的各个要素从理论上解释清楚以后对过程绘图说明。”① 当代西方经济学在利用数学方法方面虽然有成功的地方，但也有许多谬误。例如，资产阶级计量经济学家安·史密斯企图利用“有限差分方程式”来论证经济周期的产生是由于变量偶然结合的结果。按照这种解释，经济周期并不是资本主义经济固有矛盾的产物，只要对反映经济联系的变量进行一定的组合，资本主义就可以摆脱危机。可见，数学的应用既可以用来证明真理，也可以用来掩盖谬误，这就依由谁和如何运用数学为转移。数学对经济科学的发展只能起到服务作用，而不是支配作用，绝不能使数学方法“渗入”

① 《列宁全集》第4卷，人民出版社1958年版，第48页。

经济学最后变成“征服”经济学，以致用数学概念代替了客观存在的要素，最后只剩下了一些空洞的方程式和公式图表。

当然，我们所反对的只不过是对数学的滥用，而绝不是反对应用数学工具分析经济问题。资产阶级经济学存在的主要问题是理论基础不对，在某些场合还是头脚倒置的经济学，但并不能由此得出结论认为，资产阶级经济学的一切研究方法都是错误的。过去我们在经济理论的研究上只注重定性分析，忽视定量分析，因此在研究方法上反而落后了。这种情况，可以借用马克思在《关于费尔巴哈的提纲》中的一句话去说明。马克思说：“和唯物主义相反，能动的方面却被唯心主义发展了，但只是抽象地发展了，因为唯心主义当然是不知道真正现实的、感性的活动的。”① 这就是说，数学方法竟然相反地被资产阶级经济学发展了，但只是抽象地、被歪曲地发展了。因为他们缺少真正科学的经济理论。如果我们能够用革命的原则加以改造，被他们发展了的“能动的方面”，岂不是对我们会大有好处吗？我们很有必要有分析有批判有吸收地向西方经济学学习应用数学的方法，特别是企业经营管理方面、宏观经济调节方面以及机器数学方面的尝试。只要我们保持清醒的头脑，不放弃自己完整和确定的世界观，就一定会比资产阶级做得更好些。

近些年来，我们在经济科学的研究中虽然已开始注重应用数学方法，但由于传统观念的重定性轻定量的影响，使我们在这个领域还相对比较薄弱，更谈不到渗入到我们的经济科学体系中。建国以来，我们已经经历了两次重大比例关系的失调，并一再出现基本建设规模失控、消费基金膨胀等现象，既有“投资饥饿症”，也有“消费饥饿症”。为什么计划经济的优越性未能充分发挥出来？显然，这并不是定性分析的弊病，而是定量分析的缺欠。相对说来，定性分析要容易一些，真正做到定量分析，就要花费很大气力。定性分析如同线条粗犷的水墨画，定量分析如同五彩缤纷的工笔画。定性分析和定量分析结合起来，才能产生倍增的效果。我们不仅要

① 《马克思恩格斯全集》第 3 卷，人民出版社 1960 年版，第 3 页。

把社会主义的经济科学建设成“制度经济学”（定性），还要建设成“计量经济学”（定量）。只有这样，才能使经济科学具有实用性和可行性，才能建立起相应的经济运行机制。

经济科学的数学化，目前已成为一种正在发展的趋势。经济学要现代化，首先研究方法必须现代化，而要使经济科学的研究方法现代化，在很大程度上取决于用现代数学知识武装我们的经济研究工作者的头脑。经济研究工作者只有努力掌握现代数学知识，并使之成为得心应手的工具，才能在社会主义现代化建设和繁荣经济科学中有所作为。

（原载《经济研究》1986 年第 7 期）

经济理论研究贵在创新

鲁迅先生在谈到文艺创作时曾经指出："我以为究竟也要以独创为贵"。其实，岂止文艺创作要"以独创为贵"，经济理论研究又何尝不是如此呢？同其他一切科学理论一样，经济理论的生命力就在于不断创新。创新是经济理论有所突破、有所建树的原动力；而故步自封、拘泥成说，墨守成规，则是经济理论发展的精神桎梏。因此，在经济理论的研究工作中，我们应当在坚持马克思主义基本原理的前提下，鼓励创新，鼓励"标新立异"，鼓励大胆探索和提出不同的见解。

近年来，经济理论思想比较活跃，新观念迭出。一些有胆识的理论工作者为寻求经济理论的创新，进行了不少有益的探讨。但是，应该看到，我们的经济理论研究工作仍然远远落后于改革和现代化建设实践的需要，与客观形势的发展还很不相适应。翻阅近年来公开出版的经济方面的学术刊物，使人深切地感到：尽管富有独创见解的佳作在日渐增加，但新意不多的平庸之作仍然不少。这些文章大都有一个共同的特点，就是题目旧，老话多，使人感到"似曾相识"，读之无味。当然，我们强调经济学论著要有新意，并不是要求每一篇文章都得提出非常新颖的精辟见解。事实上，这样的要求也是不切实际的。一般学术论著是可以阐述已有的观点的，但不应该简单地重复别人已用过的材料和语言，而应该结合自己特有的、切身的认识和感受，加以发挥。只有这样，才能使人读来具有新鲜感，思想受到新的启迪。

开拓创新，繁荣经济科学是时代的要求。我们的时代是改革的时代，我们正在进行的经济体制改革是有深远意义的"第二次革命"。在我们这样一个经济文化落后的大国进行经济体制改革，是没有现成的经验和规范可以借鉴的，只能靠我们自己去实践探索。实践中的探索前进，需要理论上的开拓创新。改革不仅需要有千千万万有胆有识的企业家，而且需要有一大批开拓创新的经济理论研究工作者。

那么，经济理论研究工作怎样才能做到有所创新呢？

首先，要敢于独立思考，大胆质疑。学贵有疑，学术问题只有敢于独立思考，不拘成格，大胆质疑，才能突破旧框框，发现新问题，提出富于独创性的见解。进行理论研究，需要有足够的理论勇气，如果没有敢担风险的勇气和魄力，没有勇于探幽索微的精神，处处谨小慎微，人云亦云，四平八稳，这样的经济理论研究工作者怎么可能写出具有独到见解的佳作呢？

其次，要深入实际，参加改革，服务改革。实践是创新的源泉。经济理论工作者只有严格遵循理论联系实际和理论为实际服务的原则，真正投身到改革实践的洪流中去，对改革实践中呈现出来的具有典型意义的新情况、新问题和新经验，细心观察，精心采撷，并进行系统的分析和论证，才能提出新见解、新方法、新对策，从而在理论上有所创新。

第三，在知识上要不断汰旧求新，或吐故纳新。知识来源于社会实践，并且是随着社会实践的发展而不断发展的。在这知识“爆炸”的时代，从事各门学科研究的工作者都面临着知识结构的更新问题。知识和经验的“脱毛”，无论是对于经济理论研究工作者，还是从事实际经济工作的同志，都是极其必要的。作为经济理论工作者，只有加倍努力学习现代科学的新知识和社会实践的新经验，不断“脱毛”，不断用各种新鲜的东西充实、丰富自己，才能拓展视野，开阔思路，有所突破和创新。

祖国现代化建设的宏伟大业，神州大地兴起的改革浪潮，都在热切地呼唤着经济理论工作者去大胆探索和开拓创新。经济理论、经济科学方法论创新思考需要在实践中丰富和发展，亿万人民群众的改革实践需要在理论上作出正确的总结和概括。经济理论研究工作者应该努力适应改革的新形势，提高开拓的自觉性，增强创新的责任感，用自己的行动，做出无愧于我们时代的贡献。

（原载 1986 年 9 月 27 日《光明日报》）

经济科学方法论创新的思考

开拓创新是时代对经济科学的要求，而经济科学要创新，首先其研究方法必须要创新。没有经济科学方法论的创新，就不可能有经济科学的创新和经济理论全局性的重大突破。

常言道："工欲善其事，必先利其器"。凡要进行科学研究，首先就要解决一个方法论问题。经济理论研究工作从本质上讲，是一种创造性的思维活动。这种活动离不开先进科学的研究方法，有无先进科学的方法论，不仅是经济科学成熟与否的重要标志，而且还是卓有成效地进行理论探讨，创造性地提出新思想、新观念、新理论的必要条件。先进科学的研究方法，有助于经济理论工作者启迪思维，增长才干，提高效率，点燃创造火花，踏进更多未知领域，写出富于创见的论著。从经济科学发展的历史来看，凡是有作为的经济理论工作者大都对方法论的创新非常关注，并为此做了不少探讨工作。在他们的研究成果中，无不凝聚着方法论乳汁。

在以改革为主流的当今时代，重视经济科学方法论的创新具有更为重要的现实意义。我国的经济体制改革是一场深刻的革命，需要有一大批具有浓烈时代气息和创新精神的经济理论工作者。而从长远看，一个经济理论工作者有无充分发展的潜力，能否在经济科学理论上有所建树，一个很重要的方面就是要看其方法论的武装程度如何。

在过去一段相当长的时间里，我们的经济理论研究一般都重定性、重逻辑思维和推理，所使用的方法重演绎、重抽象。随着现代科学和社会经济实践活动的向前发展，以及经济科学在实践中的广泛运用，光靠从抽象到具体、归纳和演绎相结合、历史和逻辑相统一等传统的研究方法显然是不够了。现代经济活动繁复无比，各种经济过程和经济现象纵横交错，十分复杂。面对日益复杂的经济过程和经济结构，面对我国改革和现代化建设中呈现出来的许多新问题、新现象、新规律，我们不仅需要作定性分析，而且需要进行定量分析，不仅要进行周密的观察和预测，而且要直接地进行调节和控制，所有这些都离不开具体的先进的科学工具和相应的科学方法。可以说，在当今时代，经济科学能否向前发展，经济科学能否在改革和现代化建设中发挥更积极的作用，在很大程度上取决于它的研究方法能否创新和现代化。在方法论上大胆地进行创新，用新的现代化方法去攻克那些长期得不到突破的难题，概括综合已有的大量的零碎的成果，构筑新的经济科学体系，创造新的经济科学理论，促使经济科学更有效地为改革和现代化建设服务，乃是时代赋予经济理论工作者的义不容辞的使命。

那么，经济科学方法论怎样才能创新呢？从广义上讲，经济科学方法论既包括抽象的具有哲学意味的一般方法论即唯物辩证法，又包括那些经济科学特有的具体研究方法。经济理论研究首先离不开马克思主义唯物辩证法的指导，经济理论工作者必须认真学习和掌握马克思主义唯物辩证法，否则便无法进行科学的认识。但是，这种哲学意义上的方法论指导，对于其他社会科学的指导作用基本上是相同的，包括经济科学在内的所有社会科学，都必须以马克思主义唯物辩证法作为总的指导。因此，它并不单独构成经济科学的方法论，而是所有社会科学的总方法。经济科学的所谓方法论的创新，主要是指那些能反映经济科学性质和特点的具体方法的创新，其内容大体上包括如下两个方面：一是善于从现代自然科学和其他社会科学中吸取方法论的养料，移植和运用于经济研究中，使之成为经济理论研究的新方法；二是善于在更高的层次上继承、充实、丰富和发展传统的研究方法，并善于使传统方法和现代方法很好地结合起来。在上述两方面中，能否从现代自然科学和其他社会科学中吸取新的研究方法，对经济科学方法论的创新，更是至关重要。具体说来，经济科学方法论的创新，应从以下几个方面入手。

（一）从自然科学中吸取方法论的养分

在现代科学迅猛发展和高度一体化的当今时代，经济科学的方法论能否创新，从一定意义上讲，在很大程度上取决于它能否善于从现代自然科学的最新成果中总结和吸取新的研究方法，从而使经济理论研究日趋严密、精确和定量化。经济科学虽然是门社会科学，但它与自然科学的关系却十分密切。恩格斯曾经说道：经典作家在考虑自己的思维方法与科研方法是否正确时，总是先考虑“是否完全跟自然科学的现状相符合”。经济科学的创新和现代化，离不开同自然科学的结合。经济科学能不能移植和借鉴现代科学特别是自然科学中的某些研究方法，直接关系到它的兴衰发展。

现代自然科学方法论极为复杂，经济科学应当吸取哪些呢？主要是吸取自然科学中常用的定量计算法（即数学方法）和模型方法，以及那些已成为或即将成为自然科学与社会科学的一般的公共方法，诸如在自然科学中最早运用并已取得成功的系统论、控制论和信息论等横向科学的研究方法。在现代科学中，系统论、控制论和信息论即通常简称的“三论”，同其他学科理论不一样，它们的研究对象不是自然界的某种物质结构和运动形式，而是自然界及人类社会所有事物的共同属性和普遍现象。因此，“三论”具有一般方法论的功能，对于一切科学领域都是适用的。“三论”强调整体和联系，具有多维多向的开放性，便于融汇各种新的学术成果和使用新的技术手段。因此，引进以“三论”为代表的在自然科学中最早运用的带有普遍意义的研究方法，有助于促进经济科学方法论的创新和发展。

近年来，我国经济学界一个相当引人注目的现象，就是自然科学中的一些新颖独到的思维结构和方法，正日渐增多地进入经济理论研究领域。从目前状况看，这种移植和借鉴已引起了一些具有积极意义的变化。具体说来，就是经济科学方法论得到丰富，思维方式正在更新，科研效率显著提高。这些变化，不仅促使经济研究向更新更精确的方向发展，而且加快了经济科学面向改革和现代化建设、面向世界和未来的步伐。

（二）善于使用新的先进技术手段

现代自然科学的发展，不仅为经济理论研究提供了新的方法，而且还提供了先进的技术手段。经济科学不仅要善于把自然科学中的某些方法引进来，使之成为经济科学的研究方法，而且还要善于引进和应用自然科学已广泛使用的某些最新研究手段，特别是电子计算机技术。以电子计算机为中心的现代科技迅速应用于生产部门和自然科学研究领域，不但有力地推动了社会经济与自然科学的发展，改变着人们的生活方式、工作方式和思维方式，而且猛烈地冲击着经济科学和其他社会科学的一切领域，向经济研究工作者提出了挑战。它迫切要求经济研究工作者与之相适应，以电子计算机技术充实和装备自己的研究手段。与现代科学技术迅猛发展的形势相比，那种靠一支笔、一叠纸、几本书进行笔抄手录的研究方式，已显得落后了。现代经济理论研究工作者，如果不掌握电子计算机技术，并使之成为得心应手的工具，是很难适应现代经济研究需要的。

电子计算机的运算速度快，精确度高，既能为科研工作节约极为宝贵的时间，帮助人们的思维完成难以完成的任务，又可局部地代替人脑和手足的功能。利用电子计算机能演算各种数据，可以处理终年积累的资料；能加快传递和报告有关信息，可以储存和提供有关研究工作所需要的资料，还能帮助人们有条件地进行简单地判断和回答问题。在当今时代，从自然科学到社会科学，无论是经济科学或其他任何一门学科的研究工作，都离不开电子计算机技术。在经济理论研究中运用电子计算机的意义是明显的，它有助于改变经济科学中落后的手工操作的研究方式，为经济理论研究的现代化提供了先进的物质技术基础。因此，经济科学研究手段要创新，特别要重视引进和运用电子计算机技术。

（三）善于吸取当代西方社会科学理论和方法论中的合理成分

经济科学方法论要创新，还必须善于吸取经济科学之外的其他社会科学方法论中的养料，其中包括要善于批判地吸取当代西方社会科学理论和方法论中的精华。西方社会科学理论具有善于吸取自然科学的优秀成果来充实自己方法论的传统，注重创造富有特性的新颖方法和分析工具，并且长于数字描述和定量分析，大都含有程度不同的科学因素。因此，有选择地把当代西方社会科学理论和方法论中的一些精华介绍、引进过来，或可使我们受到启发，或可借鉴，或可经过消化改造后为我所用。这对于我们经济科学方法论的创新显然是有益处的。而其中的一些纯技术性、工具性的方法，如社会统计和调查技术等，完全可以拿来就用，直接为我们的经济理论研究服务。

（四）对传统方法不断进行改进和提高

所谓传统方法，主要是指过去经济理论研究中常用的一些研究方法，诸如抽象与具体法、逻辑与历史法、归纳与演绎法、分析与综合法等。大量带有现代科学特点的研究方法或手段产生出来后，上述传统方法仍有它的基本意义，尤其是对单科性的、基础性的、质的问题的理论探讨，还是很有成效的。另一方面我们又应该认识到，传统方法必须改进、充实、丰富和提高。在经济结构和经济运行及现代科学发生重大变化的当今时代，上述传统方法若仍拘泥于过去的格局，不作改革和创新，不注入新鲜血液，那么就会丧失生机和活力。由于单靠传统方法已不能适应现代经济理论研究的需要，因此在使用传统方法时，必须尽可能地采用现代科学方法，只有把二者有机地结合起来，彼此补充，使之相得益彰，才能更有效地解决一些重大的经济理论问题和实际问题。

古诗云："问渠哪得清如许，为有源头活水来"。现代经济科学的方法论，只有不断移植和借鉴自然科学以及其他社会科学中的某些新成就，批判地吸取当代各种思潮中的新养料（尤其是当代西方社会科学理论和方法论中的精华），并对传统方法不断进行改进、充实和提高，才能创新和发展，促进经济科学的现代化。

（原载《蒲峪学刊》1991年第2期）

论创新是经济学者的基本价值观

——兼论“独创”是成就大师级经济学家的必备条件

鲁迅先生在谈到文艺创作时曾经指出：“我以为究竟也要以独创为贵”。其实，文艺创作要以“独创”为贵，科学理论研究又何尝不是如此呢？科学研究最重要的是具有“独创”的精神。经济学是科学，经济理论研究当然也不例外。美国著名学者熊彼特是20世纪早期的一位经济学大师。自他在其1912年出版的《经济发展理论》一书中提出“创新”概念以来，时至今日，“创新”事实上已成为经济理论研究工作者的一个基本价值观。经济理论研究工作者做学问，研究问题，撰写文章，都应当有所独创或创新。

一、经济学大师要有“独创”精神和独到的见识

何谓经济学大师，“大师”之号，既非学位，也非职称，既不能授予、选举或任命，更不能靠媒体炒作或吹捧。名气大，著作多，不足以成为大师，更不用说派头、架子大了。经济学界堪称大师级的人物，应当是在经济学领域中某个方面真正进行原始创新的研究，做出开拓性、奠基性巨大贡献者，其学术成就具有长久不衰和难以逾越的价值。作为经济学大师，不仅要学问精深，受人尊敬，而更重要的应当是富于“独创”精神，具有独立思考和批判思维能力。

大师作为某一领域的泰山北斗，首先应当具有丰厚的理论功底和学术修养。按照有的经济学者的分析，经济学大师的学识一般有两个层面：一是对前人研究成果的掌握和判断，掌握越全面，判断越准确者，学识程度就越高；二是具有独创精神和独到的见识，能

够创造性地解决经济学理论和社会经济发展中面临的一些重大问题。后者是一个更高的境界，它不仅要求经济学研究者具备丰富的知识和敏锐的判断能力，还需要有超乎寻常的智慧、毅力和勇气。

大师一般都有代表性的学术成果著称于世。其研究成果都具有独立的学术价值和独特的思想体系，即都具有独创性或原创性的明显特征。不少经济理论工作者勤于笔耕，著作颇多，但即使有所谓等身的著作，倘无独创性或原创性，也难以企及大师的行列。虽然著作是表达学问的一个最有效的载体，但学问的大小绝不是和出书的数量成正比的。有的学者之所以能留名于经济学说史上，并不是因为他写的书多，而是因为他在经济学某个领域里做出了独创性的特殊贡献。这就如同当我们说起劳动价值论会想到亚当·斯密和大卫·李嘉图，当我们说起产权理论会想到科斯等人一样。虽然他们写的著作在数量上绝不是最丰富的，但他们对经济学发展的影响却是不可磨灭的。2004 年获得诺贝尔经济学奖的是挪威经济学家芬恩·基德兰德和美国济学家爱德华·普雷斯科特。二位经济学家虽然涉及领域都较广并都曾发表过大量的论著，但他们之所以能获得诺贝尔奖，主要还是靠二人于 1982 年合作并发表在《经济计量学》上的《置备资本的时间和总量波动》一文。这是因为，该文对他们共同开创的实际经济周期理论进行了系统的论述，对于推进动态宏观经济学领域研究做出了重大贡献。

从经济学说史上的大师的成功经验看，虽然不尽一致，但有一条却是共同的，即不迷信书本，不盲从师说，敢于独立思考，勇于开拓创新。创新是治学之魂。任何科学理论都必须在创新中求发展，但创新也并非是简单地拒绝或抛弃“本本”。学术是一代又一代积累沉淀下来的。任何学者的研究都必须建立在前人已有的研究基础之上，即使是某一学科的开山鼻祖，在开创新的研究领域或立帜标新时也离不开吸纳已有的相关的研究成果。因此，从某种意义上说，学者既是继承者，也是创造者，而在这种双重角色中，后者则是主要的，继承只不过是创造的条件。前人的研究成果是学者向更高峰攀登的阶梯。

古往今来，那些大师级的经济学家，他们无不是在虚心学习和吸收前人已有研究成果的基础上，或挖掘进去，层楼更上，或生发开来，另辟蹊径，独树一帜。他们哪一个不是站在前人的肩膀上并以自己的独特创造，攀登上经济学某个领域的高峰呢？大卫·李嘉图在其师亚当·斯密的绝对成本说的基础上，提出了比较成本说，切合当时英国经济发展的实际，为自由贸易政策提供了理论基础。新古典经济学的主要代表人物马歇尔，在1890年出版的《经济学原理》一书中，继承了19世纪以来英国庸俗经济学的传统，兼收并蓄，以折衷主义手法把供求论、生产费用论、边际效用论、边际生产力论等融合在一起，建立一个以完全竞争为前提、以“均衡价格论”为核心的相当完整的经济学体系。庇古曾是马歇尔的门徒，他从其师马歇尔那儿吸收理论精华，并在深入探讨和发展的基础上创立了福利经济学，被称之为福利经济学之父。帕累托继承和维护了瓦尔拉斯的一般均衡论，再加上他从英国经济学家F·Y·埃奇沃斯的“契约曲线”中得到的一些论点，运用无差异曲线的概念和序数效用价值论，提出了“帕累托最优”概念。以上列举的几位经济学大师都正是站在巨人的肩上，才创立了自己的有独到见解且自成体系的经济学理论大厦。

二、创新是经济学者的最重要的使命

经济理论研究工作从本质上讲，就是一种创造性的思维活动。经济学者的职责就在于能推动经济学的发展，而要能推动经济学的发展，就必须要有所独创或创新，所得研究成果能为经济学的学术积累提供具有实质意义的增量。如果一位经济学者所取得的研究成果了无新意，只是低水平地重复前人或他人已有的研究成果，那么他就没通过自己的研究提供知识增量或为提供知识增量做贡献。对于经济学的发展来说，这位经济学者的“研究”实际上是毫无价值的。

纵观经济学说史，经济学大师的所谓“独创”或创新，主要包括两方面：一是在理论上有建树，就是言人所未言和创造以往所没有的而又具学术价值的研究成果；二是独辟蹊径，自立学说或开拓新的研究领域。创新的本质就在于出新，在于创造。具体说来，经济理论的创新主要表现在以下某一个或几个方面：（1）对前人或他人尚未曾涉足的特定研究对象作了有价值的探讨，并对这一研究对象特有的发展规律，在理论上给予了科学的论证和说明，从而拓宽了经济学的研究领域；（2）创立了一系列可以构成一个独立的分支学科或新的学说的理论体系的概念或范畴，并运用这些概念和范畴科学严谨地构建创立了一门新学科或新的理论体系；（3）发表了具有独到见解的新观点和新学说，并能在较大范围内获得社会特别是业内人士认可的学术论著；（4）引进或创立了经济理论研究的新方法，为经济学方法论宝库增添了新的“器具”和手段。

同其他科学理论一样，经济学理论的生命力就在于不断创新，创新是经济学理论有所突破、有所建树的原动力。每一个有社会责任感的经济学者都应该把创新作为自己学术追求的基本价值取向。学者一生的标志是他的学术成果，而学者最可贵的品格就是不断的探索和创新。但是，创新并不是大声喊，大声叫，就能实现的。那么，作为经济学者怎样才能实现理论创新，以促进经济学的发展呢？

首先，经济理论创新需要有一个良好的学术生态氛围。古今中外历史表明，一个国家社会科学繁荣与否，在很大程度上取决于有没有一个良好的外部环境。包括经济学在内的哲学社会科学理论的研究和学术发展，有其自身的规律性或特点，需要研究者个人创造精神的发扬，需要研究者个人创造力的充分涌动。如果没有民主、宽松、和谐及相互探讨的良好环境，就无法形成勇于探索和创新的风气。因此，要遵循哲学社会科学理论学术发展的规律或特点，充分发扬学术民主，活跃学术空气，致力于创造一个使经济理论工作者能够畅所欲言、各抒己见以及相互切磋和争鸣的良好的氛围。

第二，经济理论创新要有问题意识和敢于大胆质疑的精神。无数事实表明，重大现实和理论问题的提出是理论创新的起点。问题是指思维中的疑难和矛盾。通常，理论思维是在运用原有的理论不符合观察事实时，才开始产生疑问的。正是为了解决这些疑问，才开始了创新思维。因此，离开了大胆质疑和发现问题，经济理论创新就无从谈起。恩格斯在批评一些人蔑视辩证法时曾指出：他们带了很多仪器，却单单忘了一件“主要的仪器，即怀疑的批判的头脑”。学贵有疑，有根据的提问和科学的质疑起着解放思想的作用。它能开启思考的闸门，激励研究者大胆跳出前人的窠臼，去认真探索新的领域和新的课题。进行经济理论研究，如果没有问题意识和敢于大胆质疑的精神，没有勇于探幽索微的勇气和魄力，处处谨小慎微，随波逐流，人云亦云，四平八稳，这样的经济理论工作者怎么可能撰写出具有独到见解的佳作呢？

近100多年来，现代经济学虽然有了长足的发展，然而却仍有不少疑点需要经济学者们去探讨，而这些悬而未解中的若干疑点若能被人破解，经济学则有可能会在一个新的广阔领域里向前挺进。现代经济学上的所谓“特里芬难题”和“里昂惕夫之谜”，就是典型的例子。任何科学都是在发现和研究问题中创新发展的。唯有敢于大胆质疑和善于发现问题并勇于探求的经济理论作者，才有希望进入经济学殿堂的大门，才有可能成为为经济发展做出特殊贡献的经济学家。

第三，厚实的学术底蕴是进行经济理论创新的必备条件。经济学大师们正是因为有丰厚的学术素养和独到的见识，才成就了他们与众不同的创造性研究。反之，如果研究者的学术素养不高并缺乏自己的见识，其成果也就难以走出他人的窠臼。因此，打牢学术根底，这对每个研究者来说，至关重要。经济理论的创新和发展，在很大程度上有赖于研究者自身的学识和素质的提高。经济理论工作者必须发奋学习，认真读书，注重积累，特别是要重视学习最先进的知识，不断用各种新鲜的东西充实和丰富自己。处在日新月异的当今时代的经济理论工作者，不仅要努力学好本专业的知识，争取成为本学科领域的专才，同时还要尽可能多地学习相关学科的基本知识以及其他社会科学和自然科学方面的基本知识，争取成为学识广博、具有多种才能的通才。事实表明，掌握多种学科专业知识的人才，思路开阔，更具有创新精神，更易于创造出有重大学术价值的研究成果，从而能为经济学的发展做出更大的贡献。

三、中国经济学者要具有超越的学术勇气

像其他科学领域一样，由西方人在最近一两百年间发展起来的现代经济学，其基础理论本身具有普遍的一般的科学意义。这些基础理论的基本内容，虽然主要是一些与我们有着不同的肤色、不同的社会、历史和文化背景的外国经济学者通过艰苦探索而取得的认识成果，但却是属于人类共有的宝贵的学术财富，对我国经济学而言具有一定的学习和借鉴的价值。注重学习和借鉴，在学科建设中可以少走弯路，甚至一开始就能在较高的起点上向前发展，但在借鉴时又必须切忌媚洋崇洋，盲目崇拜和全盘照搬。

经济学的研究对象有其特殊性，它既是学术理论，又与一定的国情和制度有着紧密的联系。西方经济学理论产生于西方经济发达国家的现实，而中国的经济则有自身的特殊性。尽管西方经济学理论中的有些观点、原理和方法具有一定的借鉴意义，但却不能简单的用来指导和诠释中国的经济问题。中国需要既具有普遍科学意义又符合自身特点的经济学说。要构建独具中国特色的经济理论体系，学习和吸收国外现代经济学理论中有价值的研究成果，虽然具有至关重要的作用，但在学习和吸收时又必须紧密联系中国的实际，有所创新，有所发展。

我国经济学界从全盘照搬前苏联的政治经济学到大量引进西方经济学理论，存在的主要问题是引进、吸收远多于创新。近年来，国内每年出版的经济学论著可谓不少，然而，具有原始创新性的研究成果却不多，因而难以受到国际经济学界的重视。近 20 多年来，经济理论研究和经济学的发展，虽然对我国经济的发展产生了相当重要的影响，我国经济理论界虽然不乏有成就者（有的经济学者也常有思想的闪光点和真知灼见），但由于我国对现代经济学理论

研究起步较晚，从总体上看，仍尚处于起步的初创和探索的阶段。无可讳言，我国至今既没有形成能自成体系且在国际上有一定影响的学术流派，也没有能引导国际经济理论思潮和发展方向的大师级人物。中国经济学向何处去？中国的经济学者要想迈向国际经济学舞台，靠一味地学习、借鉴和照搬肯定是不行的。中国是当今世界最大的经济体之一，在国际经济学界理应有中国学者的声音，而要能在国际经济学舞台听到中国学者发出的强音，就必须要有能活跃于国际经济学界的大师级著名学者，特别是要拥有重大开拓性和带动性甚至能引发经济理论或研究方法发生重大变革的原始创新性的研究成果。因此，唯有进行大量原始性创新的研究，才是中国经济学进入国际经济学殿堂的必由之路。

当前，我国正在进行前无古人的改革和现代化建设。对置身于中国这样一个正在进行伟大变革的国家的经济理论工作者来说，经济理论研究的价值不仅有助于现实经济问题的探索和解决，而且有助于产生较高学术价值的经济理论和造就经济学大师级的人物。中国经济学者面临的诸如宏观调控、国企改革、环境保护、金融安全以及“三农”等等诸多问题，都是世界级的难点、热点问题，出色的解决这些问题的本身就是对人类经济理论的重大贡献。美国著名经济学家米尔顿·弗里德曼曾经说道：“谁能正确解释中国的改革和发展，谁就能获得诺贝尔经济学奖。”在全世界的经济学家中最有资格正确解释中国改革和发展的当然是中国自己的经济学家。当越来越多的国外经济学家把目光投向中国时，中国的经济学家应该当仁不让地走在最前端。中国经济学者理应以坚定的毅力和执著的精神，花费更多的精力踏踏实实研究本土问题，因为只有注重研究本土问题才能“近水楼台先得月”。沸腾的改革和发展现实经济生活不仅有对旧的经济理论的反思，更有对新的经济理论创新的热切呼唤。中国学者的经济理论研究工作只有植根于本国的改革和发展的深厚的社会实践的沃土之中，并从中寻找充实自身的素材，挖掘创新和向前发展的潜能，才能促进原始性创新的产生，经济学的理论之树也才能在中国的大地上蓬勃生长。

恩格斯说：一个民族想要站在科学的最高峰，就一刻也不能没有理论思维。包括经济学在内的哲学社会科学研究反映着一个民族思维成熟的程度和对世界探索的程度，正是在这个意义上，有的学者认为，包括经济学在内的哲学社会科学的科研能力和成果，也就成为当今世界一个国家的综合国力的重要组成部分。一个崛起的民族和国家，不能没有哲学社会科学特别是经济学的持续创新的整体繁荣。中国人是以聪明才智而闻名于世的民族。如今的中国不仅具有旺盛活力的经济，而且还拥有当今世界最大的经济学家群体，特别是其中不乏有才华同时又富有创新精神的人才。中国的经济学者要有超越前人、超越西方经济学者的学术勇气。我们完全有理由乐观地相信，经过若干年的不懈努力以及孕育和积蓄，很有可能如同奔突而出的岩浆，在古老的中国大地上涌现出一批具有世界影响和中国特色的学术流派，产生出一批有创见、够分量、掷地有声的经典之作，造就一批享有长远声誉的经济学大师，中国的经济学家完全有可能在人类现代经济学说史上留下辉煌的篇章。

（原载《经济学动态》2005 年第 6 期）

从事经济学理论研究要多阅读原著*

从事学术研究，必须十分重视阅读原著。早在一个多世纪之前，恩格斯在一封写给德国《社会主义月刊》青年编辑布洛赫的信中谈及如何学习和研究唯物史观问题时曾说道："我请您根据原著来研究这个理论，而不要根据第二手的材料来进行研究——这的确要容易得多"。学习和研究经济学理论也是如此。要系统掌握经济学的基本原理，特别是经济学大师的理论观点、方法、体系及其产生、发展和完善的过程，就必须认真学习经济学原著。各种教材或辅导材料，对于学习和研究经济学理论虽然是有作用的，但它们并不能代替对"原汁原味"的经济学原著的学习和研究。

经济学"原著"，一般而言，主要指的是经济学经典名著。它们是功底扎实的学者长时间潜心研究某一领域并有所独创或创新，再经过艰苦的写作，才得以向大众展示的成果，大多具有长久不衰和难以逾越的价值。原著是学习和研究经济学理论的第一手资料，对于经济学理论工作者来说，多读一些经济学原著是大有裨益的。只有阅读原著，才能深切体会经济学大师们在研究成果中的活水般的思想内涵，独到的见解及其在经济学理论上的贡献。

学术是一代又一代积累沉淀下来的。任何学者的研究工作都必须建立在已有成果的基础之上。即使是某一学科的开山鼻祖，在开创新的研究领域或立帜标新时，也离不开吸纳已有的相关的研究成果。社会科学特别是经济学理论具有很强的长期累积特点。前人或当代学者已有的研究成果是经济学人向高峰攀登的阶梯。古往今

* 该文的主要内容已在《金融时报》2009 年 7 月 24 日登载。

来，那些大师级的经济学家，他们无不是虚心学习和吸纳凝聚着前人或当代辛劳和汗水的已有研究成果的基础上，或挖掘进去，层楼更上，或生发开来，另辟蹊径，独树一帜，他们哪一个不是站在前人或当代学者的肩膀上，并以自己的独特创造，攀登上经济学某个领域的高峰呢？

扎实的理论功底是做好学问的前提和基础，否则难免“先天不足”。如果学术功底不牢，缺乏基础理论修养，分析问题就难有深度，理论观点难有厚度，学术视野难有广度。因此，学者能不能成大器，学术功底具有至关重要的作用。

那么，经济理论工作者怎样才能打牢学术功底呢？笔者认为，要做到“三勤”，即勤读、勤思、勤研。首先，要勤读，发奋学习，尤其是要认真读原著。常言道：“业精于勤”。所谓勤，主要是指勤奋读书学习。杜甫有句名言：“读书破万卷，下笔如有神”。经济理论工作者唯有在发奋学习和认真阅读原著中不断充实自己，才能提高自己的学术功底，而厚实的学术功底则是撰写出有重大学术价值研究成果的必备条件。

现代经济学是社会科学领域里发展最为迅速，流派众多，名家辈出的研究领域之一。现代经济学名家的著述之多，浩如烟海，要都去涉猎显然是不可能的。但是，假如你要掌握经济学的基本原理，那么至少有三本书你必须认真阅读。一是亚当·斯密的《国富论》；二是马克思的《资本论》；三是凯恩斯的《货币通论》。现代经济学的精华主要凝结在《国富论》、《资本论》和《货币通论》等不朽的经典名著之中。老祖宗不能丢，研究经济学不能不读他们的不朽著作。此外，作为经济理论工作者，还必须要把自己主攻或感兴趣领域的代表人物的代表作读遍。假如你是个金融理论工作者，那么你就必须阅读弗里德曼、托宾、马克维茨、斯科尔斯、默顿、麦金农和肖等金融学大师的代表性成果。

读书特别是啃经济学经典原著也是一种艰苦的脑力劳动，没有捷径可走，必须舍得投入时间和精力。翻开一些经济学著作，映入眼帘的是大量专业性的名词术语，种种干巴的符号数字、图表和艰涩的文字分析。许多经济学理论著作比较枯燥和艰深难懂，没有一股钻劲不行。马克思在《资本论》里曾引用19世纪英国国会议员格莱斯顿的话说："受恋爱愚弄的人，甚至还没有因钻研货币而受愚弄的人多"。有些经济学著作读起来确实十分费劲，要弄懂和学好，非下大的功夫不可。

在当今学术界浮躁之风颇盛的环境下，经济理论工作者不读原著或读的有限，已是普遍现象。有些人急功近利，嫌麻烦，怕费力气，不愿花时间读原著。有的人往往满足于能背诵几个时髦的概念，能记住几段大师的精彩词句或几个公式模型，装点门面。现在国内高等财经院校的研究生读书，不少人主要是为了取得文凭和学位资格，目的不是做学问。硕士2~3年，博士3~4年，时间有限，课程又多，论文还要按期完成，要掌握经济学有关知识，只能向参考书求援。这些人既然不是抱着做学问的目的，也就无心花大力气去啃经济学经典原著了。

北宋诗人黄庭坚有云："读书如禹之治水"。大禹当年治水，十数年如一日，三过家门而不入。学习读书也要有大禹治水那种心无旁骛和坚忍不拔的精神，不畏劳苦，能坚持长时间的打磨和深钻。对于自己选定的经典名著，要做到通读、精读和深读，反复阅读，反复钻研，经年累月的苦守，从整体上把握其丰富的内涵和科学体系，领会蕴含其中的理论和方法。一部部经济学经典名著，犹如一座座金山，掌握一部大书，即如同挖掘到一座金山，开山虽难虽苦，但却会有取之不竭，终生享用之功效。

纵观经济学说史，古往今来，大凡有成就的经济学者，无不重视读书学习。他们靠的是头悬梁锥刺股，靠的是十年磨一剑，靠的是"三年不窥园"的毅力和"铁杵磨成针"的耐心。古今不少学者蛰居于书斋，皓首穷经，日积月累，终于成为有建树有影响的学术大家。扎实的理论功底与勤奋有加的为学精神，是学者能成大器的主要原因。

第二部分

一般经济理论

论古典学派在劳动价值论上的贡献

任何一种科学知识，都有其历史发展的过程。作为经济科学重要组成部分的价值学说，当然也不能例外。人类对商品价值的猜测，可以追溯得很久远。早在古希腊时，著名大学者亚里士多德就曾苦思冥想过商品交换的共同基础。他说：“5 张床 = 1 间屋”，“无异于”：“5 张床 = 若干货币”。

亚里士多德看到了商品之间所以能够交换，必须在质上是相等的。他认为：“没有等同性，就不能交换，没有可通约性，就不能等同”。马克思说，亚里士多德看到商品交换有“本质上的等同性”，是个很了不起的发现，“正是在这里闪耀出他的天才的光辉”。① 但由于历史条件的限制，在那时他还不可能知道这个“等同性”的基础为何物。自亚里士多德之后，尽管还有不少学者对这个问题作过一些探索，但也都未能透过商品交换的迷雾，揭开商品价值的奥秘。2000 多年来，价值问题一直是经济科学中的一块待发现的“新大陆”。经济科学中的地理大发现的任务，后来历史性地落到了资产阶级古典经济学派的肩上。

生活在动荡年代的威廉·配第，是 17 世纪最杰出的学者之一。由于在劳动价值论上的特殊贡献，使他成为古典学派的创始人和经济科学领域地理大发现的“哥伦布”。配第曾当过水手、医生，还在讲台上施展过自己的才华。一次出海远洋的冒险生活，使他摔断了一条腿，按照当时的惯例，被人遗弃在法国北部沿海。他靠着天赋的聪明才智挽救了自己的性命。他在自传中以统计学的数据告诉

① 《马克思恩格斯全集》第 23 卷，人民出版社 1972 年版，第 74 ~ 75 页。

人们，他如何支配身边仅有的一点点钱，又怎样靠贩卖各种小商品扩大了自己的财产。从这段传奇式的经历中，配第已经显露出未来经济学家的气质。以后，他在一个教会中用两年的时间学会了拉丁语、土耳其语、法语、普通算术、应用几何学、天文学和航海术等知识，为他以后从事经济学的研究奠定了坚实的基础。

配第通过研究医学，不仅同社会建立了广泛的联系，而且训练了灵活的头脑。他的宏大抱负，使他不满足于当个医生，而是越来越多地致力于经济和政治的研究。配第的第一部经济学著作是1662年出版的《赋税论》。在这本书中他向政府提议，用什么办法能够增加税收，改进贸易。配第的第二部经济学著作是1676年写出的《政治算术》，由于政治上的原因当时未能发表，直到1683年才有人将这一著作改头换面匿名发表。在这部著作中，他企图用数字、重量和尺度来说明经济现象，这对他从交换关系中推算出价值大有益处。比较系统阐发劳动价值论思想的，还是他的《赋税论》。马克思曾经写道："配第在这部著作中，实际上用商品中包含的劳动的比较量来确定商品的价值"。①

配第在劳动价值论上有两点突出的贡献：

第一，配第把价格区分为"自然价格"和"政治价格"。前者实际上是指商品的价值，后者是指市场价值。市场价格的涨落以什么为中心呢？他认为，这个中心就是"自然价格"，即价值。价值的源泉是什么呢？他认为是劳动。他举例说："假如一个人在能够生产一蒲式耳谷物的时间内，将一盎司白银从秘鲁的银矿中运来伦敦，那么，后者便是前者的自然价格。"② 这就是说，一盎司白银成了一蒲式耳小麦的自然价格，或者说，一蒲式耳小麦的价值，是由生产一盎司白银的劳动时间决定的。用劳动时间确定商品的价值，是配第在经济科学上的一个重大贡献。

第二，配第根据劳动决定价值的原理，得出价值的大小以劳动

---

① 《马克思恩格斯全集》第26卷，人民出版社1972年版，第382页。

② 威廉·配第：《赋税论·献给英明人士·货币略论》，商务印书馆1972年版，第52页。

生产率为转移的结论。他说："原来100人能完成的工作，现在要200个农夫才能完成，那么小麦就得贵一倍。"① 这也就是说，小麦的价值同农业劳动生产率成反比例，而同生产小麦所耗费的劳动量成正比例。

任何事情的开头总是困难的，配第在艰难的探索中迈出了第一步，不愧是个在价值学说史上作出重要贡献的天才人物。但是，我们也应该看到，他创立的价值理论还是不完善的，其主要表现是：

第一，配第不了解价值的社会性质，因此也就没有把价值和交换价值、价格区分开来。他所说的小麦和白银的交换，虽然有了两种商品交换的基础是劳动的正确思想，但他不是用凝结在小麦中的劳动来决定价值，而是用凝结在白银中的劳动决定小麦的价值，实际上这不过是小麦的交换价值或价格。

第二，配第不但把价值和交换价值、价格混为一谈，还把价值和使用价值混为一谈。本来商品的使用价值是由劳动和自然界这两个因素共同创造的。但是，他在有些著述中却把商品价值说成是劳动和自然界共同创造的，这样就混淆了使用价值和价值的本质差别。显然，这同他的劳动价值论是相矛盾的。

如果说配第奠定的劳动价值论是经济科学中发现的"新大陆"，那么，亚当·斯密和大卫·李嘉图则是这块新大陆的开拓者和耕耘者。

亚当·斯密生活在工场手工业时代，那时资本主义就像一个初生的健儿一样正在成长起来。时代的需要，造就了特殊的人才。亚当·斯密就是当时的一个卓越人物。俄国著名诗人普希金曾在其名著《叶甫盖尼·奥涅金》中，以赞叹的文笔这样描写英国上流社会的一个青年人：

那个……读亚当·斯密书的，

是个深谋远虑的经济人。

也就是他深知，

① 威廉·配第：《赋税论·献给英明人士·货币略论》，商务印书馆1972年版，第52页。

如何强国富民。
靠什么生活，为什么，
有了简单的产品，
就不再需要金和银。

斯密生于苏格兰一个富裕海关官员的家庭，他有超群的才智，14 岁时就考入格拉斯哥大学，学习数学和自然哲学，以后又转入牛津大学学习七年。1751 年到格拉斯哥大学任教，起初教逻辑学，后改教道德哲学。1759 年他发表了《道德情操论》，从此名声大振。1764 年，他辞去教授职务，改做青年公爵柏克里的私人教师。后来他到欧洲大陆旅行时，在法国结识了重农学派的创始人魁奈医生，从此，他开始了经济学家的生涯。1766 年，他从欧洲大陆回国，回到故里，闭门著书。1776 年，发表了著名的《国民财富的性质和原因的研究》（简称《国富论》）一书。在这部古典学派的重要经济文献中，他不仅把劳动价值论推向了一个新的境界，而且还使资产阶级经济学说发展成为一个完整的体系。正如马克思所说："在亚当·斯密那里，政治经济学已发展为某种整体，他所包括的范围在一定程度上已经形成"。①

斯密是一个善于独立思考的人，在他的笔下，日常经济现象都充满着浪漫主义色彩。商品、货币、交换活动、租地和雇工、纳税和贴现，都有了特殊的含义和情趣。在大诗人拜伦和普希金的时代，经济学能够那样趣味横生，具有强大的吸引力，可以说在一定程度上应该归功于斯密的创造性活动。

斯密继承了配第的劳动价值论，正确地说明了劳动是价值的源泉。他说："劳动是衡量一切商品价值的真实尺度。任何一个物品的真实价格，即要取得这物品实际上所付出的代价，乃是获得它的辛苦和麻烦"。② 斯密不仅坚持而且发展了配第提出的劳动价值论，具体说来，主要表现在：

---

① 《马克思恩格斯全集》第 26 卷Ⅱ，人民出版社 1972 年版，第 181 页。

② 亚当·斯密：《国民财富的性质和原因的研究》上卷，商务印书馆 1972 年版，第 26 页。

第一，斯密和配第一样，认为劳动是价值的源泉。但配第把创造价值的劳动归结为生产金银的劳动，而斯密则指出生产一切商品的劳动都创造价值。

第二，斯密和配第一样，认为交换价值是由劳动决定的。但配第认为商品只有和金银交换才有交换价值，斯密则认为商品和商品交换也具有交换价值。

第三，斯密和配第一样，认为价值要通过交换价值或价格表现出来。但配第注重的是价值货币形式，而斯密认为价值不一定要由货币表现，也可以由其他商品表现。

斯密虽然继承和发展了配第的劳动创造价值的原理，但他的价值论仍存在不科学的地方。斯密时而认为生产商品时付出的劳动决定该商品的价值，时而又认为商品的价值是由交换来的商品中所包含的劳动量所决定的。由于他没有从理论上把一种商品在生产中耗费的劳动与交换来的商品中所包含的劳动区分开来，也没有把价值如何决定与价值如何表现的问题分辨清楚，因而也就把价值和交换价值相混淆了。斯密还认为，工资、利润、地租这三个要素是价值的根本源泉，价值是由这三个要素决定的。这一观点也是同劳动决定价值的理论相矛盾的。工资、利润和地租只是劳动者新创造出来的价值分割成的各个部分（即所谓“三种收入”），绝不是反过来由这三部分决定。可见，在斯密的价值理论中，正确与错误、科学成分和庸俗成分是共存一体的。尽管斯密在论述价值如何决定时，存在着混乱和自相矛盾的地方，但总的来看，在斯密的经济理论的整个构架中仍然贯穿着劳动创造价值这条主线。

亚当·斯密是一个承上启下的人物，他的未竟事业自然会有后来者。大卫·李嘉图生活在机器大工业时代，社会化大生产的广泛联系使他开阔了理论视野，他不仅成功地继承和发展了配第和斯密建树的价值理论，而且成了古典经济学的完成者。

李嘉图生于伦敦一个交易所经纪人的家庭。少年时代就受过商业教育，14 岁随父从事交易所活动，25 岁时因经营投机事业发了财成为百万富翁，以后他离开交易所，开始研究数学、物理、化学、地质学，成为一个学识渊博的人。因为他曾经是一个有钱的生意人，所以被称为“伦敦商业区的天才”。据说有一次，他走进巴特疗养区的一个公共图书馆，偶然翻阅斯密的《国富论》，引起了极大的兴趣。由此，激起了年轻的生意人对政治经济学的特殊兴趣。

当然，这只不过是像牛顿观察苹果落地，瓦特观察蒸汽冲撞壶盖一类的名人轶事。李嘉图之所以对亚当·斯密有了特别的兴趣，是因为他已经具有丰富的经济实践和广博的科学知识，巴特图书馆的奇遇，只能说是他从事经济研究的一种推动力。

李嘉图是一个勤奋好学的人，他透彻地研究了货币流通和信贷、国际经济关系、税收、地租和国际分工等问题，而研究政治经济学，则是他的主要工作和乐趣。他的坚韧不拔的毅力和追求真理的精神，曾使同时代的学问家惊叹不已。

李嘉图步入研究经济学的生涯之后，一直苦心探索价值问题。李嘉图在价值学说上的主要功绩就在于他发展了斯密劳动价值论中的科学因素，批判和纠正了斯密价值理论中的一些错误和缺陷，始终坚持了劳动时间决定商品价值的观点。

李嘉图的最主要著作是1817年发表的《政治经济学及赋税原理》。这部著作在许多方面发展了斯密的理论，特别是对劳动价值论的阐释，比斯密大大前进了一步。在价值的决定上，他否定了斯密关于价值取决于所购买的劳动量的说法，并且批评了斯密关于三要素决定价值的错误，始终坚持认为商品的价值是由生产商品的劳动决定的。尤其可贵的是，李嘉图还肯定了商品的价值量取决于生产商品所耗费的社会必要劳动时间，并正确地指出商品的交换价值与生产商品所耗费的劳动量成正比，与劳动的生产率成反比。李嘉图的以上论述，把劳动价值论推进到了资产阶级经济学范围内所能达到的最高点，使他成为古典学派的最大代表和“用劳动时间确定价值学派的领袖”。① 但由于历史的和阶级的局限，李嘉图的价

---

① 《马克思恩格斯全集》第4卷，人民出版社1972年版，第132页。

值学说仍然是不彻底的，他并没有解决劳动价值论的一系列根本问题，如什么是价值的本质和实体，劳动为什么和怎样表现为价值等等问题，因而他也未能提出一个真正科学的劳动价值论。

当李嘉图学派最终走向解体后，“古典政治经济学走入了绝境，从这种绝境中找到出路的那个人就是卡尔·马克思”①。古典经济学派在劳动价值论上具有不可磨灭的历史功绩，他们在经济科学的茫茫大海中跋涉，历尽艰辛坎坷，终于带来了希望的曙光。马克思和恩格斯正是站在这些科学巨人的肩上，才创立了完全科学的劳动价值论。

（原载《中央财政金融学院学报》1990年第3期）

① 《马克思恩格斯选集》第1卷，人民出版社1972年版，第345页。

第三产业和劳动价值论

据说古时候有一老妇家境贫寒，靠卖折扇度日，可叹销路不顺，所赚无几。一日，苏东坡学士偶遇，为扇面题诗，销路一时大增，老妇收入增加。这个故事虽然不见经传，但却说明了一个道理：扇子作为一种有形之物，可以供人驱暑纳凉，除此之外，它还是一种艺术品，可以供人欣赏。苏学士并不生产扇子，只是在扇面上留下了墨迹，他用“服务”这种特殊的劳动形式，不仅创造了供人欣赏的使用价值，也增加了扇子的价值。他虽然提供的是无形之物，但在此处又似有其形。

当然，在折扇上题诗作画，还可以看到一丝痕迹，有些劳务活动却不留下任何痕迹。例如，车辆助人发生位置转移，旅馆恢复人体的精神，教育给人传播知识，这类劳务并不提供任何有形产品，它们是否也创造价值呢？这是劳动价值论遇到的一个新问题，政治经济学不能不对这个问题作出回答。

为了说明这个问题，我们还得先来谈谈第三产业的概念。

传统的经济理论，仅限于考察物质生产领域，主要是农业和工业。现代资产阶级经济学提出了一种新的分类方法，即把整个社会产业分成第一产业、第二产业和第三产业。第一产业包括农业、林业、牧业、渔业、狩猎业……；第二产业包括采矿业、加工业、制造业、建筑业……；第三产业包括生活服务、交通运输、教育、卫生、科研、流通、通讯等提供无形产品的产业。

第三产业是社会分工的产物。我们知道，在人类历史上曾经有三次社会大分工：第一次是农业和畜牧业的分工，发生在原始社会的新石器时代；第二次是手工业和农业的分工，发生在原始社会末期和奴隶社会初期；第三次分工是专门经营商品买卖的商人阶层的形成，即商业的独立化，发生在奴隶社会初期，大发展于资本主义时期。自由资本主义时期，各种服务业开始崭露头角，首先是生活服务业，诸如饮食、缝纫、理发、照相、美容、客运等等；其次是文化教育一类，诸如学校、出版、剧团、电影、科研、新闻等等。在资本主义发展初期，这类行业虽有一定发展，但在国民经济中还不占很大比重。到帝国主义时代，特别是第二次世界大战以后科学技术的迅猛进步，传统的产业结构发生了很大变化，各种各样的服务转化为独立的生产部门，逐步形成一个庞大的系统。于是，一种新的产业异军突起，这就是第三产业。

第三产业，也就是通常说的劳务或服务。资产阶级古典经济学派的优秀代表亚当·斯密已经意识到服务劳动的存在。比如，他在《国富论》中，曾提到过家仆、教士、律师、医生、各种文人、演员、音乐家、歌唱家、舞蹈家以及政府官员、陆海军军人等等的劳动。由于受到当时历史条件的限制，斯密只重视蓬勃兴起的制造业，轻视服务劳动，因此认为所有的服务都不创造价值，都是非生产劳动。

马克思的《资本论》主要是考察物质生产领域里的活动，其中虽然谈到了商业和金融业，但也只是论述物质产品的流通和金融业务，并没有涉及其他服务活动领域。马克思之所以这样做，并不是认为服务在国民经济中不重要，而是因为服务在当时还不很发达。实际上马克思已经敏感地觉察到了这一问题，后来他在《剩余价值论》一书中，曾明确地指出“服务”是一个经济范畴。马克思批评了斯密的仅把生产物质产品的劳动看成是创造价值的劳动的观点，指出“劳动的这种物质规定性同劳动作为生产劳动的特性毫无关系”，“对于提供这些服务的生产者来说，服务就是商品。服务有一定的使用价值（想象的或现实的）和一定的交换价值”。①

为了更清楚地说明“服务”的性质，马克思还区分了两种服务：

（1）生产的结果是有形产品的服务活动。“某些服务，或者

① 《马克思恩格斯全集》第26卷Ⅰ，人民出版社1972年版，第149页。

说，作为某些活动或劳动的结果的使用价值，体现为商品”。[①] 如作家写的书，画家画的画，以及录音录像带、唱片、电影胶片，它们可以脱离艺术家而单独存在。

（2）以“活动”形式存在的无形产品。这种服务“不留下任何可以捉摸的，同提供这些服务的人分开存在结果……。例如，一个歌唱家为我提供的服务，满足了我的审美的需要；但是，我所享受的，只是同歌唱家本身分不开的活动。他的劳动即歌唱一停止，我的享受也就结束；我所享受的是活动本身，是它引起的我的听觉的反应。”[②]

以上两种情况，都是由提供服务劳动的特点产生的。尽管在结果上有所不同，但都同属于“服务”活动。真正构成服务商品特征的，是提供无形产品的服务，所以，经济学大多在后一种意义上使用服务这个概念，即使讲的是物质产品（书、画、唱片等），也是和服务行业有关的劳动产品。人们购买唱片，只是因为它在留声机上可以发声，而不是唱片本身有什么用处，唱片只不过是艺术家活动内容的物质载体。这显然和面包、衣服的用途不同。人们购买面包和衣服，是因为它们可以吃、穿，并不是要面包和衣服提供服务活动。

服务商品首先具有使用价值，因为它能够满足人们的某种需要。对于购买它的人来说，是必要的。例如，为了减少身上的污垢去洗浴，为了接受知识去受教育，为了美感享受去看戏。和物质形式的使用价值不同的是，它一般不表现为商品价值的物质担负物，它的特点是生产和消费同时发生。诚然，动听的歌唱可以使人长期寻味，受教育者得到的知识可以供人长期受用，但终究是一种无形之物。当然，这种使用价值虽然转瞬即逝，不可触摸，但也并不是虚无缥缈的幻觉，而是可以实实在在感受到的东西，如洗洁了的身体，增长了的才干，都是一种客观存在的使用价值。

服务商品也具有价值，因为生产这类产品同样需要花费一定的

①② 《马克思恩格斯全集》第26卷Ⅰ，人民出版社1972年版，第436页。

人类劳动。马克思说："服务本身有使用价值，由于它们的生产费用，也有交换价值"。[①] 由于价值的存在，"因此，消费品的总额，任何时候都比没有可消费的服务存在时要大。其次，价值也大了，因为它等于维持这些服务的商品价值和这些服务本身的价值"。[②] 你到理发店去理发，或者到照相馆去照相，都要交付一定的费用；你到剧院看戏需要买票，乘车也需要买票，票面价值就是你支付费用的凭证。这些大量存在的经济现象，都说明了服务商品存在着价值，并在商品交换中表现为价格。

服务的价值，有些可以用社会平均劳动耗费去测定，如厨师、理发师、客运员的劳动耗费，可以从一定时期的平均值中反映出来。第三产业是一个庞大的系统，有些部门不太容易计算价值，如教育、科研、卫生一类不像饮食、服装裁剪、客运那样容易计算。但是，科研提供的设计、咨询服务以及医疗和教育，同样可以通过收费计算价值。一个保险公司，不会因为统计上的困难忽视自己服务的价值，一个律师事务所也不会因为计算上的麻烦而不收费用。教育的"迟效性"给统计带来的困难尤为显著，但任何发达国家都从智力投资中增加了国民收入，并把教育列入"第三产业"。可见，统计上的困难并不是否定服务价值论的理由。

在现代经济发展中，服务活动创造的价值已经超过物质产品的价值。以服装业为例，以前认为纯棉和纯毛就是最好的，由于生产技术和生产效率的提高，衣料的价值相对便宜了，款式设计费用却上升了。现在购买服装与其说是购买衣料，不如说是购买融化在衣料中的设计和式样。正如外国有的报刊描述的那样："近来的妇女是穿着信息在走路"。这是极其恰当的描述。设计式样的价值远远超过了衣料的价值，是现代服装业的一大特点。以"信息社会"为标志的新技术革命，是以"第三产业"的充分发展为前提的。美国的新型微电子技术首先应用于服务业，日本的微电子技术首先应用于对外贸易。与此同时，科学咨询、设计、企业诊断，以及知

① 《马克思恩格斯全集》第26卷Ⅰ，人民出版社1972年版，第160页。

② 同上书，第160～161页。

识产业、思想库等，正在对经济过程产生深刻影响，教育、科学研究的经济价值正在日益被人们所接受。如果不承认第三产业会创造价值，就会和现代化观念格格不入。例如，只是物质生产才创造价值，就会发生这样的怪事：一部科学专著和文艺作品，只计算纸张、油墨、印刷机磨损和印刷、装订工人劳动的价值；一部电影和一出戏也只计算胶片、场地、布景的价值和制造胶片的工人劳动、建筑演出场地工人劳动的价值，就是不计算科学家、文学家、演员、琴师等人劳动的价值。可是，无论是出版社，还是电影制片厂，都会把科学家、文学家和演员的劳动报酬计入成本，并使之成为“精神产品”价值的一个组成部分。实际上，印刷工人、制片工人和纸张、演出场地只生产了精神产品的载体，并没有生产出精神产品的内容。精神产品的价值，主要靠脑力劳动的服务去创造。对于服务活动创造的产品来说，可以说是“此处无形似有形”，甚至可以说是“此处无形胜有形”。

目前，对第三产业创造价值的观念，在认识上还有一些障碍，其主要原因是：

第一，以往的经济理论，主要考察了物质生产领域，在一个相当长的时期内，服务经济并不占很大比重。正如马克思所说的那样：“资本主义生产在这个领域中的所有这些表现，同整个生产比起来是微不足道的，因此可以完全置之不理”。[①] 资本主义发展到了现代，第三产业已经渗透到各个领域，甚至占了国民生产总值的一半，劳动人口不断从农业和工业部门转向服务业。这种发展态势，正在扭转人们的传统观念。

第二，从经济发展程序上看，第三产业在第一、第二产业之后，并且依赖于物质生产的发展。不消说，人们只有生产了皮鞋，才能要求把皮鞋擦干净，只有盖起了房子，才能提出打扫房子的服务，只有购买了电视机，才能出现修理服务。第三产业永远不可能脱离物质生产单独存在。服务的这种性质，常常会使人视而不见，

① 《马克思恩格斯全集》第26卷Ⅰ，人民出版社1972年版，第443页。

听而不闻。

第三，更为重要的是，服务产品多半属于无形之物的特点，会产生一种神秘性，不经过理论的抽象，往往看不到它的存在。谁能说小麦、白菜、衣服不存在呢？然而，服务产品却没有这种直观性。这种特殊性，很容易使人产生一种错觉，认为服务既不提供产品，也不创造价值。

第四，就服务活动本身而言，其生产性质也有一定的界限。服务经济和日常生活中所说的"服务"，并不完全是同一概念。例如，政府机关工作人员的服务，国防事业的服务，公安保卫服务，虽然对社会发展是绝对需要的，但它们并不提供任何产品，也不创造价值。资产阶级经济学者在"第三产业"的名目下，甚至把贩毒、赌博、僧侣、妓院、食客、士兵、官员的收入统统计入产值，显然是歪曲了服务的经济性质。第三产业的复杂结构，加上资产阶级的肆意混淆，也常常弄得真假难分。人们容易对"第三产业"抱有偏见，这也是一个重要原因。

第三产业创造价值的观念，尽管在认识上还存在着一些障碍，但却正在逐渐被人们所接受。劳动价值论既然承认一切生产商品的劳动都创造价值，服务活动提供的无形产品既然也是商品，同样在市场上流通，那么，就应该承认，这种服务活动也创造价值。第三产业创造价值，这是一个新观念，它开阔了劳动价值论的新天地，丰富了政治经济学的研究内容。

（摘自《政治经济学 ABC》，河北人民出版社 1987 年版）

从诺贝尔经济学奖评奖看中国经济理论研究

近年来，“中国经济学家何时能够问鼎诺贝尔奖?”已成为学术界和新闻媒体议论较多的话题之一。对此话题尽管众说纷纭，莫衷一是，然而不容忽视的客观事实则是，直至今日，中国经济学家连获得诺贝尔奖提名资格的也一个没有,① 更不用说去摘取诺贝尔奖桂冠。其实，与其炒作中国经济学家何时问鼎诺贝尔奖，倒不如认真反思一下中国经济学家为何与诺贝尔奖仍相差甚远。为此，本文拟从经济科学研究的角度谈几点粗浅看法。

一、重要在于理论创新

据诺贝尔经济学奖评奖委员会前主席林德贝克透露：“评奖委员会在考虑什么应该是一个‘值得’获奖的领域时，特别看重的是该贡献的原创性。”② 或者说，评奖委员会特别注重候选人在经济学理论与方法上有无创新之处。事实上，创新是治学之魂。创新对经济学理论研究的兴衰和发展的作用，就犹如人的精神对人的进退的意义一样。没有创新精神，经济理论便会失去生气，失去发展的动力。创新是经济理论之树得以常青的不竭之源。作为经济理论工作者，要能对经济学思潮和发展方向产生影响，就必须进行大量原始创新的研究。

---

① 林德贝克:《中国经济学家及其学说，在西方没有几个人知道》，转引自《中国经济大论战》(第八辑)，经济管理出版社 2003 年版，第 108 页。

② 林德贝克:《诺贝尔经济学奖世纪回眸》，《比较》(第一辑)，中信出版社 1972 年版，第 140 页。

经济学的创新包括理论观点、研究方法和理论体系等诸多方面，其中首先表现为在理论观点方面能提出新颖独到的见解。经济学要发展，经济学原理和方法要更新，离开了新的见解就是一句空话。因此，在经济理论的研究工作中，应当鼓励敢于独立思考，鼓励敢于“标新立异”，鼓励大胆探索和提出不同的见解。当学术创新积累到一定的量，就会产生质的新变，促使经济理论框架发生更新。

改革开放以来，我国经济学界在吸收西方国家的一些适应现代市场经济发展需要的理论和方法方面做了不少有益的工作，对我国社会主义市场经济的发展和经济理论研究的繁荣起到了积极的促进作用。我国经济学界对西方经济学理论拿来、吸收工作应当说还是做得不错的，现在的主要问题是引进、吸收远多于创新。因为经济学的发展关键在于创新，长久的模仿、照搬肯定是行不通的。我国的经济理论不能老是处于学习、研究和借鉴国外各种经济学流派的阶段，不能老是主要靠向国外“拿来”我们所需要的经济理论知识。单靠引进的国家不可能指望在经济理论学术水平方面领先于其他民族，这就如同一个主要靠进口先进武器的国家永远不可能成为真正的军事强国一样。

近年来，在我国改革开放所勃发的无限生机的推动下，以市场经济快速发展为依托的中国经济理论研究，无论是在实际操作还是在理论建设上，都开始呈现出发展与创新的态势。许多经济理论工作者尝试着把外来的经济理论与国内实际、经济理论研究与改革和发展的实际结合起来，从而使我国的经济学研究开始步入理论建树的发展期。但从总体上看，尚处于起步的初创阶段。我国至今还没有形成能自成体系且在国际上有一定影响力的学术流派，而能否出现或形成不同的经济学流派，既是经济理论研究能否不断创新的必要条件，也是经济理论研究是否成熟的标志。此外，我国至今还很少有中青年经济学者活跃于国际经济学界的学术论坛。这不仅反映我国的经济理论研究水平还不够高，而且也说明我国的经济学理论研究尚未与国际接轨。

与此同时，虽然国内每年发表的经济学论著可谓不少。然而，具有原始创新性的研究成果却不多，因而难以得到国际的重视。有的经济学者虽然勤于笔耕，可谓著作等身，然而仔细观之，不难看出这些所谓等身的著作最明显的不足之处就是缺乏原创性。翻阅近年来公开出版的经济类学术刊物，更使人深切地感到：尽管富有独到见解的佳作在日渐增加，但毫无新意的低层次简单重复之作也不在少数。这些论著大都有以下特点：即题目旧，老话多，数据旧，使之感到“似曾相识”，读之无味。在近年来国内出版的经济学著作中，有的著作虽也有所谓独到见解，能提出自己的一些看法，但学术含量不够多，理论性不够强，层次不够高。经济学作为一门社会科学，其学术研究具有很强的积累性。只有注重学术积累和知识增长，在厚积上薄发，在积累中求创新，才可能取得具有重要学术价值的优秀成果。

国外许多学者和政要十分看好中国经济，认为中国有望于本世纪中期成为世界上最大的经济强国。那么，中国就不应当仅仅能够创造出世界上最大的 GNP 份额，而且也应当能为促进现代经济理论的繁荣和发展做出更大的贡献。中国不仅具有旺盛活力的经济，而且还拥有当今世界上最大的经济学家群体，特别是其中不乏有才华同时又富有创新精神的人才。中国的经济学者要有超越前人、超越西方的学术勇气，争取能在研究品位上构建中国特色的风格、气派，形成自己的研究传统。

二、加强基础理论研究

现代经济学既是一门理论科学，能给人们提供分析经济问题的理论和方法；又是一门应用科学，能给人们提供解决具体经济问题的对策和方法。具有综合性特征的现代经济学，按其研究对象的不同，大体上可以分为两大类：一类是从事与基础理论和方法论有关的纯学术研究，另一类是着眼于政策性、对策经济研究。这两类各有其不可或缺的作用。一般而言，经济学较之其他社会科学更具有实用性，它是一门实用性很强的学科。这一特点决定了需要有一大批学者面向经济建设的主战场，关注改革和发展中的难点和焦点即热点问题，并为解决这些问题出谋划策，从而为指导和推动经济发展做出扎扎实实的贡献。同时，经济学家中也需要有一些人坚持纯理论研究，即钻研“冷”的问题，争取能为经济理论研究提供新的观点和方法。然而，据诺贝尔经济学奖评选委员会主席波蒂尔·纳斯兰德教授透露：“诺贝尔奖在评选过程中似乎更重视方法的研究，而对一些应用领域的研究并不大关注。当然，如果有人在应用领域如发展经济学与环境资源经济学有一些新的发现和成就，他们也会加以考虑的。但委员会考察其贡献的时候，会很注意地追溯他的最根本经济思想来源于什么地方。往往他们发现，这些思想来自他人的基础性研究。有些人做了基础性的研究，有些人将它应用到现实经济中，诺贝尔奖考虑更多的是做出基础性贡献的人。”①

在我国，绝大多数经济理论工作者都有着强烈的社会参与感和责任感，都很关心现实经济问题和经济政策，并以对现实经济问题的研究作为自己的职责。改革开放后多年来，经济问题热点可以说是一个接着一个，各领风骚几年。例如，通货膨胀和通货紧缩、宏观调控、金融安全、国企改革、住房制度和医疗制度改革、“加入WTO”及“三农”等问题，都曾经是而且有的现在依然是经济理论工作者们十分关注的热点问题。与关注热点问题的研究相比，对纯经济理论研究的重视程度则似乎显得不够。经济理论工作者应当注重热点问题的对策研究，同时也要注重理论的概括和升华。理论研究是应用研究的基础，如果没有理论的深入发展和创新，解决具体经济问题的对策研究就会失去科学的依据。诺贝尔奖主要只颁给对经济理论或研究方法做出原创性贡献并取得重大突破的所谓学院派经济学家就说明了这个问题。笔者认为，从事纯经济理论研究即研究“冷”的问题，需要有以下两种科学的治学态度：

首先，要能静下心来，有宁静致远的心态。就纯经济理论研究

① 尹翔硕、马咏华：《我们把诺贝尔经济学授予谁——访诺贝尔经济学奖评选委员会主席波蒂尔·纳斯兰德教授》，载《经济学消息报》，1996年11月。

而言，需要的不是浮躁的张扬，而是冷静的观察、思考和探索。与热点相比，对“冷”问题的研究是个寂寞的行当。有人说，经济学是一门平淡、枯燥的科学。有些经济学著作确实平淡如水，枯燥无味，不仅如此，有些经济理论还十分高深，不易弄懂。马克思在资本论里引用19世纪英国国会议员格莱斯顿的话说：“受恋爱愚弄的人，甚至还没有因钻研货币本身而受愚弄的人多”。① 我国已故著名经济学家孙冶方曾经讲过要提倡坐冷板凳。不愿坐冷板凳，什么都想炒得很热，实际上是不可能的。近年来，在我国经济学界有的学者成名后就再也耐不住寂寞，到处演讲，忙于发表各种意见，忙于在各地、各媒体之间奔波。中国经济学理论的发展需要有一批既有学术潜力又能在安安静静中劳作耕耘的学者。研究纯经济理论之类的学术问题，静心最为重要。如果不能静下心来，耐不住寂寞，不甘心坐冷板凳，就很难深入探讨一些经济学原理问题。

其次，要有所专攻，能长时间地在一个领域内埋头深钻，默默耕耘。进入上世纪以来，随着生产的发展和科学的进步，经济学得到迅速的发展和分化，大量分支学科不断涌现。如果说，在斯密和马克思时代，经济学的分支学科寥若晨星的话，那么现今则是群星灿烂，已成为拥有数百个分支学科的庞大体系。学科的细化，使经济学研究的内容更为深入和具体了。这是人类对社会经济活动的认识由粗到精和由浅入深的体现。在经济学已进入了不同学科合理分工和专业化发展的时代，一个经济理论工作者要成为某一分支学科领域的专家已十分不易，而要做到门门学科都精通，无所不知，无所不晓，已几乎不可能。因此，必须要有所专攻，有重点地选择某一门学科，把它作为深钻的对象，花功夫真正精通它。而近些年来在我国经济学界，学政治经济学的教企业管理，专长不是金融的在媒体上大讲证券；股市一热，许多人争着在报刊上发表见解；加入“世贸”组织临近，许多人又一窝蜂地大谈WTO，似乎人人又都成了世贸问题的专家。笔者认为，如此赶时髦、追热点，这不是从事

① 《马克思恩格斯全集》第23卷，人民出版社1972年版，第136～137页。

经济理论研究的正道。经济理论工作者应当尊重科学和学科的自身规律，力戒浮躁，静下心来就几个经济理论问题进行长时间的不断探索。“在你的立足处深挖下去，就会有泉水涌出”。这是大哲学家尼采写的《不灰心》的头两句。在做学问的路上，只要有所专攻，不断开拓和创新，就必定能取得具有长久学术价值的研究成果，从而在理论上有所建树。

三、鼓励从事交叉科学研究

现代经济学还有一个突出的特点，就是在高度分化的基础上，经济学内部各分支学科间以及与其他社会科学和自然科学的交叉渗透日益加强，相互依存，出现了综合化的发展趋势。从历届诺贝尔经济学奖授奖情况来看，评奖委员会也对这一经济学发展趋势有所关注，曾多次授予那些在经济学与政治学、历史学、社会学、法学、哲学、心理学等交叉领域做出突出贡献的经济学家。正如林德贝克所指出：“评奖委员会和瑞典皇家科学院决定给‘经济学’一词进行比较宽泛的解释，因此此奖将被授予那些在相邻学科之间以及相关的经济问题方面做出突出贡献的学者，或者换句话说，交叉学科领域的研究被认为是很重要的。”①

一般来说，经济科学领域中的交叉学科主要是通过“移植”和“杂交”两种方式产生的。“移植”是指用某一学科的原理或方法去研究解决另一学科中的某些问题。例如，一方面，用心理学方法研究经济学中的非理性行为便产生了行为经济学；运用自然科学中的实验方法研究经济学中的理性行为或非理性行为便产生了实验经济学。另一方面，运用经济理论分析婚姻、家庭等社会现象，便产生了社会经济学；运用经济人假说分析政治家的行为便产生了“公共选择理论”。“杂交”是指不同学科间互相渗透、合流，“内在地、有机地结为一体”而形成的经济学科。例如，经济学和法

① 林德贝克：《诺贝尔经济学奖世纪回眸》，《比较》（第一辑），中信出版社 1972 年版，第 139 页。

学相结合，便产生了“经济法学”；经济学和史学相结合产生了经济史学；经济学与哲学相结合，便产生了经济伦理学等等。经济科学中交叉学科的大量产生，极大地拓展了人们的视野。它表明了经济科学横向扩散与纵向探微的发展趋势，即对象越来越多，领域越来越宽广，研究的深度也越来越加强了。在宏观和微观上都出现了这样的情况：经济科学过去有许多不可能研究的对象和领域，现在可以涉足了，甚至可以做一些比较深入的研究；有些过去在经济研究中不可能考虑到的领域，现在也都提到研究日程上来了。

经济科学中交叉学科大量涌现的这种发展趋势，既为经济研究工作拓展了新的研究领域，同时也给经济研究工作者提出了更高更多的要求。作为经济研究工作者，既要立足于经济科学本身现有学科的深化，又不能囿于狭窄的专业领域，而要着眼于跨科越界，涉足新的领域，在掌握本学科专业的基础上，根据需要和可能尽量拓展自己的知识面。经济理论工作者要“专”就必须“博”，不“博”就不能“专”。既要广博，又要精深，看似矛盾，其实不然，二者是辩证的统一。广博是精深的基础，精深而不首先从广博方面着手，精深则不可得。而精通经济学某一方面的知识又能举一反三，触类旁通，对掌握广博的经济学知识大有好处。因此，经济研究工作者除了要认真学习和掌握马克思主义经济学的基本原理之外，还应当努力学习现代科学的各种新知识和社会实践的新经验，尽量用各种新鲜的东西充实、丰富自己，使自己具有新的较广博的知识和开阔的思路，只有这样，才能胜任对许多新的“交叉学科”的研究工作，并在推动经济科学发展中有所作为。

经济学在中国的繁荣和发展，在很大程度上有赖于经济理论工作者知识结构的完善和素质的提高。时至今日，作为经济理论工作者，不仅仅要具备扎实的专业知识，是经济学某一领域的专才，同时又掌握经济学领域里相关学科的基础知识以及其他社会科学和自然科学的基础知识，是个学识广博，具备多种学科知识的通才。“读书破万卷，下笔如有神”。经济理论工作者知识面宽，肚子里有东西，才能写得出，写得好。唯有掌握多种相关学科知识的人才，才具有开阔的思路和敢于创新的精神，善于把握和抓住学科的前沿，提出有学术价值的独到见解。纵观中外经济学说史，凡能在经济学某一领域里取得杰出成就的，莫不是学识渊博且敢于创新的人。

四、辩证地看待经济学的数学化趋势

数学及其方法普遍地适用于任何一门科学，一切科学都离不开数学。拉法格在《忆马克思》一文中指出：按照马克思的看法，“一种科学只有成功地运用数学时，才算达到了真正完善的地步”。① 这话当然也适用于经济科学。同其他事物一样，经济现象和过程既有质的规定性，又有其量的规定性，这就决定了把数学方法应用于经济科学是非常必要和完全可能的。事实上，林德贝克也指出，在 20 世纪后半叶，经济学中“一个显著的趋势是数量方法的使用，包括自成体系的统计检验或估算方法在内的计量经济学的重要性越来越明显。授予弗里希、丁伯根、里昂惕夫、克莱因、斯通、哈威尔莫、赫克曼、麦克法登的奖项就是明证。”② 并且，本年度诺贝尔经济学奖授予了在计量经济学领域做出贡献的恩格尔和格兰杰，再次印证了林德贝克的观点。林德贝克还进一步地指出，“数学公式在获奖过程中所扮演的作用越来越大，授给萨缪尔森、希克斯、阿罗、科普曼斯、康托洛维奇、德布鲁、阿莱的奖项以及在博弈论和金融经济学领域的奖项都是例子。”③

在经济科学的研究工作中，为什么要采用数学分析的方法呢？具体说来，这是由数学本身具有以下特点所决定的。首先，数学具有精确性。经济生活虽然也有简单的规定，但大多是比较复杂的过程。诸如价格决定、流通中货币的投放量、国民经济比例关系的确

---

① 转引自保尔·法拉克：《忆马克思》，载《回忆马克思恩格斯》，人民出版社 1957 年版，第 72 ~ 73 页。

②③ 林德贝克：《诺贝尔经济学奖世纪回眸》，《比较》（第一辑），中信出版社 1972 年版，第 143 页。

定，都是数量关系的综合指标。即使是生产关系的变革，也要有数学的精确眼光，否则就会把我们的行动建立在一厢情愿的基础上。过去我们在生产力没有发生多大变化的情况下频繁改变生产关系，这虽然有多种原因，而缺乏数学的精确性，不能不说是其中一个重要的原因。其次，数学具有直观性。在分析复杂的经济现象时，人们往往采取“逻辑的方法”，因此又要借助一系列概念、推理去把握整个体系。在许多场合，甚至是“把一连串比较级和最高级词汇同空论拼凑在一起”。[①] 为了使复杂的过程简单化，可以借助数学方法概述为一个公式、一个模型、一组图表，使人一望即知。诸如，流通中需要货币量的公式、经济增长模型、再生产过程的经济表，都有简洁、直观的功效。第三，数学更富于可行性。研究经济理论的目的全在于应用，因此必须具有可行性。繁复的论证固然需要，但毕竟和实践还有较大的距离。在经济学教科书和论文中，我们虽然可以有条有理地论证重大经济比例关系问题，但如果没有数量界限和经济活动目标参数，实际工作部门仍然会感到茫然。我们的经济理论和实践严重脱节，其中一个重要原因是忽视了数学工具的运用。

应该指出的是，数学方法“渗入”经济科学，在客观上有一个限度，它只能构成经济研究整个方法论中的一个技术性的从属部分，无论数学公式和模型表示的数量关系多么完备，它终究只能作为辅助工具。列宁就曾说过：“公式本身什么也不能证明；它只能在过程的各个要素从理论上解释清楚以后对过程绘图说明。”[②] 大量数学的应用既可以用来证明真理，也可以用来掩盖谬误，这就依由谁和如何运用数学为转移。数学对经济科学的发展只能起到服务作用，而不是支配作用，绝不能使数学方法“渗入”经济学最后变成“征服”经济学，以致用数学概念代替了客观存在的要素，最后只剩下了一些空洞的方程式和公式图表。

当然，我们应当反对对数学的滥用，但绝不能反对应用数学工

① 《马克思恩格斯全集》，第 13 卷，人民出版社 1962 年版，第 42 页。

② 《列宁全集》第 4 卷，人民出版社 1958 年版，第 48 页。

具分析经济问题。经济科学的数学化目前已成为一种正在发展的趋势。经济科学要现代化，首先研究方法必须现代化，而要使经济科学的研究方法现代化，在很大程度上取决于用现代数学知识武装我们的经济研究工作者的头脑。经济研究工作者只有努力掌握现代数学知识，并使之成为得心应手的工具，才能在社会主义现代化建设和繁荣经济科学中有所作为。

（原载《经济学动态》2003 年第 12 期）

要创建独具中国特色的经济学学派

近年来，特别是中共中央制定的《关于进一步繁荣发展哲学社会科学的意见》颁发后，在我国哲学社会科学界重视学说、学派的人，已日趋增多。这与学术环境的宽松和学术氛围的营造，以及对外学术交流的更加频繁和学术视野的开阔不无关系。

无论是哪个科学领域，产生与出现不同的学派，不仅是科学研究发展过程中的正常而健康的现象，而且是科学研究达到一定深度和规模的标志。经济学理论研究也同样如此。人们在探索经济学某个领域的问题时，由于研究条件、掌握材料、探索的角度和深度不同，以及思考和研究方法的差别，必然会在经济学某一领域或同一问题上出现不尽一致的见解和思想体系。于是，便在经济学的学术研究中产生了争鸣或交锋，进而逐渐形成了不同的经济学学派。学派的形成又促进争鸣或交锋更加广泛和深入持久地开展起来。正是学派之间的较量和争鸣，相互质疑和碰撞以及学派内部的团结协作，相互启发，共同奋斗，推动着经济学理论的创新和向更高层次发展。

近几十年来，国外继斯密、马歇尔和凯恩斯等人后，经济学派林立，战旗猎猎，学术思想活跃，新的概念和术语名词及方法层出不穷。在西方国家，不同的经济学派风格各异，或重宏观分析，或重微观论证；或重实证，或重推理；或取定性研究，或取定量分析；或单归纳，或重演绎；或重考究源流，或重抢占学术制高点，挺进理论前沿等。仅从学派的类型来看，可谓多不胜举。例如，有以大学为名的如剑桥学派，有以城市为名的如芝加哥学派，有以研究领域为名的如货币学派，有以杰出代表人物为名的如凯恩斯学派，有以原理为名的如边际效用学派，有以研究方法为名的如心理学派、数理学派等。

纵观各经济学流派，尽管探讨的重点各异，研究的方法有别，所持的见解和观点不同，但却有一个共同的特点，即都有其公认的权威和代表性的著作。大凡经济学学派都有代表人物，只有当出现了杰出的代表人物及高水平的研究成果，并能引起学术界的许多人关注、认可和学习借鉴的时候，才有可能形成学术流派。学派是一面旗帜，它犹如一根强有力的纽带将一些观点相近、意气相投、关注问题相关度较大的学者紧密地维系在一起。学派在其内部是一个具有向心力、凝聚力的学者群体，其外部则通常表现为一个颇有学术竞争力的学术派别。

西方发达国家的经济学流派大多活跃于高等学府，拥有顶尖经济学专业的院校，更是流派众多，各具特色。据报载，每年春天，美国芝加哥大学经济学院各学派都要轮流举办论坛，由该学派的领衔人物作学术报告，阐述本学派对某一理论问题的学术见解，其他学派的学者则静观台下认真思考或发问。正是这种定期举行的争鸣或交锋，经济学者之间相互碰撞，相互启发，激发出智慧的火花和创造能力。芝加哥大学经济学院之所以能成为诺贝尔经济学奖的摇篮（先后涌现出九位诺贝尔经济学获得者），并产生出弗里德曼、舒尔茨、斯蒂格里茨等世界级的经济学大师，与该校经济学院重视扶植学派及其浓厚的学术气氛不无关系。

学派并非可有可无的东西，而是经济学理论能否不断创新的必要条件。无可讳言，由于我国对现代经济学理论研究起步较晚，我国经济学界虽然不乏有成就者（有的经济学者也常有思想的闪光点和真知灼见），但从总体上看，仍处在起步的初创阶段。近年来，我国虽然已有人打出经济学派的旗号，实际上至今还没有形成能自成体系且在国际上有一定影响的经济学学派。我国经济学界在一系列重大的经济学理论问题上，并不是没有不同的见解和观点，也并非没有过学术上的争论。学派的缺席，使得我国经济学界缺乏规范有序的学术争鸣，有时甚至出现把学术争鸣降格为非理性的攻击谩骂的现象。经济学者中许多不同的见解和观点，很少是通过自由讨论即学术争鸣和正面交锋去解决的。如今我国的经济学者们著书撰文大多是各说各的，即使在著述中偶尔有商榷或发表不同的看法，也只是蜻蜓点水，隔靴搔痒。由于学派的缺席，不仅使我国经济学者失去了一个很好地进行学术争鸣和交流的平台，导致经济学者们的创造力难以尽情地发挥，而且还难以积聚团体的力量，完成在国际上有重大影响的经济学理论课题，在国际经济学界也难有我们的地位和声音。学派的缺席，同时还使青年学术骨干的成长大受制约。由此可见，没有经济学学派，对我国经济学的发展来说，确实是一个很大的问题。那么，在我国如何才能创建自己的经济学派呢？笔者以为应重点抓好以下几方面的工作：

首先，要以人为本，尊重人才。学派的产生关键在于人，特别是领军人物。如果没有能站在当代经济学理论前沿的优秀学术带头人，没有一定数量功底扎实、锐意进取的人才，就谈不上建立自己的经济学派。

第二，学派是在争鸣或交锋中形成的，要遵循学术发展的特点，努力营造更加宽松的学术环境，充分发扬学术民主，提倡不同看法、不同观点的学者之间的相互切磋和争鸣，提倡充分说理的批评和自我批评。这不仅有利于活跃经济学界的学术空气，促进学术创新，而且还有助于引导那些观点相同或相近并具有独创意识的学者走到一起，从而形成学派。

第三，学派大都是以学术精英举旗的社团作为组织载体。要对遵守国家法律法规并能对经济学界的学术研究发挥一定的组织带动作用的社团，特别是民间社会组织采取一定的扶持政策。

建立经济学学派虽然绝非易事，但也并非高不可攀。目前，我国对现代经济学理论研究的水平虽然还不够高，但发展速度较快。日前国内各地高校及社会科学院已成立了数量颇多的经济方面的研究机构。近几年来，国内出版的经济学理论方面的论著成倍增长，各种以经济学理论为主题的研讨会接连召开，国内外经济学界的学术交流也日益活跃。特别是在我国有着人数众多的具有创新能力的经济学家和一批出色的学科带头人，在经济学理论的某些领域有着自己的比较优势和一定数量学术价值较高的研究成果。这些都为经济学学派的产生提供了一定的条件。学派建设，是一门学科学术思想发展的一面镜子、一种尺度。我国的经济理论工作者应当加强协作，争取能在经济学部分研究领域有重大突破。我们不仅要努力在国内形成众多的经济学流派，而且还要争取在国际上形成一个独具特色并有较大影响的中国经济学学派，以特有的风姿朝气蓬勃地步入国际经济学学派之林。

（原载《中国经济时报》2005 年 3 月 15 日）

时代呼唤经济学大师

最近，中央领导同志对培养大师级人才提出了殷切期望。这对经济学者既是鞭策，也是警醒。改革开放近30年来，我国经济学研究发展较快，对改革发展实践产生了巨大的推动作用。但从总体上看，我国经济学研究尚处于探索阶段，水平还不够高，至今还没有出现在现代经济学重要领域进行原创研究并作出开拓性贡献的学者，没有产生能够引领国际经济学思潮和发展方向的大师级人物。我国是当今世界最大的经济体之一，在国际经济学界理应有中国学者的声音。

只有立足中国，服务发展，才能领先世界。经济学是经世致用之学。随着我国经济体制改革的不断深入和经济的持续快速发展，作为社会经济活动理论表现的经济学必定会有一个更大的发展，在经济发展中发挥更大的作用。任何一门学科的发展前景，从根本上讲，主要取决于社会实践的需要。恩格斯说："社会一旦有技术上的需要，则这种需要就会比十所大学更能把科学推向前进。"我国建设小康社会和构建社会主义和谐社会的实践需要经济学理论，这种需要必定极大地推动经济学理论的发展。相对于发达国家而言，处于经济转型期的我国面临着更多的经济发展问题，诸如完善社会主义市场经济体制、国有企业改革、环境保护、能源短缺、收入差距拉大，金融安全以及"三农"问题等，都是世界级难题。运用经济学理论和方法对这些问题作出科学解释，提出切实可行的解决办法，不仅具有重要的实践意义，而且具有很高的理论价值和学术意义。美国经济学家米尔顿·弗里德曼曾说，谁能正确解释中国的改革和发展，谁就能获得诺贝尔经济学奖。而最有资格正确解释中国改革和发展的，无疑是中国自己的经济学者。当越来越多的国外经济学者把目光投向蓬勃发展的中国时，中国的经济学者更应该当仁不让，走在最前面。中国的经济学者只有立足中国，着眼和着力于解决国内现实经济问题，才能发挥优势，取得世界领先的研究成果。

只有潜心学问，力戒浮躁，才能铸造精品。近年来，国内发表和出版的经济学文章及论著成倍增长，但原创性的研究成果却如凤毛麟角。有的经济学者虽然勤于笔耕、著作等身，但其论著大都题目旧、老话多、新意少，缺乏独创性或原创性。学术研究以独创为贵，创新为治学之魂。唯有潜心学问、力戒浮躁，着力进行原创性研究，才有可能摘取经济学皇冠上的明珠。经济学理论研究十分复杂和艰苦，不仅要有强烈的创新意识，而且要有埋头苦干的精神。在经济学理论研究中，要想创造出能造福当代并流传后世的学术精品，就必须静下心、沉住气，不慕浮华、甘于寂寞，大胆探索、不懈奋斗。

只有注重积累，打牢根底，才能攀登高峰。深厚的理论根底和学术修养，是出成果、造就大师的基础条件。一个经济学者倘若学术根底不扎实，研究工作就难有深度，思想观点就难有高度，学术视野就难有广度。经济学者能否取得高水平的研究成果，在很大程度上取决于自身学识和素质的高低。学习是提高理论修养、增强研究能力的基本途径。经济学者必须发愤学习、注重积累，努力提高学术修养。经济学大师头顶上的耀眼光环，是无数辛勤的汗水结晶而成的。当然也应当认识到，天下之书读不尽，经济学论著浩如烟海，而我们的时间和精力都是有限的。因此，还应当善于学习，在广泛涉猎经济学及其他相关知识的同时，选择一个方向深入钻研，努力成为学有专长、学有所成的专家，并不断向学术高峰攀登、向大师境界迈进。

（原载《人民日报》2007 年 6 月 6 日）

转型时期的中国经济学家

在当今中国经济体制转轨和社会变革的特殊时期，人们谈论最多的话题是经济方面的，最受媒体关注的是经济学家，经济学家们报纸上有名，电视上有影。改革和经济现代化的浪潮把经济学推到了“黄金学科”的位置，在此背景下从事经济研究的中国经济学家生逢其时，特别风光。这些年来，中国的经济学家们东奔西跑，格外忙碌，他们的身影活跃在社会的各个角落。

特殊的历史条件使中国需要有更多的能够解决实际经济问题方面的专家，即所谓实践型的经济学家。经济学是专门研究资源高效配置、经济增长和财富创造秘密的学问。一般来说，它较之其他社会科学更具有实用性，历来被人视为是一门实用性很强的学科，甚至有人把经济学称之为致用之学。所谓致用，指的是经济学研究要紧密联系实际，为现实经济的发展服务。这一特点决定了需要有一大批经济学家面向经济建设的主战场，专注社会经济发展中的难点及焦点问题。相对于美英等成熟市场经济国家而言，处于经济转型期的国家大都面临着更多的经济发展难题，因而经济学研究的应用色彩也表现得尤为浓烈。当前中国正在进行前无古人的改革和现代化建设，中国的经济学家面临着诸如宏观调控、国企改革、环境保护、金融安全以及“三农”等诸多世界级的难题。对于中国经济学家而言，首要任务就是要能对转型时期的诸多经济难题作出科学的解释，并提出解决的办法，以使中国经济能更加平稳快速地向前发展。

在我国，多数经济学者都有着强烈的社会参与感和责任感，都很关心现实经济问题和经济政策，并以对现实经济问题的研究作为自己的主要职责。改革开放以来，我国的许多经济学者以满腔热情积极参与探讨经济转型时期的一些重大理论问题，思想活跃，新观点迭出，理论热点一个接一个，从而引发了经济研究空前繁荣的局面。他们的研究工作，已为经济转型时期的中国的改革和发展作出良多的重要贡献，立下汗马功劳，应当被肯定和受到赞赏。我们不能因为个别或某些经济学家的行为不端，名声不好，而从整体上否定中国经济学家，不能对经济学家们在中国社会经济 20 多年间发生的巨变中所起的积极作用视而不见。

在体制转轨和社会变革的特殊历史时期，促使经济学的研究更多地注重改革和发展中的现实问题，大量对策性研究不但突出了经济学家的地位，同时也推动了经济学在中国的发展。正因为中国经济学家面临着许多世界级的难题，他们的研究工作不仅具有重要的实践意义，而且还具有很高的理论价值和学术品位。这就如同美国著名经济学家米尔顿·弗里德曼所说的："谁能正确解释中国的改革和发展，谁就能获得诺贝尔经济学奖。"

在任何一个国家中，总要有一批经济学家以主要精力关注经济发展中的难点和焦点问题，并为解决这些问题出谋划策，从而为指导和促进经济发展作出扎实的贡献。同时，经济学家中还需要有一些人坚持从事与基础理论和方法论有关的所谓纯经济学理论研究。理论研究是应用研究的基础，是源头活水。如果没有理论的深入发展和创新，解决具体经济问题的对策研究就会失去科学的依据。我们的时代既需要大批实践型的经济理论专家，也需要有一定数量的专门从事纯学术研究的所谓书斋型的经济学者。这两类经济学家各司其职，各有各的不可或缺的作用。

近年来我国经济学界对纯经济学理论研究的重视程度似乎显得不够，重应用轻理论的倾向比较明显。之所以会出现如此的情况，这也许与纯经济学理论研究本身的特点及当今中国经济学家所处的学术环境不无关系。对纯经济学理论问题的研究本来就是一个寂寞的行当。翻开一些经济学著作，映入眼帘的是大量专业性的名词术语、种种干巴的符号、数字、图表和艰涩的文字分析。早在 100 多年前，苏格兰人托马斯·卡拉利曾把经济学称之为"沉闷的科学"，这句话如今已是广为人知的名言。在许多人看来，经济学是沉闷的即是枯燥乏味，不易使人发生兴趣的。不仅如此，有些经济学理论还十分高深，不易弄懂。因此，从事纯经济学理论研究充满着艰辛和坎坷，需要没有“功利性”的杂念，能潜下心来，长久地孜孜以求，不断探索，方才可能有所成就。从事纯经济学理论研究就如同登山，唯有不畏劳苦，能不断努力攀登者，才有可能达到光辉的顶点。显然，在世风浮躁迷漫的环境里，是很少有人愿意专心这一不能立竿见影换取名利的工作的。

在经济转型时期的国家，浮躁是种较为普遍的社会心态，处在转型时期的中国也不例外。在社会主义转型时期的中国经济学家浮躁之风甚炽的现实境况，难免会有一些从事纯经济学理论研究的学者耐不住寂寞，不甘心坐冷板凳，纷纷从书斋里跑了出来改而赶时髦、追热点。上述情况，造成我国的经济学者对纯经济学理论问题较少有人问津，研究力量相对较弱。正因为如此，近年来不断有人呼吁要重视纯经济学理论问题的研究。

纯经济学理论问题的研究很重要。诺贝尔经济学奖只颁给对经济学理论或研究方法具有原创性贡献并取得重大突破的经济学家，就说明这个问题。在国外，从事经济学基础理论研究的经济学家大多在高校担任教职，诺贝尔经济学奖主要是针对这部分所谓学院派的经济学家。恩格斯说：一个民族想要站在科学的最高峰，就一刻也不能没有理论思维。包括经济学在内的哲学社会科学研究反映着一个民族思维的成熟程度和民族文化素质的高低。当今世界的综合国力的竞争，说到底是民族素质的竞争，从这个意义上，可以说包括经济学在内的哲学社会科学的研究能力和水平，也就成为衡量一个国家综合国力的重要尺度。中国作为当今具有世界影响力的大国，不应当仅仅满足于能够为世界创造出巨大的GNP份额，中国的经济学家也应当能够为人类经济学理论研究的繁荣和发展做出重要的贡献。

我国的现代经济学理论研究起步较晚，近年来，在改革开放所勃发的无限生机的推动下，以市场经济快速发展为依托的中国经济学理论研究，虽然已呈现出长足发展的态势，但从总体上看仍处于起步的初创阶段，水平还不够高。具体说来，主要表现在以下几个方面：

1. 近年来我国经济学理论研究整体水平虽然大有提高，在我国经济学家中虽然也不乏有成就者，但却无声望卓著、能被国际经济学界公认的堪称大师级的学者，没有具有带动性甚至能够引领国际经济学潮流发展走向的顶尖人物。

2. 至今很少有中青年经济学者活跃于国际经济学界的学术论坛，能跻身于国际前沿并能在国外顶级刊物上发表文章者更是寥寥无几。至今仍无人在经济学领域中的某个方面做出开拓性、奠基性的巨大贡献，更没有创造出一个以中国人命名的定理、假说或模型。

3. 我国至今还没有形成自成体系且在国际上有一定影响的学术流派，而能否出现或形成不同的经济学流派，则是经济学理论研究成熟与否的标志。

4. 经济学的学术论坛进入门槛低，国内有些从未受过专门的经济学知识训练者也可以摇身一变而轻易地成为“经济学专家”，在举办的一些所谓层次较高的经济学论坛上高谈阔论，大讲经济热点问题。

从以上列举的几点看，我国的经济学理论研究水平确实还有待提高。当代的中国经济学家还面临着经济学科建设和经济学理论发展的繁重任务。对于中国经济学家来说，虽然当务之急是要努力解决面临的重大经济问题，但从长计议，也应当有一部分人在通往现代经济学殿堂的道路上探索。时代把中国的经济学家推到了创新和发展经济学理论的前沿。那么，中国的经济学家怎样才能不负时代的重托，提升中国的经济学理论研究水平，促进经济学理论研究在中国的发展呢？笔者认为，在现阶段这一特殊历史时期从事经济学理论研究的中国经济学者，应当树立优良学风和崇尚实践这两种科学的治学态度。

首先，大力倡导优良学风，反对学风浮躁。

近年来，经济学界的浮躁之风甚嚣尘上，学术贬值，声誉跌落，甚至遭到大众的奚落、嘲笑和批判。就学风而言，社会公众对经济学界的批评主要集中在以下两点：（1）有些经济学家心浮气躁，急功近利，整天混迹于大众媒体，时而出现在报纸上，时而出现于荧屏间，或接受采访，或发表演讲，大谈自己的所谓“高论”、“创见”，炒作自己；（2）有些经济学家通过媒体的炒作和包装，把自己弄得神乎其神，成了无所不知的人，经常越出自己的专业范围，在自己不熟悉的领域发表一些令人十分费解甚至存在常识性错误的言论，出洋相，自然成了舆论批判的靶子。

近年来，我国经济学界之所以会出现诸多学风不正的现象，既是因为受当前社会上存在的腐败现象的环境、氛围的影响，也与经济学家个人科学精神的失落、学术品格的缺失不无关系。要净化学术环境，真正形成良好的学风，最要紧的是提高经济学家的学术品格。学者一生的标志是他的作品，而学者最可贵的品质就是学风严谨和潜心学问以及为科学献身的精神，而这些学术品质来自于学者的理想信念和价值追求。作为合格的经济学家，不仅要有扎实的经济学理论修养，而且还应当具有为国效劳和为民谋利的理想信念，胸怀民族的兴衰，情系民众的苦乐。学术品格和学术根底，是学者的立身之本和成事之基。只有真正具备崇高的理想信念和价值追求，才能树立正确的学术荣辱观，以报效祖国和人民而开展学术研究为荣，以急功近利和弄虚作假为耻，不为利所惑，不为欲所动，不求闻达，耐得住寂寞，忍得住艰辛，在经济学理论的学术园地里辛勤耕耘，默默贡献。

其次，崇尚实践，坚持理论研究与实际相结合。

人们常说，经济学是“经世济民之学”。即使从事纯经济学理论研究的学者也不能蛰居于书斋，皓首穷经，“两耳不闻窗外事”。任何门类的经济学理论研究都不能搞闭门造车，经济学理论也不是凭空想出来的，纵观经济学说史，古往今来，大凡有成就的经济学家，无不重视理论与实践的结合，大都在实践中表现得十分活跃。美国著名经济学家西蒙·库兹涅茨就是其中的一个典型。西蒙·库兹涅茨长期致力于各国经济统计资料的收集、整理、比较和分析。

他曾先后在旧中国和印度任职8年之久，深入城市、农村、企业、银行等地，考察发达国家对中印两国进行经济渗透及对中印两国在经济增长和国民生产总值方面带来的影响。西蒙·库兹涅茨深入实际的考察，为他的研究工作积累了丰富的材料。由于西蒙·库兹涅茨在研究人口发展趋势及人口结构对经济增长和收入分配关系方面作出了巨大的贡献，1971年荣获诺贝尔经济学奖。

经济学理论是从实际的经济生活中抽象和概括出来的。经济生活是经济学理论的源泉，只有扎根于社会经济生活实践中去，经济学家们才能找到自己的位置，有所作为。最近召开的党的十六届六中全会作出了《关于构建社会主义和谐社会若干重大问题的决定》，这是一个对实践具有重大指导意义的纲领性文件，反映了建设富强民主文明的社会主义国家的内在要求，体现了全党全国各族人民的不同愿望。置身于经济转轨和构建和谐社会这一特殊历史时期的中国经济学者，肩负着为促进经济和社会和谐发展作贡献的历史使命，面对着纷繁复杂的经济现象以及矛盾和问题，更应当深入实践，认真研究影响社会和谐的重大经济理论问题，在理论研究与实际相结合中勤读、勤思、勤写。我国正在发生的社会经济巨变和构建和谐社会的重大任务。既为经济理论工作者们提供了许多重要的研究课题，也为他们施展才华，实现报效祖国和人民的价值追求提供了难得的历史机遇。转型时期的沸腾的经济活动实践，造就了一大批善于用自己的头脑思考中国经济问题并具有创新精神的人才。龙门陡开，江鲫飞跃，经过一段时间的积蕴，狂潮一旦喷涌，在泱泱古老文明的中华大地上必定会涌现出一批能流之久远的传世之作，孕育出一批享誉国际经济学界的学术泰斗。展望未来，事实将会如同当代一位经济学家所预言的那样，国际经济学大师将辈出于中国。

（原载《中国经济时报》2006年11月6日）

也谈衡量合格经济学家的标准

经济学大师凯恩斯在谈论他的老师艾尔弗雷德·马歇尔时曾经提出了对一个合格乃至优秀经济学家的要求，并说道：“优秀的甚至合格的经济学家却如凤毛麟角。”所谓经济学家，顾名思义，就是指研究经济学方面问题的专家。一般而言，“家”是指在学术上有一定成就的人。然而，如今“家”这种称号，其实用得已经很滥了。写几篇经济学文章，就有可能被人称之为“经济学家”；在媒体上亮相多，就有可能被说成是“著名经济学家”。在一个功利和浮躁之风盛行的环境之下，任何崇高的头衔和荣誉都有可能受到亵渎与贬值。如今成为“经济学家”似乎并不是太难的事情。在召开的一些有关经济学论坛的大型研讨会上，经济学家们简直成了过江之鲫，成群结队，纷至沓来。他们当中，既有大学教师，又有各种机构和政策研究部门的头头脑脑，还有达官贵人和社会名流，甚至还有个体私营企业主老板，真可谓形形色色。

由于我国经济理论研究队伍庞大，如今被称为经济学家的人多得车载斗量。数量多则不仅质量难免良莠不齐，而且还有真假即合格不合格之别。如今已不能看见标以“经济学家”，就望文生义地以为一律都是严格意义上的经济学家。在中国被媒体说成是经济学家的人多如牛毛，但真正合格者就如同凯恩斯所说的那样，“却如凤毛麟角”，寥寥无几。那么，什么是真正合格的经济学家？对此问题，经济学界仁者见仁，智者见智，不尽一致。

2005 年时，针对香港科技大学教授丁学良有关“中国经济学家不超过 5 人”的说法，与中国经济学界交往甚多的美国经济学家蒙代尔在接受记者专访时说道：中国的经济学家总体水平不是很高。蒙代尔认为，由于中国改革开放仅有 25 年，中国的教授们对经济领域的了解和研究才刚刚开始，而“经济学家的产生是长期积累的结果”。蒙代尔还认为，对经济的了解程度和具有创新思维是衡量合格经济学家的两大标准。我国有的经济学者则认为，经济学家就如同演员、厨师一样是种职业，但这种职业有两个基本要求，即受过经济学的基本训练，并从事经济学方面的基本工作。

笔者认为，要成为一名合格或优秀的经济学家并非易事，衡量一位经济学家是否合格的标准，应包括知识结构、学术能力和学术品格等三个方面，缺一不可。

（一）合格经济学家的知识结构

作为合格的现代经济学家，首先应当受过专门的训练，掌握扎实的经济学专业知识以及数学和其他人文科学方面的知识，具有较高的理论修养。理论根底必须丰厚，扎实的理论修养，是做好经济研究工作的前提和基本条件。

凯恩斯在谈及经济学家的知识结构问题时曾说道：合格的经济学家“他必须在各个方面都达到相当的水准，然后把这些很难捏合在一起的各种天分融为一体。在某种程度上，他必须既是数学家又是历史学家，同时还是政治家和哲学家。他必须能理会符号而又能诉诸言语。他必须在研究现在的同时回顾过去、展望未来。人类的天性与习俗没有哪些完全处于他的视野之外，他必须富有激情，追求目标而又排除先人之见。他必须像艺术家那样远离尘世，又像政治家那样脚踏实地”。在凯恩斯看来，合格经济学家的知识结构必须是“诸种天赋的集合”。凯恩斯的上述看法是有一定道理的。这是因为，现代经济学有一个突出的特点，就是经济学内部各分支学科间以及与其他社会科学和自然科学的交叉、渗透日益加强，相互依存和相互制约日益突出，出现了综合化的发展趋势，许多经济理论和实际问题，已不是单靠某方面经济学知识所能解决的。这就是说，现代经济学出现的综合化趋势的特点，决定了经济理论工作要想在某一方面有所成就，就必须努力掌握尽可能多的知识，还需要与其他有关方面的专家携手合作，才能攻克某些经济学方面的难题。

笔者赞同国内有的学者对凯恩斯关于合格经济学家的知识结构问题论述的分析，凯恩斯的不足之处主要表现在，他过分强调学科的综合性而忽视了专业性。现代经济学已进入了不同学科合理分工和专业化发展的时代，一个经济理论工作者要成为某一分支学科领域的专家已十分不易，而要做到门门学科都精通，无所不知，无所不晓，已几乎不可能。因此，必须要有所专攻，有重点的选择某一门学科，把它作为钻研的对象，并花功夫真正精通它。经济理论工作者要"专"即必须"精"，不"精"就不能"专"。既要广博，又要精深，看似矛盾，其实不然，二者是辩证的统一。广博是精深的基础，只精深而不首先从广博方面着手，精深则不可得。

经济学的繁荣和发展，在很大程度上有赖于经济理论研究工作者知识结构的完善和素质的提高。时至今日，作为合格的经济学家，不仅仅要具备扎实的专业知识，是经济学某一领域的奇才，同时又要求能掌握经济学领域里相关学科的基础知识以及其社会科学和自然科学的知识，是个学识广博，具备多种学科知识的通才。

（二）合格经济学家的学术能力

大凡称职的经济学家都应具备很强的学术能力，这种学术能力具体表现在以下三个方面：首先是观察能力。一个好的经济学家有能力在学术研究和现实经济生活中观察出问题并勇于提出疑问。对于任何一门科学来讲，观察和发现问题都是理论研究的起点，倘无观察能力，看不出问题，经济学理论研究工作也就无从谈起。二是分析能力。作为称职的经济学家，应具有很强的分析能力。国内学者将这种分析能力概括为两大类：（1）理论的——其中包括数学的分析能力和使用自然语言的分析能力；（2）实证的——其中包括案例（收集材料）分析和数学统计分析。三是创造力。所谓创造力是指具有独创精神和学术创造能力，能够为经济学的学术积累提供具有实质意义的增量。学术研究工作不同于知识的普及和教学，而是要增加知识量，创造新知识，写出人所不知，人所未讲的东西。这是一个更高的境界，它不仅要求经济学家研究者具备丰厚的学识和敏锐的观察能力，还需要有超乎寻常的分析能力和学术勇气。

经济学家一般都有其代表性的学术成果问世。学术成果是表达学问的有效载体，是学术能力大小的集中反映。既然是代表作，就应当是作者的最好最得意之作，它能大体上反映作者已站在什么样的理论高度之上，达到了什么样的学术水平。有的人发表学术论文很少，拿不出像样的东西，却以经济学家自居，经常奔波于媒体之间。但是，单靠炒作获得的只能是泡沫般的虚名，是不可能成为合格的经济学家的。有的经济理论工作者虽然很勤奋，成果多，但其成果了无新意，没有独创性或原则性，这些人也难以跻身于合格经济学家的行列。作为合格的经济学家，就应当既具有独创精神，敢于独立思考，标新立异，大胆探索和提出不同的见解，又要真正能拿得出够分量、有水平、富于创见的代表作。

（三）合格经济学家的学术品格

经济学家不仅仅是一种职业称谓，更是一种道德形象，因此，合格的经济学家应当是有道德含量的。真正能为社会公众所尊崇的经济学家，肯定不仅仅是因为他们“才高八斗”，“学富五车”，而更多地是因为他们既具有广博而又精深的知识，又具有高尚的情操。德国大作家歌德曾指出：“人格和坚定性”比“聪明博学”更重要。对于作家是如此，经济学家又何尝不是如此呢？

就经济学而言，虽然不是研究人的品质、道德之类问题的，否则经济学就等同于道德伦理学，但作为经济学家却应当是讲道德、讲学术品格的。学问与做人是两码事，只要是人，无论你是什么“家”，都有一个立身处事的立场和态度问题。做学问事，首先应做学问人。做人是不能不讲良心、道德的。文以载道，是古代文人的一条重要的为文原则。这“道”既是指做人之道，也可以理解为道德和正气。

作为当今时代的经济学家，更应当有道德和正气，应当是有良知的经济学道德人。一方面，他们是名副其实的专家、学者，有着扎实的学术根底和理论修养；另一方面，他们又是柏拉图所指的智者，或是现代的公共的知识分子，以学问造福社会公众，是舍小我而取大我者。笔者认为，只有真正具备崇高的价值追求和为科学事业献身的精神的学者，才会有爱祖国之情深，爱人民之真切，爱自己之自尊，遵守学术规范，学风端正，淡泊名利，沉潜学问，探求真理。笔者认为，唯有这样的经济学者才是所谓合格的经济学家。

（原载《中国经济时报》2006 年 1 月 13 日）

论经济学家的人文精神

一

近年来，“人文精神”在我国学术界是一个挺时髦的词汇，成了人们谈得很多的热门话题。对于什么是“人文精神”，我国学术界虽然是见仁见智，解释各异，但却有一定的共识，即大都认为所谓“人文精神”，其核心思想就是以人为本，关心人，重视人的价值。

经济学是一门经世济民之学，要把对人的研究摆在最重要的位置。马克思坚持将人的因素纳入经济学的分析之中，并给予充分的重视。在马克思和恩格斯看来，自己的理论是科学，但不仅仅是科学，更重要的是为了“人的解放，人的自由全面发展”。法国经济学家弗雷德里克·巴斯夏曾在《和谐经济论》一书中写道：“政治经济学的研究对象人，是从需要及满足需要的手段这个角度来考虑的人。因此，当然应该从人和人的本性开始我们的研究”。[①] 英国经济学家马歇尔在其撰著的《经济学原理》一书中更是明确指出：“经济学是一门研究财富的学问，同时也是一门研究人的学问”。[②]

经济学作为一门研究人的学问，它较之于其他社会科学更具有鲜明的“人文”特征。以经济学理论研究为业的学者也更具有“人文”气质，在许多经济学大师的身上都有股浓浓的“人文”味。他们大都怀有对人类的悲悯精神和对公平、正义的社会理想的追求。瑞典经济学家岗纳·缪达尔认为，所有的经济学家都应当满怀人类的同情心，献身于这样一个信条：公共政策的最终目标是全

---

① 佛雷德里克·巴斯夏：《和谐经济论》，中国社会科学出版社 1995 版，第 85 页。

② 马歇尔：《经济学原理》，商务印书馆 1981 年版，第 23 页。

体人民的共同富裕。岗纳·缪达尔穷尽毕生精力将经济学淡忘已久"平等"观念，引入发展经济学中使其经济学理论充满了人文关怀。

马歇尔是英国剑桥大学经济系的首任教授，他有一句名言："经济学家就和所有其他人一样，必须关心人的最终目标"。年轻时的凯恩斯由于受剑桥经济系的传统和剑桥伦理学家摩尔的影响，大学毕业时打算写的第一本书是伦理学著作。凯恩斯早以经济学家的身份青史留名，但用他夫人莉迪娅的话来说，他又"不仅仅是经济学家"。凯恩斯热心公益事业，积极推动公共文化事业的发展，并创办了剑桥艺术剧院。这些贡献已超出了经济学的专业范围。因此，莉迪娅的话暗含着另一层意思：凯恩斯是个具有人文情怀的学者。弗里德曼是一个能与凯恩斯齐名的大经济学家，他也曾说道："经济学家不仅仅是经济学家，他们同时也是人，所以他们的价值观念毫无疑问地会影响到他们的经济学"。

由于经济学研究对象的特殊性，人文精神对于经济学家尤显重要，经济学家的人文精神，除了表现为对真理与知识的重视和求索外，还突出地表现为具有崇高的价值追求和对道德人格的看重与追寻，以及对平等正义的渴望与呼唤等方面。作为经济学者，如果是一个真正具有人文精神的学者，首先应当有崇高的价值追求，即能以探索真理，造福公众，作为自己的理想信念和基本价值取向。探索真理，造福公众，是经济学家不可推卸的责任。有责任方有追求，有追求方有精神。社会生活中每个人都理应有自己的一份责任。尤其是经济学者，重任在肩，身系万众，任何时候都应以生民、国家的利益为念为重。如果没有对国家和人民大众利益的深切关注，就不会有对事业的执著追求和宽厚的人文情怀。一个有崇高价值追求和良好人文精神的学者，才会有爱祖国之情深，爱人民之心虔，爱社会之善举，爱家园之真切，爱自己之自尊，情系民众苦乐，关注社会经济发展，遵守学术规范和现代社会的文明规则。

二

经济学是当年中国人趋之若骛的热门学科。任何学科一旦成为显学，受到许多人的追捧，就难免泥沙俱下，队伍庞杂，左道旁门奇出。当下的中国经济学界潜心学问者虽有不少，但也确有一些追名逐利之辈。近年来，我国经济学界浮躁之风日盛，经济学家人文精神的失落已成了不争的事实，弥漫在经济学界的诸多不正常现象已使经济学家群体的操守和人格受到广泛的质疑，特别是国内某些像明星一样的大牌经济学家，他们的诚信折扣也越来越大。近年来，中国的某些经济学家的道德和良知的缺失突出表现在以下两个方面：(1）弃义求名，躁于求利；(2）不顾公众利益，发表不负责任的言论。

近年来，中国经济学界不少人对于“名”看得很重，甚至连做梦都想出名。一般而言，想成名也并不是一件坏事。学者一旦成名，随之而来的是所谓名人效应。这种效应，往往能给当事者带来意想不到的利益和好处。因此，显誉于当代，流传于后世，“赢得生前生后名”，可以说是古今许多学者的共同夙愿。

古人云：“名者，实之宾”。有其实，方有其名。名声是种实力，是由成就营造。学者实力的标志是作品，特别是代表作。学者的著名，就是因其作品的影响大，代表作有创见、够分量、掷地有声。中国古代文人为了“一举成名天下知”，靠的是头悬梁锥刺股，靠的是十年磨一剑，靠的是“三年不窥园”的毅力和“铁杵磨成针”的耐心。古今不少学者皓首穷经，日积月累，著作宏伟，终于赢得赞誉。

如今的中国经济学界有些人虽然头顶著名经济学家之桂冠，报上有名，电视上有影，可谓大名鼎鼎。但是，他们中的许多人既没有能在国际上高规格、高品位的学术刊物上发表高水平、高质量的学术论文，提出代表经济学科发展前沿的学术思想、命题和观点，又无人能在国际上公认的高级别、有分量的科研奖项中获奖，更无人有能写入现代经济学教科书的理论思想。因此，尽管他们在国内叫座，但却不为国际同行所知晓。即使在国内，有的人除其名字著名外，其代表作及理论建树且不说著名，就连叫什么名字、有哪些，也没有几个人知道。现今的中国经济学界有的人学养肤浅，作品平庸，名却成了。有的人声名显赫，口气不小，架子很大，但却拿不出像样的作品。那么，他们是怎样成名的呢？主要是靠媒体炒作。经济学家有的人靠炒作成了“大名”，身兼一些大企业甚至地方政府的顾问，每年领取不菲的酬金，令一些人羡慕不已。

在当今商业化浓烈的环境下，学者的名字就如同商标，名气越大，身份就越高。名满天下，无人不知，就有可能财源滚滚，腰缠万贯。正因为“名”的作用如此之大，也就难免会有人用些手腕、心计、花样求名，力图通过扩大知名度，提高身价，捞钱。

我国经济学界有的人成名欲很强烈，喜好造名，信奉有名就有一切，没有学术实力如何造？炒作便成了捷径。近年来，我国经济学界有些人心浮气躁，急功近利，为了成名，整天混迹于大众媒体，时而出现在报纸上，时而出现于荧屏间，或接受采访，或在各种论坛上发表演讲，大谈自己的“高论”、“创见”，竭力炒作自己。他们不仅夸夸其谈，大吹大擂，自我炒作，请媒体帮吹喇叭，有的甚至还搬出学生和朋友来，让他们摇旗呐喊，加入炒作的队伍。

常言道：“君子爱财，取之有道”。对于名也是这样，名不正则言不顺。有名虽然是好事，但这名要正，要名实相符。经媒体炒作成名，那只是虚名，并不可靠。如果你不能以作品证明自己的实力，那么，你就只能是名噪一时，昙花一现。随着岁月的流逝，挥去历史的灰尘，终久会被人淡淡地忘却，重归默默无闻。文以载道，是古代文人的一条重要的为文原则。我们时代的学者论理更应当具有道德和正气，而现在经济学界有些人却不是这样。他们爱钱爱利，弃义求名，躁于求利，连起码的道德尊严都不要，还谈什么人文精神、社会责任和道德良知?!

在当今的中国学者中，经济学家是地位显赫又最受民众抨击的一个群体。经济学家受到民众批评和指责较多的另一个问题是，有的经济学家在金钱的诱惑下失去了应有的学术良知和社会公德，不顾社会公众的利益，时而发表一些不负责任的奇谈怪论，甚至公开充当少数利益集团的工具和代言人。对此，有关媒体已多有披露，下面且信手拈来的举出几例：“中国穷人上不起学是因为收费太低”；“起征点太高就剥夺了低收入者作为纳税人的荣誉”；“只有富人得到保护，穷人才可能变富”；“房就应该为富人建，房子、车子、飞机都是为富人的”；“经济适用房是政府讨好百姓的‘馊招’”；“8 亿多农民和下岗工人是中国的巨大财富，没有他们的辛苦哪有少数人的享乐，他们的存在和维持现在的状态是很有必要的”；“经济学者应该替百姓说话吗？很遗憾，这不是从事经济研究人员必然的义务或使命”；等等。列举的上述几条言论虽然大都是出自所谓有点名气的经济学家之口，但都是不折不扣的胡言乱语，是有违良知、有悖常识、有逆人性的“昏话”。有些经济学家的名声不可谓不大，但却缺乏道德良知的训练，缺乏正常人都有的同情心。

作为公民，经济学家当然享有言论的自由，而且人非圣贤，言论也难免会有不妥之处。但是，经济学家作为学者发表见解又不同于一般公民表达意见。在老百姓的心目中学者是公平和正义的化身，公理之依托。然而，也正是这种信赖带来了相应的道德责任。经济学家以学者的身份发表意见时，应力求客观谨慎，有社会责任感，出发点必须是有利于促进整个社会的进步与和谐。百姓能够原谅经济学家言论中的某些错漏和不足，但不会容忍和姑息某些经济学家放弃责任担当，为少数利益集团所左右，随兴所至，信口开河的胡言乱语。

三

面对经济学家人文精神的失落，道德修养的缺失，时下许多人呼唤经济学家的人文精神，显然不是空穴来风。当前在我国确有必要大力倡导和培育经济学家的人文精神。

经济学家掌握的是经世济民之学，有些经济学家还是政府有关部门的智囊，他们的见解对公共政策的取向有可能产生一定的影响。因此，通过人文精神的培育，让经济学家承载更多的人文关怀，这对于促进我国的和谐社会的建设始终朝着正确方向前进无疑具有重要的作用。

那么，怎样在经济学家中倡导和培育人文精神呢？

（一）要永远心系广大民众，坚持“为广大民众服务的价值取向”

经济学是研究人的经济行为的科学，经济学的核心是人。经济学家的人文精神主要体现在对人特别是对广大民众的终极关怀。经济学是一门科学，经济研究工作者无疑应当尊重科学，尊重事实，力求客观公正，但这并不等于就不存在为什么人服务的立场问题。经济学家要为广大民众服务，研究和判断问题要代表最广大民众的利益。这既是一种神圣的社会责任，也是作为合格经济学家的本色和基本要求。美国经济学家舒尔茨 1979 年在接受诺贝尔经济学奖时曾说过下面一段很著名的话：“世界上大多数人是贫穷的，所以如果我们懂得了穷人的经济学，那么我们也就懂得了许多真正重要的经济学原理”。温家宝总理在 2005 年全国“两会”的中外记者招待会上回答记者提问时曾引用过这段话。这段话讲得就是经济学家应当关注民生和为广大民众服务的问题。近年来，社会公众对我国有些经济学家的“屁股坐在哪里？甚至良心何在？”颇多微词。这实际上是指有些经济学家的出发点和落脚点不正确，批评他们为少数强势群体代言和谋利。

当今之中国社会，已是一个由多阶层民众构建起来的有机整体，各社会群体之间的利益协调与和谐相处，是保证国家稳定，社会祥和，民众安康的重要政治基础。由于中国人口众多，且是尚处于发展中的国家，特别是当前正处于社会经济体制转型及社会和阶层利益关系发生急剧变动的阶段。这种特殊的国情，决定了对于平民阶层和弱势群体的利益应给予更有效的维护和更多的人文关怀。

如果不强调经济学家要为广大民众服务，不重视对弱势群体更多的人文关怀，而听任某些经济学家一味地为少数利益集团抬轿子，唱赞歌，充当代言人，那么就有可能产生错误的导向和信号，并将因而进一步加剧两极分化和贫富差距，导致阶层对立最终影响社会的和谐稳定。

经济学既然是“人学”，经济学家也就离不开人，离不开广大民众。经济学家对人特别是对广大民众要有爱心，要有暖意，要有担当，即要有关爱众生的博大情怀。经济学家只有与广大民众保持紧密的联系，多关注那些与广大人民利益休戚相关的问题，与这个群体同呼吸共命运，经济学家的研究工作也才能更有声色，更有价值。经济学家倘若脱离了广大民众，就会如同安泰神离开了大地母亲一样，必将一事无成。

（二）加强自身修养，重视维护形象

人文，人之为人也。人文精神特别注重人的精神品格。学者的所谓精神性品格，笔者认为，主要指学者要有学术品格，即要有良知、有道德修养。我国民俗学泰斗钟敬文生前曾经语重心长地说道：“知识分子应该是社会的良心，是社会的中流砥柱”。学者本是社会良知的参照系，是用来检验社会道德的一把尺子，他们的行为往往是人们仿照、学习的标志。因此，学者更应当洁身自好，注重气节，好自为之。

经济学家要成为一个名副其实的学者，除了要具备扎实的理论功底和被同行认可的学术成就之外，更要有学术良知和道德修养。当然，在目前这个利益多元化的时期，要求每位经济学家都成为道德楷模也是不现实的。但是，经济学家作为学者毕竟不同于一般民众，理应有一种更高的人文和道德承担，在任何时候都必须坚持操守和道德底线。那么，究竟什么是经济学家必须坚持的道德底线呢？除了要为发展社会生产力和社会福祉服务，这个任何时候都不可忘却的社会责任之外，经济学家还应当特别注意以下两点：(1)要善待名利。重名声，争名利，是红尘社会的世俗，过分热衷，孜孜以求，必为名所累所毁。固然不是君子不言利，但却不应当把经济学知识当成追名逐利的敲门砖，更不能见利忘义、一味逐利。(2）用心维护学者的形象和声誉。一般而言，学者是社会声誉高，受到社会普遍尊重的群体。这个群体的成员理当具有较好的风范和修养。经济学家作为学者群体的成员，理当重视维护学者在民众中的形象和声誉，不辜负民众的厚爱和尊敬。

（三）坚持走淡泊、寂寞之道

伴随当今世界一些发达国家的经济奇迹曾造就了一批声誉很高的大师级经济学家，创造了举世瞩目经济奇迹的我国，却至今尚未能造就出海内外公认的经济学大家。这一令人诟病的事实反映出，我国的经济学家还缺少一种坚韧不拔探讨科学和潜心学问的精神。

近年来经济学界出现的急功近利和沽名钓誉的浮躁之气，对于经济学者的治学态度及经济学理论的学术创新和繁荣损害甚大。科学研究从本质上讲是一项非功利性的活动。学者一生做人为文，走的是淡泊、寂寞之道。“人总是要有一点精神的”。经济理论研究是一项艰苦的劳作。“天上不会掉下馅饼”。经济理论学术研究也不会有“免费的午餐”。要孕育和创造出能流之久远的精品力作，毕竟要经过苦其心智、劳其筋骨的钻研和磨炼。亚当·斯密著述《国富论》整整坐了十年的冷板凳。优秀的经济学者总是拥有一颗超越世俗的淡泊名利之心。大凡只为一己私利而蝇营狗苟算尽机关之人，是断然不能写出鸿篇巨制的。

做学问者，必须心正，心不正就不静，不静不甘寂寞，身在学术界，却心有旁骛，不能潜心钻研，就难以成大器。在当今充满着诸多诱惑的环境里，做学问者，正心、静心乃为首要。中国的经济学要走出困境，跻身国际前沿，中国的经济学家就应该而且必须克服急功近利和浮躁的心态，而以执著、淡泊、踏实、创新的精神，在经济学的园地里辛勤耕耘。

（原载《中国经济时报》2007年9月17～18日）

学者应有的学术品格

学者以研究为业，学术研究是一种艰辛的劳作。漫漫学术路充满着荆棘、坎坷和艰难。社会科学特别是经济学理论是有很强的长期累积的特点。高水平的学术研究往往需要研究者长时间的呕心沥血，多涉甘苦的累积。只有经过长时间的苦其筋骨的钻研、磨练和奋力跋涉，方能孕育和创造出有分量的学术精品。在学术成果未面世之前，许多学者大都长时间地处于默默无闻的状态。因此，社会科学特别是经济学理论研究是个寂寞的行当，静心至为重要。心不静，不甘于寂寞，于热热闹闹之中不能潜心深钻，就不能成器。经济学大师亚当·斯密写作《国富论》时在家闭门整坐十年冷板凳，清心寡欲，沉稳坚韧。只有具备亚当·斯密那种宁静致远和淡泊名利的学术品格的人，方能成大器。那些把大量精力花在争名于朝、逐利于市的人，与大师级的学术成果无缘，当然，也就肯定与大师无缘。

一般而言，文人学者在社会公众中的印象是好静的，寒窗孤灯，皓首穷经，为人风格不事张扬而习惯于蛰居书斋，沉潜学问。他们就好像农夫一样，以笔代犁，终日默默耕耘。然而，到如今这已是一张老黄历了。近年来，学术界的浮躁之风甚嚣尘上，已成了许多社会公众议论的重要话题之一。浮躁是近年来学术界表现最为突出的学术腐败现象。在学术界功利和浮躁之风颇盛的环境下，虽然有许多书生学者仍坚持远离名利场，在静心问学修行，但亦多见有人染上了浮躁病。如今我国学术界学术腐败的例子可谓多不胜举。对于学术界的种种腐败现象，诸如专家学者涉嫌抄袭、剽窃他人学术成果等事例，媒体已多有揭露。笔者认为，在包括经济学在内的社会科学领域还有以下几种比较突出的学风浮躁的现象，应当引起人们的特别关注：

其一，近年来，有的学者有了一点名气，就飘飘然起来，就再也耐不住寂寞，坐不下冷板凳。他们频频地亮相于报端和电视镜头前，走马灯似的到各地论坛上演讲和发表见解，炒作自己。有的学者通过媒体的炒作和包装，把自己弄得神乎其神，成了无所不知、无所不晓的人，不讲理性，无视科学精神。

其二，有的学者时而像影视界的明星那样制造轰动效应，哗众取宠，力图以此来提高自己的知名度。他们提出的“高论”、“创见”，往往使学者同仁感到很偏颇，很牵强，十分费解，甚至还有常识性错误，自然成了舆论批判的靶子。

其三，现今的学术界喜好吹捧，擅为吹鼓手、贴金匠者大有人在。有的将业内人士还知之不多的人说成是“著名学者”，有的把在学术上并无建树的人说成是“名师、大家”，有的把在某一领域研究方面取得了一点成绩的人说是“××理论之父”。

其四，近年来，有的高校教授“跑场子”、“赚票子”，忙得不亦乐乎。他们常常在祖国的天南地北，或拿着讲稿在风马牛不相及的多个研讨会上做着内容相同的演讲，或在某个论坛上做着没有准备的不着边际的讲话，或者行色匆匆赶到某个会场讲一两句无关痛痒的话露一脸，就拿着有时高达数万元的“酬劳”慌忙告辞。所谓教授者，顾名思义，当以潜心教书授业为本职。然而，如今有的教授却游离于大学高墙之外已悠悠乎久已。他们常常置本职工作于不顾，像影视界的明星一样“走穴”忙致富，追逐金钱。

其五，如今有的学者是“谁有钱就为谁服务”，傍大款，竭力为依附的大企业集团赚钱牟利出主意，抬轿子，唱赞歌。这些人已完全丧失了作为学者的独立人格和道德底线，把自己沦为某些利益集团的工具和代言人。中国古代文人学者出于清高“耻言钱”、“讳言钱”，然而如今有的学者的人品甚至连古人也不如。

仅从以上几个据媒体披露的例子看，我国的学术界的浮躁之风确实已达到不容忽视的严重地步。近年来，我国学术界的浮躁之风日盛，这绝非偶然。它既是受当前社会上存在的腐败现象的环境、氛围的影响，也与学者个人的学术素养、学术品格不无关系。由于我国理论研究队伍庞大，如今被称之为学者的人多得车载斗量，数量多则质量难免良莠不齐。虽然学风浮躁的只是少数一些人，但近年来迷漫在学术界的诸多学风不正的现象已使我国专家、学者的群体形象和品格受到许多社会公众的质疑，特别是某些所谓“著名”学者的诚信度折扣也越来越大。不仅如此，学风过于浮躁，科学精神的失落，学术品格的缺失，都是腐蚀科学理论研究队伍、造成原始创新能力薄弱以及世界级学术大师难以产生的重要原因之一。

古诗云：“问渠哪得清如许，为有源头活水来”。就如同人需要清新的空气和洁净的饮水一样，学术研究也需要培育良好的学术生态，净化学术环境。只有这样才能催生学术新苗，培育科研人才，也才能从根本上提高我国的自主创新能力。倡导优良学风，反对学风浮躁现已成为我国理论界的一项十分紧迫的任务。在同学风浮躁和学术腐败现象作斗争中，广大理论研究工作者要从严自律，争做表率，从我做起，带头弘扬学术道德，反对浮躁浮夸作风。社会科学理论工作者虽然不都是研究人的品质、道德之类问题的，否则社会科学就等同于道德伦理学了，但是，社会科学理论工作者本身却应当都是讲道德、讲学术品格的。

在我国现有的理论工作者中相当多的一部分是大学教师，其中不少人是大学教授。古人云：学高为师，身正为范。要为师为范，就必须学高身正，学高是指学术上有造诣，学问精深。身正是指学风端正，品质高尚，受人推崇。大学讲师、教授是有道德含量的，不仅仅是一种职业称谓，更是一种道德形象。从根本上来说，学风、文风，是包括大学教师在内的学者的基本品质的反映，这就如同俗话说的“文如其人”。因此，要真正形成良好的学风，最要紧的是提高学者的道德品质，洁身自好，做个道德品质高尚的人。

学者作为精神劳动者理应比其他从业者有更强的精神需求。作为学者，不仅要有扎实的理论修养，而且还应当有崇高的价值追求。那么，学者的基本价值追求或者价值取向是什么呢？笔者认为，每一个负责任的学者，都必须把报效社会主义祖国，服务人民大众，探求科学真理，作为自己的基本价值取向。只有真正具备崇高价值追求和为科学献身的精神，才会有爱祖国之情深，爱人民之真切，爱自己之自尊，不以名喜，不为利悲，不浮不飘，不急不躁，不畏攀跻之艰，不畏攻坚之苦，以严谨、执著、求实和求新的态度，潜心求索，辛勤耕耘，在学术路上孜孜以求，永不停步。唯有如此，才有可能取得对国家重大决策和学科建设具有重要价值的科学成果，创造出在理论上有所建树的真正的精品力作，为我国的现代化建设和学术的繁荣做出应有的贡献。

（原载《光明日报》2005年3月16日）

谈要按经济规律办事

古话说："天有常道，地有常数"。世上的万事万物，大至天地、人类，小而蝼蚁、瓦壁，都是按照一定的规律运动和变化的。寥廓的宇宙间，天体运行，各有其位。浩茫的大自然里，寒来暑往，秋收冬藏，井然有序。淙淙流水，由高而低，冉冉暖气，向冷传热，有规可循。

在人类社会的一切现象中，要算经济现象最为错综复杂，从表面上看似乎是漫无秩序的。但是，只要我们细加分析，就可以在各种杂乱无章的经济现象中发现某种原因和结果之间的必要联系，正是这种必然的因果联系反映了经济现象的内在本质，使经济运动表现出一个合乎规律的过程。这种经济现象和经济过程之间内在的、必然的联系，就叫经济规律。比如，在有商品经济的社会里，人们天天都可以看到商品买卖这一经济现象和经济过程，有的商品价格高，有的商品价格低。一台电视机的价格大大高于一台收音机的价格，一斤棉花的价格大大高于一斤粮食的价格。这是什么原因呢？就是因为生产一台电视机比生产一台收音机用的料多、花的工多，生产一斤棉花也比生产一斤粮食花费了更多的劳动量。商品的交换比例必须同生产商品所消耗的社会必要劳动量相适应，这是商品经济的一条规律，即价值规律的要求。各种商品按照不同的比例相交换，或是按照不同的价格买卖，这些经济现象和经济过程，正是由这个经济规律所决定的，是这个规律作用的一种表现。

一切规律都具有客观性质，都是不以人们的意志为转移的。杜甫诗说："葵藿倾太阳，物性固难夺"。意思是说，葵花向着太阳转动，这是葵花的物性或规律，它决不会依人们的好恶而改变。经济规律也是这样，无论人们对它是喜还是怒，是褒还是贬，是承认还是否认，它都存在着并发生作用。比如，在有纸币流通的情况下，纸币流通规律就必然要在经济生活中起作用。如果纸币发多了，超过了商品流通的正常需要，物价就要上涨，这是不能随人们的主观意志而变更的。既然经济规律是客观的，人们就不能任意地创造它、限制它和消灭它。马克思曾把规律的作用，称之谓“铁的必然性”。他说：“规律本身”，是“以铁的必然性发生作用并且正在实现的趋势”。①

经济规律与自然规律虽然都是客观规律，但也有所不同。经济规律与自然规律相比，它的大多数不是长久不变的。多数经济规律只是在一定历史条件下发生作用的，具有历史的暂时性。比如，剩余价值规律，它只是在资本主义经济中起作用，随着资本主义经济制度为社会主义经济制度所代替，剩余价值规律也就不再起作用了，取而代之的是以最大限度地满足人民不断增长的物质文化需要为目的的社会主义基本经济规律。为什么大多数的经济规律都不是永恒存在的呢？这是因为经济规律总是在一定的经济条件的基础上产生的。经济条件，主要是指社会的生产关系，它是由物质生产力决定的，有什么样的生产力，就有什么样的生产关系，也就有什么样的经济规律。生产力发展了，生产关系变化了，一些经济规律就会失去效力，退出历史舞台，而另一些经济规律就会产生和发生作用。恩格斯在谈到《资本论》时说：“贯串于全书的历史的见解，使作者不把经济规律看作永恒的真理，而仅仅看作某种暂时的社会状态的存在条件的表述。我们应该承认，这种历史的见解我们是很满意的。”② 当然，也有些经济规律在一切社会中起作用，这类规律叫做共有规律。如生产关系一定要适合生产力性质的规律，不论哪一个社会，只要存在社会生产，这个规律就必然要发生作用，不过这类规律只是少数，而大多数经济规律则是在某一个社会经济形态的特有的经济规律。此外，还有某几个社会形态共有的经济规律，如价值规律，只要哪里有商品生产的经济条件存在，哪里就有价值规律起作用。

---

① 《马克思恩格斯全集》第23卷，人民出版社1972年版，第8页。

② 《马克思恩格斯全集》第16卷，人民出版社1972年版，第234页。

我们承认经济规律的客观性质，并不等于说对经济规律毫无办法，只能服服帖帖地听从它的摆布，做客观经济规律的奴隶。恰恰相反，人们在规律面前并不是无能为力的，虽然人们不能随意创造、限制和消灭经济规律，然而经济规律同自然规律一样是可以被人们所认识和利用的。斯大林在《苏联社会主义经济问题》一书中，曾以水为例来说明这个问题。在古代，江河泛滥，洪水横流，造成了房屋和庄稼的毁坏，给人类带来了巨大的灾难。可是，后来随着人类科学知识的增加，对水的运动规律逐步认识了，能够适应它的内在要求而去创造条件利用它，诸如拦河筑坝、兴建电站、修筑水库，这样不仅可以防止水灾，而且还可以造福于人类。事实说明，如果人们懂得运用水的运动规律，就能变水害为水利。相反，如果不懂得运用，就会成为水害。我国古代鲧治水时，只知道堵，结果失败了，就是因为他不能认识和利用水的运动规律的缘故。鲧的儿子禹，吸取了他父亲的教训，变堵为疏导，使水东流入海，因而治水成功了。自然规律是这样，经济规律也同样如此。经济规律虽抚之无形，视之无影，但顺之无声色，逆之必怒吼。在实际的经济工作中，人们如果能够正确地认识它，摸透它的脾气，尊重它的存在，并在行动中顺应它的要求，那么，它就能乖乖地被人们用来推动生产力的发展，反之，当人们无视经济规律的存在，在行动中违背了它的要求时，它就会不顾人们的主观意愿，强制地为自己开辟道路。这时，其作用便会表现为给人们以惩罚。这点我们可以从我国社会主义建设的实践中得到一些启示。

实践是检验真理的唯一标准。我国 30 多年来的社会主义经济建设的经验证明，什么时候我们按照经济规律办事，尊重经济规律的作用，一般说来，经济发展的速度就比较快，城乡市场繁荣，物价稳定，人民生活就能有所改善和提高。相反，什么时候受右倾思潮干扰，没有按照经济规律办事，忽视甚至否定经济规律的作用，我们的经济建设就会受到挫折，生产上不去，城乡市场供应紧张，物价波动，人民生活就会发生困难，国家、集体和个人都要倒霉。党的十一届三中全会公报指出：“实践证明，保持必要的社会安定，按照经济规律办事，我们的国民经济就高速度地稳定地向前发展。反之，国民经济就发展缓慢。”这正是对我国30多年社会主义经济建设的经验总结。事实告诉我们，能否正确认识和运用经济规律，直接关系到社会主义经济建设能不能发展，人民生活能不能改善、提高，因而，经济规律绝不是一个脱离实际的、纯粹抽象的理论问题，它在社会主义现实经济生活中至关重要，不容忽视。

认识和掌握经济规律十分重要，特别对于我们进行四个现代化的建设，更具有重大的现实意义。只有在遵循客观规律的基础上充分发挥人的主观能动性，才能加快社会主义现代化建设的步伐。否则就会陷入盲目性，欲速不达，反而延缓了经济建设。只要我们努力学习马克思列宁主义、毛泽东思想，坚持实事求是、一切从实际出发的原则，勤于深入调查研究，善于认真总结经验，就一定能在实践中一步一步地认识社会主义经济发展的客观经济规律，学会按客观经济规律办事，推动我国四个现代化的建设事业不断向前发展。

（原载《电大学刊》1984年第9期）

信息化和我国现代化

（一）

当今世界正面临着一场新的技术革命，通过这场新的技术革命，实现高度信息化，人类将从工业社会步入信息化社会。在人类正向信息化社会迈进的当今时代，我国的现代化建设必须站在较高的起点上加速发展。这个较高的起点，就是要超前地发展高信息技术，在信息化的基础上实现现代化。以发达国家已走过的道路为借鉴，跳过某些传统的工业发展阶段，加快信息化的步伐，充分发挥信息技术对国民经济的增值作用，应该是我国加速现代化建设进程的一项战略性措施。大力发展教育是实现信息化的根本措施，应当把教育当作立国之本，当作发展现代化建设的头等大事抓好。

当今世界正面临着一场新的技术革命，通过这场新的技术革命，实现高度信息化，人类将从工业社会步入信息社会。法国著名学者让－雅克·塞尔旺－施赖贝尔在他所著的《世界面临挑战》一书中说：信息技术是走向全球的，每个国家、每个社会既不可避免又刻不容缓。这是当今世界的大趋势。面对这种趋势，如何正确处理信息化和现代化建设的关系，制定迎接新技术革命挑战的方针、策略，已成为摆在我国面前的一个重要课题。所谓信息，一般泛指关于各种事实和思想的数据、消息和情报的总称。以信息为对象，进行处理和加工，提高其有用性、可靠性的技术，便是信息技术。随着电脑的发明和应用，揭开了信息革命的序幕。信息技术已成为当代发展最快、应用最广的新兴技术。它超越了空间和时间的限制，渗透到经济、军事和社会生活等各个领域，并给一些新兴领域的开发研究，如新材料、新能源、遗传工程、航天工程、海洋工程等注入了新的活力。当代，由于信息技术的渗透性和增值性，信息和知识的产生、传播与利用的规模日益扩大，对生产要素的增值作用不断创造着新的社会财富，从而使国民经济中信息部门的贡献份额和劳动力比重逐年增加。目前，世界各国的信息产业产值正以每年递增20%～30%的速度向前发展，信息产业的产值在社会生产总值的比重不断上升，美国信息产业的从业人员已达63%，日本也已达50%。据估计，在今后的二三十年内，许多国家将有一半以上的就业人口告别烟囱林立的传统工业转而从事信息传递和处理工作。这表明，目前世界上的主要发达国家已进入了一个新的发展阶段，即国内外许多学者正在议论和宣传的信息化社会的发展阶段。

信息化如同工业化一样，是关于经济发展某一特定过程的概念描述。简单地说，信息化就是指国民经济的发展从以物资和能源为基础，向以知识和信息为基础的转变过程。所谓信息化社会，就是智力或知识密集型结构的社会。其特点归纳起来主要如下：（1）社会生产大量知识信息。信息成为战略性资源和自动化的神经网络以及价值增长的主要源泉。（2）拥有高度发展的信息技术，电子计算机在生产自动化方面、企业经营管理以及社会各领域、各个部门得到普及和广泛应用。（3）信息部门和信息生产在社会再生产过程中占有越来越重要的地位，发挥越来越重大的作用。（4）人们的价值观念发生了变化，“时间是金钱，效率是生命”的口号，让位于“信息是金钱，决策是生命”的口号。谁拥有更多的信息，谁能准确、及时地作出决策，谁就能在竞争中取胜。总之，作为人类发展史上的一次重大变革的信息社会，其根本特点是劳动者的知识化、工具的自动化和社会的信息化。社会信息化是一种不可逆转的历史潮流。

随着以信息革命为中心的新技术革命的蓬勃兴起，前所未有地突出了信息和知识的重大作用。西方国家舆论中有一种流行的看法：以前左右产业发展的力量是人、钱、物，而现在超过这些并具有最大影响的则是信息。信息和知识已成为生产力、竞争力和取得经济成就的关键。在当今时代，国与国之间实力的较量，已变成了创造信息、传播信息、吸收信息和运用信息能力的较量。一个国家倘若不能为自己的公民和各行业提供他们所需要的信息，等于在相当程度上丧失了独立性。对于信息的重大作用，西欧一家著名的战略研究中心曾有这样一段论述：“信息就是资源，信息就是权力，信息就是财富等等的描述，仍不能充分说明信息的伟大作用。已可以这么说，现代化信息既是人类历史上正在导演中的新产业革命的起飞点，又是它的归宿”。因此，尽管对世界是否已进入信息化社会的问题目前尚有争议，但整个世界正在向着信息化社会迈进这一点，已为大多数国家所公认。为了迎接信息化社会的到来，许多国家都在研究对策，制定规划，争取主动。美国政府所采取的基本战略方针是：“狠抓以信息技术为核心的高技术的发展，进一步调整现有的经济结构，确保经济与技术的世界领先地位。”里根政府曾于 1982 年 11 月提出了一项以发展信息技术为主体的高技术倡议，根据这项倡议，由总统任命成立了一个“高技术特别委员会”，具体负责制定国家高技术中远期发展战略。美国政府采取的影响最大的行动是 1984 年正式提出的“战略防御倡议”（即“星球大战”计划）。美国国务卿舒尔茨曾强调指出：战略防御倡议实质上“是一个巨大的信息处理系统”，“是智力和科学变化影响我们处理世界事务方法的一个明显事例”。此外，美国面对日本率先提出的第五代电子计算机开发技术的挑战，为了保住在计算机技术方面的领先地位，决心改变过去一直保持的多元分散独创的科研模式，执行对口联合的方针。近年来，美国许多著名的电子计算机大公司在政府的鼓励下开始实行广泛的合作，组成联合攻关机构，加快第五代电子计算机的研制过程。1983 年成立的美国微电子学和计算机技术联合公司，就是由 18 家主要计算机公司把它们的长期研究设施汇集在一起的一种联合机构。

日本作为发达国家中的后起之秀，同样高度重视发展新兴的信息技术。1984 年，日本前首相中曾根康弘曾亲自指示迅速建立高度信息化社会的恳谈会。经过多年研究，日本政府确认只有在 20 世纪 80 年代 ~90 年代大力发展信息产业和信息技术，实现高度的信息化，争取在世界上率先建成高度信息化社会，才是日本顺利发展的唯一正确道路，甚至提出了“信息立国”的新口号。日本已制定了发展的目标和计划，明确提出要在20世纪末即2000年前建成高度信息化的社会。日本还着眼于90年代，正在研发以第五代电子计算系统为目标的信息技术。日本采取以政府为主导、集中攻关、联合开发的方针，并已将此计划列入国家重点开发的科研项目，对计划进行行政干预，给予资助。

在世界范围的信息革命的角力场中，西欧及其他地区的许多国家也都不甘落后，纷纷制订了自己的对策。欧洲经济共同体于1983年制订并通过了一项“欧洲信息技术研究开发战略计划”。这是由政府扶植的为期10年的大合作计划，由英、法、联邦德国、意大利等国的12家主要计算机公司和共同体委员会分担多达13亿美元的科研经费。联合投资、联合研究开发和联合生产已成为欧洲共同体对付新技术革命挑战的一项政策。英国由首相亲自抓信息工业，并任命了一位专管信息工业的工业部长。法国当前着重抓电子信息、生物工程、自动化等尖端技术的应用。联邦德国在各经济部门中，正广泛地使用电脑，每7个人中已有一个人在其工作中使用电脑控制的机器或设备。苏联在1981～1985年的五年计划期间，计划把电脑的产量增加7倍，其中微电脑增加19倍。民主德国在80年代的经济发展战略中，要求各企业部门在生产中广泛利用微电子技术，实现自动控制生产过程和使用机器人。第三世界国家中的大国印度提出了1983～1992年的微电子发展计划，决定投资23亿卢比，用于微电子工业的研究与开发。亚洲“四条小龙”之一的新加坡在1983年时就已提出要全面实现国家计算机化并加速建成为亚洲信息中心的计划。此外，其他许多新兴工业化国家和地区也都制订了自己的实现信息化和工业自动化计划，广泛推进信息技术在航空工业、气象预报、土地综合利用、医疗保健和经营管理中的应用。总之，信息革命的浪潮已席卷全球，无论是发达国家，还是发展中国家，都已注意到信息技术的发展对经济和社会的巨大影响，都把发展信息技术作为一项能立足于现代强国之林的战略措施来抓，都采取了一些具体的计划和措施，力图依靠发展信息技术和推进信息化来建设自己的国家，走向21世纪。

（二）

我国正在进行现代化建设，那么，究竟什么是度量现代化的标准？在人类正跨入信息化的时代，应当怎样进行现代化建设呢？

所谓现代化，主要是指用当代最新的科技装备国民经济各部门，使国家在科学技术和经济发展方面达到世界先进水平。现代化是一个内涵变化的概念。由于人类社会的生产力和科学技术是不断向前发展的，在各个不同的历史时代，社会经济和科学技术所要达到的先进水平是不一样的，因而不同的历史时期实现现代化就有不同的标准。这个标准，不是哪一个国家任意规定的，而是在全世界范围内由社会经济发展客观地形成的。现代化不仅是一个时限的概念，而且还是一个国际概念。因此，衡量一个国家是否实现了现代化，就不能简单地拿现有的技术装备和经济发展水平去同本国过去的情况相比较，而应同当时世界的先进水平相比较。一个国家，只有在科学技术和经济发展方面达到当时的世界先进水平，才可称之为实现了现代化。列宁有一个著名的公式："共产主义是苏维埃政权加电气化"。这个公式，就是对当时人类社会生产力的发展水平的概括。时代在发展，现今所说的现代化，已经不仅仅是工业化、机械化和电气化，当今世界最新的生产力已经是信息化。在人类正向信息化社会迈进的当今时代，信息化的程度已成为衡量一个国家科学技术、经济和社会发展水平的最重要的度量指标。因此，信息化的水平就是现代化的水平。没有信息化的高度发展，就谈不上现代化。在今天这样的时代背景下，我们要实现建设社会主义现代化强国的宏伟目标，就必须顺应大趋势，发展信息技术和大力推进信息化。

当今世界的发达国家已进入了信息化的新时期，而在我国，工业化的任务还远未完成。因此，我国面临着"工业化"和"信息化”的双重历史任务。有人认为，我国传统产业还不发达，必须先发展低技术的以物质为中心的经济，完成工业化后再发展以信息技术为中心的高技术现代经济，即走“按部就班”型的发展道路。这种看法是片面的。日本经济学家松田米津于1983年出版的《信息社会》一书中指出：发展中国家与发达国家之间不但存在信息化的差距，而且还存在工业化的差距，这“双重差距”应该“一次解决”。这一观点是值得我们重视和认真研究的。应当看到，时至今日，我国仍按发达国家走过的老路，采取常规的发展方式是不可取的。这是因为，发达国家大都有比较雄厚的经济实力和技术力量，如果我们亦步亦趋，采取“等距离”的追赶办法，就不可能赶上发达国家的经济技术发展水平，而只能是永远步人后尘。不仅如此，我们还应当清醒地看到，目前我国的工业化水平和发展速度甚至低于其他一些发展中国家和地区。如果我们一切都照人家走过的路从头走起，采取“爬行战略”，那么，我们不仅永远追赶不上发达国家的经济技术水平，而且还有可能竞争不过其他一些发展中国家和地区。因此，要想赶超世界经济发达国家或进入先进国家的行列，我国的现代化建设就必须站在较高的起点上加速发展。这个较高的起点，就是要超前地发展高信息技术，在信息化的基础上实现现代化。以发达国家已走过的道路为借鉴，跳过某些传统的工业发展阶段，加快信息化的步伐，充分发挥信息技术对国民经济的增值作用的方针，应该是我国加速现代化建设进程的一项战略性措施。

30多年来，我国在工业化进程中已经取得了举世公认的成就，工业产值已居世界第五位，许多基础工业产品的产量在世界上也名列前茅。我国虽然已经拥有与一个大国地位相称的工业实力，但是，值得反思的是这样的经济实力在国际竞争中却名落孙山，几乎没有一种工业制成品具有影响国际市场的能力。由于设备陈旧，管理落后，产品质量差，物质消耗大，资源得不到有效的利用，不得不以高于一般发达国家3倍以上的能源和原材料消耗来维持庞大的工业体系。事实说明，我国经济已到了必须摆脱靠外延式发展达到高产值目标的传统模式、进行结构性调整的发展阶段。在落后的科学技术基础上靠消耗大量资源来发展经济，是没有出路的。产品质量和品种上不去，成本降不下来，在激烈的国际市场竞争中也就站不住脚。我国的经济建设必须切实转到依靠科学技术进步的轨道上来，掌握和运用蓬勃发展的以信息技术为中心的现代科学技术，促使传统产业进行设备更新，技术改造，提高经济效益，并大力发展新兴的高技术产业。

发展信息技术和实现信息化，是加快我国现代化建设的需要，采用以信息技术为中心的现代高技术，发展新产业和改造传统产业，其主要优点是省能源、低物耗、能大幅度地提高劳动生产率；把新技术、新设备应用于传统产业部门，能使传统的轻重工业在生产技术上、工艺上和管理上发生重大变化，焕发新的活力。世界上许多发达国家的经济发展的实践证明：信息化程度越高，生产的效率也就越高；经济发展的速度越快，竞争力也就越强。因此，发展信息技术和推进信息化，有助于从根本上提高我国工业和服务业的效益、竞争力和创汇能力。如果我们把国民经济比作一辆车，把科学技术和管理比作两个车轮，那么这两个车轮就是以知识和信息为动力的。有了动力，国民经济才有可能迅速向前迈进。

我国的信息工业至今还很薄弱，信息技术还很落后，信息系统还很不完善。一个国家的信息经济发展水平，通常主要用信息部门产值占国民生产总值的百分比或信息部门劳动力占总劳动力的百分比指标来衡量。当前，在发达国家中这一指标为40%～65%，新兴工业化国家和地区为25%～40%，而发展中国家一般在25%以下。据有关部门测算，我国信息部门占国民生产总值的比重，1982年为15%左右，1986年也只有20%左右，仅相当于日本50年代末到60年代初的水平。[①] 我国信息经济的发展水平不仅远远落后于发达国家，甚至与一些新兴工业化国家和地区也有相当的差距。虽然近几年来有了明显的变化，信息化的宏观环境有了一定的改善，

① 参见王可：《工业化与信息化互补共进是加快现代化进程的关键》，《中国科技论坛》1987年第1期。

信息技术产业有了较快的发展，但总的来看还是相当落后的。我国目前的信息化状况远远不能满足商品生产与流通的需要，并已成为经济发展的一个障碍。我们要改变这种状况，迎头赶上世界信息革命的浪潮，就必须采取果断的措施，大力发展信息技术产业，推进我国信息化的进程。

我国超前地发展高信息技术产业不仅是必要的，而且也是可能的。当前正在世界范围内掀起的新技术革命浪潮为发展中国家采取“赶超战略”提供了这种可能性。在当今时代，高信息技术的迅猛发展已把发展中国家和发达国家完全置于同一起跑线上竞赛。予人予我，既然都在同一起跑线上，一般都理应采取“赶超”的对策。我国的生产力和科学技术水平总的来说，要比世界上的先进国家落后；但也不是落后得无法赶上。目前，我国在某些领域已经达到了世界先进水平。从发展中国家来讲，有我们这样强的科技力量的国家还不多。因此，我国已有能力超前地发展高信息技术等新兴产业，追赶发达国家。

信息化是世界经济发展的必然趋势。由于我国目前尚处于“农业化”向“工业化”的过渡阶段，因此在制订国家总体发展战略时，既要特别注意经济信息化的大趋势，又不能不充分考虑我国工业化的进程还未完成的现实。这里有一个如何辩证地处理矛盾、作出正确的战略抉择的问题。工业化与信息化，虽然是生产力发展水平有质的区别的不能混淆的两个不同阶段，但二者又不是冰炭不相容的，而是可以相互结合，互补共进的。工业化可以为信息化提供物质和能源，而信息化又能为工业化提供现代化的技术文明的基础。根据我国的国情，我们应该以工业化为重点，实行工业化和信息化并举，把工业化融于高信息化技术中，超前地发展高信息技术产业，追赶发达国家。这样，我国虽然将比一些发达国家晚一些进入信息社会，但是经过一个相当长时间的努力之后，我们终将赶上或超过发达国家的经济技术发展水平。

（三）

新技术革命的“最大挑战”，莫过于人的培养和训练。在信息时代，要求广大劳动者知识化。如果劳动者没有一定的科学知识，不仅无法获取工作和生活中的各种信息，即使有了信息，也不善于加工处理和推广应用，不能变信息为物质财富。信息，从某种意义上说，就是知识，知识是构成信息的核心。要迎接信息革命的挑战，推进国民经济的现代化，首先就必须以竞争的姿态，超前的眼光，培养大批具有现代科学知识能适应信息时代需要的人才。法国现代化计划的制订者让·莫内指出：搞现代化，应该“先化人后化物”。这话颇有道理。现代化是建筑在现代科学文化的基础之上，是用现代知识垒砌起来的。“靠空讲不能实现现代化，必须有知识，有人才”。而人才的培养只有通过教育才能够实现，因此，不抓教育不行。大力发展教育是实现信息化的根本措施，应当把教育当作立国之本，当作发展现代化建设的头等大事抓好。

教育在实现国家现代化中的重要作用，已被许多国家经济发展的历史所证明。一些国家在经济发展中之所以能取得成功，其中很重要的一条原因就是大抓智力开发，重视发展科技和教育事业。17世纪的英国，由于重视科技发展和教育事业，经过百年努力，终于完成了产业革命，经济上走在世界的前列。18世纪的德国，通过大办教育，引进人才和技术，使科技和工业突飞猛进，仅用40年便赶上了英国。19世纪末的美国，通过聘请外国专家讲学，引进科技人才，鼓励科技发明和创造等措施，使人均收入超过了欧洲各发达国家。日本在第二次世界大战中经济遭到严重破坏，但仅在二三十年短暂的历史瞬间，由于极其出色地抓了教育而一跃成为世界经济强国。在新技术革命中，教育的作用更加明显地突出出来了。教育的优劣，已成了一个国家经济发展水平的标志。凡是发达的国家，教育总是比较良好的，或者有了良好的教育，就预示着这个国家将来有较大的发展潜力。

从我国现在的教育状况来看，与一些先进工业国的差距是很悬殊的。据1982年全国第三次人口普查，我国12岁以下的文盲或半文盲有2.35亿，约占全国人口的1/4。我国的产业大军（不包括农民）已超过1亿，但文化素质比较低。据抽样调查资料，在工业部门职工中，初中以下文化程度的占78%，其中文盲、半文盲占7.9%。我国现有的技术工人中，三级工以下的占70%，七级、八级或相当于这两个级别的高级熟练工人只占2.3%。高等教育的普及率是一个国家现代化水平的重要参数。据有关资料统计，我国在校大学生有120万人，每万人中只有12人，居世界倒数第九位。教育的落后是我国经济起飞的"沉重的翅膀"，振兴我国教育已迫在眉睫。如果我们不尽快采取对策，迅速改变我国教育的落后状态，提高全民族的科学文化水平，就会在这场新技术革命中与先进国家的距离加大，就有被远远抛在后面的危险。

那么，如何适应新技术革命的需要振兴我国的教育呢？这需要作多方面的长期的努力，以下几方面的工作尤其值得我们重视和抓好。

1. 应在国家投资结构中增加教育投资的比重

党的十三大已经明确地把教育列为经济建设的战略重点，但是，教育的战略地位要有相应的物质保障。如果没有物质保障，教育的战略重点地位只能流于空谈。建国以来，尽管我国用于教育的投资不断增加，但相对于国民生产总值的增长仍然较慢，教育投资的比重不仅远远低于经济发达国家，而且与一些发展中国家也存在差距。1951~1980年，我国花在办教育上的钱总计为1000多亿元，平均每年仅38亿元，在世界151个国家中我国居第100位以后。1949~1981年的32年间，我国经济增长了29倍，教育投资只增加了14倍，教育投资仅占国民生产总值的1.6%；而日本在1950~1960年国民生产总值增长了6倍，教育投资却增加了22倍。近年来，我国教育经费虽有较大增长，但因起点太低，仍远不能适应教育事业发展的需要。要振兴我国的教育，首先必须充分认识教育在经济、社会和科技发展中的重大作用，舍得花钱投资。我们在财政资金的分配过程中，应当把教育投资放在优先考虑的重要位置上，尽可能予以满足。教育经济增长幅度要高于财政经济性收入的增长，以便逐渐提高教育投资在国家投资结构中的比重，保证现代化建设的人才培养、智力开发和提高全民族科学文化水平方面的资金需要。

2. 从娃娃做起，着力抓好基础教育

基础教育是整个教育事业的基础，是智力开发的第一步，不仅高一级教育的发展有赖于基础教育的普及和提高，而且加强基础教育可以提高全社会的文化水平，改变传统落后的社会意识和社会风气，提高民族素质。因此，要振兴我国的教育事业，就必须花大力气抓好基础教育，普及中小学教育，并努力提高教育质量。

面对当前世界范围内新技术革命的兴起，对于儿童，要着力抓好基础知识和技能的培养，注意引导他们了解基本的新兴科技成果的一般概念，从小懂得知识和信息的作用，学会简单运用诸如微型计算机之类信息工具。邓小平同志曾经指出，电子计算机的普及，要从娃娃做起，讲的就是这个意思，如果我们在这方面工作做得比较好，将有助于培养出一代通晓现代科学基本知识，适应未来信息社会需要的劳动者。

3. 发挥现有大学的作用，造就一大批“高档型”的科技人才

新技术革命所开创的信息化社会，不仅需要一支为数众多的具有一定科学文化知识的熟练劳动者，而且还要有一大批“高档型”的科技人才。由于大学是培养“高档型”劳动力的“工厂”或摇篮，也是知识和智力最密集的地方，因此在振兴我国教育事业中要充分发挥其作用。但我们必须看到，目前我国的大学不仅数量还不多，培养的大学生很有限，而且专业结构、教育方式和课程内容等方面也同新技术革命的要求很不相适应，必须进行全面的改革。应该增设一些新专业、新学科、新课程以及新的教学方法，积极地把世界上最新科学理论知识和研究成果引进课堂，以代替那些虽然属于科学知识但已显得落后、陈旧和“老化”的东西。高校是知识和人才最密集的地方，因此还要充分发挥其科研力量强的优势，把

大学办成教学与科研两个中心。要提倡大学的科研同生产有机结合，这样既有利于改变教育与生产脱节，培养出来的人才往往不能适应需要的情况，也有助于使科研成果直接转化为生产力，更好地为现代化建设服务。

4. 学校教育应以对学生的智能培养为重点

偏重于知识的传授，忽视对学生创造能力的培养，培养出来的学生缺乏创造性，这是我国教育领域中的一个突出问题。向学生传授一定数量的知识，特别是基础理论知识，对于开发智能是很有必要的。但是，对学生特别是大学生来说，不仅要注意传授知识，更要重视培养思维能力、判断能力、创造性和管理能力，亦即要以培养智能为主。所谓智能，就是理解知识的能力、运用知识的能力和发展知识的能力。智能教育中，特别是要重视对学生的创新能力的培养。没有大批具备高度智能和创新精神的专业人才，是无法迎接新技术革命挑战的。

5. 重视“通才教育”多培养通才

为了适应现代科学技术交叉综合的一体化趋势，要重视“通才教育”，多培养通才。所谓通才，就是指除了掌握本学科或专业知识之外，还具有广博知识面的人才。现在世界上的许多发达国家都十分重视通才教育。例如：美国提倡“百科全书式”的教育；日本提出要培养“世界上通用的日本人”；英、法、苏等国也都采取了一些措施发展通才教育，培养“复合型”人才。过去我国的教育对这个问题不重视，现在应该把它作为教育战线迎接新技术革命对策的重要内容来抓，我国高等院校的系科结构必须进行调整和改革，克服重理轻文或重文轻理的倾向，注意文、理、工各科并重，对学生进行综合性的知识教育，使培养出来的人才的知识结构“T”形化（即知识面广、专业基础扎实的知识结构），掌握多种本领，会做多种工作，以适应新技术革命对人才的多方面需要。

6. 从一次性教育转向终身教育

在科学技术日新月异的当今时代，每个劳动者面前既摆着学习现代科学文化知识的任务，又面临着“知识更新”的严峻挑战。

据英国科学家詹姆斯·马丁的推测，人类的知识在19世纪是每50年增加一倍，在20世纪60年代是每10年增加一倍，70年代是每5年增加一倍；而目前是每3年增加一倍。因此，西方一些科学家认为，现在人类已到了“知识爆炸”或“信息爆炸”的时代。人类知识陈旧的周期则越来越短，据有关专家学者的调查和推测：18世纪是90年，19世纪是30年，20世纪70年代是15年，20世纪80年代是5～10年。据美国报刊报道，美国大学生毕业后5年就有一半知识要老化。正是由于现代社会知识的陈旧率日益加快，因此劳动者知识更新的任务是相当紧迫的。

由于“知识爆炸”和知识更新加快、老化周期缩短，使每个劳动者青少年时期在学校里所学到的知识，再也不能享用终身，传统的一次性教育必须转向终身教育。所谓终身教育，就是创造条件使每一个社会成员在整个一生中不间断地进行学习，舍弃旧知识，吸收和掌握新知识，以跟上经济社会和科学技术飞速发展的形势。终身教育的思想最早是法国在20世纪50年代提出来的，60年代时这个思想逐步为欧洲国家所接受，70年代以后已成为风靡世界的教育思潮。如美国、苏联、法国以及一些发展中国家（如墨西哥、巴西和印度等），都已把终身教育确定为整个教育的组成部分，采用一些比较先进的手段对儿童、青年、老人、科学家和工程技术人员等开展各种形式的终身教育。苏联规定正副部长和大厂矿经理，每5年必须进修一次。美国每年用于继续教育的投资多达25亿美元。法国的法令规定，凡雇佣10名以上工程技术人员的单位，必须用总工资1.1%的费用进行继续教育。一些发达国家的劳动力素质高、适应能力强，是同这些国家重视对劳动者进行终身教育分不开的。

一个人在学校里学到的知识，只能为今后的工作打下一定的基础，而不能永远起作用。因此，那种认为在学校里读完了规定的书，就万事大吉的传统观念是错误的。为了使劳动者能够适应新技术革命和知识更新加速的要求，我们必须改变过去通行的一次性教育的做法，既要树立“终身教育”的新观念，更要把对在职人员实行终身教育当作一项长久的政策和制度固定下来。我们应该舍得花本钱，大力抓好各类业余教育、成人教育、培训班以及广播电视大学等，争取能使每个在职人员每隔一定时期进行一次必要的知识补充，不断用新的知识充实自己，提高科学文化素质和技能。

总之，高技术源于高教育，发展优质的教育是我们迎接以信息技术为中心的新技术革命挑战的根本对策。在这场求生存、谋发展、争富强的大竞赛中，只要我们把教育放在现代化建设的首位来认识和重视，切实抓好上述几方面的工作，迅速改变我国教育事业的落后状况，大批崭新富有知识、勇于开拓和创造的人才，必将在具有古老文化传统的中华大地上脱颖而出，再加上我们有优越的社会主义制度环境，我国的现代化建设的前景必将是光辉灿烂的。

（原载《马克思主义研究》1988 年第 3 期）

要把保就业摆在最重要的位置*

一般而言，宏观经济调控和社会发展有四大目标，即经济增长、充分就业、物价稳定和国际收支平衡。由于各国的经济发展状况及所面临的问题各不相同，在同一时期内，通常可以选择一个或两个作为优先目标。各国政府和政党因在政治上和策略上考虑的角度不同，选择的侧重点也就不一样。例如，英国工党政府根据国内的经济情况，把充分就业作为首要目标，德国政府则把反通胀作为经济政策目标的重点。

20 世纪 30 年代经济大危机之后，经济危机造成了大量的、持续的失业，迫使一些国家的政府当局将充分就业作为经济政策的首要目标。同时，凯恩斯撰写的名著《就业利息和货币通论》一书也从理论上阐明了国家在干预经济和实现充分就业中所具有的重要积极作用。1946 年，美国国会通过《就业法》，正式将促进经济发展、实现充分就业确定为政府的经济目标，并要求政府采取财政政策或货币政策来实现这一目标。

从中国的特殊国情来看，有着世界上最庞大的人口规模，有着世界上规模最大的农业领域的剩余劳动力，有着世界上规模最大的需要就业的劳动者群体，而就业又是劳动者生计的最基本的来源和生活水平不断提高的基础。因此，目前的中国必须把保就业摆在宏观经济政策中最重要的位置，不仅如此，保就业还应当是中国未来的经济社会发展的战略目标。

目前全国上下的注意力都放在“保增长”上，虽然保增长可以拉动就业，但扩大就业也可以提高城乡居民收入，为启动内需打下基础。只有实现城乡居民的稳定就业，广大城乡居民有钱花，才

---

* 该文的主要内容已在《人民日报》2009 年 2 月 6 日登载。

敢花钱，因而也才能扩大内需。从这个角度讲，在保增长，刺激国内需求的过程中，一定要以保就业为先导。保就业，方能保增长。

就业是最大的民生问题，是民生之本。就业不充分，失业率高，必然会带来一系列的经济社会问题。保证就业，社会才能稳定。中国当前的就业形势十分严峻。据中国社会科学研究院发布的《社会蓝皮书》显示，2008 年中国城镇的实际失业率为 9.4%，比官方一般使用的“登记失业率”数字 4.54% 高约一倍多。中西部居民的就业压力更大，失业率超过 10%，其中大中城市失业率约 10.1%。

由于就业难，导致社会不稳定的隐患增多，直接影响到经济发展和构建和谐社会。2008 年 11 月 24 日的《学习时报》刊文指出，随着全球经济发展的减缓，在未来十年中，失业及就业的巨大压力有可能成为导致青年与社会紧张、冲突关系的第一因素，青年人口有可能成为劳动力市场上的高风险人群。由于就业难，失业必定会给青年人带来挫折感和焦虑感，从而引发社会问题。因此，要从政治的高度和社会稳定的层面来认识就业问题，特别是青年人的就业问题。

如何改善就业状况，要有新的思路，探索新的路径。笔者认为，要着重抓好以下几方面的工作：

1. 提高就业质量。要探索建立面向就业难和失业劳动者提供就业服务，提高劳动力就业质量的长效机制。这点我们可以借鉴新加坡的模式，把对失业者的救助与对他们的教育结合起来。政府出钱兴办教育机构，对失业者提供免费职业教育。失业者通过接受职业教育，劳动技能提高了，再就业的机会就必定会增加。

2. 要大力扶持中小企业的发展。中小企业规模虽小，但数量多，对劳动者的知识和技能的要求相对较低，因此在为社会提供就业机会方面发挥着更为重要的作用。作为吸纳就业的主力军，中小企业涵盖了我国 75% 以上的城镇就业人员。要扩大就业，就必须大力扶持中小企业的发展。由于受国际金融危机的影响，出口减少，经济下滑，许多中小企业内外交困，举步维艰，有些中小企业面临资金链断裂，甚至破产关闭的风险。这是个值得十分关注的严重问题。政府应该从启动资金支持，创造融资条件和税收优惠减免等方面加大对中小企业的扶持力度，努力帮助中小企业渡过难关。

3. 在优化产业结构和重视产业升级的同时，也必须保留和发展一些较低层次的中小企业。我国目前正处于城镇化、工业化快速发展期，大量农村劳动力正从土地上解放出来，在较长时间内适度保留一定比例的劳动密集型产业是非常必要的。我们提倡优化产业结构以及产业的转型升级，虽然意味着整个产业资本和技术的含量越来越高，简单劳动的占比会越来越低，但并不是说所有的企业都要搞高新尖。如果都搞高新尖了，几亿农民工怎么办？产业升级和优化产业结构的确是十分必要的，是个涉及国家竞争力提升的大问题，但也必须要考虑中国的特殊国情，即有一个庞大的低端劳动力群体。中国不能缺少较低层次的劳动密集型的产业，哪怕是把这些低端的企业视为保障型的产业也是非常必要的。

4. 要把解决高校毕业生就业问题摆在当前就业工作的首位。大学生就业难是个老问题，2008 年又赶上了经济增长放缓，同时又是高校毕业生数量最高的一年。据中国社会科学研究院公布的 2009 年《经济蓝皮书》预计，2008 年年底将有 100 万高校毕业生不能就业，而 2009 年又将有近 611 万大学生面临失业。从上述情况看，大学生的就业问题已相当严峻。笔者认为，从维护社会稳定和国家未来的长远发展考虑，对于大学毕业生这些受过学校教育具有一定专业知识的特定人群，应当制定特殊的就业政策，摆在就业工作中的更为优先的位置。要通过研究、探索和采取一些切实有效的措施，拓宽就业渠道，尽最大努力缓解大学毕业生就业难的问题。

论企业要树立竞争意识

古书《诗·商颂·长发》说："不竞不絿"。意思是说，没有竞争，就不能造成一种紧张、激烈的状况。在社会主义企业之间以及人与人之间开展一点竞争，造成一种像体育健儿在赛场上那样你追我赶，力争上游的紧张气氛，有利于激励精神，提高技能和效率。但是，在过去相当长的一段时间里，我们的许多同志对竞争却持有一种偏见。提起竞争，他们往往联想到资本主义社会的弱肉强食，资本家之间的"大鱼吃小鱼"的情景，因而害怕、反对。

其实，竞争并不是资本主义社会里特有的现象，而是天地间普遍存在又有益于事物发展的客观规律。马克思认为，竞争是人类进取心的反映，是人皆有之的心理特性。马克思在研究人类生产活动时指出："在大多数生产劳动中，单是社会接触就会引起竞争心和特有的精神振奋，从而提高每个人的工作效率。"① 列宁在论及竞争时也曾经说道："竞争在相当广阔的范围内培植进取心、毅力和大胆首创精神。"② 竞争是一个争和赛的选择过程，选择就意味着优胜劣汰，这个法则迫使竞争者去奋斗和创新，去赶超别人，因而竞争能够激起人们"特有的精神振奋"和"大胆首创精神"，有利于促进技术的改进和生产的发展。

当然，在不同的社会制度下，竞争的目的、性质和手段是有本质区别的。在私有制度下，由于劳动者一无所有，处于受压迫被剥削的无权地位，而财产和权力在竞争中又往往能起举足轻重的作用，因此竞争的结果，只能是劳动者所受的压迫和剥削进一步加重，境况更加艰难。至于剥削者之间的"大鱼吃小鱼"和人与人之间的尔虞我诈、互相倾轧的现象，也完全是由剥削制度所造

① 《资本论》第1卷，人民出版社1975年版，第362～363页。

② 《列宁选集》第3卷，人民出版社1960年版，第392页。

成的。

在今天的社会主义公有制的条件下，企业与企业以及人与人之间是平等的、互助合作的关系，虽然这种关系并不排斥竞争，但由于人们有共同的奋斗目标和根本利益上的一致，因而社会主义的竞争不同于资本主义私有制度下的竞争。社会主义的竞争并不包含互挖墙脚，互相欺诈、掠夺和吞并，以及用财产和特权压制对手等手段。竞争者之间不是“冤家仇人”，而是社会主义现代化建设征途上的伙伴，开展竞争的目的是为了推进社会主义现代化建设的发展。

在存在商品经济的社会里，生产者之间的竞争，主要表现在生产交换过程中为取得有利的购销条件而进行的比赛。商品离不开市场，而市场又总是同竞争相联系的。由于在以生产资料私有制为基础的社会里，各个商品生产者在经济利益上是对立的，因此互相间的竞争尤为明显和激烈。在市场上，张三的货物卖出去，李四的货物就有可能积压下来，兴隆了王掌柜的业，就有可能关闭刘老板的门。因此，各个商品生产者为了自己的生存和发展，必然会在市场上进行争斗。竞争无情地威胁着每个商品生产者，他们要么踩在别人的头上爬上去，要么被别人践踏在脚下。优胜劣汰的法则，迫使商品生产者利用市场这个拥挤的“舞台”，各显神通，互相拼搏，一个个都力图击败对手而使自己能够独占市场，发财致富。

在商品经济的社会里，生产者究竟靠什么去战胜竞争对手呢?一般情况下，主要是靠改进技术，生产价廉物美的商品，作为克敌制胜的武器。我们知道，在市场上，商品的价值是按照生产它的社会平均必要劳动量决定的。如果有的商品生产者技术水平高，那么，他生产的单位产品所包含的个别劳动耗费时间就会低于社会必要劳动时间，但他把商品卖出去的时候，却以社会必要劳动时间所决定的价值出卖，这样，他就可以比别人赚更多的钱；相反，如果有的商品生产者技术水平低，单位时间里生产的产品个别劳动耗费多，但在市场上仍然要按社会必要劳动时间决定的价值量出卖，结果不但不能赚钱，还会亏本甚至破产。因此，商品生产者为了自己的生产和发展，为了取得对自己有利的购销条件，以便更多更快地实现价值，必然会争相改进技术，提高劳动生产率，来增强自己的竞争能力。这样，在客观上也就起着推动整个社会生产力发展的作用。竞争的这种作用属于商品经济的共性，无论是资本主义的商品经济还是社会主义的商品经济，竞争都能发挥这种作用。

《硅谷热》一书的作者指出，即使在美国“硅谷”这个高技术集中的地区，竞争仍然是推动技术发展的强大杠杆。他用“学习曲线”为例来说明这一点。书中写道：在半导体行业里，“每当半导体芯片的总产量增加一倍，一般来说，它的价格就下降20%～30%。这种价格曲线随产量的增加而向下倾斜的趋势，被人们称为学习曲线。价格之所以能够下降，是因为半导体芯片的生产公司不断地学会了使质量逐步提高，并同时把产品的报废率不断降低。因为用相同的工时可以生产出更多的合格半导体芯片，所以公司可以使芯片的单价不断下降”。作者指出：由于“学习曲线”的作用，“在硅谷，唯一保险的生存之路就是不断创新”。“一家公司愈快点儿开始画自己的学习曲线，它就愈能赢得竞争优势。”①

在资本主义社会里，竞争就像一根无情的鞭子驱使着人们不停顿地创造出新的技术。《硅谷热》一书的作者引用一家电子公司经理的话说：“硅谷犹如人与压路机赛跑。人在任何既定的时间内都可赛过压路机，但只要你坐下来松口气，马上就会被碾成粉末”。这种残酷的竞争迫使人“把生活中的一切让位于工作”。“其代价常常是骨干雇员的早衰”。由此可见，资本主义的竞争尽管具有推动技术进步和效率提高的作用，但同时又会向人们索取高昂的代价，带来种种消极现象。

竞争是商品经济的伴侣。在社会主义社会里，既然存在商品生产和商品交换，也就必然会存在着竞争。在社会主义企业与企业以及人与人之间开展竞争，虽然也有可能带来某些诸如损人利己、见利忘义、一切向钱看等影响社会主义精神文明建设的消极现象，但

---

① ［美］罗杰斯.M、拉森.K：《硅谷热》，经济科学出版社1985年出版，第130页。

只要我们能采取正确有效的措施，对竞争加强必要的引导和管理，凭借社会主义制度的优越性，就可以将竞争有可能带来的消极作用限制到最低限度。

大量的事实证明，社会主义企业之间在政策允许的范围内开展竞争，能够促使企业为争优求胜发展而改善经营管理，讲究经济核算，提高企业素质。社会主义企业之间竞争的一个重要特点就是在国家计划和法令的管理之下，让企业在市场上直接接受广大消费者的评判和检验，优胜劣汰。因此，企业要想使自己的产品能在市场取得良好的声誉，得到广大消费者的偏爱，获得更多的经济效益，从而在市场上赢得竞争的优势，就必须努力改进生产技术，提高产品质量，降低生产成本，以物美价廉、适销对路的产品争先进入市场。由此可见，企业经营管理的改善和素质的提高，既是竞争的客观要求，又是竞争带来的必然结果。竞争作为一种外在的强制力，推动着企业在优胜劣汰中拼搏前进。

随着我国城乡经济体制改革的日益深入，企业成为相对独立的经济实体，企业经营的效益在很大程度上依赖于对市场的占领，因而竞争意识也逐渐强化。例如，在有的企业里，青年职工出现了“两多”，即：一是刻苦学习文化技术的多；二是报考管理人员和技术工种的多。据一家晚报的调查材料，在200多名被调查的职工中，有半数担心自己的技术知识不能适应工作的需要，约1/4的人希望能有深造学习的机会，进一步提高自己的专业知识和技能，以期在工作、生产上能有所创新并作出成绩。这些情况表明，竞争意识已超越经济领域成了人们为赢得社会承认而奋斗进取的根本取向。正如一位被调查的大学生所说的那样：“激烈的竞争，你追我赶，是理想的成才环境”。①

竞争意识的强化，既有利于搞活社会主义的经济，也有助于增强整个社会主义社会的活力。那么，我们怎样才能更充分地利用竞争的激励功能，创造全社会都积极参与竞争的条件和环境，从而使

① 转引自王于主编：《大转变时期》，河北人民出版社1987年版，第221页。

我们整个社会充满盎然的生机呢？

1. 要彻底摒弃“与世无争”，“不为最先，不耻最后”的中庸观念。

在我国绵延2000多年的封建社会里，中庸之道是居主导地位的所谓正统观念。“中庸”源自孔子，其意是指无过无不及，随时以处中。推崇此理的宋代理学家认为：“不偏之谓中，不易之谓庸，中者天下之正道，庸者天下之定理。”在这种保守的传统思想影响之下，不偏不倚，和谐安稳，“与世无争”，“不为最先，不耻最后”等观念，构成了人们文化心理结构的一个重要方面，同时也成了一些人处理人际关系的重要方法。因此，在中国传统文化环境里，竞争往往遭到贬抑，儒家经典《论语》甚至把竞争心视为君子的三戒之一。①

在过去相当长的一段时间里，由于受“中庸”等旧的传统观念以及“左”的错误思想的影响，我们的许多同志讳言竞争，并人为地排除竞争的法则，结果致使一些人习惯于“平平安安过日子，顺顺当当度时光”，干活慢慢腾腾，办事不慌不忙，甘愿同别人慢悠悠齐步走，不求上进，得过且过。长期以来，中庸之道等旧的传统观念曾使我们民族的竞争精神受到很大的束缚和压抑，至今甚至还禁锢着一些人的头脑。因此，要在我们的国家里，造成一种大家都积极参与竞争，人人都努力充当竞争的强者，你追我赶，奋发向上的紧张、热烈的气氛，就必须彻底批判和破除中庸之道等旧的传统观念，并肃清其影响。

2. 要破除平均观念，承认差别，奖优罚劣。

平均主义是小生产者平分财富的观念。“不患寡而患不均”、“均贫富”，代表着小生产者的理想和愿望。由于我国过去在很长的历史时期内是一个小生产占优势的国家，因而这种小资产阶级的平均主义思想根深蒂固，许多人习惯于端“铁饭碗”，吃“大锅饭”，事事讲平均，干好干坏一个样，这种平均主义观念，显然是

① 参见《论语·季氏·第十六》。

同主张优胜劣汰的竞争观念相对立的。要竞争，就必须承认差别，鼓励强者，不迁就弱者，更不能照顾惰怠者，而应当励勤鞭懒，奖优罚劣。倘若不破除平均主义观念，能和“不能”没有差别，勤和懒、干好和干坏一个样，就不可能激励人们去积极参与竞争。

3. 要进一步强化整个社会的竞争意识，使更多的人敢于竞争和拼搏。

我国体育健儿之所以能在第十一届亚运会上夺得金牌总数第一的好成绩，很重要一点，就是因为他们具有比较强的竞争意识，敢于同强者竞争和拼搏。人与人之间在事业上的竞争，也如同体育比赛一样，重在一个“敢”字。只有“敢”，才能“明知山有虎，偏向虎山行”，不畏艰难，勇往直前。如果不敢，就不会有勇气“下棋找高手，弄斧到班门”，即使能同强者竞争一下，也只能是虚张声势，勉强上阵，不能持久，稍一受挫，便会怨天尤人，打退堂鼓。而要能在任何情况下都勇往直前，迎难而上，敢于进行竞争和拼搏，就必须要有坚强的精神支柱，像我国体育健儿那样具有为祖国争光和为振兴中华出力的思想。

大地上的鲜花争芳斗艳，森林里的树木竞长争高，人类社会也是在优胜劣汰的竞争中不断取得进步和发展的。安于现状，反对竞争，是小生产的观点，是消极落后的中庸之道。社会主义代表着社会的新生力量，作为一个真正的社会主义者应当具有包括竞争意识在内的新的思想观念，提倡竞争，保护竞争，充分利用优胜劣汰的竞争法则，以开拓进取和拼搏向前的精神，因势利导地把我国的经济、技术推向更高、更先进的水平。

（本文于 1991 年 4 月 12 日在中央人民广播电台《学习节目》中播出）

浅论企业文化建设

近年来，我国学术界和企业界兴起了企业文化热。企业文化成了许多企业家和理论工作者颇有兴趣的热门话题，一些探讨企业文化的论著相继面世，许多学术团体也纷纷把企业文化列为研究的重点课题。

企业文化是20世纪80年代初在西方国家出现的管理新潮，它源于美国。战后日本经济的高速发展，震惊了素称工业王国的美国企业界，70年代末吸引了大批美国学者前往探究，企业文化便是美国学者研究日本而发现的“新大陆”。所谓企业文化，一般主要是指企业组织在长期的生产经营过程中所形成并为全体成员共同遵守和奉行的价值观念、基本信念和行为准则。其中价值观是企业文化的核心内容，它决定着企业的经营决策和领导风格以及全体员工的工作态度和工作作风。企业文化是一个企业特有的传统和风气。

美国管理学家在分析研究日本和西方其他各国一些成功企业的经验时发现，这些企业之所以能取得成功，虽然与企业的资金、设备、技术、管理结构和制度等因素有关系，但最重要且具决定作用的因素则是反映该企业传统和特色，并植根于广大员工之中的基本哲学、精神和驱策动机，即企业文化。日本企业管理之长，就长在有一套糅合了西方管理优点并有日本特色的企业文化。与日本相比，美国企业管理之所以相对落后，问题不在具体管理方法上，而是因为企业文化的落后，这是导致美国在国际市场竞争中屡屡败北于日本的一个极为重要的原因。

现代企业就好像具有意识和生命的肌体一样，其活力不仅有赖于物质的代谢，且与精神文化活动紧密相连。一个具有独特而优秀文化的企业，必然充满生机与活力，而没有健康向上文化的企业则难免精神委顿，每况愈下。企业文化的作用之所以如此之大，原因就在于它具有如下主要功能：（1）导向功能。企业文化是全体员工共同的价值观念，它对全体员工有一种内在的号召力，能引导全体员工把个人的目标和理想拴系在同一的目标和信念上，朝着一个共同的方向努力。（2）凝聚功能。企业文化好似一种粘合剂，能减少企业内部的摩擦和消耗，形成良好的人际关系，增强内聚力，使全体员工团结一心，把精力花在企业的生产发展上。（3）激励功能。企业文化可以增强企业员工的荣誉感和责任感，自觉地维护企业的声誉，激励他们为企业的兴旺而更加努力地工作。（4）规范功能。企业文化中的价值观念、道德规范、约定俗成的行为准则，能对企业员工起到在心理上和行为上共同受之约束的作用，从而保证企业健康、稳定地向前发展。正由于企业文化具有上述功能，因而在西方国家被越来越多的人看成是决定企业经营成败的关键。

企业文化理论被西方学者誉为20世纪80年代管理舞台的“新明星”。受到西方管理学界的高度重视，成为研究的“热点”，并被视为现代企业走向成功的意识革命。随着我国改革开放的深入发展，西方国家关于企业文化的信息不断涌入我国，并得到广泛的传播。与此同时，伴随着改革浪潮而激起的文化研究热，也在一定程度上促使人们对企业文化问题的关注以及企业文化研究热的兴起。企业文化热在我国的出现，不仅顺应了国际上企业管理从管事、管物为主转向注重以管人为主的潮流，而且也顺应了我国经济体制改革的客观需要。

增强企业活力是我国城市经济体制改革的中心环节，而企业能否具有活力，在很大程度上取决于该企业是不是具有凝聚力，即是不是具有吸引人和团结人的力量，能不能调动人的积极性。特别是经济体制改革，使企业成了一个个自主经营、自负盈亏和相对独立的经济实体，在对手如林的市场上面临着产、供、销、资金、社会声誉等方面优胜劣汰的激烈竞争，这就更需要发挥企业整体力（合力）的作用。因此，不断增强企业的凝聚力，已成为企业发展的越来越强烈的内在要求。而要增强企业的凝聚力，就必须重视和培育企业文化，发挥企业文化对全体员工具有凝聚力的功能，进而达到增强企业活力的目的。企业是社会生产力的载体，只有把作为社会主义经济细胞的企业搞好了，特别是把大中型企业搞活了，整个社会主义经济才能生机盎然，蓬勃发展。

在我国当前治理整顿和深化改革的新形势下，尤应把企业文化建设置于生产经营活动的先导地位。培育催人奋进的社会主义企业文化，这对于改进和加强企业的思想政治工作，培养企业劳动者的群体意识和整体观念，激发他们的劳动热情以及为企业集体勇于进取的献身精神，推动企业的物质文明和精神文明建设，具有更为重大的现实意义。

从我国目前的情况看，许多企业劳动者的积极性还没有充分调动起来，企业对劳动者缺乏吸引力和凝聚力，不少人对企业不甚关心，更谈不上“以厂为家”。这已成为影响企业深化改革和生产进一步发展的大问题。如何适应深化改革和现代化建设的需要，搞好企业文化建设，已成为摆在我们企业家和理论工作者面前的一项重要任务。那么，究竟如何搞好企业文化建设呢？具体说来，应着重认识并抓好以下几个方面的工作：

1. 企业领导是企业文化建设的关键。厂长（经理）作为企业的负责人，在企业文化的构建过程中扮演着极为重要的角色。他们可以通过自己掌握的权力，倡导和推动构建企业文化活动的开展。由于厂长（经理）在企业中所处的地位，由于他们大都是企业员工心目中的楷模，因此他们个人的理想、信念、性格、气质和举止，不仅影响和制约着企业的发展战略、产品取向、经营管理方式和行为取向，而且还会对企业广大员工产生模仿效应。企业文化建设与企业领导的思想和行为密切相关，从一定意义上可以说，有什么样的企业领导，就会有什么样的企业文化。正因为如此，必须由那些精明强干、锐意开拓、作风正派、具有远见卓识和统筹能力的杰出人物担任企业领导，这对搞好企业文化建设具有至关重要的作用。

2. 提高劳动者的思想文化素质是搞好企业文化建设的基础。塑造优秀的企业文化，既需要企业领导积极倡导、身体力行，更需要企业广大劳动者参与、配合和支持，还需要他们接受认同，这样才能变为群体意识和群体行为，并深植于他们的心中，真正成为企业之魂。既然培育企业文化不单是少数几个人的事情，就必须由企业广大劳动者共同参与设计和构建，因此，能否塑造优秀的企业文化与企业劳动者的素质有着十分密切的关系。劳动者的素质，具体包括思想觉悟、文化水平、心理素养、伦理道德、人际关系以及兴趣爱好等综合素质，其中尤为重要的是思想、文化素质。一个思想、文化素质都不高的企业集体，不可能产生优秀的企业文化。只有在企业广大劳动者具有良好的思想、文化素质的基础之上，才能构建优秀的企业文化的大厦。因此，提高企业劳动者的思想、文化素质，是关系到能否构建优秀企业文化的一项根本性工作。

3. 建立企业利益共同体是搞好企业文化建设的可靠保证。在企业文化建设的过程中，应恰当地调节包括投资者在内的各方面的物质利益关系，把企业建设成为投资者、经营者和劳动者的利益共同体。只有协调好各方面的利益关系，建立利害与共的企业利益共同体，把劳动者的利益同企业的兴衰紧密地联系起来，才能使广大劳动者真正树立“厂兴我荣，厂衰我耻”的思想观念，增强他们爱企业集体、爱岗位的主人翁责任感和使命感，使他们能与企业风雨同舟，尽心竭力地去为企业的生存和发展而拼搏。

伴随着我国全面深化改革的大潮，企业文化建设正成为人们日益关注的重要理论和实践问题。尽管企业文化不是可以包治百病的灵丹妙药，西方学者关于企业文化的论著中也不无悖谬之处。但是，我们重视引进和借鉴包括企业文化在内的国外优秀管理哲学与管理科学理论，构建具有中国特色的社会主义企业文化，对于推进我国企业的现代化和发掘企业进步的精神动源，探索中国企业的成功之路，却是大有裨益的。

（原载《光明日报》1989 年 6 月 2 日）

大力推进独具特色的央行文化建设

近些年来，我国学术界和企业界兴起了企业文化热。企业文化成了许多专家学者和企业家颇有兴趣的热门研究课题。专家学者和企业家们在分析国内外的一些成功企业的经验时发现，这些企业之所以能获得成功，虽然与企业的资金、设备、技术、管理结构和制度等因素有关系，但最重要且具决定作用的因素则是反映该企业传统和特色并植根于广大员工之中的基本哲学、精神和驱策动机，即企业文化。央行是代表国家制订和执行金融政策及法规，调节国民经济和稳定金融的特殊机构。它在现代各国的经济生活中扮演着十分重要的角色。央行及其各级分支行开展业务活动，虽然不以盈利为目的，也绝少跟一般民众或企业打交道，既不同于普通银行，更与一般企业有着根本的区别，但作为一个特殊的金融机构或工作团队，同样需要构建自己的独具特色的央行文化。

央行分支机构也与一般企业一样，其活力与工作绩效是与精神文化活动紧密相连的。一个具有独特而优秀文化的央行分支机构，必然充满蓬勃的生机与活力，而没有健康向上文化的央行分支机构则难免精神委顿，工作毫无起色。什么是央行文化？其作用为何如此之大？所谓央行文化，笔者认为，就如同企业文化一样，一般主要是指央行分支机构在长期开展业务活动的过程中所形成并为全体成员共同遵守和奉行的价值观念、基本信念和行为准则。其中价值观是央行文化的核心内容，它决定着央行分支行的经营决策和领导风格以及全体员工的工作态度和工作作风。央行文化既然是分支行全体员工的共同的价值观念，它就必定能对全体员工产生一种内在的号召力，引导全体员工把个人的目标和理想拴在同一目标和信念上，朝着一个共同的方向努力。

央行文化建设与企业文化建设相类似，从一定意义上讲，其实质就是央行的分支行机构以文化形式为特征，以激励员工为目的，通过形式多样，内容丰富，寓教于乐的方法把思想教育渗透到文化建设中去，使员工在浓郁的文化气氛中受到潜移默化的教育。综观当今国内外发展市场经济的实践，经济与文化的融合，是一种发展的趋势，越来越多的企业或其他组织机构的经营管理者日益重视“文化力”的滋润、营养和促进作用。央行作为一种特殊的金融机构也不应例外。

在市场经济大潮席卷神州大地和经济快速发展的今天，一方面，随着现代市场经济在我国的建立和发展，央行的地位与作用也日益突出和重要。央行及其分支机构的业务活动，直接关系到国民经济的发展和金融的稳定。另一方面，在市场经济“大潮”涌来时又难免泥沙俱下。当前，拜金主义、个人利己主义、急功近利甚至权钱交易和贪污受贿等腐败现象悄然滋生，在金融领域尤为严重。因此，提高央行系统员工的素质已迫在眉睫。而要提高员工的素质，造就一批有理想信念的高效廉洁的员工队伍，就必须在加强思想政治工作的同时，通过构建独具特色的央行文化，以配合对员工进行思想道德教育。这是推动央行分支机构的精神文明建设的一种好形式。例如，近年来银行系统有的分支行通过唱行歌，唱出了光荣感，自豪感，增强了主人翁的责任感，提高了抗腐拒变的能力，以及员工们为实现本行最高宗旨和目标的信心与决心，从而推动了本行的精神文明建设。

构建催人奋进的央行文化，这对于改进和加强央行系统员工的思想政治工作，培育员工的群体意识和整体观念，激发他们的工作热情以及为搞好本行工作而勇于进取开拓的精神，打造良好的金融生态环境，促进央行的改革和发展，具有极为重要的现实意义。那么，究竟如何推进央行文化建设呢？近年来我国西安等地区央行分支机构在这方面进行了一些可贵的探索并积累了一些值得推广的经验。下面，笔者拟就此问题谈几点浅见：

（一）分支行领导是央行文化建设的关键

各级分支行领导在央行文化建设的过程中起着举足轻重的作用。他们可以利用自己的地位和影响，推进央行文化建设活动。不仅如此，由于各级分支行领导大多是员工心目中的楷模，他们个人的理想、信念和性格能对员工产生模仿效应。正因为如此，必须由精明能干，锐意开拓，作风正派，具有远见卓识和统筹能力的杰出人物担任行的主要领导。这对搞好央行文化建设有着至关重要的作用。

（二）提高员工思想文化素质，是搞好央行文化建设的基础

塑造优秀的央行文化，既要求领导的倡导、培育和推行，率先垂范，以身作则，更离不开广大员工的积极参与、配合和支持。央行文化建设是以广大员工的认可和付诸行动为前提的，塑造优秀的央行文化与广大员工的素质有着十分密切的关系。一个思想文化素质不高，员工内心世界苍白的团队，是不可能产生催人奋发向上的优秀央行文化的。只有建立在众多员工都具有良好的思想文化素质的基础之上，才有可能构建独具特色的优秀央行文化大厦。因此，要把提高员工的思想文化素质，视为塑造央行文化建设的一项根本性工作，花大力气认真抓好。

（三）利用多种形式，做好宣传鼓励工作

既要利用各种有效的形式和机会，对本行的宗旨、光荣传统、优良作风，特别是闻名全国的典型人物和事迹进行大张旗鼓的宣传，又要善于发现和树立身边的先进人物和模范事迹。通过“拨亮一盏灯，照亮一大片”，使本行员工远学有目标，近学有样板，

把抽象的无形的央行文化，具体化、形象化，使之看得见、摸得着，从而使之深入广大员工的心田，更好地发挥激励和启迪的作用。

（四）循序渐进，坚持不懈

构建独具特色的央行文化，虽然是一个长期渐进的过程，并非一朝一夕所能完成的。但是，只要沿着既定的奋斗目标，循序渐进，脚踏实地，坚持不懈，不断总结和提高，就能使央行文化建设不断得以升华，进而逐渐成为广大员工的群体意识和整体观念，并激发他们的工作热情和为本行的兴旺而奋力拼搏的献身精神。

（原载《金融时报》2005 年 11 月 25 日）

在改革中异军突起的乡镇企业*

在党的十一届三中全会正确路线指引下，我国农村的经济体制改革取得了举世瞩目的伟大成就。乡镇企业的蓬勃发展和异军突起，是我国农村经济体制改革结出的最大硕果之一。正如邓小平同志所指出的："乡镇企业发展起来了，异军突起"，是农村改革的"最大的收获"。改革十年来，我国乡镇企业由少到多，由弱到强。迅速壮大，而今已成为我国农村经济的主要支柱和国民经济的重要组成部分。据统计，1987 年全国乡镇企业总数已发展到 1750 万个，比 1978 年增加了 10.5 倍。1987 年全国乡镇企业总产值高达 4764 亿元，比 1978 年增长 8.7 倍，首次超过全国农业总产值，约占全国社会总产值的1/5；其中乡镇工业总产值为3244 亿元，约占全国工业总产值的 26%。

乡镇企业的崛起，活跃了我国城乡经济，促进了生产力的发展，加快了我国的社会主义建设步伐，并为我国实现工业化开辟了独特的道路。具体说来，发展乡镇企业的重大意义主要表现在如下几个方面：

（一）发展乡镇企业是转移农村剩余劳动力的最佳出路

农业中的大批劳动力转移到工业和其他行业中去，由农业人口变为工业或其他行业的人，是实现经济现代化的不可避免的伴生现象。一般来说，农业部门的劳动力在社会各部门总劳动力中所占比例的高低，反映着经济现代化的程度。

---

* 本文系中央人民广播电台庆祝国庆 40 周年征文，已于 1989 年 10 月 13 日和 16 日在该台《学习节目》播出。

从我国的情况来看，人口的绝大多数在农村。80 年代初，我国农村人口为 8 亿多，约占全国人口的 82%，其中劳动力约为 4.2 亿人。而我国的耕地面积却只有 15 亿亩左右，若以每人种 10 亩地计，仅需要劳动力 1.7 亿，尚剩 2.5 亿，林牧副渔虽可消化掉一部分，但毕竟很有限。据有关部门预测，到 20 世纪末，我国的农村劳动力将多达 4.5 亿，农业部门最多却只能容纳 2.2 亿，还剩 2.3 亿。如此巨量的农村剩余劳动力如何转移？这是我国现代化建设和社会发展中面临的一个十分严峻的问题。

西方资本主义国家在工业化的过程中，一般是采取倾全力在城市发展工业，逐步吸收农村剩余人口，使劳动力结构和人口结构由乡村为主转向城镇为主。外国走的这条道路，我国显然无法照搬。这是因为，我国农业剩余劳动力数量庞大，而我国的生产力水平却较低，城市基础设施较差，现在容量很有限，许多大中城市人口已基本饱和，甚至连解决自身的人口自然增长的就业都有困难，又怎么可能再容纳上亿劳动力呢？让大量农村剩余劳动力离土离乡，涌向城市，这条道路既然行不通，摆在我们面前就只有一条出路：即就地转移，就地安排。

劳动力是生产力的基本要素，只要因地制宜，安排得当，大量农村剩余劳动力即使就地转移，仍然可以变为现实的生产力，成为促进社会主义现代化建设的重要力量。事实表明，大力发展以“离土不离乡，进厂不进城”为主要形式的乡镇企业，乃是符合我国国情的吸收消化农村大量剩余劳动力的有效途径。改革十年来，由于乡镇企业蓬勃发展，给农村剩余劳动力提供了大量的就业机会，仅“六五”期间，平均每年就安排了 800 万农村剩余劳动力。到 1988 年年底全国乡镇企业的从业人员已多达近 9400 万人，其中主要是在乡镇工业企业就业。乡镇企业作为农村经济的主体力量，已成为劳动力的巨大就业载体，它在一定程度上解决了大批农业剩余劳动力转移这一重大难题。从一定意义上可以说，转移农村剩余劳动力是乡镇企业发展的重要动因，发展乡镇企业则是实现农业劳动力转移的一种历史必然。

（二）发展乡镇企业有利于加快农业现代化的进程

乡镇企业是从农业中分离出来的，它与农业有着密切的“血缘”关系。农业的状况直接影响着乡镇企业的兴衰，而乡镇企业的发展对于推进农业现代化，又具有越来越明显的作用。

首先，由于乡镇企业的迅速发展，促使越来越多的农业劳动力离开土地向第二、第三产业转移，使得务农劳动力大为减少。土地相对集中，这就为农业生产的专业化和规模经营创造了条件。在乡镇企业比较发达的某些城市郊区和沿海地区，已出现了一些土地适度集中，实行规模经营的种粮大户、家庭农场或合作农场。这些种田专业户或专业组在自身利益的驱使下，千方百计地采用先进的生产手段和新技艺、新措施，努力提高科学种田的水平，已在适度规模经营中取得较好的经济效益。就全国看，目前这类情况所占的比例还不大。今后只有进一步大力发展乡镇企业，才能在更多的地区实行土地的规模经营，促使农业生产在更大的范围内从劳动密集型向资金、技术密集型转变，不断改善农业生产的条件和提高农业的生产效率，加速农业的现代化进程。

其次，乡镇企业的发展可以为农业提供大量的资金，用来改善生产条件。要实现农业现代化，首先碰到的一个大问题就是发展农业的资金从何而来？目前我国农村还比较贫困，农业自行积累的能力还很差，而我国的财力又有限，也不能指望主要依靠国家投资。在这种情况下，乡镇企业成了增加农业投入的一条重要渠道。乡镇企业主要从事工商业活动，收入相对较高、赢利较大，因而可拿出部分资金扩大对农业的投入。“六五”期间，仅有账可查的乡、村两级企业的支农资金就多达90.5亿元，平均每年为18.1亿元。依靠乡镇企业“以工补农”、“以工建农”，不仅可以协调工农业劳动收入不合理的利益关系，有效地调动务农人员的积极性，而且也有力地促进了农业生产条件的改善和农业机械化的发展。

此外，乡镇企业的发展，还能向农业提供大量的农业机械、化肥、农药、兽药等生产资料以及日益增多的现代燃料和动力，推进农业手段的现代化和传统农业向现代农业的转化。

（三）乡镇企业的发展有利于振兴农村经济，密切城乡关系，促进集镇建设

乡镇企业的勃兴，使农村多种生产要素跳出传统农业的框子，在商品经济的推动下重新组合、配置。工、商、建、运、服务行业从无到有，从少到多，发展很快，改变了过去以种植业为单一内容的农村经济结构，并使之向优化合理的趋势发展。产业结构的优化，对于更充分地利用农村资源，活跃农村经济，加快农业现代化的进程，都有不可估量的作用。

农村产业结构的调整和优化以及农村商品经济的发展，打破了城市办工业、农村搞农业的传统分工，使城乡联系更为密切，乡镇企业已成为协调和增强城乡经济联系的桥梁。一方面，乡镇企业的发展能为城乡人民提供日益丰富的生产、生活资料；另一方面，乡镇企业生产所需要的许多重要设备、技术、信息、动力以及部分原材料来自城市。因此，乡镇企业越发展，城乡之间的经济联系也就越紧密。

随着乡镇企业的发展和农村经济的日趋繁荣，在乡镇企业集中发展的村落，必然会出现农村城市化的趋势。乡镇企业与小城镇辉映发展，又必然会促进农村政治、文化、科学技术的繁荣和广大农民的生活向城市化转变。自 1979 年以来，全国有近万个新的小城镇拔地而起，欣欣向荣。小城镇的大量出现和繁荣，有利于逐步缩小和消灭城乡文明程度的差别，使广大农民在离土不离乡的情况下，也能享受到城市化的生活。城乡差别的逐步缩小，不仅有利于稳定农村、稳定社会，对加强农村的社会主义物质文明和精神文明建设也具有深远的意义。

（四）发展乡镇企业是强国富民的有效途径

1. 镇企业有力地促进了社会主义工业化

我国的乡镇企业是在国家基本上没有直接投资的情况下发展起来的。据对200家大型乡镇企业的抽样调查，这些企业的投资，主要是依靠农民自筹资金和企业自身的积累以及部分贷款（约占40%）。十年间国家通过各种渠道对乡镇企业的投资，仅占总投资的4%。但是，乡镇企业却为社会主义建设和人民生活提供了大量工业品，并在全国各类产品中占有愈来愈大的比重，有的产品甚至在国家整个工业中已占有举足轻重的地位。据1987年统计，占全国同类产品产量比重较大的有：原煤占31.9%，硫铁矿石占29.2%，水泥占24.8%，砖占95.8%，丝占34.4%，呢绒占32%，机制纸及纸板占32.7%，电风扇占35%。

乡镇企业在与城市大工业协作中充当配角，为城市大工业企业承担和生产大量的零配件，不仅有利于乡镇企业自身的发展，而且还可以使城市大工业企业腾出空间和技术力量去发展高、精、尖产品，向高、精、尖和专业化的方向发展。据统计，京、津、沪三市乡镇企业的总收入中，为大工业企业服务和外来加工的约占80%左右，甚至许多名牌自行车、洗衣机的零部件都是由乡镇企业配套加工的。城市工业企业和乡镇企业相结合，相互协作和促进，必然会加快我国工业发展的步伐。

2. 乡镇企业的发展，增加了国家财政收入，扩大了对外贸易

乡镇企业的发展，不仅使不少地区改变了贫困状况，减轻了国家的经济负担，还按税法向国家缴纳了大量税金。从1979～1987年，乡镇企业向国家缴纳税金累计额达772亿元。乡镇企业现已成为我国财政收入的重要来源和财政支出的重要补充。

乡镇企业还是增加出口产品，换取外汇的重要途径。许多乡镇企业技术简单，劳动成本低，原料一般取之于当地，具有出口创汇的优势。尤其是许多乡镇企业厂小灵活，产品转向快，容易适应国

际市场变化，有利于把产品打入国际市场。单是1987年，乡镇企业就为国家创汇50亿美元，产品销售到上百个国家和地区。在广东、福建等地，大批乡镇企业由引进设备、从事来料加工起家，已成为以出口创汇为主的外向型企业。

3. 乡镇企业的发展增加了农民收入，提高了农民的生活水平

乡镇企业的发展，打开了农民致富的大门，使农民的经济收入有了较大的提高。据国家统计局统计，从1979～1986年全国农民人均收入增加了263元，是从建国初到1978年这29年增加额的3倍；同一时期，人均年收入200元以下的低收入农户所占的比重从72.5%下降到11.3%，人均年收入500元以上高收入户则由0.6%上升到28.6%。农民增收的相当大的一部分是来自乡镇企业，在“六五”期间许多地区农民从乡镇企业得到的收入，约占其增收的一半左右。在一些乡镇企业发达的地方，农村人均收入已达到800～1000元。在江苏南部的许多农村，每个劳动力的年收入甚至高达3000元左右，村的主要干部和有专门技术的农民月收入多达300～500元。现在，江苏南部农村已有70%以上的农民盖了楼房，农民的人均住房面积达到20多平方米，在吃、穿、用等方面都与城市相差无几，有些方面甚至大大超过城市职工。

4. 乡镇企业的发展为我国农村建设社会主义打下坚实的物质基础，巩固和扩大了农村的社会主义阵地

到1988年底，仅乡、村两级的集体企业的资产就已达到2000多亿元，相当于改革前20年人民公社公共积累的2.5倍。这个数字雄辩地证明，农村工业的发展和农民向非农业转移，既大大发展了农村的生产力，又使“四个坚持”在农村有了坚实的根基，使广大农民看到了我国农村社会主义现代化的希望之光，从而更加坚定了走社会主义道路的决心和信心。

总之，在我国农村大力发展乡镇企业是一条适合我国国情，有利于振兴农村经济，加快社会主义现代化建设，提高广大农民生活水平，巩固农村社会主义阵地的必由之路。

改革十年来，我国乡镇企业长足发展，其速度之快，规模之

大，令人瞩目。从总体上看，我国乡镇企业的发展是健康的，但也不可避免地存在着不少问题和弱点，主要表现在如下几个方面：（1）固定资产投资规模过大，发展速度超过了农村的能源、原料和资金的承受能力，造成同国营大企业争能源、争原料、争市场，不利于国民经济整体的协调发展；（2）乡镇企业的迅速发展在很大程度上是靠外延扩大再生产取得的，技术水平提高不快，产品质量低下，经济效益差，耗能高，污染严重；（3）结构不合理，一般加工业特别是轻纺化纤、家电行业发展过多。因此，从乡镇企业的目前状况来看，进行治理整顿是很有必要的。

党的十三届三中全会从我国社会主义现代化建设的大局出发，提出了“治理经济环境，整顿经济秩序”的方针。这个方针不仅符合整个国家的实际情况，也符合乡镇企业的实际情况。治理整顿反映了乡镇企业本身发展的内在要求，为乡镇企业提供了克服自身弱点，扬长避短，走上新台阶的机遇。所以，从长远看，治理整顿对乡镇企业的健康稳定发展是有利的。但是，另一方面我们又必须看到，在治理整顿中，中央采取的加强宏观控制、紧缩银根、压缩固定资产投资和控制消费需求膨胀等一系列措施，使得乡镇企业所需要的资金、能源和原材料供应更为紧张，因而也必定会给乡镇企业带来一定的困难和压力。现在，已有大量乡镇企业因缺资金、原材料、无销路而处于停产或半停产状态。

当前，我国乡镇企业的发展面临着严峻的考验，传统的发展方式遇到了挑战，原有的“船小好掉头”、“活劳动价格低”等优势正在弱化，加之由于资金、原材料、能源的紧张，市场对产品的选择性增强，在此情况下想再靠资金的高投入、低小散、铺摊子、采用高能耗、高物耗的粗放型外延式扩大再生产，来求得持续稳定的发展显然是已不可能了。乡镇企业在面临着严峻的考验和新的发展机会的形势下，必须在发展战略上实现以下五个方面的转变：（1）从铺摊子依靠增加投入的外延发展为主，转向依靠科学技术，巩固提高现有企业，注意内涵挖潜扩大再生产为主；（2）从重产值增长速度，转向注重经济效益的提高；（3）从依托国内市场转向积极跻身于国际市场，国内国外两个市场同时开拓。沿海地区要逐步以外向型经济为主；（4）从企业分散经营，转向专业化、社会化协作生产；（5）从传统的小生产经营管理，转向科学的现代化经营管理。在经营方向和目标上实现上述发展战略的转变，是乡镇企业变难关为机遇，化挑战为动力，跨上新的台阶，实现持续稳定发展的根本出路。

乡镇企业要实现上述发展战略的转变，需要进行多方面的工作，当前特别要在治理整顿上下功夫。我国乡镇企业经过半年多的治理整顿已取得初步成效，明显标志是发展速度有所回落，基建规模得到了控制，经济效益逐步提高。据有关部门的统计，今年上半年，全国乡镇企业的总产值和乡镇工业产值分别比去年同期回落16个和11个百分点，尤其是今年4月份以来，乡镇企业产值增长速度逐月明显下降，到6月份已降到15%，但经济效益却仍有所提高。与去年同期相比，乡镇企业的销售收入增长30%，利润增长20.5%，上交税金增长31%。乡镇企业的治理整顿虽然已初见成效，今后还必须继续抓好这项工作，以便进一步优化结构，增加有效供给，提高经济效益。必须指出的是，在治理整顿中不能搞一刀切，而应当根据国家的有关产业政策，坚持“有压有保”的原则，发展提高一批，帮助巩固一批，限产淘汰一批。一方面要坚决限制和压缩那些耗能高、污染严重、质量次、市场容量小、效益低下的行业或产品生产；另一方面对于能源、交通和原材料等基础产业、两头在外出口创汇和名新优特重点产品，以及支农产品和人民生活必需的日用品生产，则应采取倾斜政策，在资金、物质等方面优先安排，扶持发展。在乡镇企业比较发达的地区，要把重点放在提高上，不断提高技术水平和管理水平，在新的起点上提高企业素质和竞争能力。对于经济比较薄弱的少数民族地区或乡镇企业起步迟、经济较落后的其他地区来说，在服从国家宏观控制的前提下，既要适度增加投入、继续发展，又要着力于加强管理、改革技术、提高效益。

乡镇企业除了要继续搞好治理整顿外，还要抓好深化企业改革，只要我们能根据当前治理整顿的要求和乡镇企业存在的问题，认真做好各方面的工作。实现发展战略的转变，我国的乡镇企业就能战胜困难，经受考验，在治理整顿中取得新的发展，为我国的社会主义现代化建设做出更大的贡献。

西方国家市场经济中的计划干预

俄罗斯经济学博士伊琳娜·奥萨恰亚于1992年在《红星报》上发表的一篇文章指出：纯市场经济并不存在，即使在工业发达的国家也不例外。[①] 事实正是如此。在现实的世界上，既没有绝对的计划经济，也不存在100%的市场经济。

在现代化的大生产中，从上而下的以计划为主要配置资源方式的叫计划经济，而以市场为主要配置资源方式的叫市场经济。从资本主义国家的经济发展史来看，资本主义国家大都一开始就实行市场经济，主要由市场调节来配置资源，但资本主义国家的市场经济是不断变化、发展的。其大体上可分为两个阶段，即自由竞争阶段的市场经济和现代市场经济。

自由竞争阶段的市场经济，实际上是放任市场调节和市场自由发展，又称自由市场经济。自由竞争是它的显著特点。英国资产阶级古典经济学家亚当·斯密在其名著《国民财富的性质和原因的研究》（简称《国富论》）中，把资本主义商品经济的运行归结为是受一只“看不见的手”的指导。这只“看不见的手”，指的就是市场机制和价值规律。斯密从人类的利己心出发，他认为每个人的一切活动都受“利己心”的支配，并认为凡是追求个人利益的人都好像被一只无形的手引导着去增进所有人的最大利益。这就是说，他认为每个人追求个人利益能给整个社会带来共同的利益。斯密经济思想的中心内容是经济自由，即“自由放任”。他认为，社会经济活动存在着自然的、客观的规律性，顺应这些规律让其自发

① 参见俄罗斯《红星报》1992年11月11日。

地起作用，才最有利于国民财富的增长。因此，一个国家最好的经济政策就是经济自由主义。他主张对私人经济活动不加任何干涉，采取自由放任的态度，任其自由竞争，自由发展。斯密为自由放任的资产阶段古典经济学说奠定了哲学基础，他是这一学说的创始人。

20 世纪 30 年代以前，在西方经济学界占主导地位的是以英国剑桥学派的创始人马歇尔为代表的新古典经济学派。尽管新古典经济学派在经济学的研究方法和内容上比古典经济学有很大的创新，但在崇奉市场力量的基本出发点上则是一致的，都认为资本主义经济制度是完善的，通过市场的自行调节，可以实现经济均衡增长。他们认为，国家对经济生活的积极干预是没有必要的，因而又称之为古典经济自由主义。新古典经济学的核心是反对国家对经济进行宏观调节。他们认为，资本主义就好像是一架可以自行调节的机器。市场机制能自动调节社会生产，供求之间没有矛盾，资本主义私有经济不会出现生产过剩和长期失业现象，资本主义市场经济是一种稳定和谐、没有冲突和激变的制度。

20 世纪 30 年代以前，虽然资本主义经济发展过程中周期性危机迭起，但资本主义生产关系适应生产力发展的一面仍然占着主导地位，自由竞争能比较有效地释放出生产力发展的潜能。然而，“看不见的手”并不能克服资本主义生产无限扩大与市场需求相对缩小的矛盾，随着矛盾的积累，终于酿成了 30 年代的大危机。1929～1933 年的资本主义世界性的经济危机，是历史上最深刻、最长久、最广泛的周期性危机，生产的缩减和失业范围达到了空前未有的程度。面对即将崩溃的资本主义经济，新古典经济学派却束手无策，期待着供求自动恢复均衡，而这要付出惨重的代价。资产阶级经济学家们被迫另辟蹊径，重探资本主义的长生之道。因此，30 年代出现的经济大危机，成了西方经济学的一个重大转折点。它给原来占统治地位、以市场自由经营论为中心内容的马歇尔新古典经济学派敲响了丧钟，使以政府干预论为中心内容的凯恩斯主义应运而生，并逐渐成为风行西方世界占主导地位的经济学说。英国经济学家凯恩斯认识到，随着资本主义经济社会化程度的不断提高，仅仅依靠市场调节已经不行了，因而他明确提出要有政府的宏观调控和干预。凯恩斯与新古典经济学者不同，他承认资本主义存在经济危机和失业。根据凯恩斯主义的观点，资本主义之所以会出现大量失业人口和生产过剩的经济危机，原因在于有效需求不足，认为单纯依靠私人经济的市场自动调节，不可能达到生产资源的充分利用，必须由国家对经济进行计划干预和调节。凯恩斯的代表作是《就业、利息和货币通论》。他的经济政策观点的核心，就是国家干预经济生活，借此刺激有效需求，即刺激消费和投资。凯恩斯以其独创的见解，脱颖而出，成为当代西方经济学国家干预主义的一代宗师。

其实，资本主义国家采用计划干预手段来配置资源，早就已经存在了。它最早出现在单个的私人资本主义企业。马克思主义的创始人对此曾有过精辟的论述。他们在著述中指出：单个私人企业的生产有计划性与整个社会生产的无政府状态同时并存。可见，在早期即在自由竞争资本主义阶段，私人资本主义企业就已经有计划了，虽然这种计划还十分狭窄。后来，随着社会生产力的发展，生产的社会化与资本主义的私人占有之间的矛盾日益尖锐，迫使资本主义在自身范围内寻找能缓解其基本矛盾的手段。恩格斯在《反杜林论》中说：在这种情况下，“资本主义社会的正式代表——国家不得不承担起对生产的领导”。随着生产社会化程度的提高，资本主义计划范围逐渐由企业内部走向全社会。特别是国家垄断资本主义的形成，在西方发达资本主义国家出现了巨型的垄断组织（托拉斯、康采恩）后，资产阶级政府不得不运用计划手段干预国民经济的运行，以减轻周期性的经济危机对资产阶级社会的冲击。早在19世纪后期，马克思在《资本论》第三卷中曾经指出：股份公司的发展，“在一定部门中造成垄断，因而要求国家的干预”。

到了20世纪30年代，凯恩斯主义出现之后，西方资本主义国家的政府更明显地加强了对经济的宏观控制，并形成了一套以总需求管理为核心的财政和货币政策。战后至70年代中期，凯恩斯主义在西方经济学界占据了主流学派的位置。在近半个世纪的时间里，凯恩斯所倡导的国家干预经济政策为资本主义国家普遍采用，主要西方工业国家无一例外地奉行凯恩斯主义。通过财政政策、货币政策等手段来对经济实行宏观调控。有些国家实行了指导性计划（如战后的日本、德国、法国等），有的还搞了社会福利政策，这样就大大缓和了周期性的经济危机和社会阶级对抗。加上，战后几次强劲科技革命浪潮的推动，以及廉价能源的支持，因而为资本主义的发展创造了有利的内外部条件。一段时间内，资本主义世界出现了经济增长较快、失业人数较少、通货膨胀率较低的所谓“黄金时代”。凯恩斯也因此被其信奉者尊称为“战后繁荣之父”。然而，凯恩斯的国家干预主义不可能从根本上消除资本主义生产方式的深刻矛盾。人为地扩大社会总需求的反危机措施，固然可以缓和资本主义的供求不均衡，使危机从剧烈的阵发式变为缠绵的累积式。随着时间的推移和矛盾的累积，资本主义危机必然会以新的形态顽强地表现自己。在两次石油涨价的冲击下，60 年代末 70 年代初主要西方工业国家无一例外地发生了经济危机，出现了生产停滞、高失业与高通货膨胀率相互交织、同时并存的现象。从历史上看，资本主义经济运行的一般情况是，经济危机时期，生产迅速下降，失业增多，需求不振和物价大幅度下跌；危机过后，生产扩大，失业率处于低水平或下降，物价趋于上升。简言之，物价的涨落与经济的增长和衰退几乎呈对称变化。而在 60 年代末期，一些国家出现了生产停滞与物价上涨齐头并进的情况。这就是人们所说的“滞胀”。“滞胀”这种奇特现象的出现，使以需求管理为中心的经济政策陷入进退两难的境地：若抑制需求，控制通货膨胀，就会加剧经济衰退和使失业增加；而要扩大需求，减少失业，又必定会加剧通货膨胀。70 年代初出现的严重“滞胀”局面，宣告了战后西方国家大力推行的凯恩斯主义需求管理型式已经失灵。为了摆脱“滞胀”，重振经济，主要西方工业国家纷纷放弃凯恩斯主义，转而求助于货币主义、供应学派和新自由主义等新保守主义的经济管理理论和政策主张。战后，建立在凯恩斯主义理论基础上的西方国家经济干预政策，对矫正市场机制弊端，确保宏观经济的顺利运行发挥了重要的作用。但是，另一方面，由于国家干预过多，损害了市场功能的正常发挥，使个人、企业的“主动精神”大大受到压制，致使经济日益失去活力。到70年代，伴随着严重的经济危机和“滞胀”，国家和市场的矛盾与冲突趋于尖锐化、表面化。为了适应新的生产力，资产阶级政府不得不使国家的作用有了某种程度的收缩，转而加强市场机制的作用，试图以此为经济的发展注入新的活力。新保守主义主张自由放任，强调市场机制的自动调节作用，反对国家对经济生活的“过度”干预。他们认为，西方国家经济出现的“滞胀”，应完全归咎于凯恩斯主义的国家干预政策。他们声称。只要实行自由放任主义的经济政策，就可以自动地实现经济均衡发展和避免经济危机。例如，在1976年西方经济学界纪念亚当·斯密的《国富论》出版200周年的宣传活动中，美国著名经济学家弗里德曼就曾宣称：亚当·斯密的“看不见的手”，即通过价格体系自由调节经济活动的学说，“就今天而论，是非常重要和切合实际的”。在他们看来，只要实行自由放任的经济政策，就可以自动地实现经济均衡发展和避免经济危机。货币主义学派十分强调控制货币增长率，以此抑制通货膨胀，从而恢复经济增长；供应学派则注重通过减税和增加供给的办法，以促进投资，推动经济增长；新保守主义学派还主张通过压缩政府开支和减少财政赤字的方式，以抑制通货膨胀，恢复经济增长。

1979年5月，撒切尔夫人就任英国首相，她被认为是西方工业国家中最坚定的货币主义推行者。1981年初，美国共和党人里根入主白宫，就任美国总统。里根推行的一套政策，实际上是供应学派和货币主义理论的“混种”，其目的是重新恢复自由市场制度。其他西方工业国家也都纷纷效仿英、美两国，转向新保守主义，为摆脱其经济困境开出了大同小异的药方。

在整个80年代，向新保守主义管理型式转变，尽管已成为当时西方工业国家的主要潮流，风靡一时，但是并没有任何一个国家真正执行纯粹的新保守主义。从实际运作来看，并没有哪个国家完全否定和抛弃国家计划调节的作用。坚持国家（计划调节）与市场（调节）相结合，仍然是大多数西方工业国家进行宏观经济调节的基本原则。只不过随着情况的变化，国家调节的范围和程度有所收缩、减弱，市场机制的作用则大大增强。

向新保守主义管理型式的转变，虽然为西方国家的经济摆脱“滞胀”，实现经济7～8年的稳定增长起了重要的作用，但它由此又带来了一系列新的经济难题。作为经济自由化的代价，带来资产、收入分配的恶化和社会的两极分化加强；而由金融自由化等影响引起的通货膨胀，则大大动摇了美国等西方工业国家经济结构的基础。目前大多数西方国家的经济已连续多年处于不景气之中，经济方面的问题成堆，难以解决。香港《经济导报》1992年第3期“国际经济”专栏上刊登的一篇文章说，正当计划经济国家实行面向市场的经济转轨之际，市场经济发达的美国、欧洲和日本却进入了经济周期性和结构性的衰退时期。80年代通行的新保守主义的经济政策及其反危机措施在90年代初已经失灵。这些国家又开始出现了加强政府对经济实行干预的迹象。

美国克林顿总统是打着“改变”的旗号上台的，他在就职演说中也一再强调“改变”。关于“改变”和“改革”的真实含义及具体内容，他说得很少。但是，从他在就职演说中推崇富兰克林·罗斯福以及他提出美国经济复苏计划要以增加政府对基础设施的投资来看，特别是从克林顿在制定经济政策起用的一些人来看，他打的旗号和所显示的风向还是很清楚的。罗斯福和他的“新政”，是美国干预经济的突出实例。罗斯福于1933年入主白宫后，先后出台了上百个调节经济的政策法令，对经济进行大规模的干预和调节。罗斯福的“新政”，不仅使美国渡过了1929～1933年经济大恐慌，使美国的资本主义经济制度得到挽救，而且“新政”对战后美国和其他西方工业国家的经济调节也产生了重大影响。克林顿赞赏罗斯福，也主张加强国家在重振经济中的作用。

从克林顿起用的人来看，其政策主张就更清楚了。1992年2月出版的台湾《中国时报周刊》有一篇文章题为：“MIT经济学派主控美国经济决策”。该文写道，克林顿当选美国总统，在经济政策方面，麻省理工学院（MIT，即马萨诸塞理工学院）派获得重用，而芝加哥派则明显受到冷落。芝加哥派掌门人弗里德曼反对政府干预的观念正在走下坡路，而 MIT 学派的大师索洛力求短期刺激景气的主张则受到重视。MIT 学派的基本观点是：“政府在促进发展强劲经济的目标上，可以扮演一个重要角色”。这种观点，是与里根及布什政府深信“自由市场，政府角色越少越好”的信念背道而驰的。目前美国新政府中充满了上述主张的 MIT 派学人。

美国曾经是推行自由经济政策最典型的国家，而如今自由放任主义的经济政策在美国则受到抨击。据台湾《天下》月刊 1993 年 1 月号一篇题为“放任主义之死”的文章里说，美国最负盛名的经济评论专栏作家罗伯特·库特纳在他轰动一时的近著《放任哲学的终结》里，从全球政治、经济与金融运作的结构发现，“不论对美国本身或全球政经体系，放任哲学都是一个错误的偶像”。他认为，美国为了向全世界推销这个“神圣的理想”而付出了巨大的代价，更种下了国际经济秩序动荡、成长低速的恶果。如今在美国，一方面自由市场的观念受到质疑，另一方面凯恩斯力求以政府花费来摆脱经济萧条的主张又被看重。

从其他西方工业国家来看，也加强了政府对经济的干预。1992 年 12 月中旬，欧洲共同体 12 国首脑在爱丁堡会议上决定今后几年内追加 370 亿美元投资，改进欧洲的基础设施，以刺激经济增长。据报道，德国准备在 90 年代花费 1 万多亿美元来重建东部地区。日本已提供了一项花费总额为 107000 亿日元拯救经济紧急方案。这些国家政府的政策转变，得到了一些西方学者和金融界的支持。世界银行的首席经济学家劳伦斯·萨默斯强调，工业国家必须坚决放弃 80 年代制定的紧缩银根政策和政府不干预经济的教条。

70 年代末，特别是 80 年代，西方国家经济领域里，刮的是自由主义之风，这种思潮崇尚私有制和市场机制，反对国有制和国家干预。现在来看，西方国家经济风向有变，主要西方工业国家又重新开始刮起“国家干预经济”的风了。真是十年河东，十年河西！

在西方工业国家里，国家计划调节和市场机制是交替重点使用的。西方学者认为，要求在市场经济体制中加强政府计划干预的这种转变倾向表明，完全依靠市场机制这一“无形之手”，已不能适应今天高度现代化和全球化的经济体制，也不能摆脱经济衰退的困扰，更不能在强手如林的世界各国的激烈竞争中成为赢家。上面介绍的是西方工业发达国家的情况，此外在亚洲的一些新兴工业化国家和地区，政府的计划干预对经济起飞和产业结构升级，也都起了不容忽视的作用。例如，韩国的经济企划院，是资本主义国家中少有的专门的计划机关。它是该国进行宏观经济管理的最大综合部门，具体负责拟定发展计划、编制预算等。新加坡经济发展迅速，社会秩序井然，它的成功经验有哪些呢？新加坡《联合晚报》在 1993 年 1 月份发表的一篇文章中，将其归纳为正确处理了四大关系，其中之一就是正确处理了计划经济与市场经济的关系。文章指出，新加坡 20 多年来的经济活动，一直是在政府的有效宏观导向与控制下进行自由竞争，优胜劣汰，适者生存。

上述事实表明，古典资本主义时期的那种完全放任自流状况已基本上不存在了，国家计划干预在资本主义经济运行中已起着重要的作用。古典派经济学家信奉的那只在市场上引导亿万人参与经济活动且能行之有效的“无形之手”，在很多方面的作用已被政府的“计划”这只“有形之手”取而代之了。换句话说，推动现代资本主义国家经济进展的已不是一只手，而是双手——计划与市场并用。如果把计划调节当作广义的宏观调控来理解，那么，可以说当今资本主义世界已不复存在那种没有政府调控和干预的自由资本主义。现代资本主义是“两手抓”，即是依靠“看不见的手”——市场机制和“看得见的手”——宏观调控，来推动经济发展的。这些事实说明，我们不能把计划只看成是社会主义国家独具的特征，现代资本主义国家既有市场又有计划。这一方面证明了邓小平同志讲的“计划经济不等于社会主义，资本主义也有计划”的论断是完全正确的。另一方面也告诉我们，西方工业国家经济政策的新变化应当引起我们的注意。我国正在建立社会主义的市场经济，我们在向现代市场经济前进的过程中，在强调发挥市场机制作用的同时，还要注意建立新的宏观调控体系，增强宏观调控能力，进行必要的、及时的、正确的宏观调控。唯有计划与市场这两种经济手段同时运用，实现两者的有效结合，才能扬长补短，并形成推动国民经济均衡发展的合力，加快我国建立社会主义市场经济的步伐。

（原载《金融科学》1994 年第 1 期）

浅论政府在经济发展中的作用

在过去的几十年里，在亚洲国家和地区大多采取的是“政府主导型市场经济”，即所谓“东亚发展模式”。这一模式的一个突出特征，就是政府干预经济的程度较深。比如，战后的日本和韩国的经济，就是在政府的强力指导下走上高速发展之路的。但是，东亚的一些国家的政府在将本国经济成功地推上“快车道”以后，特别是当本国经济已发展到相当高阶段时，大都没有能够及时主动地从一些已经可以由市场进行调节的领域中退出，从而压制了市场机制作用的发挥，使日渐失衡的经济结构未能得到及时调整。同时，政府的过度干预还容易带来决策失误，资源配置不当等问题，进而使经济微观主体丧失活力和主动性。就金融领域而言，政府过度干预的结果更是弊端丛生，主要会带来以下两方面的后果。

其一，由于政府对银行经营干预太多，造成贷款质量低下，不良资产增多。以韩国为例，英国《经济学家》杂志评论指出：“没有一个国家像韩国那样如此严重地干预银行业务，把银行视为政策工具之一，命令银行必须贷款给某些信用不佳的大财团和企业”。在韩国由于企业相对容易从银行获取贷款，致使一些大企业投资缺乏谨慎态度，滥用资金，盲目扩张，畸形发展，结果成了效益低下的“泥足巨人”。韩国大财团在1997年发生的金融危机中之所以纷纷倒闭，一个重要原因就是借钱过多，同时又没有发挥应有的效益。企业借钱无力归还，致使银行背上了解脱不掉的呆账、坏账包袱。

日本虽属比较成熟的市场经济的国家，但其金融机构运作的透明度却很低，行政干预也很大。战后建立起来的日本金融体制是以政府为主导，这种金融体制的特点突出表现为“银行超贷”、“企业超借”、“间接金融优先”等。这种做法是与正常的金融市场运行规则相违背的。所谓“银行超贷”，是指在政府的主导下。银行

“能贷则贷”、“不能贷的尽量想办法贷”，结果造成不良资产膨胀。

其二，政府行政干预过度造成的另一个恶果是官商勾结，腐败严重。政府以行政手段干预银行的经营活动，在官员和企业领导人之间形成了不正常的关系。它不仅严重削弱了政府的调节作用，而且还导致权钱交易、人情贷款泛滥、部分官员腐败。近年来，日本、韩国等国政府主管金融部门的官员丑闻迭出。日本《明报》说：“政府高级官员直接参与金融机构对企业的贷款活动”，“企业再把巨额利润输送给政府的这些官员”。在日本，由于从利率水平到金融商品开发均需大藏省等政府主管部门的审批认可，连大藏省内小小的课级官员对金融机构都有生杀予夺的大权。因此，各个金融机构莫不讨好和迎合大藏省等政府主管部门。韩国官员也直接参与贷款活动，金融机构通常按照官员的“明言”和“暗示”，贷款给企业，企业再把巨额的利益输送给这些政府官员。韩国政府的一些重要成员也往往涉及这种所谓利益输送。

从东亚国家的情况看，政府对企业（包括银行）干预过多会造成上述恶果。那么，政府在经济生活中应当扮演什么样的角色呢？在过去的几十年里，东亚一些国家的经济快速增长，令世人瞩目，“东亚发展模式”或“政府主导型市场经济”曾风靡一时，受到许多人的赞赏和推崇。然而，正当人们为“东亚发展模式”大唱赞歌之时，却爆发了始自东南亚国家的金融危机。于是，国际上又有一些人对“东亚发展模式”产生了怀疑，不少人尤其是一些西方学者和传媒群起而贬之。亚洲金融危机发生后，如何看待“东亚发展模式”成了人们争论的一个话题。争论的焦点，就是如何认识政府对经济活动的干预问题。

笔者认为，我们说政府对经济活动干预过度有弊端，并不等于不要政府对经济活动的干预，不能走另一个极端，政府对企业（包括银行）不应当采取不闻不问和漠不关心的态度。现代经济的主要特征之一，就是政府注重对经济和社会活动的宏观干预，关键要看政府是怎样进行干预，即如何发挥作用的。在市场经济条件下，政府的作用主要是通过政策和法规，根据发展战略的需要，为企业创造有利的外部环境，引导企业按“游戏规则”在竞争中发展，而不能越俎代庖，去插手应当由企业（包括银行）自行处理的具体经营活动。当然，这并不意味着国家的宏观调控要“靠边站”，实际上市场经济并不排斥计划，也不拒绝宏观调控。市场存在着自发性、盲目性和滞后性的一面，必须通过国家（政府）对市场活动的正确引导和有效调控，加以弥补和克服。

早在19世纪后期，马克思在《资本论》第三卷中就曾经指出：“股份公司的发展，在一定部门中造成垄断，因而要求国家的干预”。到了20世纪30年代凯恩斯主义出现之后，西方国家的政府更明显地加强了对经济的宏观控制，并形成了一套以总需求管理为核心的财政和货币政策。二战后至70年代中期，凯恩斯主义在西方经济学界占据了主流学派的位置。在近半个世纪的时间里，凯恩斯所倡导的国家干预经济政策为西方国家所普遍采用，通过财政政策、货币政策等手段来对经济实行宏观调控。70年代末特别是80年代，在西方国家的经济领域里，尽管曾刮起一阵自由主义的风，向保守主义管理型式转变成为时尚，这种思潮崇尚私有制和市场机制，反对国有制和国家干预。但是，进入90年代后，西方国家经济风向有变，主要西方工业国家又重新开始刮起“国家干预经济”的风了。国家干预现已在西方国家经济运行中起着重要的作用，可以说当今西方国家已不复存在那种没有政府调控和干预的自由主义。现代西方国家是两手抓，即是依靠“看不见的手”——市场机制和“看得见的手”——宏观调控，来推动经济发展的。

事实证明，某些国家特别是发展中的国家，在市场发育不够成熟的情况下，在其“经济腾飞”的一定阶段，政府引导和干预经济是必要的，可以更有效地促进经济快速发展。但是，政府的干预要有个“度”，应当注意干预经济的方式和程度。政府要重视规范自身的行为，与企业保持一定的“距离”，真正实现“政企分开”。放手让企业（包括银行）自主经营，东亚发展模式中政府干预过度的经验教训，值得引以为戒。

（原载《金融时报》1998年12月26日）

第三部分

马克思的货币、信用和银行理论

马克思货币理论的形成和发展

在马克思主义内容浩瀚的经济学文献中，货币理论占有非常重要的地位。马克思的货币理论是马克思主义经济学说的重要组成部分。马克思的货币理论是同他的商品价值理论紧密联系在一起的，商品价值理论是货币理论的基础，货币理论则是商品价值理论的直接发展。马克思的货币理论如同他的商品价值理论一样，也经历了一个形成和发展的过程。这个过程，大体说来可以划分为如下三个阶段：（1）从《论犹太人问题》到《哲学的贫困》，是马克思货币理论的萌芽阶段；（2）从《伦敦笔记》到《经济学手稿》（1857～1858年）中的《货币章》，是马克思货币理论从开始形成到逐渐成熟的过渡阶段；（3）从《政治经济学批判》到《资本论》，是马克思货币理论的完成阶段。本文拟按照上述历史的线索，对马克思货币理论的形成和发展过程作些粗浅的探讨。

一、《论犹太人问题》对货币理论的最初论述

马克思关于货币问题的最初思想，是在1844年初发表在《德法年鉴》上的一篇题为《论犹太人问题》的论文中提出来的。马克思的《论犹太人问题》一文，是为批判布鲁诺·鲍威尔的两篇关于犹太人问题的文章而写的。当时，犹太人在德国从事商业和高利贷活动，虽然很有经济实力，但却因他们的宗教信仰而被剥夺了一切公民的权利。鲍威尔在他先后发表的《犹太人问题》和《现代犹太人和基督教徒获得自由的能力》两篇文章中，把犹太人问题仅仅归结为宗教问题，认为犹太人只有放弃了自己的宗教信仰后才能获得自由。马克思则认为，不能把犹太人问题只看成是宗教问题，而应该从一定的社会经济条件中去寻找犹太人问题的根源。为

此，马克思分析了所谓市民社会（即资本主义社会经济制度），并谴责了这个社会里的金钱狂和自私自利行为。马克思写道："实际需要和自私自利的神就是钱"。"钱蔑视人所崇拜的一切神并把一切神都变成商品。钱是一切事物的普遍价值，是一种独立的东西。因此它剥夺了整个世界——人类世界和自然界——本身的价值。钱是从人异化出来的人的劳动和存在的本质；这个外在本质却统治了人，人却向它膜拜。"①

在这里，马克思阐明了三层意思：（1）货币不是一种自然物质，而是一种社会力量，在私有制经济中它是一种"自私自利的神"；（2）货币是一种普遍的价值，而且是一种独立于商品存在的价值；（3）正由于货币成为外在的和普遍的价值，因此具有主宰和支配一切的力量。在《论犹太人问题》这篇著名的论文中，马克思第一次论述了货币问题，并初步提出了价值概念和货币是价值的独立存在形式，以及有关货币拜物教学说的某些成分的思想。这些独创性的宝贵思想，是马克思货币理论的萌芽，后来都成为马克思货币理论的重要组成部分。

马克思在《论犹太人问题》一文中所提出的关于货币问题的见解，稍后在摘录詹姆斯·穆勒著作时所加的评注中作了进一步的论述。在这里，马克思借助于异化概念，论述了自己关于交换和货币的观点，特别是从异化劳动的角度进一步论述了物对人的支配以及货币同私有财产的关系。在摘录穆勒的《政治经济学原理》时所加的评注中，马克思在称赞穆勒把货币称为"交换的媒介"的见解后，同时指出穆勒由于没有越过事物的表面现象，因而没有阐明货币的本质。马克思认为："货币的本质，首先不在于财产通过它转让。"② 货币并不是普通物，而是由"人的、社会的行动异化了并成为在人之外的物质东西的属性"，③ 是存在于人之外并统治人的一种社会关系。

① 《马克思恩格斯全集》第1卷，人民出版社1956年版，第448页。

② 同上书，第18页。

③ 同上书，第20页。

马克思认为，货币是私有财产发展的必然产物。在私有财产条件下，交换必然发展到价值。交换活动的中介运动，只不过是“私有财产对私有财产的抽象的关系”，而这种抽象的关系就是价值。货币则是“作为价值的现实存在”。因此，货币不外“是私有财产的外化，是排除了私有财产的特殊个性的抽象”。① 在这里，马克思还论述了货币成为统治人的实体同私有财产制度的关系。马克思指出，正是由于存在私有财产制度，才使得货币成为固定于人之外并统治人的实体的。私有制的存在，相互间的联系必须通过物品本身的变动或物品与物品的转换来进行。按照马克思的说法，这就是把人的活动及其作用硬搬到物品上面去了，因而使货币成了这种物品转换所必需的媒介。由此造成的结果是，使货币取得了真正的权力，从由人的“自身的创造物”，变成了超越于人之外并凌驾于人之上而存在的实体，而人则变成了这种自身“创造物的奴仆”。②

马克思把对货币的起源和本质问题的探讨同私有财产联系起来，明确指出货币是存在于人之外并统治人的一种社会关系，并把货币归结为是作为价值的现实存在。这些很有见地的思想，表明马克思对货币理论问题的研究，在摘录穆勒笔记时所加的评注中已得到了进一步的发展。

二、《哲学的贫困》中的货币思想

《哲学的贫困》是马克思于1847年发表的第一部比较系统的经济学著作。该书是为了批判小资产阶级思想家比·约·蒲鲁东的《贫困的哲学》而写的。书中涉及政治经济学中的许多根本问题，货币理论是其中的重要内容之一。

蒲鲁东的整个经济学说的基础，是他所臆造出来的所谓“构成价值论”。马克思在批判蒲鲁东的这一错误理论的同时，从正面

---

① 《马克思恩格斯全集》第3卷，德文1932年版，第53页。

② 同上书，第53页。

阐述了自己关于货币问题的一些观点。

蒲鲁东认为，商品的价值是由商品的使用价值和交换价值两个因素通过交换而综合构成的，因此他把价值称为构成价值或综合价值。按照蒲鲁东的说法，社会财富好比化学中的化合物，也同样是由若干元素按照一定的比例组合而成的。构成社会财富的元素是使用价值和交换价值，使各个元素联合成一个综合整体的社会财富的力量则是交换。通过交换，一些财富元素得到社会承认，被列入社会财富而成为价值；另一些财富元素则被交换“排挤掉了”，不能构成社会财富，就变成为“非价值”。但是，被交换“认可”的价值已经不是使用价值，也不是价值，而是这两个对立物相互渗透的结果，形成了构成价值或综合价值。蒲鲁东还认为，他所“发现”的“构成价值”是由劳动创造的。按照蒲鲁东的说法，通过交换被“吸收”而构成了价值的那个使用价值，是在生产中所花费的劳动时间创造的，只有生产这种使用价值所花费的劳动才创造价值。在蒲鲁东看来，作为货币的金银不管数量多少，随时都可以按照生产上所耗费的劳动时间所决定的价值进行交换，并被“吸收”而构成为社会财富，因此他把作为货币的金银称之为“是已经达到构成的第一种商品”。蒲鲁东认为，既然金银的价值已达到了构成，那么其他商品也同样可以达到构成而成为货币。他为了说明自己的观点，便直截了当地把货币归结为“君主的专横”的结果。蒲鲁东认为，只要废除君主的权利，就可以废除货币，从而把一切商品都变成货币。马克思指出，蒲鲁东在这里玩弄了“幼稚多于狡猾”① 的变戏法，即把作为货币的金银和一般商品混为一谈，从而把金银作为货币的特性运用于由劳动时间衡量价值的一切商品上。

为了批驳蒲鲁东的错误观点，马克思把蒲鲁东的“构成价值论”同大卫·李嘉图的劳动价值论作比较，并指出蒲鲁东自命为“科学发现”的“构成价值论”，只不过是对李嘉图劳动价值论的

① 《马克思恩格斯全集》第4卷，人民出版社1958年版，第118页。

歪曲和篡改，实际上比李嘉图还倒退了一大步。马克思说："在李嘉图看来，劳动时间确定价值这是交换价值的规律，而蒲鲁东先生却认为这是使用价值和交换价值的综合。李嘉图的价值论是对现代经济生活的科学解释；而蒲鲁东先生的价值论却是对李嘉图理论的乌托邦式的解释"。① 因此，李嘉图的劳动价值论基本上是正确的，而蒲鲁东的"构成价值论"却是彻头彻尾的谬论。在批判蒲鲁东时，尽管马克思曾不恰当地引用了李嘉图的错误的货币数量论。即认为"确定货币价值的不是实物所包含的劳动时间，而只是供求规律"，② 但是在这里，马克思对商品价值已提出了不同于古典学派的见解：李嘉图把价值看作是永恒的自然存在的范畴，马克思则认为劳动时间决定价值只是商品生产社会的规律，即把价值看作是一个历史的商品生产的社会关系的反映。

马克思在批驳蒲鲁东的所谓"金银在一切商品中是价值已经达到构成的第一种商品"的谬论时，阐述了自己的关于货币价值的理论，马克思说："金银除了像其他商品一样是由劳动时间来衡量价值的商品以外，还具有普遍交换手段，即货币的特性"。③ 在批判蒲鲁东"把金银作为货币的特性运用于由劳动时间衡量价值的一切商品"的观点时，马克思论述了一个商品的价值只能在交换中由另一个商品来表现，不能直接由劳动时间来衡量而必须用货币来衡量。马克思还分析了交换价值同价格以及货币之间的内在联系，并明确指出："价格是产品的相对价格的货币表现"。④ 在揭露蒲鲁东企图在保留商品生产的条件下取消货币的谬论时，马克思论述了商品和具有价值基础的货币之间的内在联系，指出货币是从商品交换过程中自发地发展起来的，商品生产必然要产生货币，货币依附于商品生产，蒲鲁东想保留商品生产却又要废除货币，这只能是十足的空想。

---

① 《马克思恩格斯全集》第4卷，人民出版社1958年版，第93页。

② 同上书，第125页。

③ 同上书，第118页。

④ 同上书，第88页。

马克思在驳斥了蒲鲁东的价值理论后，接着对蒲鲁东关于货币形成问题上的错误观点进行了批判。蒲鲁东站在唯心主义立场上，企图把货币的起源同经济关系割裂开来，荒谬地把货币的产生说成是由于“君主的专横”造成的。马克思在批判蒲鲁东的所谓“经过君主的神圣化以后就产生了货币”的说法时指出：“只有毫无知识的人才不知道：君主们在任何时候都不得不服从经济条件，并且从来不能向经济条件发号施令。无论是政治的立法或市民的立法，都只是表明和记载经济关系的要求而已”。① 马克思在这里通过对蒲鲁东的批判，得出了一个重要的唯物主义结论：即是经济决定政治，而不是政治决定经济。在货币产生问题上也是如此，不是因为君主占有了金银，盖上了自己的印章，才使之成为普遍的交换手段；恰恰相反，只是因为货币已经成为普遍的交换手段，才使得君主能在金银上面盖上印章。

蒲鲁东在其著作中写道：“法国皇帝菲力普一世在查理大帝时代的土尔银币中掺进了三分之一的杂质。他以为他既占有铸造钱币的垄断权，也就能像一切垄断产品的商人处理自己商品那样地处理货币”。② 实际情况又是怎样的呢？君主要伪造钱币，也许在发行中会一度得到利益，但这种伪造的钱币以捐税形式流回的时候，又会丧失得到的利益。菲力普和他的继承者也曾痛感到这一点，因此在伪币流通不久便立即下令改铸有成色的钱币。马克思指出：“菲力普一世并不像蒲鲁东所说的那样创造了金银，他只是创造了钱币的名称”。③ 钱币的名称可以改变，但金银的价值并不会因此有什么变化，金银的价值就像其他商品一样，是由劳动时间确定的。如果在金银上面盖上了假的标记，那也只能像冒牌的商品欺骗顾客一样，仅能蒙混一时，迟早要受到贸易规律的惩罚。由此可见，金银并非天然是货币。金银标记也没有创造货币的神奇力量。货币既不是来自金银的自然属性，也不是由于“君主的专横”造成的。

---

① 《马克思恩格斯全集》第4卷，人民出版社1958年版，第122页。

② 同上书，第122页。

③ 同上书，第123页。

货币，特别是金属货币，虽然也表现为某种物的形式，但它的社会实质却不是物，而是由货币表现出来的关系，是一种经济关系即生产关系。前面谈到，马克思在摘录穆勒著作时所加的评注中，对货币已作为是一定的生产关系而被考察过。在批判蒲鲁东的君主意念和权力创造货币的唯心主义观点时，马克思更进一步明确指出："货币不是东西，而是一种社会关系"。①

在《哲学的贫困》一书中，马克思虽然还没有比较系统地阐述自己的价值理论和货币学说，但是，马克思以上对蒲鲁东的价值理论和货币形成的错误观点的批判，以及对有关货币理论问题的论述，特别是对商品和货币内在联系的科学分析，这些为他以后进一步把货币和商品紧密联系起来，从分析商品交换和价值形式的发展，揭示货币的起源和本质，提供了基本的线索。

三、《伦敦笔记》对货币问题的研究

1850 年 9 月至 1853 年 8 月，马克思在英国伦敦从事经济理论研究期间写下了 24 本笔记，一般称之为《伦敦笔记》。从这些篇幅各异的笔记的基本部分来看，大量的是马克思阅读过的资产阶级经济学家的著作的摘录。但是，马克思在作摘录时，又往往在其间穿插有文字长短不一的评注。马克思在 1850 ~ 1851 年间写成的前 7 本笔记，主要是研究货币理论问题，其中相当大的篇幅是关于"通货原理"、"银行理论"等问题的论战。《伦敦笔记》十分明显地表现了马克思对研究货币理论、货币流通和银行作用等问题的极大兴趣和重视。这部著名笔记就是以研究货币问题为开端的。凝结在这部笔记中的马克思关于货币问题的思想，在马克思货币理论发展史上占有重要地位。

《伦敦笔记》在研究货币理论问题上取得的一个突出的进展是，马克思在概括和深入分析贝利、斯密等资产阶级经济学家的货

---

① 《马克思恩格斯全集》第 4 卷，人民出版社 1958 年版，第 88 页。

币观点的基础上，初步揭示了货币的本质和基本职能。马克思在一篇题为《亚当·斯密》的摘录笔记评语中写道："注意：金和银是每一个特殊工业的一般商品；产品可交换性的实体，它的交换能力的体现（在这里，货币仅仅是交换手段）"。① 从这段评注中可以看出，马克思把货币理解为"产品可交换性的实体"，具有"交换能力"的"一般商品"，这已接近于把货币看成是作为一般等价物的特殊商品的正确认识。马克思在另一处摘录笔记的评注中写道："（1）一般的交换手段——商品，例如金和银，在这里是一般交换手段或工具的宾辞。但是，作为主辞的一般交换手段还不是某种实在的、独立表现的对象。金是货币，但是，成为货币的是金的属性。货币自身不具有任何独立于自然客体的一定的存在。（2）金银作为货币在这里成为媒介物。交换行为分解为互相独立的买和卖，需求与供给。因此，这两个行为的分裂是货币的必然结果。这两个行为，最终应当是平衡的，但是，在某一个具体场合却有可能是不协调的、不成比例的，因而货币包含着危机的基础。（3）尽管在这里商品同商品的物物交换消逝了，类似的物物交换毕竟还是存在着，因为金和银也存在着那样的自然价格，即金和银以间接方式表现它们交换的商品的自然价格，它以间接的方式表现金和银的交换，……上面我们所看到的仅仅是作为交换的一般手段的货币定义，在这里，则是商品价值的一般标准"。②从这一段评注中我们可以看出如下几点：（1）马克思除已说明作为货币的金银是代表一般等价物的特殊商品外，还同时指出金银并不天生就是货币，使金银成为货币的是某种特殊的社会关系。这就是说，货币只是金银在某种社会关系下获得的一种社会属性。（2）马克思把货币的作用归结为是"一般的交换手段"和"商品价值的一般标准"。这就是说，货币的主要职能是价值尺度和流通手段。（3）马克思把"一般交换手段"比喻为主辞，而把金银则理解为这个主辞的"宾辞"，这说明马克思在这里已把"一般的交换手段"与其表现的金

①② 转引自［苏］阿·伊·马雷什：《马克思主义政治经济学的形成》，四川人民出版社1983年版，第238页。

银区分开来。这一思想，后来成为货币形式是价值形式或交换价值发展的完成形式理论的萌芽。（4）马克思在这里已经指出，由于货币的出现，统一的交换过程被分割为买和卖两个独立的行为，这当中已经“包含着危机的基础”。这一认识，后来发展为货币形式包含着发生危机可能性的思想。

《伦敦笔记》在货币理论问题研究方面取得的另一个重大进展是，马克思在分析批判资产阶级经济学家关于货币流通观点的过程中，对影响货币流通量的因素及其规律性作了深入的探讨，并初步揭示了货币流通的规律。

在《伦敦笔记》中，马克思对货币流通理论问题的研究，是从批判资产阶级经济学家的货币数量论入手的。货币数量论，简而言之就是关于货币流通量和商品价格关系的一种货币理论。这种理论断言：商品的价格和货币的价值是由货币数量决定的，商品价格和货币数量成正比例，货币价值与货币数量成反比例。这就是说，流通中的货币愈多，商品价格就愈高，货币价值就愈小。根据这一理论的说法，货币在未加入流通过程之前，商品没有价格，货币也没有价值。货币数量论的错误就在于，它否认了商品和货币的内在价值，而只承认商品和货币的数量关系，商品的价格决定于商品的价值和货币的价值，而不是决定于流通中的货币量。如果商品价值和货币价值不变，那么，流通中货币量的增减，不会引起商品价格的涨落。

作为英国资产阶级古典政治经济学优秀代表人物之一的李嘉图，也是一位货币数量论者，他还使这一理论更加完善。如果说在《哲学的贫困》中，马克思还没有认识到李嘉图的货币数量论的错误的话，那么在《伦敦笔记》中马克思已经克服了货币数量论的影响，并对这种货币流通理论采取了批判的态度。在一篇名为《关于李嘉图货币学说的摘录》中，马克思摘引了李嘉图的如下论点：“对货币的需求，不像对衣服或食物的需求那样有一定的数量。对货币的需求完全是由货币的价值决定的，而货币的价值又是由它的数量决定的。……如果黄金的价值增大一倍，那么只要一半数量的黄金就可以在流通中执行同样的职能。如果价值减少一半，那么要执行这些职能，黄金的数量就得增加一倍。”① 针对这种说法，马克思作了如下评论：“这是非常混乱的一章。李嘉图认为，黄金的生产费用只有在黄金的数量因此而增加或减少时才能产生影响，而这种影响只有很晚才会表现出来。另一方面，按照这种说法，流通中的货币量有多少是完全无关紧要的。因为流通的是许多价值低的金属还是少量价值高的金属，这是无关紧要的。但是，难道说同时进行的买和卖的增加不需要更多的流通手段吗？如果流通的只是价值高的货币，那么，它们对消费者与零售商之间的交易以及对生产来说，都是不够的。”②马克思在这部笔记的另一处更明确地指出：“流通依赖于工业的全部机构”，“商品的价格无论在何种情况下也不依赖于正在流通的货币的增加或减少”。③ 马克思在1851 年2 月3 日写给恩格斯的信中指出，货币流通以及流通中的货币总量，决不像李嘉图和金融实践家所说的那样是由贵金属的流进和流出来调节的，而是由工业和商业的状况来调节。“只有在业务迅速发展，需要更多的流通手段来进行这些业务的情况下，货币流通才会增加……，货币流通的增加归根到底是投资增长的结果，而不是相反。”④ 在这里，马克思不仅已认识到李嘉图的货币数量论的错误，摆脱了李嘉图的货币价值是由货币流通量决定的错误观点的影响，而且还阐明了一条重要原理，即：投资的增加是原因，而货币流通的增加只是其结果。这实际上是说，商品生产和商品流通是第一性的，而货币流通则是由前者决定的第二位的、派生的现象。

马克思阐明的这条“基本原理”，解决了以下两个重要的货币理论问题：（1）货币的价值是由生产货币材料耗费的劳动量决定的，而不是由对货币的供求或流通中所需要的货币量来决定。这就

①② 《马克思恩格斯全集》第 44 卷，人民出版社 1982 年版，第 81 ~ 82 页。

③ 转引自［苏］阿·伊·马雷什：《马克思主义政治经济学的形成》，四川人民出版社 1983 年版，第 24 页。

④ 《马克思恩格斯全集》第 27 卷，人民出版社 1972 年版，第 192 页。

从根本上解决了货币价值的决定问题。(2) 在商品价格和货币流通量的关系上，是商品的价格决定流通中的货币量，而不是流通中的货币量决定商品的价格。因此，马克思的这一发现很重要，正如他自己所讲的那样："这样一来，从根本上推翻了整个的流通理论"。① 恩格斯在复信中表示完全赞同马克思的见解，并认为这是马克思"在经济学上的最新发现"，②"对于把复杂的流通理论变为简单明了的基本原理，大有帮助"③。

马克思在批判资产阶级经济学家的货币数量论的同时，深入研究了影响货币流通量的因素及其规律性，并已接近于正确理解货币流通量的规律。马克思在评论穆勒的观点时指出："货币的增加或者减少，只有当货币总量乘以每个个别货币单位年平均实现的购买的平均数的乘积增加或者减少时，才开始表现出来。流通的运动不依赖于货币数量，而依赖于其他情况，依赖于每日成交的贸易额，依赖于流通手段，依赖于信用，依赖于居民数量等等。"④ 在这里，马克思把货币流通速度、"成交的贸易额"、"信用"以至"居民数量"等等，都看作是影响货币流通量的因素。马克思稍后在1853~1854年整理的《货币、信用、危机》手稿中，在评论穆勒的关于流通中的"货币的数量等于所有出卖的商品的货币价值除以货币的流通速度"这一论点时进一步明确指出，这个原理只有在下述条件下才是正确的，即：流通中的商品完全是借助于货币来实现的，在流通中并没有债券出现，换句话说，就是不考虑货币作为支付手段的职能。这实际上是说，要表述货币流通量的规律，不仅要考虑货币作为流通手段的职能，还要考虑货币作为支付手段的职能。如果不考虑到货币作为支付手段的职能，就不可能阐明正常的货币流通所必需的货币数量规律。马克思的上述思想，为他后来制

① 《马克思恩格斯全集》第27卷，人民出版社1972年版，第193页。

② 同上书，第208页。

③ 同上书，第220页。

④ 转引自［苏］阿·伊·马雷什：《马克思主义政治经济学的形成》，四川人民出版社1983年版，第239~240页。

定科学的货币流通规律理论奠定了基础。

四、《经济学手稿（1857～1858年）》中的《货币章》

马克思的《经济学手稿（1857～1858年）》，是他在1859年发表的《政治经济学批判》一书的基础和蓝本。在这部手稿里，特别是在其中于1857年下半年写成的《论货币》一章，以及1858年夏天写成的第七册末尾关于《货币章》的补充部分里，马克思已经初步阐述了其后不久在《政治经济学批判》中所表述的关于货币问题的基本思想。按照马克思的说法，《资本论》是《政治经济学批判》的续篇，就货币学说而论，它是《政治经济学批判》的进一步发展和补充，因此，《经济学手稿》中有关货币问题的章节，在马克思货币理论的形成史上有特殊重要的地位。

马克思在写作《经济学手稿》之初，继续了他在《伦敦笔记》中的思路，把他的这部手稿的第一部分命名为《货币章》。这意味他在这部手稿里，对经济理论的研究也是从考察货币问题开始的。与《伦敦笔记》所不同的是，《经济学手稿》中的《货币章》不是从批判资产阶级货币理论入手，而是从批判小资产阶级货币理论开始的，矛头主要指向蒲鲁东派的“劳动货币论”，可以说《经济学手稿》是《哲学的贫困》一书对蒲鲁东主义者论战的继续。在同蒲鲁东主义者的论战中，马克思第一次系统地阐发了他的关于货币问题的基本思想。

（一）对《银行改革论》和“劳动货币”的批判

在《经济学手稿》的《货币章》（以下简称《货币章》）中，马克思对货币问题的论述，是从批判蒲鲁东的学生阿尔弗里德·达里蒙的《银行改革论》开始的。蒲鲁东主义者认为，货币是资本主义社会里的万恶之源，资本主义社会经济危机的发生、商品销售的困难和一切弊端，“都来自人们顽固地保持贵金属在流通和交换中的优势地位”。[1] 达里蒙从这个错误的理论出发，在他1856年所著的《银行改革论》一书中提出对银行体制进行改革，取消金银的特殊地位。达里蒙主张：或者使“金银成为同其他商品一样的商品”，或者使“一切商品都和金银一样有资格（由于同样的称号）成为交换工具”，并使“产品确实是同产品交换”。这就是说，他们一方面要废除现存的货币，而另一方面又要使所有的商品都成为货币。针对达里蒙的这种奇特的主张，马克思讽刺地指出：这同“你们要保留教皇，但是要使每个人都成为教皇”[2] 的荒谬主张一模一样。

达里蒙等蒲鲁东主义者既要废除货币，又不要消灭货币，他们的目的只是要废除金银的特权地位，从而幻想使一切商品都变成货币。为了排除这个矛盾，他们企图发行以代表劳动时数凭证的“劳动货币”、“工时票”和“收据”去代替金银，希望通过这种“劳动货币”直接和任何商品相交换。马克思尖锐地指出，“劳动货币”的概念是站不住脚的，它必将会由于劳动生产率的提高而崩溃。这是因为，“劳动货币”只是证明某种商品曾经消耗了多少劳动时间，当商品一旦生产出来后，它的价值便不再由生产该商品时所直接耗费的劳动来决定，而是由再生产它的劳动时间来决定了。由于生产费用的不断降低，活劳动的生产率的不断提高，因而物化在产品中的劳动时间会不断地减少。因此，不断地贬值将是“劳动货币”的不可避免的命运，由此又必然会带来商品价格的经常波动。可见，资产阶级的社会弊病并不是通过“银行改革”和建立新的“货币制度”所能消除的。[3]

马克思详细地研究了达里蒙引用的统计资料，并借助于这些统计资料批判了达里蒙等人过高地估计银行的作用，从而把信用与货币混为一谈的错误。马克思指出：信用与货币虽然有密切关系，但是银行绝不能凭空制造出货币来。如果说银行本身有制造货币的能

---

① 《马克思恩格斯全集》第46卷（上），人民出版社1979年版，第53页。

② 同上书，第68页。

③ 同上书，第77页。

力，那么，“印刷纸币的机器是不会疲惫的，好像魔杖一挥就会转动”。① 这样做的结果，只能是商品价格上涨和银行凭证价格下跌。

上面谈到，马克思在《哲学的贫困》中曾经批判过蒲鲁东的“经过君主的神圣化以后就产生了货币”的观点，不过那里指的是金银铸币。达里蒙比他的老师走得更远，他不仅认为君主可以创造货币，而且认为银行权力也可以创造货币，只不过不再是金银铸币，而是纸币。可是，“银行用来为公众的汇票进行贴现的银行券，现在无非是取得金银的凭证”。银行发行过多的货币，并不会使社会财富增加，而只会使纸币贬值。“随着这种贬值而来的，是生产的突然停滞。”②由此不难看出，通过对蒲鲁东主义者的批判，马克思在这里已初步论述了金属货币和纸币的关系。

（二）对价值和价格、价值和交换价值差别的科学分析

马克思在批判蒲鲁东主义者达里蒙的关于“劳动货币”的错误观点时，还分析了价值和价格的差别。达里蒙鼓吹用生产一个商品所耗费的劳动时间来直接表现该商品的价值，即用所谓“劳动货币”来代替金银进行交换，企图用生产商品所花费的劳动时间本身来进行交换，这就把商品的价值和价格完全等同起来了，取消了二者的差别。价值和价格实际上是不同的，商品的价值取决于生产它所需要的劳动时间，而价格则是用货币来表现的价值。形式表现内容，但又与内容不同。马克思在《货币章》中指出，劳动时间虽然是价值的尺度，但不能同时又是价格的尺度。马克思认为，尽管价值是一个商品的交换比例和价格规定的基础，但决定价值和决定价格的规律是不相同的：价值是由物化在商品中的劳动时间决定的，而价格则要受供求关系的影响，供求的不断变动决定价格和价值经常偏离。只有在供求平衡的前提下，价值和价格才一致，价格才是商品价值的准确表现，但供求却是经常处于不平衡之中，或者只是在偶然的情况下才平衡。正因为价值和价格不相等，所以劳

①② 《马克思恩格斯全集》第46卷（上），人民出版社1979年版，第62页。

动时间就不能同时成为表现价值和价格的要素。

蒲鲁东主义者认为，价值和价格只是名义上的不同，因而提出直接用劳动时间来表现商品的价格，即用所谓劳动货币来代替现存的货币。马克思指出，这实际上是把“商品的实际价值（交换价值）和商品的名义价值、价格、货币价值等同起来”。① 价格和价值的差别，“不只是名和实的差别”，“而是由于价值是作为价格运动的规律而出现的”，“商品价格不断高于或低于商品价值，商品价值本身只存在于商品价格的上涨和下跌之中。”②

马克思通过对价值和价格差别的分析，引申出一个交换价值的概念。价值只能在劳动时间的物化中表现出来，而商品又只能用另一个商品来衡量自己的价值。马克思说：“商品只有表现在其他商品上，从而表现为一种关系的时候，才是交换价值”。③ 价值是商品中包含的劳动量，交换价值指的是商品交换量的关系或比例。在《经济学手稿》中，马克思常常把二者看成是同一个东西。这是因为，“商品仅仅是在交换（实际的或想象的）中才是价值（交换价值）；价值不仅是商品的一般交换能力，而且是它的特有的交换性”。④ 在马克思看来，价值既是一定的质，又是一定的量，质是内在属性，量是外在表现，因此，价值同时也是交换价值。在《经济学手稿》中，马克思虽然对价值和交换价值两个范畴的使用上还没有严格地加以区分，二者往往通用，但在实际含义上已对二者作了明确的区分。

商品价值的外在形式是交换价值，交换价值的发展形态则是价格。作为交换价值，一方面联结着价值，另一方面又联结着价格。对于价值来说，交换价值是形式；而对于价格来说，它又是内容。商品的价值不仅是物化劳动时间的指数，也是同其他商品交换比例的指数，在价格表现中，它又是一定货币量的指数。所以，马克思

① 《马克思恩格斯全集》第46卷（上），人民出版社1979年版，第80页。

② 同上书，第81页。

③ 同上书，第155页。

④ 同上书，第84页。

说："作为价值，商品是货币"。[①] 马克思在这里虽然还不曾论述商品价值形式的发展过程和历史，但已探讨了商品和货币的内在联系，还论证了商品不能直接用劳动时间表现自己的价值，而只能借助另一种商品来表现自己的价值，并对价值、价格、交换价值间的关系作了初步的考察和说明。这些都使得对价值形式以及货币的起源和本质等问题的研究大大推进了一步。

（三）从分析商品的内在矛盾入手，揭示货币的起源和本质

蒲鲁东主义者认为，既可以废除现行货币，也可以发明另一种所谓"劳动货币"。在他们看来，货币是一种人们可以随心所欲地处置的东西。马克思批判了这种错误观点后指出，货币并不是人们进行协商的产物，也不是谁的发明创造，而是商品交换发展的必然产物。马克思在《货币章》中是从分析商品的内在矛盾入手，揭示货币的起源的。

在历史上商品交换还不发达的社会中，是不存在货币的。但是，随着商品交换的发展，商品的内在矛盾必然表现为商品和货币的对立。马克思在《经济学手稿》中第一次论述了商品的二因素——使用价值和价值。马克思认为，产品作为商品具有二重存在：一方面是产品、使用价值，这是商品的自然的存在形式；另一方面是交换价值，这是抛弃了自然存在形式的另一种存在形式——社会存在形式。商品的二重存在，"必然发展为差别，差别必然发展为对立和矛盾。商品作为产品的特殊性同商品作为交换价值的一般性之间的这个矛盾，即产生了……商品的特殊的自然属性同商品的一般的社会属性之间的这个矛盾"。[②] 商品的使用价值是对别人、对社会的使用价值，而要实现商品的社会价值，即把商品转归别人使用，就要把商品卖出去，实现它的交换价值。商品生产者只有实现自己商品的交换价值，才能获得别人的使用价值。这就是说，商品在它的生产者手中，不能把使用价值直接转换为交换价值。为了解

① 《马克思恩格斯全集》第46卷（上），人民出版社1979年版，第85页。

② 同上书，第83页。

决这个矛盾，在商品交换过程中，必然会产生出“一个第三种商品来充当表现商品的实际交换价值的尺度”。[①] 商品只有通过同“这个第三物”相交换，才能实现它的交换价值。“这个第三物本身不再是一个特殊的商品。而是作为商品的象征，是商品的交换价值本身的象征；因而，可以说，它代表劳动时间本身。”[②] 这个所谓“第三物”，就是货币。因此，“正像国家一样，货币也不是通过协定产生的。货币是从交换中和在交换中产生的，是交换的产物。”[③]

马克思从分析商品的内在矛盾入手，在货币学说史上第一次科学地解决了货币的起源问题。当然，同马克思后来撰写的《政治经济学批判》和《资本论》中更精确的论述相比较，《货币章》对货币起源的分析还是初步的，《货币章》还没有把交换价值和货币形式加以区别，也还没有通过分析价值形式的发展来揭示货币的起源，而是从交换价值直接分析出货币的产生。尽管如此，《货币章》通过仔细考察商品内在矛盾来揭示货币的起源，在货币学说发展史上却是一个特别可贵的独到之处。

马克思在分析了货币的起源之后，接着揭示了货币作为一切商品交换媒介的一般等价物的本质。马克思写道：“货币是这样一种物质媒介，交换价值隐藏在它身上，从而取得了一种符合自己一般规定的形态”。[④] 马克思还指出：“货币是作为一般对象的劳动时间，或者说，是一般劳动时间的化身，是作为一般商品的劳动时间”。[⑤] 因此，商品要表现为交换价值，就必须通过货币这个媒介物。“商品的交换价值，作为同商品本身并列的特殊存在，是货币，是一切商品借以互相等同、比较和计量的那种形式，是一切商品向之转化，又由此转化为一切商品的那种形式，是一般等价

① 《马克思恩格斯全集》第46卷（上），人民出版社1979年版，第83页。
② 同上书，第89页。
③ 同上书，第112页。
④ 同上书，第114页。
⑤ 同上书，第116页。

物。”① 如果说马克思在《伦敦笔记》中还只是接近于对货币本质的认识，而在《货币章》中马克思则已正确地揭示了货币的本质。

（四）对货币的基本职能和货币流通规律的论述

马克思在揭示货币的起源和本质后，还对货币的职能进行了详细的考察。首先，马克思认为：“货币具有二重规定：（1）作为尺度，或商品作为交换价值来实现的要素；（2）作为交换手段，流通工具。”② 这里所说的货币的第一重规定，实际上是指价值尺度的职能。马克思认为，在货币规定性上表现出来的交换价值，就是价格。“货币作为尺度，总是充当计算货币，而商品作为价格，始终只是观念地转化为货币”。③ 马克思所说的货币的第二重规定，指的是货币的流通手段的职能。如果说交换价值在价格上只是观念地转化为货币，那么它“在交换中，在买卖中则实在地转化为货币”。④ 由于货币充当商品交换的媒介是转瞬即逝的事情，因此它“可以由表现一定量的货币单位的任何其他符号来代替，从而象征性的货币可以代替实在的货币”。⑤ 正因为这样，货币不一定是金银本身，它可以用不足值的铸币或没有什么价值的纸币来代替。马克思指出：货币作为流通手段，使交换分裂为买和卖两种行为，并有可能出现买和卖行为的脱节，使一些人的商品卖不出去，由此便产生了因商品不能实现而发生危机的可能性。

马克思在分析了货币具有以上两种基本规定以后，首次提出货币还有“第三种规定”，即“货币作为财富的物质代表（货币积累）”。⑥ 马克思指出，货币的第三种规定必须以前两种基本规定为前提，而且是它们的统一。在货币的第三种规定上，货币离开流通领域，在流通领域之外独立存在。货币在这种规定性上，它作为特

① 《马克思恩格斯全集》第46卷（上），人民出版社1979年版，第86页。
② 同上书，第116页。
③ 同上书，第138页。
④ 同上书，第142页。
⑤ 同上书，第163页。
⑥ 同上书，第152、166页。

殊商品，能从货币形式转为奢侈品、金银饰品的形式；或者它作为货币积累起来，成为贮藏货币。在货币的第三种规定性上，货币既是财富本身，又是财富的一般物质代表。马克思在《货币章》中提出的关于货币具有第三种规定的思想，后来发展为货币具有贮藏手段、支付手段和世界货币职能的理论。马克思在《货币章》中首次形成了货币的关于三种基本规定的学说。货币的三种基本规定，就是货币作为价值尺度、流通手段以及作为以上两种基本规定统一的财富的物质代表，而价值尺度则被明确为货币的首要、根本的职能。马克思在后来撰写的《政治经济学批判》和《资本论》中，仍然是按照货币的这三种基本规定来确定货币的各种职能的序列结构。

在《货币章》中，马克思还对货币流通和商品流通、商品生产的关系进行了科学分析，并进一步阐明了货币流通规律问题。商品流通是由商品内在矛盾运动引起的，它是以货币为媒介所进行的商品交换。货币流通指的是货币作为商品流通媒介的不断运动。马克思认为，商品流通和货币流通是相互制约的关系，货币使商品流通，商品又使货币流通。但是，“商品流通是货币流通的最初前提”。① 货币流通是由商品流通引起的，没有商品流通就不会有货币流通。反过来，货币流通又决定商品流通，它能对商品流通起促进或阻碍作用。在论证了商品流通和货币流通的关系后，马克思指出：“生产方式的总的性质决定这两种流通，而更直接地决定的是商品流通”。② 马克思在对货币流通问题进行上述分析的基础上，首次正式表述了他的关于货币流通规律的理论。他指出：“流通所需要的货币量，首先是由投入流通的商品的价格高低决定的，而这种价格的总额取决于：第一，个别商品的价格；第二，按一定价格投入流通的商品量”。“但是流通所需要的货币量，不仅取决于待实现的价格总额，而且取决于货币流通的速度，即货币完成这种实现业务的速度”。“速度是个否定因素；它代替数量；它使一块货

① 《马克思恩格斯全集》第46卷（上），人民出版社1979年版，第93页。

② 同上书，第135页。

币变成许多块货币”。[①] 同《伦敦笔记》相比，马克思在这里对货币流通规律的表述显然更加具体和准确了。

（五）对货币拜物教产生根源的科学说明

在《货币章》第三节中，马克思集中地考察了商品拜物教和货币拜物教问题。尽管在《货币章》中马克思还没有直接使用“商品拜物教”和“货币拜物教”的词汇，但却明确地论证了货币拜物教现象作为私有制下商品生产者间的被“颠倒”了的社会关系，即人的社会关系颠倒地表现为物的关系的“虚幻形式”这一规定性。

马克思在《货币章》中也使用了异化概念来说明人的社会关系的物化。马克思写道：“活动的社会性，……在这里表现为对于个人是异己的东西，表现为物的东西；不是表现为个人相互间的关系，而是表现他们从属于这样一些关系”。“在交换价值上，人的社会关系转化为物的社会关系；人的能力转化为物的能力”。“货币所以能拥有社会的属性，只是因为各个人让他们自己的社会关系作为物同他们自己相异化”。[②] 马克思在这里使用异化概念所论述的货币是社会关系的物化的内容，实际上指的是作为私有制和社会分工矛盾所表现的私人劳动和社会劳动矛盾的运动的结果。

马克思认为，在商品经济社会中，因私有制而相互分离和独立的商品生产，可以从两方面考察：一方面是一种个人的生产，彼此的私人利益是完全隔离的，每个人为自己劳动，但他们的产品却不是供自己使用，而是要把它变成自己的生活资料。从这方面看，这种个人生产具有私人性，商品生产的劳动是单个人的劳动，即私人劳动。另一方面，“个人只能为社会和在社会中进行生产”。[③] 由于彼此之间存在着一定的分工，每个人都依赖于其他人的生产。他的产品要转化为生活资料，也依赖于其他人的消费。这种彼此间的全面依赖，构成了商品生产者个人间的社会联系。从这方面看，商品

① 《马克思恩格斯全集》第46卷（上），人民出版社1979年版，第143页。

② 同上书，第103、107页。

③ 同上书，第105页。

生产者的个人生产又具有社会性，他们的劳动是社会劳动。在私有制商品经济条件下，由于个人的“生产不具有直接的社会性”，①单个人的劳动又不能直接成为社会劳动，这样就形成了私人劳动和社会劳动之间的矛盾。

正是由于上述矛盾，才产生了商品交换的必要性。商品生产者只有通过与他的产品不同的货币的媒介作用，在市场上彼此进行商品交换，才能实现他们之间的社会联系，才能显示他的私人劳动是有用的和社会必需的，从而使他的私人劳动的社会性质得到表现和证实。如果商品生产者的劳动产品不去进行交换，也就不能证实他们的劳动产品是商品和有价值，那就等于他们根本没有生产东西，他们花费的劳动也就等于是无用的。所以，马克思说，商品生产者彼此全面依赖和互相漠不关心的个人之间的社会联系，“表现在不断交换的必要性和作为全面媒介的交换价值上”。“个人的产品或活动必须先转化为交换价值的形式，转化为货币，才能通过这种物的形式取得和表明自己的社会权力”。② 由于单个人之间的全面依赖的社会联系是通过以货币为媒介的商品交换表现出来的，使得充当交换价值的社会权力表现为贵金属的天然属性，以致看起来“货币的似乎先验的权力”③ 是由货币金属本身产生的，似乎贵金属自然地、天生地就具有与其他一切商品相交换的本性，因而造成了生产关系的物化以及人对物即商品和货币的崇拜。

货币拜物教学说是马克思货币理论的重要组成部分。前面说过，马克思早在19世纪40年代开始研究货币问题时，就已在一些著作中初步提出了关于货币拜物教的思想，为创立货币拜物教学说奠定了基础。在《货币章》中，马克思从分析私有制下商品生产的基本矛盾即私人劳动和社会劳动的矛盾出发，揭示了货币拜物教产生的深刻根源，从而创立了比较完备的货币拜物教学说。

综上所述，马克思《经济学手稿》中的《货币章》，对货币问

① 《马克思恩格斯全集》第46卷（上），人民出版社1979年版，第105页。

② 同上书，第102、105页。

③ 同上书，第91页。

题的论述不仅比较系统，而且提出了不少独到的见解，从而丰富和发展了他的关于货币问题的思想。马克思的货币理论，就是从19世纪50年代初到50年代后期，即从他的《伦敦笔记》到撰写《经济学手稿》这段期间内，在批判资产阶级和小资产阶级经济学家的货币理论的基础上逐渐成熟起来的。

五、《政治经济学批判》对货币理论的系统阐述

马克思的货币理论形成于19世纪中叶，在马克思货币理论的发展史上，如果说《伦敦笔记》和《经济学手稿（1857～1858年）》中的《货币章》是一个过渡阶段，那么，《政治经济学批判》和《资本论》则是最后形成阶段。

马克思的《政治经济学批判》（即通常所说的《政治经济学批判》第一分册，以下简称《批判》）完成于1858年下半年，出版于1859年6月。该书是马克思在他的《资本论》问世前出版的一本主要的经济学著作。恩格斯在评论马克思的《批判》一书时说，这是马克思“多年研究政治经济学的最初成果”。“在这部著作中第一次系统地阐述了马克思的价值论，包括货币学说在内”。①

在《批判》中，马克思“用完全新的观点”，全面地系统地阐发了他的货币理论，并评述了这一理论的历史。鉴于前面在考察《伦敦笔记》和《经济学手稿（1857～1858年）》时，已对马克思关于货币问题的基本思想作了一些介绍，因此，在这里我们仅就《批判》一书对货币理论问题研究所取得的新的进展和成就，作些简要的补充说明。

（一）进一步从分析商品内在矛盾入手，特别是通过分析价值形式的发展，科学地阐明了货币的起源和本质

货币是怎样产生的，即货币的起源问题，是马克思货币理论中

① 《马克思恩格斯全集》第19卷，人民出版社1963年版，第119页。

的一个十分重要的理论问题。马克思认为，如果理解了货币的起源，那么在货币分析上的主要困难就克服了。而要揭示货币的起源，就必须探寻价值形式的发展过程。关于价值形式及其历史发展问题，不仅包括斯密和李嘉图在内的整个资产阶级古典经济学派都没有进行过研究，在马克思早期的一些著作中，虽然已经接触到了价值形式和货币本质问题，但也未曾从价值形式的发展来说明货币的起源。只是在《批判》一书中，特别是在《资本论》里，马克思才做了“这种资产阶级经济学家从来没有打算做的事情”。①

价值形式学说是马克思价值理论的重要组成部分，它是揭示货币的起源和本质的重要理论基础。这个学说的核心是一个商品的价值只能通过另一个商品的使用价值表现出来。《批判》同《经济学手稿（1857～1858年）》一样，虽然还没有从用语上把价值和交换价值区别开来，但实际上已作了不同的区分。马克思一方面从内容上研究了交换价值，即把它作为抽象劳动的物化，这实际上指的是“价值”；另一方面，他又从形式上研究了交换价值，也就是从一种商品作为另一种商品的价值表现研究了交换价值，这是价值形式或真正意义上的交换价值。

在《批判》中，马克思是从对商品内在矛盾和生产商品的劳动二重性的分析出发，引出价值形式发展问题的。马克思指出，作为商品，它直接是使用价值和交换价值的统一。但是，无论从商品的使用价值方面看，还是从交换价值方面看，都存在着矛盾。从商品的使用价值和交换价值的矛盾可以看出，商品要表现为交换价值，就要先作为使用价值来转移，让渡给别人，而商品要作为使用价值来转移，反过来又以它们作为交换价值的存在为前提。要解决这个矛盾，如前所述，就只有通过交换过程。既然某种商品的价值在它自己的使用价值上表现不出来，那么，通过交换，就可以在别种商品的使用价值上表现出来。马克思通过上述分析，便把现实存在而又未被人们所认识的价值表现形式揭示出来，跃然纸上。马克

① 《马克思恩格斯全集》第23卷，人民出版社1972年版，第64页。

思说："一种商品的交换价值在它自己的使用价值上是表现不出来的。但是，作为一般社会劳动时间的化身，一种商品的使用价值就同别的种种商品的使用价值形成各种比例。这样，一种商品的交换价值就在别种商品的使用价值上表现出来。"① 马克思在这里举例说，比如1码麻布等于2磅咖啡，麻布的价值就在咖啡的使用价值上表现出来了。这里讲的1码麻布=2磅咖啡，在《资本论》中称之为简单价值形式。这种简单的价值表现形式，初步解决了商品内在矛盾即使用价值和价值的矛盾。但是，一种商品与另一种商品发生交换关系，纯粹是偶然的事情，随着交换的发展，必定会遇到新的矛盾和困难。接着，马克思分析了由简单价值形式到货币形式的发展。马克思指出，随着交换和商品内在矛盾的发展，价值形式或交换价值也随之相应地不断发展，最后必定会使一种商品从其他商品中分化出来充当一般等价物，从而成为货币。"交换过程同时就是货币的形成过程"。"作为一种分离出来的特殊商品的商品交换价值，就是货币。"②

马克思通过对价值形式问题的分析，不仅阐明了货币的起源，而且也阐明了货币的本质。从上述中可以看出，货币是商品在交换过程本身中形成的商品交换价值的结晶，它是作为一般等价物，即充当其他一切商品的交换价值的特殊商品。只有认识了货币的起源，才能说明货币的本质。资产阶级古典学派虽然也认识到货币是商品，但由于他们不了解商品的内在矛盾，没有对价值形式进行分析，所以他们并不了解货币的真正起源，因而也未能科学地说明货币的本质。在《批判》中，针对资产阶级经济学家惯于从扩展了的物物交换所遇到的外部困难中去寻求货币起源的错误，马克思写道：他们"忘记了这些困难是从交换价值的发展，因而是从作为一般劳动的社会劳动的发展产生出来的"。③ 这就是说，资产阶级古典学派由于不了解货币是价值形式随着交换关系发展而发展的产

① 《马克思恩格斯全集》第13卷，人民出版社1962年版，第27页。

② 同上书，第39页。

③ 同上书，第41页。

物，因而未能科学地回答货币的起源问题。正因为他们不了解货币的起源问题，在货币本质这个根本问题上也只能是大惑不解。

（二）全面分析和详细规定了货币的职能

前面谈到，马克思在《经济学手稿（1857~1858年）》中已考察了货币的三种规定性，即“作为尺度”、“作为交换手段”和“财富的物质代表（货币积累）”。在第三种规定性上，马克思已论及贮藏手段和支付手段等职能，但还没有把它们系统化。《批判》在全面地分析货币职能的基础上，把在《经济学手稿》中所说的三种规定性正式表述为：（1）价值尺度；（2）流通手段；（3）货币。在（3）的下面又明确规定：（a）货币贮藏；（b）支付手段；（c）世界货币。

货币的第一个职能就是充当商品的价值尺度，即成为衡量和计算商品价值量的材料。用货币表现出来的商品价值就是价格。换言之，价格是商品价值的货币表现形式。用货币表现商品的的价值，即给一个商品规定价格，并不一定要有现实的货币，只要有观念的货币就行了。马克思指出：货币作为价值尺度“一方面表现出各商品所包含的劳动时间的一般性质，另一方面在它们的金等价物上表现出这个劳动时间的量”。① 这就是说，货币发挥价值尺度的职能，即表现商品价值的质，又表现商品价值的量。

由于各种商品价值的大小是不同的，货币要计量和比较各种不同商品的价值，就需要确定它本身的计量单位。“这样在技术上就有必要使它们同作为计量单位的一定金量发生关系，这个计量单位分为若干等分，每一等分又分为若干等分，因而发展成为标准”。“金就从价值尺度转化为价格标准”。② 规定价格标准，虽然是为了使货币能够更准确地执行价值尺度的职能，但货币作为价格标准所起的作用和价值尺度是不同的。作为价值尺度，货币的作用是衡量各种商品的价值，使它表现为价格；作为价格标准，货币则是代表

---

① 《马克思恩格斯全集》第13卷，人民出版社1962年版，第58页。

② 同上书，第60页。

一定的金属重量，用来衡量货币金属本身的数量。

货币的第二个职能是流通手段。货币作为流通手段，就是实现商品的价格，也就是把观念的货币转化为现实的货币。与价值尺度相比，流通手段具有明显不同的特点。“在货币作为流通手段的职能上，货币不仅是想象的，而且必须作为实在的东西同其他商品并列，对于这种职能来说，货币材料变得毫无关系，而一切决定于它的数量。”① 正是由于货币流通手段的这个特点，产生了由任何其他符号来代替的可能性和现实性，象征的货币可以代替实在的货币。流通手段的另一个特点是，货币要不断留在流通区域，一旦离开流通，它就会失去流通手段的特有的功能，而转化为其他功能。

货币的第三个职能是充当贮藏手段。由于货币是一般等价物，它可以购买任何商品，因而使货币成了社会财富的一般代表。货币的这种性质引起了人们贮藏它的欲望。当商品变为货币之后，如果不接着用货币购买商品，而是将其贮存起来，“这种作为货币而静下来的金银就是贮藏货币”。② 货币执行价值尺度的职能只是观念上的货币，而作为流通手段的货币可以用价值符号代替，但是，作为贮藏手段的货币则必须是现实的货币，而且要适应于长期保存价值。因此，一般要求由金属货币或作为货币商品的贵金属来执行这一职能。

货币的第四个职能是充当支付手段。当货币作为独立的价值形式进行单方面运动时，如偿还债务、缴纳税款、支付工资等，即执行支付手段的职能。货币是价值的独立存在，因而可以先于或后于商品运动。在用延期支付方式买卖商品的情况下，货币和商品不在买卖过程中同时出现，而当债务人用货币作为向债权人清偿债务的手段时，货币就执行着支付手段的职能。马克思指出，如果说在贮藏职能中，商品所有者把商品换成货币后，“扮演了可笑的”货币贮藏者的角色的话，那么，在支付手段职能中商品所有者“却变成了可怕的债权人”。③

---

① 《马克思恩格斯全集》第13卷，人民出版社1962年版，第111页。

② 同上书，第117页。

③ 《马克思恩格斯全集》第11卷，人民出版社1962年版，第130页。

随着国际贸易的产生和发展，当货币越出国界在世界市场上发挥一般等价物的作用时，便执行着世界货币的职能。世界货币，是货币的第五个职能。依据马克思的分析，世界货币具有如下特点：（1）世界货币必须由贵金属来充当，“回到无差别的条块形状”。① （2）在世界市场上，金银同时执行价值尺度的职能，“每一个国家都把金银这两种金属当作世界货币”。② （3）支付手段是世界货币的主要职能。（4）在世界市场上，必须贮藏一定量的金，作为准备金。因为“同国内流通一样，国际流通也需要有一个经常变动的金银量。因此，每一个民族都有一部分积累起来的贮藏货币充当世界货币准备金，这笔准备金随着商品交换的波动而时枯时满”。③

马克思把货币在商品流通中的社会效用概括为上述五个职能。货币的这五个职能并不是同时产生的，而是在商品经济发展过程中逐步形成的。马克思认为，价值尺度和流通手段是货币的基本职能，他说：“一种商品变成货币，首先是作为价值尺度和流通手段的统一。换句话说，价值尺度和流通手段的统一是货币”。④ 因此，价值尺度和流通手段的职能是货币出现以后就有的，而贮藏手段和支付手段只是在商品生产和商品交换有了一定程度的发展后才产生的。至于世界货币，则是在商品流通超越了国界的条件下产生的。由此可见，货币的五个职能并不是随意排列的，而是由逻辑和历史的发展所规定的。货币的这五个职能之间存在着有机的联系，它们共同地表现了货币作为一般等价物的本质。

（三）通过对商品流通和货币流通的相互关系的科学分析，进一步揭示了货币流通的客观规律

流通从形态上看，不仅有商品形态的变化，形成商品流通，而

---

① 《马克思恩格斯全集》第13卷，人民出版社1962年版，第139页。

② 同上书，第140页。

③ 同上书，第140～141页。

④ 同上书，第113页。

且有货币形态的变化，形成货币流通。在《批判》中，马克思详细地考察了商品流通与货币流通的相互区别和联系。商品流通，即W（商品）—G（货币）—W（商品），“不论商品移动位置是由于金受了它的吸引（W—G），还是它受了金的吸引（G—W），只要它这样一移动，一变换位置，它就脱离流通而进入消费”。① 货币流通，即G（货币）—W（商品）运动则不一样，用货币去购买商品，货币离开它的起点后就不再回来。“过去它是从买者乙的手里转到卖者甲的手里，现在它是从变成买者的甲的手里转到丙的手里”。②这就是说，在商品交换过程中，货币在为一个交换过程服务后，仍继续停留在流通中，不断地由买者手中转到卖者手中，“作为流通手段的货币总是表现为购买手段”。因此，货币的运动形态，永远是G—W，G—W，……。

马克思指出，从表面上看，好像商品流通是由货币流通引起的，商品流通只是货币运动的结果。其实，“货币流通的前提是商品流通”。③ 商品流通决定货币流通，货币流通是商品流通的表现，并为商品流通服务。

货币要为商品流通服务，执行流通手段的职能，就需要一定的数量。那么，流通过程究竟需要多少货币量呢？马克思认为，决定货币流通量有两个因素：一是商品价格总额；二是货币流通速度。

由于货币作为流通手段，是实现商品的价格。在商品流通领域，每一种商品都带着一定的价格进入交换过程，都要求有一定数量的货币去实现每一商品的价格。因此，商品流通所需要的流通手段的量，首先是由商品的价格总额决定的，货币的总量应当同价格的总量相对等。商品价格总额决定于：（1）“价格水平即用金来计算商品的交换价值的相对的高低；（2）按一定价格流通的商品的数量，也就是按既定价格进行的买卖的数量”。④ 商品价格越高，所需要的货币量就越多，进入流通待实现的商品总量越大，所需要

①② 《马克思恩格斯全集》第13卷，人民出版社1962年版，第89页。

③ 同上书，第93页。

④ 同上书，第93～94页。

的货币自然也越多。上述两个因素的乘积，就是商品的价格总额。流通中所需要的货币量决定于待实现的商品价格总额。商品价格总额的增加或减少，必然会引起货币流通量同一程度的增减。

马克思指出："流通的货币量不仅决定于待实现的商品价格总额，同时也决定于货币流通的速度"。① 由于在一定的时期内。同一枚货币能够反复在许多次买卖上发生作用，能够实现多倍的商品价格。因此，货币的流通速度越快，在一定时期内为实现既定的商品价格总额所需要的货币量便越少，二者依反比例而变化。

货币流通量同商品价格总额成正比，同货币流通速度成反比，这就是货币流通规律。马克思在《资本论》中把这一客观规律用公式表示如下："就一定时间的流通过程来说是：商品价格总额/同名货币的流通次数 = 执行流通手段职能的货币量"。②

马克思还强调指出："这个规律是普遍适用的"。③只要存在商品流通和货币流通，这个规律就起作用。

（四）专门而又特别精细地考察了铸币和价值符号问题

马克思在《批判》第二章（货币或简单流通）中，在"（c）铸币。价值符号"的标题下，用较多的篇幅对铸币和价值符号问题进行了专门而又详尽的科学分析。

铸币是具有一定形状、重量、成色和额面的金属货币。起初，流通中的金属货币，是采取不规则的自然条块的形式。由于每次买卖时都要看成色，称分量，很不方便。随着商品交换的发展，为了使"它的流通不因技术困难而受到阻碍"，④ 最早是由大商人，然后是由代表统治阶级利益的国家，把金属条、块"按照计算货币的标准"铸造成有"一定花纹和形状"的铸币。⑤各国的铸币在形状、成色和重量上是不相同的。"讲不同国家的语言，穿不同的民

① 《马克思恩格斯全集》第 13 卷，人民出版社 1962 年版，第 94 页。

②③ 《马克思恩格斯全集》第 23 卷，人民出版社 1972 年版，第 139 页。

④⑤ 《马克思恩格斯全集》第 13 卷，人民出版社 1962 年版，第 97 页。

族服装”。[①] 因此，作为铸币的货币，只能在本国范围内流通，一到世界市场，就要脱离“民族服装”，又恢复它原有的自然的条块形态。

铸币在不断的流通中，“由于同各种各样的手、荷包、衣袋、褡裢、腰包、匣子、箱子、柜子等摩擦而磨损了，这里掉一个金原子，那里掉一个金原子。它在尘世奔波中磨来磨去，日益失去自己的含量。”[②] 铸币的重量虽然会由于磨损而减轻，从而使它的实际含量和名义含量相分离，但失去自己含量的铸币在一定限度内，仍可以作为铸造时所规定的含量发挥作用。

正是由于铸币在流通中的磨损造成了它的实际含量与名义含量相分离，因而使“铸币除了它作为具有一定重量的单个金块的实际存在外，还取得了一种从它的职能产生的观念存在”。[③] 这种情况，隐藏着贵金属的铸币可用别的材料做的符号或象征来代替的可能性。于是，出现了用铜或其他不贵重的金属造的辅币，后来又发展到利用“相对地说没有价值的东西，如纸”，“作为金货币的象征发生作用”。[④] 马克思在《批判》中概述了由金货币发展为纸币的具体过程。马克思说：“正如商品的交换价值通过商品的交换过程结晶为金货币一样，金货币在流通中升华为它自身的象征。最初采取磨损的金铸币的形式，而后采取金属辅币的形式，最后采取无价值的记号、纸片、单纯的价值符号的形式。”[⑤]

纸币是国家发行的强制使用的价值符号，它本身没有价值，不能执行价值尺度的职能。但是，当纸币代表金币的时候，它又能或只能代表金属货币执行流通手段的职能。这是由货币作为流通手段的本身特点所决定的。在买卖的过程中，人们把自己的商品卖出去，只要能买回与卖出商品价值相等的商品，人们就不会再关心这种纸币本身是否具有价值。因此，马克思说：“在价值符号的流通

---

① 《马克思恩格斯全集》第13卷，人民出版社1962年版，第97页。

② 同上书，第98页。

③ 同上书，第103页。

④⑤ 同上书，第101页。

中，实际货币流通的一切规律都反着表现出来、颠倒过来了，金因为有价值才流通，而纸票却因为流通才有价值。”①

马克思指出，纸币虽然是由国家发行，依靠法律强制流通，但是，国家的这种政治权力，却无法改变货币流通的客观经济规律。马克思说：“国家固然可以把印有任意的铸币名称的任意数量的纸票投入流通，可是它的控制同这个机械动作一起结束。价值符号或纸币一经为流通所掌握，就受流通的内在规律的支配。”② 纸币既然是金属货币的代表，纸币的流通自然要以金属货币的流通规律为基础。当纸币发行量符合商品流通所需要的金属货币流通量时，1元纸币可以代表1元金属货币流通，这时纸币流通所反映的是货币流通规律。如果纸币发行量打破了金属货币实际流通的数量这个客观界限，市场上的纸币量超过了它所代替的同名金币量时，货币流通规律的作用就会通过纸币的特有现象表现出来，即出现物价上涨，单位纸币代表的价值量降低。这说明纸币流通除要受金属货币流通规律的制约外，还有自己的特殊的货币流通规律，即纸币的发行限于它象征地代表金（或银）的实际流通的数量。纸币流通规律只是在纸币与所代表的金属货币的正确比例关系遭到破坏时才发生作用的。所以，马克思说：纸币“所特有的运动不是从商品形态变化直接产生的，而是由于它同金的正确比例遭到破坏产生的”。③ 这一见解，有助于我们正确认识纸币流通的特有现象所包含的本质。

前面谈到，在贵金属流通的情况下。流通中的金量是随着商品价格的涨跌而增减，而在实行纸币流通时，从现象上看，商品的价格是随着流通中的纸币数量的变动而涨跌，似乎是纸币量决定商品的价格水平，但从本质上看，并非如此。马克思指出：“商品价格随着纸票数量的增减而涨落（这种现象发生在纸票成为唯一流通手段的地方），不过是由流通过程强制实现一个受到外力机械地破

① 《马克思恩格斯全集》第13卷，人民出版社1962年版，第111页。

② 同上书，第109～110页。

③ 同上书，第112页。

坏的规律，即流通中金量决定于商品价格，流通中价格符号量决定于它在流通中所代表的金铸币量。因此，另一方面，不论多少纸币都可以被流通过程所吸收，仿佛被消化掉，因为，价格符号不论带着什么金招牌进入流通，在流通中总是被压缩为能够代替它来流通的那个金量的符号。”① 这就是说，商品价格上涨纸币贬值，是货币流通的客观规律强制纸币量必须符合金币量。如果人们在主观行为上违背了这一客观经济规律，这一客观经济规律就会不依人们的意志强制地为自己开辟道路。马克思所揭示的这一科学真理，已为当今世界各国货币流通的实际状况所证实。

（五）对资产阶级和小资产阶级货币学说的评述

在《批判》第二章《货币或简单流通》中，马克思在《关于货币计量单位的学说》和《关于流通手段和货币的学说》标题下，专门用两小节评述了资产阶级和小资产阶级的关于货币问题的各种学说。主要有：

1.“货币名目论”，即“观念的货币计量单位学说”

英国的贝克莱和詹姆斯·斯图亚特以及德国的克纳普，是这一理论的著名代表。由于他们不了解货币的起源和本质，因而错误地把货币同商品割裂开来，否认货币的商品性质，否认货币是具有内在价值的一般等价物。他们认为，货币只是某种单纯名义上的东西，是一种价值符号，是观念上的衡量单位，没有内在价值，它的价值是由货币制造者即国家规定的，是一种名目价值。

马克思在评述“货币名目论”的上述观点时指出，这一学说的错误就在于：“一方面混淆了价值尺度和价格标准；另一方面混淆了作为价值尺度的金银和作为流通手段的金银”。② “货币名目论”者由于把价值尺度和价格标准混为一谈，因而错误地认为规定货币的价格标准。就是规定货币的价值，并由此否定货币具有内在价值，认为货币仅具有名义价值。“货币名目论”者由于把货币

---

① 《马克思恩格斯全集》第13卷，人民出版社1962年版，第111页。

② 同上书，第69页。

的职能归结为仅具有流通手段和支付手段，而没有看到货币还有价值尺度、贮藏手段和世界货币的职能。因此，他们只把货币看作是价值符号，从而把纸币视为真正的货币。这种看法，显然是不正确的。前面谈到，纸币之所以能够执行流通手段的职能，只是因为贵金属在流通中可以用纸符号来代替。在纸币流通的地方，真正的货币仍然是黄金。

2. “劳动货币论”，即“劳动时间是直接的货币计量单位的学说”

英国小资产阶级社会主义者约翰·格雷是这一学说的创始人和代表人物。他主张由“国家中央银行通过支行来确定生产各种商品所需的劳动时间。生产者以自己的商品换回一张正式的价值凭证，即换回一张表明他的商品包含多少劳动时间的收据”；而这种凭证“同时又是领取存放在银行仓库中的其他一切商品中的一个等价物的证据。”[①] 格雷认为，只要建立一系列国家银行发行“劳动货币”，即直接以小时来表现包含在商品内的劳动时数的纸符号，来代替金属货币交换商品，就能使普通商品和货币处于同等的地位，从而使货币失去对其他一切商品的特权。

马克思说：“在格雷看来，产品要当作商品来生产，但不当作商品来交换”。[②] 事实上，在私有制商品生产的条件下，私人劳动要转化为社会劳动必须通过交换，交换必然要产生货币，使商品的内部矛盾表现为外部的对立，即表现为使用价值的商品与作为价值的货币的对立，商品的价值也就表现为价格。由于格雷不了解货币的本质，不了解货币与商品生产间的必然联系，不懂得商品价值不能由劳动本身直接表现出来，因而企图在保存私人商品生产的情况下消灭货币，直接由劳动时间表现商品的价值，用“劳动货币”来代替以货币为媒介的商品交换。马克思说：这“不过是一种幻影”，“是一种经济学上的空话”。[③] 马克思在批判格雷的“劳动货

① 《马克思恩格斯全集》第13卷，人民出版社1962年版，第74页。
② 同上书，第75页。
③ 同上书，第76页。

币论”后指出，蒲鲁东和他的学派的错误就在于，他们是步格雷的后尘，“把贬低货币和颂扬商品当作社会主义的核心来认真宣传，从而使社会主义变成根本不了解商品和货币的必然联系”。①

3. “货币金属论”或“宣布金银即货币是唯一财富”的货币主义

“货币金属论”是一种早期的资产阶级货币理论，重商主义是这种理论的典型代表。“货币金属论”者把贵金属金银视为是唯一的财富，认为货币必须是足值的金银，而金银天然就是货币。

“货币金属论”者的错误就在于，他们把金银货币和充作货币的金银本身混为一谈，忽视了作为货币的金银的特殊的社会性质，看不到当作货币的金银所体现的商品生产者间的社会生产关系，好像金银天生就是货币。其实，金银并非天然就是货币，它只是在一定的社会生产关系的条件下，才从商品界分离出来，充当一般等价物，从而成为货币的。金银之所以能充当货币材料，只是因为这些贵金属的自然属性适合于执行货币的职能。马克思在批判“货币金属论”的错误时，重述了他在《伦敦笔记》中的观点，即认为：“金银天然不是货币，但货币天然是金银。”② 这就是说，金银本来不是货币，但由于金银具有最适宜于充当货币之用的特点，因而货币形式的发展必然会以金银作为货币的材料。

“货币金属论”者由于不了解货币的本质，因而不可能正确地说明货币的职能。他们片面地把货币的职能只归结为价值尺度、贮藏手段和世界货币，而不认为货币具有流通手段和支付手段的职能，并认为用某种货币符号来代替金属货币流通是不妥当的。“货币金属论”者不了解纸币，也就不能说明纸币及其流通的特点。

4. “商品价格决定流通中的货币量”的“货币数量论”

这一理论始于17世纪意大利的一些经济学者，到18世纪休谟给予明确的论述，而到李嘉图时则被他发展到顶点。前面谈到，马克思在《伦敦笔记》等著作中曾对货币数量论作过专门的批判，

---

① 《马克思恩格斯全集》第13卷，人民出版社1962年版，第76页。

② 同上书，第145页。

在《批判》一书中，马克思在评述资产阶级学者的各种货币学说时，对货币数量论作了进一步的批判。

马克思在《批判》一书中指出，货币数量论的一个重要错误就在于把金属货币和单纯的价值符号混为一谈。"于是，按照价值符号的流通规律，商品价格决定于流通中的货币量而不是相反地流通中的货币量决定于商品价格这一原理就被提出来了"。① 马克思说，资产阶级经济学者的商品的价格和货币的价值是由货币数量决定的观点，歪曲了商品价格与货币流通量之间的因果联系。事实上，"价格的高或低，不是因为有较多或较少的货币在流通，相反，有较多或较少的货币在流通，倒是因为价格高或低"。② 由于货币数量论者不了解货币流通的特点和实质，因而也就不可能理解货币流通对商品流通来说是第二位的现象。

马克思在《批判》中还指出：货币数量论者的另一个重要错误，是片面地把货币归结为流通手段，而忽视了货币作为价值尺度的职能，于是错误地认为货币只是在进入流通之后，才有价值。马克思在评述休谟的观点时说："他使商品不带价格、金银不带价值进入流通过程。因此他从来不谈商品的价值和金的价值，而只谈它们的数量关系。"③

总之，马克思在《批判》中，以自己的崭新的价值理论为基础，广泛而深入地研究了货币理论问题。在货币学说史上，他第一次真正科学地揭示了货币的本质，说明了货币的起源，论述了货币的职能，阐释了金属货币流通和纸币货币流通规律，并对资产阶级和小资产阶级各种货币学说进行了深刻的批判，从而基本上完成了这一理论中的革命变革。因此，《批判》一书的出版，是马克思货币理论成熟的标志。

---

① 《马克思恩格斯全集》第13卷，人民出版社1962年版，第145页。

② 同上书，第96页。

③ 同上书，第154页。

六、《资本论》是《政治经济学批判》的续篇

马克思在他19世纪60年代后期出版的《资本论》对《批判》中所提出的货币理论进一步作了更加全面、系统和科学的论述。马克思在这一经济学巨著第一卷的前几章里，以“改进”的“叙述方式”概述了《批判》中所表述的关于货币问题的一般原理。按照马克思自己的说法，在《资本论》中，货币问题是“按新方式阐述的”① 理论。就货币学说而论，《资本论》是《批判》的进一步发展和补充。具体说来，主要有如下几点：

（一）关于价值和价值形式之间的关系问题

在《批判》中，马克思虽然已认识到价值和价值表现形式的区别，但在文字上仍把二者都称之为交换价值。而在《资本论》中，马克思则在用语上明确地区分了价值和价值形式即交换价值这两个不同的概念。不仅如此，马克思在《资本论》中还更充分和更全面地阐述了价值和交换价值的辩证关系，从而更加深刻地说明了交换价值不过是价值的现象形态，价值则是交换价值的内在本质。马克思通过对价值和交换价值内在联系的分析，阐明了交换价值中如何隐藏着的价值，而价值又怎样在交换价值上得到表现。马克思关于价值及其表现形式学说的建立，为彻底批判那再认为价值可以直接由劳动表现出来并鼓吹“劳动货币论”的小资产阶级货币学说，提供了锐利的武器。

（二）关于价值形式学说问题

在《批判》中，马克思对价值形式问题只作了一般的考察，重点是分析作为“一般等价物”的货币形式，并没有对价值形式的学说作深入的研究，特别是没有深入研究价值形式的历史发展。

① 《马克思恩格斯全集》第23卷，人民出版社1972年版，第31页。

而在《资本论》中，马克思则系统地阐述了自己的关于价值形式的学说。马克思在阐明价值与价值形式的区别和联系的基础上，精辟地论述了“价值形式的两极”，即相对价值形式和等价形式的内容以及它们的辩证关系，详尽而具体地分析了价值形式的历史发展。马克思依次全面地考察了从商品的简单的、偶然的价值形式，到总和的或扩大的价值形式，进而再到一般的价值形式，最后到货币形式的发展过程。特别是对简单价值形式作了更为充分的论述，并指出其中隐藏着“一切价值形式的秘密”，包含着货币的萌芽。马克思对价值形式发展过程的抽象分析，随后又对交换过程的论述作了进一步的补充，着重从历史的角度论述了货币的产生。马克思在研究交换过程时，详细论述了交换是怎样和在什么条件下发生的，怎样和在什么条件下转化为“正规化的社会过程”，即分析了随着商品交换的发展，商品中的价值和使用价值之间的对立怎样发展为商品和货币的对立。这样，就从逻辑和历史相结合的角度全面考察了货币的产生，从而彻底解决了资产阶级古典学派所不能解决的问题，阐明了商品和货币的内在联系，揭示了货币的起源和本质。

（三）关于货币拜物教问题

前面谈到，马克思在《经济学手稿（1857～1858 年）》中，已提出了比较完备的关于货币拜物教的学说。在《批判》中，马克思对货币拜物教问题又作了进一步的论述。马克思写道：“一种社会生产关系表现在一个存在于个人之外的物，这些个人在社会生活的生产过程中所发生的一定关系表现为一个物品的特殊属性，这些颠倒，这种不是想象的而是平凡实在的神秘化，是生产交换价值的劳动的一切社会形式的特点。”① 马克思还指出，人们生产关系的物化，对物的神秘化观念，“在货币上，它不过比在商品上表现得更加夺目而已”。②在这里，马克思虽然已揭示了货币拜物教的实质

①② 《马克思恩格斯全集》第 13 卷，人民出版社 1962 年版，第 38 页。

和产生根源，但还没有作系统的分析，只是在《资本论》中马克思才对货币拜物教作了全面透彻的阐述，从而科学地完成了这一学说的创立过程。

在《资本论》中，马克思通过对价值形态和交换过程的详尽分析，不仅阐明了货币的起源和本质，同时也揭开了货币和货币拜物教之“谜”。马克思说：“指明这种货币形式的起源，就是说，探讨商品价值关系中包含的价值表现，怎样从最简单的最不显眼的样子一直发展到炫目的货币形式。这样，货币的谜就会随着消失。”① 由于“一切价值形式的秘密都隐藏在这个简单的价值形式中”，② 所以，在四种价值形式中，马克思对简单价值形式作了更为详细的分析。马克思还认为，对“等价形式”的分析，同理解货币拜物教之谜有着更为直接的关系。等价形式“天然具有能与其他商品直接交换的属性”，“从这里就产生了等价形式的谜的性质”。③ 因此，在《资本论》第一卷的初版中，马克思把商品形态拜物教问题列为“等价形态的第四特征”来说明，并指出：“商品形态的拜物教，在等价形态中比在相对价值形态中更为显著”。④从《资本论》第二版以后的现行版本中，马克思在第一卷第一章专立一节（即第四节），详细论述了商品货币拜物教产生的根源及其形成过程，并把原版中的等价形式的“第四特征”的内容改写后放入到此节里。

马克思在《资本论》的“交换过程”章中，还通过对交换过程的分析进一步揭示了货币拜物教之谜。在这里，马克思对货币拜物教的产生根源、性质和秘密作了如下精辟的概括：“一种商品成为货币，似乎不是因为其他商品都通过它来表现自己的价值。相反，似乎因为这种商品是货币，其他商品才都通过它来表现自己的价值……这些物，即金和银，一从地底下出来，就是一切人类劳动的直接化身。货币的魔术就是由此而来的。人们在自己的社会生产

① 《马克思恩格斯全集》第23卷，人民出版社1972年版，第38页。

② 《马克思恩格斯全集》第13卷，人民出版社1962年版，第64页。

③④ 同上书，第72页。

过程中的单纯原子般的关系，从而，人们自己的生产关系的不受他们控制和不以他们有意识的个人活动为转移的物的形式，首先就是通过他们的劳动产品普遍采取商品形式这一点而表现出来。因此，货币拜物教的谜就是商品拜物教的谜，只不过变得更明显了，耀眼了。"①

此外，在《资本论》第三卷中，马克思还具体而详细地考察了资本主义较高阶段上诸如票据、银行券等一类流通手段，以及信用货币产生的条件和过程等问题。从上述几点来看，同《批判》相比，《资本论》对货币理论问题的论述，显然更加完整、准确和严密。因此，在《资本论》中，马克思把他的货币理论推向了更高阶段，使之最后臻于完善。

马克思在《〈资本论〉第一版序言》中指出："这部著作是我1859年发表的《政治经济学批判》的续篇"。"前书的内容已经概述在第一卷的第一章中"。②《批判》和《资本论》虽然是初篇和续篇的关系，但是，正如马克思所说的那样，《批判》中"已详细阐述的论点"，在《资本论》中"只略略提到"，而且它的正文部分还"完全删去了"前书中"关于价值理论和货币理论的历史部分"。③这就是说，马克思在《批判》中对有些经济理论问题的论述要比《资本论》更为详尽。因此，即使在《资本论》出版以后，《批判》仍没有失去其独立存在的地位。那么，就货币理论问题而言，哪些论点已在《批判》中详细阐述，而在《资本论》中则只是略略提到呢？主要有以下几点：

1.《批判》由"序言"以及"商品"和"货币或简单流通"两章构成。第二章"货币或简单流通"篇幅约占全书的三分之二以上，具体内容由四节组成，此外还包括用B、C作标号的"关于货币计量单位的学说"和"关于流通手段和货币的学说"部分。在《资本论》中，对这一章的材料作了相当大的加工，篇幅压缩了近50%，删掉了"货币理论的历史部分"。因此，《批判》中的

① 《马克思恩格斯全集》第13卷，人民出版社1962年版，第111页。
②③ 《马克思恩格斯全集》第23卷，人民出版社1972年版，第7页。

第二章同以后出版的《资本论》中相应的一章相比，虽然后者在一些术语的表述上更为准确，但是，前者在内容上要比后者详细得多、广泛得多，《资本论》中相应的一章并不能完全取代《批判》中第二章对货币问题的研究。

2. 由于《批判》中专门有一节论述贵金属问题，详细考察了贵金属适合于充当货币材料的原因，因此，马克思在《资本论》中对贵金属适合于充当货币材料的原因，只作了简单的补充说明。

3. 关于商品价值为什么不能直接以劳动时间来计算和相互比较的问题，马克思在《资本论》中只是简单地指出："货币作为价值尺度，是商品内在的价值尺度即劳动时间的必然表现形式"。① 而在《批判》中，马克思在评述英国资产阶级经济学家约翰·格雷关于取消货币的主张时，则详细地论述了这个问题。

总之，《批判》对有些货币理论问题的论述，要比《资本论》更为详尽。正因为《批判》一书有自己的特色，所以，它在马克思主义经济学经典著作中具有独立存在的价值，有人把它称之为是一本研究货币理论问题的专门性的学术著作。

从上述考察中，我们大体上可以看出马克思货币理论形成过程的历史脉络。马克思从最初探讨货币拜物教的社会基础，到说明货币是一个社会关系，从论述货币是一种商品，到通过分析价值形式的发展阐明货币的起源和本质，步步深入，不断探索，以至最终揭开货币之谜，构建了一个真正科学的货币理论体系。马克思的货币理论，不仅是人类宝贵的精神财富，而且这一理论的形成过程也体现了伟大革命导师严谨认真的治学态度。

（原载《金融科学》1990 年第 1、3 期）

① 《马克思恩格斯全集》第 23 卷，人民出版社 1972 年版，第 112 页。

马克思货币理论的基本内容及其现实意义

一、马克思对货币问题研究的特点

在有商品生产的社会里，货币无处不在，无处不有，人们随时随地都能够看到它的身影。在商品经济的社会里，货币的作用虽然很大，人们虽然几乎天天要跟它们打交道，但却不一定都能够正确地认识它。货币看似平平常常的东西，但在货币的金身银体里却蕴含着许多高深的学问。对于货币这门学问，早在古代社会伴随着它的产生就已有人开始探讨了。到了资本主义社会，随着商品经济的发展，货币的作用日益增大，研究货币问题的人也因而增多。但是，在马克思之前，人们却始终未能对货币这门学问形成科学的认识。货币究竟为何物？它的起源、本质和职能是什么？不仅古代的思想家弄不明白，就连现代资产阶级古典经济学家也说不清楚。"两千多年来人类智慧在这方面进行探讨的努力，并未得到什么结果"。[①] 19 世纪英国国会议员格莱斯顿说："受恋爱愚弄的人，甚至还没有因钻研货币本质而受愚弄的人多"。[②] 在马克思之前，货币一直是个不解的谜，在它上面笼罩着一片光怪陆离、幽深莫测的神秘迷雾。

马克思在研究货币问题的时候，尽管生活十分贫困，经常要为一块面包而苦恼，甚至穷到连写好的论文因买不起邮票而无法投寄的程度。然而，却正是这位无产阶级的伟大革命导师，在人类历史

---

① 《马克思恩格斯全集》第 23 卷，人民出版社 1972 年版，第 7 页。

② 同上书，第 136 ~ 137 页。

上第一个揭开了货币的“迷人般”的实质，创立了系统的、完整的、真正科学的货币理论体系。

从马克思创立货币理论的历史发展过程来看，马克思对货币问题的研究有如下两个显著特点：

（一）在探讨经济理论问题时，始终把对货币问题的研究摆在突出的地位

19 世纪 40 年代初，马克思大学毕业不久刚涉足经济学领域时，就开始了对货币问题的探索。马克思于 1850 年 9 月 ~1853 年 8 月撰写的《伦敦笔记》，突出地表现了他对研究货币理论问题的极大兴趣和重视。《伦敦笔记》是以研究货币问题为开端的，其中前 7 本笔记，主要是探讨货币流通和银行作用等货币理论问题。马克思在写作《经济学手稿（1857 ~1858 年）》之初，继续了 50 年代初他在《伦敦笔记》中的思路，把这部手稿的第一部分命名为《货币章》，这意味着他在这部手稿里对经济理论的研究也是从考察货币开始的。马克思在当时之所以如此重视对货币问题的研究，首先是因为简单货币形态是政治经济学中最抽象、最困难的部分。商品、价值、价格等范畴都同货币相联系，而正确理解这些范畴，正是科学地考察其他所有经济范畴的必要前提。其次，19 世纪 50 年代时，马克思在相当大的程度上是以研究货币问题为主的。马克思之所以特别重视考察货币理论，是与他当时研究问题的目的有着直接的关系。马克思认为，资本主义世界矛盾的本质集中地反映在货币这个焦点上，革命是和危机相关联的，而危机又和货币流通有密切关系。虽然危机的发生根源在于资本主义的生产方式，但是危机的可能性却存在于货币形式本身，资本主义的各种矛盾就是通过货币流通表现出来的。因此，马克思在当时十分重视研究货币问题，并不是出于单纯的理论探讨的需要，不是为研究货币而研究货币，而是由于他为了研究资本主义危机，以便科学地制定革命的战略和策略的目的所决定的。

在《政治经济学批判》和《资本论》里，虽然是从商品入手

研究资本主义的经济关系，但马克思仍然是把对货币问题的研究放在非常重要的位置。从《资本论》看，该书第一卷第一篇的标题是“商品和货币”，货币范畴是紧接着商品范畴出现的，由此可见，马克思仍然是把货币问题放在一个很突出的地位来研究的。在《资本论》里，马克思对“现代社会的经济运动规律”的揭示，具体是按照商品——货币——资本这样的排列顺序来展开和完成的。这是因为，一方面，货币理论是商品经济理论的继续和必然发展，只有从分析商品交换和价值形态的发展开始，才能揭示货币的起源和本质；另一方面，货币理论又是资本和剩余价值理论、资本积累以及经济危机理论的前提和基础。只有先阐明货币的起源、本质、职能以及货币的运动规律，才能揭示整个资本主义经济的运动规律。离开了马克思的货币理论，就无法从现象形态上看清和把握资本主义经济所展示的各种具体形式和范畴，以及它们之间的相互联系和因果关系。从《资本论》第一卷的研究顺序的排列来看，货币理论在马克思经济理论体系中，是居于承前启后和贯彻始终的重要地位。

（二）对货币问题的研究，贯穿着对资产阶级和小资产阶级错误理论的批判

马克思的货币学说，同他的整个经济学说一样，既吸收了资产阶级古典学派货币理论中的科学成分，同时又对形形色色的资产阶级和小资产阶级货币理论中的错误观点进行了尖锐的批判，并在批判中创立了自己的完整科学的货币理论体系。

在马克思的货币理论建立以前，比较流行的货币理论有资产阶级的货币金属论、货币名目论和货币数量论以及小资产阶级的“劳动货币论”。马克思对这些错误的理论逐一进行了批判。从马克思考察货币理论问题的有关主要著述来看，《伦敦笔记》是从批判货币数量论入手的，《经济学手稿（1857～1858年）》中的《货币章》则是由批判小资产阶级的货币理论开始的，矛头主要指向蒲鲁东的“劳动货币论”。在《政治经济学批判》第二章《货币或

简单流通》中，专门用两小节的篇幅对资产阶级和小资产阶级的各种货币学说作了全面详尽的批判，而在《资本论》第一卷第一篇中又对这种批判进行了理论上的概括。马克思对货币问题的研究，突出地反映了他研究理论问题的特点——批判性。马克思的货币理论，就是在同各种错误的货币理论进行批判和斗争中发展起来的。

二、马克思货币理论的基本内容

马克思运用他的辩证唯物主义和历史唯物主义的研究方法，在他创立的劳动价值论的基础上，全面、系统地考察了货币问题，从而在货币学说史上创立了恩格斯所称的“第一个详尽无遗的货币理论”，开创了人类对货币问题认识的新阶段。马克思的货币理论，是个内容极为丰富而又十分严密的理论体系。那么，如何全面而又准确地理解马克思的货币理论的基本内容或要点呢？笔者认为，应当着重把握以下几个方面的关系：

（一）商品和货币

货币是同商品紧密相连的经济范畴。按照马克思的论述，货币根源于商品，但又异于一般普通商品，既不能否认货币是商品，又不能把货币与商品完全等同起来。马克思认为，货币首先是商品。马克思说：“货币形式只是其他一切商品的关系固定在一种商品上面的反映。”① 既然货币是由普通商品转化而来的，因此，要揭示货币的起源，就必须从对商品的研究开始。马克思正是从商品的内在矛盾出发，通过对商品价值形式发展过程的分析，论述了商品具体转化为货币的客观过程，科学地解决了货币的起源问题。把货币同商品紧密联系起来，从商品价值形式及其历史发展出发来揭开货币的起源之谜，是马克思在货币理论上的一个重大贡献。

---

① 《马克思恩格斯全集》第23卷，人民出版社1972年版，第108页。

货币从商品界分离出来后，仍然保留着商品的性质，它和普通商品一样，也具有价值和使用价值。货币和普通商品既有共性，又有特殊性，其特殊性集中表现在：它是专门充当一般等价物的特殊商品。作为一般等价物，货币是价值的化身，价值的代表，各种商品所耗费的社会劳动通过它来计算，一切商品的价值靠它来表现。货币最本质的特征就是专门充当一般等价物，货币的这个本质特征或特殊性，不会因社会形态的变化而变化，也不会因货币的形态不同而不同。如果不具有这一本质特征或特殊性，货币也就不成其为货币，而变成普通商品了。

货币作为一般等价物，它总是具体地表现在一定的“物”（货币商品金或作为金的符号纸币）上。从表面上看，货币是个物，但在物的背后却隐藏着一定的社会生产关系。马克思说：“在商品生产者的社会里，一般的社会生产关系是这样的：生产者把它们的产品当作商品，从而当作价值来对待，而且通过这种物的形式，把它们的私人劳动当作等同的人类劳动来相互发生关系。”① 货币与商品的交换，实际上是人类不同劳动的交换，作为一般等价物的货币所体现的正是商品生产者之间相互交换劳动的关系。马克思说：“货币代表着一种社会生产关系，却又采取了具有一定属性的自然物的形式”。② 不同的社会制度下，货币具有不同的社会内容，但并不影响货币作为一般等价物的存在，因而也不影响货币体现生产者之间相互交换劳动的社会关系。关于货币不是单纯的物，而“是隐藏在物后面的人的关系的表现形式”的观点，是马克思货币理论的核心内容之一，也是马克思的货币理论区别于各种资产阶级货币理论的一个重要方面。

货币对其他一切商品的普遍交换性，一切商品生产者间的生产关系都通过货币来实现，以及货币在私有制社会里具有的支配人的巨大力量，这一切都使货币成了让人感到神秘的东西，因而使得人们“毕恭毕敬地匍匐在货币面前”，对它顶礼膜拜。马克思指出，

---

① 《马克思恩格斯全集》第13卷，人民出版社1962年版，第95页。

② 《马克思恩格斯全集》第23卷，人民出版社1972年版，第23页。

货币拜物教的谜就是商品拜物教的谜。马克思通过对价值形态和交换过程的详尽考察，不仅阐明了货币的起源和本质，而且，也揭开了商品货币拜物教的实质和产生根源。

（二）货币的本质和货币的职能

马克思认为，货币的本质和货币的职能之间有着十分密切的关系。首先，货币的本质规定货币的职能，要正确把握货币的职能，就必须先弄清楚货币的本质。弄清货币的本质，是正确理解货币的各种职能的前提和基础。另一方面，货币的职能是货币的本质的具体体现，如果脱离了货币的各种职能，货币的本质就会变成一个空洞的概念。

资产阶级古典学派由于他们不了解货币的真正起源和本质，因而也就无法对货币的职能作出科学的解释和说明。例如，斯密在阐述货币的职能时，只是强调“货币是流通的大轮毂，是商业上的大工具”。由于斯密把货币的职能仅仅归结为流通手段，他也就因而无法把金银货币同铸币、铸币和纸币区别开来。李嘉图和斯密一样，也把货币的职能只限于流通手段。不仅如此，他还进一步抹煞了金属货币或纸币的界限，认为金属货币和纸币是没有任何区别的。正因为资产阶级古典学派的代表们抹煞了纸币和金属货币的区别，所以也就不可能充分了解各种货币的职能。

资产阶级古典学派的杰出代表，为什么只限于片面地分析货币的流通手段，而“忽略”了货币的其他职能，特别是“忽略”了作为货币基本职能的价值尺度呢？其根本原因就在于他们没有认识到货币是起一般等价物作用的特殊商品，因而不了解货币的本质。由于货币的职能是由货币的本质决定的，货币的本质制约着货币的各种职能及其相互之间的有机联系。所以，如果不懂得货币的本质，也就不可能对货币的诸种职能的性质及其相互关系作出正确、全面的解释。

马克思在《政治经济学批判》中，特别是在《资本论》第一卷第一篇“商品和货币”里，以交换和商品生产发展史的大量实际材料为根据，通过逻辑（价值形态）和历史（交换过程）的周密分析，不仅说明了货币的起源，而且还揭示了货币的本质。正因为如此，他才有可能对货币的各种职能作出全面、科学的解释。马克思对货币职能的论述，主要是在《政治经济学批判》第二章的“货币或简单流通”和《资本论》第一卷第三章“货币或商品流通”中进行的。马克思在经济学说史上第一次提出了货币具有价值尺度、流通手段、贮藏手段、支付手段和世界货币等五种职能，并明确指出价值尺度和流通手段是货币的两个最基本的职能。从马克思的有关论述来看，价值尺度和流通手段这两个职能的出现虽然没有时间的先后，但从职能完成的顺序来看，货币必须先完成价值尺度的职能，然后才能进而执行流通手段的职能。从货币的各个职能产生的顺序来看，也只有在价值尺度和流通手段进一步发展的基础上，才会出现贮藏手段、支付手段和世界货币这三种职能。从货币的五种主要职能的相互关系来看，它们之间既不是相互孤立的，也不是完全并列的。货币的五种主要职能间有着密切的联系，它们分别反映货币作为一般等价物在商品经济中不同方面的具体内容，孤立地就货币的某一种职能来看，并不能反映货币作为一般等价物的全貌。货币是在五种主要职能的有机联系中，统一地表现其作为一般等价物的本质的。马克思对货币的各种职能及其相互关系的科学分析，不仅符合货币的历史发展，有助于了解货币在商品经济发展中的作用，有助于更加深刻地认识货币的本质。

（三）货币流通与商品流通

货币流通与商品流通是相互联系和相互作用的。按照马克思的论述，商品流通是第一性的，而“货币流通只是居于第二位的运动”。[①] 从历史上看，先有商品的直接交换，然后才出现以货币为媒介的商品流通。正如商品是货币的根源，同样，商品流通亦是货币流通产生的前提和基础。如果没有商品流通，就不会发生货币流

① 《马克思恩格斯全集》第13卷，人民出版社1962年版，第176页。

通。从现实的经济生活来看，每种商品等于多少数量的货币即商品的价格，在它接触到真实的货币之前，就已经确定了。总是先有商品价格待实现，而后才需要货币来购买。由于商品已经在观念上等于一定量的金或银，货币才使这种在观念上的东西变为现实的东西。这就是说，只是因为观念上已经存在着商品流通，货币才能发挥流通手段的作用，把商品流通由观念上的存在变为现实的存在，从而引起货币流通。只是当商品需要变为货币形态，货币才能促成这种变形，使商品进入流通，从而使货币自身也进入流通。正如货币之所以产生，是因为商品交换发展的需要，同样，货币之所以流通，也只是因为商品交换发展的需要。马克思说："货币作为流通手段的运动，实际也不过是商品自身发生形态变化时发生的运动"。① 不仅如此，货币流通的规模和速度，也是由商品流通的规模和速度决定的，有多少待实现的价格，就需要多少流通的货币量。商品流通决定货币流通，货币流通不过是商品流通的表现，这是马克思关于货币流通问题理论的一个基本观点。

虽然商品流通决定货币流通，但货币流通对商品流通又有着不可忽视的反作用。货币流通服务于商品流通，而商品流通又依赖于货币流通。与商品的直接交换不同，商品流通是以货币为媒介的。离开货币流通，就不存在商品流通。货币流通是商品的内在矛盾即商品与货币的矛盾发展的产物，当货币流通与商品流通相适应时，货币流通就能有助于解决商品内在的矛盾，加速商品流通，强化商品世界的普遍联系。相反，当货币流通与商品流通不相适应时，货币流通就会激化商品内在的矛盾，阻碍商品流通，破坏商品世界的普遍联系，从而使商品交换不能顺利进行。商品流通和货币流通是互相依存的关系，任何一方发生障碍，都有可能表现为物质交换的中断，并使社会再生产过程或轻或重的受到影响，甚至出现瘫痪。

货币流通由商品流通引起，并且是从属于商品流通的需要的。但是，从表面现象来看，商品流通反而好像是由货币流通引起的，

① 《马克思恩格斯全集》第23卷，人民出版社1972年版，第96页。

是货币流通的结果。这种假象是由货币流通的特点造成的。在商品流通过程中，从每个商品来看，它一经变形为货币后，这个商品就退出流通过程，进入消费领域。货币却不是这样，它不像单个商品在形态变化之后就离开流通界。货币如果不被贮藏的话，它会始终留在流通领域之中，川流不息地与别的商品调换位置，因而运动的连续性完全表现在货币这一方面。这种情况便造成了一种假象，“好像就是那种作为流通手段的货币，才使那些本来不能运动的商品发生流通”。① 马克思的货币理论，不仅正确地阐明了货币流通与商品流通之间既对立又依存的矛盾统一关系，而且还揭开了“看起来商品流通反而只是货币运动的结果”的假象。

既然货币总是停留在流通中，那么在一定时期内，市场上究竟需要多少货币，才能使商品流通正常进行呢？马克思通过对这个问题的考察，科学地揭示了货币流通规律。这个规律的基本要求是：在一定时期内，执行流通手段的货币的数量多少，取决于商品流通的客观需要。这就是说，流通中的货币量，必须适应于商品流通对货币流通的客观需要量。那么，货币需要量如何确定呢？具体说来，主要取决于以下三个基本因素：（1）待销售的商品数量；（2）商品的价格水平；（3）货币流通速度。待销售的商品数量和商品的价格相乘的积，就是商品的价格总额。货币流通速度则是用一定时间内同名货币的流通数来表示。货币流通量同商品价格总额成正比，而同货币流通速度成反比。马克思把货币流通规律表述为如下基本公式：执行流通手段职能的货币量 = 商品价格总额 ÷ 同名货币的流通次数。货币流通规律是马克思在《资本论》中所揭示的最重要的经济规律之一。马克思依据这个规律的基本要求表述的关于货币流通必要量的公式，虽然是就金铸币流通而言的，但在纸币、银行券等价值符号流通的情况下，这个公式所揭示的原理，同样是适用的，即货币流通仍然必须与商品流通的需要相适应。马克思揭示的货币流通规律的原理，仍然是考察流通中货币必要量的科学

① 《马克思恩格斯全集》第 23 卷，人民出版社 1972 年版，第 96 页。

依据。

（四）铸币、纸币和信用货币

随着商品经济的发展，作为流通手段的货币是不断演变的。最初出现的金属货币，并未经过精密铸造，只是采取一定的粗条、长锭、方块之类的形式。由于金银条块的重量不同，成色各异，每次交易都要权衡重量，鉴定成色，不胜其烦。为了免除这种不便，随着商品交换的扩大，条块状的金属货币逐渐为铸币所代替。铸币是具有一定形状、重量、成色和面额的金属铸块，它通常由国家铸造，用法令规定流通。

铸币在尘世的奔波中磨来磨去，日益失去自己的重量，成为不足价的铸币。但是，这种重量不足的铸币在一定限度内仍然能够和足价的铸币一样在市场上流通。这是因为，货币执行流通手段的职能时，只是起瞬间的作用，通常卖主把商品换成货币，马上会用这些货币去购买另外的商品。所以，只要货币能够继续充当交换的媒介，人们就不会计较货币所包含的实际价值是多少。马克思说："商品的交换价值的独立表现只是转瞬即逝的要素。它马上又会被别的商品代替。因此，在不断的转手过程中，单有货币的象征存在就够了。"① 这就是说，货币作为流通手段的特点，存在着已隐藏着贵金属的铸币可用别的材料做的记号或用象征来代替的可能。于是，便出现了用贱金属铸造的辅币在流通快、易磨损的小额买卖范围内使用，以后又发展到纯粹象征性的纸币。

马克思通过对纸币起源的考察，揭示了纸币的实质及其与金属货币之间的内在联系。按照马克思的论述，纸币是由国家发行并强制流通的价值符号。纸币不是商品，它本身没有价值，只是货币的符号或金属货币的代表。纸币虽然可以代替金属货币在市场上流通，但并不能脱离金银而独立存在。在马克思所处的自由竞争的资本主义时代，国家银行在发行纸币时，一般都规定含金量，并保持

① 《马克思恩格斯全集》第23卷，人民出版社1972年版，第148～149页。

金块和纸币的兑换关系。既然纸币是代替金属货币实行流通手段的职能，因此，无论发行多少纸币，它都只能代表商品流通中所需要的金属货币量。马克思说："纸币流通的特殊规律只能从纸币是金的代表这种关系中产生。这一规律简单说来是：纸币的发行限于它象征地代表的金（或银）的实际流通的数量。"① 这就是说，纸币流通规律必须以金属货币流通规律为基础，纸币的发行要适应于由货币流通规律所决定的金属货币的需要量。如果纸币的发行量等于商品流通中所需要的金属货币量，那么纸币的购买力就名实相符，与金属货币的购买力完全相当；如果纸币的发行量超过了商品流通中所需要的金属货币量，则单位纸币所代表的金属货币量就会减少。由金属货币充当流通手段时，货币贮藏的蓄水池会自动地调节流通中所需要的货币量，但由纸币充当流通手段情况就不同了。马克思说："如果今天一切流通渠道中的纸币已达到这些渠道所能吸收货币的饱和程度，明天纸币就会因商品流通发生变动而泛滥起来。"②由此可见，马克思在当时就已经从纸币流通的特点，揭示出纸币发行量过度会引起通货膨胀的可能性。

在马克思生活的时代，资本主义各国实行的是金属铸币流通制，但在流通界除金属铸币及与金属铸币相联系的纸币之外，还有汇票、银行券等信用工具。由于这些信用工具在市场上能同货币一样起着流通手段和支付手段的作用，所以泛称为信用货币。在《资本论》第三卷第五篇里，马克思考察了借贷资本和信用之后，用大量的篇幅专门论述了信用制度下的货币流通问题，阐述了他的关于信用货币问题的理论。

信用货币是指用以代替金属货币作为流通手段和支付手段的信用凭证。信用货币主要包括商业汇票和银行票据。在信用货币的发展过程中，首先代替货币进行流通的是在商业信用基础上产生的汇票即商业票据。但是，商业票据的流通有一定的局限性，它是个别资本家的私人债券，信誉较低，支付期限较短，流通范围较狭窄。

①② 《马克思恩格斯全集》第23卷，人民出版社1972年版，第147页。

商业票据的这种局限性，由于银行发行的信用货币即银行券的流通而得到克服。

银行券是由银行发行的不定期的债务证券，它通常是为商业票据的贴现而发行的。正因为银行券是由银行发行的，所以它较之工商企业发出的票据具有更大的信用，能在更广泛的范围内流通。由于银行券是最重要的信用货币，它代替金属货币进入流通，是信用制度下货币流通的一个重要特点，因此，马克思在研究信用货币时，重点分析了银行券的流通问题。

在银行券作为流通手段的条件下，银行券的流通也受货币流通规律的支配，其发行量是由交易上的需要来调节的。如果流通中的银行券超过商品流通的实际需要，多余的银行券会通过兑现而流回到它的发行者那里去。但是，如果发行由国家信用支持而不能兑换的银行券，那么这种银行券就其经济本性来讲，就如同不能兑现的一般纸币，其流通也因而受不能兑现的纸币的流通规律所支配。

银行券和纸币一样，本身是没有价值的，但银行券是以信用为基础的货币符号，因此它和纸币又有根本的区别，主要表现在如下几个方面：（1）纸币是由货币作为流通手段的职能产生出来的，而银行券则产生于货币充当支付手段的职能；（2）纸币是由国家法令强制发行的，一般不能兑换黄金，而银行券则是在汇票贴现的基础上发行的，垄断前的资本主义所谓典型的银行券是可以自由向发行兑换贵金属的；（3）纸币一旦投入流通，就不会自动流回发行它的国库，长期留在流通领域里充当交换媒介，而银行券则是以信用方式发行的，通过到期汇票的兑付，它会自动流回银行。

从银行券等主要信用货币的性质和特点来看，它们具有两重性，即不仅是黄金的符号，同时又是信用的符号。银行券不仅代表黄金而为流通服务，而且它们在为贴现私人期票而发行时要求利息，因此银行是把银行券当作借贷资本贷放出去的，它体现着债权人和债务人之间的信用关系。

信用货币的广泛使用，可以节省流通中的金属货币量，因而有利于加速资本的周转，促进资本主义经济的发展。随着信用制度的发展，各种形式的信用货币已逐渐取代金属货币在流通中的地盘。这一发展趋势，早已为马克思所预见。信用货币既然是代表金属货币流通的价值符号，它本身并不包含实在价值，不能执行价值尺度的职能。因此，即使信用货币完全取代金属货币在流通领域的地位，信用货币仍必须“建立在贵金属的基础上”。马克思说：“货币——贵金属形式的货币——仍然是基础，信用制度按其本性来说永远不能脱离这个基础。”①

货币既然是商品交换内在矛盾发展的产物，不同的货币形式之所以产生和更替，从根本上来说，也是由商品交换的内在矛盾的发展和演变所决定的。按照马克思的论述，货币有各种不同的文明形式，如金属货币、纸币、信用货币和劳动货币等。马克思说：“货币的不同形式可能更好地适应社会生产的不同阶段；一种货币形式可能消除另一种货币形式无法克服的缺点；但是，只要它们仍然是货币形式，只要货币仍然是重要的生产关系，那么，任何货币形式都不可能消除货币关系固有的矛盾，而只能在这种或那种形式上代表这些矛盾”。② 信用货币是属于社会生产过程的较高阶段的产物，它之所以应运而生，只是因为它有助于克服由于贵金属稀少难以适应商品交换发展的需要等某些缺陷。但是，信用货币的广泛使用同时又给货币关系带来了新的矛盾。信用货币的产生和发展，致使资本主义的债权债务关系相互交错，资本主义的经济危机和货币危机交织在一起，从而使资本主义的周期性的经济危机变得更为深刻和复杂。

（五）作为货币的货币和作为资本的货币

在《资本论》里，马克思的货币理论，主要是在“货币或商品流通”的题目下展开的。但是，这并非马克思货币理论的全部内容。由于货币与资本有着密切的联系，因此，马克思在论述了简单商品流通中的货币之后，还进一步考察了资本流通中的货币。马

① 《马克思恩格斯全集》第25卷，人民出版社1974年版，第685页。

② 《马克思恩格斯全集》第46卷（上），人民出版社1979年版，第64页。

克思在《资本论》中写道："商品流通是资本的起点，商品生产和发达的商品流通，即贸易，是资本产生的历史前提"。① 如果抛开商品流通的物质内容，则货币作为"商品流通的这个最后产物是资本的最初的表现形式"。②资本虽然最初总是表现为货币形态，但货币并不等于资本，作为货币的货币和作为资本的货币是不同的。在原始公社尽头处的商品交换，以及在小商品生产中交换关系的进一步扩大，货币就已经存在，但并不是资本。只有在一定的经济条件下，货币才转化为资本。这些经济条件是：生产资料的资本家私人所有制，劳动力成为商品，以及货币的一定数量的积累等。

马克思指出，作为资本的货币和作为商品流通媒介的货币之间的区别，首先表现在"它们具有不同的形式"上。单纯作为流通媒介的货币，其流通形式是：W—G—W（即商品—货币—商品）。这种流通形式说明小商品生产者先把自己生产的商品卖出，换成货币后，再用货币去买回自己所需要的商品。这个流通形式的特点是为买而卖，交换的目的是为了获得自己所需要的使用价值，以满足生产或生活上的需要。在这个公式中，起点和终点都是商品，中间是货币，流通的结果价值量没有发生变化，只是使用价值不同，货币只不过是充当交换的媒介，从当作资本的货币来看则不同，其流通形式是：G—W—G（即货币—商品—货币）。这一流通形式说明资本家是先用货币买进商品，然后再把商品卖掉，重新取回货币，其特点是为卖而买，目的是为了取得货币即交换价值本身。如果拿出去的货币和取回来的货币在数量上一样多，这种毫无意义的买卖，任何资本家都是不会干的。资本家之所以要把货币投放出去，其活动的目的和动力是为了取得更多的货币。因此，G—W—G 这个形式应当修改为 G—W—G′，才符合实际情况。在这个形式中，其两端都是货币，在质上是相同的，但数量上却有差别，后一个 G′大于前一个 G。马克思把这个多出的数额叫做剩余价值。资本家所追求的正是这个新增加的货币，即剩余价值。当货币充作赚钱的

①② 《马克思恩格斯全集》第 23 卷，人民出版社 1972 年版，第 167 页。

工具，即当货币从流通中带着增值额重新回到所有者手里时，货币就转化为资本了。马克思说，作为资本的货币，它会生出金蛋。所以，能不能带来剩余价值，这是当作商品流通媒介的货币和当作资本的货币的本质区别。

货币虽然可以转化为资本，但货币并非在任何情况下都能当作资本来使用。货币要转化为资本，必须实现价值的增殖，即带来剩余价值。而货币要能够带来剩余价值，关键就在于资本家能在流通中用货币买到一种特殊商品，它的使用可以创造出剩余价值，这个特殊的商品就是劳动力。劳动力商品的使用价值即劳动，是剩余价值的源泉。因此，劳动力成为商品是货币转化为资本的前提。马克思依据他的关于劳动力商品的学说，通过对货币到资本转化的考察，揭开了资本主义生产方式的秘密。正因为如此，掌握马克思的货币理论，认识货币是资本的起点，是揭示资本关系具有决定意义的一步。

三、马克思货币理论的现实意义

科学的货币理论的创立，是马克思在经济学说史上的最卓越的贡献之一。马克思的货币理论，不仅是批判资产阶级和小资产阶级的各式各样货币学说的锐利武器，而且是我们今天进行社会主义建设的一个重要理论依据。

从马克思的货币理论的上述基本内容来看，马克思主要从一般意义上阐述了有关货币方面的一些最基本的理论，如货币的起源、本质和在社会经济生活中的重大作用，货币流通与商品流通的辩证关系以及货币流通的规律等问题。正由于马克思的货币学说大多涉及一些最基本的理论问题，因而具有适用范围广的特点，不少具体结论适用于一切存在商品货币关系的社会生产方式中。例如，马克思所阐述的货币流通一定要与商品流通相适应的观点，马克思在分析货币流通时提出的著名货币流通规律，即货币流通量决定于待实现的商品价格总额和货币流通次数等基本原理，在今天的社会主义条件下仍然都是适用有效的。

在我国社会主义条件下，现实流通中的货币是人民币。人民币作为货币符号，没有法定的含金量，其价值的实体是什么？社会主义货币的本质应当如何认识和表述？人民币的发行怎样才能适应商品流通的需要？货币在社会主义经济运行中究竟有哪些作用以及如何更加充分发挥其作用呢？此外，随着我国金融体制改革的深入和发展，还出现了大量新的与货币相关联的自由兑换、利率、股票、债券和金融市场等问题。探讨这些问题，不仅具有理论上的意义，而且也是我国改革和现代化建设的实际需要，而要研究和弄清这些问题，就必须以马克思货币理论中的基本思想或原理为指导。

综上述，在马克思创立的浩繁经济理论体系中，他的货币理论更显得光彩夺目，对于我们分析和认识当今诸多经济现象、经济问题，有着直接的、具体的指导意义。当然，我们说马克思的货币理论仍具有现实的指导意义，并不意味着所有的现实货币理论问题都可以从马克思有关著述中找到现成的答案。事物总是发展的，马克思的货币理论同他的整个经济学说一样，不可能也并没有预见今天社会主义经济建设中的所有问题，因而其自身也需要不断发展。马克思在探讨货币问题时所作的某些结论，由于今天的现实与马克思在当时的设想存在着差别，因此不能一概套用，而必须在坚持以马克思货币理论中的基本思想或原理为指导的同时，对某些具体结论应当注意进行补充、丰富和发展。

（原载《经济研究参考》1992 年第 106 期）

马克思的货币理论与西方资产阶级的货币数量论

马克思的货币理论，同他的整个经济理论一样，本质上也是革命批判的产物。科学上所说的批判，并非一概否定，用通用的术语来说，应该说是扬弃。马克思正是从对形形色色的资产阶级和小资产阶级货币理论的批判中，不断发展自己的货币理论，错误的东西被抛弃，合理的东西被吸收，从而构筑起自己的理论大厦的。

马克思对西方货币理论的批判，发生在商品货币关系的早期和近代的自由资本主义时期。至于对现代西方资产阶级的货币理论，批判的任务则历史地落到了我们的肩上。但是，现代西方资产阶级的货币理论，不过是从早期的和近代的西方资产阶级的货币理论中演变过来的，因此，马克思的批判方法仍有现实的指导意义。当然，时代毕竟已经不同，现代西方资产阶级货币理论不能不带有自身的特点，因此我们也必须用积极科学的态度对待这些新的业已发展了的理论。理论的批判是一种艰巨复杂的工作，切忌一言以蔽之和简单化，也不能一切都贴上阶级标签。商品货币关系是几个社会共有的现象，因此也有共同的规律可循。马克思在对西方资产阶级的货币理论的批判中建树了自己的科学理论，回顾和研究这问题，无疑会使我们从中受到宝贵的启示。

马克思对西方货币理论的批判，包括许多方面，其中影响最为深远的是对货币数量论的批判。为了更清晰地看到历史线索，我们不妨做一点追溯，从早期的货币数量论谈起，但着墨更多的则是近代的资产阶级货币数量理论。至于现代，我们只能在方法论上借鉴，更多地要求我们自己去做创造性的发挥。这尽管不是马克思本人对西方资产阶级货币理论的批判，但从思想体系的沿革上，仍可列入同一范畴。因此，本文的理论界定可以一直到当代。

一、资产阶级早期的货币数量论

尽管西方资产阶级的货币理论有多种多样，但影响最大、流传最久的还属货币数量论。

（一）马克思评休谟的货币数量论

货币数量论是一种用流通中的货币数量的变动来说明商品价格变动的货币理论。

人们通常总是把货币数量论的鼻祖归之于英国哲学家休谟。其实，17 世纪的许多意大利学者和法国启蒙学派思想家孟德斯鸠都阐述过这个理论。

货币数量论产生的直接背景，是 17 世纪中叶美洲新金银矿脉的发现及黄金和白银大量流入欧洲。与此同时，物价急剧上涨。尽管各地物价上涨不平衡，但从形式上看，贵金属产量增加与物价上涨似乎成一定比例，这在客观上就为货币数量论提供了生长的条件。马克思对此曾做过如下表述："自从美洲矿山发现以来随着金属货币量的增加同时发生的商品价格的提高成为他的学说的历史背景"。[①] 这段话是在评论休谟时阐发的。

最早明确提出货币数量论的人是孟德斯鸠。他认为，商品和货币都是价值符号，可以互为代表，持有一方，即可占有另一方。既然互为符号，二者就保持数量上的比例关系。其中任何一方在数量上发生变化，其价值必然相应增减。他说，若欧洲的金银增加 20 倍，则商品的价格亦上涨 20 倍，但若商品的数量同时增加 20 倍，则商品价格上涨幅度会冲减 1/2，即较前增加 10 倍。

对货币数量论更系统的表述，是后来的休谟。马克思说："因为休谟是 18 世纪这一理论的最重要的代表人物，所以我们的评论

① 《马克思恩格斯全集》第 13 卷，人民出版社 1962 年版，第 151 页。

也由他开始。”①

休谟没有认清货币的本质，否定货币的内在价值，认为货币价值是虚构的，是“象征”。货币所代表的价值，就是商品的价值。他的理论可以归结为以下几点：（1）一国中商品的价格决定于国内存在的货币量（实在的货币或象征的货币）；（2）一国中流通着的货币代表国内现有的所有商品；（3）如果商品增加，商品的价格就降低，或货币的价值就提高。如果货币增加，那么，相反地，商品的价格就提高，货币的价值就降低。

休谟认为货币数量决定商品价格。货币仅是一种工具，人们根据共同的协议使用它，以便交换商品。它不是商业的车轮，而是使车轮运动更加平稳自如的润滑油。休谟用这个观点作为反对重商主义的工具。重商主义主张货币流入。休谟则认为，即使国内金属货币增加，商品价格也会上涨，但这并不增加社会财富，这只涉及名称的改变，既无利，也无害。“这就像某个商人不用数码少的阿拉伯记数法而用数码多的罗马记数法记账，并不改变他的账款一样。”②

休谟同孟德斯鸠一样，在对货币本质的解释上都是名目论者。但仔细分析，他们的货币数量论又有两点区别：

第一，休谟不是将全部货币与全部商品相对立，而只是将流通着的货币与商品相对立。

第二，休谟认为商品价格上涨虽然是货币数量的必然结果，但在时间上有差异，而且比例也不完全相等。

马克思对休谟的货币理论做了透彻的批判。这种批判也适合于对孟德斯鸠。

1. 混淆了价值尺度和流通手段

休谟否认货币具有价值，因此就不能认识货币作为价值尺度的职能。马克思指出：“休谟如果真想证明一点什么的话，他应该指

① 《马克思恩格斯全集》第13卷，人民出版社1962年版，第150页。

② 休谟：《对若干问题的论述》，转引自《马克思恩格斯全集》第13卷，人民出版社1962年版，第152页。

明，用一定的记数法时，所用数码的个数不是决定于数值的大小，而是相反地，数值的大小决定于所用数码的个数。”① 其实，货币可以作为记账数码，是因为它本身具有价值。在用金银计算价值的时候，既不需要现存的金，也不需要现存的银，只需要观念的价值就可以了。而货币充作流通手段，则必须具有现实的货币。由于休谟看不到货币本身具有的价值，所以就认定商品的价格决定于流通中的货币数量。

2. 错误地描述了历史现象

休谟所依据的完全是历史假象。美洲发现以后，贵金属大量涌入欧洲，致使物价突涨。他认为，既然货币数量增加在先，物价上涨在后，那就表明货币数量增加引起了物价上涨。其实，事情的先后联系并不一定就是因果联系。他不了解货币具有价值，自然也不会追问贵金属自身的价值是否也在变化。在 16 世纪和 17 世纪，金银数量固然有所增加，但劳动生产率的提高也使金银的生产费用降低。因此，商品价格上涨是金银价值降低的自然结果，而不简单地就是金银数量增加的结果。“在 16、17 世纪，价格的提高与贵金属的增加并不一致；商品价格在过了半个世纪之后，才显出一点变动，至于商品交换价值普遍按照金银的降低了的价值来估计，即这一革命掌握所有商品价格，那更是很久以后的事情了。因此，休谟完全违背了他的哲学的基本原理，把片面观察到的事实不加批判地变成一般原理”。②

3. 并非任何数量的货币都进入流通

休谟不承认货币具有价值，也不认识价值尺度的职能，自然也就不理解货币作为贮藏手段的职能。实际上，并非所有货币都进入流通，金属货币的贮藏手段职能自发地调节着流通中的货币数量，使流通中的货币数量自发地与商品流通的需要保持一致。“显然，如果金银有自己的价值，那么撇开其他一切流通规律不谈，作为一定商品价值总额的等价物来流通的只能是一定数量的金银。因此，

①② 《马克思恩格斯全集》第 13 卷，人民出版社 1962 年版，第 153 页。

如果一国中偶然存在的任何数量的金银，不顾商品价值总额如何，都必然作为流通手段参加商品交换，那么金银就没有内在的价值，因此实际上也就不是真正的商品。"① 休谟把金属货币视同纸币，因此得出了错误的结论。

4. 商品和货币的交换并非"空洞模糊的想象"

货币数量论实际上是货币中心论。但是，只有经过商品才能认识货币的本质。休谟忽视了商品世界的存在，似乎交换关系只是一堆商品与一堆金之间的交换。马克思对此评论道："假定商品世界只由一种单一的商品组成，例如由 100 万夸特的谷物组成，那么不难想象，如果现存的金有 200 万盎司，每夸特谷物就换 2 盎司金，如果现存的金有 2000 万盎司，每夸特谷物就换 20 盎司金，商品价格和货币价值同现存的货币数量成反比地提高或降低。"② 在这种情况下，休谟的理论也许有道理。"但是商品世界是由无数不同的使用价值组成的，它们的相对价值无论如何不是由它们的相对数量来决定的。"③休谟满足于一堆商品和一堆金之间交换的空洞模糊的想象。自然看不见商品本身的运动。没有货币，商品运动也存在；有了货币，商品运动也存在。在一定数量货币的条件下，商品世界中不同商品都有自己的价格，这用货币数量论绝对无法解释。

（二）马克思评李嘉图的货币数量论

英国经济学家李嘉图是古典经济学的完成者。他的伟大历史功绩之一是进一步发展了劳动决定商品价值的学说。按照他的理论体系，本来不应该引出货币数量论。但是，李嘉图被 18 世纪末和 19 世纪初的纸币贬值现象所迷惑，从而认为货币只是流通手段，并把金属货币流通规律同纸币流通规律混为一谈。正如马克思所说："他们借口这种强制流通的现象要用金属流通的规律来说明，实际上反而是从前一种现象中抽出后一种现象的规律。"④

李嘉图使货币数量论得到了更为完备的体现，从而使休谟的学

① 《马克思恩格斯全集》第 13 卷，人民出版社 1962 年版，第 154 页。

②③④ 《马克思恩格斯全集》第 13 卷，人民出版社 1962 年版，第 155 页。

说更加完善。李嘉图既然是劳动价值论者，那么他的货币数量论就不能不具有自己的特点。在对货币本质问题的解释上，他是货币金属论者，承认金属货币价值的存在；在货币与商品的关系上，又是一个地道的货币数量论者。因此，李嘉图的货币理论，既有正确的地方，又有错误的结论，马克思对李嘉图既有肯定，又有批评。

李嘉图和休谟所处的不同时代，使他们各有自己观察问题的视角。如果说休谟对16、17世纪的贵金属贬值现象作了片面的观察，那么，李嘉图则是被18世纪末和19世纪初的纸币贬值现象所困扰。可是有趣的是，不同的视角却看到了同一结论。正如马克思所述："美国矿山对休谟的意义，与针线街①纸币印刷厂对李嘉图的意义是相同的，李嘉图本人也曾在某处明确地把这两个因素同等看待。"②

李嘉图主张货币数量论，还和他对货币的本质缺乏正确的理解有关。"他从来没有像研究交换价值、利润、地租等等那样研究过货币的本质。"③李嘉图从商品出发去认识货币，从而认为货币是一种可变的商品，这是一条正确的思路。但是他不了解价值形式的演变，无法揭示货币的起源，因此又把货币看成单纯的符号，并把金属货币流通、银行券流通、纸币流通混为一谈。因此，"李嘉图和他的追随者虽然认为货币只是一种单纯的价值符号，却被称为《Bullionists》（金条党人），这种怪事不仅是从这个委员会的名称来的，而且是从李嘉图学说本身的内容来的。"④

李嘉图的货币理论，主要包括以下几个方面的内容：

1. 劳动创造商品的价值，金银的价值同样也决定于物化劳动时间。"李嘉图像决定其他一切商品的价值一样，首先用物化在金银中的劳动时间量来决定金银的价值。"⑤货币本身具有价值，才有可能成为普通商品的天然尺度。"金银作为具有一定价值的商品，用来衡量一切其他商品的价值。"⑥

2. 李嘉图提出了正确的货币流通规律。"流通手段的数量，一

---

① 针线街是伦敦的一条街，英格兰银行的所在地。

②③④⑤⑥ 《马克思恩格斯全集》第13卷，人民出版社1962年版，第160页。

方面决定于货币单位价值，另一方面决定于商品交换价值总额。这个数量因支付手段的节约而变更。”① 由此，他又论证了纸币流通规律。如果发行的纸币量所代表的价值符号与金属货币等值，就完全可以起到替代效应。“如果流通中的货币完全由跟它所应代表的金币同值的纸币组成，那它就处于最完善的状态。”②

对于以上两点，马克思持肯定态度。他认为李嘉图从货币价值说明商品价格，并把价值符号的货币看成是金的符号，“而不像休谟那样看成商品没有价值的代表。”③ 至于以下诸点，马克思则持批判态度。

3. 从上所述得出的唯一结论就是：如果金的价值已定，流通中的货币量就决定于商品价格。但是，金的名义价值和实际价值可以背离。如果劳动生产率提高或者商品数量减少，使商品的总价值减少，而货币数量不变或者商品价值不变，矿山提供的金增多，这两种情况都会造成货币数量超过实际需要。金的名义价值和实际价值都会背离，金的价值跌落，商品价格相应提高。如果商品总量增加，货币数量不变或者商品总价值不变，矿山产金量减少，流通中的货币量就会紧缩到正常水平，金的名义价值升值，商品价格随之下降。“在这两种情况下，流通中的金是一个价值符号，代表着一个大于或小于它实际包含的价值的价值。它能变成一个它自己的升值或贬值了的符号。一旦商品全都按照货币的这个新价值来估计，一切的商品价格相应地提高或降低，则流通中的金量又将与流通的需要相适应。”④

4. 李嘉图进而为自己的理论“涂上了一层国际的色彩”。但这种“表面上的规模宏大一点也不改变他的基本思想的渺小。”⑤ 李嘉图认为，当金的名义价值与实际价值背离的时候，就会使之产生

---

① 《马克思恩格斯全集》第13卷，人民出版社1962年版，第161页。

② 李嘉图：《政治经济学及赋税原理》，人民出版社1963年版，第432~433页。

③ 同上书，第161页。

④ 同上书，第163页。

⑤ 同上书，第164页。

国际间的移动。如果金的名义价值跌到实际价值以下，其他国家相比，这个国家的金是贬值了，商品价格提高了。这时，金就会输出，商品就会输入。相反，这个国家金升值，商品价格下跌，这时金就会输入，商品就会输出。这种国际间的商品与黄金的移动，会导致金的名义价值和实际价值相符。“一旦金和商品之间的相对价值或流通手段的正常量恢复，那么除了为补偿被磨损了的铸币和满足奢侈品制造业的消费以外，在前一种情况下金就不会继续生产，在后一种情况下金就不会继续输出或输入。”①

马克思对李嘉图货币数量论的批判，主要表现为以下几点：

1. 同他的劳动价值学说相矛盾

根据劳动时间决定价值量的原理，金的价值同其他商品的价值一样，也应由生产中耗费的劳动量来决定。但是，按照货币数量论，金充当货币却不是由耗费掉的劳动量来决定，而是由流通中的数量来决定。李嘉图似乎也意识到了这个矛盾。他企图通过金的供求数量引起的生产数量的变化来解决这个矛盾，结果又陷入了供求价值论，而以货币的供求量决定货币数量，还是没有跳出货币数量论。

2. 片面地理解货币职能

要证明商品价格决定于货币数量，必须先证明金的全部数量充作流通手段。“换句话说，这个证明就在于抹煞货币除了作为流通手段的职能以外的一切其他职能。”② 李嘉图忽视了货币的多种职能，特别是贮藏手段的职能，认为一切数量的货币都处于流通过程之中。金属货币本身具有价值，超过流通所必需的货币是在任何时候都不会加入流通，从而转化为贮藏货币。“因此，价格的高或低，不是因为有较多或较少的货币在流通，相反，有较多或较少的货币在流通，倒是因为价格高或低。”③ 简言之，是商品价格决定货币数量，而不是货币数量决定商品价格。

① 《马克思恩格斯全集》第13卷，人民出版社1962年版，第166页。

② 同上书，第164页。

③ 同上书，第96页。

3. 混淆了纸币和信用货币的不同性质

国家纸币产生的基础是货币作为流通手段的职能。货币作为转瞬即逝的媒介，因此可以由价值符号代替，国家正式利用了这种职能，发行不兑现的纸币。信用货币银行券产生的基础则是货币作为支付手段的职能。典型的银行券具有双重保证：黄金保证和信用保证。只要银行券可以兑换黄金，银行就不能随意发行银行券。“流通的银行券的数量是按照交易的需求来调节的，并且每一张多余的银行券会立即回到它的发行者那里去。”① 至于不兑现的纸币则不然，纸币不能兑换，发行过多就会贬值。“可见，流通的金量决定于商品价格，相反，流通的纸票的价值完全决定于它自身的量。”②

4. 引用历史资料上的错误

李嘉图不是从客观实际现象引出理论，而是从他的抽象理论硬性解释实际现象，所以就错误地引用了历史资料。

第一，李嘉图认定，在1800～1820年英国遇到的荒年里，金的输出并不是因为需要谷物，而是因为歉收减少了商品数量引起了金的贬值。马克思从统计资料中恰恰得到了相反的结论：“从1793年到最近，每逢英国遇到荒年的时候，流通手段的现有数量不是过多，而是不足，因此就有并且必须有比从前更多的货币流通。”③“在1810年，正是李嘉图最初提出他的货币理论和金条委员会报告中采用了这一理论的时候，英国所有商品的价格与1808～1809年相比发生了惨跌，然而金的价值却相应地提高了。产品则是例外，因为从国外输入遇到障碍，而国内的存量又因歉收大大减少。”④

第二，李嘉图断言，在拿破仑实行大陆封锁令时期，英国人向大陆输出金而不输出商品，是因为与大陆各国的货币相比英国的货币贬值了，英国国内商品价格相对大陆各国较高，所以不输出商品而输出金是更有利的投机买卖。马克思引用一位英国著作家的资料

① 《马克思恩格斯全集》第25卷，人民出版社1974年版，第594页。

② 同上书，第109页。

③ 同上书，第167～168页。

④ 同上书，第169页。

说明："实际上在过去6年战争期间，我们的工业品和殖民地产品的价格由于大陆封锁的影响低得要命。例如，糖和咖啡在大陆上用金计算的价格比在英国用银行券计算的价格要高三四倍。"① 李嘉图处处想用货币数量论解释价格现象，结果总是和事实相悖。

（三）马克思评穆勒的货币数量论

詹姆斯·穆勒是英国历史学家、哲学家和经济学家，"是李嘉图同时代人中创立学派来崇奉他的政治经济原理的最重要的人物。"②

穆勒的货币理论比较简单，他企图根据简单金属流通来说明李嘉图的货币理论，不去涉及复杂的国际交易问题。

穆勒认为，货币不过是简单的交换工具，但又认为货币是一种商品。货币作为商品，其价值与一般商品的价值相同。一时的货币价值为其需求与供给所决定，终极的与平均的货币价值则为生产费用所决定。穆勒企图以此解决李嘉图认为货币价值既由劳动量所决定，又由货币数量所决定的矛盾。尽管有这种折中，但对基本问题的说明仍证明他是一个十足的货币数量论者。穆勒认为，货币的价值等于人们用它交换别种商品的比例，或人们在交换一定量的其他物品时所给的货币量，这个比例决定于一国中的货币总量。假如一方是一国的全部商品，另一方是一国的全部货币，那么显然，当两方交换时，货币的价值，即货币所交换的商品量，完全决定于货币本身的数量。由于商品总量不是一下子与货币交换，而是一部分一部分地与货币交换，也就是说，一定时期中一枚货币可以多次与商品交换，假定货币平均服务交换的次数是10次，则所有的商品的价值等于货币价值的10倍。只要商品数量和货币流通速度不变，货币数量和货币价值就呈反比例变化。穆勒宣称"这个原理是绝

① 詹姆斯·迪肯·休谟：《关于谷物条例的书信集》，伦敦1834年版，第29～31页。

② 《马克思恩格斯全集》第13卷，人民出版社1962年版，第169页。

对真理。”①

马克思对穆勒的批判，主要是以下几个方面：

1. 理论前提是一套强词夺理的假定

穆勒试图证明商品价格或货币价值决定于“一国中现存的货币总量”。如果假定流通中商品的数量和交换价值不变，流通速度不变，由生产费用决定的贵金属的价值也不变，同时假定流通中的金属货币量同一国现存货币量成比例增加或减少。这就把应当证明的东西事先全假定好了，继续证明不仅毫无意义，而且显得多余。

2. 即使承认一切“假定”原理仍属错误

流通速度可以不变，贵金属的价值以及流通中的商品的数量也可以不变，但是随着商品交换价值的变动，商品流通需要的货币量也会发生变化。这里，“穆勒犯了同休谟一样的错误，认为处在流通中的是使用价值，而不是具有一定交换价值的商品。”② 商品的使用价值可以不变，但作为交换价值却在时时发生变化。

3. 同样不了解货币的其他职能

穆勒虽然看到了一国中现存货币有一部分不参与流通这个事实，但他却企图借助于一个平均计算假定来证明全部货币都在流通。马克思认为，实际情形不是这样。这不仅因为货币充作贮藏手段不加入流通，而且充作支付手段后，商品、货币也不是同时运动。“这种商品和货币直接对立和直接交换的全部观念，是从简单的买和卖的运动中或货币当作购买手段的职能中抽出来的。在货币当作支付手段的运动中，商品和货币同时出现的现象已经消失了。”③

以上介绍的是马克思对早期货币数量论的评价。早期货币数量论有一个共同特点，都是说的金属货币流通制（本身具有商品价值的货币制）的现象。当时尽管已出现纸币，但却不占统治地位。对于现代的纸币流通，马克思的批判方法仍有实际意义。但是也应

① 穆勒：《政治经济学原理》，巴黎1823年版，第128页。

② 《马克思恩格斯全集》第13卷，人民出版社1962年版，第171页。

③ 同上书，第172页。

该看到，纸票流通毕竟有它自己的特点，也就是马克思所说的金属的流通决定于商品价格，纸票的价值决定于它自身的数量。所以，我们又不能把金属货币流通规律等同于现代的纸币流通规律。

二、现代西方资产阶级货币数量论的理论模式

现代货币数量论虽然导源于早期的货币数量论，但几经演变已经取得了更为完善的形式。

（一）费雪的“交易方程式”

美国经济学家欧文·费雪在《货币的购买力》（1910 年初版，1911 年修订版，1920 年再修订）一书中，提出了一个交易方程式。其公式如下：

$MV = PQ$

式中：M 表示货币供应量或流通中的货币量，即实际参加交易的货币总量；V 表示货币流通速度；P 表示物价总水平，即各个价格的平均数；Q 表示商品与劳务的交易量，或以实物计量的国民生产总值。

按照费雪的理论，M 是自变量，P 是因变量，所以上述公式可改为：

$P = MV/Q$

他先假设有三笔交易，即：

（1）1 块面包价值 10 美分，2 亿块面包共值 2000 万美元；

（2）1 吨煤价值 5 美元，1000 万吨煤共值 5000 万美元；

（3）1 码布价值 1 美元，3000 万码布共值 3000 万美元。

以上三笔交易共 1 亿美元。假定现有货币 500 万美元，每 1 美元于一年内周转 20 次，即等于 1 亿美元，恰好等于三笔交易的总价值。于是费雪得出下列等式：

5000000 美元 × 20 = 0.1 美元 × 200000000 + 5 美元 × 10000000 + 1 美元 × 30000000

以 M 表示货币量，V 表示货币流通速度，P、P′、P″表示面包、煤、布的价格，q、q′、q″表示面包、煤和布的交易量，因而得下式：

$MV = Pq + P'q' + P''q'' = \sum Pq$

再以 P 作为 P 的加权平均值，以 Q 作为 q 的总计，则 P 代表物价水平，Q 代表社会实物交易量。

费雪认为货币量应包括现金和存款通货。如以 M 表示现金，V 表示现金流通速度，M′表示存款通货，V′表示存款通货流通速度，则上式变成：

$MV + M'V' = PQ$

或 $P = (MV + M'V')/Q$

从式中可以看出，物价水平是货币价值即货币购买力的倒数，直接影响物价水平即货币购买力的因素有五个：（1）现金数量 M；（2）现金流通速度 V；（3）存款通货数量 M′；（4）存款通货流通速度 V′；（5）商品交易的数量。其他经济因素和社会因素均不直接影响物价水平。

在直接影响物价水平的五个因素中，V、V′和 Q 变化甚微，一定时期内可视为常数，至于 M′，经常和 M 保持一定的比率，不至于从根本上影响物价水平。由此得出的结论是，决定物价水平最重要的因素是现金量 M。

（二）马歇尔的“剑桥方程式”

阿弗里德·马歇尔是英国经济学家、剑桥学派的创始人。在其所著《货币、信用与商业》一书中系统地阐述了货币数量论。他认为费雪的交易方程式 MV = PQ 是一个恒等式，是自明之理。但它没有表明什么原因使人们需要那么多的货币数量，以及什么原因支配着货币流通速度。

马歇尔认为，通常人们总有少量储蓄。收入或财产经常用于下列用途：（1）储存货币；（2）消费购买；（3）投资。这样，人们就将在储蓄收益、消费享受和投资获利三者中加以权衡，而决定应该储存货币的数量。无论社会状况如何，各阶层人民将其资本保存于货币形态总是只占收入的一定比例。比如，人们愿以其收入的20%保存在货币形态，当其名义收入为100时，其持有的货币收入为20，当其名义收入增长为200时，其持有的货币为40。人们以货币形态保持的实物价值称为“实质余额”；根据实质余额除以保持的相应的货币数量，则称为“现金余额”。其公式为：

单位货币价值 = 全国居民欲以货币形态保持的实物的价值/货币数量

马歇尔的这套理论，被称为余额型数量论。之后，他的学生庇古在《货币之价值》一文中，提出了价格决定的基本方程式，即“剑桥方程式”：

$M = KY$

式中：M表示货币需求量，即人们为应付日常开支平均经常保存在手边的货币量，其数值与费雪交易方程式中的M相同；Y表示以货币计量的国民生产总值（也可代表名义国民收入），与费雪交易方程式中的PQ相同；K表示人们手边经常持有的货币量与以货币计量的国民生产总值（或国民收入）之间的比例关系。

因　$M = KY = KPQ$

故可改写成：

$M/P = KQ$

这里，M/P表示人们手边的货币可以支配的实物量，而K则表示人们以货币形态经常保存在手边的实物量同以实物计量（按不变价格计算）的国民生产总值（或实际国民收入）之间的比例关系。

将 $MV = FQ$ 和 $M = KPQ$ 相对照，可见 $K = 1/V$，即K是货币流通速度V的倒数。

就Y来说，长期当然是一个变量，但就一个短时期看，则可视为常数。

就K来说，有三项重要的影响因素：（1）持有货币所能获得的便利和安全；（2）投资所能得到的收益；（3）直接消费而能得到的满足。从长期看 K 是变量，但在短期内 K 值变动的因素有限，故也可视为常数。因此，在某一时点上，实际货币需要量 KY 不变，价格水平同名义货币供应量就呈同方向同比例变化。

（三）弗里德曼的“货币需求函数”

米尔顿·弗里德曼，当代“货币学派”的创始人。弗里德曼对“交易方程”和“剑桥方程”提出了对照看法，认为后者比前者更符合“一般马歇尔式供求规律”。所以，弗里德曼按照“剑桥方程”表述他的“新货币数量论”，即“货币需求函数”。

弗里德曼认为：“货币数量论首先是货币需求的理论。这个理论不是产量或货币收入的理论，也还不是物价水平的理论。关于这些变量的任何论述，需要把货币数量论同有关货币供应条件或许还有其他变量的详细说明结合在一起”[①]。因此他认为，可以把“剑桥方程”：$M=KPY$ 看作是货币需求函数，P、Y 是货币需求所依存的许多变量中的两个，K 是代表所有其他变量，因此 K 不应被当作数值上的常量，而其本身应被当作已存在的其他变量的函数。依此，弗里德曼列出的个人财富持有者的货币需求函数如下：

$$M/P=f\left(Y, W, rm, rb, re, dp/(P*dt), u\right)$$

式中：M 表示个人财富持有者手中保存的货币量；P 表示物价总水平；M/P 表示个人财富持有者手边的货币所能支配的实物量；f 表示函数符号；Y 表示实际收入（按不变价格计算）；W 表示由财产而带来的收入部分；rm 表示预期的货币名义报酬率；rb 表示预期的价值固定债券名义报酬率，包括债券价格的预期变动；re 表示预期的股票名义报酬率，包括股票价格的预期变动；dp/（P * dt）表示预期的商品价格变动率，因而是预期的实物资产名义报酬率；u 表示任何可能影响属于货币服务效用的非收入的各种变量，即随机因素。

以上所列的货币需求函数方程式就是弗里德曼对“货币数量

① 弗里德曼编：《货币数量论的研究》，芝加哥 1956 年版，第 4 页。

论”的“重新表述”。他认为：“着重于收入作为财富代表而不作为货币所起‘作用’的度量在概念上是最近著作和数量论更早期见解之间的基本区别”①。

从弗里德曼的对货币数量论的重新表述中不难看出，新的“货币需求函数”比起旧的“交易方程”和“剑桥方程”，只不过多了几个自变量，实际上不过是传统货币数量论和凯恩斯“灵活偏好论”的综合。以色列学者唐·帕廷金曾指出：“重新表述的货币数量论本质上是在对财富的性质以及财富与收入的关系作更深奥复杂分析的基础上把凯恩斯的流动偏好理论加以普遍化。”②

旧的货币数量论假定货币流通速度是一个常数，这一论点受到许多经济学家的批评。弗里德曼宣称：货币流通速度虽然不是一个常数，但是它同某些有关经济变量之间却存在一个稳定的函数关系。弗里德曼利用统计分析，求出美国 1867 ~ 1960 年这段时期，利息率每增加（或减少）1%，人们对货币的需求只减少（或增加）0.15%。于是他断言，利息率对货币需求的影响是微不足道的，即 K 或 V 短期内大致保持不变，在较长时间内是一个相当稳定的数值③。从这点可以看出，新旧货币数量论并无本质差别。

现代货币主义是针对通货膨胀现象而提出的理论，因而又具有很强的政策性。所以，我们这里还有必要简单介绍一下弗里德曼的政策主张。

弗里德曼提出三条可供选择的“规则”作为货币政策实施的依据。

规则 1：货币数量保持不变

弗里德曼认为采用这种政策会达到“一年物价下跌约 4% 到 5%”。根据是美国约 100 年的统计资料，年产量平均增长率为

① 转引自罗伯特·戈唐编：《米尔顿·弗里德曼的货币结构》，1974 年英文版，第 12 页。

② 转引自哈里·约翰逊：《凯恩斯革命和货币主义的反革命》，《美国经济评论》1971 年 5 月。

③ 参见弗里德曼、希沃茨合著：《1867 ~ 1960 年美国货币史》，1963 年英文版，第 26 页。

3%，劳动力增长率每年约为1%～2%。当货币数量不变时，货币工资水平就将按照大约等于劳动增长率的速度下降，价格水平也将按照产量增长率同比例下降。两者相加，物价总水平就会下降4%～5%。他认为，即使价格紧缩，充分就业也可以实现但货币工资下降会引起工会的反对。因此，这个规则的实施会遇到障碍。

规则2：货币一直不变

为了防止工会的反对，有必要采取稳定工资的规则。美国劳动力每年约增加1%，若实际现金余额的收入弹性为1，这时美国货币供应量每年增加1%，可使货币工资不变；如弹性高于1时，则货币供应量的增长率应高于1%。弗里德曼根据一些资料估算实际现金余额的收入弹性约为1.8，这样，每年使货币供应量增长2%即可满足需要。但由于生产每年以3%的幅度增长，从而使商品价格下降3%。名义工资不变，实际工资提高，这会对资产阶级不利。

规则3：货币数量增长（率）不变

弗里德曼反对资产阶级传统的货币政策，认为实行这种政策很难达到预期效果。例如，由于货币政策往往在一年或一年多以后才生效，政策执行者在扩大或收缩货币信贷流量时难免做过头，从而导致经济的不稳定性。他认为每年增加4%～5%的货币供应量应是“现行措施的最适当规则”。其中：1%或2%用来配合人口和劳动力的增长，3%用来配合产量的增长（美国年产量平均增长约3%）。如果保持货币供应每年增长（率）不变，就可以使物价水平稳定，单位劳动成本也将趋于稳定。

现代货币主义反对凯恩斯主义补偿性的财政政策，认为货币供给是调节经济生活的唯一手段。有人总结，货币主义有三大特点：

（1）货币的冲击力量是说明产量、就业和价格变动的主要因素；

（2）货币量的变动是测量货币冲击力的主要工具；

（3）货币当局控制着经济周期各阶段的货币量的变动。①

① 参见斯坦因：《货币主义者》，北荷兰公司1976年版，导言部分。

三、对现代西方资产阶级货币数量论的批判和借鉴

现代货币数量论虽然是传统的资产阶级货币数量论的历史发展，但又不可一概而论。在新的历史条件下，也确实增加了许多新的内容。对现代货币数量论的基本估价应该是：既有错误的结论又有科学的成分。所以我们的态度也应该是既不全部否定，又不全部肯定；一是分析批判，二是合理借鉴。

马克思曾经对资产阶级形形色色的货币理论作了透彻的分析，特别是对货币数量论的批判，给我们提供了唯物辩证法的典范。现代货币数量论是在马克思逝世之后发展起来的，因此，马克思对他们并没有具体的评价。但是，马克思科学批判的方法，对我们认识现代货币数量论仍然具有现实的意义。

（一）现代货币数量论的错误结论

1. 现实关系的错位

现代货币数量论，从根本上说，不过是传统货币数量论的重新表述。虽然其中增加了几个变量（弗里德曼的“货币需求函数”），但在本质上并无区别。

这个论点的错误，就在于把货币流通本来取决于商品流通的关系弄颠倒了，造成了现实关系的错位。我们知道，货币的不断运动服从于商品交换的需要，是为了实现各种商品的价格。所以，先有商品流通（例如物物交换），尔后才有作为商品媒介物的货币流通。商品流通是货币流通的原因，货币流通是商品流通的结果。马克思指出：“货币作为流通手段的运动，实际上只是商品本身的形式的运动。”① 但是货币数量论者却按照表面现象认为货币流通决定商品流通，因而得出商品价格取决于流通中的货币数量的结论。

① 《马克思恩格斯全集》第23卷，人民出版社1972年版，第135页。

他们只忠实于现象的外表，不去挖掘事物的本质，从而为表面的现象所迷惑。这实际上是“片面地根据强制通用的纸币流通来研究货币流通现象”，因而“对货币流通的一切内在规律发生误解。”①这种因果错位，必然导致把作为价值符号的纸币流通现象和其本质混为一谈。马克思指出：“没有价值的记号，只有在它们在流通过程中代表金的限度内，才成为价值符号，它们又只有在金本身原来就会作为铸币进入流通过程的限度内，才代表金，这个量，在商品交换价值和商品形态变化速度既定的时候，是由金本身的价值决定的。”② 纸币作为价值的记号，只有代表价值，才有意义。这就是纸币流通的本质。

从纸币流通现象上看，似乎是纸币直接代表商品价值，而其价值大小只是取决于它的数量。实际上，货币发展史早已证明，纸币直接只是价格的符号，因而是金的符号，间接地才是商品价值的符号。所以，流通中的纸币量必须和它所代表的金属货币量相当。纸币过量，就会贬值，物价上涨，正是反映了纸币同商品流通正常需要的货币量之间比例关系的失衡。尽管目前黄金已经非货币化，但纸币流通仍然要遵循商品流通的一般规律。现代货币数量论颠倒商品流通和货币流通的关系，只是从纸币流通的表面看待问题，自然也就得出了错误的结论。

2. 基本理论的扭曲

资产阶级经济学曾经有过古典学派的辉煌时期，奠定了劳动价值论的基础。李嘉图学派解体之后，一步一步地走向庸俗化。在约翰·穆勒那里，还有价值理论的痕迹，而到了马歇尔之后，就只剩下“均衡价格”了。

现代货币数量论者各自有自己的价格理论，但基本都反对劳动价值论。他们经常把单个商品的价格和全部商品的价格水平混为一谈，因此难以解释为什么不同商品会有不同的价格。纸币发行再多，物价再上涨，一幢住宅的价格也会大大超过一袋面粉的价格。

① 《马克思恩格斯全集》第13卷，人民出版社1962年版，第112页。

② 同上书，第108页。

纸币数量只能决定整个价格水平，并不能说明价格结构。由于价格水平是币值的倒数，因此，纸币数量决定的是单位纸币所代表的价值。总之，单位商品的价格决定于其内在价值，而全部商品的价格水平才决定于货币发行量。现代货币数量论者背弃了劳动价值论，因此不可能对商品的价格现象做出科学的解释。

离开了科学的劳动价值论，也不可能认识货币的本质。这是货币数量论者的通病，而现代货币数量论者尤甚。货币充作交换媒介，是从商品演变来的，从金属货币到纸币，虽然远离了商品形态，但纸币只有代表商品的价值才能充当一般等价物，纸币的本质依然是一种社会关系。早期的货币数量论视货币只是一种交换工具，约翰·穆勒认为，货币是一种发明物，作为人们共同交换的媒介，用来把交换办得便捷和节省。因此，货币的价值是虚构的。弗里德曼则认为："绿色纸片之所以有价值，是因为大家都认为它们有价值。"① 新自由主义经济学家哈耶克说货币是人类发现的最伟大的自由工具之一。在他看来，似乎货币成了人类命运的主宰，有了货币就可以随心所欲。马克思主义者从来不抹煞货币在经济活动中的地位和功能，但绝非货币万能论。世界上毕竟有许多事情是货币办不到的。稳定经济生活，治理通货膨胀推动经济发展，并不能唯一地依靠货币去调节。现代货币主义主张用货币支配一切，实际上是一种空想。

3. 方法论上的谬误

现代货币数量论在方法论上的根本错误在于只忠实于现象的外表，片面解释经济生活，回避本质问题。

在现代货币数量论基础上形成的通货膨胀理论，可以说是就现象解释现象，片面看问题的一个典型例证。

现代货币数量论者认为，只要货币供应量上升，就将产生通货膨胀；否则，就不会产生通货膨胀。"通货膨胀起因于经济脸盆里的货币溢出太多"，因而"关住货币水龙头，就可以制止在浴室中

---

① 弗里德曼夫妇：《自由选择》，商务印书馆1988年版，第260~261页。

流溢满地的通货膨胀。”① 弗里德曼说得更为明确：“长期持续的通货膨胀始终而普遍地是由于货币数量的扩大更快于总产量增长而产生的一种货币现象。”②

不难看出，弗里德曼的通货膨胀论不外就是旧的货币数量论的变种。它同样是在歪曲货币的本质和货币流通规律的前提下，掩盖了通货膨胀的本质和真实原因。弗里德曼把资本主义经济周期变化归结为“货币无规律运动的结果”，这也只不过是在描述一种现象。马克思曾经指出：“在货币市场上作为危机表现出来的，实际上不过是表现生产过程和再生产过程本身的失常”；③ 而资产阶级“政治经济学的肤浅性也表现在，它把信用的膨胀和收缩，把工业周期各个时期更替这种单纯的征兆，看成是造成这种更替的原因。”④

传统的货币数量论在引用史料上有许多错误，马克思在批判中已多次指出。现代货币数量论也犯有同样错误，弗里德曼就曾运用统计资料，计算过利息率变化对货币需求的影响以及国民收入增长对货币需求的影响。但是，作为研究社会问题的统计，必须具有综合性，而弗里德曼的统计却带有很大的局限性和臆想成分。美国著名经济学家、凯恩斯主义者詹姆斯·托宾就曾提出过质疑：“弗里德曼信赖各种各样定义的货币存量与货币收入总量或物价水平之间的一系列简单的经验统计相关。这些相关不能抹掉有重要意义的货币速度的变动。无论如何，由那些相关而得出的因果推论是冒险的。……近来经验已暗示，用货币存量作为经济支配力时，过去的相关可能是靠不住的。”⑤

现代货币数量论还经常借助于心理分析。当然，心理因素对经济活动会有一定影响，但是不能成为决定经济活动的因素。弗里德

① 安东尼·班布里奇：《通货膨胀》，英国《观察家报》1974 年 9 月 29 日。

② 弗里德曼：《通货膨胀与指数化论文集》，芝加哥大学出版社 1966 年版，第 18 页。

③ 《马克思恩格斯全集》第 24 卷，人民出版社 1972 年版，第 354 页。

④ 同上书，第 694 页。

⑤ 《经济学家》1976 年 10 月 23 日，第 95 页。

曼的货币数量论，无条件地吸收了凯恩斯的“灵活偏好论”，对于收入和支出的分析，似乎起支配作用的是人们的心理活动，这是一个明显的错误。正如以色列经济学者唐·帕廷金所说：重新表述的货币数量论本质上是在对财富的性质以及财富与收入的关系作更深奥复杂分析的基础上把凯恩斯的流动偏好理论加以普遍化。现代货币数量论者过分强调心理因素对经济活动的作用，自然难免计量上的失误。

（二）现代货币数量论的科学成分

现代货币数量论纵然有许多错误，但在货币理论和货币政策方面，也确实提出了一些有价值的见解，其中也有科学成分，经过批判合理地加以吸收，对我们也有一定的借鉴意义。

1. 货币需求的量化分析

现代货币数量论理论基础的错误，妨碍了正确的定量分析。但他们在自己的眼界内，运用数学手段，对流通中所需要的正常货币量的研究，仍有一定可取之处。如果说传统的货币数量论注重的是定性分析（不是没有定量分析），那么，现代货币数量论更多地则是注重定量分析。无论是费雪的“交易方程式”，还是马歇尔的“剑桥方程式”，以及弗里德曼的“消费需求函数”，都把经济生活的关系确定为几个密切相关的数值。尽管他们毫无例外地都把现实关系弄颠倒了，但是无可否定，这些量的关系确实存在。只要经过合理顺位，就有可能接近真理。

现代货币数量论者研究的宗旨是流通中需要的货币量，这是一个复杂艰巨的任务。金属货币本身的价值属性，使得它可以作为流通过程的蓄水池自动地调节货币流量，但作为纸币流通，量的关系的确定就要困难得多。现代货币数量论虽然没有也很难提出精确的数据，但从理论模式上提出了一些规范性的假定，这应该说是一个积极的贡献。西方经济学的根本缺陷是定性分析的失误，但在定量分析上却有不少建树。现代货币数量论正是在定量分析上做出了可贵的努力。

2. 货币流通规律的有益探索

现代货币数量论虽然没有正确认识货币流通规律，但在一定程度还是运用了这个规律。

所谓货币流通规律，就是流通中所需货币量的规律。马克思曾指出，流通中需要的金属货币量取决于三个因素：待销售的商品数量；商品价格水平；货币流通速度。前两个因素的乘积是商品价格总额，除以货币流通速度，就是流通中需要的货币量。其公式是：

流通中需要的货币量 = 商品价格总额/同名货币的流通次数

为了便于对比，我们可把上式写成：M = PQ/V

而我们曾经提到过费雪的“交易方程式”：

MV = PQ

按照费雪的理论，货币流通决定商品流通，货币数量决定价格水平，因此，M 是自变量，P 是因变量，所以上式应写成：

P = MV/Q

如果单纯从数学上说，P = MV/Q 和 M = QP/V 等的差别是不存在的，但是它们反映的经济关系却完全不同。在 P = MV/Q，货币数量是因，物价水平是果。在 M = QP/V 中，商品数量是因，货币数量是果。这就是马克思货币理论和西方资产阶级经济学的根本区别之一。进一步说，在公式 P = MV/Q 中，V 和 Q 都是常数，实际上它们是经常随供求关系变动的，把变量硬性固定为常量，这是不科学的。在公式 M = QP/V 中，Q、P、V 都是变量，但是 P、V 的变化归根结底也取决于 Q 的变化。比如说，社会上需要 100 双皮鞋，价格水平是 22 元，现在只生产了 80 双皮鞋，价格水平因商品求大于供而朝上波动变成了 25 元，商品数量影响了价格水平。由于商品数量和价格水平的变化，也会影响货币流通速度。商品供大于求，人们并不急于购买，但在商品供不应求时，人们争相抢购，这就加速了货币流通速度。由此可见，公式右端虽然有三个变量，但归根结底取决于商品数量这个变量。其余两个变量虽然取决于商品数量，但又是影响货币数量的重要因素。

尽管现代货币数量论在商品和货币的关系上没有得出正确的结

论，但从复杂的经济现象中纯化出的四个变量，却已接触到了货币流通规律实质，所以说他们在一定程度上认识和运用了货币流通规律。

3. 货币政策具有一定的可行性

现代货币数量论认为正常的货币流通是保证商品经济正常运行的条件，主张通过正确的货币政策和调控手段对经济生活施加影响。这在原则上是正确的。

现代货币数量论的政策操作包括下列程序：

（1）货币供应和国民生产总值有直接关系：货币量变动一投资扩大一国民生产总值变动。

（2）传递机制：可以同时在货币市场和商品市场发生，受影响的不仅是有价证券，而且包括消费品市场和劳务市场，从而影响货币需求。

（3）利率不是货币影响国民总产值的因素。因为货币增加也可以用于购买商品或劳务，这也可以扩大需求，从而影响国民总产值。

（4）货币本身重要，任何人持有货币都要花费，关键是货币供应量。

（5）只有创造货币才能增加税收，才能支持财政政策。

（6）通货膨胀始终只是一种货币现象。通货膨胀的原因总是货币数量的增长超过了生产增长的幅度。

货币是商品经济最敏感的神经，重视货币政策，并不是货币主义的过错。在发达的商品经济中，一切买卖活动都是通过货币去完成的，因此，运动的连续性完全落在货币方面。由于货币是社会财富的一般代表，因此，“从它表现为单纯流通手段这样一种奴仆身份，一跃而成为商品世界中的统治者和上帝。”① 在商品流通中，主动权始终在货币一方。货币主义者企图通过货币数量调节一切经济生活，这确实有点绝对化，但是他们重视货币政策，并企图通过

① 《马克思恩格斯全集》第46卷（上），人民出版社1979年版，第171页。

货币数量的调控稳定物价，活化资金运作，确有其可取之处。

（三）现代货币数量论的具体实践

现代货币数量论的巅峰是美国的芝加哥学派，即以弗里德曼为首的货币主义。由于凯恩斯主义的危机，使货币主义一时成为国际时髦。弗里德曼本人由此在1976年获得诺贝尔经济学奖，又使其声名大振。

现代货币数量论的主要场地是美国。美国在20世纪70年代以后出现“滞胀”困境。面对着愈演愈烈的通货膨胀压力，里根上台以后主张采取稳定和健全的货币政策。里根经济学的来源包括三个方面：（1）供给学派；（2）传统的保守经济学派；（3）货币学派。里根的经济实践。是这三个学派的综合实践。作为现代货币数量论的提倡者，弗里德曼并不反对供给学派的减税和减少公共开支主张，但主调是维护适当的货币增长率。弗里德曼认为只要能够控制货币增长率，就可以降低通货膨胀率，利息率水平也会随之下降，经济就可有力地复苏。联邦储备局主席沃尔克在1979年就任后即引进了货币主义政策，并受到里根政府的支持。实践的结果怎样呢？直接效应是物价上涨率从1980年的12.5%下降到1982年的4.5%，但投资和生产却出现了减退现象，实际国民生产总值几乎降低了20%。上述情况又使联邦储备局调整（降低）了利率，扩大货币供给，结果促进了1982年第四季度开始的复苏。

现代货币数量论的另一个实验场地是英国。1979年5月，撒切尔夫人出任英国首相时，面对着的是严重的通货膨胀局面。为了摆脱困境，撒切尔夫人一上台就宣布实施货币主义政策，控制货币发行量，改革税制。

撒切尔夫人推行货币政策的主要措施是以削减公共开支和紧缩信贷控制货币流量。经过为期三年的痛苦生涯，确实取得了一定成效：（1）通货膨胀率出现了下降趋势，从1980年7月的21.9%下降到1982年7月的8.7%；（2）出现了贸易顺差，1982年贸易顺差为27亿英镑。当然，同时也相伴产生了国民生产总值下降，失业增加和经济衰退的消极后果。

综上可见，货币数量论，从而货币主义的具体政策实施在控制通货膨胀方面确实有一定成效。但是必须和其他措施配合才有综合功效。控制货币数量对稳定经济和结构调整有一定的积极作用，但也很容易引起经济衰退。前车之辙，后者之鉴，这是我们在运用货币政策时不能不重视的问题。

以上，可以说是应用马克思的批判方法对现代货币数量论的一点认识和体会。我们过去对西方经济学货币理论的批判，过分地强调了它的错误方面，不太注意它的科学成分，也很少涉及它的实践意义。其实，马克思在评价李嘉图、穆勒的货币数量论时，也时时注意了他们正确的因素，并用以发展自己的理论。我们也应采取这种实事求是的态度。即使基本倾向是错误的学说，其中也不失其可取的成分。弗里德曼说“通货膨胀始终是而且处处是一种货币现象”，就是一句名言。对于现代货币主义主张的“自由汇率”，我们过去一直持批判态度，现在我们也只能在国际金融中接受这个制度。这其实是现代货币数量论的一个重要贡献。

我国正步入一个新的历史时期，货币金融都要经历一个较大的发展。传统的马克思主义货币理论需要坚持，但思想必须适应已经变化了的情况。不研究当代西方的货币理论，就不可能进入世界经济的大舞台。只有经过革命的批判，实行有选择的“拿来主义”，才能发展我们自己的货币理论。我们只能在批判中学习，在批判中吸收，在批判中前进。

（原载《学术论坛》1992 年第 2 期）

《资本论》中的信用和银行理论

马克思在《伦敦笔记》、《经济学手稿（1857～1858年）》、《政治经济学批判》和《资本论》第一卷等著作中，构建了他的科学完整的货币理论体系。而在《资本论》第三卷第五篇中，马克思则集中地探讨了信用和银行问题。《资本论》第三卷第五篇的中心虽然是研究货币资本如何独立化为生息资本，以及利润如何分割为利息和企业主收入等问题。但是，马克思在对上述问题考察时，不仅从理论上揭示了资本的具体形态，论述了生息资本的性质和特点，从而戳穿了被生息资本歪曲和偶像化了的资本主义关系；而且还从生产的积聚出发，通过对借贷资本的运动形式——信用以及借助信用而形成的银行等资本集中的新形式，作了极为深入详尽的分析研究，系统地阐述了他的关于信用和银行问题的理论。

《资本论》第三卷第五篇在整个《资本论》中，是篇幅最大，内容最为庞杂的一篇，如果撇开其他问题略而不谈，仅就信用和银行理论而言，笔者认为，马克思主要论述了如下几个方面的问题。

一、信用是“贷和借的运动”

马克思关于信用的理论，是以资本主义的信用作为研究对象，而对于资本主义信用的研究，又是从生息资本的现代形式——借贷资本开始的。

（一）借贷资本的形成

按照马克思的论述，生息资本是职能资本的一种派生形式，是为了获取利息而贷给他人使用的货币资本。生息资本是一种历史悠久的资本形式，它的现代形式则是以资本商品为内容的借贷资本。

马克思的关于生息资本的理论萌芽于19世纪40年代，早在1844年他所写的《詹姆斯·穆勒〈政治经济学原理〉一书摘要》中，就已经运用异化的概念对信贷和利息的本质作了初步的探讨。到了60年代，马克思在《1861～1863年经济学手稿》正文的结束部分里，第一次详细考察了借贷资本和利息问题。当论及借贷资本的形成问题时，马克思说："生息资本的形成，它和产业资本的分离，是产业资本本身的发展、资本主义生产方式本身发展的必然产物。"① 在《资本论》第二卷第二、八、十五诸章中，马克思进一步论述了借贷资本的形成和产业资本周转运动的密切联系，并详细考察了资本周转运动中必然会出现游离的货币资本的多种情况。

资本在其循环与周转过程中，之所以会出现暂时闲置的货币资本，按照马克思的有关论述，主要是因为：（1）固定资本在周转过程中，它的价值是按实物损耗程度逐渐移到商品中去，并随商品的出售一部分一部分地以货币形态流回到资本家手里；而固定资本的实物更新，却是在设备完全磨损以后。因此，在固定资本更新之前，固定资本的折旧费就会暂时闲置起来。（2）流动资本在周转过程中，当原材料和燃料购置以及工资的支付尚未到期时，一部分流动资本就会以货币形式暂时闲置起来。（3）在资本积累的过程中，剩余价值往往要积累到一定数量时，才能用于扩大再生产。在这之前，积累起来的剩余价值也会在一定时期内闲置起来。

马克思说："由单纯的周转运动这一机构游离出来的货币资本（还有由固定资本依次流回而形成的货币资本，以及在每个劳动过程中可变资本所需的货币资本），只要信用制度发展起来，必然会起重要的作用，同时也必然是信用制度的基础之一。"② 上述由于周转运动而游离出来的货币资本，按照马克思的说法，是一种"潜在的资本"、"休眠状态的资本""可能的资本"。总之，是一种闲置的货币资本，而不是机能中的资本。它不能参与剩余价值的生产和实现。这种情况，显然是同资本的本性、同资本家要使他的每

① 《马克思恩格斯全集》第26卷Ⅲ，人民出版社1974年版，第522页。

② 《马克思恩格斯全集》第24卷，人民出版社1972年版，第313页。

一个资本在任何时候都能带来利润的欲望相矛盾的。作为资本的有意识的担当者的资本家，当然不愿让他的这部分资本锁在钱柜里，处于静止的无生命的状态，听任自己在剩余价值的占有上遭受损失。为此，他必定会设法把这部分闲置的货币资本运用起来，贷放给别的需要货币资本的资本家，使之重新发挥资本的职能作用，以便获得一定的收入。

职能资本在其周转运动中，一方面造成一些货币资本的闲置，另一方面又产生了对货币资本的需求。这是因为，各个个别资本的循环是相互交错的，它们的运动并不都处在同一阶段上。当一部分资本家已经完成了卖的过程，即商品资本已经转化为货币资本时（W′—G′），另一部分资本家则可能正处在买的过程，即实现由货币资本到生产资本的转化（G—W），需要用货币购买生产资料和劳动力。另外，各个资本家更新固定资本的时间也不一致。这种情况便决定了在同一时期内，不同资本家对货币资本具有不同的需要，当某些资本家握有暂时闲置的货币资本时，另一些资本家则会由于相反的原因（如购买原料、设备或发放工资等），恰恰需要补充自己的货币资本。由于这个缘故，资本家之间就有必要和可能通过有借有还的信用形式，互相调剂货币资本，以适应商品生产和流通的需要。于是，在资本家之间形成了借贷关系，从职能资本运动中游离出来的货币资本变成了借贷资本。

（二）借贷资本的“特别的流通”

在《资本论》第二卷中，马克思阐明了借贷资本的形成以及资本主义信用制度的产生同资本的周转运动的内在联系，而在《资本论》第三卷第五篇中，马克思在考察资本如何独立化为生息资本及其有关的一系列问题时，对借贷资本和资本主义信用制度作了更为深入具体的研究。

在《资本论》第三卷第五篇中，马克思首先分析了借贷资本的运动形式。马克思指出，借贷资本作为一种特殊形态的资本。它具有不同于职能资本的“特别的流通”形式。借贷资本运动的

“起点是 A 贷给 B 的货币”，即货币资本家把货币资本贷给职能资本家。如果职能资本家是经营产业，借贷资本的运动形式就是：G—G—W…P…W′……P′—G′—G′。如果职能资本家是经营商业，则借贷资本运动的形式就是：G—G—W—G′—G′。最后职能资本加利息，即以 G +ΔG 归还给货币资本家。所以，借贷资本最一般的运动形式是：G—G—W—G′—G′。

在借贷资本的一般运动形式 G—G—W—G′—G′中，始点的 G，是表示货币资本家把它作为生息资本来用的货币资本；第二个 G，是职能资本家用来作为购买生产资料和劳动力，借以增殖价值的货币资本。公式后面前一个 G′，是职能资本家把生产的商品卖出后，重新获得货币，这是货币资本的复归，其中还包括在生产过程中生产出来的剩余价值的实现，即包括平均利润；公式末了一个 G′，表示职能资本家还给货币资本家的货币和付给货币资本家的利息。

马克思说：“在这里，出现两次的是：1. 货币作为资本的支出；2. 货币作为已实现的资本，作为 G 和 G +ΔG 的流回”。[①] 这就是说，借贷资本运动形式的特殊性，就在于它是双重的支出和双重的流回。首先，货币资本家把货币贷放给职能资本家，即 G—G，这是第一次支出。然后，职能资本家把借入的货币作为实际的资本使用，即 G—W，这是货币的第二次支出。“贷出者与借入者双方都是把同一货币额作为资本支出的。但只有在后者手中才执行资本的职能”。[②] 同双重支出相适应的是，贷出的资本的回流也是双重的。“在再生产过程中，它流回到执行职能的资本家手中，然后回流再进行一次，转移到贷出者即货币资本家手中，偿还给它的真正的所有者，它的法律上的起点”。[③] 只有经过这两重的支出和两重的流回后，借贷资本运动的全过程方告结束。

借贷资本的运动公式包含的内容是很丰富的，根据马克思的论述，这个公式的基本点主要有以下几个方面：

① 《马克思恩格斯全集》第 24 卷，人民出版社 1974 年版，第 380 页。
② 《马克思恩格斯全集》第 25 卷，人民出版社 1974 年版，第 396 页。
③ 同上书，第 385 页。

1. 借贷资本是一种资本商品

马克思认为，借贷资本运动的“独特性质”，就在于资本是作为商品出现的，即在于它是资本商品。作为资本的货币比普通的货币多了一种使用价值，它不仅可以充当一般等价物，而且可以用来生产剩余价值或利润。借贷资本家把他的货币按照一定的期限贷给职能资本家，实际上是把货币作为资本来执行职能的使用价值，即把生产剩余价值或利润的能力让渡给职能资本家。因此，马克思说：“资本本身所以表现为商品，是因为资本被提供到市场上来，并且货币的使用价值实际上作为资本来让渡”。① 不过，这种资本商品是一种与普通商品有区别的“特别的商品”。普通商品的让渡是买卖，而资本商品的让渡是贷出。普通商品出售时，卖者让渡的是商品的使用价值，商品的价值并没有被让渡，只是改变了形式，即一方由商品形式变为货币形式，另一方从货币形式变为商品形式。但是，在资本的贷放上，却发生了单方面的价值转移，“只有货币资本家在这种交易中让出价值，但他会由未来的偿还而保持住这个价值”。② 借贷资本的这种特别的买卖形式，是由它本身作为资本商品的性质决定的。

2. 借贷资本是一种所有权资本，即财产资本

由于借贷资本在贷出时只让渡了使用权，而没有放弃所有权。因此，借贷资本家凭借对资本的所有权，就不仅可以从职能资本家手中收回贷出的资本，而且还能取得利息。但是，借贷资本家本身并不从事生产和经营，借贷资本只有转到职能资本家手里才能成为现实的资本，生产或实现剩余价值。这样，就产生了资本的使用权和所有权的分离，资本的所有权属于借贷资本家，使用权属于职能资本家。“同一货币额作为资本对两个人来说取得了双重的存在”：对于资本的所有者即贷出者来说，它是所有权资本；对于资本的非所有者即借入者来说，它是职能资本。

3. 借贷资本是最富有拜物教性质的资本形态

① 《马克思恩格斯全集》第25卷，人民出版社1974年版，第398页。

② 同上书，第394页。

借贷资本的运动形式，表现为从货币资本到更多的货币资本，其运动公式可以简化为：G—G′。从这个运动公式来看，借贷资本的运动表现为单纯的贷出和收回，既没有生产过程，也不见流通的过程，货币仿佛会自行增殖，“创造价值，提供利息，成了货币的属性，就像梨树的属性是结梨一样”。[①] 因此，“在生息资本上，资本关系取得了最表面、最富有拜物教性质的形式”。[②]

小资产阶级经济学家蒲鲁东由于不了解借贷资本的上述“独特性质”，因而发表了不少谬论。马克思在批判蒲鲁东把借贷资本运动和一般资本运动混为一谈的错误观点时指出：生息资本运动，除了具有一般资本运动的特征之外，还具有它自己运动的特征。马克思说：“作为生息资本的特征的，是它表面的、已经和作为媒介的循环相分离的流回形式”。[③] 这就是说，借贷资本的运动所采取的形态，从表面上看，好像完全和资本的现实运动相分离，回流也就不表现为一定的经济过程的归宿和结果。本来，借贷资本的运动是由资本的现实再生产过程决定的，但从表面上看好像完全和资本的现实再生产过程无关。这是因为，“贷出的货币作为资本所进行的现实运动，是贷出者和借入者交易以外的事情”。借贷资本的贷放和偿还，好像只是取决于贷出者和借入者之间的协议。“在双方进行的交易中，中介过程——生产过程和流通过程，消失了，看不见了”。在这里，“回流也就不表现为一定系列的经济行为的归宿和结果”。[④]所以，马克思说：借贷资本表面上脱离职能资本的循环，只表现为借贷的运动，“把货币放出即贷出一定时期，然后把它连同利息（剩余价值）一起收回，是生息资本本身所具有的运动的全部形式”。[⑤]这就是说，贷和借这两种行为（有一个或长或短的时间把它们分离，资本的现实再生产运动就是在这个时间内进行的）包括借贷资本运动的全部，或者说，借贷资本独具的基本特征就是贷出和偿还。

①② 《马克思恩格斯全集》第25卷，人民出版社1974年版，第440~441页。

③④⑤ 同上书，第390页。

（三）资本主义信用是借贷资本的运动形式

借贷资本家贷出货币资本限期收回本金和利息，这个过程就是信用。由于借贷资本的贷出和偿还反映着借贷资本家和职能资本家之间的信用关系。因此，马克思把资本主义信用视为借贷资本的运动形式。马克思在分析了借贷资本的“特别流通”之后，接着论述了资本主义信用的特点。马克思说：“这个运动——以偿还为条件的付出——一般地说就是贷和借的运动，即货币或商品的只是有条件的让渡的这种独特形式的运动”。[①] 在这里，马克思给信用下了一个经典定义，即信用“就是贷和借的运动”，它是一种“以偿还为条件”的借贷行为。

马克思为了进一步说明一般信用的特点，他在《资本论》第三卷第二十五章里，引用了英国资产阶级经济学家图克在《对货币流通规律的研究》中关于信用问题的一段话。从马克思给信用下的定义以及引用图克的一段话的内容来看，一般信用主要有如下基本特征：（1）“信用，在它的最简单的表现上，是一种适当的或不适当的信任”。[②] 这就是说，信用是以借贷双方的信任为前提的。（2）偿还性，即有借有还，到期归还。（3）借用者归还贷款时必须付出一定的报酬。信用的上述基本特征，是不同社会形态条件下的信用在本质上的共性。

马克思认为，信用是从属于商品货币关系的一个经济范畴。信用产生的历史前提条件是，至少有一部分生产物品已转化为商品，货币的各种职能特别是支付手段的职能已有一定程度的发展。由于商品生产者之间的生产和销售条件的不同，以及货币财物分布的不均匀（包括时间和空间上的不均匀），因而产生了赊买和赊卖的必要，出现了先购买商品后支付货币的情况。“一个商品所有者出售他现有的商品，而另一个商品所有者却只是作为货币的代表或作为未来货币的代表购买这种商品。卖者成为债权人，买者成为债务

① 《马克思恩格斯全集》第25卷，人民出版社1974年版，第390页。

② 同上书，第155页。

人”。[①] 这样，就出现了债权人和债务人之间的相互赊欠的关系，即信用关系。马克思说，债权人和债务人的身份，“是从简单商品流通中产生的”。早在简单商品生产的条件下，有了商品流通和货币充当支付手段的职能时，信用作为一种经济现象就已产生了。所以，马克思说：“生息资本是作为一种现成的、遗留的形式存在的”。[②] 不论任何社会，只要存在商品货币关系，只要商品发生赊销，货币执行支付手段的职能，信用就有其存在的必要性。

信用作为一种借贷行为，从形式上看，任何社会形态都是一样的。但是，信用就其内容来讲，又因不同的社会形态而异，不同社会条件下的信用在本质上除有其共性之外，还有其特性。马克思在论述高利贷资本的本质特性时，批驳了资产阶级经济学家纽曼认为“银行家所以受人尊敬，而高利贷者所以受人憎恨和鄙视，因为前者贷款给富人，而后者贷款给贫民”[③]的错误看法。马克思指出：高利贷与借贷资本的区别，“是两个社会生产方式之间和它们相适应的社会制度之间的区别”。[④]这就是说，信用就其内容或本质特性来说，总是同一定社会形态下的生产方式相联系的，它体现为一定的社会生产关系。因此，在不同的社会经济条件下，同一借贷行为的背后隐藏着不同的生产关系。

马克思认为，资本主义信用并不是一般的借贷行为。他在《政治经济学批判》（1857～1858年草稿）中就已指出：“稍为发达的信用在以往任何一种生产方式中都没有出现过。在以前的制度下也有过借和贷的事情，而高利贷甚至是洪水期前的资本形式中最古老的形式，但是借贷并不构成信用，正如各种劳动并不构成产业劳动或自由的雇佣劳动一样，信用作为本质的、发达的生产关系，也只有在以资本或以雇佣劳动为基础的流通中才会历史地出现”。[⑤] 可见，借贷活动并不等于资本主义信用，资本主义信用作为“本质的、发达的生产关系”，它是“直接由资本设定，因而由资本的

① 《马克思恩格斯全集》第25卷，人民出版社1974年版，第422页。

②③④ 同上书，第673页。

⑤ 《马克思恩格斯全集》第46卷（下），人民出版社1980年版，第29页。

本性产生的特有的流通形式”。[①] 这就是说，资本主义信用是以资本主义的生产关系为基础，以偿还为条件的作为资本商品的“特有的”贷放运动。

从上述对借贷资本运动的特点的考察中可以看出，信用在资本主义的条件下，无论是在借者还是在贷者手里，都被贴上了资本的标签，当作资本使用，通过借贷活动而使资本增殖。资本增殖的真正原因，则是由于职能资本家把借入的资本在生产中加以运用，通过生产经营活动，榨取雇佣工人创造的剩余价值，尔后归还贷款，把剩余价值的一部分以利息形式分给借贷资本家，一部分留归自己。所以，资本主义信用体现的是借贷资本家和职能资本家共同瓜分雇佣工人的剩余价值的剥削关系。马克思把资本主义信用看作是借贷资本的运动形式，深刻地揭露了资本主义信用的本质。

二、信用的形式和作用

马克思在考察了借贷资本的形式、特性和它的进动形式之后，进一步论述了资本主义信用的具体形式和流通工具，以及信用在资本主义生产中的重大作用等有关信用制度的问题。

借贷资本既可以采取货币形态，又可以采取商品形态，因而借贷资本的运动形式即资本主义信用，也可以分为商业信用和银行信用两种基本形式。除商业信用和银行信用之外，资本主义信用还有诸如国家信用等其他多种形式。马克思说：“我们不打算详细分析信用制度和它为自己所创造的工具（信用货币等等）。我们在这里只着重指出为说明资本主义生产方式的特征所必要的少数几点。因此，在这里，我们只研究商业信用和银行信用。”[②] 在《资本论》第三卷第二十五章和第三十章中，马克思着重对资本主义信用的两种基本形式即商业信用和银行信用，作了详细的考察。由于商业信用是整个资本主义“信用制度的基础”，所以，马克思对资本主义

---

① 《马克思恩格斯全集》第46卷（下），人民出版社1980年版，第185页。

② 《马克思恩格斯全集》第25卷，人民出版社1974年版，第542页。

信用具体形式的考察是先从商业信用开始的。

（一）商业信用

商业信用是职能资本家之间在买卖商品时用赊账方式所提供的信用。马克思说："商业信用，即从事再生产的资本家互相提供的信用。这是信用制度的基础。"①

商业信用远在资本主义之前就已产生了。在《资本论》第一卷第三章中，马克思论证了简单商品经济条件下商业信用产生的"自然基础"。马克思指出：在简单商品经济条件下，随着商品生产和商品流通的发展，商品生产者和商品经营者之间逐渐出现相互赊欠的债务关系，货币充当支付手段的职能，从而形成了信用制度的自然基础，商业信用也就产生了。在《资本论》第三卷中，马克思进一步论述了资本主义商业信用产生和发展的历史必然性。在简单商品经济条件下，由于商品生产和商品流通还不发达，因而那时的商业信用的范围较小，还不是普遍存在的东西。马克思说："随着商业和只是着眼于流通而进行生产的资本主义生产方式的发展，信用制度这个自然基础也在扩大、普遍和发展"。② 资本主义生产是社会化的高度发达的商品生产，社会分工把各个资本主义企业和部门联结成为一个有机的整体，但它们的商品生产时间和流通时间长短却不一致，因而它们的资本周转快慢也不尽相同。当某些资本家出售商品时，购买这种商品的另一些资本家由于自己的商品尚未出售，没有现款而无法购买。在这种情况下，如果一定要用现金购买，则买卖不能成交。买卖双方都得不到自己所需要的商品和货币，资本循环就会受到阻碍。为了顺利实现资本形式的变换，职能资本家之间产生了在商品买卖上互相提供信用的必要性。资本主义的商业信用，就是适应资本主义生产和流通的需要而发展起来的。

马克思指出：在商业信用制度下，"大体说来，货币在这里只

① 《马克思恩格斯全集》第25卷，人民出版社1974年版，第542页。

② 同上书，第450页。

是充当支付手段，也就是说，商品不是为了取得货币而卖，而是为了取得定期支付的凭据而卖”。① 这种定期支付的凭据叫期票，它是债务人对债权人开出的承诺在一定时间内支付现款的债务凭证。表明在一定时期之后，购买者必须把现金付给商品出卖者。商业信用的流通工具除期票之外，还包括债权人向债务人发出的令其向第三者或持票人支付一定款项的凭证，即汇票。为了简便起见，马克思把这些支付凭证“概括为汇票这个总的范畴”。②在前资本主义简单商品生产条件下，汇票只是一种债权债务凭证，它不能流通或转让。到资本主义时期，由于商品生产和交换日益发达，信用交易频繁，为了方便交易并节省流通费用，它可以经债权人在背面作转让债权的签字，即所谓“背书”之后，当作流通手段或支付手段用于向别的资本家购买商品或偿付债务，因而它实际上已作为货币来执行某些职能，所以马克思把它称之为“真正的商业货币”。

资本主义的商业信用不同于简单商品经济条件下的商业信用。简单商品生产条件下的商业信用，主要是以普通商品作为对象的，资本主义商业信用则不然，它的信用对象不是普通商品而是商品资本。马克思说，在资本主义的商业信用制度下，“借贷资本和产业资本是一个东西”。③ 通过商业信用所贷放出去的资本，是作为产业资本的一部分的商品资本。这种商品资本并没有脱离再生产过程，它仍然处在产业资本的循环过程中。商业信用和产业资本的这种密切关系，使它在产业资本的同一物品生产的各种实际相继的阶段和同一物品在商人之间的转化（包括运输）中，即在由商品到货币或由货币到商品中充当其他信用形式难以取代的特殊的媒介作用。这种“中介作用在这里表现为：1. 就产业资本家来说，使产业资本由一个阶段转移到另一个阶段，使彼此有关和彼此衔接的各生产部门联系起来；2. 就商人来说，使商品由一个人手里运到和转入另一个人手里，直到商品最终出售，变成货币，或者交换成其

①② 《马克思恩格斯全集》第25卷，人民出版社1974年版，第450页。

③ 同上书，第545页。

他商品”。[①] 商业信用既然是与产业资本循环密切联系的信用，其运动变化和规模必然会受产业资本循环的影响和制约。商业信用的发展是以生产的发展为基础的，商业信用的扩大和缩小同产业资本的再生产过程的扩大和收缩是一致的。这就是商业信用和现实资本积累之间的内在联系。它们间的这种关系，在产业周期的变动中表现得极为明显：在经济繁荣时期，生产发展，流通顺畅，商业信用活跃，其规模随之扩大；在危机时期，生产停滞，流通受阻，商业信用的规模也相应地缩小。

马克思说：商业信用和资本主义生产“在这里是互相影响的。生产过程的发展使信用扩大，而信用又引起工商业活动的增长”。[②] “再生产循环内大量的信用，并不意味着有大量闲置资本打算贷出和寻找有利的投资场所，而是表明资本在再生产过程内已被大量动用”。“信用的最大限度，等于产业资本的最充分的动用，也就是等于产业资本的再生产能力不顾消费界限的极度紧张”。[③] 资本主义商业信用的发展，加速了商品资本的形式变换和资本的循环与周转，从而促进了资本主义的扩大再生产。商业信用对于资本主义生产来说，其作用是极其重要的。但是，商业信用毕竟只是职能资本家之间以商品形式提供的信用。马克思指出，商业信用就其自身来说有着两个界限：一是受职能资本家所能支配的准备金的限制；二是资本回流的快慢的限制，即受商品到货币转化的时间和价格变动的限制。这种局限性，使得商业信用远远不能满足资本主义扩大再生产的需要。除了商业信用之外，还必须有其他的信用形式来补充。因而，在商业信用的基础上产生了银行信用。

（二）银行信用

银行信用是银行资本家以货币形态向职能资本家提供的信用。银行信用虽然是在商业信用的基础上发展起来的，但它和商业信用

① 《马克思恩格斯全集》第25卷，人民出版社1974年版，第546页。

② 同上书，第544页。

③ 同上书，第546页。

却有根本的区别。按照马克思在《资本论》中的分析，银行信用较之商业信用主要有如下显著特点：（1）银行信用不是由职能资本家个人相互之间提供的信用，而是通过银行贷放给职能资本家的信用，由于银行能够把社会上各种闲置资金集中起来，形成巨额的借贷资本，因此银行信用可以不受个别资本数量和资本归流的限制。（2）银行信用的对象不是生产过程中的商品资本，而是从中游离出来的暂时闲置的货币资本，因此银行信用的范围可以不受商品流转方向的限制。（3）银行信用可以由银行提供给任何一个职能资本家，而商业信用则只能由商品的出卖者提供给商品的购买者。正因为银行信用具有上述优点，所以它能提供更多的借贷资本，有更长的信贷期限，能在更大程度上适应资本主义扩大再生产的需要，并满足资本家在营运上进行投机的需要。随着资本主义经济的发展，银行信用越来越占重要地位，成为资本主义信用的主要形式。

但是，银行信用并不能完全取代和吞并商业信用。商业信用在职能资本内部的微妙调剂和媒介作用，银行信用是难以胜任的。银行信用对具有相对独立性的商业信用来说，只能附加一种使之不断得到补充和完善的外在动力，却不能完全取而代之。事实已在银行信用产生和发展起来后，各职能资本家仍然广泛利同商业信用。在商业信用可以解决的范围内，职能资本家之间一般是通过商业信用来满足他们对资金的需要。马克思在《资本论》第三卷中引证了沙·科凯兰在《工业信贷和工业银行》中的一段话，来说明只有在商业信用不能满足各职能资本家需要的情况下，他们才会求助于银行信用。① 由此可见，即使在银行信用制度发展起来后，商业信用仍然是资本主义信用制度的基础。

银行信用主要由银行来办理。马克思指出：资本主义银行，一方面是在商业信用的基础上发展起来的，“另一方面与货币经营业的发展联系在一起”，是由货币经营业发展而来的。起初，货币经

① 《马克思恩格斯全集》第25卷，人民出版社1974年版，第452页。

营业的主要任务是从事与货币流通有关的各种技术性操作，为商人兑换不同的铸币和未经铸造的金、银条块，以及代为收付现金、办理结算和汇款等。后来，随着资本主义工商业的发展，货币经营业者以存款形式集中起来的同量货币资本日益增多，因而便越来越多地发展借贷业务，货币的借入和贷出成了他们的专门业务。于是，货币经营业就逐渐转变成为银行业，货币经营资本转变成为银行资本，货币资本的借贷转变成为银行信用。“货币的借入和贷出成了他们的特殊业务。他们以货币资本的实际贷出者和借入者之间的中介人的身份出现”。[①] 一方面，银行通过存款的形式把大量暂时闲置的货币资本集中起来，作为所有贷出者的代表，而与职能资本家相对立；另一方面，银行又通过放款的形式把货币资本贷给职能资本家去使用，作为所有借入者的代表，而与所有贷出者相对立。所以，马克思说：“银行一方面代表货币资本的集中、贷出者的集中，另方面代表借入者的集中”。[②]

银行资本家以银行信用的形式经营货币的借贷，是为了获取利润。银行资本家投入银行里的资本，虽然不参加平均利润的形成过程，但由于资本各部门的竞争，也会自发地使他们获得相应的平均利润。马克思说：“一般地说在于：它们借入时的利息率低于贷出时的利息率”。[③]这就是说，银行利润是由贷款利息和存款利息之间的差额，减去纯粹流通费以后的部分构成。

银行所拥有的借贷资本，除银行自有的部分以外，“对银行来说具有最重要意义的始终是存款”。[④] 马克思具体考察了银行存款的来源。首先，“因为银行是产业资本家的出纳者，每个生产者和商人作为准备金保存的或在支付中得到的货币资本，都会集中到银行手中”。[⑤] 其次，“由银行贷放的货币资本家的存款”。“原来属于银行的货币也可以转化为存款，以致就这个货币来说，银行由所

---

①②③ 《马克思恩格斯全集》第25卷，人民出版社1974年版，第453页。

④ 同上书，第454页。

⑤ 同上书，第453页。

有人变成债务人，不过会在别的名义下把这个货币保持在手中”。① 第三，“一切阶级的货币积蓄和暂时不用的货币，都会存入银行。小的金额是不能单独作为货币资本发挥作用的，但它们结合成巨额，就形成一个货币力量。这种收集小金额的活动是银行制度的特殊作用”。② 第四，“各种只是逐渐花费的收入也会存入银行”。③ 总之，“银行拥有的借贷资本，是通过多种途径流到银行那里的”。④

银行一方面把社会上闲置的货币当作存款吸引进来，另一方面又通过各种途径把这些货币贷放出去。按照马克思的分析，银行资本主要是通过以下几种方式进行贷款：（1）汇票贴现。即银行用现款购进没有到期的期票，“使汇票在到期以前转化成货币”。它实际上是银行对职能资本家提供短期贷款。（2）“以个人信用为基础的直接贷款”。（3）“以有息证券、国家证券、各种股票作抵押的贷款，特别是以提单、栈单及其他证明商品所有权的单据作抵押的贷款”。（4）存款透支等。马克思说，银行除办理上述各种形式的贷款之外，还提供各种不同形式的信用。“例如，向其他银行开出汇票、支票，开立同样的信用账户，最后，对拥有钞票发行权的银行来说，是发行本行的银行券”。⑤

银行券是银行所发行的信用货币。它是适应商业票据贴现的需要而产生的。银行券既是以商业票据的流通为基础，又是用来代替商业票据流通的。马克思说：“银行券无非是向银行家开出的，持票人随时可以兑现的、由银行家用来代替私人汇票的一种汇票”。⑥ 在资本主义经济中，随着商品流通的扩大和信用事业的发展，银行仅仅依靠通过存款吸收过来的贵金属货币，远远不能满足票据贴现的需要，因而便发行银行券以供贴现票据之用。由于发券银行具有

---

① 《马克思恩格斯全集》第25卷，人民出版社1974年版，第453，519页。

② 同上书，第453～454页。

③ 同上书，第454页。

④ 同上书，第453页。

⑤⑥ 同上书，第454页。

雄厚的财力和较高的信誉，加之银行又是全社会的贷者和借者的集中代表，这就使得银行券具有广泛的流通范围和效力，通过贴现而取得银行券，等于取得贵金属货币。因此，银行券能代替贵金属货币执行流通手段和支付手段等职能。

马克思认为，银行券这种信用工具“特别令人注目和重要”。“首先因为这种信用货币会由单纯的商业流通进入一般的流通，并在那里作为货币执行职能”。其次，“还因为在大多数国家里，发行银行券的主要银行，作为国家银行和私人银行之间的奇特的混合物，事实上有国家的信用作为后盾，它们的银行券在不同程度上是合法的支付手段”。[①] 因此，银行券较之商业信用货币（如汇票），享有更大的信用和更广泛的使用范围。马克思把银行券称之为“真正的信用货币”，其原因也在于此。

银行券的流通是代替向银行贴现商业票据，而商业票据又是由商品交换中的信用引起的。所以，银行券的流通是以商业信用为基础，“流通的银行券的数量是按照交易的需要来调节的”。[②] 如果商品交换的量扩大，商业票据增多，从而要求贴现的期票相应增多时，银行券的发行量也就随之增多；反之则相反。

从上述中可以看见，银行信用的发展虽然是以商业信用为基础，但它却克服了商业信用及其流通工具的局限性，并促进了商业信用的扩大，从而推动了资本主义再生产的扩大。银行信用和商业信用交织在一起，相互依赖、相互渗透、相互转化，共同构成了资本主义的信用体系。在《资本论》第三卷第五篇里，马克思在对银行信用及其流通工具作了考察之后，从当时英国的经济著作中摘录了一些关于利用银行进行信用投机方面的材料，但没有来得及对问题本身作直接的阐述。按照恩格斯在这些材料前面所作的简短分析，马克思的目的是为了以这些材料作为例证，说明银行信用在推动资本主义再生产扩大的同时，也加剧了资本主义的生产和流通的矛盾，其结果必将导致资本主义经济危机的爆发。

---

① 《马克思恩格斯全集》第25卷，人民出版社1974年版，第454页。

② 同上书，第594页。

（三）信用在资本主义生产中的作用

信用的作用，是指信用执行职能所产生的社会后果。马克思在《资本论》第三卷第二十七章中，透彻地分析了信用在资本主义生产中的重大作用，并精辟地把这些作用概括为以下几个方面：

1. 信用对利润率的平均化起中介作用

资本主义生产是建立在等量资本要获取等量利润，即利润率平均化的基础之上的，而利润率的平均化，因是通过资本在各部门之间的自由转移实现的。但是，由于各部门的资本都有自己特定的自然形态和用途，因此，资本的流入和流出经常受到固定资本不易转移的限制，妨碍了平均利润率的形成。这种障碍，只有通过信用特别是银行信用，才能得到排除。职能资本家依靠银行信用，能够比较容易地得到大量货币形态上的资本，这样就可以解决资本家的资本固定在特定的物质形态上，只能用于特定的用途，不能自由转移，以及个别资本家手头资金有限，不能满足新投资的资本需要的困难，促进了资本从利润较低的部门向利润较高的部门转移。信用制度的存在和发展，既然有助于资本在各部门之间的自由转移，因而也就有利于促成和加速各部门之间利润率的平均化。所以，马克思说：信用制度“对利润率的平均化或这个平均化运动起中介作用。整个资本主义生产就是建立在这个运动的基础上的。”①

2. 信用可以节省各种流通费用，加快再生产过程

首先，信用能大大节省货币的费用。马克思说：“主要流通费用之一是具有价值的货币本身”。②货币，尤其是贵金属货币，生产它们要付出很多的劳动。同时，金属货币在流通中，它们的价值还会因其实体的磨损而减少。因此，金属货币本身就是价格昂贵的流通费用。通过信用，金属货币本身的生产和磨损方面的费用，可以从以下三种方式上得到节约：（1）信用凭据的支付和结算，能使相当大的一部分交易完全用不着货币（2）信用能使闲置货币资本

①② 《马克思恩格斯全集》第25卷，人民出版社1974年版，第492页。

迅速集中起来并重新投入流通，加速了货币流通的速度，从而减少了流通所需要的货币量；（3）随着信用制度的发展，“金币为纸币所代替”，而用于生产金属货币的昂贵流通费用也减少了。

其次，由于采用信用的方式出售商品和由银行提供贷款等，可以加速商品流通和资本的循环与周转，因而能够从两方面减少在货币形式上的准备金。一方面是减少作为购买手段的货币准备金；另一方面是减少不断在货币形式上存在的资本。这都会使流通费用得到节省。

信用节省了流通费用，也就相对地增加了生产资本的比重，这对资本主义生产的发展显然是有利的。

3. 信用加速资本的积聚和集中，促进股份公司的成立和发展

马克思认为，信用是资本积聚和集中的有力杠杆。马克思在他写的《经济学手稿（1857～1858年）》中就已指出：信用在资本的积聚和集中的过程中，有着不可低估的作用。马克思说：“信用也是这样一种形式，在这种形式中资本极力使自己区别于个别资本，或者说，个别资本极力使自己表现为区别于自己的数量界限的资本。但是，资本在这上面能够取得的最高成就，一方面是虚拟资本，另一方面，信用仅仅表现为积聚的新要素，即各个资本被个别实行集中的资本消灭的新要素”。[①] 在《资本论》第三卷第二十七章的注解中，马克思引用了图克·托马斯《对货币流通规律的研究》中的几段话，用以说明信用通过对个别资本家的贷款，扩充了他们的资本，从而加速了个别资本的积聚，使企业家的经营规模大大超过了他们自有资本所允许的范围。在《资本论》第三卷第二十七章中还考察了信用在加速股份公司发展中的重要作用，而股份公司则正是资本和生产集中的重要形式。

股份公司的出现，是资本主义发展到一定阶段的必然产物。无论从历史上看，还是从逻辑上说，信用制度都先于股份公司的成立。虽然信用并不是股份公司产生的原因，但信用制度对股份公司的成

① 《马克思恩格斯全集》第46卷（下），人民出版社1980年版，第169页。

立却起着重要的促进作用。股份公司是众多资本家通过发行股票把分散的资本集中起来而经营的企业。股票也是一种有价证券，凭它可以取得股息。股票中的很大一部分是通过银行发行的，而且银行往往就是股票的主要购买者，即股票的主要投资者。因此，信用制度是股份资本赖以产生和发展的直接基础。股份公司是信用制度的产儿。如果没有高度发达的信用制度，没有银行业的发展，也就不会有股份公司的大规模发展。正因为如此，马克思说："信用制度是资本主义的私人企业逐渐转化为资本主义的股份公司的主要基础。同样，它又是按或大或小的国家规模逐渐扩大合作企业的手段"。①

马克思指出，股份公司和股票资本的发展，在资本关系上表现出一些新的特点。这些特点是：（1）"生产规模惊人地扩大了，个别资本不可能建立的企业出现了"。②（2）联合起来的个人资本，直接取得了社会资本的形式。私人企业也取得了社会企业的形式。"这是作为私人财产的资本在资本主义生产方式本身范围内的扬弃"。③（3）资本所有权和执行职能的分离，在股份公司内，实际执行职能的是经理，他是别人资本的管理者，资本家则成了领取股息的单纯的货币资本所有者。

股份制度越是扩大，越是侵入新的生产部门，它就越会消灭单个的私人企业。但是，股份公司并没有改变生产资料的资本家所有制，它只是许多资本家集体所有的企业。马克思认为，股份公司是以直接联合起来的个人的资本对单个私人资本的一种扬弃，而这种扬弃则是在资本主义生产方式本身范围内实现的。因此，股份公司并没有改变资本与劳动的对立关系，而只是为消除这种对立关系准备了物质条件。

4. 信用制度为单个资本家提供支配别人资本和别人劳动的权利

信用制度的发展，使单个资本家可以超过他实际拥有的资本扩大生产规模，也就是以实际很少的资本作基础，在一定界限内，取

① 《马克思恩格斯全集》第25卷，人民出版社1974年版，第576页。

②③ 同上书，第493页。

得了对社会资本和对社会劳动的支配权。这就使得少数人愈益走上投机、冒险和赌博的道路上去。由于他们是拿别人的财产去冒险的，因而也就不像在经营自己资本时那样小心谨慎。信用使这些少数人越来越具有纯粹冒险家的性质。马克思说："因为财产在这里是以股票的形式存在的，所以它的运动和转移就纯粹成了交易所赌博的结果；在这种赌博中，小鱼为鲨鱼所吞掉，羊为交易所的狼所吞掉"。[①] 赌博的结果，成功的一方必然剥夺失败的一方。"在这里，成功和失败同时导致资本的集中，从而导致更大规模的剥夺"。[②]剥夺已经从直接生产者扩展到中小资本家自身，这种剥夺在资本主义制度内，以对立的形式表现出来，即社会财富越来越集中在少数人手里，使得资本主义社会的基本矛盾——生产的社会化和生产资料私人占有形式之间的矛盾越来越尖锐。

综上述可见，作为借贷资本运动形式的资本主义信用制度，它具有以下双重作用：一方面，它促进了资本的积聚和集中，从而扩大了资本主义企业的生产规模，提高了资本主义生产的社会化程度，加速了生产力在物质上的发展和世界市场的形成；另一方面，它又造成了更多更大的资本家或资本集团，使生产资料的私人占有性更加增强，从而扩大和加深了资本主义的基本矛盾，加强了使旧生产方式解体的各种因素。所以，马克思说："信用制度固有的二重性质是，一方面，把资本主义生产的动力——用剥削别人劳动的办法来发财致富——发展成为最纯粹最巨大的赌博欺诈制度，并且使剥削社会财富的少数人的人数越来越少；另一方面，又是转到一种新生产方式的过渡形式"。[③] 这既是资本主义信用制度的二重性质，也是资本主义信用制度所表现出来的两重作用。

三、利息的本质和利息率的决定

利息理论是信用和银行理论的重要组成部分。马克思在考察资

①② 《马克思恩格斯全集》第25卷，人民出版社1974年版，第493页。

③ 同上书，第499页。

本主义信用和银行的本质、形式与作用时，也详细地论述了利息的来源和本质、利息率如何决定以及利息率在周期运动中的变化等问题。

（一）利息是平均利润的一部分

马克思认为，在资本主义条件下，利息是一个与借贷资本紧密联系在一起的经济范畴。马克思说：借贷资本家是把他的货币作为资本贷放出去的。借贷资本家“预付的价值额要作为资本流回，就必须在运动中不仅保存自己，而且增殖自己，增大自己的价值量，也就是必须带着一个剩余价值，作为 G +ΔG 流回。”① 在这里，G 是原本部分，增加额ΔG 就是利息，它是“平均利润中不是留在执行职能的资本家手中，而是落到货币资本手中的部分”。②所以，利息是归借贷资本家所有的那一部分平均利润。

马克思对于利息本质的分析，是在货币作为资本商品的基础上进行的。借贷资本家把货币作为资本让渡给职能资本家，也就是前者把资本商品让渡给后者。马克思指出，资本商品的让渡同普通商品的出卖一样，贷放者让渡的也是使用价值。不过，借贷资本这个特殊商品的使用价值和普通商品的使用价值不同。就普通商品来说，其使用价值仅仅是满足人们某种需要的自然属性在消费过程中普通商品的“使用价值最终会被消费掉，因而商品的实体和它的价值会一道消失”。而资本商品则具有一种特殊的使用价值，由于它的使用，即作为资本发挥作用，具有生产平均利润的能力。资本商品的这种特殊的使用价值，即生产平均利润的能力，在消费过程中“不仅会保存下来，而且会增加”。③ 借贷资本家让渡给职能资本家的就是这种价值增殖能力或生产平均利润的能力，而利息则是借贷资本家所让渡的资本商品的这种特殊使用价值的报酬。

职能资本家把货币当作资本借进来，并使它发生职能，增殖价值，带来平均利润。但是职能资本家只能以其所实现的利润的一部

①② 《马克思恩格斯全集》第 25 卷，人民出版社 1974 年版，第 392 页。

③ 同上书，第 393 页。

分作为利息，附加在借入的资本之上，归还给借贷资本家。在这里，马克思特别强调指出："利息只能是他所实现的利润的一部分。只是一部分，不是全部"。[①] 如果利息包括全部利润，职能资本家就不能从运用借入的资本中获得好处，借入资本只是空忙，他就不会去借钱了。另一方面，职能资本家也不能把全部利润据为己有。如果借贷资本家得不到利息，贷出资本没有任何报酬，他也就不愿贷出资本了。就贷者来讲，假如资本不能生息，也就不成其为资本了。由于借入者和贷出者双方都是把同一货币额当作资本执行职能的，因而双方都要求得到利润。马克思说：同一货币额"所以能对双方都作为资本执行职能，只是由于利润的分割。其中归贷出者的部分叫作利息"。[②]

利息是一个古老的经济范畴，它起源于高利贷。但是，在奴隶制和封建制这两种自然经济占统治地位的社会里，高利贷资本的利息并不是利润的一部分。马克思说："除了归国家所有的部分外，高利贷的利息会占有全部剩余价值，而现代的利息，至少是正常的利息，只是这个剩余价值的一部分"。[③] 这就是说，只有在发达的资本主义商品经济条件下，作为借贷资本的利息，才可能成为利润的一部分。因为只有在这种经济条件之下，货币资本才作为特殊商品来买卖，借贷活动并同商品生产和商品交换直接相关联，利息也就不能像在自然经济条件下那样会侵吞小生产者的全部剩余劳动，而只能是借者使用资本所带来的全部利润的一部分，否则借者就不会去借钱了。此外，在发达的资本主义商品经济条件下，随着货币财富的大量增加，以及信用关系和银行的发展，因而使货币的供求关系发生了有利于借者的变化，这也使得利息只是利润的一部分有可能成为现实。

借贷资本的利息作为平均利润的一部分，虽然不过是职能资本家因向借贷资本家取得贷款而支付的报酬。但是，当货币当作借贷

---

① 《马克思恩格斯全集》第25卷，人民出版社1974年版，第395页。

② 同上书，第396页。

③ 同上书，第763页。

资本变为商品时，利息却表现为这种资本商品的价格，即对资本商品在一定时期内执行使用价值职能而支付的价格。

马克思认为，如果把利息称之为资本商品的价格，那么它只能“是价格的不合理形式”。因为价格是商品价值的货币表现，而借贷资本本身就是货币，所以把利息叫作资本商品的价格是“与商品价格的概念完全相矛盾”的。马克思说：“如果价格表示商品的价值，那未，利息表示货币资本的增殖，因而表现为一个货币资本而支付给贷款人的价格”。① 这就是说，利息不同于一般商品的价格，它并不是资本作为货币或商品所具有的价值的货币表现。而是表示货币作为资本的增殖，即是表示货币作为资本商品的使用价值的报酬。资本商品是一种特殊商品，利息就是这种特殊商品的特殊价格。

由于作为资本商品价格的利息不过是平均利润的一部分，而平均利润则是剩余价值的转化形态，所以，利息只不过是剩余价值的特殊转化形态，其实质是剩余价值。马克思说：利息的来源“实际上始终不外是利润即剩余价值的一部分”。② 马克思还指出，尽管对职能资本家来说。利息表现为生产上的费用，他们一般都把利息列入成本价格来计算利润，但这仍然掩盖不了利息的来源是剩余价值这一事实，只不过这一部分剩余价值是被借贷资本家占有罢了。

借贷资本家并不直接从事商品生产和商品流通的经营活动，为什么能取得部分剩余价值呢？这是因为，借贷资本家一开始就是把贷出的货币当作资本来预付和使用的，而这些货币在职能资本家手中，通过雇佣劳动，才真正转化为资本，生产出剩余价值。借贷资本家虽然自己并不亲自参与产业和商业的经营活动，但由于他是货币资本的所有者，能以贷款的形式间接地影响生产，从而也就能间接地“支配别人劳动”，并凭借对资本的所有权“提出占有别人的劳动的要求”，瓜分一部分资本的生产物，即剩余价值或利息。由

① 《马克思恩格斯全集》第25卷，人民出版社1974年版，第398页。

② 同上书，第448页。

此可见，利息产生的基础，就在于货币资本的所有权和使用权的分离，在于借贷资本家贷出的货币在职能资本家手中发挥了资本的作用，生产出了剩余价值，利息只是其中的一部分。利息在本质上虽然是剩余价值的一部分，但利息却“不是直接以剩余价值为前提，而是直接以利润为前提”。[①] 这里所说的直接以利润为前提，指的是以平均利润为前提，而不是以个别企业的利润为前提。因此，马克思说：“利息本身只是被归入特殊范畴、特殊项目内的一部分利润”。[②]

借贷资本的利息是平均利润的一部分，这是马克思利息理论中的一个基本观点。这一基本观点清楚地指明了利息的真正来源和本质，在马克思之前，资产阶级古典学派的代表人物虽然已经认识到利息是剩余价值的形式，但他们却未能把利息与利润区别开来。马克思说：古典学派“从来没有把剩余价值和利润区别开来。没有在纯粹的形式上说明过利润本身，把它和它的彼此独立的各个组成部分——产业利润、商业利润、利息、地租——区别开来”，[③] 旧资产阶级古典学派的代表人物，尽管已经认识到利息是“使用货币所获得的利润的一部分”，但在他们看来利息又并不完全来自利润。例如，亚当·斯密就认为，利息还会来自“动用别人的收入”，并说这个别人的收入可能是地租。古典学派把地租等收入说成是利息的一种来源，显然是不正确的。马克思说：“地租、利息和产业利润不过是商品的剩余价值或商品中所包含无偿劳动各个部分的不同名称罢了，它们都是同样从这个源泉并且只是从这个源泉中产生的。”[④] 在经济学说史上，马克思是第一个科学地揭示利息的来源和本质的人。

（二）利息率的确定及其变动趋势

马克思在对利息从质的方面作了考察，揭示了利息的本质之

---

①② 《马克思恩格斯全集》第26卷Ⅲ，人民出版社1974年版，第500页。

③ 同上书，第238页。

④ 《马克思恩格斯全集》第2卷，人民出版社1957年版，第187页。

后，接着又从量的方面对利息进行了分析，阐明了利息率的确定及其变动趋势等问题。

1. 调节利息和利息率的因素

借贷资本家在其资本数量一定的前提下，在一定时期内获得多少利息，即利息量的大小，取决于利息率的高低，利息率是一定时期内利息量和借贷资本的比率。马克思对利息率问题的考察，是从分析利息和利润之间的关系入手的。

马克思认为，利息总是由利润来调节的。由于利息只是平均利润的一部分，因此，"利润本身就成为利息的最高界限"。[①] 在通常的情况下，利息不能高于平均利润，否则职能资本家就无利可图。至于利息的最低界限则很难确定，"它可以下降到任何程度"，但最低不能等于零。如果等于零，利息便不存在，借贷资本家也就不能获得任何报酬了。所以，利息总是在平均利润和零之间上下波动。按照马克思的分析，具体说来，利息率的高低主要取决于下列两个因素：

第一，利息率随平均利润率的变动而变动。既然利息是平均利润的一部分，如果假定总利润和利息之间的比率是固定的，那么，利息就会随着总利润一同涨落，而总利润是由平均利润率或一般利润率及其变动决定的。所以，"利息是由利润调节的，确切些说，是由一般利润率调节的"。[②] 在利润的分割比例不变时，平均利润率愈高，利息率也就愈高；反之，也就愈低。

第二，在平均利润既定时，利息率则取决于总利润在贷者和借者之间进行分割的比率。假定资本的平均利润率从而总利润是已定的量，那么，利息的变动，必定会同留在职能资本家手中利润部分的变动成反比。这就是说，对一定量利润的分割，利息占得多，则企业利润占得就少，反之，情况就相反。

马克思在论述决定利息率的两个因素后，从肯定方面引证了英国古典政治经济学后期代表人物拉姆赛在《论财富的分配》中的

① 《马克思恩格斯全集》第 2 卷，人民出版社 1957 年版，第 401 页。

② 同上书，第 403 页。

一段话，说明利息率“部分地取决于总利润率，部分地取决于总利润分成利息和企业主收入的比例”。这后一个因素，除受前一个因素的影响之外，则完全“取决于资本的贷出者和借入者之间的竞争”。①

在《资本论》第三卷第二十六章里，马克思还通过摘引英国经济学著作中的大量有关资料，借以说明货币资本的积累对利息率的高低有着十分重要的影响。这种影响表现为：当货币资本积累较多，借贷资本供过于求时，利息率下降；反之，当货币资本积累较少，借贷资本供不应求时，利息率就会上升。

在考察利息率的变动时，必须把平均利息率和市场利息率区别开来。马克思说：平均利息率“不同于不断变动的市场利息率”。市场利息率，是由借贷资本的供求双方的竞争决定的利息率。市场利息率是不断变动的，特别是在不同的周期阶段变动更大。所谓平均利息率，就是根据各个经济周期来平均计算的利息率。马克思说：“要找出平均利息率，就必须：1. 算出利息率在大工业周期中发生变动的平均数；2. 算出那些资本贷出时间较长的投资部门中的利息率。”② 由此可见，平均利息率是凭经验从市场利息率中找出来的一个平均数，它纯粹是由经验所决定的，并没有任何规律可循。

马克思认为，借贷资本供求双方的竞争，尽管对平均利息率的决定有一定的影响作用，但不能由此得出一个决定平均利息率的规律。马克思在批判资产阶级经济学家的“自然”利息论的错误观点时说道：“当竞争本身在这里起决定作用时，这种决定本身就是偶然的，纯粹经验的，只有自命博学或想入非非的人，才会试图把这种偶然性说成是必然的东西”。③ 马克思认为：“一个国家占统治地位的平均利息率”，“不能由任何规律决定”。④在利息率的决定上，所以存在这样的特点，原因就在于利息并不是借贷资本本身价

① 《马克思恩格斯全集》第25卷，人民出版社1974年版，第405~406页。

② 同上书，第406页。

③④ 同上书，第407页。

值的货币表现，借贷资本本身不可能提供一个内在的标准（就像商品有内在的价值一样），来确定在总利润中自己应占有的比例，并作为市场利息率依此摆动的基础。正因为这样，借贷资本供求双方的竞争，便在利息率的确定上起决定的作用。在供求平衡时，习惯和法律的传统等则成为决定因素。马克思还指出，在平均利息率的决定上和竞争一样发生作用的习惯和法律传统等，也“纯粹是经验的、属于偶然王国的事情”。① 所以，平均利息率不是由任何“内在规律”来决定的。

2. 利息率不同于利润率的特点

马克思在分析了利息率的决定后，接着从利息率和利润率的相互比较中，进而论述了利息率的特点。

马克思认为：“利息率对利润率的关系，同商品市场价格对商品价值的关系相类似”。② 商品的市场价格，不是由商品的个别价值决定，而是由它的社会价值决定。利息率也是这样。就利息率最终是由利润率决定这一点来说。它不是由特殊产业部门的特殊利润率决定，而总是由一般利润率决定的。由于每个国家的平均利润率要经过较长时间才会发生变动，因此由这种平均利润率所决定的平均利息率，在一定时期内，“表现为一致的、确定的、明确的量”，即是一个不变的已知量。至于市场利息率虽然是不断变动的，但作为资本商品的价格，它和普通商品的市场价格一样，也是由供求决定的。因此，在每一既定的时点内（如一天），市场利息率和普通商品的市场价格一样，也总是表现为一个相对稳定的固定的已知的量。

平均利润率却不是这样。平均利润率不像市场利息率那样是以借贷资本的供求关系为转移并直接地决定其高低，而“是由完全不同的更复杂得多的原因决定的”（如总资本所生产的剩余价值量的多少，剩余价值和总资本价值的比率，以及各生产部门之间的竞争等等，皆对利润率的大小具有一定的作用），并且要通过资本在

① 《马克思恩格斯全集》第25卷，人民出版社1974年版，第408页。

② 同上书，第409页。

部门间的逐渐转移、部门生产的逐渐扩大或缩小、商品量的增加或减少、商品市场价格的降低或提高的途径来实现。因此，平均利润率也就不像利息率那样直接地表现为明确的既定的事实。它“只是不断地作为一种趋势，作为一种使各种特殊利润率平均化的运动而存在”。①

马克思说：“这就是为什么一般利润率同确定的利息率相比，表现为模糊不清的景象的一些理由”。② 这当然也是利息率所以能够表现为相对固定的量的原因。利息率的大小虽然也会发生变动，但因为它的变动对所有借款人发生的影响是一样的，因而在他们看来，“利息率总是表现为一般利息率，表现为这样多的货币取得这样多的利息，表现为一个确定的量”。③ 而利润率则不然，它在各个企业和各个部门是不相同的，只是由于生产者之间的竞争，先在同一部门内，然后又在不同部门之间，趋于平均化，形成同一的或一般的利润率。即使在一般利润率形成的情况下，各个资本家所得到的利润也是会有差别的。

3. 利息率在产业周期运动中的变化

马克思认为，随着资本主义的发展，平均利息率有下降的趋势，按照马克思的论述，这首先是因为利息率依存于平均利润率，在平均利润率呈下降趋势的情况下，平均利息率也不可避免地会呈现下降的趋势。此外，还有两个因素也会引起利息率的下降。这两个因素是：（1）随着食利者阶级的增长，资本贷放者阶级也会增大起来，从而使借贷资本增多；（2）由于信用制度的发展，使社会各阶层的游资更容易集中起来，形成大量的借贷资本。由于以上两个因素都会使借贷资本的供应量增加，因而会压低利息率的作用。

马克思指出，平均利息率虽然有下降的趋势，但从一个产业周期来看，“情形并不总是这样”。利息率在资本主义再生产周期的

---

① 《马克思恩格斯全集》第25卷，人民出版社1974年版，第401页。

② 同上书，第413页。

③ 同上书，第414页。

各个阶段的变动是很不一致的。资本主义再生产周期一般分为萧条、复苏、繁荣和危机四个阶段，马克思对利息率在这四个阶段中的波动情况，分别进行了考察。

第一，萧条阶段，利息率最低。在这个阶段上，物价降到最低点，交易减少，生产紧缩，不仅减少了对资本的追加需要。而且还使生产资本的很大一部分不能发生职能，并使其中的一部分游离出来存入银行形成借贷资本，从而使借贷资本的供给超过需求。"这样，借贷资本相对来说就显得充裕了"。由于有大量的借贷资本闲置不用，因而利息率低微并起着支配的作用。

第二，复苏和繁荣阶段，利息率逐步上升。到了复苏阶段，生产开始恢复和扩大，商品价格也逐渐回升，职能资本家的利润有所提高。这时对借贷资本的需求虽然已经增长，但借贷资本仍然相对过剩，因此利息率的提高尚不明显。只是在进入繁荣阶段之后，随着价格上涨，利润率提高，投资增大，以及生产的进一步扩大和对借贷资本需求的增加，利息率才逐渐达到它的平均水平。

第三，危机阶段，利息率达到最高限度。此时生产过剩，大量商品卖不出去，价格猛跌，利润率急剧下降，对投资的需求几乎消失，生产萎缩。职能资本家为了清偿债务，防止破产，需要增加借款。由于这种借款主要是为了应急，因此，这种借款利息率可以不受利润率的限制，甚至超过利润率。另一方面，在危机阶段存款人纷纷争相从银行提取存款，使借贷资本供应大为减少，也造成货币紧缺。借贷资本供不应求的矛盾，使得利息率上升到它的最高限度。

通过上述分析，马克思指出："低的利息可能和停滞结合在一起，稳步提高的利息可能和逐渐活跃结合在一起"。"利息率在危机期间达到最高水平，因为这时人们不得不以任何代价借钱来应付支付的需要"。① 马克思对利息率在产业周期中变动的分析，在资本主义国家实行自由主义经济政策的时期，即在没有国家干预的情

① 《马克思恩格斯全集》第25卷，人民出版社1974年版，第404页。

况下，是完全正确的。

马克思之所以考察利息率在产业周期中的变动，其目的主要是为了说明利息率的高低既依赖于利润率的调节，但又不完全决定于利润率的变动。马克思说："决定有待分割的利润的量即无酬劳动所生产的价值的量的事情，是极不相同的，并且往往按完全相反的方向发生作用"。① 上述利息率在资本主义产业周期中的变动的实际情况，充分证明了这一原理的正确性。在产业繁荣时期，职能资本家能获得较多的利润，但此时利息率却较低，借贷资本家分到的利息相对较少；相反，在萧条和危机时期，由于银根吃紧，借贷资本供不应求，因此利息率较高，借贷资本家能获得较多的利息，而职能资本家则因产业的不景气获得的利润相对较少。事实说明，利息率的变动并不完全以利润率变动为转移，不能把决定利润率变动的因素和决定利息率变动的因素混为一谈。

（三）利息和企业主收入

马克思在分析了利息的本质和利息率的决定的基础上，进一步考察了利润分割为利息和企业主收入（即企业利润），如何从量的分割转变为质的分割，论述了二者在起源上的同一性和表现形式上的差别性。

马克思指出，利润分割为利息和企业主收入，最初是在借入资本的场合发生的。利息不外是利润的一部分，它是职能资本家在使用借入资本时产生的。如果职能资本家完全使用自己的资本，利润就不会分割为利息和企业主收入了。这一点，不仅说明利息范畴同产业资本本身的运动无关，而且说明利润从量上分割为利息和企业主收入，是以资本家分为借贷资本家和职能资本家为前提的。马克思说："事实上，只有资本家分为货币资本家和产业资本家，才使一部分利润转化为利息，一般地说，才创造出利息的范畴；并且，只有这两类资本家之间的竞争，才创造出利息率"。②

---

① 《马克思恩格斯全集》第25卷，人民出版社1974年版，第403页。

② 同上书，第415页。

对于使用借入资本从事经营的职能资本家来说，他必须把总利润分割为两部分，即利息和超过利息的余额，前者支付给贷出者，后者则以企业主收入的形式留归自己所有。如果平均利润率已定，这后一部分就由利息率决定；如果利息率已定，这后一部分就由平均利润率所决定。无论总利润的实际价值量和平均利润发生怎样的偏离，职能资本家也要按平均利息率确定的利息率支付给贷出者。由于平均利息率在生产过程开始以前，从而在总利润取得以前就已经确定了，所以，职能资本家所占有的利润要由利息决定，是支付利息后留下的那部分利润。这一部分利润，对职能资本家来说，必然表现为执行职能资本的产物，从而采取企业主收入或企业利润的形式。

由于职能资本家在生产和流通中进行经营的好坏不同，企业主收入的量也就不一样。因而造成了一种假象，好像企业主的收入“完全是从他用资本在再生产过程中所完成的活动或职能产生出来的，特别是从他作为产业或商业企业主所执行的职能中产生出来的”。① 而利息则“表现为总利润中属于资本所有权本身的部分”。利息和企业主收入，本来是同一剩余价值在量上的分割，其性质相同，只不过名称不同的两个部分，却变成了仿佛是由不同源泉产生，因而性质不同的两个独立范畴。前者表现为资本所有权即资本自身的结果，后者则表现为资本所执行的职能的结果。于是，利润便由量的分割转变为质的分割了。马克思指出：利润的这种质的区分，并非资本家的主观见解，而是有客观事实作为基础的。这个客观事实是：“利息归货币资本家所有，归资本的单纯所有者，也就是在生产过程之前和生产过程之外单纯代表资本所有权的贷出者所有；企业主收入则归单纯的职能资本家所有，归资本的非所有者所有。”②

马克思说：总利润从量的分割转变为质的分割，当这种质的分割一经固定化、独立化后，“即使产业家用自有的资本从事经营，他

① 《马克思恩格斯全集》第25卷，人民出版社1974年版，第420页。

② 同上书，第421页。

的利润也会分为利息和企业主收入”。这就是说，平均利润分割为利息和企业主收入，本来是在职能资本家使用借贷资本的场合才会发生。但是，当这种分割一旦出现，并成为一种比较普遍的现象后，即使在使用自有资本的场合，职能资本家也同样会把所得的利润分割为两部分：一部分归入利息范畴，另一部分划为企业主收入范畴。

马克思认为，利润质的分割的出现，是有其深刻的现实原因的，具体说来主要有如下几点：

第一，“大多数产业资本家都按照不同的比例兼用自有资本和借入资本来从事经营。”① 这就是说，在资本主义社会中，使用借入资本从事经营活动，已成为比较普遍的现象，而且越来越多的职能资本家同时按不同比例使用自有资本和借入资本。因此，这些资本家也就自然地要把利润分割为利息和企业主收入并把二者严格区别开来，单独计算。

第二，“总利润的一部分转化为利息形式，就会使它的另一部分转化为企业主收入”。②就像借贷资本在历史上先于产业资本一样，利息作为货币资本的果实在历史上也先于利润而存在。因此，产业资本家所碰到的是利息已同资本所有权结合在一起的既成事实。在资本家的观念中，利息是资本所有权的果实，利润扣除利息以后的多余部分，才是自己从事经营活动的收入。所以，利息和企业主收入在事实上总是互相区分的。

第三，在资本主义的条件下，无论职能资本家的资本是自有的或借入的，在职能资本家之外，总有一个货币资本家存在，并以他的货币资本作为独立的资本形式获取利息。对于用自有资本经营的资本家来说，即使他不经营任何事业也能得到利息，因为他可以把自己的资本当作借贷资本使用。所以，用自有资本经营的资本家，也必定会把利润中与利息相等的部分，看成是他的资本本身在生产过程之外所产生的结果，把利润中超过这个利息的余额，看成是单纯的企业主收入。

①② 《马克思恩格斯全集》第25卷，人民出版社1974年版，第422页。

总之，不论职能资本家使用的资本是借入的还是自有的，只要利润的一部分采取利息的形式，另一部分就会采取企业主收入的形式。因而，利润的这种纯粹量的分割，就会转变为质的分割。

马克思还指出，利润分割为利息和企业主收入后，进一步掩盖了资本对雇佣劳动的剥削关系。本来，利息和企业主收入都是来自于剩余价值，二者都是雇佣工人的无酬劳动创造的。但是，利润分割为利息和企业主收入后，似乎这两种收入的来源都和雇佣劳动无关。借贷资本家同职能资本家发生借贷关系，所得利息单纯地表现为资本所有权和资本本身的产物，而和资本实际发挥职能的过程无关，因而割断了利息和剩余劳动的联系。职能资本家使用借贷资本进行经营，表现为只是依靠自己的经营管理活动而获得企业主收入，因而企业主收入就取得了资本家“监督劳动”报酬的外表。在这种情况下，连企业主剥削雇佣工人的关系也消失了。

资产阶级经济学家正是依据这些虚假的现象认为利息是由货币本身生育出来的货币，而把企业主收入说成是对职能资本家的“监督劳动”的报酬或“监督工资”。对于这些错误看法，马克思在《资本论》第三卷第五篇第二十三章中进行了尖锐的批判。

四、银行资本的组成及其虚拟性

马克思在《资本论》第三卷第五篇里，特别“仔细地考察”了银行资本的构成问题，目的是为了说明银行资本的大部分是由虚拟资本构成的，并通过对虚拟资本的分析，进一步揭示了信用在资本主义生产方式中的作用。

（一）银行资本的构成

马克思首先批判了以图克、富拉顿为代表的资产阶级银行学派“把货币资本和生息资本混为一谈”的错误。马克思认为，银行资本虽然往往表现为货币资本，但它不是一般意义上的货币资本，而是生息资本意义上的货币资本。在资本主义生产方式下，货币虽然可以转化为资本，但货币本身并不等于资本。资本作为一种有价值的东西，它既可以表现为一定数量的货币，即表现在货币形态上，也可以表现为商品资本或生产资本的形式。只有当资本表现为货币形式，并始终“同资本的其他形式即商品资本和生产资本相区别”时，才是一般意义上的货币资本。如果这些货币资本从生产过程游离出来，成为银行资本家手中的资本，那这些货币资本就成了生息资本。这种生息资本意义上存在的货币资本，与职能资本的具体表现形式上的货币资本不同，前者是通过贷出而取得利息，后者则是投入生产或流通过程，当作职能资本来发挥作用。马克思在《资本论》第三卷第五篇里考察的银行资本，不是职能资本形式上的货币资本，而是生息资本意义上的货币资本。这就是说，马克思是把银行资本作为生息资本的转化形式来进行研究的。

按照马克思的论述，银行资本的构成，从其物质组成部分来看，可分为两部分：一是现金（金或银行券）；二是有价证券。在有价证券中又可分为两部分，即商业证券和公共有价证券。商业证券即汇票，“它们是流动的，按时到期的，它们的贴现已经成为银行家的基本业务”。① 公共有价证券，如国债券、国库券和各种股票以及不动产的抵押单等。商业证券和公共有价证券，二者是有本质差别的。这种差别就在于，汇票等商业证券是不能买卖的，而公共有价证券则可以买卖。从这个意义上说，前者可以称之为无价证券，即不能买卖的证券，后者则可以称之为有价证券。当然，这仅是从狭义上而言的。如果从广义上看，汇票之类商业证券虽然不能买卖，但也代表着一定的价值，也可以称之为有价证券，即广义上的有价证券。

银行资本的各个物质构成，从其来源上看，又可以分为两部分：一是银行家的自有资本，即自己的投资。它在银行资本总额中一般只占很小的一部分；二是银行通过各种途径吸收的存款，称之为借入资本或营业资本，它是银行资本中的主要部分。银行资本的

① 《马克思恩格斯全集》第25卷，人民出版社1974年版，第526页。

各个物质构成，既可以是自有资本，也可以是借入资本。例如：同样是现金，它可能是自有资本，也可能是别人在银行的存款；同样是汇票，它可能是用自有资本来贴现，也可能是用借入资本来贴现。马克思说："很明显，银行家资本的这些实际组成部分——货币、汇票、有息证券——决不因为这些不同要素是代表银行家自有的资本，还是代表存款即别人所有的资本，而会发生什么变化"。①不论银行家只用自有资本经营，还是使用借入资本经营，他的资本都可以由这些物质部分——货币、汇票、有息证券构成。

银行资本的构成，除上述实际组成的各个部分外，各银行还有不少创造信用和资本的办法。首先，银行能够用发行无黄金担保的银行券的方法，为自己创造出追加的资本。马克思说，像英格兰银行，由于有国家的支持，它可以不用库内的金属贮藏作准备，而发行银行券。这种银行券虽然没有黄金作保证，纯粹是一种价值符号，但它却不仅可以按面额价值当作流通手段，而且还可以贷放出去，形成追加资本。

马克思指出：除了发行银行券外，银行还有其他创造信用和资本的方法。按照马克思的论述，银行创造信用和资本的其他方法主要有：（1）"开出以二十一天为期在伦敦兑付的汇票，但在开出汇票时，立即收进现金"。② 在开出汇票收进现金时，以 21 天为期，在这期间内，银行可以把这批现金当作资本发放短期贷放。（2）"付出已贴现的汇票"。为其顾客提供在有关地区进行结算的支付手段。这种汇票之所以有信用能力，会被人接受，首先并且主要是因为有银行的背书。由于银行在办理汇票贴现时就已扣下了一定的利息，这说明银行在办理此种业务时，就已经把它当作生息资本来发生作用了。

（二）银行资本的虚拟性

马克思在考察银行资本的构成时，着重研究了银行资本的虚拟

① 《马克思恩格斯全集》第 25 卷，人民出版社 1974 年版，第 526 页。
② 同上书，第 615 页。

性问题。

银行资本的虚拟性，特别明显地表现在银行家持有的各种有价证券上。各种公共证券，作为一种债权凭证或所有权证券，它们不仅能为其所有者定期带来收入，而且可以当作商品来买卖，并有其独特的决定价格的方法。这样，从外表上看，好像有价证券本身就是现实的资本。在资本主义社会里，人们也正是这样看待有价证券的。其实，这些有价证券并不是真正的资本，而是一种虚假即虚拟的资本。马克思把它们称为资本的“纸制复本”。①

虚拟资本是在生息资本的基础上形成的，其实质是收入的资本化。马克思说：“生息资本的形式造成这样的结果：每一个确定的和有规则的货币收入都表现为资本的利息，而不论这种收入是不是由资本生出。货币收入首先转化为利息，有了利息，然后得出产生这个货币收入的资本”。② 这就是说，由于存在生息资本的形式，在人们的头脑里造成了这样一种观念：每一个确定的和有规则的货币收入，都表现为一定量的货币资本带来的利息，而不论这种收入是否是由货币资本生出的。在这里，货币收入先转化为利息，然后再根据这种利息，就能够推算出产生这些利息的资本量。例如，在年平均利息率为5%时，每一笔固定为25镑的年收入，都可以看到是500镑资本的利息，尽管这500镑本身不一定是资本。同样，只要有一个单纯的所有权证书，如果凭这个证书每年可以取得固定收入25镑，该证书就等于有资本500镑。虽然该证书并不是现实的资本，但它却能当作一定量的资本发生作用，带来一定量的利息，虚拟资本就是这样产生的。

虚拟资本与生息资本虽然是密切相连的，但二者又有区别，不能混为一谈。在借贷资本场合，资本是客观存在的，是先有货币资本后有利息收入，即是老子（本金）生儿子（子金）的关系。虚拟资本和利息则是颠倒的关系，是儿子生老子，即先有收入表现为利息，尔后收入资本化，幻想有一个资本的存在。所以，马克思

① 《马克思恩格斯全集》第25卷，人民出版社1974年版，第540页。

② 同上书，第526页。

说：虚拟资本“是一种纯粹幻想的观念”，“是幻想的虚拟的资本”。①

银行资本的大部分是由虚拟资本构成的，其主要形式是国债和股票。

马克思首先对国债进行了分析。国债是一种非生产的国家信用，它是国家筹集资金的一种方式。国家是债务人，购买国债者是债权人。按规定，国家每年要付给债权人一定额的利息。如在年利息率为5%时，持有100镑国债券的人，每年可得到利息5镑。因此，凡持有国债的人，都会很自然地把他每年由此得到的收入，看作是自己资本的幼仔（利息）。不过，这里只是由于有了幼仔之后，国债券才成为资本的。从资本主义国债券的用途来看，一般不是作为资本投入生产，而是把主要部分用于非生产性开支。“资本本身已经由国家花掉了，耗费了”，在实际经济生活中已经不存在了。所以，国债券即“把国家付款看成自己的幼仔（利息）的资本”，就成为“幻想的虚拟的资本”了。②

国债券的持有者即债权人，在债券期满之前，虽然按规定不能要求国家解除契约归还本金，但可以把国债券当作商品卖给他人。国债券出售的可能性，对于债权人A来说，代表着他的本金流回的可能性。对于由A手中购买债券的B来说，他的资本是作为生息资本投入的。在能保证正常收入的情况下，国债券尽管可以反复进行买卖，但是，“就事情本身来看，B只是代替了A，买进了A对国家的债权。不管这种交易反复进行多少次，国债资本仍然是纯粹的虚拟的资本”。“一旦债券卖不出去，这个资本的假象就会消失。”③

在对国债券进行考察之后，马克思接着对虚拟资本的另一个主要形式——股票，进行了分析。股票与国债券不同，它代表现实的资本，即代表在股份公司中执行职能的资本。马克思指出，股票虽然不像国家公债券那样代表纯粹幻想的资本，但它也是虚拟资本。

① 《马克思恩格斯全集》第25卷，人民出版社1974年版，第526~527页。

②③ 同上书，第527页。

现实资本在企业中行使着职能，股票则只是代表这种在企业中发挥职能的股份资本的相应部分的所有权证书。股票持有者可以凭这种所有权证书，取得对一部分剩余价值的要求权。股票持有者虽然可以把股票卖给别人，但却不能随便支配他所投入的股份资本。投于企业中的股份资本的现实运动，也不会因股票的买卖而受到影响。这样，从表面形式上看，资本在这里似乎取得了双重存在：一是作为现实的股份资本，以货币资本、生产资本、商品资本等形式存在于该企业之中；一是作为股票的价值，以所有权证书的形式存在于股东手里。“但是，这个资本不能有双重存在”。实际上，股票的资本价值只是在企业中发挥职能的资本的纸制复本。由于持有股票不仅可以按期取得股息即利息，而且股票还可以独立进行买卖活动，即股票的买卖可以和投在企业中的现实资本的运动分开进行，因此，对股票的持有者来说，股票似乎就是资本。但是，从本质上看，它并不是真正的资本，只是幻想的虚拟的资本。股票作为一种所有权证书，尽管 A 可以把它卖给 B，B 又可以把它卖给 C，但股票的买卖无论进行多少次，都不会使事情的本质发生变化。

马克思指出，银行资本的虚拟性还明显地表现在存款上。银行资本，从存入的资本方面看，主要是存款，而“存款总是存入货币——金或银行券”。马克思认为，银行存款本身起着双重作用，即：一方面，这些现实的货币会被银行转化为生息资本贷放出去，而不会被银行家锁在保险柜里，“它们从来不是作为保管的现金而存在”。由于真正的资本已经投在生产和流通中，因此，存款“只是作为存款人提供的贷款记在银行的账簿上”。另一方面，“在存款人相互之间提供的贷款由他们的存款支票互相平衡和互相抵消时，它们只是作为账面项目起作用”①。所以，作为银行存款的资本是有名无实的，是虚拟的。

马克思指出，随着生息资本和信用制度的发展，银行的存款总额会比流通中的货币总额大许多倍。马克思以当时的苏格兰为例说

① 《马克思恩格斯全集》第 25 卷，人民出版社 1974 年版，第 233 页。

道："在那里货币额从来不超过300万镑，但存款却有2700万镑"。"英国全部存款的十分之九，除存在于银行家各自的账面上外，根本就不存在"。① 这说明在银行资本的存款形式上，大部分是幻想的虚拟资本构成的。

此外，马克思还考察了汇票和银行准备金的虚拟性问题。通过对银行资本组成部分进行分析后，马克思总结性地指出："银行资本的最大部分纯粹是虚拟的。"②

（三）虚拟资本价值的独特的运动

马克思认为，股票、国债券等有价形式的虚拟资本，有其独特的运动和决定方法。有价证券形式的虚拟资本，可以在市场上进行买卖，所以从表面上看，"这些所有权证书"，不但构成了现实的资本，而且还成为可以买卖的特殊商品。马克思指出：这些特殊商品的市场价值或价格，一方面，"会随着它们有权索取的收益的大小和可靠程度而发生变化"；另一方面，在预期可得收益为已定的条件下，"证券的价格的涨落就和利息率成反比"。③ 这就是说，证券的市场价值或价格，取决于证券收益的大小和银行存款利息率的高低。它与有价证券所带来的收入成正比例，而与借贷利息率成反比例。

之所以如此，主要是由于借贷利息表现为资本收入的一般形态。以股票为例，股票本身并没有价值，它之所以能够出卖，只是因为凭股票能够领取一定的股息收入。因此，股票的价格不外是资本化的收入。这就是说，股票的价格应当等于这样一笔货币资本，将这笔货币资本存入银行所能够得到的利息，恰恰和根据股票所能够领取的股息相等。假定一张股票的名义价值为100元，股息为10%，即每年能够取得10元的股息，而当时的利息率为5%，那么，这张股票的市场价值就是200元。原因就在于这张股票按5%

① 《马克思恩格斯全集》第25卷，人民出版社1974年版，第548页。
② 同上书，第532页。
③ 同上书，第530页。

的利息资本化，只有用200元购买股票，才能和将200元存入银行获得同等数量的收入。

从上例可以看出，有价证券的价格实际上就是有价证券收入的资本化。马克思说："它的价值始终只是资本化的收益，也就是一个幻想资本按现有利息率计算可得的收益"。① 在利息率不变时，证券收益越多，有价证券的市场价格也就越高；而在证券收益不变时，利息率越高，存款的收入越多，有价证券的市场价格就越低。有价证券依以出卖的价格，叫做有价证券的行市。根据以上分析，决定有价证券行市的基本因素有两个，即证券收入和借贷利息率，用公式来表示就是：有价证券的行市＝有价证券的股息或利息收入/借贷利息率。

以上只是决定有价证券行市的一般规律。除此之外，它还受到暂时的供求关系的影响，有价证券市场供求则主要决定于经济状况和经济周期的进程。有价证券的大波动，通常总是和资本主义生产周期的各个阶段联系在一起的。在繁荣时期，由于企业经营情况良好，赢利提高，投资增多，利息率偏低，闲置的货币资本纷纷向证券市场寻找出路，因而使股票等各种有价证券价格一再上涨。而当危机袭来时，不仅生产会停滞，预期收入会减少，银根奇紧，货币不足，引起利息率提高，而且由于人们普遍需要现款，大量抛售有价证券，因而使有价证券的市场价值或价格大大下降。

有价证券市场价值或价格的独特的运动和决定方法，使它们成为进行投机活动的对象。有的人购买有价证券不仅是为了把货币资本转化为生息资本，而且还企图从价格波动中牟取暴利。证券投机的特征是，投机者购买股票的目的，不是为了握有股票，对企业进行长期投资，而是为了在证券价格上涨时再抛卖出去，以便获得行市差额（即证券买价和卖价之间的差额）形式的利润。特别是股票，更是进行这种投机活动的主要对象。因为股息不是预先确定的，一般是以企业经营的好坏为转移。因此，马克思说："这种证

① 《马克思恩格斯全集》第25卷，人民出版社1974年版，第530页。

券的市场价值部分地有投机的性质，因为它不是由现实的收入决定的，而是由预期得到的、预先计算的收入决定的。”①

在资本主义国家中，各种有价证券的买卖，都是通过证券交易所和银行来进行的。证券交易所是专门买卖虚拟资本或有价证券的特殊市场。在证券交易所，有价证券的买卖双方聚集在一起按照交易所随时记录的行市进行议价、成交和结算。正常的证券交易其经济意义就在于，它在资本主义社会中起着自发地分配货币资本的作用。通过各种有价证券的买卖，它把食利者阶层手中的大量货币资本，自发地分配到国民经济的各个部门作为长期投资，从而有利于资本在各部门的合理分配和迅速转移。

但是资本主义社会里的证券买卖，又不可避免地要带来对证券的投机，并使证券交易所成为证券投机的中心。证券投机的主要方式是定期交易，这种交易的特点是：买卖双方议价成交在前，而交割和成交则要在一定时期之后，并按成交时的证券行市来进行。由于证券行市在成交时和交割时的不一致，因此，行市上涨时就会使买者赚钱，行市下跌时则会使卖者赚钱。赚或赔，主要取决于证券行市的实际变化与投机者的估计是否一致。在进行这种投机交易时，由于买卖双方的目的都只是为了获得证券行市涨落的差额，所以，买者不一定真要有有价证券，卖者也不一定真有有价证券，常常是买空卖空，一般都是在交割结算时由一方向另一方付以价格涨落差额而结束。

在证券交易所这个大赌博场上，能够占上风的自然是那些控制着许多重要经济部门、资本雄厚和熟悉各种内幕的少数大资本家。他们甚至可以依靠手中掌握的大量证券和货币资本，兴风作浪，人为地制造行市涨落，从中牟取暴利。在证券交易所的投机活动中，总是大资本家靠牺牲中小资本家而大发横财。所以，马克思说，交易所是一种赌博，“在这种赌博中，小鱼为鲨鱼所吞掉，羊为交易所的狼所吞掉”。② 交易所的投机活动，是大资本吞中、小资本的

① 《马克思恩格斯全集》第25卷，人民出版社1974年版，第530页。

② 同上书，第497页。

有力杠杆，从而加速着资本集中的进程。

尽管证券交易为证券投机提供了可能，但绝不能把证券交易和证券投机完全等同起来。马克思和恩格斯认为，有价证券的交易对工业的振兴是一个积极的革命的因素。他们在论述中写道："交易所正在把所有完全闲置或半闲置的资本动员起来，把它们吸引过去，迅速集中到少数人手中，通过这种办法提供给工业支配的资本，导致了工业的振兴"。① 他们还指出："交易所朝着集中的方向改变分配，大大加速资本的积聚，因此这是像蒸汽机那样的革命的因素。"②

总之，马克思在考察银行资本的构成时，仔细研究了虚拟资本问题。从马克思对虚拟资本的论述来看，虚拟资本主要有以下特点：(1) 它是一种定期领取收入的"所有权证书"；(2) 这种所有权证书能够买卖，是特种商品；(3) 这种特种商品的市场价值或价格，是由"收入资本化"引起的；(4)"这些商品的价格有独特的运动和决定方法"。应当指出的是，上述特点，只是在分析国债券和股票时所得出的结论性的意见。从广泛的意义上讲，虚拟资本还包括银行无金银担保而发行的银行券，以及能带来资本主义地租的土地等。

五、借贷资本的积累和现实资本的积累

在《资本论》第三卷中，马克思是先撇开信用制度，分析研究了借贷资本的一般运动形式和特征。然后，马克思再在第三卷第三十至三十二章中，以"货币资本和现实资本"为题，进一步考察了在信用制度存在的条件下借贷资本的积累和现实资本积累之间的区别与联系，并着重研究了在信用制度下发展起来的生息资本的积累，在什么限度内和现实资本的积累相一致，又在什么限度内和现实资本的积累按照相反的方向发展，还论述了信用制度从哪些方

① 《马克思恩格斯〈资本论〉书信集》，人民出版社1976年版，第408页。

② 《马克思恩格斯全集》第25卷，人民出版社1974年版，第406页。

面促进生息资本积累的增长等问题。

(一) 有价证券形式上的生息资本的积累和现实资本的积累

马克思对借贷资本积累和现实资本积累之间的关系的研究，是从分析有价证券形式上的生息资本积累和现实资本积累的关系开始的。

前面说过，银行资本的大部分是有价证券构成的。由于有价证券能为其所有者带来一定的收益，因此具有资本的属性，但它们是一种幻想的虚拟的资本。马克思说：有价证券的积累，是"货币资本或货币财产的积累的特殊形式"。① 这种积累，归根到底是"对劳动的占有权的积累"，即对现实资本要求权的积累。有价证券分为两部分，一部分是商业证券，如汇票等等；另一部分是国债券和股票等等。马克思分别考察了这两类有价证券的积累和现实资本积累的关系。马克思对有价证券积累的考察，又是从分析有价证券的主要形式即国债券和股票开始的。

1. 国债券和股票的积累与现实资本的积累

马克思指出，国债券的积累只是债务的积累，而不是现实资本的积累。国债券本身不是资本，而是债权。国债券的积累，不过表明国债券发行量的增加。它一方面是国家债务的积累，说明后家的负债增加了；另一方面，它又说明国家债权人阶级的增加，他们有权把国家收入的一部分事先划归自己所有。马克思认为，这种国家债务积累和现实资本的积累毫无关系。因为国家用发行债券借来的资本早已用掉，这些国债券不过是"代表已经消灭的资本的纸制复本"，只是"在它们是可卖商品，因而可以再转化为资本的情况下，对它们的所有者来说，就作为资本执行职能"。

股票的积累与国债券的积累具有不同的特点，它们的积累既可以代表现实资本的积累，也可以完全不代表现实资本的积累。股票和国债券不同，它是投在企业中的现实资本的所有权证书。但是，

① 《马克思恩格斯全集》第25卷，人民出版社1974年版，第539页。

它的所有者有了这种证书并不能支配或提取现实的资本，而只是有权按期索取一定量的剩余价值。因此，如果说国债券是

已经消灭的资本的纸制复本，那么股票则不过是："现实资本的纸制复本"。尽管由于股票的买卖，这种纸制复本的所有权会发生变化，但却不会使现实资本的所有权相应地发生变化。它是与现实资本相分离而独立进行运动的。所以，它只是"并不存在的资本的名义代表"和幻想的虚拟资本。

马克思指出，在一定的情况下，股票的积累可以表示现实资本的积累。例如，为新建铁路、矿山等企业而发行的股票。这时股票的积累，就表示现实再生产的扩大，因而与现实资本的积累是一致的。马克思说："当这些证券的积累表示铁路、矿山、汽船等等的积累时，它们也表示现实再生产的扩大，就像动产征税单的扩大表示这种动产的增加一样"。① 但是，在大多数的情况下，股票资本的积累并不反映现实资本积累的变化。这是因为，股票的积累即股票价值的总和，取决于股票的发行数量和每张股票的价格。如果股票数量的增加是由于某些单个资本合并为股份公司的结果，此时股票资本固然增大了，但实际的现实总资本并没有增加。在这里，马克思还特别指出：股票的"价值额的涨落和它们有权代表现实资本的价值变动完全无关"。② 现实资本价值的变动，是由单位商品价值变动引起的，而单位商品价值的变动，又是由劳动生产率的变动引起的。至于股票价值的变动，则取决于股息、利息率以及对股票的供求状况。此外，股票的价值还会随着利润率以及利息率趋向下降而相反的趋向上升。正因为作为虚拟资本的股票的价值额的涨落，不是取决于现实资本价值的变动，所以，股票价值额的增加并不等于现实资本的增加，二者在量的积累上是不相同的。

马克思指出，在发达的信用制度的条件下，货币资本的积累，实际上就是银行家手中的财富的积累。银行家作为私人资本家和各种借贷人之间的中介人，社会的"全部信用，都被他们当作自己

---

① 《马克思恩格斯全集》第25卷，人民出版社1974年版，第540页。

② 同上书，第540～541页。

的私人资本来利用”的。因此，货币资本的积累，也就是借贷货币资本的积累。国债券和股票这类有价证券，它们本身不是借贷资本，而是虚拟资本。虚拟资本是不同于借贷资本的。它们是“借贷资本即用于生息的资本的投资领域。它们是资本的出借形式，但它们本身不是投在它们上面的借贷资本”。[①] 马克思举例说，从以下事实中就可以清楚地看出虚拟资本和生息的货币资本间的区别：当职能资本家拿汇票到银行贴现或申请一笔贷款时，他们需要的既不是国债券，也不是股票，而是作为借贷资本的货币。马克思指出，这里所研究的货币资本和现实资本的关系，就是指作为职能资本家中介人的银行家的借贷货币资本的积累，同职能资本家现实资本的积累之间的关系。

2. 商业有价证券形式的生息资本的积累和现实资本的积累

银行虽然集中了全部信用，银行资本的积累反映了生息资本的积累，但由于银行信用是建立在商业信用的基础上，因此，马克思还考察了商业有价证券形式的生息资本的积累和现实资本的积累的关系问题。

商业信用是职能资本家相互给予的信用，它的工具是汇票，汇票的增加意味着商业信用的扩大。当产业资本家或商人拿汇票到银行进行贴现时，银行就持有汇票。汇票是银行资本的重要组成部分。马克思说，如果我们把商业信用同银行家的信用分开考察就可以看到，商业信用有一个重要特点，那就是“借贷资本和产业资本是一个东西，贷出的资本就是商品资本”。[②] 所以，这种信用会同产业资本的规模一同增大。

商业信用和银行信用不同，被借贷的不是闲置的货币资本，而是处在职能中但必须变更自己形式的资本，即由商品资本向货币资本转化阶段的资本。在这里，信用是商品形态变化的媒介。马克思说：“信用的中介作用在这里表现为：1. 就产业资本家来说，使产业资本由一个阶段转移到另一个阶段，使彼此有关和彼此衔接的各

① 《马克思恩格斯全集》第 25 卷，人民出版社 1974 年版，第 542 页。

② 同上书，第 545 页。

生产部门联系起来；2. 就商人来说，使商品由一个人手里运到和转入另一个人手里，直到商品最终出售，变成货币，或者交换成其他商品”。①

商业信用能够调剂职能资本家之间资金的余缺，使在现款买卖则难以实现的商品交易得以实现。它对由商品到货币或由货币到商品的形态变化，均可起到促进作用。正因为如此，在再生产的循环中有大量商业信用的存在，决不意味着有大量闲置资本要贷出和寻找有利的投资场所，而只是表明资本在再生产过程中已被充分的使用。“在这里，信用的最大限度，等于产业资本的最充分的动用”。②由此可见，商业信用的扩大及其证券的积累与现实再生产的扩大，二者大体上是一致的。商业信用与产业资本的运动是平行发展的，生产过程的发展促使商业信用的扩大，而商业信用的扩大又促进工商业活动的增长。商业信用规模越大，银行家手中的汇票也就越多，所以，在商业票据汇票形式上的借贷资本的积累同现实资本的积累有着密切的关系。

（二）在产业周期中借贷货币资本积累与现实资本积累的一致和不一致

在资本主义制度下，作为生息资本形式的货币资本的积累，虽然可以促使现实资本的增加，二者具有密切的关系，但有时也不一致，二者并不是同一回事，绝不能混同。马克思说：“借贷货币资本的增加，并不是每次都表示现实的资本积累或再生产过程的扩大”。③ 这就是说，在再生产周期各阶段上，借贷货币资本的积累与现实资本的积累可能一致，也可能不一致。

借贷货币资本的积累和现实资本的积累不一致的情况，在萧条阶段表现得最为明显。马克思把危机看作是产业周期的终结，紧接着危机过后的那个阶段是新的周期的开始，即通常所说的萧条阶段。在萧条阶段上，生产萎缩，市场不景气，交易减少，物价下

①② 《马克思恩格斯全集》第25卷，人民出版社1974年版，第546页。

③ 同上书，第549页。

跌，生产资本中有很大一部分不能发生职能，商品的出售还很困难。原先用在生产和商业上的货币资本被资本家从营业中抽出来，大量存入银行，转化为借贷资本，因而使借贷资本的供给大为增加。但另一方面，对借贷资本的需求则反而会减少。这是由以下原因造成的：（1）企业开工不足，工资降低，工人有支对能力的需求严重不足，因而使所需的流通手段减少；（2）在对外债务上，一部分由于金的外流及一部分由于破产而清偿之后，也就不需要追加的货币去执行世界货币的职能了；（3）商业信用的紧缩，引起汇票数目和汇票贴现范围缩小，也会减少对货币的需求。因此，对借贷货币资本的需求，不论是用于流通手段，还是用于支付手段（这里没有谈到新的投资），都会减少。这样，一方面借贷资本的供给大量增加，而另一方面需求却减少了，因而造成了大量的闲置不用的借贷资本积累。这种情况表明，在萧条阶段上，借贷货币资本的增加不仅不表示现实资本的积累，相反，却正好是由现实资本积累的停顿和现实资本的收缩造成的。马克思以1847年经济危机后的英国为例，说明当时就曾发生过“交易减少，货币过多”的现象。

在萧条阶段之后，产业周期进入了复苏和繁荣阶段，即马克思称之为的恢复时期和繁荣状态。这时经济好转，工业生产规模逐渐扩大，商业信用也随之活跃和大大扩张。由于这时商业信用的扩张是和资本流回容易并有规则结合在一起的，因而既扩大了商品资本的贷放，又不需要为了到期兑付汇票而留存巨额的准备金，这就保证了借贷资本的供给。同时，随着生产的发展，大量商品源源不断地生产出来，商品交易趋向繁荣，社会财富逐渐增多，也带来了借贷资本的增加。另一方面，在这两个阶段上，又会由于以下原因促使对借贷资本需求的大量增加：（1）银行的贴现业务由于商业信用的扩大而不断增加；（2）大量没有任何资本而完全依赖货币信用来进行经营的人，引人注目地涌现出来；（3）各种形式的固定资本的显著扩大以及大量新的企业开设起来。这些因素都会造成对借贷资本需求的增加。所以，这时是借贷资本的供需两旺，“借贷资本的相对充裕，是和现实资本的扩大结合在一起的”。①

到了产业循环的末尾，即危机阶段，经济危机爆发了，企业大量倒闭、破产，有的则开工不足，商品大量过剩卖不出去，商品资本无法转化为货币资本，资本回流无法实现，再生产过程瘫痪，产业资本大量闲置，出现了过剩的现象。这时，商业信用突然停业，借贷货币资本奇缺，票据到期不能支付，支付手段严重不足。在这个阶段，借贷资本的极端缺乏，是正好和产业资本的过剩结合在一起的。

从以上分析中可以看出，在资本主义产业周期的各个阶段上，借贷货币资本的积累和现实资本的积累除在复苏和繁荣阶段上相一致外，其余阶段上不是不一致，就是完全相反。因此，马克思说：“表现在利息率上的借贷资本的运动和产业资本的运动，总的来说，是按相反的方向进行的”。②这就是说，在多数情况下，当借贷资本充斥的时候，正是现实资本收缩的时候，而当借贷资本紧迫或缺乏的时候，则正是现实资本过剩的时候。这里所讲的借贷资本，虽然主要是指它的相对量而言的，但也可由此看出借贷资本的积累和现实资本的积累是大有区别的。

（三）借贷货币资本积累同现实资本积累相一致的程度

马克思首先考察了在产业周期中借贷货币资本积累同现实资本积累的关系，说明借贷货币资本积累同现实资本积累的关系并不总是一致的。然后，马克思进一步探讨了“以借贷货币资本形式进行的资本积累，究竟在多大程度上同现实的积累，即再生产的扩大相一致”的问题。要弄清这个问题，就必须分析借贷资本是怎样由货币转化而来的。从借贷资本的来源看，主要有两个方面：(1)“货币单纯地转化为借贷资本”，即由闲置资本转化而来的借贷资本；(2)资本或收入转化为货币，这种货币再转化为借贷资本。马克思就上述两种不同转化的情况，对借贷货币资本同现实资本积

①② 《马克思恩格斯全集》第25卷，人民出版社1974年版，第553页。

累相一致程度的问题分别进行了考察。

1. 货币转化为借贷资本

马克思首先分析了货币单纯地转化为借贷资本问题，说明借贷货币资本的积累可以独立于现实资本的积累。

货币单纯地转化为借贷资本，指的是从生产过程游离出来而同现实资本积累无关的货币转化为闲置的借贷资本，主要有下列三种情况：

第一，萧条和复苏阶段借贷货币资本过多。前面说过，在产业资本循环的过程中会出现借贷货币资本过多的现象。这种借贷货币资本积累的过多，又是同现实资本积累或生产的扩大正好成反比。这种情况发生在产业周期的萧条和复苏两个阶段上：（1）在萧条阶段，由于生产停滞，现实资本收缩，以前用在生产和商业上的货币资本，因闲置不用而转化为借贷资本，造成借贷资本的堆积或过多。这时，借贷货币资本积累过多，而现实资本积累却正处于停顿和收缩状态。所以，马克思说，这种借贷资本的过剩，是“表示产业资本的停滞”，并且“正好是现实积累的相反表现”。① （2）在复苏阶段，生产开始好转，现实资本的积累增加，货币资本被使用的程度也日益增长。这时，由于资本的回流顺畅，商业信用虽然已开始恢复和活跃，但对银行信用的要求还极有限，职能资本家主要依靠自有资本从事经营。因此，在复苏阶段上，借贷资本的积累过剩已经减少，但同需求相比，仍然是过剩的。不过这时的借贷资本的过剩，不像第一种情况那样表示生产停滞，而是“表示商业信用对银行信用的相对独立性”，并且是同现实资本积累即再生产的扩大结合在一起的。这时借贷资本的过剩，既不是由现实资本转化而来的，也不是现实资本增加的结果。恰恰相反，正是由于再生产过程的扩大，“借贷资本的过剩已经减少，仅仅同需求相比还相对地过剩”。②所以，在这个阶段上，借贷货币资本的过剩，是同再生产过程的扩大及现实资本积累的增加结合在一起的，是依照相同

①② 《马克思恩格斯全集》第25卷，人民出版社1974年版，第561页。

的方向成比例发展的。

从上述中可以看出，在萧条和复苏阶段，虽然都表现为借贷货币资本过多，但它们与现实资本积累的关系却是完全不同的。尽管如此，上述两种情况也有相同之处。马克思说："在这两种场合，现实积累过程的扩大都会得到促进"。[①] 这是因为，在萧条和复苏阶段，由于借贷货币资本过剩造成利息率低微，低微的利息率会使利润中转化为企业主收入的部分增大，这对产业资本家和商人是个刺激，促使生产规模的增大和现实资本积累的增加。

第二，借贷资本的积累也可以在没有任何现实积累的时候发生。按照马克思的分析，主要有以下三种情况：（1）通过各种纯技术性手段能够引起借贷货币资本的积累。"如银行业务的扩大和集中，流通准备金或私人支付手段准备金的节约"等。银行业务的扩大和集中，会使存款和贷款增加，从而使借贷资本增加。各种准备金的节约，也会转化为借贷货币资本。这种借贷资本具有流动性和短期性的特点，"但是它会不断地流入和流出。一个人把它提出，另一个人就把它存入"。[②]因此，借贷货币资本的总量实际上会增加。（2）再贴现制度的建立，也能使借贷货币资本增加。"当银行家依据汇票经纪人已经贴现过一次的汇票，贷款给这个汇票经纪人时，他事实上为这种汇票进行了一次再贴现"。[③] 汇票经纪人用由此而得的货币进行新的汇票的再贴现。这种贴现制度的建立，出现了空头汇票，造成了虚假信用的扩大，由此引起借贷货币资本积累的增加。（3）股份公司收集的款项，在没有实际使用之前，总会暂时存入银行，这也增加了借贷货币资本的积累。从上述三方面情况所引起的借贷货币资本的增加，只是单纯由货币转化而来的，与现实资本的积累没有关系。

第三，货币流通速度的加快可以增加货币资本的积累。马克思说："借贷资本的量和通货的量是完全不同的"。"通货的量"，即流通中的货币量，"指的是一个国家内一切现有的流通的银行券和

①② 《马克思恩格斯全集》第25卷，人民出版社1974年版，第561页。

③ 同上书，第563页。

包括贵金属条块在内的一切硬币的总和”。“这个量的一部分，构成银行的数量不断变动的准备金”。[①] 借贷货币资本的量，指的是作为借贷资本而贷出的货币资本的总额。马克思指出，借贷资本的量和这种通货的量的不同，可以从利息率的变动取决于借贷资本的供给，而不取决于通货的量的情况看出来。如果借贷资本的量增加，也就是借贷资本的供给增加，促使供给超过需求，就会促使利息率下降。相反，如果借贷资本的量减少，供给不能满足需要，则利息率就会上升。这表明利息率的变动，是起因于借贷资本量的变动。

马克思还举例说明借贷资本的量不同于流通货币的量。例如，20 磅每天被贷出 4 次，那就有 100 镑的货币资本被贷出，这就意味着 20 镑至少已经 4 次执行了购买手段或支付手段职能。这里，从流通的货币量来看，同一个 20 镑却成了 100 镑的借贷资本量。由此可见，借贷资本的量是不依通货量为转移的。

马克思说：“在信用发达的国家，我们可以假定，一切借贷货币资本，都以存款的形式存放在银行和贷款人手里”。[②] 因此，在流通中货币量较少的情况下，只要存款的量增加，借贷货币资本的量就可以增加。那么，怎样才能使存款的量增加呢？首先取决于“同一货币所完成的购买和支付的次数”，即取决于货币流通速度。货币流通速度越快，同一货币可以当作存款的次数就越多，也就越能更多次地当作借贷资本发生作用。此外，还取决于“同一货币作为存款流回银行的次数”。同一货币作为存款流回银行的次数越多，虽然流通中的货币量不变，但借贷货币资本的量却可以增加。

总之，在现实资本积累没有增加的情况下，单纯由闲置货币转化为借贷资本，也能够增加借贷资本的积累。从货币单纯地转化成的借贷资本积累方面来看，借贷货币资本的积累和现实资本的积累或再生产的扩大，并没有直接关系，它们是各自独立地进行运动的。

---

① 《马克思恩格斯全集》第 25 卷，人民出版社 1974 年版，第 565 页。

② 同上书，第 566 页。

2. 资本或收入转化为货币，这种货币再转化为借贷资本借贷资本积累的增加，虽然是以信用事业的发展和货币借贷业务在大银行手中的异常集中为前提，但归根结底还是要取决于商品生产的发展和商品流通的扩大。因此，马克思在研究了货币单纯地转化为借贷资本之后，接着考察了与产业资本现实积累联系在一起的借贷货币资本的积累。

马克思说，这里所研究的借贷货币资本的积累，“既不是商业信用活动发生停滞的表现，也不是实际流通手段或再生产当事人的准备资本节约的表现”。此外，还要排除那种“由于金的异乎寻常的流入而发生”的货币资本积累。马克思指出，这里考察的只是同现实资本积累联系在一起的货币资本的积累。按照马克思的论述，同现实资本积累有关的借贷货币资本的积累，主要来自以下三种情况：

第一，利息收入和有价证券的买卖。货币资本家的货币资本的积累，除去投机活动外，其源泉主要有利息收入和有价证券的买卖。货币资本家把利息收入或卖出有价证券而取得的货币，作为生息资本，贷放出去，从而造成借贷货币资本在量上的增加。

马克思说：“构成这种货币资本家的积累源泉的利润，只是从事再生产的资本家榨取的剩余价值的一种扣除”。① 正由于利息来源于利润，而利润又是现实资本在再生产过程中发挥作用的产物。因此，现实资本积累越增加，生产越发展，利润越多，从平均利润中分割出来的利息部分也就越增大。随着利息量的增大，货币资本家的收入增多，转化为借贷货币资本的量也会相应增加，从而使借贷货币资本的积累加速进行。所以，“借贷资本的这种迅速发展是现实积累的结果”。②

马克思还指出：“借贷资本靠同时牺牲产业资本家和商业资本家而进行积累”。③特别是在工业不景气的时期，利息率达到最高限度，甚至会“把一些情况特别不好的营业部门的利润全部吞掉”。④

①②③④ 《马克思恩格斯全集》第25卷，人民出版社1974年版，第569页。

同时，利息率的提高还会引起有价证券的价格下降，货币资本家则会乘机大量买进，等到有价证券价格回升并超过正常水平时再抛售，这样便吞食了公众的一部分货币资本。部分有价证券即使没有再卖出去，也能提供较高的利息，因为它们是在降低时购进的。

从上述中可以看出，借贷货币资本的积累虽然是现实资本积累的结果，从来源上讲它与现实资本的积累是同一的。但是，从另一方面看，借贷货币资本的积累又不同于现实资本的积累，它与职能资本家的现实资本积累是相互对立的。在平均利润量已定的情况下，如果分割为利息部分的量增多，企业主收入的量就会减少，相反，前者减少，后者就会增多。因此，由利息以及有价证券买卖而引起的借贷资本的增加，同时会造成企业主收入的相对减少。这就是说，借贷货币资本的积累与职能资本家的现实资本的积累是此消彼长的关系。

马克思说："货币资本家赚到的、由他们再转化为资本的全部利润，首先转化为借贷货币资本"。货币资本家以货币形式取得的上述收入，既然是来源于现实资本的积累，因此，"凡是在信用事业随着再生产过程的现实扩大而扩大时，这种积累也都必然会跟着增加"。①

第二，职能资本家的货币积累变为存款。马克思指出，至于谈到职能资本家的货币积累，撇开有价证券形式上的积累不说，主要有下述两种情况：（1）职能资本家决定用于积累，但一时又还不能在自己的营业中加以利用的那部分利润。职能资本家的这部分利润，不是作为个人的收入来花费，而是作为追加资本，用于扩大再生产，或兴办新企业。但是，要作为追加资本就必须达到一个确定的最低限额。在未达到进行新投资所需资本的最低额度之前，这部分利润"必须在货币形式上停留一段时间"，并被存入银行，构成银行家的借贷资本，由银行家用来贷放生息。（2）职能资本家决定用于作为收入来花费的部分，通常不是一次就将其全部用完，而

---

① 《马克思恩格斯全集》第25卷，人民出版社1974年版，第569页。

是分多次逐渐消费的。这部分利润在被逐渐消费掉以前的一段时间内，也会被存入银行，表现为借贷资本的积累。

第三，各种不同社会阶层的货币收入变为存款。在社会各阶层的货币收入中，有一些是逐渐被消费掉的，如地主的地租等。它们是成批地大量收进来，分批地逐渐地支付出去，在它们还未支出去之前，也都是“在一定时间内采取货币收入的形式，因此，可以变为存款，并由此变为借贷货币资本”。①

马克思说：“一切收入，不论是用于消费还是用于积累，只要它存在于某种形式中，它就是商品资本转化为货币的价值部分，从而是现实积累的表现和结果，但不是生产资本本身”。这就是说，表现为各种收入的利润，不论是作为个人消费还是用于积累，只要是以货币形式存在，在未使用之前，都可以变为银行存款，从而引起借贷货币资本的增加，只有这种由资本或收入转化为货币，再由货币转化为借贷资本的积累，才是现实资本积累的产物或再生产过程扩大的结果，并同现实资本的积累相一致。

（四）借贷货币资本的积累和现实资本积累的数量差别

马克思指出，由资本或收入转化为货币，再转化为借贷资本的积累，虽然是大量再生产过程的结果，“但就这些货币本身来看，作为借贷货币资本，它们并不是再生产资本的量”。② 这就是说，这两种资本的积累量是不相同的。在资本主义的实际经济生活中，这种借贷资本积累的量，总是超过现实再生产资本积累总量，主要原因如下：

1. 用于消费的收入部分（撇开工人的消费不说）的扩大，首先会作为银行存款而表现为借贷货币资本的积累。年产品中用于消费的部分，并不是资本。由于在货币资本的积累中，加入了一个本质上和产业资本的现实积累不同的要素（即用于消费收入的部分），因此，“货币资本的积累所反映的资本积累，必然总是比现

① 《马克思恩格斯全集》第25卷，人民出版社1974年版，第570页。

② 同上书，第572页。

实存在的资本积累更大”。①

2. 处于再生产过程的现实资本有一部分会暂时转化为借贷资本。产业资本在现实的循环中，要不断地经过购买、生产、销售三个阶段，并相应采取货币资本、生产资本和商品资本三种职能形式。其中货币资本形式的部分通常总会存放在银行里，变成银行的借贷资本，而转借给另一些职能资本家。这样，虽然现实资本的量没有增加，但借贷货币资本的量却增加了，所以，马克思说“由产业资本在自己的循环过程中转化成的一切货币，不是采取进行再生产的资本家预付的货币的形式，而是采取他们借入的货币的形式，因此必然在再生产过程中发生的货币的预付，实际上都表现为借贷货币的预付”。② 这就是说，一些资本家不是把再生产循环过程中的货币资本单纯地作为自有资本来预付，而是作为借入的资本形式来预付。所采取的形式是，一部分从事再生产的资本家把其货币资本存入银行，银行再把货币借给另一部分进行再生产的资本家。于是，“对这种资本的支配权，就完全落到作为中介人的银行家手里了”。③

3. 现实资本中会有一部分游离为借贷资本。马克思指出，借贷货币资本的积累，还会由于有一部分从现实资本中游离出来而增加，主要有以下“几种特殊的形式”，即：（1）由于生产要素，如原料等价格的下降，致使一部分货币资本从循环过程中游离出来。“如果产业家不能直接扩大他的生产过程，他的货币资本的一部分，就会作为过剩的货币资本从循环中排除出来，并转化为借贷货币资本”。④（2）商业资本家在完成一系列交易后，营业暂时中断，要间隔一段时间再进行新的交易，这样已经实现了的货币就会从资本循环中游离出来，转化为借贷资本。（3）“一群发了财并退出生产领域”的职能资本家，因不愿再从事生产经营活动，把他们的资本存入银行，赚取利息。他们的资本通过银行的中介，转化为借贷资本。

---

① 《马克思恩格斯全集》第25卷，人民出版社1974年版，第572～573页。

②③④　同上书，第573页。

4. 利润中用于积累的部分，如果它不能在本部门用来扩大营业，也会转化为货币资本。马克思指出，这种情况的出现主要是由于以下两方面的原因“或者因为这个部门的资本已经饱和，或者因为要能够执行资本的职能，积累必须首先达到该部门的新投资数量所要求的一定规模。因此，它首先转化为借贷货币资本，并用于扩大别的部门的生产”。① 如果这种新的积累，在各生产部门“难于找到用途，缺少投资领域”，就会出现借贷资本的过剩。马克思说，这种借贷货币资本的过剩，只是相对的，“不过是证明了资本主义生产的局限性”，也就是说，这种过剩是“由于资本作为资本能够增殖的界限而产生的”。②

以上几点，是造成借贷资本积累在量上超过现实资本积累的主要原因。从对这些原因的分析来看，所谓借贷资本的积累，只是由资本和收入转化来的货币作为借贷资本在流通中沉淀下来，“只是货币在可能转化为资本的形式上所进行的积累”。它和货币实际转化为资本的过程往往是不相一致的。马克思指出：“在现实积累不断扩大时，货币资本积累的这种扩大，一部分是这种现实扩大的结果，一部分是各种和现实积累的扩大相伴随但和它完全不同的要素造成的结果，最后，一部分甚至是现实积累停滞的结果”。③ 正因为如此，借贷资本的积累和现实资本的积累是两个不同的量，二者不能等同。在资本主义的实际经济生活中，借贷资本的量总是大于现实资本的积累量。

六、信用制度和货币流通

在《政治经济学批判》及《资本论》第一卷第一篇里，马克思在论述货币的本质、职能以及货币流通量的规律等问题时，为了分析的方便，都暂时抽象掉了信用和信用货币的存在。在《资本论》第三卷第五篇里，马克思在考察了借贷资本和信用之后，用

①② 《马克思恩格斯全集》第25卷，人民出版社1974年版，第574页。

③ 同上书，第575页。

专门的章节论述了信用制度和货币流通的关系问题。马克思不仅研究了这个问题的国内方面，而且还探讨了这个问题的国际方面，从而为他的货币理论增添了新的更加丰富的内容，发展并完成了他在《政治经济学批判》和《资本论》第一卷等著作里创立的科学的货币理论体系。

（一）信用对货币流通量的影响和信用货币

1. 信用是货币流通量的调节器

关于信用制度和货币流通的关系问题，马克思首先考察了信用对流通手段量的影响。说明信用制度的发展可以节省流通手段，因而增大了借贷资本的量。

信用与流通中的货币需要量的关系非常密切。马克思说，在信用制度下，信用成了流通手段的调节器。一方面，“一切节省流通手段的方法都以信用为基础”。① 另一方面，货币为购买或支付而流通的速度，往往“是由它不断以存款的形式流回到某人手里，并以贷款的形式再转移到别人手里的速度所决定的”。②

从一方面来看，信用制度的发展，流通手段会由于汇票的流通而得到节省。在工商业者互相提供商业信用的基础上，可以通过票据的贴现和结算来抵偿各商品生产者之间的债权债务关系，货币作为支付手段只是结算余额，因而可以节约流通手段。马克思说：“流通手段的单纯节约，在票据交换所里，在到期汇票的单纯交换上发展到了极点”。③通过银行的划拨结算有两种方式：一种方式是，汇票或支票所代表的互相的债权，如果在同一家银行开有户头，就可以由同一银行把债权从一个户头划转到另一个户头，数额相同时，互相抵消，数额不相等时，则只补付差额；另一种方式是，汇票或支票所代表的互相债权，如果在不同的银行开有户头，就可以由各银行通过票据交换来进行结算，零星少量差额则用货币来支付。马克思曾以英国伦敦各股份银行通过票据交换所，以及此

①②③ 《马克思恩格斯全集》第25卷，人民出版社1974年版，第590页。

后由英格兰银行实行最后的票据交换减少了大量的银行券流通量的事实，来说明“货币的亲自参与只限于结算为数较小的差额”。①

从另一方面来看，由于信用的介入，加快了货币的流通速度，也会减少流通中的货币量。马克思说：“作为流通手段的货币的流通速度，完全取决于买卖的不断进行，在支付依次以货币进行时，也取决于各种支付的衔接。但信用也会作为媒介，从而提高通货的速度”。②

例如在一星期内，货币所有者 A 向 B 买，B 向 C 买，C 向 D 买，D 向 E 买，E 向 F 买。如此经过 5 次购买，同一货币就经历了 5 次流通。而且，由于每一个人在售卖之后不一定马上继之以买，因此同一货币额还会在每个人手里停留较长的时间，这也限制了货币流通的速度。这是在没有信用作为媒介时的情形。如果有信用的介入，情况就不大一样了。例如，货币所有者 A 向 B 买。假定 B 从 A 那里获得的货币额是 100 元，如果 B 暂时不把这 100 元用以购买商品，而将此款存入银行，银行就可以用汇票贴现的方式把这笔钱支付给 C，而 C 则会用此款向 D 购买商品，D 则又把它存入有关银行，这个银行又把这 100 元钱贷给 E，E 则用此款向 F 购买商品，如此等等。由此不难看出，通过上述信用活动，即通过 B 和 D 向银行存款，以及 C 和 E 向银行贴现，能够加快同一货币在一系列买卖活动中的转手，加快货币流通速度，并减少了交易中所需要的货币量。

信用的介入，不仅能够减少交易中所需要的货币量，而且还能够节省流通所需要的银行券。马克思在考察银行券的流通规律时，论述了信用为什么能够节省银行券的流通量问题。

2. 信用货币

前面谈到，马克思在考察信用形式时已论及汇票、银行券等信用工具。由于这些信用工具在市场上能同货币一样起着流通手段和支付手段的作用，所以泛称为信用货币。马克思在考察信用制度下

---

① 《马克思恩格斯全集》第 46 卷（下），人民出版社 1980 年版，第 431 页。

② 《马克思恩格斯全集》第 25 卷，人民出版社 1974 年版，第 591 页。

的货币流通时，又进一步深入研究了信用货币问题。

在信用货币的发展过程中，首先代替货币进行流通的是在商业信用基础上产生的汇票。马克思说：汇票“是一种有一定支付期限的债券，是一种延期支付的证书”。[①] 当商品所有者将商品赊售给他人，即向他人提供商业信用的时候，为了使自己的债权得到法律上的保证，就需要掌握一种书面的债务凭证。这种债务凭证，表明债务人有按照规定期限无条件地支付一定金额的义务。马克思把这些书面的债务凭证概括为汇票这个总的范畴，习惯上一般称之为商业票据，主要包括期票和汇票两种。

票据有一个重要特点，就是具有流通性，可以流通。在信用交易发达的情况下，从买者手中得到票据的卖者，并不会将票据一直保存在手里，而是要用它去购买别的商品，或用来偿还债务。马克思说：“这种汇票直到它们期满，支付日到来之前，本身又会作为支付手段来流通”。“如果汇票通过背书把所有权由一个人转移给另一个人，它就毫无疑问是不以货币为转移的流通手段”。[②] 因此，票据之所以能成为信用货币，就是由于它具有流通性，可以转让支付要求权。如果票据在到期之前不能转让，只是到时凭它取得货币的支付，那它就只不过是以信用方式进行买卖时开出的一种债权、债务的书面凭证，也就谈不上具有货币的作用了。

由于汇票是债权人发出的，所以必须经过票据承兑手续才能生效。票据在没有到期之前，经过持票的债权人在它背面作出转让签字（即背书）以后，就可以作为购买手段或支付手段，用来购买商品或偿还债务。每个背书人和发票人都要对票据的支付负责，许多国家的经济法规中都有票据法，只要票据经证实不是伪造的且符合使用的规定，那么应当根据票据付款的人，就不得拒绝付款。正由于票据注明的债权有法律保证，因而使商业票据能在一定的范围内流通，成为信用货币或信用流通工具的一种形式。马克思在《资本论》第三卷第二十五章中摘引了詹·惠·博赞克特在《硬

① 《马克思恩格斯全集》第25卷，人民出版社1974年版，第542页。

② 同上书，第450～451页。

币、纸币和信用货币》(1842年伦敦版)一书里的一段话，说明汇票流通有很大的好处。① 在社会化大生产的条件下，由于生产者之间的业务联系十分频繁，货币收支数量很大，通过汇票流通的形式，可以使许多彼此之间的商品交易，不用现金或少用现金，从而有利于加速商品流转和节省货币流通费用。马克思说：在19世纪50年代的英国“平时除了3900万镑银行券之外，大约还有30000万镑汇票流通着”。② 由此可见，在当时的英国汇票流通的数量是相当大的。

汇票除经过背书后可以作为支付手段流通之外，它的流通采取的另一种比较常用的方式是汇票贴现。所谓汇票贴现，是指职能资本家为了取得现款，将未到期的票据卖给银行，银行则按市场利息率，根据票据注明的金额扣除自贴现日起至票据清偿日的利息(又称贴水)，然后把现款付给持票人，到期由银行向债务人收回票据注明的全部款项。汇票贴现，它只不过是把原来的持票人A对支付人B的债权关系，转换为银行对支付人B的债权关系。从信用关系的角度来说，它实际上是信用关系的转换，即以银行信用代替商业信用。就银行来说，贴现是以银行付出现款为代价，以获取贴现利息为目的，而从执票人A手中买入未到期的票据。这种活动，等于银行把贷款贷放给支付人B，所以它实际上是银行的一项贷款业务。

在贵金属流通的条件下，银行支付给票据贴现者的并不一定是金币，一般情况下只是获取能比商业票据更具流动性的银行信用货币。所以，马克思说：“开出汇票是把商品转化为一种形式的信用货币，而汇票贴现只是把这种信用货币转化为另一种信用货币即银行券”。③

前面说过，银行券是由银行发行的不定期的债务证券，它是为商业票据的贴现而发行的。由于银行券是由银行发行的，因此它比

---

① 《马克思恩格斯全集》第25卷，人民出版社1974年版，第451~452页。

② 同上书，第613页。

③ 同上书，第482页。

工商业资本所发出的票据具有更大的信用，能够在银行信用所及的广大地区内流通。典型的银行券可以随时由其持有者向发券银行兑换现金。马克思以英格兰银行发行的银行券为例，说明中央银行发行的银行券是作为法定的支付手段通用的。它在取代金属货币的同时能和硬通货一样流通，成为一种流通工具和支付工具。马克思说："这种信用货币会由单纯的商业流通进入一般的流通，并在那里作为货币执行职能"。① 因此，通过贴现而得到银行券，就等于取得金属货币。通过到期汇票的兑付，银行券又会自动流回银行。

除银行券之外，银行信用流通工具的另一种重要形式是支票，它是活期存款的持有者要求银行从其存款账户上以一定的金额，无条件支付给持票人或指定人的书面凭证。支票既可以用来支取现金，也可作转账之用。由于支票不仅可以作为流通手段和支付手段，执行货币的职能，而且是偿还债务与进行非现金结算的重要工具。因此，它也是一种广泛行使的信用货币。马克思指出，在19世纪40～50年代的英国，在服务于商业活动的货币流通总量中，支票所占的份额不仅大大超过金属货币，而且大大超过银行券。

从对上述三种主要信用工具形式的考察来看，信用货币具有双重属性，即：既是本身不具有内在价值的货币符号，代替货币进入流通；又是一种信用凭证，体现着债权人和债务人之间的信用关系。单就信用货币作为货币符号的属性来说，既然信用货币是代表金属货币流通的价值符号，它本身并不包含实在价值，不能执行价值尺度的职能，因此信用货币必须"建立在贵金属的基础上"。

随着信用制度的发展，各种形式的信用货币逐渐取代金属货币，占领了整个流通领域。这一发展趋势，早已为马克思所预见。马克思曾在《政治经济学批判》一书中指出："信用货币属于社会生产过程的较高阶段"。② 信用货币虽然已取代金属货币在流通中的地位，但即使信用货币全部代替金属货币流通，"货币——贵金属形式的货币——仍然是基础，信用制度按其本性来说永远不能脱

① 《马克思恩格斯全集》第25卷，人民出版社1974年版，第454页。
② 《马克思恩格斯全集》第13卷，人民出版社1962年版，第106页。

离这个基础。”① 马克思说：“信用货币本身只有在它的名义价值额上绝对代表现实货币时，才是货币。”② 这里所说的现实货币，主要是指金属货币。所谓信用货币必须以现实货币为基础，也就是说信用货币要在价值上能够代表金属货币。按照马克思的说法，信用货币必须同现实货币保持同一性、等同性或可兑性。只有这样，信用货币才能在一定的范围内转让流通，代替金属货币发挥流通手段和支付手段的职能。

（二）银行信用和货币流通

1. 银行券的流通及其量的决定

由于银行券是最重要的信用货币，银行券代替金属货币进入流通，是信用制度下货币流通的一个重要特点。因此，马克思在考察信用制度下的货币流通时，重点分析了银行券的流通及其量的决定。

马克思指出，在银行券可以自由兑换金的条件下，银行券作为法定的支付工具，它的流通也受货币流通规律的支配。马克思说：“在考察简单的货币流通时（第一卷第三章第二节），我们已经证明，已知通货的速度和支付的节约，现实流通的货币量是由商品的价格和交易量决定的。银行券的流通也受这个规律的支配。”③ 这就是说，在银行券可以自由兑换金的条件下，银行券的流通与金属货币的流通一样，其流通量也是由待销售的商品价格总额和货币流通速度所决定的。流通中所需要的银行券总量，同商品价格、交易量（即交易的商品量）和支付上的节约程度成正比，而与银行券流通速度成反比。这就是银行券的流通规律。

银行券的流通规律是规定银行券发行的准则，按照马克思的论述，这个准则是：“流通的银行券的数量是按交易的需要来调节

① 《马克思恩格斯全集》第25卷，人民出版社1974年版，第685页。

② 同上书，第585页。

③ 同上书，第592页。

的”。[①] 这就是说，银行券发行的数量，必须以交易的实际需要为基础。如果发行的数量超过交易的实际需要，“每一张多余的银行券都会立即回到它的发行者那里去”。因此，流通中需要多少银行券是一个客观的量。马克思援引了当时一些英国资产阶级经济学家和银行家向议会提供的大量证词，说明银行券的流通量“既不以英格兰银行的意志为转移，也不以该行为保证银行券兑现而在地库中贮藏的金的数量为转移”。[②] 马克思说：“只有营业本身的需要才会影响流通的货币即银行券和金的数量”。[③]在银行券可以随时兑换金的条件下，“发行银行券的银行就决不能任意增加流通的银行券的数目”。[④]

以上是就可兑现的银行券来说的。对于不能兑换金的银行券的流通问题，恩格斯在插话中指出：“不能兑现的银行券，只有在它实际上得到国家信用支持的地方，例如现在的俄国，才会成为一般的流通手段。因此，这种银行券受不能兑现的国家纸币的规律的支配”。[⑤]这就是说，如果发行由国家信用支持而不能兑换金的银行券，那么，它的流通就如同不能兑现的纸币一样。因而受不能兑现的纸币流通规律的支配。不能兑现金的银行券，就其经济本性来讲已蜕变为一般的纸币，它同不能兑现的纸币一样，是作为金属货币的符号，代表金属货币流通的。因此，它的需要量是由流通中的金属货币的需要量来决定的，即要受货币流通规律的制约。纸币的发行量，如果超过了流通中所需要的金属货币量，纸币所代表的单位价值就会相对贬值，不兑现银行券同样也受这个规律的支配。在银行券不能兑换金的条件下，由于银行券不能通过兑现流回银行，因此，如果银行券发行过多，就必定会充斥流通领域，造成银行券的贬值，发生通货膨胀，破坏正常的商品流通。由此可见，在银行券不能兑现为金的情况下，更不能任意增加流通中的银行券的数量。

要保证银行券的发行适应商品流通的需要，使其保持稳定，不

① 《马克思恩格斯全集》第25卷，人民出版社1974年版，第594页。

②③ 同上书，第596页。

④⑤ 同上书，第594页。

会因过剩而贬值，就必须保证银行券随时可以兑现。马克思引用《经济学家》文章中的话说：“随时可兑现的银行券，决不会停滞在银行的外面，处于过剩状态中，因为过剩额总会回到银行去兑换。”① 为了保证银行券的兑现，发行银行券的银行就必须要有相应的准备金，即要有黄金作保证，只有这样才能够制约发行银行券的数量，并通过银行券的兑现来保证其币值的稳定。但是，银行券作为一种信用货币，也具有双重属性。它既是体现债权债务关系的信用凭据，又是本身不包含实在价值的货币符号。双重属性要有双重的保证，这就是说，除黄金保证之外，银行券还应当有信用保证。信用保证是指银行所掌握的据以发行银行券的商业票据，具备信用保证就意味着发行的银行券是适应商品流通的客观需要的。如果只有黄金作保证，而否定信用保证，就必定会使银行券的发行量受黄金等贵金属的绝对限制，从而失去信用创造货币的功能，不能灵活充分地满足商品流通对货币的需要。银行券的发行只有同时具备黄金保证和信用保证，才能既保持其币值的稳定，又适应商品流通的需要。

2. 作为收入的流通和作为资本的流通

货币在流通中，既服务于收入的运动，也服务于资本的运动。因此，流通可分为收入的流通和资本的流通。作为收入的流通，是指工人将其货币收入用来购买生活资料，货币充当流通手段，实现商品流通，服务于收入的运动。作为资本的流通，是指在资本循环过程中，货币对资本的转移起中介作用。如果甲预付货币资本购买生产资料，对乙来说，便是商品资本向货币资本的转化，这时货币就是服务于资本的运动。马克思指出：货币“不管是实现收入还是转移资本，它都是在买卖中或在支付中，作为购买手段或支付手段执行职能，在更广泛的意义上说，作为流通手段执行职能。”② 所不同的是，货币在收入流通领域主要是作为购买手段执行职能，而在资本流通领域里则更多的是作为支付手段执行职能。但是，作

① 《马克思恩格斯全集》第25卷，人民出版社1974年版，第612～613页。

② 同上书，第502页。

为购买手段（流通手段）的货币和作为支付手段的货币的区别，只是货币本身两种职能上的不同规定，而不是货币和资本之间的区别。

从整个生产和再生产过程看，货币资本其所以是资本，不是因为货币执行流通手段或支付手段的职能，才促使货币转化为资本的。而是因为在再生产过程开始的阶段，货币就纯粹作为资本价值而存在，通过购买劳动力和生产资料，进行生产，不仅生产出新的产品，同时还创造出剩余价值。正是由于起着剥削剩余价值的手段的作用，才使得这种货币转化为资本的。因此，不能把服务于收入运动的货币与服务于资本运动的货币区分为通货和资本。马克思在《资本论》第三卷第二十八章中，通过对“银行学派”的代表人物图克和富拉顿把充当流通手段的货币同资本混为一谈的错误观点的批判，论述了信用、货币流通同产业资本运动之间的关系，以及信用对借贷资本的影响等问题。

马克思认为，按照再生产过程的两个领域——收入的花费和资本的转移——把流通区分为收入的流通和资本的流通，对于考察产业周期不同阶段货币总量的变动，有着重要的意义。

在收入的流通领域和资本的流通领域之间，具有一种内在的联系。这是因为，待花费的收入的量表示消费的规模，而生产和商业上流通的资本量，则表示再生产过程的规模和速度。生产和消费之间的内在联系，在流通中则表现为两个流通领域之间的内在联系。马克思说：“尽管如此，同一些情况，对两种职能上或两个领域内流通的货币量，……还是会发生不同的甚至相反的作用。”① 因此，在考察产业周期不同阶段上货币总量（包括银行券）的变动时，必须先分析再生产过程两个领域内流通手段量的相对比例问题。

在繁荣时期，由于再生产过程活跃，商业信用和银行信用都会扩大，信任感增强，在信用扩大的基础上广泛使用信用流通工具。这时，服务于资本运动的货币数量即资本转移所需要的通货，尽管

---

① 《马克思恩格斯全集》第25卷，人民出版社1974年版，第505页。

绝对量可能增加，但和再生产过程的扩大相比，则会相对减少。这是因为：（1）由于信用易于获得，支付结算的广泛开展，用现金购买所需要的货币量会相对减少；（2）在再生产过程顺利的情况下，资本回流也比较顺畅，因此媒介资本转移的货币，无论是作为购买手段和支付手段，都会由于流通速度的加快而相应减少。这时，由于再生产过程的扩大，就业充分。工资增加，因而用在收入花费上的流通手段的量也随之提高。马克思说：“总的说来，在这样的时期，货币流通显得很充足。尽管第二部分（资本的转移）至少会相对缩小，而第一部分（收入的花费）会绝对扩大”。①

在危机时期，情形正好相反。由于生产萎缩，企业倒闭，工人失业，工资下降，交易总额减少，因而第一流通即用于收入的花费所需要的流通量会减少。另一方面，这时商业信用和银行信用都会紧缩，银根紧张，要求现金交易，资本回流迟滞，货币流通速度延缓。因此，在社会资本循环周转规模缩小的同时，对货币的需要量却增加了。

从上述中可见，在产业周期的不同阶段，时而信用扩张，时而信用紧缩，信用的扩张和紧缩会对包括银行券在内的货币总量及其结构（服务于收入的运动和服务于资本的运动）产生影响。恩格斯在插话中指出，这种情况有力地证实了马克思在论述银行券流通规律时所揭示的一条重要原理，即：“在营业状况使得货款有规则地流回，从而信用始终没有动摇的时候，通货的扩张和收缩完全取决于工商业者的需要”。② 在繁荣时期货币流通显得很充足，而在危机后的萧条时期，恰好呈现相反的情况，即通货额最小。在萧条时期，尽管流通中作为购买手段和支付手段执行职能的银行券数额会减少，但并不感到货币紧迫，反而表现出“交易减少，货币过多的现象”。

随着产业周期从萧条逐步过渡到复苏，由于营业渐趋活跃，又会出现对流通手段需求的增加，特别是会增加对作为购买手段执行

① 《马克思恩格斯全集》第25卷，人民出版社1974年版，第506页。

② 同上书，第598页。

职能的货币的需要。恩格斯在插话中说："这种需要随着繁荣的增进而增加；而在过度扩张和过度投机的时期，流通手段量将达到最高点，——这时危机突然爆发了，昨天还是如此充足的银行券，一夜之间就从市场上消失了；随着银行券的消失，汇票贴现者，要有价证券作担保的贷款人，商品购买者，也消失了"。[①] 恩格斯的这段文字，对产业周期不同阶段上银行券流通量的变动，作了简明而精辟的概括。

3. 作为银行存款的货币流通

马克思在考察信用制度下的货币流通时，还论述了银行存款如何作为货币流通而发挥作用的问题。

马克思指出，货币转化为存款，会立即变为借贷资本。马克思说："单纯的货币，不管是代表已经实现的资本，还是代表已经实现的收入，都会通过单纯的出借行为。通过货币到存款的转化，而变为借贷资本。"[②] 当存款人以金或银的形式存入现实的货币时，银行家虽然掌握了这些现实的货币，但却不会把手中掌握的这些货币全部放在保险柜里，而是会把它们作为生息资本贷放出去。

作为存款，一般地说，总是别人把货币存入银行，因而是别人的。其中不少是属于产业资本家和商业资本家存入的金或银行券。当这些现实的货币处于银行家手中时，对于存款人来说，它们都只是作为货币索取权而存在，即转化为所有权的证书了，靠这种权利证书可以定期取得利息。马克思说："单纯的货币索取权，只能通过债权的抵消来代替货币"。[③] 这就是说，存款人对货币的索取权可以代替货币流通，其方法是"通过债权的抵消"。假定 A 有笔一定数量的存款在银行，则 A 在向 B 购买时就可不必支付现实的货币，只要将自己在银行账户上的相应数量的存款转入 B 的账户上即可。同样，当 B 向 C 购买时，也可以通过转账方式将货款付给 C，而不需要提取现款。存款对银行来说是债务，对存款人来说则是债

① 《马克思恩格斯全集》第 25 卷，人民出版社 1974 年版，第 598 页。

② 同上书，第 577 页。

③ 同上书，第 578 页。

权。即对货币的索取权。A 由于购买将自己的存款转移给 B，也就是 A 以在银行的债权来抵消对 B 的债务。由此可以看出，“通过债权的抵消来代替货币”，实际上是依靠银行信用作保证来代替货币流通。

在一般情况下，银行存款总是由货币形成的。既然银行存款可以“通过债权的抵消来代替货币”，那么，银行存款量同流通货币量的关系是怎样的呢？马克思指出，信用制度使得同一货币额可以形成多倍存款。马克思说：“同一些货币可以充当不知多少次存款的工具”。① 一枚货币之所以会形成多倍地存款，原因就在于银行存款除保留少量的准备金之外，都会贷放出去。因此，大量存款只是作为存款人提供的贷款记在银行的账簿上。例如银行将 A 的 1000 镑存款贷放给 W，W 用以购买 B 的商品，B 收到这笔款项后存入银行，这时银行存款便由 1000 镑增加到 2000 镑了。如果银行再将 B 存入的 1000 元贷放给 C，C 向 D 购买，D 又存入银行，银行再用这笔款项贷出给 E，如此类推下去，银行存款就会增加到 3000 镑、4000 镑、5000 镑等等。这样，同一笔款项经过连续多次地又贷又存，就形成了多倍的银行存款。马克思引用亚当·斯密在《通货论》中的一段话说道：“无可争辩的事实是，今天你在 A 那里存入的 1000 镑，明天又会付出，在 B 那里存入。后天又由 B 付出，在 C 那里存入，依此类推，以至无穷。这样，同一个 1000 镑货币可以通过一系列的转手，成倍地增长为一个绝对无法确定的存款总额”。② 同一货币额通过“A 存 B 取，B 取 C 存”变为加倍的存款量，从而使银行能以此作为借贷资本的重要来源，并通过银行特有的业务活动加倍地执行货币的职能。

马克思引用詹·威·吉尔巴特著的《银行业的历史和原理》中的一段话，说明“存款银行用转账的办法”代替货币流通，对于资本主义经济的发展有着十分重要的意义和作用。③ 一方面，由

① 《马克思恩格斯全集》第 25 卷，人民出版社 1974 年版，第 535 页。

② 同上书，第 535 页。

③ 同上书，第 456 页。

于“用小额实际货币来结清大额交易”，这就“节约了流通手段的使用”。银行可以用“腾出来的货币，再用贴现等办法，由银行贷给他的顾客”。这样，就可以使少量的货币资本能够加倍地作用于社会经济过程，从而促进生产的增长和商品流通的扩大。另一方面，由于存款流通的迅速增长，信用更加容易取得，结果必然会刺激经济活动的过度扩张，从而导致商品过剩，促使经济危机发生。因此，银行存款货币流通的发展，最终又会促进与加深资本主义的经济和信用制度的危机。

4. 货币贷款与资本贷款

马克思是在对通货学派关于银行贷款性质问题上的错误观点的批评中，提出并论述了货币贷款和资本贷款的理论。

以诺曼和奥维尔斯顿为代表的英国资产阶级通货学派，站在银行资本家的立场上，从维护银行资本家的利益出发，宣称银行家总是资本的贷放者，其顾客则总是向他要求资本的人，他们把银行家贷给顾客的货币一律称之为资本。在他们看来，银行家以现金形式交给顾客支配的东西（包括贴现在内），对借者来说都是资本的贷放，是对顾客原有资本的一种追加资本。

恩格斯在特意插进的一个附注中说，通货学派宣扬的上述观点，迫使我们不得不弄清这样一个问题：“银行家以现金形式交给他的顾客支配的东西，究竟是资本呢还是只是货币，流通手段，通货呢?”① 恩格斯指出，要解决这个问题，就必须站在银行顾客的立场上，看其要求什么，并且得到什么。马克思和恩格斯对以下三种不同的情况进行了区别和分析。

第一，求贷的顾客纯属信用贷款，无须用任何物品作抵押，仅凭个人信用，从银行无条件地得到一笔贷款。作为他原来已经使用的资本的追加。那么，在贷款到期之前，他可以把这笔新资本用在营业上，并使之增殖。因此，在这种情况下，“他得到的不仅是货币，而且是货币资本。”②

---

①② 《马克思恩格斯全集》第25卷，人民出版社1974年版，第484页。

第二，如果顾客是以有价证券或商品作抵押，获得银行贷款。在这里，由于作为抵押品的有价证券或商品也代表着资本，并且代表着比贷款更大的资本（借款人往往要拿更大金额的东西作抵押）。顾客并没有从贷款中获得追加资本，而只是获得了货币。因此，“这里是货币的贷放，而不是资本的贷放。”①

第三，顾客通过用商业汇票到银行贴现获得贷款。这既不是资本贷款，也不是货币贷款，而是一种“纯粹的买卖”。即是用汇票来购买货币，就如同出卖其他商品来换取货币一样。在正常的贴现业务中，顾客“他得到的是由卖掉的商品换来的货币”。②如果顾客是用空头汇票到银行去贴现得到贷款，他获得的则是资本。马克思说：“信用骑士为了扩大他的营业，为了用一种骗人的营业来掩盖另一种骗人的营业，会把他的空头汇票拿去贴现；但这不是为了赚得利润，而是为了占有别人的资本。”③ 恩格斯在补充说明中指出：“只有在汇票是一种空头汇票，根本不代表任何已经卖掉的商品的时候，对这种汇票的贴现才是资本的贷放；一旦银行家识破了它，他就决不会要它。”④

从对上述三种情况的分析中可以看出，只有第一种情况才是真正的资本贷放，第二种情况只能算作是货币的贷放。至于第三种情况则纯属买卖，通常连贷放也不是。由此可见，通货学派站在银行资本家的立场上，不顾事实地把一切贷款都说成是资本贷款，显然是错误的。

在这里，马克思论述了货币贷放和资本贷放的区别。马克思说：“只要商人和生产者能够提供可靠的担保品，对支付手段的需求，就只是对转化为货币的可能性的需求；如果不是这样，就是说，如果支付手段的贷放不仅给他们提供货币形式，而且也把他们所缺少的任何一种形式的用来支付的等价物提供给他们，那么，对

①② 《马克思恩格斯全集》第25卷，人民出版社1974年版，第485页。

③ 同上书，第480页。

④ 同上书，第485页。

支付手段的需求就是对货币资本的需求。"① 这就是说，所谓货币贷款，就是以可靠的担保品作抵押，通过贷款并没有给借贷人追加资本的贷款。相反，所谓资本贷款，则是无须提供任何担保品，通过贷款能给借款人增加使用资本的贷款。

这两种性质不同的贷款，在产业周期的不同阶段表现是不一样的。在繁荣时期，职能资本家为了扩大生产规模，需要追加新的资本用以购买生产资料和劳动力，因此，职能资本家这时从银行取得的贷款，大量的是属于资本贷款。在危机阶段，资本家取得贷款并不是为了扩大再生产，而是为了用手中那些固定在证券形式上的资本去换取货币，用以偿还债务。这种贷款只获得了支付手段，而没有增加真实资本，所以危机时期的贷款通常只是货币贷款。马克思把银行贷款区分为货币贷款和资本贷款，不仅有力地批判了通货学派把一切贷款都说成是资本贷款的错误观点，而且指明了银行贷款在资本主义经济中（特别是在产业周期的各个阶段中）所起的不同作用。这一理论，对于认识和分析资本主义国家里的货币流通中的某些金融现象具有重要的指导意义。

（三）国际信用制度下的货币流通

马克思先从国内方面考察了信用与货币流通的关系，然后再从世界范围内考察信用制度下的货币流通，分析研究了信用与贵金属的国际流动的关系，以及与贵金属国际流动相联系的汇兑率问题：

1. 国际信用制度下贵金属的流通

贵金属在国际信用制度下的流通，指的是贵金属（金或银）在国际间的流动。作为世界货币贵金属，它是随着商品交换的发展而进入国际市场，在国际间流动的。马克思主要从以下几个方面考察了贵金属在国际间的流动问题：

（1）贵金属的两种流动

马克思指出，关于贵金属在国际间的流动，要区别两种不同的

---

① 《马克思恩格斯全集》第25卷，人民出版社1974年版，第584页。

情况：一种是贵金属从它们的产地流入其他各国；另一种是贵金属在不产金银的各国之间流来流去。

从前一种情况看，会使不生产贵金属的国家对贵金属的持有量绝对增加。它们除了补偿这些国家磨损掉的铸币外，还会“为国内的货币流通所吸收”，满足流通中追加货币的需要，增加银行的贵金属贮备以及用于满足把贵金属作为奢侈品的一般需求等等。从后一种情况看，贵金属在不产金银的各国之间流来流去，每个国家都是时而输入又时而输出，这种进进出出交替发生的运动，大部分会互相抵消。所以，只有看占优势的是输入还是输出，根据最后差额的具体情况，才能确定其是输入还是输出。如果出大于入，就是贵金属的流出；反之，如果入大于出，则是贵金属的流入。

贵金属的流出和流入，往往被人们看成同商品的输入和输出是一致的，好像贵金属的输入过多和输出过多，只是商品输入和输出比例的结果和表现。事实上并非如此。贵金属的流动虽然同商品交易确有一定的联系，“金属的流出，在大多数情况下总是对外贸易状况变化的象征”。[①] 但是，金银的流动还可能“是和商品交易无关的贵金属本身的输入和输出比例的表现”。[②] 这就是说，贵金属在各国间的流动，除了同商品的交易有关之外，还有其他方面的原因。例如，向国外输出资本、对外贷款、旅游业的收入等，都会引起贵金属的输出和输入。

（2）贵金属的流动与银行金属贮备

在发达的信用制度下，贵金属在国际之间的流动，能够反映为中央银行金属贮备的增减。如果中央银行金属贮备增加了，则表明贵金属的流入；相反，如果金属贮备减少了，则表明此时贵金属的流出。所以，马克思说：贵金属“输入超过输出以及相反的现象，大体说来，可以用中央银行的金属准备的增加或减少来测量”。[③] 马克思还指出：“这个尺度准确到什么程度，当然首先取决于整个银

① 《马克思恩格斯全集》第25卷，人民出版社1974年版，第645页。
②③ 同上书，第642页。

行业务已集中到什么程度”。[①] 一国银行的业务越是集中，从而各个地方银行的金属贮备越是集中在中央银行，则中央银行的贵金属贮藏就越能代表一国的贵金属贮藏，它的金属贮备的增加或减少也就越能准确地测量贵金属的输入超过输出以及相反的现象。

但是，即使一国银行业已经高度集中，这把尺子也不可能完全反映贵金属的输出和输入的实际数量。这是因为，在一定的情况下，追加输入的贵金属有可能被国内流通手段所吸收或用于制造奢侈品，因而没有进入银行作为追加的贮备金。此外，在贵金属没有输出和输入的情况下，还会由于国内货币流通需要量的增加而使银行的金贮备减少。这说明，测量贵金属流动的标准，不能单纯以银行所保存的贵金属贮备数量为根据。

贵金属的贮备，是国家或中央银行的基础。没有一定数量的贵金属贮备，国家银行就不能存在和发展。马克思指出，国家银行的金属准备有三方面的用途：“1. 作为国际支付的准备金，也就是作为世界货币的准备金；2. 作为时而扩大时而收缩的国内金属流通的准备金；3. 作为支付存款和兑换银行券的准备金。”[②] 凡能影响到上述三种职能中任何一方面的事情，都会影响到银行贵金属准备的大小。正因为如此，一国贵金属贮藏的变动不一定是银行准备金的变动，同样，银行准备金的变动也不一定是国际收支发生变动。

（3）贵金属的流动和经济危机

贵金属的流入或流出，不仅会影响到一国的贵金属量，而且还会影响到信用制度和银行制度乃至整个经济的发展。

在资本主义经济循环的不同阶段上，贵金属的输入和输出呈现出不同的趋势。就一般情况而言，贵金属的输入主要发生在经济的萧条和复苏阶段。这是因为，在这两个阶段上，生产资料的价格还不高，银行存款的利息低微，既有利于生产商品的出口，也有利于吸引国外的投资。所以，马克思说：“贵金属的流进是同物价还不

---

① 《马克思恩格斯全集》第 25 卷，人民出版社 1974 年版，第 642 页。

② 同上书，第 643 页。

高但正在上涨，资本有剩余，出口超过进口等兴旺景象相联系的。”① 由于在萧条和复苏阶段上，借贷资本相对充裕，贵金属的流入首先只能作为过剩的借贷资本存在，这就更加强了借贷资本的供给，因而能够起到限制利息率提高的作用，直接影响到营业的复苏和繁荣。

贵金属的大量不断输出则主要发生在危机的前夕。此时，生产已经过剩，虚假的繁荣完全靠信用来维持。由于产品销不出去，资本流回不畅，而原材料又要大量购进，只有求助于贵金属的输出。在这一阶段上，贵金属的流出是企业家对借贷资本已有强烈的要求下发生的。马克思说：“只要对借贷资本已有极为强烈的要求，利息率因此已达到它的平均水平，流出，即贵金属不断的大量输出就会发生。”② 贵金属的不断外流，意味着借贷资本的大量抽走，减少了借贷资本的供给，从而影响到利息率的进步提高，但利息率的提高却还不会限制信用的继续扩大，反而会促使它发生过度的膨胀。这正是危机来临的预兆，正是在此时，贵金属的外流终而促使信用危机的爆发。

贵金属的外流，之所以能发生这样大的影响作用，这是因为贵金属作为货币形式的资本，有其特殊性质。它不单纯是执行货币的职能，同时还执行资本的职能。作为资本，特别是作为借贷资本，贵金属的流出自然会影响到国内借贷资本的供求关系，从而影响到利息率的高低和整个资本主义信用。由于在危机前夕，黄金的不断外流，必然会使银行所存的准备金减少，周转发生困难，引起普遍的恐慌，提款逐渐增多，存款日益减少，不得不收缩信用，银行提高贴现率甚至停止贴现，导致信用动摇，引发信用危机和货币危机，乃至最后恶化为全面的经济危机的爆发。

一般说来，金的流出数量只是一国金贮藏中的一个相对微小的部分，但在危机前夕，其作用却“像加到天平秤盘上的一根羽毛

---

① 《马克思恩格斯全集》第27卷，人民出版社1972年版，第193页。
② 《马克思恩格斯全集》第25卷，人民出版社1974年版，第646页。

的作用一样，足以决定这个上下摆动的天平最后向哪一方面下坠。”[①] 这就是说，在各方面的弦绷得很紧，信用已经发生动摇的情况下，与银行的全部金贮藏相比，贵金属的流出，即使其数量不大，但影响所及，亦会波动整个经济，甚至会促使危机的猛然爆发。

马克思指出，资本主义整个机体的这种过敏现象，是由发达的信用制度和银行制度引起的，并且是在产业周期的紧迫时期发生的。如果生产还不够发达，或者不是在产业周期的危机阶段，纵然发生了贵金属的输入或输出现象，使得国内金的贮备量或多或少于它的平均水平。“相对地说，是没有什么关系的”，不会对国内的货币流通量、借贷资本量和利息率以及信用等产生上述那样大的影响。

2. 汇兑率是货币金属的国际运动的晴雨计

在金本位制的条件下，贵金属在国际间的运动是由汇兑率的变化来调节的。恩格斯说：“汇兑率是货币金属的国际运动的晴雨计”。[②] 马克思通过对汇兑率的考察，论述了同贵金属在各国间流动相联系的国际信用问题。

汇兑率简称汇率，也称汇价或外汇行市。它是两国货币间的兑换比率或比价，即以一国货币表示另一国货币的价格。

汇兑率与贵金属的国际流动关系极大。在世界市场上，只有贵金属才是真正的货币，即世界货币。但是，不同国家之间进行贸易和债务结算，并不都是借助于互相输送作为世界货币的贵金属来交易和支付的。实际上，由于国际信用关系的发展，国与国之间的债务，也可以利用信用货币通过相互抵消的办法来进行结算。国际结算中的信用工具，包括以外币支付的支票、汇票、期票、息票以及其他可以在国外兑现的凭证。这些以外币表示的用以进行国际之间的结算的支付凭证称为外汇。既然是用外汇进行结算，就产生了本国货币和外国货币的比价问题。拿英国的英镑和德国的马克来说，两种货币都有一定的含金量，可以根据它们所代表的实际含金量，

---

① 《马克思恩格斯全集》第15卷，人民出版社1963年版，第647页。
② 《马克思恩格斯全集》第25卷，人民出版社1974年版，第650页。

按一定的比率进行兑换。在金本位制的条件下，两国货币单位的含金量的比率，称为货币平价。这种货币平价，就是汇兑率或外汇行市的基础。

货币平价虽然是外汇行市（即汇兑率）的基础，但每一具体时刻的外汇行市却往往与货币平价不一致，有时高于货币平价，有时又低于货币平价。这是因为，外汇行市要受外汇供求关系的影响。外汇供求关系的变化，使得外汇行市以货币平价为中心而上下波动。

外汇供求与一国的国际收支有直接的关系，它是由一国在一定时刻上发生的国际收支状况所决定的。若国际收支顺差，外汇就供大于求，外汇行市下跌；若国际收支逆差，外汇供不应求，外汇行市就会上涨，如此变动不已。假定英国对德国收支出现逆差，那么，在英国伦敦用英镑表示的马克的价格就会上涨，而在德国的汉堡和柏林，用马克表示的英镑的价格就会下跌。

在金本位制的条件下，外汇行市虽然经常发生波动并与货币平价不相一致，但由于黄金可以自由输出和输入，因此，外汇行市与货币平价的偏离是有一定限度的。这个限度决定于黄金由一个国家输往另一个国家的费用。如外汇行市超过货币平价的数额大于黄金的输出费用，购买者就宁可直接用输出黄金的办法清偿国外债务，也不愿去购买过高价格的外汇。反之，如果外汇行市低于货币平价的数额小于黄金的输入费用，卖者就宁可把它在国外购买黄金输入国内，而不愿以过低价格出售外汇。由此可见，外汇行市波动的最高界限是货币平价加上黄金运输费用，而波动的最低点则是货币平价减去黄金运输费用，前者叫输出点，后者叫输入点。超过输出点或输入点，就会发生黄金的输出或输入。

如果贵金属的输出规模比较大，持续时间较长，就会造成银行准备金的减少。由于准备金削弱会威胁国内信用的基础，因此，贵金属的输出国必然会采取保护措施，以防止贵金属的进一步外流。“这种保护措施，主要就是提高利息率”。① 在贵金属的大量输出

① 《马克思恩格斯全集》第25卷，人民出版社1974年版，第651页。

时，国内货币市场紧张，对借贷资本的需求大大超过供给，利息率就会自然提高。如果适应这种情况，提高银行的贴现率，相应降低了有价证券的价格，这时，外国人就会争相购买该国的股票，该国也会争相在国外抛售他们持有的外国股票。于是，该国外汇的供给就会增加，汇价下降到输出点以下，从而改变其不利的汇兑率，制止贵金属的继续输出。

马克思指出，在金本位制的条件下，“外汇率可以由于以下原因而发生变化”：

第一，一定时间内的支付差额。不问这种差额是由何种原因发生的，只要出现了差额，就必定会引起对外国的现金支付，从而影响汇兑率。

第二，一国货币的贬值。不管这种贬值是由什么原因造成的，只要贬值，就会降低它对外币的交换比率，同量的外币要用比以前更多的本国货币来表现其价格，从而造成一个不利的汇兑率。

第三，如果互相通汇的两个国家，一国的货币用银，另一国货币用金，那么，这两国之间的汇兑率，“就取决于这两种金属价值的相对变动，因为这种变动显然影响这两种金属的平价”。①

在马克思生活的时代，资本主义各国都实行金属铸币流通制。现在，资本主义国家的金本位制均已崩溃，纸币流通代替了金属货币流通，外汇行市因而呈现出一种完全不同的情况。在不兑现的纸币流通的条件下，由于纸币本身没有价值，它并不能稳定地代表一定数量的黄金，外汇行市当然也就不取决于两国纸币票面价值的比率，而必须以两国纸币在一定时期内所实际代表的金量为基础。在纸币流通的条件下，如果纸币发行过多，单位纸币代表的价值就会下降，即纸币贬值，纸币的贬值必然会影响到汇兑率的变化。马克思在考察影响汇兑率变化的第二个方面的原因时曾经说到：“一国货币的贬值，不管是金属货币还是纸币都一样。在这里汇兑率的变化纯粹是名义上的。如果现在 1 镑只代表从前代表的货币的一半，

① 《马克思恩格斯全集》第 25 卷，人民出版社 1974 年版，第 668～669 页。

那它就自然不会算作25法郎，而只算作12.5法郎。”①

在对整个信用制度下的货币流通问题进行考察后，马克思对信用和货币流通的关系作了总结性的概括，并以天主教和基督教的关系作比喻说：“货币主义本质上是天主教的；信用主义本质上是基督教的。”②“但是，正如基督教没有从天主教的基础上解放出来一样，信用主义也没有从货币主义的基础上解放出来”。③ 最初，贵金属是财富的独立的社会形式，信用的出现和发展起来后，虽然在一定范围内排挤了金属货币，并篡夺了它的位置，但这种排挤和篡夺是有一定限度的。当危机到来时，一切信用货币都要转化为金属货币，贵金属又将恢复它的位置。不仅如此，在国际支付中，金还是最后的结算工具，在汇兑率的波动幅度超过输点时贵金属就会亲自流动于国际之间。这说明信用的发展并没有从金属货币的基础上“解放”出来。这就如同新教和旧教的关系，即使新教有些东西变换了，但新教依然是以旧教为基础的。

七、资本主义银行的产生及其性质和职能

信用制度是和银行制度结合在一起的。马克思在考察了信用制度下的货币流通问题之后，接着阐述了资本主义银行制度产生的历史过程。在《资本论》里，虽然没有专门论述资本主义银行制度的性质和职能的章节，但马克思在《资本论》第3卷里考察资本主义银行制度的产生过程时，也论及资本主义银行制度的性质和职能问题。

（一）从高利贷资本到资本主义银行信用的过渡

高利贷资本是生息资本的古老形式。它和商人资本被马克思称为一对“孪生兄弟”。高利贷资本和商人资本一样，早在资本主义

① 《马克思恩格斯全集》第25卷，人民出版社1974年版，第668页。

② 同上书，第669页。

③ 同上书，第670页。

生产方式以前就已经存在，并且存在于各种不同的社会经济形态中。高利贷资本是在商品生产和商品交换有了一定程度的发展，从而货币的各种职能，特别是支付手段职能得到发展的基础上产生的。

马克思指出，高利贷资本的放贷对象是多种多样的。“然而，高利贷资本在资本主义生产方式以前时期存在的具有特征的形式有两种”。这两种形式是：“第一是对那些大肆挥霍的显贵，主要是对地主放的高利贷；第二是对那些自己拥有劳动条件的小生产者放的高利贷。这种小生产者包括手工业者，但主要是农民。”① 由于高利贷资本的利息的来源，不外是小生产者以及奴隶和农奴的剩余劳动，因而这种资本所体现的是高利贷者和奴隶主或封建主共同瓜分奴隶或农奴所生产的剩余产品的经济关系，以及高利贷者对小生产者的剥削关系。

马克思还指出，现代生息资本与高利贷资本的区别，“决不在于这种资本本身的性质和特征”。② 无论是现代生息资本，还是高利贷资本，都有一个共同点：它们都是通过贷款取得利息，从而增殖自己资本的价值。生息资本与高利贷资本的“区别只是在于，这种资本执行职能的条件已经变化，从而和贷款人相对立的借款人的面貌已经完全改变”。③这就是说，由于依以发生作用的条件已经变化，从而出现了不同的借贷人。高利贷资本的贷款对象主要是小生产者和封建主或奴隶主。他们贷入货币，用以购买生活消费品、生产资料和奢侈品，把货币作为流通手段和支付手段，即把货币作为单纯的货币来使用。资本主义的借贷资本，则是把货币贷给职能资本家。他们借入货币后，不论是用于发展生产，还是投入流通，都是为了把借人的货币当作资本来使用，执行资本家的职能，占有工人无酬劳动创造的剩余价值。由此可见，借贷资本和高利贷资本的区别，不是由资本本身的性质产生的，而是由它们所依附的生产方式上的不同所决定的。

---

① 《马克思恩格斯全集》第 25 卷，人民出版社 1974 年版，第 672 页。

②③　同上书，第 679 页。

过高利息的高利贷资本是同资本主义工商业资本的利益相矛盾的。资本主义生产的发展，客观上要求对高利贷资本进行改造，使之成为适合资本主义生产发展所需要的信用制度。马克思说：现代“信用制度是作为对高利贷的反作用而发展起来的”。① 马克思在1857～1858年的《经济学手稿》里就曾经指出：现代“信用制度本身是产业资本的一种形式，它开始于工场手工业，随着大工业而进一步发展起来。信用制度最初是反对旧式高利贷者（……）的论战形式。17世纪揭示信用制度的最初的秘密的著作，全是以这种论战的形式写成的”。② 这种反对高利贷的论战，就是建立资本主义信用制度的先声。资本主义的信用制度，虽然是在反对高利贷资本的斗争中产生和发展起来的，但是，资本主义信用制度的建立和发展，并没有完全消灭高利贷资本。在资本主义国家里，高利贷资本不仅依然存在，而且还摆脱了旧的立法对它的限制。对那些不能在资本主义生产方式的意义上进行借贷的人，生息资本仍然保持着高利贷资本的形式。

现代资本主义信用制度的产生，不过是近二、三百年来的事情，但从经营货币的收付、差额的平衡、往来的登记以及货币的保管的银行来看，却有着久远的历史。从古老的银行到近代意义上的资本主义性质的银行，经历了一段较为漫长的发展过程。

现代资本主义银行业的先驱是货币经营业，前者是由后者演变而来的。货币经营业早在古代社会和中世纪就已经存在着。货币经营业在它产生的初期，并不从事借贷信用业务。马克思说：它是“纯粹形式的货币经营业，即与信用制度相分离的货币经营业。”③ 其主要任务是从事货币流通有关的各种技术性业务，诸如为各国商人兑换不同的铸币和未经铸造的金块、银块，代替顾客把货币从一地汇到另一地，以及代替顾客保管、收付现金和进行结算等。后来，随着货币经营业的发展和业务范围的不断扩大，货币经营者手

---

① 《马克思恩格斯全集》第25卷，人民出版社1974年版，第678页。
② 《马克思恩格斯全集》第26卷（Ⅱ），人民出版社1974年版，第519页。
③ 《马克思恩格斯全集》第25卷，人民出版社1974年版，第359页。

中聚集起大量的货币，使他们有可能利用聚集起来的货币进行放债取息。当他们不仅承担保管货币，办理汇兑等货币业务，而且还发放贷款和吸收存款等信用业务时，货币经营业就演变成了早期的银行业。马克思说："一旦借贷的职能和信用贸易同货币经营业的其他职能结合在一起，货币经营业就得到了充分发展"。① 这就是说，古老的货币经营业发展成为现代银行，是从货币经营业原来所承担的货币的保管、出纳等各种职能与信用的职能结合在一起开始的。银行业产生后，货币经营业的业务就成了银行业务的一个组成部分，结合在银行业务的活动之中。

银行业的起源可以追溯到古代希腊和罗马时代，在公元前3世纪的希腊和公元前2世纪的罗马，就已经从兑换业者的业务中发展起汇兑和贷款业务，从而出现了银行业的雏形。到了中世纪，兑换业已发展成被称之为汇兑银行或存款银行的早期银行，在一定的规模上从事存放款业务。

马克思说："货币经营业，即经营货币商品的商业，首先是从国际交易中发展起来的"。② 欧洲的国际贸易集中于地中海沿岸，并以意大利为中心，因而中世纪欧洲的银行业首先在意大利各共和国内出现。12世纪末叶，银行业开始由意大利传播到欧洲其他国家。马克思在考察了法国和意大利的公立当铺以及威尼斯和汉堡的存款银行后指出，这些都还不是真正的现代信用机构，而只是它的前身。从货币经营业中发生的早期银行业，并不能适应资本主义工商业的需要，主要表现在它们所具有的高利贷性质上。例如，英国在17世纪的大部分时间内，金匠还执行着银行家的职能。马克思引用约翰·弗兰西斯在《英格兰银行史》一书的资料说："英国查理二世就要付给'金匠'（银行家的先驱）20%～30%的巨额高利贷利息和贴水。因为这种营业这样有利可图，所以'金匠'给王室的贷款越来越多"。③ 连对王室的贷款利息也如此高昂，对于工

① 《马克思恩格斯全集》第25卷，人民出版社1974年版，第357页。

② 同上书，第354～355页。

③ 同上书，第681页。

商业者的贷款利息就更不会例外了。由于高额的利息会吞噬大部分甚至全部资本主义利润，因而对资本主义生产的发展十分不利，必然会引起工商业资本家的强烈不满和反对。

马克思说，现代银行制度也是在与高利贷资本作斗争并粉碎它的统治地位的过程中发展起来的。马克思在《资本论》第 3 卷里详细考察了围绕建立现代银行信用制度而进行的激烈斗争。17 世纪的荷兰被誉为经济发展的模范国家。马克思说："在荷兰，商业信用和货币经营业已经随着商业和工场手工业的发展而发展，而在发展过程中，生息资本已从属于产业资本和商业资本。这一点已经表现在利息的低微上"。随着荷兰经济和信用的发展，1609 年成立的阿姆斯特丹银行在欧洲首先实行了符合产业资本要求的低息贷款方式，并制订了低利息法。这样，"以贫穷为基础的旧式高利贷的垄断，在那里已经自然而然地被推翻了"。① 荷兰进行的意义深远的信用革命，对当时的英国影响很大。以荷兰为榜样压低利息率，反对高利贷的呼声，在英国一直很强烈。当时英国出版的一切论述银行制度的著作中都充满着使工商业和国家摆脱高利贷盘剥的要求。17 世纪末，在英国政府的倡议和支持下，英格兰银行终于在伦敦的主教门街的戴文希尔大厦内成立。这是一家规模巨大的股份银行，它的正式贴现率一开始就规定为 4.5% ~6%。英格兰银行的应运而生，意味着高利贷在信用领域里的垄断地位已被动摇，标志着资本主义性质的现代银行制度的建立。马克思在论及英格兰银行时指出："现代银行制度，一方面把一切闲置的货币准备金集中起来，并把它投入货币市场，从而剥夺了高利贷资本的垄断，另一方面又建立信用货币，从而限制了贵金属本身的垄断"。②

由于英格兰银行一开始就是以反高利贷出现的，因此，"'一切金匠和典当业者都大肆咆哮'，反对英格兰银行"。③英格兰银行的建立毕竟只是在局部的范围内摧毁了高利贷的统治，在当时欧洲占统治地位的仍然是高利贷资本。马克思说：在欧洲"整个 18 世

① 《马克思恩格斯全集》第 25 卷，人民出版社 1974 年版，第 681 页。

②③ 同上书，第 682 页。

纪都有一种呼声（立法也照此办理），要以荷兰为例，强制压低利息率来使生息资本从属于商业资本和产业资本，而不是相反”。① 资本主义的银行制度先在荷兰、英国等局部范围内，尔后在整个欧洲，差不多经历了两个世纪，直到18世纪才普遍建立起来。

（二）资本主义银行的性质

从马克思有关资本主义银行产生和发展历史的论述中，不难看出，资本主义银行是适应资本主义生产方式的需要而产生的，它是一种经营货币和信用业务的特殊企业。之所以说资本主义银行是企业，是因为资本主义银行与资本主义企业相比较，具有以下共同点：

1. 资本主义银行无论从事何种活动，不管是贷款、投资，还是经营中间业务，都同资本主义工商业一样，其目的都是为了获取利润，而利润的来源也同样是雇佣工人在生产过程中所创造的剩余价值。银行资本家通过贷出货币资本给职能资本家，间接地参与了对剩余价值的瓜分。马克思说：“货币经营者的利润不过是从剩余价值中所作的一种扣除”。② 马克思还指出：“银行的利润一般地说在于：它借入时的利息率低于贷出时的利息率”。③ 银行利润虽然采取利息的形式，但其实质仍然是雇佣工人所创造的剩余价值的一部分。这和产业利润、商业利润是相同的，而且银行利润的大小，大体上也和社会上的平均利润率相等。既然资本家开设银行的目的是为了追逐利润，那么，其活动就与一般工商企业一样，要受剩余价值规律和利润平均化规律的支配。所以，马克思说，“用国家名义装饰起来的大银行，从一产生起就只不过是私人投机家的公司”。④

2. 从经营方式来看，银行一方面把各种暂时闲置的货币资本

① 《马克思恩格斯全集》第25卷，人民出版社1974年版，第681页。

② 同上书，第360页。

③ 同上书，第453页。

④ 《马克思恩格斯全集》第23卷，人民出版社1974年版，第823页。

集中起来，另方面又将这些货币资本贷放给职能资本家使用，然后带着一个追加的货币额收回来，从而使他的资本获得增殖。银行资本的物质构成，无论是金，还是银行券或者有价证券，也无论其本身是否具有真实价值，银行家把它们贷放出去，都会给他带来更大的价值额。马克思说“只要对货币流通起这种技术上的中介作用的货币资本……是由一类特殊资本家预付的，资本的一般形式 G—G′也就会在这里出现。由于 G 的预付，就会有 G+ΔG 为预付者而生产出来。但是，在 G—G′作为媒介的东西，在这里与形态变化的物质要素无关，而只与它的技术要素有关”。[①] 这就是说，从经营方式上看，银行资本同产业资本、商业资本一样，都是预付一定数额的货币，然后带着一个追加的货币额收回来，都具有 G—G′这个资本的一般形式。这种情况，也决定了资本主义银行是以本求利的营利性的企业组织。

3. 从银行业在再生产过程的作用来看，银行的业务活动处在社会的再生产过程之内，它同工商企业一样，是社会再生产的一个不可缺少的必要环节。在资本主义的商品经济条件下，工农业生产部门创造的价值必须通过流通部门来实现。而流通部门在实现商品的价值时，不仅要有商业从事商品的购销活动，而且也要有银行从事货币的收付、资金融通、转账结算等业务。如果没有银行的上述业务活动，工商企业的资金周转就会发生困难，甚至会使社会再生产中断。此外，银行通过聚集和分配社会资本，社会再生产活动，还是促使社会再生产扩大进行的必要条件。所以，马克思说：银行资本与高利贷资本不同，银行资本是属于“资本的核心构造”部分，[②] 它是在再生产内部与资本主义生产方式发生关系的。

从上述三点看，资本主义银行具有资本主义企业的基本特征，因此说资本主义银行是企业。但是，银行作为资本主义企业，又不同于一般的资本主义工商企业，其特殊性主要表现在：

1. 银行经营的对象不是普通商品，而是作为特殊商品的货币

① 《马克思恩格斯全集》第 25 卷，人民出版社 1974 年版，第 360 页。

② 同上书，第 297 页。

资本（借贷资本）。普通商品是现实的物质实体，银行经营的借贷资本却是一种可能的货币资本，只有与生产、流通相结合，并以产业资本或商业资本的循环为依托，才能成为现实的货币资本，实现增殖。尽管如此，由于在资本主义生产过程中需要大量的货币资本，商业银行则是以信用方式聚集和分配货币资本的“最精巧和最发达的”机构。因此，它比一般工商企业具有更加广泛的社会联系，它不仅是整个社会货币资本活动的中心和枢纽，而且在整个社会再生产过程中有着一般工商企业不可替代的特殊地位和作用。

2. 银行的活动处于货币信用领域，它并不直接从事商品由生产和流通，而是通过其业务活动为商品生产和商品流通服务。银行作为信用的中介，通过以货币借贷为特征的信用活动，不仅能使暂时闲置的货币资本再用于生产和流通过程，而且还能把社会各阶层、各方面的暂时不用的货币收入集中起来，使之成为巨额的货币，并贷放出去转化为资本。马克思说：“这种收集小金额的活动是银行制度的特殊作用”。① 正因为如此，资本主义银行是从事货币和信用业务的特殊企业。

3. 普通商品卖出后，即发生所有权的转移，而借贷资本却不同。马克思说：“它既不是被付出，也不是被卖出，而是被贷出”。② 因此，银行将货币资本贷出后，只是发生使用权的暂时让渡，所有权仍在银行，到时还要带着利息回到银行。由于借贷资本的回流，是以生产、流通的正常进行和资本增殖为前提的。所以，银行特别关心资本的正常循环和资本的投入产出。这与一般企业出售商品后，不再关心商品的使用价值是大不相同的。

总之，资本主义银行与一般资本主义企业相比较，既有共性又有特性，它是经营货币和信用业务的特殊的资本主义企业。

但是，所谓资本主义银行是经营货币和信用业务的特殊企业，这是就资本主义社会里存在着的大量商业银行而言的。在资本主义社会里，实际上银行种类繁多，形式各异，并不单纯都是企业，其

① 《马克思恩格斯全集》第25卷，人民出版社1974年版，第454页。

② 同上书，第384页。

中有的还具有国家机关的性质。马克思认为，1894 年成立的英格兰银行就具有“国家机关”的性质。马克思说，英格兰银行是“一个受国家保护并赋有国家特权的公共机关”。① 英格兰银行资本实力雄厚，历来以购买公债形式支持政府，这就使得英格兰银行成为政府在经济上的主要依附力量，因而受到国家的保护并赋予它种种特权，诸如发行银行券、代理国家支付公债利息、代理国库和负责保管政府的税收存款等，由于英格兰银行享有国家赋予的种种特权，使得它不仅不同于一般的资本主义工商企业，而且还使它在同行业的竞争中处于优势地位。马克思说：“伦敦最大的势力，当然是英格兰银行。但它的半国家地位，使它不可能用这种粗暴的方式，来显示它的统治力量”。②

就英格兰银行享有的以国家名义装饰起来的种种特权和它在经济生活中的作用而言，它已类似于现代资本主义国家的中央银行，成为以管理金融和调节经济为目标的“公共机关”或“国家机关”。在马克思生活时代的英格兰银行，由于它还是一个私人集资创办的股份银行，并从事一般的存放款业务，即还兼有商业银行的职能。正因为如此，马克思把当时的英格兰银行称之为“半国家机关”。第二次世界大战后，随着英格兰银行被收归国有，并不再从事商业银行方面的存放款以及货币流通等技术性业务，因而也就成了不折不扣的“国家机关”。

（三）资本主义银行的职能

银行作为经营货币和信用业务的特殊资本主义企业，在资本主义经济中是通过它的各种职能而发挥作用的。关于资本主义银行的职能问题，马克思虽然没有像对货币的职能那样作出明确的表述，但从马克思在《资本论》中的一些有关论述来看，资本主义银行主要有以下职能。

1. 资本家之间的信用中介

① 《马克思恩格斯全集》第 25 卷，人民出版社 1974 年版，第 616 页。

② 同上书，第 613 ~ 614 页。

马克思指出：货币经营者是以货币资本的实际贷出者和借入者之间的中介人的身份出现的，货币的借入和贷出是他们的特殊任务。银行通过其信用活动，首先以吸收存款的方式，动员和集中资本主义企业中的一切闲散的货币资本。然后再以贷款和投资的方式，把集中起来的货币资本供给暂时需要补充货币资本的职能资本家使用。马克思说："银行一方面代表货币资本的集中，贷出者的集中，另方面代表借入者的集中"。① 在这里，银行和资本家之间具有双重关系，对一些资本家，它是借者即债务人，而对另一些资本家，它则是贷者即债权人。实际上的贷者和借者都是职能资本家，银行在其间起着中介人的作用。银行作为货币资本借贷双方的媒介，可以克服资本家之间直接借贷的许多困难，使再生产过程中产生的闲置资本得到充分的利用，从而加速资本的周转，促进再生产的扩大。

2. 把社会各阶层的货币收入转化为资本

这一职能，是指银行把社会各阶层暂时不用的货币收入和小额货币积蓄吸收、汇集起来，并贷给资本主义企业使用，这样就把这部分原作为消费用和不能增殖的货币收入转化为资本的，从而扩大了社会资本的总额。

马克思在论及现代银行制度的职能时指出："把现代银行支配的资金，单纯看作是有闲者的资金这是错误的"。② 马克思把银行支配的资本，划分为二大类：一是"产业家和商人以货币形式持有的暂时闲置的资本部分，即货币准备或尚未使用的资本"；二是社会各阶层暂时不用的货币收入，即"一切收入和积蓄中永远或暂时用于积累的部分"。马克思认为："这两点对于确定银行制度的性质具有重大意义"。③

银行通过办理存款，把社会上一切可用的闲置资本和可能发挥资本作用的其他阶层的货币收入集中起来，再交给职能资本家去使用。一方面，这意味着银行对货币资本的支配权，已大大超过它自

① 《马克思恩格斯全集》第25卷，人民出版社1974年版，第453页。

②③ 同上书，第865页。

有资本的范围；另一方面，则说明社会资本的很大部分是通过银行进行分配的。马克思说："银行制度造成了社会范围的公共簿记和生产资料的公共的分配的形式，但这只是形式而已"。[①] 由于银行机构执行着对已经集中起来的大量别人的资本进行分配的社会职能，以致使得资本的贷放者和使用者，都不是这些资本的所有者或生产者，从而使资本的贷放和使用都越出了私人的范围，扬弃了资本的单个私人性质。从这点看，银行好像确实在社会范围内起着对"生产资料的公共分配"的作用。"但这只是形式而已"，银行制度并没有也不可能改变资本主义的经济本质，而且作为一种动力，银行制度还是"使资本主义生产超出它本身界限的最有力的手段，也是引起危机和欺诈行为的一种最有效的工具"。[②]

3. 资本家之间的支付中介

由于银行的信誉高，拥有分支机构和代理关系，因此，资本家一般都在银行开立账号，并委托银行办理各种同货币资本运动有关的技术性业务，诸如货币的收付与结算、货币与贵金属的保管等。在这里，银行是以资本家的账房和出纳员的资格出现的，实际上成了资本家之间的支付中介人。银行这一职能的发挥，有利于节约流通费用，加速资本的周转。

4. 创造信用流通工具

前面说过，银行在自己的业务活动中，具有创造信用流通工具的职能。银行券和支票是银行创造的主要流通工具，它们都是银行的债务凭证或证书。通过银行券的发行和支票的流通，银行可以超出自有资本和吸收资本的总额而扩大信用，并能满足流通过程对流通手段和支付手段的需要，节约流通费用。

在上述四个职能中，第一个职能即资本家之间的信用中介，是最基本的职能，它最能体现银行的性质与特征。在马克思生活时代的自由竞争的资本主义时代，银行在国民经济中主要处于中介地位，即主要充当信用中介和支付中介。到了帝国主义时代，银行的

---

①② 《马克思恩格斯全集》第25卷，人民出版社1974年版，第686页。

性质和作用发生了本质的变化。“随着银行业的发展及其集中于少数几个机构，银行就由普通的中介人变成万能的垄断者”。[①] 银行这种万能垄断者的地位随着金融资本和金融寡头的形成而加强，极少数既掌握工业股票又掌握银行股票的金融寡头控制了整个国家的经济命脉。

综上述，在《资本论》第三卷第五篇里，马克思用大量的篇幅专门考察了信用和银行方面的一些重大理论问题。从马克思上述的许多精辟论述来看，《资本论》是个蕴藏着丰富的信用和银行理论的宝库。在《资本论》里，马克思虽然是以资本主义社会里的信用和银行理论作为研究的对象，但马克思阐述的关于信用和银行方面问题的许多一般原理，如果拍去它们所反映的资本主义性质的一面，对于我们正确认识社会主义的信用和银行的性质与作用，探讨我国今天银行信用制度的改革，建设具有中国特色的社会主义银行信用制度，仍具有重要的指导意义。花功夫细心研读马克思的《资本论》，学习和发掘整理《资本论》中关于信用和银行方面的理论，既是我国社会主义现代化建设的需要，也是摆在我们广大金融理论工作者面前的一个意义重大的课题。

（原载《北京金融》1991 年第 1 ~ 14 期）

① 列宁：《列宁选集》第 2 卷，人民出版社 1960 年版，第 753 页。

第四部分

金融学科建设与金融教育改革理论

用科学的发展观指导金融学科建设

我国高等金融教育有起步晚、起点低的特点。改革开放以来，特别是近十年来，我国高等金融教育呈现出前所未有的快速发展的势头。在“金融热”的驱动下，除众多财经院校一般都设有金融专业外，一些理工、农业、师范、外语等院校也不顾条件，追逐热点，纷纷盲目增设金融专业。据不完全统计，至 1999 年全国高校金融类专业的设点已超过 600 个。众多高校金融类专业的开办，尽管在一定程度上促进了金融教育和金融学科的发展，但是，高校金融类专业数量虽多，却普遍存在着师资力量不够强，教学内容、课程体系、教学方法陈旧、教学改革滞后等问题。从总体上看，我国高校金融类专业的教学质量和学术水平不够高。

目前，我国高校金融类专业正经历着从追求“量”的增加到追求“质”的提高的转变，从处于迅速扩张转到稳定发展的阶段。现在，金融教育的主要特征是：稳定金融类专业的数量，提高质量。那么，怎样才能提高高校金融类专业的质量呢？关键是要树立科学的发展观，从粗放型、外延式的数量扩张转变到注重学科建设的内涵式发展上来，真正把学科建设放在突出位置。

学科建设是承载高校教学、科研、产业等工作的基础和载体，是体现高校办学水平、办学特色和社会声望的主要标志。高校科研能力的增强和教学水平的提高，主要取决于学科的发展水平。纵观我国金融界比较著名的学者，大都集中在国内为数不多的几所高校一流的金融学科。只有高水平的学科，才能聚集一批高水平的名教授，并使社会对其产生认同感、信任感，因而也才有可能承接重大的科研项目，并培养出高素质的人才。一流的金融学科因有名师举旗，学术气氛浓厚，在高层次的交流和相互切磋中，教师们耳濡目染，科研和教学水平自然能得到提升。

改革开放以来，我国在金融科学理论研究和学科建设方面虽然取得了长足的发展，但由于我国对现代金融科学学科理论研究起步较晚，目前还处于初创阶段，其内容和理论框架体系都还不成熟，学术上也尚无构建理论体系不可或缺的充足的研究成果作基础。因此，在我国还面临着金融科学学科建设的重任。这里要指出的是，金融科学学科建设不仅仅局限于人们通常所理解的科研水平和能力，除此之外，还包括与高校金融类专业的学术声望、学术成果质量密切相关的教学、信息服务等其他领域。

办好高等金融教育的关键，就是要以科学发展观为指导，充分重视学科建设的龙头地位，花大力气抓好学科建设。而要抓好金融学科建设，很重要的一点，就是必须注重特色，突出重点。金融科学发展到今天，已变成了一个集合概念，它是由许多具体分支学科组合而成的。其分支学科众多，诸如有货币银行学、国际金融学、金融工程学、证券投资学、农村金融学、保险学等等。设有金融类专业的各高等院校，应突出重点，建设具有自身特色的具体分支金融学科。即使金融类专业具有较强实力的高校，也不可能使其每门分支金融学科都居于国内一流的地位，但必须有一个或几个分支金融学科（例如，证券投资学、金融工程学或保险学）是国内顶尖的学科。一所高校，如果有一个或几个真正的高水平的分支金融学科或独具特色金融学科，这所高校就会在国内金融界乃至国际学术界产生影响，就能在社会立足，并带动整个学校的金融类学科和其他相关学科的发展。因此，设有金融类专业的各高等院校应根据国内外金融学科发展的情况、自身学科发展的历史和现状，特别是教师队伍的结构，扬己所长，发挥自身的优势，选准自己重点建设和发展的学科。一旦选准，就要“有所为，有所不为”，集中人力、物力扶持重点，在进人指标、职务晋升、房屋分配等方面都应向该学科倾斜，加快该学科的发展，使其在教学质量和科研方面跻身全国高校同类金融学科的前列。

学科建设的发展和学术水平的提高，关键靠教师，特别是高水平的学术骨干。金融教育工作，无论是科研也好，还是教学也好，没有一支高素质的能发挥主导作用的学术骨干队伍，是不可能取得大的发展的。学术骨干，即有知名度的学者。如果没有知名学者，那么大学也就不成其为大学了。学术骨干或知名学者对任何一门学科而言，都是实力的象征，地位的象征，声望的象征。杰出的学术骨干的作用，是一般人才无法相比的。他们可以凝聚一支优秀的学术队伍，带动一个学科，开创一个领域，形成一门有影响的名牌专业。一个学科，往往几位举旗的学术带头人在，学科在，领头的几位学术带头人走了，这个学科也就垮了。由此可见，学术带头人对学科建设的作用之大。

建国后特别是改革开放以来，我国已培养和造就了一支覆盖金融类各个具体学科、各专业，具有相当水平和实力的教师队伍。在金融教育的各个领域都涌现了一些较高层次的学术带头人，但从总体上讲，这支队伍还远远不能适应金融教育和金融学科建设发展的需要，在宏观布局、档次品位、开发利用等各个方面都存在着大量问题。突出表现为：总量不足，层次还不够高，为学术界公认的高层次专家所占比例较低。在分布上，层次较高的专家大都集中于名牌高等院校和科研机构。此外，缺少中年骨干，人才断层问题也未完全解决。目前要巩固、扩大、爱护金融教育领域里的现有的学术骨干队伍，并争取能在这支队伍中形成一些更高层次的代表人物和代表著作，让更多、更强的代表人物与著作涌现出来。

人才问题，始终是高校改革和发展中的核心问题和头等大事。“国以人立，政以才治，业以才兴”。要牢固树立人才为本，人才强校的观念，充分认识人才在学科建设中的重要作用。要振兴我国的金融教育，除了要重视全面提高各高校金融类专业教师的整体素质之外，还必须高起点、大力度地选拔培养优秀学术骨干人才。金融类院校把振兴金融教育的着力点放在培养和造就优秀学术带头人上面，就如同抓住了“牛鼻子”，可以牵一发而动全身，能较快地推动我国的金融教育向新的更高的层次发展。加快培养和造就一支与金融教育发展相适应的高层次的学术骨干人才队伍，乃是金融教育界的一项带有根本性和战略性的大事。

那么，在金融教育领域，怎样才能培养和造就一批素质优良、层次更高的学术骨干队伍呢?

（一）要改革现有的金融教育体制，重视多学科最新综合知识的通才教育

我国金融教育界里现有的一些学术带头人，虽然勤于笔耕，成果不少，甚至在经济金融界还有一定知名度，但很少有人能推出在国内外有较大影响的课题和成果，其重要原因之一，就是知识结构单一，视野不开阔。

知识经济对从事金融理论研究的人员提出了新的更高的要求，其中最重要的一点，就是要求必须是具有新型知识结构的、全面发展的新型人才。这样的人才，不仅要具备扎实的专业知识，是金融学科某一领域的专才，同时又掌握经济科学领域里相关学科的基础知识以及其他社会科学和自然科学的基础知识，是个学识广博，具备多种学科知识的通才。唯有掌握多种学科知识的人才，才具有开阔思路和敢于创新的精神，善于把握和抓住学科建设的前沿，提出有学术价值的独到见解，并带领本学科始终走在学种建设的前列。针对目前我国金融教育领域里学科和专业设置比较单一以及专业知识结构单一的现状，应当贯彻“通才教育”的方针，改变按金融机构分类设置专业，打破国内金融与国际金融的界限，并对学生尽可能多开发一些其他学科特别是文理相通的选修课。要把改变专业设置和课程开设，培养具备多学科综合知识和具有最新知识结构作为金融教育改革的一个重点。通才教育能使学科带头人在学生时代就受到多学科综合知识的良好教育，有助于他们从狭隘的专业中走出来，从整体上考察学科的发展趋势。这对于启迪思维，开阔视野，培养和造就新的更高层次的学术带头人有重要作用。

（二）要努力营造有利于优秀学术骨干脱颖而出的体制、机制和环境

为了营造一个能使优秀的年富力强中青年学术骨干脱颖而出的环境，应当采取一些积极有效的措施。（1）在用人机制上优化管理，倡导爱护人才，珍惜人才，尊重人才，不拘一格选用人才，造成人才辈出和能施展才干的良好氛围。（2）要打破平均主义和论资排队的旧观念，政策资源应向所在学科、所在专业的佼佼者和领军人物倾斜。对那些出类拔萃并有突出贡献的中青年学术骨干，要加大支持力度，给予特殊荣誉和奖励，鼓励和支持冒尖。（3）要不断强化竞争意识和进取精神，建立公平竞争，择优聘用的机制，形成优胜劣汰，激励向上，百舸争流，人人不甘落后，奋发努力增长才干的成长局面。

（三）实行导师制，积极开展各种形式的学术研讨活动

老一辈学科带头人是高等金融教育事业发展的宝贵财富。他们中的许多人学识渊博，业务精良，为人师表，教书育人，尽职尽责。由这些老一辈学科带头人中的资深教授担当导师，以便更充分发挥他们对新一辈学科带头人和骨干教师的传帮带作用。除在科研经费、人力、物力等方面给予适当支持之外，还应当对资深教授实行不占岗位职数的终身教授制，以使他们能安心从教，潜心治学，积极培养学术骨干。在治学严谨和功底深厚的老教授的教导、关切、帮助和学术熏陶下，有助于中青年学术带头人更快地成长为金融科学某些领域里能承担重任的科研骨干。

此外，还要建立各具特色的学术论坛和学术报告制度，定期开展形式多样的学术研讨活动。一门学科走向繁荣的一个重要表现就是一系列论著、教材的出版及相应的学术活动的开展。众多高校金

融类专业学术论坛活动的举行，有助于中青年学者之间经常接触和交流理论信息，增加见识，开阔视野，并能对金融界的学术研究发挥组织带动作用。

（四）加强国际性的学术交流活动

应积极创造条件，争取使尽可能多的中青年学术带头人有机会出现在国际金融界的学术论坛上，进行交流和研讨。通过国际性的学术与教学交流，取长补短，提高我国的金融科学理论的学术水平和教学水平。从我国目前的情况看，至今仍很少有中青年学者活跃于国际金融界的学术论坛。这不仅反映我国的金融理论研究水平还不够高，而且也说明我国的金融理论研究尚未与国际接轨。我国的金融理论界和教育界不能老是停留于“拿来主义”，向外国“拿来”，我们需要的现代金融理论知识和教学经验。我国金融教育界的中青年学者也应该勤奋学习，努力提高自身的学术素养、理论研究水平和外语水平，争取推出一些能被国内外特别是国外金融界同行认可的具有重要学术价值的优秀研究成果，从而使自己能有机会更多地出现在国际金融界的学术论坛上。这不仅有助于国际金融界的同行了解中国金融理论研究的状况，而且也能为促进国际金融界的学术繁荣作一定的贡献。

（五）要大力倡导潜心做学问的精神

学术研究是一种艰苦和富有创造性的劳动，需要有强烈的社会责任感、使命感和“十年磨一剑”的坚韧不拔的毅力，不畏劳苦，心无旁骛，沉潜学问。在当前我国经济金融学界少数人中存在急功近利与浮躁学风的情况下，应当而且必须在中青年学术骨干中大力倡导潜心做学问的精神和为社会主义祖国服务的献身精神，鼓励他们以严谨、执著、求实和求新的态度，扎扎实实地努力探求，辛勤耕耘。只有这样，才有可能取得对国家经济决策和金融学科建设具有重要价值的科研成果，涌现出一批对现代金融科学理论有所建树的真正的精品力作，并孕育出一批卓有成就和享誉海内外金融界的学术大家。

（原载《金融理论与实践》2004 年第 7 期）

关于现代金融科学学科建设的思考

加强学科建设，不仅是金融科学自身发展的内在要求，而且也是社会经济发展实践的迫切需要。本文拟就与金融科学学科建设有关的几个问题作点粗浅的探讨，意欲投石问路，抛砖引玉。

（一）

近些年来，我国经济金融界以极大的热情关注和参与探讨金融体制改革中的一些重大问题，金融研究的热点问题一个接一个，引发了金融研究的空前繁荣的可喜局面。但是，从我国目前金融研究的现状来看，对策性研究居于十分突出的主流地位，而作为对策性研究科学依据的基础理论问题却相对较少有人问津，现代金融科学学科建设中的一些重要理论问题，公开发表的研究论著至今仍不多见。与重视研究金融热点问题相比，金融科学本身的学科建设已明显地滞后于新形势的要求。作为一门实用性很强的学科，金融科学无疑应当特别注重与实践紧密相关的热点问题的对策性研究，但也不应当忽视其学科本身的建设，加强金融科学学科建设，提高其本身的科学性和系统性，有助于它在社会经济生活中发挥更大的作用。

伴随着现代市场经济的建立和发展，以及金融业在国民经济中扮演着日益见重的角色，现代金融科学在经济科学领域中的地位也随之提高。随着金融科学地位的上升，一方面给金融科学在我国的发展提供了难逢的历史机遇。另一方面，由于金融科学在我国还是一门发展中的学科，尚没有形成比较成熟的理论体系。因此，它又面临着自身学科建设的繁重任务。这一任务已历史地落在我国当代经济金融理论工作者的肩上。广大经济金融理论工作者应当以邓小平的建设有中国特色的社会主义理论为指导，融汇吸收国内外在金融科学学科理论方面的研究成果，并紧密结合我国当前的金融体制改革和现代化建设的实践，通力合作，努力探索和开拓创新，为构建具有中国特色的金融科学理论体系，作出自己应有的贡献。

（二）

探讨金融科学的学科建设，首先碰到的是金融科学学科归属上的定位问题。对于此问题，我国学术界目前尚无完全统一的看法。有的人把金融科学等同于货币银行学，并认为它从属于理论经济学范畴，是政治经济学的一个分支。笔者认为，这种看法是不正确的。

现代金融科学是一个总称，它是由包括货币银行学在内的一系列具体学科组成的。现代金融科学既不能与货币银行学划等号，更不是政治经济学的一个分支，而是一门与政治经济学并列的独立的经济学科。从学科的归属来讲，它从属于应用经济学范畴。

应用科学是相对于理论科学或基础科学而言的，把经济科学划分为应用学科和理论学科只具有相对的意义。这是因为，应用经济学科和理论经济学科的主要区别在于，应用经济学更具有实用功能，而理论经济学则主要具有认识和指导的功能。我们说金融科学是一门应用经济学，原因就在于它有实用功能，带有明显的务实性。与一般的经济学科相比，金融科学中的学科大都更加讲求实用、管理和决策，多侧重于对现实经济问题在应用方面的研究，能以其研究成果直接为经济建设服务。例如，金融市场学、金融工程学、证券投资学、金融会计学、金融管理学、保险学、金融信托学等。从这些学科所研究的对象或所要解决的问题来看，无不是为应用的目的，它们的应用性表现得十分明确和具体。

这里讲的所谓应用性，并非完全排除理论。金融科学内的大多数学科同样有很强的理论性，其立论的论证往往要涉及一些比较高深的理论。同其他科学领域一样，金融科学也有基础理论与应用理论之间的差别，其基础理论的基本内容也具有一般科学意义上的“共同性”，可以为一切人所应用。例如，金融科学中的关于货币供求与均衡理论、利率理论、证券投资理论、资产负债管理理论、货币政策工具与传导机制理论等。这些理论的许多基本内容，虽然都是一些有着不同的社会、历史与文化背景的人所发明和发展的，但它们却是人类共同的财富，是没有国界和社会属性的。这个特点反映在学科建设上，要求我们在构建具有中国特色的金融科学学科理论时，应当重视学习和借鉴国外学术界的一些有价值的研究成果(包括不同社会制度、不同学派)。金融学科既带有明显的应用经济学性质，同时又具有理论经济学的特点，这就决定了我们在进行金融科学学科建设时，既要把应用性（或可行性）放在很重要的突出位置，同时又要理论和应用兼顾，十分重视探讨有关基础理论问题。

(三)

任何一门科学都有其不同于其他学科的相对的理论体系。在我国，对于金融科学学科建设的研究还处于起步和摸索的阶段。要使之发展和完善起来，就必须根据市场经济的需要。科学地构建其理论体系。笔者认为，应当主要从以下几个方面来设计金融科学的理论体系：（1）对象，即金融科学的定义和研究内容；（2）原理，即金融科学的基础理论。它包括一般概念、基本内容、主要流派及理论价值和实践意义；（3）应用，即金融实务基本知识；（4）分支，即金融科学的各个分支学科与主干学科的关系，以及它们与相近学科间的联系和区别；（5）方法，即金融科学所具有的主要研究方法；（6）趋势，即金融科学理论在国内研究的现状和发展前景。

在上述各点中，以金融科学的研究对象最为重要。一般来说，研究对象是建立学科理论体系的出发点。理论体系不以研究对象为前提，本身就失去了赖以存在和发展的基础。因此，探讨金融科学理论体系的构建，首先必须弄清楚金融科学的研究对象。在我国目前已出版的众多有关金融知识的辞典或百科全书中，几乎都没有将金融科学作为一个词条单独列解。我国学术界对金融科学概念的诠释尚无定论，笔者认为，所谓金融科学，简言之，就是以货币金融活动及其理论和政策作为主要研究对象的科学。

对于金融科学的定义和研究对象，究竟如何更准确地表述，还有待于人们作更深入的探讨。此外，关于金融科学基础理论所应包括的主要内容、一些基本概念的释义、学科体系框架的界定及内部学科的分类等重要问题，目前也都还没有比较一致的看法。大凡一门重要学科，其理论体系的构建，都要经历一个漫长而又艰难的探索过程，不可能一蹴而就，对于金融科学这样一门在经济科学园地里居举足轻重地位的学科来讲尤其如此。

（四）

就任何一门独立的学科而言，总是有与其相适应的特定的研究方法。现代经济科学一个重要趋势，就是它们普遍处于数学化的过程之中。金融科学也不例外。现代金融科学发展的一个显著特点，就是已由过去主要注重质的分析的定性研究，逐渐转向对货币金融活动的量的研究，从而导致数学化、定量化趋势的加强。

金融科学之所以能够进行定量研究，或者说，数学手段之所以能够应用于金融科学领域，也正是由金融科学的研究对象所决定的。同任何其他经济活动一样，货币金融活动中也存在大量的数据。在进行金融科学理论研究时，必须收集和掌握这些数据，并运用数学工具对货币金融活动运行中的利率、汇率、货币供应量、资金运用率、价格指数、收益率、利润等数据进行分析，才有可能在量化的基础上得出精确的结论。近一二十年来，派生或衍生证券的产生和发展，给现代金融科学提出了一些极其复杂的数学问题，包括金融变量的描述、各种金融变量之间的关系分析、金融系统的优化处理、市场风险的计算与控制等等。

金融科学理论研究中的定量分析主要有两种方式：一是理论的模型化，即用数学的语言来描述金融科学中的某一理论的基本内容；二是实证研究的定量化，即运用实际的统计数据来验证金融科学中的某一理论判断的正确与否和适用范围。定性分析和定量分析是金融科学的两种基本的研究方法，二者缺一不可。如果不做好数量分析，质的规定性就难以把握，但如果忽视定性研究，单纯注重研究量的变化亦无意义。只有在定性指导下进行定量分析，在定量分析的基础上进行定性综合。把两者有机地结合起来，才能得出正确的判断和结论，更好地揭示货币金融活动运行的规律性。

马克思说："一种科学只有成功地运用数学时，才算达到了真正完善的地步。"这话当然也适用于金融科学。金融科学的理论框架要真正实现科学化和系统化，就必须先使其研究方法现代化。而要使金融科学研究方法现代化，就必须用现代数学知识武装我们的经济金融工作者的头脑。作为经济金融工作者，只有努力掌握现代数学知识，并使之成为自己的得心应手的工具，才能在推动金融科学的学科建设和繁荣我国的金融科学理论研究中发挥作用。

（原载《金融时报》1997 年 2 月 23 日）

再谈现代金融科学的学科建设

金融科学在我国还是一门发展中的学科，有许多基本理论问题尚待于作进一步的探讨。本文拟就与金融科学学科建设有关的几个问题，再谈点粗浅的看法。

（一）

任何一门科学之所以有独立存在的价值，首先就在于它有自己专门的研究和考察的领域。同样，金融科学也拥有自己特殊的研究对象。所谓金融科学，顾名思义，是研究货币金融问题的一门学科。其研究对象，简而言之，就是金融理论、金融政策（亦称货币政策）和金融实践。作为金融科学的共同研究对象，这三者是相互依存，缺一不可的。就金融理论和金融政策的关系而言，金融的基本理论是制定、执行金融政策的指导和依据；而金融政策在贯彻实施过程中所取得的经验，又可以不断丰富金融理论。就金融理论、金融政策与金融实际工作的关系而言，金融理论、金融政策是通过分析、总结金融工作的实际情况和实践经验而形成的，又回过头来指导金融的实际工作。

现代金融科学的研究领域，既包括货币金融活动的理论和政策，又包括金融实务；既要构建理论体系和进行政策分析，又要考察货币金融的实际运作情况；既能给人们提供分析货币金融活动的理论和方法，又能给人们提供解决具体货币金融问题的对策与手段。它是一门理论性、政策性和实践性都很强的学科。

金融科学与经济科学有着十分密切的关系。从一定意义上讲，金融科学就是将经济科学研究的诸多内容中的金融这一课题独立出来、加以深入研究的一门学问。因此，金融科学是经济科学中的一门分支学科。在目前尚不够清晰的经济科学分类表上，金融科学是作为二级学科而与政治经济学、财政学、工业经济学等学科居于并列地位。

经济科学与金融科学二者是源和流的关系，经济科学是基础和前提，对金融科学的研究工作具有指导作用，而金融科学的发展，又有助于经济科学研究内容的扩展和深化。金融科学的繁荣和发展，在很大程度上有赖于金融理论工作者本身素质的提高和研究方法的创新。作为金融理论工作者，必须具备良好的经济科学素养，具有比较扎实的经济科学理论知识，并能不断地学习和吸取现代经济科学研究的一些新观点和新方法，能够把握经济科学的发展趋势及其规律。

对现代金融科学的研究在我国起步较晚，迄今还没有形成完整的学科体系和明确规范的概念术语系统。因此，要树立把金融科学作为一门学科来研究的“学科意识”，重视和加强金融科学本身的学科建设。从理论上认真探讨金融科学学科建设中的一些重大问题，诸如定义、概念、对象、内容、分类、方法、原理等。学科理论是否系统和科学，是衡量一门学科是否成熟的主要标志。而构建成熟的金融科学学科体系，对于正确认识和把握金融科学的发展规律，更加充分地发挥金融理论对货币金融活动的先导作用，具有十分重要的意义。

（二）

目前，金融科学在我国虽然尚处于探索和创建阶段，但它在我国却是一门大有发展前途的学科。

金融业在现代市场经济中地位特殊，影响重大，尤其是在我国社会主义市场经济的培育和发展中，金融业具有至关重要的作用。从金融科学的发展趋势来看，随着我国金融体制改革的深入和金融业在国民经济中的地位进一步提高，作为金融活动理论表现的金融科学必将有一个更大的发展。任何一门科学的发展前景，从根本上讲取决于社会实践的需要。恩格斯说："社会一旦有了技术上的需要，则这种需求要比十所大学更能把科学推向前进。"① 我国改革和发展的实践需要金融科学，这种需要必定会极大地促进和推动金融科学在我国的发展。在 20 世纪 80 ~ 90 年代的中国金融科学是一热门的发展中的学科，而到 21 世纪则必将成为一门体系严谨的成熟的经济学科。

实践是一切理论产生和发展的源泉。金融科学的产生和发展，不仅离不开社会实践的需要，而且其学科本身的许多基本理论问题也只有在解决现实问题中才能得到检验、充实和发展。广大金融理论工作者应当善于倾听实践者的呼声和把握实践的脉搏，在理论联系实际和理论为实际服务的环节上花费更大的力气。作为中国的金融理论工作者，在进行金融科学的学科建设时，特别要注意紧密联系中国的实际，体现中国特色，力求金融科学学科建设中国化。金融科学理论之树，只有牢牢地植根于中国的改革和发展实践的沃土之上，才会有旺盛的生命力，才能茁壮地成长。

（三）

金融科学发展到今天，已变成了一个集合概念，它是由许多具体学科组合而成的。在由门类众多学科组成的金融科学体系内，各门金融学科以其研究对象的共同性相互联系着，又以其所研究的具体金融问题的相异性和所提供的金融知识的不同而相互区别。对于门类较多的金融学科如何科学地进行分类？此问题我国金融学界虽已有零星的研究论文发表，但至今尚无比较公认统一的看法。

根据各自的研究对象的内容和特点的不同，笔者认为，现代金融科学大体上可以分成以下三大类：

1. 理论金融学，即金融基础理论学科。它主要是研究金融领

① 《马克思恩格斯选集》第 4 卷，人民出版社 1975 年版，第 505 页。

域里的一般理论问题，诸如货币形式与货币制度、信用形式与信用工具、利息与利息率、金融市场、金融监管、金融创新、金融运行机制、货币政策、金融机构、货币供求与均衡、外汇与国际收支等等。理论金融学科通常主要是指货币信用学，此外还包括国际金融学、中央银行概论等。从广义上讲，理论金融学科还应当包括另一大类，即研究货币金融活动发展演变过程的金融史类学科，主要有货币学说史、金融学说史、古钱学等。

2. 应用金融学。它是相对于理论金融学来讲的学科，主要侧重于金融理论在实际应用方面的研究。由于金融科学具有很强的实践性，从本质上讲属于应用经济学范畴，因此它所包含的应用分支学科也较多，诸如金融管理学、银行会计学、商业银行经营管理学、国际结算学、金融统计学、金融服务学、外汇管理学、金融稽核学等等。

3. 专门金融学。它是研究金融领域中的某个方面的货币金融活动运行过程及一些专门的金融问题的学科。这种专门化的研究易于向纵深发展，从而有助于深化对一些金融问题的剖析。这类学科的数量也较多，诸如金融工程学、储蓄心理学、金融市场学、金融法学、金融数学等。

任何学科的分类都具有一定的相对性，各个学科之间也没有绝对的界限。在进行金融科学学科建设时，把它视为一个知识体系。探讨其内部的科学分类，不仅具有理论和方法论意义，而且还具有实践意义。由于科学的研究内容较庞杂，只有对它进行科学的分类，使每门学科的对象、范围明确，才能有目标、有计划、有步骤地致力于所要解决的某一方面的主要问题，从而更有效地组织研究工作，从而更加充分地发挥金融科学在社会经济生活中的作用。

（原载《金融时报》1997 年 8 月 20 日）

加快培养高层次跨世纪金融人才

现代金融已不再只是从事传统意义上的存款与贷款业务，日益精巧与复杂并广泛应用的派生产品和电脑技术，已改变了金融行业的全貌，使它成为一种技术性很强的、完全依靠科学和严密的管理制度运行的行业。

金融作为现代国民经济的重要支柱，能否充分地发挥其宏观的和微观的职能作用，主要取决于金融企业的素质。而金融企业素质的提高，关键又在于人。现代金融，其管理的复杂性以及它所要求的电脑应用程度决定了它是一种具有“脑力工业性质”的行业，因而需要拥有一大批高智能、高创造力、高层次的专业人才，这是能否充分发挥其职能作用的最重要的前提条件。从目前我国金融业面临的管理水平与人员素质同金融业务发展不相适应的实际情况来看，尽快培养造就一大批高层次新型金融专业人才，已成为我国金融业的素质提高和向前发展的紧迫需要。

加快培养造就一大批高层次跨世纪的金融人才，不仅是金融业发展的内在要求，而且也是建立社会主义市场经济和实现金融体制改革目标的需要。市场经济实质上是货币经济，需要一大批精通业务、能驾驭市场风险、通晓市场经济运作规律的资金经营管理人才为之服务。从我国金融体制改革的情况来看，尽管已取得巨大的成绩，但尚处于进一步深化的过程中。要实现金融体制改革的目标，把我国的银行办成既符合国际惯例和通行规则又适应社会主义市场经济要求的现代银行，还面临着大的改组和改造，即要作出较大的努力。因此，我国的金融体制改革仍然是任重道远。

从现在起到本世纪末，只有几年的时间，培养造就大批高层次跨世纪的金融人才已经到了刻不容缓的地步。作为金融业的主管部门，应当树立“人才是金融业第一资本”的观念，深明人才资源在金融业发展中所具有的举足轻重的作用，真正把人才培养摆在突出重要的位置，抓紧培养造就一大批高层次的金融人才，让他们肩负跨世纪的历史重任，成为推进我国金融业未来发展的中流砥柱。

那么，如何加快培养造就高层次跨世纪的金融人才呢？

首先，高层次金融人才的培养应主要依靠学校教育。大力发展金融教育，是培养高层次金融人才和全面提高金融业经营管理水平的基础工程，也是我国金融事业改革与发展的根本大计。金融业的发展，客观上要求建立与之相适应的金融教育事业，金融主管部门领导要高瞻远瞩，乐于花钱办金融教育，特别是应当舍得把一些德才兼备、素质优良、尊重知识、尊重人才的领导干部派往金融院校，让他们为从根本上振兴我国的金融教育施展才干。

其次，金融教育的立足点必须放在培养高层次的新型专业人才上，尤其要重视培养一大批懂得国际金融惯例、熟悉现代金融业务、具有现代金融意识、掌握现代电子应用技术的复合型高级人才。现代金融业所依存的市场经济，是优胜劣汰的竞争经济。金融业的竞争，从实质上讲是人才的竞争，特别是金融企业经营者、管理者即高层次人才的竞争。只有依靠大批高质量的经营者、管理者以及训练有素、奋发向上的职工队伍，才能有效地吸收国外金融业的先进技术和科学管理成果，并在学习、吸取的基础上有所创新，不断提高经营管理水平，从而在激烈的国内外金融市场的竞争中立于不败之地。

第三，重视对现有专业人员的培养和提高。要不断强化金融业现有专业人员的竞争意识和进取精神，形成公平竞争，优胜劣汰，人才辈出的良好环境，为大批高层次人才的脱颖而出营造条件。应从实际出发，通过多种途径，采取多种形式，着力提高现有人才的素质。一是举办各类针对性强的高级研修班，利用发达国家的师资和教材，举办与国际接轨的比较系统的专题讲座，使高层次人才能经常而有效地接受继续教育。二是有计划地选派一些特别优秀的中青年专业人员出国进修或到国外金融机构去实习锻炼，经过若干年后再调回国内效力。此外，还可从国外引进和网罗一些有真才实学又愿意为我国金融业的发展作贡献的人才。

总之，着眼于21世纪，加快培养造就一大批高层次的金融人才，是我国教育界和金融界的一项重要而又紧迫的战略任务。我们应当不失时机地抓好这项工作，从各方面努力培养造就一大批能够跨世纪担当历史重任的高层次的金融人才。

（原载《光明日报》1996年1月16日）

知识经济呼唤加快高等金融教育改革

在人类社会即将进入 21 世纪之际，知识经济的浪潮正在悄然兴起。知识经济是建立在知识和信息的生产、分配和消费之上的新兴经济，它代表着 21 世纪的发展潮流。面对来自知识经济的挑战，金融作为现代经济的核心，能否发挥其在社会经济生活中的重要杠杆作用，主要取决金融企业的素质，而金融企业素质的提高，关键又在于人。现代金融，其管理的复杂性以及它所要求的电脑应用程度，决定它是一种知识密集型的行业，因而需要拥有一大批高智能、高创造力、高层次的专业人才，这是能否充分发挥其职能作用的最重要的前提条件。

从目前的情况来看，我国金融业的基础设施建设与发达国家的差距已明显缩小，但金融从业人员的知识技能水平同发达国家相比仍有较大的差距。我国高级金融人才缺乏，整体素质偏低，同我国金融业务的快速发展极不相适应。因此，尽快培养和造就一大批高层次金融专业人才，已成为我国金融业素质提高和向前发展的紧迫需要。

学校是知识的生产地、集散地和输出地，人才的培养主要靠学校教育，特别是靠高等院校。知识经济的扑面而来，对我国高等金融教育提出了严峻的挑战，也为我国高等金融教育的改革和发展提供了前所未有的良好机遇。面对世纪之交的机会和挑战，我们如何顺应知识经济的潮流，大力推动我国高等金融教育的改革和发展呢？笔者拟就此问题谈几点个人的浅见，以求教同仁。

一、突出重点，实施名牌战略

近10多年来，在“金融热”的驱使下，除众多的财经院校一般都设有金融专业外，一些理工、农业、师范、外语等院校也不顾条件，追逐热点，纷纷盲目增设金融专业。据统计，到1995年全国设有金融专业的高校已多达400多所。有的高校缺少金融专业师资就以转行补充，没有教材就以引进赶编充数，有的专业课开不出来就以其他课凑合。这样的高等院校的金融专业，又怎能培养出适合于知识经济时代需要的高层次金融人才呢？

目前，我国金融业对应用型、操作型的人才需求，正经历着从“量”的增加到追求“质”的提高的转变，从由急剧扩张到稳定发展的阶段。笔者认为，当前各高校的金融教育，应适当控制招生规模，并大力调整教育结构，提高人才培养的质量。我国目前金融业最为短缺的已不再是一般的从业人员，而主要是高层次的专业人才。

要培养高层次的金融专业人才，需要有良好的高等金融教育。我国开设金融类专业的高校数量已不少，但大多学术层次不够高，培养高层次金融类人才的能力较薄弱。高等金融教育分散办学，不仅难以形成一定的优势和合力，而且还造成明显的教育投入的分散与不足。针对这种状况，教育主管部门应当遵照“共建、调整、合作、合并”的方针，大力推进高等金融教育体制改革，将分布在全国各高校的金融院系进行适当的调整、集中和合并，特别要限制那些没有条件的高校再开设金融专业，对于有些高校近年来已开设的金融专业要进行严格评估，质量较差的要限期整顿或撤并。通过调整全国各高校金融院系的设置，有助于优化金融教育资源配置，提高办学效益和人才培养的质量。

笔者认为，我国的高等金融教育应突出重点，实施名牌战略。政府教育主管部门应集中有限的财力保证重点，加大对基础雄厚、实力较强，并有一定知名度的高等金融类院系的投资力度，充分发挥名牌的先导、示范和辐射效应，以带动我国高等金融教育整体水平的提高，并争取能有若干所以金融学科为重点的高校早日跨入世界先进行列，使之成为我国培养高层次金融人才的重要基地。

二、优化课程结构，更新教学内容

知识经济对金融人才提出了新的更高的要求，作为知识经济时代的高级金融人才，应当是具备坚实的经济金融理论基础知识、熟悉现代金融业务、掌握现代电子应用技术、懂法律、会运作，具有风险意识、创新精神和效益观念的高级人才。

在经济全球化和知识经济浪潮到来的大背景下，作为培养高级金融人才摇篮的高等院校，首先要依据新形势和金融市场发展对金融教育的需求，对高等金融教育的功能进行正确地定位。高校的金融教育应由过去注重培养单一学科人才，转为培养面向21世纪的国际型、交叉型、复合型的人才，以便最大限度地满足知识经济时代的到来和我国金融业跨世纪发展的需要。

我国高校金融院系承担着十分重要的历史使命，只有通过深化改革，加快自身建设与发展，才能在培养高级金融人才和促进我国金融业发展中起更大的作用。针对我国高校金融院系普遍存在着学科分类过细，专业口径越改越窄的问题，首先应当按照“厚基础，宽口径，重实践”的原则，调整专业设置，拓宽专业口径，优化课程结构，更新教学内容。我国高等金融教育部门还应当学习和借鉴国外发达国家培养高级金融人才的成功经验，加大实务操作、模拟教学、现场观摩和案例分析的分量，以更好地体现金融类专业所具有的实践性、应用性很强的学科特点。

深化金融教育改革虽然有很多的事情要做，但其中很重要的一项，就是必须尽快系统地改进我国各高校金融院系的课程设置和教材建设问题。特别是如何适应新形势做好教材的更新工作，更是需要认真研究和统筹考虑解决的问题。教材陈旧，知识老化，就很难培养出能担当跨世纪历史重任的高级金融人才。

改革开放以来，我国高校的金融类教材建设尽管已取得显著的成绩，但仍存在不少问题。我国高校金融类教材大体上有两类：一是由国内高校教师编写的；二是由中国学者根据国外教科书翻译过来或直接使用国外的原版教科书。前类大都传统内容较多，与日新月异的现实脱节较大；后者主要存在选择不当的问题，据说有的高校近年来使用的国外金融类教材竟然是20世纪70年代出版的版本。

目前我国高校金融院系使用的主要是国内出版的统编教材，这类教材其中不少缺乏新意，适用性不强，在体系、内容、结构等方面与现代金融业的发展和变化的实际很不相适应，内容亟待充实或更新。例如，在当今经济全球化的大背景下，强调防范金融风险和维护国家的金融安全具有十分重大的意义。防范金融风险工作应从加强金融教育人手，要把金融教育放在优先发展的战略地位。就我国的情况看，金融机构的从业人员对金融风险管理业务大都知之不多。他们中的不少人虽然是从高等财经院校毕业的，但在大学期间基本上没有学过有关防范金融风险的课程，参加工作后又没有接受过这方面的专门知识和技能的培训。尽管也有些高校的金融院系开有期货、期权等课程，但因教材适用性不强，远不能满足实际工作的需要。又如，目前在北美及欧洲的金融市场上，对冲基金的运用和操作已十分普遍，但因我国高校金融类教材很少有介绍对冲基金方面的内容，不少师生甚至不知何谓对冲基金。

要解决高校金融类教材在内容方面适用性不够强和质量不够高等问题，关键是重在建设。要舍得花力气组织编写出版质量更高、适用性更强、品种更齐全、能反映现代金融科学的最新研究成果、符合我国实际、在内容和体系上有明显特色的教材。要在继续坚持金融类专业教材统编的基础上，同时积极引进国外近年来出版的关于金融业经营管理和业务操作方面的教材与资料，重视跟踪当今世界金融业发展的最新动态。只有培养大批真正系统掌握现代金融最新知识、熟悉国际金融业务、具有金融风险决策能力、能够在国际金融市场上搏风击浪的高级金融人才，我国的银行业、保险业、证券业以及对外贸易等领域，才能更大幅度地对外开放，我们才有能力应付面临的期权、期指、对冲基金及与国际联动的股市和汇市等方面风险的冲击，我们也才有可能在风云变幻的国际金融市场上运筹帷幄，有效地维护国家的经济利益和金融安全。

三、加强师资队伍建设，重视培养优秀学术带头人

建国后特别是改革开放以来，我国已培养和造就了一支具有一定水平和实力的金融专业师资队伍，并从中涌现出了一些层次较高的学术带头人。但是，由于过去长期对金融教育重视不够等原因，从总体上讲，这支师资队伍还远不能适应金融教育事业发展的需要。在宏观布局、年龄结构和档次品位等方面都存在一些问题，突出表现在：总量不足，层次不够高，公认的名师更是寥寥可数。

培养人才，教师是关键。只有高素质的师资队伍，才能培育出高素质的人才群体。要充分认识加强师资队伍建设的重要性和紧迫性，当作金融教育发展的头等大事来抓。要通过举办各类针对性强的高级研修班，利用发达国家的师资和教材举办系统的专题讲座，尽可能为中青年骨干教师提供攻读博士及送往国外著名学府深造的机会等等方式，着力提高专业教师的理论水平和业务能力，培养一支老中青相结合，以年轻教师为主力的高素质的教学科研队伍。

除要重视全面提高教师队伍的整体素质外，还应当高起点、大力度地选拔培养优秀学术带头人，并努力从中造就一些名师。所谓名师，是指能在本学科领域里发挥主导作用的顶尖的知名教授。常言道：名师出高徒。一个功底深厚的名师，可以带出一支拔尖的学术梯队，形成一门优势的学科，创出一个有声望的名牌专业。国内外的一些名牌大学，之所以人才辈出，能在教育舞台上领一代风骚，主要是因为这些高校拥有众多的名师，是与这些名师的辛勤耕耘密不可分的。早在80年代邓小平同志就提出要造就优秀拔尖人才的任务。他说：“要创造一种环境，使拔尖人才能够脱颖而出。

改革就是要创造这种环境”。① 笔者认为，金融教育把着力点放在加快造就一批出类拔萃的学术带头人或名师上面，就如同抓住了“牛鼻子”，可以牵一发而动全身，有助于提高我国高校金融院系师资队伍的整体素质。

总之，我国高等金融教育改革任重而道远，我们应当紧紧抓住历史赋予的机遇，加快改革的步伐，大力振兴我国的高等金融教育，为实施科教兴国的战略和迎接知识经济的到来做出应有的贡献。

（原载《金融时报》1999 年 2 月 27 日）

① 《邓小平文选》第 3 卷，人民出版社 1993 年版，第 109 页。

经济学博士生的创新能力从何而来

我国经济学博士生培养起步虽然较晚，但发展较快，在高层次经济学人才的培养方面已取得了显著的成绩。近年来，由于博士生招生规模扩大太快，导致本来就是精英教育的博士生教育就变得越来越大众化，使得一些不合格者也进入了博士研究生队伍。如今，我国经济学博士研究生队伍庞大，人数众多，其中虽然有出类拔萃的人才，甚至有不少经济学博士学位获得者已成为各自岗位上的栋梁和学术中坚，但也确有不少急功近利甚至滥竽充数的人，许多经济学博士生毕业时所达到的水平不容乐观。从总体上看，我国经济学博士生素质不够高，创新能力普遍不强，学位论文选题相互撞车者多，论述的深度和力度不够，具有原创性思维者寥寥，更无有重大国际影响力的研究成果。我国经济学博士培养质量令人堪忧。

博士生能不能成大器，素质起到至关重要的作用。培养的博士生是不是高素质的人才，最根本的衡量标准就是要看有没有创新能力。包括经济学在内的哲学社会科学理论研究和学术发展，有其自身的规律，它是一种以创新为显著特征的活动，需要研究者个人创造精神的极大张扬，需要他们个体创造力的充分涌流。

创新意识的培养要从小抓起，而人才的科研素质和创造能力则主要依靠研究生阶段培养。研究生特别是博士研究生在进一步学习有关专业知识的基础上主要从事研究工作，直接参与知识创新活动。因此，研究生教育是培养高层次创新人才主要渠道，培养拔尖创新人才则是大学研究生教育特别是博士生教育最重要的使命。那么，高校究竟如何推进经济学博士生的素质教育，培养高层次有创新能力的经济学人才呢？从我国目前经济学博士培养的状况看，笔者认为应着重抓好以下工作：

（一）严把生源质量关，不拘一格招人才

博士生自身的素质是博士生培养素质的决定性因素，它在很大程度上取决于生源质量。因此，把好生源质量关，是保证博士生培养质量的首要环节。

目前国内许多高校注重笔试轻综合考核的招生办法，存在诸多弊端。优秀生源不一定是高分考生，不能以笔试成绩论英雄。博士生入学除了要测试知识水平外，更重要的是应当进行综合能力的测试，要增加综合能力测试的权重。面试是测试考生综合能力的一种行之有效的方法。通过面试，导师与考生见面、交流，全面了解考生的学历、背景、学识和学术潜力，有助于弥补笔试的不足，在一定程度上可以防止高分低能考生进入博士研究生队伍。

博士生培养的主体是导师，应该给导师更大的招录权。有些好苗子，倘若导师通过综合考察认为是智者、能者的可造之材，特别是有的考生在经济学某个领域已学有所成，学有所长，就应当不拘一格吸纳，而不应当因外语或公共课考试差将该考生拒之门外。此外，还有严格限制博士生的招生数量，避免招生过多、过滥。限制博士生的招生规模，一定程度上可以使导师将有限的精力更多地花费到所带的学生身上，对学生进行更多的学术指导，这对提高博士生的培养质量无疑是大有助益的。

（二）严格导师遴选标准，加强导师队伍建设

我国的研究生培养采取导师负责制，作为研究生学习和研究工作的具体负责人，导师的学术水平及投入的时间和精力等，对于博士生的成长有着至关重要的作用。常言道：名师出高徒。要培养出素质良好的具有创新能力的人才，就必须要有高水平的导师队伍。加强导师队伍建设，是确保博士生培养质量的重要措施。因此，必

须严格导师遴选标准。作为经济学博士生导师，必须要有扎实的理论功底并已发表相当数量的经济学论文，还必须有科研项目或课题等。在经济学导师资格审查方面要着重观察学术潜力、学术成就以及在经济学领域里的活跃程度。

导师除了具备广博的专业知识，博而能导外，更重要的是具有献身教育的精神和奖掖后学的热情，能把培养人才当成最为重要的事业，因材施教，诲人不倦，才会有一个个学术新秀的茁壮成长。

（三）热爱专业，发奋学习，重视阅读原著

热爱所学专业，不畏劳苦，执著追求，是合格博士生的必备条件。经济学曾被人称为“沉闷的科学”。在许多人看来，经济学是沉闷的，即是枯燥乏味，不易使人发生兴趣的。不仅如此，有些经济理论还十分高深，不易弄懂。因此，从事经济学理论的学习和研究充满着艰辛和坎坷，更需要有热爱专业和愿意为推进本专业学术发展献身的精神。在当今我国学界存在急功近利和浮躁学风的环境下，尤其应当通过对博士生进行引导，激发他们对专业的兴趣并树立优良的学风，心无旁骛，忍得住艰辛，沉潜学问。

理论功底厚实是做好研究工作的前提和基本条件。对于包括博士生在内的理论工作者而言，能否取得高水平的研究成果，在很大程度上取决于自身学识和学术修养的高低。学习是提高学术修养，增强研究能力的基本途径。因此，要激励博士生发奋学习，注重积累。

作为经济学博士生要特别重视阅读经济学经典名著。经济学的精华主要凝结在大经济学家的原著中，要掌握经济学的基本理论和研究方法，不能不认真阅读。经典名著有着不可磨灭的魅力，真正热爱经济学理论的人，对于经济学大师的著作往往有所偏爱。现在不少人读博士，只是为了拿资格，目的不是为了做学问，当然也就无心花功夫啃读原著了。一个优秀的经济学博士生导师，不仅要有本事引导博士生关注现实重大经济理论问题，而且还要特别善于引

导博士生刻苦钻研经典名著，让博士生受到经济学大师的熏陶，领悟经济学的魅力。

（四）抓好辅导工作，确保学位论文质量

博士学位论文是博士生学习和研究成果的结晶，也是衡量博士生质量水平的主要标志。现代高等教育正式通过严格、有效的学位论文写作和评审，训练和培养高层次创新型的学术人才。论文写作是博士生培养阶段的核心部分。因此，必须花大功夫认真抓好博士学位的辅导工作。

为确保博士生学位论文的质量，应着重抓好以下几点：（1）论文指导最重要的是选题，好的选题是成功的一半。选题不宜过小或过大，而应当是小题大做。要重视选取前人和别人没有研究和涉猎过的课题，并注意从新的角度选题，使选择的论文题目具有开拓性、独创性和新颖性。（2）重视学位论文的开题工作，应当在导师的指导下制定研究工作及论文撰写计划，开题时必须提交研究现状的报告，没有报告，不可以开题。（3）导师应当与博士生定期见面，对学位论文的写作进行指导，检查和答疑。（4）学位论文要突出原创性，力求对经济学科最前沿的学术思想、命题和观点，作出与时俱进的新的论证，并能提出独到的见解和有价值的意见，产生令人信服的结论。

（五）努力营造良好的学术生态氛围

为了营造能使优秀人才脱颖而出的良好环境，应当采取一些有效的措施。（1）建立各具特色的学术论坛，定期开展形式多样的学术研讨活动。学术论坛活动的举行，有助于博士生之间经常接触和交流理论信息，增长见识。（2）积极创造条件，争取能让尽可能多的博士生走出校门，参加校外的一些层次较高的经济理论研讨活动，追踪和把握经济理论研究的学术脉搏及最新的学术动向，开

阔学术视野。（3）定期邀请经济学界学术活跃程度较高的知名学者作报告，让经济学相关学科博士生有机会了解最前沿的研究课题。这对于激发课堂灵性，张扬创新思维，点燃青年学子心中潜伏的学术圣火，都是大有裨益的。

（原载《首都经济贸易大学学报》2009 年第 6 期、《光明日报》2009 年 8 月 12 日）

经济学博士论文写作中的若干问题

如何写作博士论文，涉及到选题确定、写作方法、学术规范以及有关专业知识的积累等诸多问题。国内已有学者撰文，从不同专业的角度对此问题进行了一些探讨。笔者不揣浅陋，拟在已有研究成果的基础上，结合经济学专业，对博士论文写作中的有关的几个问题谈点认识和体会。

一、跨入学术殿堂的入场券

论文写作在现代高等经济类院校的教育体制中占有极为重要的地位。它与入学考试、学分制度、学位制度等都是构成现代高等经济类院校教育体制中的重要组成部分。高等经济类院校博士学位论文的写作，实际上是攻读博士学位课程的深入，是一种更高层次的学术训练。从实质上说，它也是一种艰苦的经济学理论知识的创造过程。现代高等经济类院校正是通过严格、有效的学位论文写作和评审，训练和培养出大批具有扎实的经济学理论功底、较高学术素养和创新精神的高层次人才。

在高校经受专门学术训练的莘莘学子们，往往借助学位论文凝聚并展示其多年孜孜求学付出的心血。在西方发达国家的许多高等经济类院校，博士学位论文的学术水平总体而言是比较高的，相当多的一批博士学位论文构成了该国每年学术成果的重要部分，在促进经济学理论的学术繁荣中发挥着十分重要的作用。国外有的经济学者水平最高的著作，往往是出自其当年求学期间的博士论文，或在博士论文基础上完成的学术专著。例如，为现代博弈论学科体系的建立做出重大贡献的美国普林斯顿大学教授约翰·纳什，他于1950年在求学期间撰写的题为《非合作博弈》的博士论文中提出了有名的“纳什均衡”的理论，并因而获得了1994年度诺贝尔经济学奖。又如，被称为“信号理论奠基人”的美国著名经济学家迈克尔·斯彭斯，是2001年度诺贝尔经济学奖获得者之一，其主要贡献也是基于他1972年在哈佛大学完成的博士论文。

学位论文是写作者学术研究各方面能力的综合体现和最重要的标志。博士论文的质量如何，对写作者今后的学术生涯影响很大。北京大学中文系有位教授在谈及博士论文写作时，曾把博士论文比之为一个标杆。博士论文对写作者而言，真好像是一个标杆，倘若跳不过或勉强过关，只能说明写作者的学问还没有做好，功底还不够扎实，还没有资格戴上博士帽。经济学博士论文也是如此，合格的博士论文，可以说是写作者跨过标杆进入经济学学术殿堂门槛的“入场券”。

二、选题特别重要

博士论文同写作其他文章不一样，首先要选择好适合于作为博士论文的题目，在许多资深的博士生导师看来，论文选题“特别重要”，写作者在确定选题时应特别注意几点：

1. 这个选题值得做。所谓“值得做”，即指有理论价值，下功夫研究有可能在理论和方法上有所创新，甚至还有可能对本学科的发展有所贡献。由于经济学是门应用性很强的科学，因此选题时还必须考虑研究此问题有无实践意义。唯有既具有较高的理论价值又具有较强的实践意义，才是值得做的课题。

2. 这个选题我能做，能写好。确定这个选题能否充分利用自己的知识积累，能否最大限度地发挥自己的长处，这也是必须考虑的问题。如果随意抓一个热门的课题，即使这个课题有较高的理论价值，也不一定能写好。这是因为该选题同自己长期的知识积累、兴趣以及长处相脱节，不能发挥比较优势，写作起来不免吃力，甚至有可能难以完成。

3. 选题不宜过小或过大，而应当是小题大做，即所谓“小题目，大文章”。题目过小，小题小做，涉猎面不宽，内容不充实，价值不大。如果题目过大，大题小做，即“大题目，小文章”，写随意性较强的经济散文可以，做要求讲究规范的经济学学术论文并不合适。大题大做，天马行空，不仅难以控制，而且因范围过广，目标多样，泛泛而谈，不深不透，不免显得肤浅。作为博士论文，最好是小题大做。“小题目，大文章”，这不仅有利于充分发挥做深做透，还易于控制，使研究成果比较坚实。好的选题，题目虽小，却有深度和厚度。写学术论文，研究要单刀直入，切忌贪大求全，四面开花。

4. 要重视选取前人和别人没有研究和涉猎过的课题，并注意从新的角度选题，使选择的课题和论文题目具有开拓性、独创性和新颖性。只有这样，才能做出有深度有新意的研究成果。

5. 应尽量选择对自己有长久研究价值的问题作为攻读博士学位的选题。博士论文毕竟是阶段性的研究成果，这个成果虽然很重要，但不一定都能作为自己今后开展研究工作的出发点。如果论文完成之后再无继续研究的必要。对今后的研究工作意义不大，那么以此问题作为选题并非是最佳的选择。从长计议，应当尽量选择围绕此问题，能长久做下去，作为自己写作博士生学位论文的选题。

综上所述，确定博士论文选题看似容易，其实很难，能否确定合适的选题，对于能否很好地完成学位论文具有极其重要的作用。

三、要重视学术文献引用的规范

学术论文特别是博士论文的写作，是学术规范训练的第一步，是一个“规范”而得出的成果。所谓学术文献引用的规范，首先是指要注明引文的出处，这是学者著述中应当遵循的基本规则。学术是一代又一代积累沉淀下来的，任何学者的研究都必须建立在前人已有的研究成果之上，在开创新的研究领域时离不开吸纳已有的相关的研究成果。因此，任何论文的观点和论据不可能全部都是自己的，部分甚至某些重要观点或论据引用别人的是允许的。但是，作为学术论文，引用了别人的思想观点或论据，引文必须注明，注释不能含糊。这一方面体现出对他人成果的尊重，另一方面也便于评阅人和读者了解论文材料及观点或论据的来源。

古往今来，大凡有成就的学人都十分注意引文的出处。例如，马克思在撰写巨著《资本论》的过程中，查阅了数以千计的文献，凡是第一提出某种观点的学者或作品，马克思都给予应有的重视，并在书中的引文处清楚地注明。马克思从不掠人之美，他这种严谨治学的精神永远是理论工作者学习的榜样。

正如有的学者所说，注明引文出处不是摆设，“没有引文的文章不能算作规范的学术论文”。据记载，目前在英美等国家，90%以上的学术著作都有引文索引。引文索引编制的好坏，甚至成了一些国家评判图书质量的重要指标之一。

做学问虽然不可能不吸取别人已有的研究成果，学术研究显然总是在吸收前人已有成果的基础上更上层楼的，但学术引用也应有个度，不能不加节制地过度引用，这也是学术规范的一个基本要求。一篇10万字左右的博士论文，如果参考文献太多，大量引用别人的成果，那么还会有多少观点和内容是自己的呢？在时下的大学校园里，抄袭和剽窃是表现最为突出的学术腐败现象。抄袭他人之作几乎已成了一些大学研究生的公开秘密。笔者赞同有的学者的分析，虽然造成上述现象有种种原因，但与日见其长的“参考文献”不无关系。写作博士论文难免会有学术文献的引用，但必须把握好度，其最基本的限度，就是读起来能让人觉得论文确实是你花功夫辛辛苦苦写出来的，而不是从前人或当代学人那里抄袭的。

四、恰当使用数学工具

拉法格在《忆马克思》一书中指出：按照马克思的看法，“一种科学只有成功地运用数学时，才算达到了真正完善的地步”。数学是一门严谨的科学，对其他科学而言是不可缺少的研究工具。经济学当然也不例外。同其他事物一样，经济现象和过程既有质的规定性，又有其量的规定性，这就决定了把数学作为研究工具应用于经济学是非常必要和完全可能的。经济学可以而且应当运用数量分析以更好地阐明相关问题量的规定性，揭示其发展趋势和内在规律。在现代经济学说史上，由于成功运用数量分析而对经济学的发展做出了重要贡献者并不鲜见，有的甚至还因此获得了诺贝尔经济学奖。

多年来，经济学在中国被归类为文科，加之许多年岁较大的经济理论工作者不熟悉现代数学知识，因此，经济理论研究普遍存在缺乏定量分析的现象。近些年来，在中国经济学界相当多的人中又出现了过度滥用数学的另一个倾向，经济学几乎成了数学的分支。在高等经济院校的研究工作中数学化包装越来越明显。有的博士研究生刻意追求数学化。不论是懂或不懂，需要或不需要，都硬要在论文中加进一些数学公式和数学模型，似乎没有数学公式和数学模型就不成其为经济学论著。有的博士研究生还喜欢故弄玄虚，本来可以用几句浅显易懂的文字表述的结论，却非用许多看不明白的数字、公式进行推导，搞“数字游戏”。

经济学运用数学分析虽然是必要的，但是经济学理论研究不能单靠数学工具，经济学不能“数学化”，那样不仅会影响经济学理论研究的科学性，也难以得出科学的结论。数学只是经济学理论研究工具箱中的一个重要工具，但工具本身并不能创造理论。它只是为理论生动直观的或需要定量的表达提供了可能的方式。经济学是对大量社会经济现象加以分析和科学抽象才能得出结论的学科。数学作为一种工具在经济学理论研究中的作用是有一定限度的，只能起服务的作用，而不能居于支配地位。

高等经济类院校的博士研究生在从事研究工作或写作博士学位论文时，既要重视运用数量分析工具，注意克服以往忽视运用数学的缺陷，适当增加经济数学的成分，但同时又必须特别重视克服近年来在一些人中出现的滥用数学和搞“数字游戏”的错误倾向。

五、树立良好的学风和文风

对任何一个做学问的人来说，良好的学风和文风都是非常重要的。如果学风和文风不端正，不扎扎实实、认认真真地做学问，而是文风浮躁，急功近利，那就很难取得有价值的研究成果。古人云：文以载道。这个“道”，既是做人之道，也可以理解为学术道德。高等学府的博士研究生做学问事，首先要做学问人，理应树立良好的学风和文风。

首先，要唯实求是，端正学风。博士是最高学位，博士研究生作为高层次人才，任何时候都应珍视自己的学术声誉，不能为达到某种目的而违背学术道德。对于自己所从事的研究工作，尤其是在对自己将来关系很大的博士学位论文写作过程中，无论是提出问题，或运用数据资料，还是推导结论，都要有一种老老实实的态度。按毛泽东主席的说法，就是不装、不偷、不吹。这也就是说，要讲实话，唯实求是，端正学风，不弄虚作假。如今高校博士生中有人在写作论文时弄虚作假，抄袭剽窃，既败坏了自己的名声，也辜负了国家的培养和社会公众的厚爱。

第二，博士生作为高层次的人才，不仅要端正学风，而且要有良好的文风。在时下的青年学子中流行一种不良的文风：写文著述晦涩难懂，夹缠梗阻，句义不明，文义模糊，让人昏昏然不知所云，有的人热衷于搬用西方经济学中一些玄奥的名词术语，似乎一篇论文里不出现一些来自海外著作中难懂的名词、概念，就不足以说明其学术水平的高深一样。现在的高等经济类院校里，有的博士研究生写的东西，不仅别人十分费解，弄不明白，不堪卒读，甚至连自己也说不清楚有些图表和名词术语的确切含义。

无论何种学术论文终究是要给别人阅读的，不仅如此，一篇学术论文质量的高或低、好或差，也终究要由社会公众特别是业内人士定评。在博士论文的读者中，最重要的就是论文的评阅教授和答辩委员会的成员。如果连有相当专业水平的评阅教授和答辩委员会成员都看不懂，就难以获得他们的认可，就有可能通不过，不能取得博士学位。

古人云："言而无文，行之不远"。其意是说，语句没有文采，就不可能有鲜活而持久的生命力。博士论文的写作者应尽量摈弃艰涩、枯燥的名词术语、众多烦琐的统计数据、图表公式和玄奥莫测的考据、引证，努力以平易通俗的文字、平实亲切的笔触、可触可感的事例、简洁明快的数字以及形象生动的图表阐述自己的理论观点。学术论文不仅要求理论性强，立论扎实，言之有理，而且还应争取做到行文流畅，逻辑严谨，语句生动，言之有趣，逸笔妙趣，富有文采，更容易引起读者的学习兴趣和重视。这对博士生来说，虽然是一个更高的要求，却是一个经过刻苦努力后能够达到的目标。

良好的学风和文风是学者取得学术成就的必备条件。作为高等经济类院校的博士生，要想今后在经济学学术舞台上有所作为，就必须十分重视树立良好的学风和文风。

六、发愤学习，注重积累，打牢功底

厚实的学术底蕴是写好博士论文不可或缺的条件。打牢学术功底，对每一个博士研究生来说至关重要。博士研究生能否取得高水平的学术研究成果，在很大程度上取决于博士研究生自身的学识和素质的高低。因此，博士论文的写作者必须发愤学习，认真读书，注重积累，努力提高自身的学术修养。

杜甫有句名言："读书破万卷，下笔如有神"。只有用尽可能多的知识充实自己，肚子里有东西，才能写得出，写得好。经济学大师头顶上光彩夺目的智慧的光环，都是他们刻苦学习，用无数辛勤的汗珠结晶而成的。常言道："业精于勤"。所谓勤，就是勤奋学习，舍得出汗出力，汗出得越多，功夫也就会越深。对做学问者来说，收获大抵是与各人付出的劳动成正比的，付出的劳动越多，获得的知识也就越多。

学习是一种艰苦的脑力劳动。一百多年前，苏格兰经济学家托马斯·卡拉利曾把经济学称之为“沉闷的科学”，这句话如今已成了广为人知的名言。经济学在许多人看来是沉闷的，即是枯燥无味和艰深难懂的。有些经济学论著读起来确实十分费劲，不易弄懂。马克思《资本论》里曾引用19世纪英国国会议员格莱斯顿的话说：“受恋爱愚弄的人，甚至还没有因钻研货币而受愚弄的人多”。经济学是门高深的学问，要真正学好和掌握它，非下大的功夫不可。

“天下之书读不尽，学问茫茫无尽期”。现代经济学是最受社会公众注目的学科。它在社会科学领域里独占鳌头，其论著浩如烟海。而经济学研究者一生的精力和时间却是有限的，纵然苦读不懈，也不可能都涉猎。现代经济学门类众多，要想门门都精通，无所不知，无所不晓，那是不可能的。因此，必须有所专攻。作为博士研究生应当在广泛学习经济学及其他现代各种知识的同时，要把与自己专业方向有关的课程重点学好，把自己的专业方向作为深钻的对象，并花功夫去精通它，争取做到学有专长，真正成为学有所成的专家。从经济学说史来看，大凡能在经济学某一方面做出杰出贡献者，大都是学有专长即所谓“术业有专攻”之人。

（原载《中国流通经济》2006年第9期、《光明日报》2006年2月15日）

现代市场经济呼唤提高国民金融意识

改革开放以来，随着社会主义市场经济在我国的建立和发展，金融业在国民经济中的地位和作用日显重要。如今各种金融机构遍布城乡各地，金融活动已不仅渗透到社会经济生活的各个方面、各个环节，而且日渐与每个国民息息相关。股票、债券、基金、信用卡、商业保险、异地托收、托人理财等等，一个个新鲜而又颇具诱惑力的金融字眼纷纷跃人人们的耳际，走进千家万户，金融与普通百姓的生活越来越贴近，关系越来越密切了。现在的中国老百姓，已不再是谈起金融只知道银行，说起理财只知道把手头富余的钱存到银行吃利息。玩股票、买保险、投资债券、参加住房公积金等等诸如此类的理财，已成了百姓街谈巷议的话题。我国国民的金融意识，已随着百姓经济收入的增加以及金融业的发展和地位的提高而增强。

近年来，我国国民的金融意识虽然已有了很大的提高，但还有待于进一步增强。据有关资料，在当今的日本，金融已深入渗透到普通百姓的日常生活之中，并给人们带来了极大的方便，因而国民熟知金融的程度也较高。几年前，日本的专门机构做过抽样调查，对象包括工人、农民、职员、学生和家庭主妇，其结果是：100%的人知道金融机构是干什么的，80%的人能说出金融机构的分类，99%的人在银行有存款，87%的人手中持有股票，80%的人购买了债券，38%的人接受了银行贷款。总之，每个成年人都具有一定程度的金融知识，就连上小学的孩童们，对金融也多少知道一点。

与日本等市场经济高度发达的国家相比，我国普通百姓的金融知识和金融意识差距较大。据某金融机构于1996年的一次调查表明，在我国城市居民中，尚有80%的人不知道电子货币为何物，63%的人不知道信用卡的功能，95%的人不会使用ATM取款机，就连银行储蓄，甚至还有多达70%的人不懂得如何选择最佳的存款方式。

文化素质相对较高的城市居民的金融知识尚且如此，至于普通农民对金融就更知之不多了。我国普通百姓金融知识贫乏、金融意识淡薄，下面列举几种主要表现：

1. 改革开放以来，我国金融业顺应社会经济发展的客观要求，先后推出了各种各样的金融商品，从而为社会和国民个人提供了许多更便于资金增值的机会和途径。虽说如今国民已有多种可供选择的投资渠道，但由于目前国民金融知识缺乏，对众多的金融商品缺乏足够的认识、了解，不善于比较和选择适合于自己特点和需要的其他金融商品，因此绝大多数城乡居民仍习惯于把收入结余主要以储蓄形式存放到银行，结果造成目前国民储蓄和手头现金占个人金融资产的比重过大，个人金融资产较为单一的现状。近年来，央行曾多次频繁调整存贷款利率，但社会民众反应平淡，老百姓的钱虽然“分流”了一部分去购买国债和股票，银行储蓄存款总额仍然呈上升态势，每年新增储蓄存款约有7000亿~8000亿元之巨。

2. 即使银行储蓄这一最简单的投资行为，也有相当多的国民不知道如何运作。例如：有的人对自己的定期存款超期1~2年才取，结果使超期的定期存款变成了活期存款，利息收入大大减少；有的人对自己的大额可转让定期存单到期不会及时办理支取和兑换手续，使有息资金变成了无息资金；目前储蓄品种有活期、定期、零存整取、存本取息、通知存款、定活两便等，由于不少人不会合理选择储种，使利息收入大打折扣；有的人在银行存款时，为了获得更多利息，把自己手头的钱统统存成定期，一旦发生急需，由于不懂得个人小额抵押贷款和定期存款可部分提前支取等方法，结果导致定期变成活期，白白损失了一些利息。

3. 有些城乡居民对银行汇票、信用卡、转账支票等金融工具知之不多，不会使用，往往仍按传统的老办法，身带巨额现金，乘火车坐飞机，走南闯北，以致遭人偷盗、抢劫。有的人不善于识别真假金融工具和交换手段，以致被假信用卡、假银行汇票、假支票、假存单、假人民币所蒙骗，经济损失惨重。

4. 近年来，我国保险种类不断增加，买保险的人也日渐增多，但在我国的买保险者中，真正了解保险的人并不多，其中相当数量的人是冲着保险的高息盲目跟风而投保的。由于许多人买保险只是为了图利，因而不大留意保险的功能，到头来发现所买险种并不适合于自己。

5. 有的城乡居民缺乏起码的金融法规知识，随意把自己的印章、身份证借给他人，并为他人借款担保。贷款到期后，由于借款人无力偿还或逃之夭夭，银行按合同的印章追款，只好自己替人还债。

6. 在近年来股市一度"火暴"的情况下，有些普通百姓眼见股市来钱快，特别是眼看有的人因买卖股票而大发其财，出于攀比心理作怪，便在自己的金融知识很贫乏的情况下，到银行取存款，向亲友借钱，东拼西凑，盲目跟风，涉足股市。在近年来新人股的散户投资者中，不知股票投资 ABC 的不在少数。这些人以为炒股来钱快，可以稳赚不蚀。他们不懂得炒股的基本知识，更不了解股市的高风险性，就贸然入市，结果相当多的人被高位套牢，损失很大，有的甚至血本无归。

7. 近些年来，在利率多次下调的背景下，有些地区曾一再出现高息"集资热"。高息集资无章无规，潜在风险很大，既会严重扰乱金融秩序，又会损害广大投资者的利益，属政府明令禁止的行为，但却屡禁不止。有些普通百姓在高利率许诺的迷惑下，上当受骗，被卷入了"集资热"的浊流中，掉进了高息集资的"陷阱"，有些发财心切的百姓甚至因收不回本金而弄得倾家荡产。这些人何以会上当受骗，从根源上讲，就是因为金融知识缺乏，金融意识淡薄。

上述种种情况在我国老百姓的日常经济生活中并不鲜见，事实表明我国国民的金融意识确确实实还有待于进一步普及和增强。在当前形势下，大力普及金融知识，强化全体国民的金融意识，对于更好地利用金融手段促进经济发展并有效地防范金融风险，具有十分重要的意义。

随着我国国民手头富余资金的增加，百姓投资的需要也越来越强烈。现在百姓手里多少都有点钱，有钱不用就是死钱，投资就是使钱变活、增值的途径。那么，钱往何处投呢？我国绝大多数国民长期依赖银行储蓄和国债，其实目前国内居民投资可供选择的金融工具较多。投资理财是一门操作性很强的学问。善于投资理财就能根据自身的风险能力、投资偏好，在众多金融商品中做出合理的选择和比例搭配，从而获得在既定风险下的投资边际收益的最大化，实现价值的有效增值，使钱生更多的钱。相对较高的收益又有助于进一步提高居民的投资热情，使居民个人手中的闲置资金得到更加充分有效地运用。这对于刺激内需和促进国民经济的发展，显然具有不可忽视的积极作用。

普通百姓的家庭是社会最小的独立核算单位。作为寻常百姓的家庭，在投资理财中也存在着一定的金融风险。只有学会科学投资理财，提高风险防范意识，才能更加全面地考虑收益与风险之间的对立统一关系，减少投资的盲目性和投机性，控制对资金的不合理运用，使个人投资更趋理性，从而回避风险，理好家财，达到收益最大化或风险最小化的理想目标。

金融知识是理财的金钥匙。要学会理财，就必须了解金融，熟知金融。如果你的金融知识丰富，金融意识强，就能够娴熟地运用金融手段，灵活自如地调配金融资产，做到更好地生活和理财。1997年召开的全国金融工作会议提出："要在全社会广泛深入地开展金融知识、金融法规和金融风险教育。"广大城乡居民应当自觉地学习金融，熟知金融，增强金融意识，学会运用各种投资技巧，恰当地选择金融商品，只有这样才能使自己手头有限的资金产生最大的效益，从而把家庭金融资产这块蛋糕做大，使自己的生活更快地富裕起来。

普及国民金融知识，强化国民的金融意识，是市场经济条件下人们的一门必修课。很难想象，在一个国民金融意识缺乏的国度，能够建立起现代市场经济并使之高效运转；同样难以想象的是，在一个国民金融意识缺乏的国度，能为经济快速增长创造良好的投资环境。我们应当从提高国民素质和振兴国家经济的战略高度，抓好普及国民金融知识和强化国民的金融意识这项工作。下面笔者拟就此问题谈几点建议：

1. 普及金融知识要从娃娃抓起。应当在中小学课程中加进一些浅显的金融知识方面的内容，让孩子们从小就知道什么是银行、股票、信用卡等，使国民从小就受到金融知识的熏陶。

2. 利用电台、电视机、报纸、杂志等各种新闻媒体，开展旨在普及现代金融知识的形式多样的宣传活动，如知识竞赛、演讲会、报告会、专题讲座等，以使更多的社会公众了解金融，提高金融意识。

3. 各级金融机构在努力搞好自身业务的同时，还应当走向社会，把宣传和广泛普及大众化的金融知识作为自己的一项重要任务，并做出应有的贡献。

（摘自《中国个人金融年鉴》，中国经济出版社 2003 年版）

大力倡导和树立良好的信用意识

古人云：人无信不立。我国自古就有“信义之邦”的美誉，具有崇尚信用的优秀文化传统。时下，我国正在建立和完善社会主义的市场经济体制，讲信用，守信誉论理更应当成为人们共同恪守的道德规范。但是，由于种种原因，当前在我国的社会经济生活中却出现了信用不足的现象和问题，不守信用，视信誉为儿戏的情况已相当严重，主要表现在：假冒伪劣商品充斥市场，虚假广告泛滥，合同违约，商业欺诈，坑蒙拐骗，逃废债务等等。

信用观念淡薄，信用状况恶化已是一个不容忽视的问题，其危害性很大。失信行为的蔓延，不仅使信用作为支付手段的功能大为削弱，加大了社会经济交易成本，而且还给社会造成了极大的道德风险，导致经济秩序的混乱，加剧了社会财富分配的不公，从而影响到社会的安定。

信用是市场经济赖以存在的基础，社会主义市场经济呼唤重塑社会信用。提升国民信用意识和社会信用水平，是重塑社会信用的基础。倘若没有国民信用意识和社会平均信用水平的提高，就不可能有真正意义上的社会信用制度的重塑和完善。大力倡导和树立良好的信用意识已是摆在我们面前的一项十分重要的任务。很难想象，在一个国民信用意识缺乏的国度，能够建立起现代市场经济并使之高效运转；同样难以想象的是，在一个国民信用意识缺乏的国度，能为经济快速增长创造良好的投资环境。因此，我们应当从提高国民素质和振兴国家经济的战略高度，花大力气抓好重筑社会信用意识这项工作。

那么，究竟如何提高或在市场经济条件下重新构建社会的信用意识呢？社会信用意识的构建要靠多方打造，笔者以为应重点抓好以下工作：

1. 应当从教育人手，在全社会加强诚实守信的道德教育，把强化信用意识作为社会主义精神文明建设的一项基础工程来抓。要把诚实守信和良好的信用观念培养成为许许多多社会成员都向往并追求的崇高的社会美德。

2. 信用意识教育应当从娃娃抓起，以构建牢固的诚实守信的群体基础。要在中小学课本中多加进一些有关信用知识方面的内容，让孩子们从成长伊始就受到信用意识的熏陶，深知诚实守信的重要性和违背信用的后果，从而自动树立讲信用、守秩序的道德观念。

3. 企业是市场经济的主角，其行为端正与否至关重要。因此，企业更应当重视信用意识教育，要把信用意识教育作为提高自身素质建设的重要内容来抓。通过信用意识教育，使企业认识到良好的信用是最重要的无形资产。企业信誉好，借款容易，进货顺利，特别是当企业出现经营困难时，它能帮助企业度过难关，赢得资金，赢得市场，赢得生存和发展。因此，企业应当视信用为生命，珍惜和爱护自己的信用，自觉的强化信用意识，规范自己的信用行为，“重合同，守信用”。

4. 要利用广播、电视、报纸、杂志等各种新闻媒体，大张旗鼓地抑浊扬清，净化社会空气，端正荣辱观、是非观，大力倡导中华民族素有的“诚信为本”的优良传统，造成一种以讲信用为荣，以不守信用为耻的浓烈的舆论环境。通过舆论宣教活动，唤起全民的信用意识，促使整个社会信用观念更快地提高。

我们坚信，经过几年的不懈努力，中华民族重信用的传统美德必将在我国社会主义市场经济体制下发扬光大。

（原载《金融时报》2001 年 4 月 28 日）

耕耘和探索

——邱兆祥经济金融理论文选

下　册

邱兆祥　著

中国财政经济出版社

目　　录

· 下　册 ·

第五部分　金融改革理论

论金融在现代市场经济中的地位和作用 ……………………… (399)
迈向新世纪的中国金融理论工作者 …………………………… (404)
充分发挥金融业在全面建设小康社会中的助推作用 ……… (407)
论在我国构建科学的现代金融组织体系 ……………………… (413)
中小金融机构在我国有广阔的发展前景 ……………………… (419)
要把银行办成“真正的银行” …………………………………… (424)
对在我国发展民营银行问题的若干思考 ……………………… (427)
组建城乡合作银行的三点意见 ………………………………… (440)
论国有商业银行的商业化改革 ………………………………… (444)
对我国国有银行实行股份制改革的思考 ……………………… (449)
论当前我国股份制商业银行发展中的若干问题 …………… (455)
要尊重商业银行作为企业的经营自主权 ……………………… (465)
商业银行的经营规模要适度 …………………………………… (470)
中间业务是我国商业银行新的收益增长点 …………………… (474)
关于扼制银行不良资产再生的思考 …………………………… (477)

加快国有商业银行金融创新的步伐 …………………………… (482)
提高我国银行业国际竞争力的思考
——兼论我国银行业必须牢固树立科学的发展观 …… (486)
“抓大扶小”提高银行业整体竞争力 ………………………… (493)
遵循平等、守信、互利原则,构建新型银企关系 ……………… (497)
小银行是小企业发展的助推器 ………………………………… (499)
宏观调控下的银企关系
——走出中小企业融资难的困境 ……………………… (502)
服务新农村建设是金融业的发展契机 ………………………… (507)
农村金融:关键是要完善服务功能 …………………………… (509)
金融业要大力促进住宅产业的发展 …………………………… (512)
适度发展直接融资,促进国企改革 …………………………… (516)
拓展对个体、私营经济的金融服务 …………………………… (519)
努力为非公有制中小企业的发展提供金融支持 ……………… (522)
浅谈我国信托业的风险与防范 ………………………………… (531)
浅谈我国中央银行的货币政策目标 …………………………… (536)
金融监管是中央银行的重要职能 ……………………………… (540)
加快人民币区域化的路径选择 ………………………………… (543)

第六部分　金融中心建设理论

关于国内大城市争当金融中心的若干思考 ……………………… (551)
国内大城市,谁能戴上金融中心的桂冠? ……………………… (560)
深圳,正在崛起的区域性金融中心 …………………………… (567)
上海和香港,谁能成为中国的国际金融中心 ………………… (575)
重庆:瞄准西部区域性的金融中心 …………………………… (581)

第七部分 资本原始积累史理论

海盗抢劫和贩奴贸易 ……………………………………………… (587)
西方殖民者在美洲大陆 …………………………………………… (597)
法国农民土地的丧失 ……………………………………………… (603)
德国的“普鲁士道路” ……………………………………………… (611)
俄国农奴制的废除 ………………………………………………… (620)
旧中国农民的破产 ………………………………………………… (631)

第八部分 经济金融理论漫笔

寓道理于情趣之中
——经济学与情趣 ………………………………………… (643)
处处留心皆学问
——经济生活与经济学 …………………………………… (646)
焚烧手稿的怪人
——斯密对经济管理理论的贡献 ………………………… (649)
从生活里常见的事物说起
——商品的来历 …………………………………………… (654)
商品世界里的“无冕之王”
——奇特的货币 …………………………………………… (660)
黄金迷的故事
——货币的魔力 …………………………………………… (667)
货币发展小史
——谈谈货币材料的演变 ………………………………… (671)

大汗“具有炼金术士的秘密”
——纸币和通货膨胀 ……………………………… (676)
“贸迁有无,用而通之”
——货币在社会经济生活中的作用 ……………… (683)
“牛贩子劳军”
——古代社会里的商品生产 ………………………… (689)
买卖婚姻的联想
——必须破除商品拜物教的观念 ………………… (696)
传统与改革
——人的现代化 ……………………………………… (699)
柴米油盐和琴棋书画
——物质文明和精神文明 …………………………… (703)
赤橙黄绿青蓝紫
——创造丰富多彩的生活 …………………………… (707)

第九部分 记者访谈录

为现代化建设研究经济学理论
…………………………………《金融时报》记者 黄丽珠 (713)
孜孜以求,厚积薄发
——走近邱兆祥教授 …………《金融时报》记者 华青 (717)
辛勤耕耘四十载 ……………………《金融时报》记者 华青 (720)
淡泊名利,潜心学问:探访邱兆祥教授的学问之路
…………………《金融管理与研究》特约记者 李辉富 (724)
学者要潜心做学问
——访外经贸大学金融研究所所长邱兆祥教授
…………………………………《光明日报》记者 汪大勇 (733)

造就中国的经济学大师
——访经济学家邱兆祥 ……《金融时报》记者　刘志良（735）
人民币能否成为世界第三大货币
……………………………《光明日报》记者　孙明泉（739）
构建金融中心慎戴“国际”桂冠
——访著名金融专家、对外经济贸易大学教授邱兆祥
……………………………《经济日报》记者　王胜颜（742）
金融街:打造首都国际金融中心
——著名金融专家邱兆祥与金融街控股公司
总经理刘世春对话录 ……………《经济日报》记者（746）
股份制商业银行高速扩张正常吗?
……………………………《金融时报》记者　金立新（751）
金融企业高管也应当减薪 ……《经济参考报》记者　田如柱（757）

附录:作者部分著作目录

（包括独著、与个别人合著及主编）……………………………（759）

第五部分

金融改革理论

论金融在现代市场经济中的地位和作用

金融，是指资金的融通，一般说的是与货币流通和银行信用有关的一切活动。早在100多年前，生活在自由资本主义时代的马克思和恩格斯就已经认识到金融的重要性。他们曾在《资本论》等著作中多次谈到货币的“第一”和“最终”推动力的作用以及银行信用对社会经济发展的积极推动作用。随着现代市场经济的建立和发展，以融资为己任的金融业在整个国民经济中扮演着日益重要的角色。

在现代经济生活中，货币资金是沟通整个社会经济生活的命脉和媒介，可以说一切经济活动都离不开货币资金的运动。因此，经济学家们往往把货币资金比喻为现代经济的血液。如果说，货币资金犹如国民经济的“血液”，那么，作为筹集、融通和经营货币资金的金融业，就好像是国民经济的血液循环系统。要维持货币资金在国民经济中的正常运行，必须依靠中央银行、金融机构和金融市场构成的金融体系。这就如同要维持血液在人体中不停顿地循环周转，必须依靠由心脏和血管构成的血液循环系统一样。社会经济运行中的生产、分配、交换和消费过程，哪个环节都离不开货币和信用等金融活动，离不开银行等金融机构的“造血”和“输血”。现代经济离开了金融的支撑，既不能保持稳定的增长速度，更不可能出现大的飞跃。

金融业在推动社会经济发展中起着特殊的杠杆作用，具体说来，主要表现在以下两个方面：

（一）聚集社会闲散资金和调剂资金余缺

以银行为主的金融业其机构遍布城乡各地，通过信用业务的开展，能将社会上各种小额的闲散资金集中起来加以再分配，调剂资金余缺，从而使全社会的资金和资源发挥最大限度的效用。

1. 变“死钱”为“活钱”

一切闲置的货币资金都是“死钱”，只有周转于生产和流通过程的资金才是“活钱”。在社会经济活动中，“活钱”和“死钱”总是会同时存在的，只有努力减少“死钱”和加大“活钱”的比重，才能加快社会经济的发展。金融业不仅能把经济组织在资金循环过程中出现的暂时闲置的“死钱”变为“活钱”，用于经济活动，而且还能通过其特殊的转换功能，将储蓄转化为投资或将消费转化为积累，把原来的非生产性资金转化为建设资金。例如，金融机构可以通过引导居民用其结余的货币购买诸如国库券、股票和企业债券等信用工具，从而把居民的积累和现实的购买力转化为投资，促使社会资金最大限度地用于经济发展。

2. 变“小钱”为“大钱”

涓涓细流作用不大，往往不引人注意，而当无数细流汇集成浩浩荡荡的洪流时，就会显示出其不可忽视的强大威力。同样的道理，当社会上闲置资金分散在许许多多个人手中时，零零星星，看起来数额不大，作用有限，而当金融机构把分散零星的货币积蓄和暂时不用的资金汇集起来，积少成多，积零为整，由“小”变“大”，通过规模金融形成规模经济，产生“密集服务效应”，就变成了能促进社会经济发展的巨大资金力量，并通过其灵活调剂资金余缺的机能，既可满足企业发展生产和流通对资金的急需，又可加速社会资金的周转，提高资金的运行效率。马克思在论述银行信用的这一作用时说道：“小的金额是不能单独作为货币资本发挥作用的，但它们结合成为巨额，就形成一个货币力量。这种收集小金额的活动是银行制度的特殊作用。”①

（二）宏观经济调控的总开关

在市场经济条件下，市场调节是资源配置的主要方式，而市场配置资源的作用主要是通过资金的流动和组合来实现的。由于以银行为主的金融业是集中和分配生产建设资金的主渠道和全国资金活动的总枢纽。因此，金融在宏观经济调控中发挥着极其重要的作用，有的西方经济学家把金融称之为宏观经济调控的总开关。

金融作为宏观经济调控的重要手段，主要是通过中央银行而发挥作用的。中央银行在一国金融宏观调控中居于主导地位，它是国家调控经济和管理金融的最重要最有效的工具。从世界各国的中央银行体制的实践来看，中央银行都承担着调控宏观经济的职能。中央银行根据国家宏观经济政策的需要，通过制定和实施金融政策，运用存款准备金、再贷款、利率、公开市场业务、贷款规模等直接或间接的调控手段，适时调控货币供应的数量、结构，调节经济发展的规模、结构和发展速度，从而促进社会经济的稳步协调向前发展。

总之，在“物随钱行”的发达的现代商品经济社会里，金融业起着聚集、引导社会资源配置和调节经济的重要作用。以金融为支柱产业，形成活跃的金融市场，畅通的融资渠道，这是世界各国经济腾飞并保持优势的关键所在。任何国家和地区的经济迅速崛起，无不与重视发展金融业，采取“金融先行”的战略方针息息相关。

在我国，金融在国民经济总体运行中的地位和作用，已随着市场经济的发展和金融资产社会化程度日益提高而越来越重要。如今城乡居民已逐渐成为持有社会资金的主体，经济建设资金已主要依靠城乡居民的储蓄。由于大量的城乡居民储蓄和社会其他资金，只有经过金融部门的融通才能转化为建设资金。因此，金融部门已成

① 《资本论》第3卷，人民出版社1975年版，第453～454页。

为我国社会生产和建设资金的最主要的供应者。金融已在我国国民经济建设事业中处于举足轻重的地位。金融部门融通资金的状况如何，资金营运的效益怎样，极大地影响着我国整个经济的运行。邓小平同志1991年在视察上海时指出“金融很重要，是现代经济的核心。金融搞活了，一着棋活，全盘皆活”。[①] 这段话精辟而又深刻地阐明了金融在国民经济中的重要地位和作用。

随着我国社会主义市场经济的不断发展，我国经济正逐步变为以金融为核心的经济，金融活动日益广泛地渗透到经济和社会生活的各个方面、各个环节，而且与每个人密切相关。如果金融业不能正常安全运行，就有可能危及国民经济全局的发展和社会稳定。席卷亚洲的金融危机给一些国家和地区的经济造成了很大的损失，也给人们留下了许多教训和警示。亚洲金融危机的警示和我国金融业的发展，迫切要求我们认真学习现代金融知识，学会驾驭“现代经济核心”的本领。江泽民总书记最近在中共中央举办的第七次法制讲座会上强调指出：金融在经济工作全局中至关重要。发展社会主义市场经济，必须充分发挥金融的作用。江泽民总书记希望各级党政领导干部提高对金融工作重要性的认识，努力学习金融知识和金融法律。广大经济工作者，特别是身处经济建设领导岗位的负责人，更要积极响应江泽民总书记的号召，花功夫率先学习现代金融知识，通过学习进一步了解金融的重要性及其有关法规，掌握现代金融的基本原理、运作规范和发展趋势，增强金融意识，提高金融素质和运用金融手段推动经济发展的能力，以适应现代市场经济发展的要求。

亚洲金融危机的教训，还使我们更加深刻地认识到增强金融业防范和化解金融风险能力的必要性。江泽民总书记在中共中央举办的第七次法制讲座会上指出：金融安全关系到国家经济的安全，国家和人民的利益要求有一个安全和稳健的金融体系。要建立和健全能从根本上有效防范金融风险的金融体系，除需要不断改善金融业

① 《邓小平文选》第3卷，人民出版社1993年版，第366页。

的经济社会环境以外，关键是要加快和深化金融改革，把改革金融体制与整顿金融秩序紧密结合起来。目前，我国正在有计划、有步骤地推进金融体制的各项改革与建设。改革的目标是，建立与社会主义市场经济相适应的现代金融体系、现代金融制度和良好的金融秩序。现代金融体系、现代金融制度和良好金融秩序的建立，不仅有助于增强我国金融业有效防范和化解金融风险的能力，而且还能更加充分地发挥金融在发展社会主义市场经济中的作用。由于金融业涉及面广，影响大，改革的难度也大，要实现上述改革目标，不仅需要金融业本身的不懈努力，更需要全社会的理解和支持。

（原载《金融科学》1998 年第 4 期）

迈向新世纪的中国金融理论工作者

实行改革开放以来，金融业在我国社会经济活动中扮着日益见重的角色，金融理论研究也因而受到经济理论界的特别关注和重视。近10多年来，金融理论研究在我国经济学界一直是独占鳌头，广大经济金融理论工作者以满腔的热情积极参与探讨金融体制改革中的一些重大问题，思想活跃，新观点迭出，金融研究的热点一个接一个，从而引发了金融研究的空前繁荣的可喜局面。

邓小平同志说："金融是现代经济的核心"。伴随着现代市场经济的建立和发展，以及金融业在国民经济中的地位和作用的增强，作为货币金融活动理论表现的金融科学必定会有一个更大的发展。我国对现代金融科学理论的研究虽然起步较晚，尽管金融科学在我国还不能说已成为一门体系严谨、方法齐备、概念准确的成熟学科，但从其在我国的发展趋势或前景来看，它却是一门大有发展前途的经济学科。任何一门科学的发展前景，从根本上讲主要取决于社会实践的需要。恩格斯说："社会一旦有技术上的需要。则这种需要就会比十所大学更能把科学推向前进"。[①] 我国经济金融改革和社会经济发展的实践需要金融科学，这种需要必定会极大地推动金融科学在我国的发展，并使金融科学能在社会经济发展中发挥更大的促进作用。

物换星移，逝者如斯。20世纪即将悄然离去，21世纪正在朝我们大踏步走来。站在世纪的交汇点上，置身于迎接新世纪的挑战和汹涌澎湃的改革浪潮之中，作为中国金融理论工作者，既肩负着

---

① 《马克思恩格斯选集》第4卷，人民出版社1972年版，第505页。

特别重大的历史责任，又面临着难逢的历史机遇。那么，我国广大金融理论工作者怎样才能不负历史的重托，真正做到继往开来，为促进我国的金融改革和发展金融科学而尽责尽力呢？

首先，金融理论研究要坚持紧密联系实际和为实际服务的原则。金融科学较之于其他许多经济学科更具有实用性，它是一门实践性、实用性很强的科学。它的产生和发展离不开社会实践的需要，其基本理论也只有在解决现实问题中才能得到检验和充实。社会经济活动的实践涌现出来的许多金融方面的纷纭复杂的新情况、新问题，呼唤着金融理论工作者去探索、去研究，并作出科学的解答、总结和概括。广大金融理论工作者应当善于倾听实践的呼声和把握实践的脉搏，在理论联系实际和为实际服务上花费更大的力气。作为中国的金融理论工作者，特别要重视联系中国的实际，积极投身到中国的改革和现代化建设的伟大实践中去，深入实际，参加改革，服务改革。这是时代对中国金融理论工作者的呼唤，也是中国金融理论工作者义不容辞的历史使命。波澜壮阔的金融改革和金融发展的实践，为金融科学在中国的发展提供了深沉、厚重的基础。金融科学的理论之树，只要牢牢地植根于中国的改革和发展实践的沃土之上，就会有旺盛的生命力，就能茁壮地成长。

第二，要树立创新意识，勤于思考，勇于进取。同其他一切科学理论一样，金融科学理论的生命力就在于不断创新。创新是金融科学理论有所突破、有所建树的原动力，而故步自封，拘泥成说，墨守成规，则是金融科学理论发展的精神桎梏。因此，在金融理论的研究工作中，应当在坚持马克思主义基本原理的前提下，鼓励开拓创新，鼓励大胆探索，勤于思考，勇于进取。

金融科学理论的发展关键在于创新，广大金融理论工作者要充分认识到创新的重要性，真正树立创新意识，以执著、踏实和求新的精神来从事金融理论研究。唯其如此，才有可能取得对国家金融决策和金融学科建设具有重要价值的科研成果，从而为推动我国的现代化建设和繁荣金融科学做出应有的贡献。

第三，要发愤学习，注意自身的知识更新。在这知识经济已出现端倪的时代，从事各门经济学科研究的工作者都面临着知识结构的更新问题。知识和经验的汰旧求新，或吐故纳新，无论是对于金融理论工作者，还是从事金融实际工作的同志，都是极其必要的。作为金融理论工作者，只有发愤学习，努力吸取现代经济金融科学的一些新知识和社会经济活动的新经验，多读书和多积累，不断用各种新鲜的东西充实和丰富自己，才能拓展视野，开阔思路，具备胜任从事现代金融科学研究所需要的博识和才学。

第四，要重视培养学术骨干，让他们能担当历史重任。建国后特别是改革开放以来，我国已培养和造就了一支覆盖金融类各个学科、各个专业，具有一定水平和实力的研究队伍，并涌现出了一些层次较高的学术带头人。但从总体上讲，这支队伍还存在不少问题，远不能适应金融科学理论发展的需要。其主要问题突出表现在：总量不足、层次不够高、人才断层问题尚未完全解决，缺少中年骨干等。

任何研究工作，理论的也好，实用的也好，没有一支素质优良的高层次研究队伍是不可能取得大的发展的。在新世纪到来之际，着眼于金融科学理论在我国未来发展的需要，加快培养和造就一批理论骨干，让他担当历史重任，成为推进金融科学在 21 世纪的中国发展的中流砥柱，已是我国金融界和教育界的一项重要而又紧迫的战略任务。人类知识的薪接火传，不绝如缕，名师的传授功不可没。老一辈金融理论工作者，尤其是那些学术上有很深造诣并在高等财经院校任教的专家学者，还肩负着将金融科学知识薪火传递下去的重任。金融界的名师大家应当以强烈的历史责任感和敬业精神，花大力气做好这项工作。

（原载《金融与保险》2000 年第 1 期）

充分发挥金融业在全面建设小康社会中的助推作用

党的十六大确立了全面建设小康社会的目标，为全党和全国人民吹响了向新世纪目标前进的号角。全面建设小康社会的发展蓝图，令人鼓舞，催人奋进。全面建设小康社会，最根本的是要加快发展，发展才是硬道理。只有坚持以经济建设为中心，紧紧抓住发展这个主题，把发展作为第一要务，千方百计的加快发展，才能使我国的经济发展水平不断跃上新台阶，最终实现全面建设小康社会的目标。

以融资为己任的现代金融业在社会经济发展中扮演着十分重要的角色，发展经济，全面建设小康社会离不开金融业的助推和支持。以金融为支柱产业，形成活跃的金融市场，畅通的融资渠道，保持良好的金融环境，这是保障经济快速发展的关键所在。任何国家和地区的经济腾飞，都无不与重视发展金融业，采取充分发挥金融作用的方针措施息息相关。1991 年邓小平同志南巡视察上海时指出：金融很重要，是现代经济的核心，金融搞好了，一着棋活，全盘皆活。邓小平同志的这段讲话言简意赅，精辟地阐明了金融在现代经济发展中的核心地位和作用。在今年 2 月召开的全国金融工作会议上，江泽民同志强调指出：不管资本主义还是社会主义，只要是社会化大生产，搞市场经济，就离不开发达的金融，都要充分发挥金融的作用。江泽民同志还进一步具体论述了金融在现代经济发展中的重大作用。江泽民同志指出：金融在资源配置中发挥着核心作用，是调节宏观经济的重要杠杆，是国家经济安全的核心。江泽民同志的以上论述内涵十分丰富，是对邓小平同志关于金融是现代经济核心的科学论断作出的创造性的发展，它表明以江泽民同志为代表的中国共产党人对现代金融科学理论的认识已随着时代的前进而步入了一个新的高度。

为实现全面建设小康社会的目标，使国内生产总值到2020年力争比2000年翻两番，必须充分发挥金融的助推作用。那么，怎样才能使金融在发展经济、全面建设小康社会中更加充分的发挥作用呢？笔者认为，关键是要以“三个代表”重要思想和金融是现代经济的核心的科学论断为指导，弘扬与时俱进的精神，奋发努力，重点抓好以下几方面的工作。

（一）加大金融改革的力度，加快金融改革的步伐，促进金融业的发展

党的十一届三中全会以来，按照党中央、国务院关于金融改革的重大部署，我国在金融领域里进行了一系列改革。特别是经过近十多年来的努力，我国已初步建立了与社会主义市场经济体制相适应的新的金融体制，金融业在促进我国经济快速发展和保持社会稳定中已发挥了重要作用。我国金融改革和发展虽然已取得了巨大的成绩，但从我国目前金融业发展的实际情况来看，仍不能完全适应全面建设小康社会的需要，我国的金融改革还任重道远。如今，金融业已成为我国社会生产和建设资金的最主要的供应者，已成为影响宏观经济运行最为重要的一着棋。金融搞好了，一着棋活，全盘皆活。而要更好地搞活金融这着棋，使之能在全面建设小康社会中发挥更大的作用，就必须遵照邓小平同志关于金融改革的步子要迈得大一些的指示精神，进一步深化金融改革。首先要深化国有商业银行的改革。国有商业银行是我国金融体系的主体，在经济和社会发展中处于举足轻重的地位，维系着整个国民经济的命脉和经济安全。因此，国有商业银行的改革是整个金融改革的重中之重。今年召开的全国金融工作会议指出：推进国有商业银行改革，就是要按照现代企业制度的要求，更新经营管理制度，把国有独资商业银行改造成为治理结构完善、运行机制灵活有效、经营目标明确、财务

状况良好、具有较强国际竞争力的现代金融企业。当前应当抓紧时间对国有独资商业银行进行股份制改革的试点，通过实行股份制改革，实现国有商业银行的真正商业化，使之成为自主经营、自负盈亏的法人实体和市场主体。只有这样，国有商业银行才能按照现代金融风险企业的特点和信贷资金的运作规律，高效、安全、规范的运作。

除要重点对国有商业银行进行综合改革之外，还必须进行其他诸多方面的改革。例如，要督促股份制商业银行继续规范公司制的法人治理结构和经营管理制度；要引进民间资本改造和发展中小商业银行，构建多层次、多元化和多样化的金融组织体系；要完善金融市场，推进资本市场的改革开放和稳步发展；要稳步推进利率市场化改革；要按照循序渐进的原则，逐步推进资本项目的可兑换，完善人民币汇率形成机制等等。

只要我们能与时俱进，深化金融改革，加快金融创新，改善金融服务，就必定能更加充分的发挥金融在市场配置资源中的核心作用，以及在宏观经济调节中的杠杆作用，从而使金融业在发展经济、全面建设小康社会中能够做出更大的贡献。

（二）加强金融监管，防范和化解金融风险，维护国家经济安全

金融业是一种经营货币和信用的特殊产业，它在现代经济发展中具有重大作用。但是，由于金融业本身具有不稳定性和风险性的特点，因此，它既有促进经济发展的积极作用，同时又有可能导致经济危机的发生。

改革开放以来，金融在我国国民经济总体运行中的地位和作用，已随着市场经济的发展和金融资产社会化程度日益提高而越来越重要，金融业持续稳步发展，成绩显著。但是，一些潜伏在金融领域里的深层次的矛盾也逐渐表现出来，多年积累起来的金融风险问题逐渐显露。例如，金融机构特别是国有商业银行资产质量不

高，资本充足率也较低，还存在因内控机制缺乏而导致严重违规经营和账外经营问题；一些中小金融机构和非银行金融机构历史遗留问题较多，经营状况不佳，支付风险严重；不少上市公司质量不高，证券市场和期货市场还存在一些违法乱纪的行为等等。

上述情况表明，加强金融监管已是当务之急。金融监管是金融这个现代经济“神经中枢”的“安全阀”。无论是世界范围频频发生的金融危机的警示，还是我国目前金融领域里的现状，都必须把强化金融监管和防范金融风险摆在十分重要的位置。如果金融业不能正常安全运行，“经济核心”不稳定，就势必会危及国民经济全局的发展和社会的安定，妨碍发展经济、全面建设小康社会的进程。

我国的金融监管部门要更好地履行监管职责，就必须转变监管理念，改进监管方式，认真解决现存的监管内容不够细致、技术手段落后等问题，借鉴一些市场经济发达国家成功的监管经验，建立适应新形势的监管制度。例如，尽快全面实施贷款质量五级分类法、强化资本充足率对金融企业经营活动的全面约束、实行审慎会计核算制度和建立信息披露制度等。通过引进国际规范的监管方式，提高监管水平，切实强化金融监管，防范和化解金融风险，保持金融稳定，是顺利推进金融改革和发展的基础，是维护国家经济安全的重要保证，也是更加充分发挥金融在全面建设小康社会中的作用的必要条件。

（三）大力实施人才战略，建设一支高素质的金融人才队伍

现代金融，其管理的复杂性以及它所要求的电脑应用程度决定了它是一种具有“脑力工业性质”的行业，因而充分发挥金融业在全面建设小康社会中的助推作用，需要拥有一大批高智能、高创造力、高层次的专业人才，这是能否充分发挥其职能作用的最重要的前提条件。在我国，金融业虽然拥有一支庞大的员工队伍，但

是，精通现代金融业务并熟悉国际金融惯例的人才却十分缺乏。高层次人才缺乏，员工队伍整体素质偏低，这已成为影响我国金融机构综合竞争力的最重要的原因。

对于金融业而言，资产规模固然重要，而人才则是比资产规模更重要的资源。无论是新的科技手段的运用、金融产品的开发，还是金融风险的防范和经营效益的提高，都离不开人才。我国金融业只有依靠大批高质量的经营者、管理者以及训练有素、奋发向上的职工队伍，才能有效地吸收国外金融业的先进的科学管理成果，并在学习、吸取的基础上有所创新，不断提高经营管理水平和综合竞争能力。人才队伍建设，是关系我国金融业能否跻身于国际一流水平之列的决定性因素。要深明人才资源在金融业发展中所具有的极其重要的地位，牢固树立“人才就是财富，人才就是效益，人才就是发展后劲”的观念，把人才建设列为头等大事，花大力气打造一支高素质的人才队伍。

（四）金融业应大力支持西部大开发和农村经济的发展

全面建设小康社会是一个综合指标，如果不抓住重点，解决难点，我们就不可能建成真正高标准的小康社会。我国建设小康社会的重点应当是在西部、在农村。目前，我国西部特别是一些农村地区仍比较落后，个别地方甚至还没有解决温饱问题，这些地区奔小康的任务更加艰巨。我国西部地区和一些贫穷落后的农村地区要实现跨越式、追赶式的发展，首先遇到的是资金短缺的困难，离不开金融业的大力支持。

加快西部大开发和发展农村经济，事关我国现代化建设和全面建设小康社会的大局，因此，金融业应当实行重点扶持的倾斜性优惠政策，加大金融支持力度。具体说来，可主要采取以下措施：（1）增加中长期贷款，支持西部大开发和农村经济发展所必需的基础设施建设；（2）适应西部大开发和农村经济发展的需要，完善金融机构的服务功能和金融市场建设，提高信贷资金使用效率和金融服务水平；（3）充分发挥金融的杠杆作用，积极支持农业和农村经济结构的调整，推进农村经济全面繁荣，加快建设现代化新农村，增加农民收入，提高农民的生活质量；（4）积极稳妥地扶植经营机制比较灵活的农村地方性小型金融机构的健康成长，使它们更好地满足农业和农村中小企业在发展过程中的融资需求；（5）大力推进西部地区资本市场建设，在符合上市条件的情况下，应优先考虑西部地区企业的上市（特别是要重点扶持与培育一批具有较大潜力和较强带动力的龙头、骨干企业上市），逐步加大西部地区资本市场筹资规模，提高西部地区上市公司数量在全国总数中的比重；（6）积极发展西部开发基金、产业投资基金、中外合资基金等机构组织，为西部大开发及农村经济发展拓宽资金来源渠道。

（原载《金融时报》2002 年 12 月 16 日）

论在我国构建科学的现代金融组织体系

我国的金融体制已进入了改革的深化阶段，改革的目标是建立与社会主义市场经济相适应的现代金融体系、金融制度和良好的金融秩序。其中，建立按市场规则运作的金融组织体系，是我国金融创新的一个十分重要的内容。下面我就如何构建与社会主义市场经济相适应的现代金融组织或机构体系问题，谈谈自己的几点思考。

一

从我国金融体系改革的情况来看，在原有中国人民银行一家银行的基础上，通过改革分设，逐步确立了中央银行体制，恢复和重建了工、农、中、建四家国有独资商业银行，陆续重建或新建了交行、中信、光大、华夏等一批股份制商业银行以及数量众多的地方城市商业银行和其他非银行金融机构，并于 1994 年成立了国家开发银行、中国农业发展银行和中国进出口银行等三家政策性银行。我国目前已初步形成了以中国人民银行为中央银行，国有独资商业银行为主体，国家政策性银行和其他商业银行及多种金融机构分工并存的金融组织体系。

我国在构建现代金融组织体系方面，虽然已进行了一系列变革并取得了长足的进展，但在现行的金融组织体系中，四大国有商业银行较之其他商业银行和其他金融机构，无论是资金、业务量，还是人力、物力，都占据压倒性的优势。四大国有商业银行的从业人员约占全国金融从业人员的比重近 90%，营业网点约占 90% 以上，金融资产约占 80%，存贷款业务约占 75%。国有商业银行是主体，但比重过大，近乎处于垄断地位。目前，我国的金融机构特别是重点支持地方中小企业和为集体、个体经济服务的金融机构为数还少，而且发展程度亦受到相当多的限制，致使社会资金融通渠道比较单一，许多中小企业难以获得稳定的融资环境，金融业内部也难以形成公平高效的竞争格局。

市场经济的核心是竞争，而市场经济的发展也有赖于金融竞争的推动。一般而言，金融竞争具有促使资金合理配置，调节资金供求，提高效益，完善市场经济的运行体系，以及促使金融服务内容和质量提高的功能。众多金融机构的并存，是金融业开展竞争的必备条件。如果垄断，那就不可能有真正意义上的竞争。我国过去实行了几十年的“官银”、“独银”，使国有银行养成了娇气和惰性，从而严重地影响了金融服务质量的提高。因此，我们在努力将国有商业银行办成真正严格意义上的商业银行的同时，还要大力支持其他银行和非银行金融机构的发展。

各种金融机构，尤其是地方银行金融机构的兴起，可能会对现存的金融体系格局产生冲击力，但我们认为，这种冲击力是有好处的。如果没有真正竞争的冲击力和压力，就难以促进金融事业的繁荣，也不利于市场经济的建立和发展。市场经济的确立要以市场金融的发展为前提，而市场金融的发展则有赖于金融竞争的推动。平等而有序的竞争，有助于对金融资源进行最优配置，推动我国经济朝着市场经济和信用经济的方向发展。

二

从构建现代金融组织体系以适应市场经济发展的需要来看，要允许成立非国有的商业银行和其他非银行的金融机构。现代金融组织体系，应当是一个包括国有、股份、地方、合作在内的多层次、多元化和多样化的金融体系。社会生产力的发展，经济与社会开放度的扩大，多种所有制经济的并存，客观上要求我们破除思想上的禁锢，发展非国有金融机构，这也是构建适度垄断竞争金融组织体系的一个重要内容。

随着改革开放的深入发展，我国的个体、私营经济从小到大，迅速发展起来，现已形成了具有一定的经济实力和社会影响，成为我国社会主义市场经济乃至整个国民经济的重要组成部分。在繁荣经济、增加供给、方便城乡人民生活、增加国家与地方财政收入、扩大城乡就业、维护社会稳定等方面，个体、私营经济都发挥着不可低估的积极作用。但是，在相当长的一段时间里，金融机构特别是国有银行对个体、私营经济支持不力，致使目前个体、私营经济在整个融资总额中仍只占很小的份额。由于国有金融机构对个体、私营经济融通资金的政策尚未完全到位，从而使得个体、私营经济的资金需求难以满足。

党的十五大报告指出："公有制为主体、多种所有制经济共同发展，是我国社会主义初级阶段的一项基本经济制度"。"对个体、私营等非公有制经济要继续鼓励、引导，使之健康发展。"这些论断反映了我国社会主义初级阶段基本国情的客观要求，为推进我国的所有制改革指明了方向。我们应当通过加强学习，提高认识，进一步解放思想。突破姓"公"姓"私"的传统观念的束缚，对于一切符合"三个有利于"的所有制形式都要一视同仁，并给予积极的支持、鼓励和帮助。

时至今日，个体、私营经济既然已成为繁荣我国各地经济的一支重要的生力军，客观上也就要求金融业按照生产决定流通、经济决定金融这一规律，重新调整自己的经营发展战略。在现有的金融机构对个体、私营经济大力拓展金融服务的同时，还应当积极稳妥地发展适应个体、私营经济发展的金融机构，以使金融业的业务结构、资产结构与社会经济的所有制结构相适应。

在目前四大国有商业银行的垄断性经营一时还难以彻底改变的状况下，积极而有步骤地发展多元化的非国有金融组织体系（包括商业银行体系和非银行金融机构），不仅有助于为包括个体、私营经济在内的非国有经济的发展提供更加充裕的金融支持，促进以公有制为主体的多种所有制经济的共同发展，而且还可以通过从外部增加压力和动力，从而推动国有银行的商业化改革的进程。

三

金融组织体系的构建，必须与我国现阶段社会经济发展的状况相适应。在现代经济条件下，企业虽然只有达到一定的规模才能取得更大的经济效益，但并不是规模大的企业越多越好。商业银行等金融企业也是如此。商业银行等金融企业的规模大小，必须与整个社会经济的发展水平相适应。19 世纪的美国，地方小银行等金融机构种类繁多，交易量大，是整个金融体系的主体。当人均 GNP 达到 2000 至 3000 美元时，美国的大银行才逐渐发展起来。欧洲国家的情况也大体类似，工业化初期银行等金融企业的规模都不大。即使今日，在西方发达国家里，中小金融企业仍占大多数，根据近年来世界各国银行业发展的情况来看，银行数量增加迅速而呈“两头大”，即大银行和小银行同时迅猛发展的态势。

我国的社会主义建设虽然已取得了举世公认的成就，但我国的经济还不够发达，人均 GNP 不高，属于发展中国家，而我国却拥有四家特大的国有商业银行。据有关资料，1994 年末，工中建农四家国有商业银行的资产总额在世界 1000 家大银行中分别排列第 13 位、第 19 位、第 39 位和第 44 位。这表明我国四大国有商业银行已具有相当大的规模和较雄厚的实力。在经济全球化步伐加快的今天，金融领域的竞争日趋激烈。近年来一些西方发达国家银行为了在同业竞争中立于不败之地，大银行间的合并风潮迭起，成为国际经济金融界一种令人瞩目的现象。在此种情况下，我国的四大国有商业银行应当继续增强整体实力，以便能在今后日趋激烈的全球金融业的版图扩张竞争中抢先一步，占据较为有利的地位。我国的国有商业银行只有努力发展成为具有更强实力的大银行或大集团，才有可能加入国际金融业的高层次竞争。

大的金融企业有大的优势，中小金融企业有小的长处。小型金融企业的主要长处是经营机制比较灵活。从目前我国经济发展的状况来看，不仅经济发展水平还不够高，而且不同地区间经济发展水平又存在着较大的差距，经济发展呈现多层次不平衡的状态，经济活动具有明显的地方性和区域性。因此，从我国的上述基本国情出发，在我国应当特别重视和鼓励发展一些适合于各地经济发展实际情况的多层次、多元化和多种所有制形式的小型金融企业，诸如小型地方商业银行、按合作制原则成立的城乡信用社、共同基金组织、各种消费信贷机构和保险机构等，重点为包括集体和个体在内的地方中小型企业以及城乡居民提供金融服务，以弥补大型金融机构在这方面开展业务的不足。在我国，中小型企业在各地工商业产值中占有相当大的比重，甚至起着举足轻重的作用。因此，多发展一些地区性、行业性和多样性的小型金融企业有利于促进各地区的经济繁荣和国家的现代化建设。

此外，发展小型金融机构还有利于为各地区城乡居民提供更好的金融服务。随着金融改革的深入发展，金融和普通百姓的距离越来越近，关系也越来越密切了。金融改革使许多国民长期压抑的金融需求得以释放，国民对金融服务的需求也日渐增大，由于小型金融机构具有经营灵活性和分散性的特点，更便于针对各地城乡居民不同的收入水平、文化层次、生活习惯、心理预期、性格、地域等具体情况，进行金融创新，尽可能开拓适合当地城乡居民不同需求的金融新品种，吸引更多的城乡居民参与金融活动。

那么，如何积极稳妥地发展小型金融机构呢？

第一，要逐步放宽对小型金融机构设立的限制，但同时又要严格设立小型金融机构的实质条件，目的在于防止不合格成员或素质过低成员进入金融大家庭，从而危及金融业的安全与稳定。

第二，对新创办的小型金融企业一开始就要以规范的面貌出现，严格按照现代市场经济和现代企业制度的要求进行运作，实行完全的自主经营和自负盈亏。

第三，中央银行要在资金、业务范围、运作方式等方面加强对小型金融企业的监督和管理，以增强其抵御和防范风险的能力。

第四，对小型金融企业既不能因要“鼓励扶持”而给予特殊的优惠或照顾，也不能因“非主流”或“非国有”而予以歧视或压制，应一视同仁，充分给予“国民待遇”。

第五，逐步建立行业性的金融自律性组织机构，如商业银行协会和其他行业金融组织协会，有效维护金融秩序，健全微观约束机制。

（原载《金融理论与实践》1998年第8期）

中小金融机构在我国有广阔的发展前景

实行改革开放以来，在我国的金融机构组织体系中，中小金融机构是发展最迅速、最具活力的一个群体。大体而言，这个群体主要包括：城市信用合作社、农村信用合作社、股份制城市商业银行和跨区域股份制商业银行，以及数量众多的一些非银行金融机构。我国金融体系的主体是工、农、中、建四大国有商业银行，其金融资产份额约占总量的80%左右。中小金融机构的实力与四大国有商业银行相比，虽然相距甚远，但它们却以其特有的生机与活力，活跃于整个经济金融领域，其作用不容小觑。它们在为中小企业服务、促进地区经济有效增长、扩大社会就业、保持宏观经济的稳定和持续增长等方面，均发挥着极其重要的作用。

在我国，中小金融机构的多数尽管是在国有大银行的空缺地带的夹缝中艰难成长起来的，但中小金融机构的兴起，却是对国有商业银行占主导地位的金融体系格局的无声挑战，并在一定程度上打破了国有商业银行“一统天下”的垄断格局，给我国金融业带来了竞争与活力。市场经济最本质的特征是竞争，没有竞争金融机构就不会有压力和进行创新的动力。金融业同其他产业一样，只有保持合理的市场结构，避免形成高度垄断的局面，社会公众才能得到“质优价廉”的金融服务，金融工具品种才会增多，金融服务的效率才能提高。而金融服务效率的改善与提高，对于整个社会经济的发展具有积极的促进作用。中小金融机构的存在和发展，不仅有利于保持金融市场上的竞争与效率，而且还有利于推动国有大商业银行按照经济、合理、精简、高效的原则改革管理体制，加快国有大商业银行的改革步伐。

经济决定金融，金融市场和金融体系是实体经济发展需要的产物。因此，我国金融市场和金融体系的构建必须与实体经济的现实需要相适应，并以推进实体经济的发展为基本出发点。中小金融机构的存在，既然对我国的经济发展和金融改革具有重要作用，这就从根本上决定了中小金融机构在我国有其长久生存发展的必要性和可能性。具体说来，主要原因如下：

1. 金融体系是现代市场经济运行的神经中枢，一个健康的金融体系既要能高效率地运转，又要能足够的满足社会各经济群体的不同需求。各种地区性、行业性的中小金融机构具有经营灵活及地利、人缘等方面优势，它们适宜为多种所有制经济形式服务，特别是为中小企业及非国有经济提供金融服务，因而成为中小企业及非国有经济的主导服务机构。中小金融机构之所以具有旺盛的生命力，原因就在于它们有较强的比较优势，在为中小企业及非国有经济服务方面具有不可替代的作用。中小金融机构能否正常经营和发展，直接关系到对中小企业及非国有经济金融服务的质量和数量。因此，金融支持中小企业及非国有经济的重点，必须放在大力健全和完善对现有中小金融机构的功能强化和业务拓展上。唯其如此，方能更充分地满足中小企业及非国有经济这部分经济群体在发展过程中的融资需求。

中小金融机构是适应中小企业及非国有经济的融资需求而兴起的，中小金融机构与中小企业及非国有经济相伴而生，共同发展。随着我国经济结构调整力度的加大，中小企业及非国有经济如今已成为推动我国经济有效增长的主要力量。这些经济主体的快速发展，必然会进一步扩大对中小金融机构的服务需求，从而拓宽中小金融机构的生存发展的市场空间。

2. 由于国有商业银行规模过大，机构臃肿，不便于进行有效的管理。随着金融改革的进一步深化，除根据“效益化原则”撤并一批成本高、管理难、业务不足和严重亏损的分支机构外，还将逐步把业务转移到大中城市，重点支持国有大中型企业，这就为大量地方性中小金融机构腾出更多的市场空间。

3. 我国是个经济快速发展的国家，随着我国经济总量的增长，金融业的总量规模必定会进一步加大。如果把中小金融机构作为一个整体来看，其机构数量和资产总额也必定会随着金融业务总量的增长而增多。

从上述三点不难看出，中小金融机构在我国确实有其广阔的市场空间和良好的发展前景。从国外的金融体系来看，也都普遍存在着中小金融机构，仅以银行业为例，近年来许多国家的银行业的发展是呈“两头大”即大银行和小银行同时增长的态势。即使在美国这样高度竞争和发达的国家里，尽管有世界级的大型跨国大银行，但中小银行依然大量存在。据报载，1982 年底美国有 14763 家参加存款保险的商业银行，其中 44.4% 的银行拥有的资产总额小于 2500 万美元，86% 银行拥有的资产总额不足 1 亿美元，这些银行大约持有全部银行资产总额的 18%。美国实行的是独具特色的独家银行制度，业务完全由各自独立的商业银行本部经营，一般不设或不允许设分支机构，目的在于避免金融业的集中与垄断。在这种体制下，中小银行数量众多，银行业内部尽管竞争很激烈，但较少受到大银行跨州经营的竞争威胁。英国银行实行的是许多国家比较广泛采用的总分行制，法律上允许在总行之下，在国内外各地普遍设立分支机构。这种组织形式的经营规模大，有利于获得规模经济效益。总分行制的过度发展，虽然比较容易形成垄断局面。但是，在这种体制下，中小银行不仅仍广泛存在，而且它们还能依靠特色经营而保持活力。

近年来，国外大银行掀起了兼并与重组的浪潮，来势猛烈。然而，大银行无论怎样发展，中小银行在现代市场经济运行中总会有自己的位置，并发挥其特有的作用。在经济舞台上，中小金融机构并非行色匆匆的过客。在今后相当长的时间里，大中小金融机构并存的局面还不可能发生根本变化。不仅如此，无论在什么体制下，中小金融机构在数量上都总会大大超过大金融机构。从美英等西方市场经济发达国家银行业的情况来看，中小银行的资产总额规模虽不及大银行，但在营业网点总量方面却明显地超过大银行。中小银行在主要发达国家大体上能占到约20%的市场份额。在发展中国家，由于大银行的实力相对较弱，论理中小银行所占的市场份额应当高得多。

随着中小企业及非国有经济中的地位越来越重要，在促进经济发展中的作用越来越明显，中小企业及非国有经济的融资渠道不畅的问题已成为上上下下关注的热点。大力发展各种地区性、行业性的中小金融机构，是从根本上解决我国中小企业及非国有经济融资问题的最重要的举措，也是构建适应现代市场要求的金融组织体系的必由之路。今后一个时期，我们必须采取行之有效的各种措施，扶植和支持中小金融机构在改革中稳步发展，这是摆在我们面前的一项十分紧迫的任务。

首先，要利用电台、报刊、杂志等各种新闻媒体开展一些必要的舆论宣传活动，有针对性地澄清种种对中小金融机构的误解，提高社会公众对中小金融机构的重要地位和作用的认识，增加社会公众对中小金融机构发展前景的信心，努力营造一个能适宜中小金融机构成长的良好的社会环境。

第二，由于长期以来对国有商业银行的重视程度大大高于中小金融机构，因而造成了对中小金融机构的政策上的歧视，在业务范围方面多加限定，有的单位甚至规定下属机构只能将钱款存入指定的大银行等。要真正实现观念上的突破，对不同类型的金融企业实行一视同仁的政策，消除对中小金融机构现存的一切不合理的歧视，彻底走出以金融企业规模大小和性质作为支持与否的误区。此外，鉴于中小金融机构目前的状况，还应当从政策上切实加大对中小金融机构的支持力度，如在税收、利率、法定准备金、再贷款等方面给予一些适当的优惠，以帮助一些中小金融机构摆脱困境，促其走上健康发展的道路。

第三，控制风险是确保中小金融机构业务稳健发展的前提。由于中小金融机构经营规模较小，地区风险较集中，服务对象风险度较高等原因，与大型金融机构相比更容易受到风险的冲击。因此，如何建立一套比较完善的评估、预警、监测、消化、防范机制，在完善中强身健体，以规避风险，对于中小金融机构显得更加重要。要搞好对中小金融机构的监管，加强规范化操作的检查，提高其管理水平和规范化操作意识，使其置于央行严格的监控和管理之下。对中小金融机构已出现的风险，央行和政府有关部门应主动参与协助中小金融机构的风险化解工作，如协调资金、清收债务、化解矛盾等。

第四，各大金融机构应以自己的优势为中小金融机构的发展提供力所能及的帮助，中小金融机构成长壮大了，将为中小企业及整个经济注入活力。经济是基础，经济繁荣了，又必将为大金融机构的改革和发展创造条件。

（原载《金融时报》2000 年 1 月 8 日）

要把银行办成“真正的银行”

改革开放以前，我国长期实行的是高度集中统一的计划经济体制和金融管理体制，银行业务种类单一、范围狭小，其功能仅局限于算账当会计、当出纳以及发行货币，没有真正起到银行应有的作用。针对这种状况，邓小平同志于1986年明确提出：“要把银行真正办成银行。我们过去的银行是货币发行公司，是金库，不是真正的银行”。邓小平同志的指示，高度概括了我国社会主义建设中在对待银行问题上的经验教训，为我国金融事业的发展和金融体制改革指明了方向。其核心思想就是要把银行办成“真正的银行”。在当前形势之下，认真学习和研究邓小平同志的这一思想，对于我们正确认识和发挥银行的作用，深化金融体制改革，推进社会主义现代化建设，具有十分重要的现实意义。

邓小平同志要把银行办成“真正的银行”的思想，既含有深刻的理论意义，也反映了银行信用本质特征的内在要求。银行信用在社会经济生活中是最重要、最有效的调控工具之一。它具有多层次、多功能的调控体系，既能作用于生产过程，又能作用于流通、分配和消费过程；它不仅是宏观调控的重要杠杆，而且还能在微观搞活方面发挥作用。因此，马克思把银行称之为“最精巧”的工具；列宁则把银行说成是“包罗万象的机构”，并把银行比喻为“国民经济体系的神经中枢”。邓小平同志所说的“真正的银行”，其含义与马克思、列宁关于银行信用在社会再生产过程中的重大作用的理论是完全一致的，是对马克思主义银行信用理论新的发展和贡献。

党的十一届三中全会以来，根据邓小平同志要把银行办成“真正的银行”的思想和党中央制定的有关路线、方针、政策，我国金融系统从扩大银行贷款范围入手，在恢复健全银行体系，确立中央银行制度，发展多种金融机构，开拓金融市场等方面进行了一系列改革，取得了巨大成就。但以邓小平同志提出的金融体制改革目标来衡量，还有较大的差距。要把我国的银行办成真正的银行，还要作出较大的努力，具体说来应着重抓好以下几方面的工作：

1. 要逐步转换人民银行的职能，建立和完善宏观调控体系。中央银行在国家金融宏观调控中居于主导地位，充当社会货币资本总管理人的角色。真正的中央银行其调控体系应当是坚强有力、手段灵活自如的，但我国目前的中央银行——中国人民银行，与此要求还相差甚远。因此，建立强有力的调控体系，把人民银行办成真正的中央银行，是我国金融体制改革的首要任务。从我国目前的情况来看，应当把转换职能，增强宏观调控能力，作为人民银行改革的重点。在调控内容上，逐步从分资金、分规模、发专项贷款以及平衡各种关系中解脱出来，强化中央银行的金融调控意识，集中精力履行金融调控职能。此外，还要积极推进调控手段和方法的创新，逐步实现金融调控的间接化、多样化和灵活化。

2. 要加快专业银行改革的步伐，尽早实现企业化经营。凡真正的银行都必须实行经营方式的企业化或商业化，基本上具备自主经营、自负盈亏、资金自求平衡、自担风险的能力。我国银行还没有办成真正的银行，突出地表现在我国金融业的主体——各家专业银行还没有实现企业化经营。经过多年的探索，商业银行已被确定为我国专业银行改革的目标模式。我们应科学地制订专业银行改革的近远期目标，加快专业银行向商业银行转轨的步伐，争取早日实现专业银行经营企业化、资金商品化、利率市场化的改革目标。

3. 深明人才资源在金融业发展中的重要地位，培养和造就大批高层次的金融管理人才。现代真正的银行是靠科学和严密的管理制度运行的，客观上需要拥有一大批素质优良、通晓经济运作规律的资金经营管理人才为之服务。作为金融业的主管部门，应当高瞻远瞩，乐于金融教育投资，通过各种渠道，采取各种方式、方法培养高层次的金融管理人才。

4. 采用现代化信用工具，实行电子化管理。当今社会已是电子货币的时代，银行作为现代经济生活的中心，实行电子化管理，不仅有助于银行经营的现代化，提高业务处理的效率和质量，加速资金周转，节约营业费用，而且有利于金融调控能力的增强。因此，要把我国的银行办成真正的银行，还必须加强电子计算机在银行业中的开发和应用。

（原载《金融早报》1995年1月25日）

对在我国发展民营银行问题的若干思考

关于民营银行问题的讨论始于1999年，虽经多年的争论，但在一些涉及民营银行的重大问题上，我国经济金融界至今仍未达成共识。笔者也曾写过几篇主张发展非国有民营银行机构的拙文。近些时来，发展民营银行问题已被一些媒体炒得沸沸扬扬。经济学界的一些学者思想活跃，令笔者敬佩，但对于他们的不少观点笔者却又不敢苟同。笔者不揣浅陋，拟就下面几个问题谈点浅见。

一、“国有”和“民营”孰优孰劣，不能一概而论

所谓“民营”实际上是中国独有的模糊不清的经济概念。这个概念最早是指对国有企业实行民营方式而言的。随着我国经济改革的不断深入，非国有经济得到了迅猛发展，为了避免戴上私有经济的帽子，所有的非公有制经济和非公有制企业被统称为民营经济和民营企业。民营银行一词也由此派生而来。那些非国有商业银行被称之为民营银行。

民营银行一词的由来与民营经济、民营企业如出一辙，伴随着我国个体、私有经济的快速发展和经济实力的日渐增强，经济与社会开放度的增大，多种所有制的并存以及思想上禁锢的破除，我国经济金融界出现了要求发展非国有商业银行的呼声，并将非国有商业银行称之为民营银行。

在我国虽然关于民营银行问题已争议多年，但究竟什么是民营银行，学术界至今意见仍不尽一致。从目前已出版的辞典和教科书中更难以找到民营银行的科学准确的含义。在笔者看来，学术界关

于民营银行的定义较具倾向性的意见似乎主要是从产权的角度解释，即认为民营银行就是以民间资本（个人、私营企业投资）为主的股份制银行，而不是以其服务的对象判断。从现今西方国家的私人银行看，基本上都是以私有企业和个人投资为主的股份制银行。因此，从资本构成角度而言，所谓民营银行与西方国家以民间资本投资为主的股份制银行并无差别，实际上就是私有银行。

银行作为经营货币资本的特殊企业，其资本借贷运营实际上是一种市场行为或商业活动。“国有”还是“民营”（或“私有”）只是形式，无论是哪种经营方式的银行，只要能按现代市场经济规则运作，依法经营，努力改善经营管理，就同样可以获得良好的绩效，同样可以在社会经济发展中起积极促进作用。

包括银行业在内的企业，实行国有化还是私有化，长期以来一直是欧美国家经济界争论的问题。欧洲不同于美国，历史较悠久，家族财富相对集中，加之，近代又有长期的社会主义运动，左翼势力强大，社会公平观念深入人心，许多社会公众希望国家能代表他们的利益对社会资源和财富进行公平的利用及分配。因此，在欧洲的一些国家中，国有化成分占相当大的一部分。以法国为例，工业和金融业的国有化比例都比较高，国有化成分涉及的行业也较多，连著名的雷诺汽车公司也是一家国有成分较高的企业。

法国的银行业有以下两个显著特点：一是在法国银行系统中，国有制银行占很重要的地位；二是政府能对整个国家银行业发挥重要作用。法国政府除了拥有中央银行和 4 个最大的储蓄（商业）银行外，还通过在私人银行董事会中任命主要人员的方式，控制着许多重要的私人银行。除商业、投资和储蓄银行之外，还有些专门的信贷机构也属于政府所有或由政府控制。法国是当今世界第四大经济强国，国有银行对二战后法国经济的恢复和发展发挥了十分重要的助推作用。各个国家的具体情况不同，银行以“国有”还是“民营”（或“私有”）为主，应由具体国情决定。因此“国有”和“民营”孰优孰劣，不能一概而论。那种认为，在我国国有商业银行不行了，唯有大量引进民间资本，通过实行民营化，中国银行业才能兴旺起来的看法，是值得商榷的。

如果说，以非国有资本为主的银行，是民营银行，那么民间资本占总股本的比例超过了70%的中国民生银行，则应当是中国的一家名副其实的民营银行。此外，我国许多城市商业银行中70%到75%的股份是一些企业的，特别是来自非国有企业和个人的，而为数众多的城市信用合作社，其投资主体也是私人企业和个人投资者。在这些已引进非国有资本的金融机构中，尽管有的业绩确实不错（如中国民生银行和个别城市商业银行及城市信用社），但也有大量城市商业银行和城市信用合作社，并没有因为在股权结构中有非国有资本的存在而具有更好的经营业绩。

从构建多元化的现代金融组织体系以适应市场经济发展的需求来看，虽然应当积极而有步骤地发展包括非国有的商业银行金融组织机构。但是，我们决不能因此而对国有商业银行采取贬损的态度。目前，我国的四大国有商业银行虽然存在着许许多多的问题，但却是我国金融体系的主体，在我国经济和社会发展中居于举足轻重的地位，维系着国民经济命脉和经济安全。不仅如此，四大国有商业银行作为中国银行业的“国家队”，既是在国内金融市场上与外资银行竞争的主力，也是中国银行业跨出国门参与国际金融业高层次竞争的希望所在。

着眼于未来国际竞争的需要，四大国有商业银行不但要做大，而且更要做强。那么，如何提高四大国有商业银行的经营效益，增强四大国有商业银行的国际竞争能力，使其既大又强呢？关键是要按照现代企业制度的要求，对国有商业银行进行以构筑适应市场经济的公司治理结构为主要内容的综合改革。在2002年召开的全国金融工作会议上明确提出：必须把银行办成现代金融企业，推进国有独资商业银行的综合改革是整个金融改革的重点。四大国有商业银行的改革不同于一般，事关我国改革和发展的大局，是我国整个金融改革的重中之重，那种把组建民营银行视为我国金融改革的重点和突破口的观点，显然是不正确的。

二、发展非国有民营银行的几种主要方式

近年来，国家有关部门负责人曾多次公开宣称：能源、通讯、金融等三大垄断领域，在对外资开放之前先要对国内民间资本开放。2002 年 1 月国务院办公厅转发国家计委关于《“十五”期间加快发展服务业若干政策措施的意见》里更是明确提出：“凡鼓励和允许外资进入的领域，均鼓励和允许国内投资者进入。”这表明国家已从政策上取消了对国内众多民间资本的歧视，从而为民间资本进入银行等金融领域敞开了大门。

在我国当前的情况下，应当允许发展非国有民营银行等金融机构。仅就这一点而言，我国金融学界可以说已达成基本共识。但是，对于非国有民营银行的发展路径却存在分歧。

笔者认为，在我国发展非国有民营银行等金融机构必须从当前银行业的改革和发展的实际情况出发。从我国的银行业的现状来看，如果把中小银行定义为除几大国有商业银行之外的股份制商业银行、城市商业银行以及城市信用社等金融机构的话，目前我国已先后设立了 11 家股份制商业银行和 112 家城市信用社，以及数以万计的农村信用社。截至 2002 年 6 月末，中小银行的资产总额、存款总额和贷款总额已分别占全国商业银行的两成以上。20 多年来，中小银行发展速度迅猛，所起作用也引人注目。它既补充了国有商业银行的市场漏洞，又激活了国家金融体制。

对我国银行业来讲，引进民间资本，发展非国有民营银行的路径，既可以是“新设”，也可以是“改造”（即主要对现有的部分中小银行进行股份制改造）。笔者认为，鉴于我国中小银行已为数不少，通过引进民间资本，对现有风险不大的中小银行（特别是城市商业银行、城市信用社）进行重组和股份制改造，使之走上市场化经营轨道应当是最佳选择。如果抛开现有的数以万计的中小银行，大开政策之门，另铺新摊子，放手组建新的所谓民营银行，那么成本、风险和收益很可能会不成比例。因此，那种主张通过新

设立一批民营银行来实现发展非国有商业银行的做法是不可取的。

总之，应当采取通过吸引民间资本，对现有中小银行进行改造，以化解部分金融风险为成本，使民间资本获得进入银行业的许可证，而不是首选新建股份制商业银行的方式。这种思路比较符合我国目前的国情。具体说来，大致可主要通过以下几种方式构建我国的非国有的民营商业银行机构体系。

1. 优秀城市信用社是发展民营银行的良好种子

由于多方面的原因，我国现有城市信用社的大多数均不理想，经营状况欠佳，不良资产率较高，风险较大。但是，也存在少量优秀的城市信用社（例如浙江省的泰隆、温岭等城市信用社），其所有者权益为实收资本的 2 倍以上，不良资产率在 10% 以下，且服务对象主要是个体私营企业，成了个体私营经济的“主办行”。这些优秀城市信用社往往是当地资产质量和经营效益最佳的金融机构。它们不但经营者素质较高，市场定位合理，经营稳健，而且不少的股本结构中民间资本比重较高甚至占有大头。优秀城市信用社虽然为数不太多，但它们却是金融改革的宝贵成果，是在我国发展民营银行的良好种子，理应关心、爱护。对于优秀城市信用社中希望保存并自行发展者，应帮助其进一步完善产权结构，并提高经营管理水平，使其有可能在同业竞争中脱颖而出，不断壮大，进而发展成为专门以当地中小企业为服务对象的社区银行或民营银行。

2. 城市商业银行引进民间资本，通过股权结构改造，实现民营化

2002 年 4 月浙江 8 家城市商业银行在第 10 次行长联席会议上公开表示欢迎优秀民营企业入股，并准备在 3 年内发展成为以民营资本为主体，以民营中小企业为主要服务对象的地方性商业银行。这表明一些中小城市商业银行对自己的市场定位更加明确，已将民营银行作为发展方向。

城市商业银行大都是由各地区的城市信用社改组而成的，一般规模都很小，它们是内资银行的弱者。由于规模过小，所能经营的中间业务较少，加之不允许在异地设立分支机构导致的网络局限，

这些都制约着城市商业银行的发展。虽然民营银行不一定能成为所有城市商业银行的最终归宿，但是在民资丰厚、商贸发达的部分地区，其中的一些城市商业银行却可以通过引入优质民营企业加盟，使国有背景的股东被稀释，逐步淡化，最终实现民营化。这些城市商业银行经过股权结构民营化后，有助于排除各种非市场因素的干扰，实现相邻地区城市商业银行间的重组和网络的扩张，有利于更快做大做强。

3. 吸收民间资本，组建民营化的农村股份制商业银行

在经济比较发达、城市一体化程度较高的地区，农业比重较低。这些地区农村经济不仅仅是由农业和农户组成，而且还包括农村工商企业。随着农业特别是农村工商企业的发展和经营规模的壮大，对资金的需求也必定会日益增多，而日益增长的资金需求，在客观上为商业化金融组织在农村地区提供了生存和发展的市场空间。

据报载，2001 年有关部门开始在江苏省的常熟、张家港和江阴三地，试办以为辖区内农民、农业和农村工商企业发展提供金融服务为基本宗旨的农村股份制商业银行。这 3 家新筹建的农村股份制商业银行，其入股股东是以农村信用社原有社员为基础，重点吸收辖区内其他农户、个体工商户和农民开办的中小企业。这也就是说，其资本金全部是由民间资本入股构成，没有政府的资金介入，从某种意义上可以说是名副其实的民营银行。这 3 块“试验田”在明晰产权、强化约束机制和增进绩效等方面的制度绩效明显。江苏省在农村信用社基础上改组成立农村股份制商业银行方面进行了一些可贵的探索，它们的经验应当作为一种模式在国内某些经济比较发达的地区推广。

此外，发展民营银行还有一种重要方式，就是利用国有商业银行从中小城镇撤退时留下的设施、设备和人员，通过引进民间资本，组建民营银行。这一方面可以减轻国有商业银行精简人员的压力，更顺利地收缩战线，发挥其优势，集中力量开拓和发展在大中城市的金融业务；另一方面，通过新组建的民营银行满足当地中小

企业和非国有经济对资金的需求，有助于支持当地经济的发展。

以上是在我国发展非国有民营银行的几种方式。据估计，我国民间资本大约有 12 万亿元人民币以上。据有关资料，仅在非公有制经济活跃的浙江省，“十五”期间民间资本总额就多达 8300 亿元人民币左右。这些可调动的巨额民间资本，即使只有其中的一部分进入银行业，都必定会大大增强商业银行的资本实力，使银行业发生重大变化。

新组建的非国有民营银行要使之成为严格意义上的现代商业银行，还必须按照现代银行制度的要求构建公司式的法人治理结构和经营管理制度，以使其成为真正自主经营、自负盈亏的法人实体和市场主体。只有这样，才能按照现代金融风险企业的特点和信贷资金的运作规律，高效、安全、规范地进行运作。

三、民营银行的市场定位

民营银行款步登台后，如何在市场舞台的激烈竞争中立足，其市场定位与发展策略则显得至关重要。就民营银行而言，所谓市场定位，就是如何根据金融市场的经营环境，在充分考虑自身的规模实力和经营特点的情况下，扬长避短，确定自身的位置和应扮演的角色，以谋求更大的市场份额并使自己获得更快的发展。

民营银行在起步时，不宜过分追求规模，而应当定位于以当地经济特别是中小型企业及个体工商户作为主要服务对象的社区银行，以便随着业务拓展再逐步做大。笔者认为，这种定位较为妥当，是符合客观实际的，主要理由如下：

1. 目前融资最感困难、最迫切需要金融支持的正是中小型企业特别是中小个体工商户，而已经有一定规模的大型民营企业一般而言不存在贷款的困难，其中有的佼佼者甚至还已成为大银行的黄金客户。同时，由于体制方面的原因，本来应当主要面向中小客户的中小商业银行，信贷行为也偏好“垒大户”，致使中小私营企业及个体户同样难以从中小商业银行方面获得满意的金融服务。中国民生银行最初成立时其宗旨是为中小民营企业服务，但实际上近年来该行的服务对象已明显转向大的经营效益好的企业群体，并已出现了参与争抢优良客户的行为。

2. 民营银行在其发展的初级阶段，以大型优质企业作为主要服务对象，虽无过错但却不是明智的选择。这是因为，民营银行在初创阶段，受自身实力的限制，难以给大的优质客户在短期内提供大量融资，即使经过努力能给个别大型优质企业客户提供数额较大的资金支持，也会因造成资产过度集中不利于分散风险，而受到监管部门的干预。

此外，在结算特别是国际结算以及咨询等中间业务方面，也难以给大型优质企业客户提供及时有效的服务。

3. 大型银行的管理现代化水平要求较高，面临的市场竞争也更为激烈。而民营企业本身大都缺乏从事金融方面工作的经历，难以胜任大银行的管理工作。

4. 历史经验表明，只要机制灵活，定位准确，竞争力强，小银行也能由小到大，发展成为具有实力的大银行。例如，1904 年美国旧金山大地震后，意大利移民 A. P. 基安尼尼在当地开设了一家不起眼的小银行，初名为意大利银行。该行开业初期主要经营太平洋沿岸各州的意大利移民存放款业务，以后逐渐吸收中下阶层的存款，并对中小企业提供抵押放款和发放消费信贷。该行后与加利福尼亚美洲银行合并，更名为美洲银行。第二次世界大战以后，美洲银行在业务种类、规模及经营地区等方面迅速发展，成为世界上最大的金融机构之一。

总之，无论是从促进个体、私营经济发展的需要，还是从有利于自身的健康成长看，民营银行都还是以主要为当地中小企业服务的社区银行层次起步为好。

四、银行业对民间资本的开放必须慎之又慎

一般而言，民营企业大都看好银行业。这是因为，投资银行业

可以提升企业的品位、形象和市场信誉。特别是一些有资金实力的上市公司，介入银行业能提升其市场价值。另外，投资银行业还很有可能获得高的利润回报。商业银行如果经营的好，利润是很可观的。银行也许是最赚钱的生意之一，很少有一个行业能拿 8% 的本钱，做几乎 100% 的生意。

利润是民营资本涉足银行业的一个主要动因。银行业的高利润令许多民营资本投资银行业的积极性很高。但是，银行业同时又是一个高风险的行业。金融业经营的重要特点是风险经营，金融风险远高于其他产业风险，而且金融风险的影响、扩散和破坏力也远高于一般产业。因为银行业的破产倒闭将使存款人遭受损失，并导致“多米诺骨牌效应”，引发一系列连锁反应。民营资本的大量进入，使中小银行除了面临一般性的金融风险之外，其特有的民营股份制性质决定了其还包含着以下一些特殊的风险。

1. 规模小，资本金少，抗风险能力差，信用低

民营化的中小银行，由于规模小，资本金少，抗风险能力相对较弱，一遇风吹草动，就有可能受到冲击。“民营”意味着没有政府信用担保。若遇挤兑论理不应有政府出面承担风险。但是，前几年浙江某地有两家被媒体说成是资产最优良的城市信用社，由于某种原因发生挤兑，最后当地政府还是不得不出面调集资金解救，出现了赔钱由政府买单的局面。

银行经营的是货币资金这种特殊商品，而银行的资金主要来自其吸收的存款，这种负债经营的特殊性决定了银行的正常经营是建立在良好的信誉的基础之上的。有人认为，新组建的民营中小银行机制灵活，没有历史包袱，赢利能力强，从而能很快树立起良好的信誉。事实并非如此。正由于新组建的民营银行规模小，资本少，抗风险能力弱，特别是尚未建立起存款保险制度和社会信用缺乏的情况下，新组建的民营银行难以在短时间内树立起良好的信誉。

2. 民营企业老板大都缺乏从事金融方面工作的经历，难以胜任现代商业银行的管理工作

对于许多熟悉实体经济运作的民营企业家来说，金融的魅力和

风险同在。现代商业银行已不再是从事传统意义上的存款和贷款业务，日益精巧与复杂并广泛应用派生产品和电脑技术，已改变了银行的全貌，使它成为一种技术性很强、完全依靠科学和严密的管理制度运行的行业。

许多民营企业的老板认为：“谁控股，谁就可以当董事长，谁就说了算。”其实并非谁持股多，谁就能坐上银行董事长的宝座。中国商业银行的董事长也应像国外那样交给真正懂金融的专家去做。现代商业银行不是一般人所能经营得好的。如果经营不善，出现了巨额不良资产，受损害的就不只是投资人，更是广大储户。

3. 容易出现为自己的企业融资提供便利，给关联企业发放贷款的情况

目前在中小企业存在融资瓶颈的环境下，民营企业参股银行的动机在很大程度上是为了缓解融资困难，即希望通过参股银行为企业搭建一个资金平台，可以在更大范围内利用金融资源，能给关联企业发放贷款。民营资本参股银行的最大问题就是企图用银行来圈钱。“我参股或控股，银行贷款就可以方便一些。”在这种动机的支配下，就很有可能出现把银行当成“提款机”的情况，这比上市圈钱危害更甚。一旦关联企业出现问题，贷款无法偿还，民营银行就会面临巨大风险。

4. 为了取得自身的丰厚回报，追求高风险、高收益的投资意愿更为强烈

由于民营银行的资本金主要来自民间，其对利润最大化有着更为强烈的追求。在此情况下，民营银行从事高风险运作和金融创新的冲动必定更为强烈。不仅如此，还有可能出现所作决策因过分注重自身资金回报而损害其他人利益包括社会利益的情况。民营银行如果过分追求高风险、高收益的投资，一旦投资失败，绝大部分损失将由股东承担。如果由此导致银行破产倒闭，损失则将最终转嫁给存款人或者存款保险公司。

从国外一些国家的实践来看，开放民间资本进入银行业确实存在较大的风险。例如，拉美和前苏联一些国家，在政治、经济制度

发生巨变之后，开放民间金融的必要的前期准备工作还没有做好，就匆匆忙忙实现银行业的民营化，结果导致金融秩序混乱，严重损害了经济的恢复和发展。这些国家的经验教训，我们应当引以为戒。

在更大程度上对内开放银行业是一步迟早要下的棋，但在我国当前的情况下，发展非国有的民营银行机构应当采取积极慎重的态度。多年来致力于研究民营银行问题的专家们认为，对国内民间资本全面开放金融市场，还应当做不少必要的准备工作。在还没有做好设计监管规则和运行机制等准备工作之前，银行业对民间资本的开放必须慎之又慎。

对民间资本在更大程度上开放银行业要做的准备工作很多，笔者认为，应重点抓好以下三项工作：

1. 建立民营银行的准入和退出规则

对国内民间资本进入银行业应当采取不急不躁逐步放开的方针，如果在还没有建立起一套市场准入规则的情况下，就急忙完全放开民间资本进入银行业的限制，民间资本就很有可能蜂拥而入。如果让一些不合格的成员或素质很低的成员进入银行业大家庭，后果将不堪设想。只有设置一定的门槛并把好审批这个“通道”，才能防止或最大限度地减少民营银行机构的“先天不足”的问题，从而为民营银行的规范经营和健康发展奠定基础。

民营银行还必须建立规范的退出机制。如果民营银行经营状况不佳，支付风险严重，因资不抵债、股东放弃救助而破产倒闭时，究竟由谁来负责执行破产清算？在民营银行已经或者有可能发生信用危机时，如何保护广大存款人的利益？怎样才能防止把民营银行的风险集中到中央银行？这些都是需要进一步研究和解决的问题。

建立民营银行的“准入和退出”的规则十分重要。只有这样，才会有真正的优胜劣汰，才能堵住向社会转嫁风险的渠道，并迫使民营银行选择高素质的经营管理者，努力提高经营管理水平。

2. 统一监管标准，规范监管准则

银行业不同于一般工商企业，它是从事经营货币和信用的特殊企业。它面对的是社会公众，公众的利益如果受到损害，将直接导致人心浮动，社会不稳，金融秩序混乱。这一基本特性决定了银行业从它批准开业之日起，就要求有一种标准的、严格的、持续的、统一的监督和管理。

民营银行虽然是非公有制的金融机构，但也必须毫无例外地接受有关部门的监督和管理。国际货币基金组织专家的研究表明，缺乏统一性，屡屡允许特例存在，是发展中国家银行监管的最致命的弱点。鉴于民营银行是作为新成员进人银行业，监管当局应当着手研究如何根据这个新成员的特点和实际，统一监管标准，规范监管规则，以做到对各种所有制的银行机构都实行国民待遇，一视同仁。只有这样，才能为民营银行的发展创造一个清晰、公平的竞争环境。

近年来，我国个别地区的银行业在引进民间资本方面作了一些尝试。根据这些地区总结的经验，银行业在对民间资本开放时要特别注意做好以下几个方面的监管工作：首先，要严把准入关，这是保证银行业安全稳定发展的有效的预防性措施。把好这个关口，就意味着可以将那些有可能对存款人利益或金融体系的健康运转造成危害的不合格成员拒之门外。第二，要防止可能出现内部人控制，对股权结构、募股、扩股、转让等都要管起来，防止股东互相串通，进行恶意收购。为避免出现一股独大，个别股东说了算的局面，监管当局对进入银行业的民间资本应当设置一些必要的限制，特别是要限制大股东在资本金中所占的最高比例等。第三，要防止投资者违规占用贷款，股东贷款的最高限额必须严格执行有关规定不能超过其投资额。民间资本进入银行，不能以套取银行贷款为目的。此外，还有一个需要引起监管当局注意的问题是，我国现有的个别民营银行机构和已有民间资本参股的股份制商业银行高层管理人员年薪待遇高到令人难以置信的地步，这不仅脱离了中国的国情，而且实际上也是对众多股东利益的损害。鉴于存在这种情况，监管当局还应当采取措施对现有民营银行等金融机构高层管理人员过于注重自身利益的行为进行必要的约束，以维护众多中小股东的利益。

3. 建立存款保险制度

它是为维护存款人的利益，规定各吸收存款的金融机构将其存款到存款保险机构投保，以便一旦投保的金融机构出现破产倒闭时，由保险机构对投保的存款机构支付必要的保险金的一种制度。

建立存款保险制度，有助于提升民营银行的社会信誉并有利于其业务的拓展。发展民营银行必须建立相应的存款保险制度，它是民营银行实行市场化“退出”的必要的配套措施。若没有完备的存款保险制度，民营银行就有可能因社会震动过大而使“退出”发生困难。所以，这是一种维护金融安全的机制。在众多非国有的民营银行发展起来后，存款保险制度有利于防止个别民营银行破产倒闭而出现挤兑风险，以保证金融体系的安全和稳定。

（原载《经济参考报》2003 年 9 月 17 日）

组建城乡合作银行的三点意见

党的十四届三中全会《决定》指出："要有步骤地组建农村合作银行和城市合作银行"。这是深化金融体制改革的重大举措，也是今后一段时期内我国基层农村信用社和城市信用社的主要发展方向。如何抓住我国当前金融体制改革的有利时机，加快组建城乡合作银行的步伐，现已成为我国金融界所注目的热门话题之一。下面拟就如何在我国组建合作银行问题，谈三点不成熟的看法。

一、学习和借鉴西方发达国家发展信用合作经济的成功经验

西方发达国家，尤其是欧洲国家信用合作事业都比较发达。德国的德意志合作银行、奥地利的莱夫艾森合作银行和法国的农业信贷互助银行，都是当今世界赫赫有名的大银行。从第一个乡村信用合作社在德国出现，至今已有一百多年的历史了。信用合作社在西方国家现已发展成合作银行，并已成为这些国家金融体系的一个重要组成部分。

西方国家虽然大都十分重视发展信用合作经济，但由于国情以及对信用合作思想认可程度的不同，各国的信用合作组织体系和经营方式也不完全是一个模式。它们之间既有共同点，也有异同点。共同点是各国在长期发展信用合作经济中形成的不成文的规范，而异同点则是由各国根据自己具体情况而定。从共同点来看，主要有以下几点：（1）西方各国大都是先产生基层信用合作社，然后再根据经济发展的需要，在把原来的信用合作社作为基层合作银行的基础上，建立起地区性的合作银行，进而又根据需要建立起中央合作银行，从而形成自下而上的合作银行系统，并实行自下而上的控

股；（2）基本上都是采用多级法人体制，即各级机构均为法人；（3）在经营范围上与一般的商业银行并无太大的差别；（4）都实行民主管理；（5）信用合作法规都比较健全；（6）大都有严格的审计监督制度；（7）一般都设有合作银行协会组织。

西方各国在发展信用合作经济、合作银行体系及其运行机制和经营管理方面积累了许多丰富的经验。其中一些成功的经验是值得我们学习和借鉴的。借鉴并不是一切生搬硬套，而是要认真考虑我国的具体国情，才能创建具有中国特色的合作银行体制。

借鉴西方国家在发展信用合作事业中的成功经验时，应当特别重视各国通用认可的做法和规则，即符合国际惯例的规则，这是参与国际竞争及与国际金融市场接轨的需要。随着我国对外开放的发展，国际间的交往与合作将会随之扩大，我们按照国际惯例建立起自己的合作金融体系，就便于直接参与国际交流，学习和吸收国际合作金融组织的先进的经营方式和管理经验，以推动我国的信用合作事业的发展。

二、要把城乡信用社办成真正的合作金融组织

新中国成立不久，随着农业合作化运动的开展，我国农村普遍建立了广大社员群众投资入股的农村信用合作社。而城市信用社则是在党的十一届三中全会以后，随着集体经济和个体经济的发展而逐步萌芽、成长起来的。虽然农村信用社自新中国成立后不久就已存在，而城市信用社也有 10 年以上的历史，但严格地说，我国并没有真正的合作金融组织。农村信用社实际上是国家银行在农村的基层组织，而城市信用社由于受信用联社和人民银行的双重领导，一些基层人民银行实际上是把信用社视为自己的附属机构，对城市信用社干预过多，统得过死。

党的十四届三中全会通过的《决定》明确提出要“组建农村合作银行和城市合作银行”。既然是组建合作银行，就应当遵循党中央的指示精神，参照国际通用的一些运行原则，把合作银行办成名副

其实的合作金融组织，而不能办成股份制的商业银行，现代合作金融组织与股份制商业银行尽管在经营范围上已无多大差别，但合作金融并不等于股份制商业银行，两者主要有以下显著的区别：（1）合作金融是一种互助组织，它是以为参加者提供服务，满足参加者的资金需要为宗旨，而不是以盈利为目的。股份制商业银行投资者的主要目的则不是为了取得资金融通，而是为了追求资金的回报率。（2）合作金融体系是自下而上的控股，而商业银行如果构成集团则是采取从上向下的控股形式。（3）合作金融既然是一种资金互助组织，每个成员都应当享有平等的表决权，也就是说必须实行一人一票的原则，以保证所有成员在管理上的平等地位和相等的权力，而现代股份制商业银行的管理权则是由入股金额的多少所决定的。

从上述三点来看，合作金融与商业银行之间是不能划等号的，二者是性质上不同的金融组织。因此，我们在组建城乡合作银行时，首先有必要从理论上弄明白究竟什么是合作银行，搞清楚合作金融与现代股份制商业银行的区别，才能建立起按合作金融的原则营运并符合国际规范的真正的合作金融组织。

从西方国家组建合作银行的方式来看，主要有两种模式：一是在各类信用合作社之外单独建立合作银行机构体系，使合作银行与信用合作社同时存在，配合发展；二是信用合作社与合作银行成为统一的体系，合作银行是信用合作社的地区性或全国性的联合组织。从我国的国情看，我认为主要参照第一种模式较妥当。我国在组建合作银行时，还应当根据各地的不同情况，因地制宜，分阶段，有步骤，"积极稳妥地"进行。既要坚持自愿参加的原则，又要有规定的资格标准，不能一哄而上，更不能一刀切。对于那些暂时不愿参加或者条件不成熟的信用社，应当保留其原来的地位继续运作，允许它们与合作银行并存、互相协调、共同发展。

三、要对合作银行采取保护和扶持的政策

西方各国政府由于认识到信用合作组织在促进城乡经济发展中具有重要的作用，因而大都采取了一些保护和扶持的政策。西方各

国信用合作经济的发展，是与政府的大力支持分不开的。随着社会主义市场经济体制在我国的逐步建立，加快金融体制改革，组建城乡合作银行已势在必行。

组建后的合作银行，是我国金融体系的重要组成部分，它肩负着组织融通资金，支持地方经济、中小企业和农户、个体工商户发展的繁重任务，发挥着国有商业银行不可替代的作用。但是，由于种种原因，合作银行在内部积累、业务发展及人员素质等方面，与国有商业银行相比难免会有较大的差距。因此，在一定的时期内，金融主管部门应适当地采取一些保护和扶持的政策。（1）金融主管部门应当在认真总结我国发展信用合作事业的经验教训的基础上，借鉴和参考国外的成功经验，尽快制定和颁布专门的信用合作法，对合作银行的成立条件、业务范围、经营原则、利润分配、破产清偿以及管理体制等方面均作出具体的规定，使合作银行一开始就能在规范化的轨道上运转，从而为我国信用合作金融组织的健康、快速发展提供必要的保证。（2）合作银行在向人民银行交纳的存款准备金、存款保险金和备付金比率以及存贷款和资金往来利率等方面应与国有商业银行一视同仁，或基本一致。此外，合作银行的业务范围也不能限定过窄，以利于合作银行与其他国有商业银行开展正常合理的竞争。（3）在财税政策方面给予适当的便利和优惠，减少税赋种类，降低税收标准。（4）人民银行要改变观念，不干预合作银行的正常经营活动，使其能自主经营，自主管理，建立充满生机与活力的、高效率的运行机制。新组建的合作银行要接受人民银行的监督和领导。（5）合作银行的发展需要一大批具有思想觉悟和超前观念、业务熟练、技术精湛的专业人才。金融主管部门应当高瞻远瞩，重视人才的培养，通过办学或者派出去、引进来等多种形式，造就一批懂得国际合作金融惯例，熟悉合作金融业务的高级管理人才，并坚持不懈地通过开展形式多样的岗位培训，不断优化现有职工队伍的知识结构，提高合作银行职工队伍的整体素质。

（原载《上海证券报》1995 年 3 月 16 日）

论国有商业银行的商业化改革

国有商业银行的改革是我国金融体制改革的重中之重。国有商业银行是我国金融业的主体，国有商业银行的改革能不能向前推进，是事关我国整个金融体制改革全局和金融业发展的大事。

我国国有商业银行改革的最终目标是真正实现商业化，办成名副其实的能与国际惯例接轨的真正的严格意义上的商业银行。我国国有商业银行的前身是四大国有专业银行。就目前而言，我国的专业银行向商业银行的转化过程还远没有完成，并非三家政策性银行成立，四大商业银行的职能分离，它们就自然而然地商业化了。这也就是说，我国原有的四大专业银行并不会因现已改称为“国有商业银行”就真正商业化了。从总体上讲，我国目前的商业银行向名副其实的严格意义上的商业银行转化，是一项涉及诸多经济利益关系调整的艰巨的社会系统工程。它不仅需要国有商业银行转变内部的经营机制，而且还需要理顺与央行以及各级政府和企业的关系。因此，国有商业银行的真正商业化不可能一蹴而就，而只能是一个渐进的历史过程。如何最终实现我国国有商业银行的真正商业化的改革目标，是我国金融学界许多人思考和议论的一个热点问题。

一、国有商业银行改革的核心问题是信贷资金的商品化

商业银行是一种经营货币商品的特殊企业。所谓企业，就是从事产品的生产与经营活动的独立单位，其基本属性是自主经营、自负盈亏、独立核算。自主经营是市场经济通行的基本规则。经营自主权对于商业银行来说，首先是对外办理借贷业务具有自王权。商

业银行把资金贷给谁、贷多少、何时贷、期限长短、利率高低应当由自己决定，而不受外界干预。要实现自主经营，商业银行就必须遵守市场规则，实现信贷资金的商品化，能把资金的使用权当作商品买卖，并能立足自身利益采取企业行为，让借贷资金按效益原则独立运行。

商业银行作为经营货币商品的特殊企业，如果其经营的对象货币资金不是商品或不完全是商品，不能在市场上自由流动，无权在市场上选择买卖对象，那么就把银行作为企业的本质属性否定了，这样的银行当然也就不能算是经营货币商品的企业。

我国国有商业银行要完成向典型商业银行的转化，就必须加快信贷资金商品化的进程，使信贷资金作为一种特殊商品在借贷中得到充分体现。央行要把资金当作商品去调控、去配置；银行能把资金当作商品去买卖、去经营；企业应把资金当作商品去购买、去使用。银行与工商企业之间是一种正常的买卖关系，买卖的商品就是资金，利息则是工商企业购买资金的费用。只有在这种情况下，国有商业银行才能通过市场机制对企业实行信贷资金的优化配置，把信贷资金投向质量高、效益好的行业与企业，以保证国有商业银行资产运用的安全性、流动性和效益性。

资金商品化不仅是国有商业银行向典型商业银行转化的需要，而且也是建立社会主义市场经济的客观要求。《中共中央关于建立社会主义市场经济体制若干问题的决定》中指出："建立社会主义市场经济体制，就是要使市场在国家宏观调控下对资源配置起基础性作用。"在现代市场经济的条件下，市场配置资源的作用主要是通过资金的流动和组合来实现的。货币资金是生产要素的第一推动力，对生产要素的流动起决定性的作用。只要资本流向哪里，其他生产要素也就随之流向哪里。因此，如果资金不是商品，不能按最大效益原则进行自由流动与组合，市场配置社会资源的基础性作用就无从发挥，市场经济体制也就无法从根本上确立。

二、改革现行的利率管理体制，实现利率市场化

利率是信贷资金的价格，要实现资金商品化，就必须改革现行的利率管理体制，实行利率市场化。

在市场经济高度发达的国家，商业银行大都能够根据经济发展的状况适时调整利率，以促进资金的优化配置。而我国长期以来实行的是高度集中的计划管理体制，各档次存贷利率的决定权都集中在央行，各银行，尤其是直接面对客户的基层银行均无根据资金供给状况灵活调整利率水平的自主权。由于利率制定权的高度集中，一经制定，统一执行，政策性很强，致使信贷资金价格不能准确反映资金供求状况、风险和盈利水平；资金价格往往被扭曲，高进不能高出，利率倒挂，从而导致一些金融机构资金筹措困难，并出现经营性亏损，经营效益下滑。

随着经济体制改革的深入发展，目前我国商品价格的市场调节已达到90%以上，而作为资金价格的利率仍然实行的是统一的计划调节，这种利率管理体制显然已不适应社会主义市场经济发展的客观需要，改革现行利率管理体制已势在必行。从一定意义上讲，我国国有商业银行向典型商业银行转化以及竞争有序的金融市场的建立，有赖于开放利率体系和重构利率机制，让利率能按市场供求机制进行波动，由各金融机构自行决定市场利率。资金商品化和利率市场化是国有银行真正实现商业银行的两个最基本的条件。二者的状况直接反映着我国建立现代商业银行制度改革的深化程度。

在一定的社会经济条件下，由于利率总水平的决定要受到产业投资利润率、国民收入、财政政策、货币政策、物价水平、利率构成等多种因素的影响，因而，利率的市场化也要经历一个曲折复杂的渐进的发展过程。利率市场化改革牵涉面广，难度大，要根据我国经济的市场化程度，分阶段有步骤地逐步向前推进。我国利率管理体制改革的最终目标应当是建立由央行制定基准利率，其它利率基本放开，各金融机构能根据市场资金供求状况，围绕基准利率适

当浮动的市场化的利率体系。

三、改革国有商业银行的产权制度，实行股份化

在市场经济条件下，银行要实现商业化经营，就必须建立与之相适应的产权制度。而这个产权制度的重要特征之一，就是要实现产权主体具体化、多元化，从而使越来越多的人关心资本的效率。

从产权关系上看，目前我国的四大国有商业银行都属于国家独资的金融企业，比其他国有大中型企业存在着更加严重的产权虚置的弊端。从理论上讲，国有商业银行财产归全体人民所有，但从国有商业银行经营管理及资金运行的实际情况看，这种理论上的规定在实际经济生活中却是模糊不清的，即人人有权，人人无责。正是这种状况，导致了实际产权主体的缺位，而实际产权主体缺位又导致了经济效益的低下，从而使国有商业银行很难达到高效运行、稳定经营的状态。

实行改革开放以来，我国虽然对传统高度集中统一的银行制度进行了一系列改革，但并没有触及现代商品经济条件下的国有银行产权制度这个根本问题。目前国有商业银行在金融经营业务总量中所占比重虽然近年有所下降，但仍居很强的垄断地位。四大国有商业银行目前实行的仍然是行政式的管理，垄断式的经营，政企不分，两权不离，资产流动困难。这种状况不改革，四大国有商业银行就难以按市场规则运营和管理，也就谈不上转化为真正的商业银行的问题。

从国内外银行业发展的实际情况来看，股份制是一种较为成功的银行组织形式和经营方式。近 10 多年来，为了适应经济和金融体制改革以及国民经济发展对银行业的高要求，我国在四大国有银行之外，陆续组建了 11 家股份制商业银行。当今我国金融业中，最有竞争力的就是这些新崛起的商业银行，其强烈的进取意识和灵活创新的经营机制，使改革后的我国金融市场生机勃勃。这种局面形成的一个最重要的原因就在于，这些商业银行在体制上实行了股

份化。目前，全国新组建的十几家商业银行都已基本上实行了股份制，推行股份制在国内金融业中已渐成趋势。笔者认为，实行股份化定将成为我国商业银行发展的必由之路，不论哪一类商业银行都不可能例外。改变我国四大国有商业银行产权关系的比较现实的选择，只能是推行股份制。

西方国家商业银行推行股份制已有几百年的历史，这为我国银行业推行股份制改造提供了丰富的经验。在借鉴国内外经验的基础上，只要我们能坚持以国家控股为主，企业和个人持股为辅的原则，就既能实现产权主体具体化、多元化，又不会改变国有银行的所有制性质。

只有通过对国有商业银行进行股份制改造，实现了产权具体化、多元化，才能从根本上理顺其资本关系，实现产权清晰、权责明确、政企分开，有利于国有商业银行成为真正的法人产权实体和合格的市场主体，使其能够自主地按市场的法则营运资金，实行资产负债比例管理，从而为实现真正的商业化奠定基础。所以，我国的四大国有商业银行要实现真正的商业化，就必须以改革产权制度作为突破口，这样才能顺利地达到既定的目标。否则，我国的国有商业银行以及金融体制改革的进程将会拉长。

（原载《金融早报》1996年7月25日）

对我国国有银行实行股份制改革的思考

实现国有银行向商业银行转轨，使之成为真正的商业银行，是我国金融改革的中心环节。我国在过去几年的国有银行商业化改革中，已进行了不少探索和尝试。尽管已取得了一定的进展，银行经营从某种意义上增加了活力，但许多根本问题依然存在，诸如产权界限不清，资产权责不明，激励机制不强，约束机制不硬，政企不分，行政干预，短期行为以及系统内不合理的利益差别等。中国金融改革已走过了 20 多年历程，现在又到了一个关键时刻，各种深层次矛盾的解决，需要进行更彻底的改革。国有银行向商业银行转轨，是深化金融改革的必由之路，而明确产权关系则是实现其向商业银行转化的关键。

国有银行是在传统体制下为适应特定历史条件而形成的。现有的国有银行，其资产全部为国家所有。由于传统体制下的国有银行采取的是全民所有制的形式，名义上人人都是其财产所有者，“既是你的，也是我的”，而实际上“既不是你的，也不是我的”，谁也不会向其负责。作为全民所有的国有银行的财产，实际上是作为国家管理机关的政府来占有的，但政府作为行政管理机关也不能成为全民财产的真实主体，它们并不能对这些财产的损益承担风险。因此，国有银行金融资产没有“人格化”的代表，存在着所有者缺位、产权主体虚置问题。这种模糊不清的产权关系造成了以下后果：（1）各国有银行的全部财产均属国有，无论是基层分支行，还是总行，它们对银行的资产都没有任何独立的支配权。各级行只是被动地根据上级指令来运用这些资产，在这种情况下，自主经营和自负盈亏显然无从谈起。各级行既然不能享有、占有、使用和依法处置自己经营的财产的权力，自我约束和自我发展也就失去了内在动力。（2）各级行与各级政府结合在一起，依附于各级政府，甚至各自被地方政府视为其下属机构。这不仅使得各级行不可避免地会受到政府的控制和干预，而且还造成了国有银行资产的分割、封闭的局面，不利于资源的开放流动和合理配置，从而降低了信贷资金的配置效率。（3）由于所有者缺位，造成所有者与经营者权限和职责不清，银行与政府部门、银行与财政部门的关系不明确，因此不可避免地会造成国有金融资产的大量流失。

产权制度是包括金融企业在内的现代企业制度的核心。权和利是产权关系的产物，约束机制、动力机制及企业管理运行特征皆取决于产权关系，政企不分，经营自主权丧失，自我约束不强等弊端也皆源于产权制度。我国国有银行运营中的许多问题都与单一国有的产权制度紧密相关。因此，国有银行要真正转变为商业银行，就必须在更深层次上进行产权制度的改革，否则尽管名为国有商业银行，而实际上却难以按照商业银行的经营机制运作。目前由国家占有全部资产的产权制度必须进行改革，可行的办法是把它们改革成股份制银行。从国外银行业发展的历史和现实情况看，真正的商业银行莫不选择股份制形式。股份制是现代商业银行最主要的产权构成模式，一些国家的银行法甚至明文规定，只有以股份制形式组建的金融机构才能称为商业银行。作为经营货币信用业务的我国国有独资银行，同其他国企一样，也毫无例外地可以在产权制度上逐步实行股份制改革。这是必要的，也是可能的。（1）银行实行股份制改革之后，组织形式规范，政企分离，股东大会是最高的权力机构，没有婆婆。股份制使国有资产权变成了股权，政府同其他出资人一样，按股收取利益，享有股东所有的资产受益权、重大决策权，而银行则成为名副其实的独立法人实体，具有法人的财产处置权和使用权。在模糊的产权结构得到清晰界定的情况下，不仅能从制度上摆脱政府对银行业务的干预，而且还可以使银行成为合格的市场主体、灵敏的调控客体，从而使银行具有独立性，能够实现自主经营和自负盈亏。（2）实现股份制后，银行要对全体股东的投资承担责任，必须通过自己的经营取得尽可能多的收益，以获得资产价值的增值。否则，股东就会更换经营者。因此，股东对其自身权益的关心会对经营者的经营形成硬约束。这也有助于促使银行转向以盈利为目标，努力改善经营管理，减少经营中的失误。总之，实现股份化，是从根本上改变我国现有国有银行产权不清晰和虚设问题的一条较为可行的途径。

银行是现代经济的命脉，我国是社会主义国家，国家掌握大银行无疑是正确的，但“国有”并非只有“国有独资”这种形式。党的十五大报告指出：公有制可以有多种实现形式，国家控股下多种所有制成分构成是一种非常重要的形式，并且将是改革的主要方向。国有银行进行股份制改革的目的在于产权制度创新。它旨在改变国有制的传统实现形式，通过改变国有商业银行的财产结构，使其由单一的股权结构向多元化的股权结构演进，办成国家控股，其他经济成分参股的股份制银行。国有银行作为整个金融体系的主体，应该发挥主导作用，但“国有经济起主导作用，主要体现在控制力上”。[①] 在市场经济条件下，国有经济的控制力是指国有资本所支配社会资本的数量及其所支配的范围。国有银行实行股份制后，虽然在一定程度上改变了国有银行一部分产权结构，但国有财产分量和产权并不会随着股份化而消失。这就是说，实行股份化后，改变的只是银行的资金运作形式，并不会减少国有资产的分量。相反，国有银行在坚持国家控股的前提下，通过股份制法人产权制度来实现国有银行的产权制度创新，不仅不会削弱国有银行的公有制性质和降低其主体地位，而且还能发挥“杠杆效应”，扩大国有金融资本对社会资本所支配的数量和范围，从而增强国有经济的主导作用。（1）通过股份制运作，发行股票，有利于多渠道筹集资金，在短期内迅速扩充资本，并提高银行社会化水平；（2）股票上市能使银行股份溢价升值；（3）出售股票的回收资金可用于充实资本金。此外，股份制还能分散原本由国家承担的全部金融

① 引自《中国共产党第十五次全国代表大会文件汇编》，人民出版社 1997 年版，第 2 页。

风险。实行股份制后，广大出资人收益共享，风险共担，这样就分散了原本由国家全部承担的金融风险，因而可以减少国有金融资产的损失。

股份制是我国国有银行的改革方向，但如何具体实施，究竟应当采取何种形式，目前金融学界意见不尽一致，下面笔者谈几点拙见：

1. 国有银行股份制改革必须按现代商业银行的要求构建经营管理制度。由于传统产权制度使国有银行形成了机关式的内部管理机构和行政式的管理制度，这与商业化经营的要求显然是相背离的。通过股份制的改革，就是要使国有银行从原有的机关式的管理转变为公司式法人治理结构，从而使国有银行由行政式管理走向法人管理。商业银行是企业，应当而且必须严格按照《公司法》的有关规定和程序，设置管理机构，规范运作。实行股份制改革的国有银行依照权力机构、执行机构、经营机构和监督机构相互分离，相互制衡的要求，建立股东大会、董事会、行长（经理层）和监事会组成的法人治理机构，各自有效的行使决策权、执行权、经营权和监督权，各司其职，权责分明，相互制衡，并在此基础上，构建科学有效的决策机制、约束机制和激励机制，以使国有银行能真正实现高效、安全的商业化经营。

2. 国有银行股份制改革的核心是实现产权主体多元化，形成财产多元化格局。所谓产权多元化，就是在维护国有资产权益的基础上，变单一产权为多元产权。国有银行转化为股份制商业银行后，其股份大体可划分为：（1）国家股。对现有银行资产通过清产核资评估后，作为国家股。国家股由国有资产管理部门代为持有。（2）法人股。允许业绩突出的大企业集团参股国有银行，以产权为纽带，能促进产业资本和金融资本的有机结合，协调银企关系。（3）个人股。出售给社会公众和本行职工，个人投资不仅能实现私人资本社会化，而且还有利于产权的分散和产权边际的明晰，从而强化所有权的约束力。（4）外资股。允许外国投资者以及我国港澳台地区投资者持股，所占比重应小些，可起促进和补充作用，有利于银行业务逐渐适应国际化发展的要求。国有银行在实行股份化的过程中，只要按国家股份占大头，外部法人股及个人股占小头的结构设置股权，就既有助于使国有银行目前高度集中的单一产权主体相对分散，又不会改变我国国有银行的“国有性”。

3. 国有银行的股份制改造的具体形式，可参照国际惯例采取“母、子公司”制。总行为母公司，对按经济区域设置的分行（即区域分行）投资控股，使分行成为总行的子公司。分行根据业务发展的需要可在本区域的中心城市设立支行（或二级行），分支行可吸收社会各方面的资金入股，分行通过对支行进行控股，从而控制其经营活动。四大国有银行作为我国金融业进入国际金融市场的主要竞争力量，通过股份制改造，发展成为逐层控股（总行对分行、分行对支行），以产权联结为主要纽带的体制上科学规范的大型垄断企业集团，必定会更具生机与活力，从而增强在国际金融市场上的竞争地位。

4. 按商业化方向改革国有银行，关键在于制度上创新，体制上的调整与变革。首先要从变革产权制度入手，实现股份化。在国有银行向股份制商业银行转化后，接着应考虑将国有银行进一步改制成为上市公司，进入资本市场的问题。从目前四大国有银行的情况来看，都还不具备发行与上市的条件。由于特殊的历史原因，四家国有银行在赢利水平、资本充足率、资产质量等诸多方面与上市公司的有关条件还相距甚远。对于国有银行的股份制改造问题，既不能因为目前上市条件不成熟而迟迟不进行，国有银行在进行股份制改造后，又不能急于让股票上市发行，而应当在改善经营状况，提高资产质量，充实资本金以及建立健全运行机制和提高风险管理能力等方面下功夫，为股票上市发行努力创造条件。现有四家国有大银行进行股份制改造后，其中经努力已基本符合上市公司条件者，应当允许先让其股票公开上市。

5. 应坚持积极稳妥的原则。银行是国民经济的神经中枢，牵涉面广，尤其是国有银行在我国整个金融体系中居于主体地位，影响更为重大。因此，对国有银行进行股份制改造，动作既要积极同时又应当特别慎重。理顺国有银行的产权关系，最终改造成为符合上市公司条件的股份制商业银行，难度相当大，不可能一蹴而就。它只能是一个复杂而渐进的过程。笔者赞同有的专家提出的建议：可先选择一家条件较合适的银行进行股份制改造试点，从中摸索路子，如股本结构、股金吸纳、核资办法等，都要寻找可供选择的模式，待摸出经验后再逐步推开。

（摘自《著名经济学家谈中国经济改革》，工商出版社2001年版）

论当前我国股份制商业银行发展中的若干问题

从 1986 年第一家股份制商业银行——交通银行组建，我国先后成立了 11 家股份制商业银行。股份制银行由于成立时间短，负债率低，包袱轻，机制灵活，市场化程度相对较高，因而曾备受中外投资者的青睐以及众多媒体的推崇，被奉为四大国有银行的榜样。从 20 世纪 80 年代末到 90 年代中期的 7～8 年间，被称为股份制商业银行发展的黄金时段。这期间股份制商业银行资产规模迅速扩张，经济效益明显增长，很快成为中国金融市场一支不可忽视的力量。

然而，进入 20 世纪 90 年代后期，股份制商业银行在经历了初期的辉煌之后，纷纷步入战略调整过程，好景不再。进入 21 世纪初，由于综合金融环境的变化和国有商业银行改革步伐的加快，使股份制商业银行的经营环境遭遇到前所未有的困难，面临的竞争压力和金融风险越来越大。中国股份制商业银行正在失去昔日的光彩。在香港出版的美国《亚洲华尔街日报》2004 年 6 月 7 日发表了一篇报道，正题为《小银行失去光彩》，副题为《管理部门提醒说，曾被奉为银行楷模的银行有可能丧失偿付能力》。该文写到：坏账的增加和腐败欺骗丑闻使其对外资吸引能力下降。近年来，中国金融界包括曾经为自己不断叫好的股份制商业银行圈内，也对股份制商业银行存在的问题满腔狐疑。① 本文拟针对当前我国股份制商业银行存在的主要问题，就股份制商业银行的发展模式、市场定位及金融风险防范等问题谈点看法。

---

① 参见万安倍：《小的，真的美好吗——兼论中国中小股份制商业银行的走向》，载《中国经济观察》2004 年第一卷，中共中央党校出版 2004 年 6 月版。

一、股份制商业银行高速扩张，金融风险加大

我国的商业银行，特别是股份制商业银行，多年来一直具有很强的规模扩张冲动。这种冲动主要来自于同业竞争的压力和内部的激励机制。有数字显示，1992 年时我国股份制商业银行的资产总额为2645 亿元，在全部吸收存款类金融机构中的占比为4.9%。至2003 年来，我国 11 家股份制商业银行资产总额为 3.8 万亿元，其在全部吸收存款类金融机构中的占比已达到 14%左右。11 年的时间中，资产总额扩大了近 15 倍。2004 年，在国家实施宏观调控政策和中国银监会加强资本充足率管理的背景下，面对来自国有及外资银行日益激烈的竞争，股份制商业银行虽然不同程度地放慢了扩张势头，但增幅仍不低。

尽管十多年来，股份制商业银行规模增长很快，但其市场份额仍远远无法与四大国有银行相比，受规模过小或规模不经济的困扰，拉存款、上规模、设网点，仍是一些股份制商业银行的首要任务。拉存款的艰辛，凡是担任过客户经理的人都会有深切的感受。股份制商业银行要从别的银行特别是要从国有商业银行把存款户拉过来，从人家“口中夺食”，就必须付出更高的成本代价。拉存款需要付出巨额的营销费用，这已是造成金融腐败的源头之一。

银行是负债经营的企业，与其他企业不同的是，银行的负债率要远远高于一般企业，这就决定了银行所面临的风险要比其他企业大很多。在资本额不变的情况下，银行资产迅速扩张，资本充足率就会随之下降。因此，银行的发展如果与其资本总额脱节，当它面临风险时，就有可能失去自身对风险的控制。2003 年末，我国股份制商业银行平均资本充足率为 7.35%，虽然高于四大国有商业银行，但离巴塞尔协议规定的 8%的资本充足率要求仍有一定的差距。今年几家上市银行的半年报尚未公布，但根据各家 2004 年年报显示，资本充足率达标情况不容乐观，浦发、民生、华夏、招商勉强过线，但很难继续维持支撑的资产增长，而深发展的形势更为

严峻，资本充足率仅为2.3%。这说明11家股份制商业银行并没有从根本上解决随着经营规模的扩大而带来资本金的补充机制问题。

股份制商业银行规模驱动的结果是积聚了潜在的资产质量的风险。国际优秀银行的不良贷款率大约是3%，而我国11家股份制商业银行则高出很多，2003年末约为6.5%。五家上市银行2004年末平均不良贷款率为4.4%，比2003年同期上升了0.58个百分点，其中深发展不良贷款规模居高不下，不良贷款率达11.41%．任何银行如果只注重扩张资产和风险业务，而不能相应扩大资本规模和降低不良贷款率，就意味着承担的风险越来越大，业务经营的安全程度越来越低。股份制商业银行面临的风险不容忽视，从规避风险的角度而言，股份制商业银行也必须牢固树立科学发展观，逐渐克服内在的扩张冲动，保持一个合适的资产扩张速度。

二、股份制商业银行应转变发展模式

现代银行间竞争的最终胜利者，很有可能不是谁最大，而是谁最强、谁最好。银行业应当由过去以资产规模增长为中心转变到以提高资本收益为中心上来。

由于多方面的原因，我国银行资产运用以贷款为主，银行主要靠利差收入，收入总量要增长，就得靠扩大资产规模，因而使得我国的机构普遍存在重资产、重存款规模的心态。对中小股份制商业银行而言，适度的规模也是必要的，没有一定的规模就没有利润增长空间，不仅难以发展，也难以化解不良资产。但是，扩大规模并非是股份制商业银行的唯一选择。

现代银行业的竞争，不是简单地看资产规模，而主要是取决于资产质量、资本实力和盈利水平。“银行不以大小论英雄”。现代银行业间竞争的最终胜利者，很有可能不是谁最大，而是谁最强，谁最好。规模已不再是决定银行生存发展的唯一要素。例如，资产规模中等的英国标准渣打银行，由于其单位资本金和资产额的盈利能力最强，2000 年被评为全球业绩最佳银行。又如，据报载《亚洲货币》在 1999 年底对亚洲最重要的 88 家银行进行评比，在被评为最佳的 5 家银行中，有 4 家资产规模远小于居 88 家参评者前列的所谓十大银行。

在过去我国特有的经济金融环境下，追求资产规模忽视资产质量提高曾经是长期存在又难以治愈的痼疾。目前，我国商业银行业的发展进入新的阶段，情况发生了变化，客观上需要在发展的理念上进行调整。我国的银行业应当摆脱粗放式的经营，由过去以资产规模增长为中心转变到以提高资本收益率为中心上来。目前我国银行业存在的一个重要问题就是资产结构过于单一，银行资产主要是贷款，约占 80% 以上。从 5 家上市银行收入结构来看，2004 年各上市银行利息收入平均占主营业务收入的 76.65%。这仍是一个不低的数字，说明银行经营对贷款资产的依赖程度过高，贷款规模及贷款利息收入的增长依然是推动这些银行利润增长的主要动力。银行资产结构过于单一，不仅风险太集中，而且盈利水平也不高。我国各商业银行的资产利润率一般在千分之一以下，资本利润率在 1% 左右，而在国外的好银行这两个利润率分别为 1% 和 10% 左右，相比之下，差距不小。我国银行的盈利能力过低，使之没有足够的能力核销呆账，并积累资本，结果只能是风险越积越高。

那么，如何增加盈利，以提高资本收益率呢？首先，通过资产优化资本运营效率，降低业务成本，特别是降低固定成本，可以大大增加银行的盈利收入，提高银行的盈利水平。此外，我国银行业的发展还有一个重要途径，就是通过加大业务创新，大力发展中间业务，拓展新的利润增长点。据统计，美国银行的中间业务收入（除存贷款业务以外的收入）占总收入的比例为 45% 左右，欧洲银行约为 50%，而在我国 2004 年中资商业银行的中间业务收入占营业收入的比重仅为 8% 左右，这说明我国银行业在中间业务方面还有很大的发展空间。特别是在银行的资产规模扩张受到资本充足状况、资产质量以及风险管理水平等许多条件越来越严格的约束的情况下，更应当通过大力开拓中间业务来获取更多样化的、更持续稳定的利润增长。中间业务作为金融创新的重要内容，理应受到重视。包括股份制银行在内的我国银行业应从发展和生存的高度，对中间业务系列、客户结构、经营体系和管理体制进行调整，集中人力物力向中间业务领域倾斜，努力提高中间业务的收益率。只有致力于金融创新并大力发展中间业务，改变资产收入单一的状况，包括股份制商业银行在内的我国银行业才有可能进入更高的发展阶段。

三、股份制商业银行的市场定位

首先，股份制商业银行应以中小企业的生存和发展作为自己的主要服务对象。中小企业是国民经济中的重要而又活跃的力量。它具有市场适应能力和创新能力强，以及经营管理机制灵活等特点。由于中小企业在国民经济中具有大企业无法替代的作用，因此大力促进中小企业的发展已成为当今世界上许多国家和地区推动经济发展的一种潮流。

包括股份制商业银行、城市商业银行以及城乡信用合作社等各种地区性的中小银行，它们具有经营灵活及地利、人缘等方面的优势，特别适宜为中小企业提供金融服务。各种地区性的中小银行有条件比较充分地利用本地区（以至社区内）的信息存量，比较容易克服“信息不对称”和因信息不完全而导致的交易成本较高这一开展金融服务业的障碍。因此，不仅能省去大量的调研费用，还可以减少审核批准程序，从而金融服务付出的成本相对较少，服务价格也可随之降低，这显然有利于资金供求双方的发展。正由于中小银行在为中小企业服务方面具有较强的比较优势，因而成为中小企业的主导服务机构，股份制商业银行应责无旁贷地把中小企业作为自己的主要服务对象，在促进中小企业发展中发挥特殊杠杆作用。包括股份制商业银行在内的中小银行与中小企业之间有着天然的联系，它们在为中小企业提供服务中具有不可替代的作用。因此，解决中小企业融资难的关键之一，就是要明确中小银行的市场定位，促使它们集中精力全心全意地为中小企业提供金融服务。受自身综合实力的限制，大多数股份制商业银行不宜以大企业作为主要服务对象，这就如同不宜把所有鸡蛋都放在一个篮子里一样。中小银行采取“傍大款，垒大户，过独木桥”的做法，风险很大。一家资产规模不大的股份制商业银行，如果出现数量较大的不良资产很可能在几年内都难以恢复元气，但对于资产规模巨大的大银行来说，化解数量较大的不良资产相对来说就比较容易。从防范金融风险的角度而言，股份制商业银行也应当把服务对象主要定位于中小企业。

我国股份制商业银行的服务范围还存在一个合理的区域定位问题。股份制商业银行应重在做好，而不在做大，盲目追求扩大规模，勉强做大，根基不牢，只会加大风险。全国性金融与地方性金融应和谐发展。如果所有中小银行都力争做大，就会加大全国性金融与地方性金融的结构性失衡。金融学界有的学者提出，我国股份制商业银行应当重新考虑空间定位问题，逐步放弃某些全国性市场，退而着力发展地方性或区域性市场，争做一家名副其实的地方性或区域性的银行。笔者对这种主张颇为赞同。股份制商业银行的多数原本就是地方性或区域性的银行，在服务范围重新定位后，虽说立足于某一省或地区，其活动的舞台仍然是很大的。我国经济发达的东部沿海地区，有的省面积十多万平方公里，人口数千万，存款总量高达数千亿元甚至超过万亿元人民币。立足于这些省或地区的股份制商业银行，其发展空间并不小，完全有条件演出有声有色的话剧来。

当今世界许多国家都十分重视金融机构的区位结构的配置问题。美国一般不允许商业银行设立分支机构，以防止垄断，所以美国的银行数量很多。在 20 世纪 90 年代还有 11 个州禁止，21 个州允许，18 个州有条件的限制。在美国银行中少量是洲际大银行，美国全国性银行机构，基本上都是地方性的银行，60% 的银行是只有一个营业机构的单一行。和美国不同，日本的银行都是广设分支机构的。日本的商业银行，主要是垄断财团控制的大银行，如三井、三菱、住友、富士和第一劝业等。上述跨国大银行是所谓都市银行，数量不多。另外，还有分布在中小城市的地方银行，约有60多家，服务对象主要面向中小企业。德国的大银行也只有几家，此外还有上百家地方性银行及上百家独资经营的私人银行。

如何借鉴国外的成功经验，根据中国的国情进行准确的空间区域定位，是我国的银行业改革和发展中应当认真思考的一个问题。

我国银行业必须改变传统官僚式行政机构化的管理体制，依经济区域对现有的分支机构进行战略性改组和调整，向大中城市和效益好的经济区域集中。从世界上的主要发达国家来看，大都是大银行不多，小银行不少。既然四大国有银行除农业银行之外都已从县以下城市和农村地区撤出，以便为中小银行让出发展空间。而作为中小银行的股份制商业银行其大多数也应当从远离总部所在地的城市和地区实行战略性撤退，立足总部所在的城市及周边地区，适当向外扩张，办出特色，做好做强，力争为所在地区的经济特别是中小企业的发展发挥应有的助推作用。

四、股份制商业银行必须完善公司治理结构

股份制商业银行改革和发展的关键，是建立和完善良好的公司治理结构。有的学者认为，实行了公司治理改革特别是经过产权制度改革并已上市的股份制商业银行，公司治理结构问题已基本解决，而实际情况却不尽然。目前，我国仍有不少国有控股或参股的股份制商业银行（包括上市公司），其公司治理结构还不够完善，治理水平还不够高。因此，有必要进一步完善公司治理结构，提高治理水平。完善公司治理结构要做的工作很多，就我国股份制商业银行目前的情况来看，笔者认为，应着重抓好以下两个方面的工作：

1. 要切实加强对中小股东利益的保护。我国现有的股份制商业银行以及证券、保险和基金等金融机构的高层管理人员的年薪待遇过高，高到简直令人难以置信的地步，有的甚至平均每天有一万

多元的人民币收入。此外，还有数额很大的“埋单权”，常常用于个人吃喝玩乐或招待亲朋好友。中国是个发展中国家，人均GDP刚刚超过1000美元，还有相当多的人没有解决温饱问题。这些金融系统特别是股份制商业银行的高管人员的年薪如此之高，不仅严重脱离了中国的国情，违背了市场规律，还确确实实损害了中小股东的利益。有人也许会说，股份制商业银行高管人员薪酬高是因为业绩好，这里且不论有的行长或董事长素质并不高，不是真正的银行家，而且他们的年薪也并没有与业绩相挂钩，亏本照样拿高薪。例如，有家上市公司2003年每股加权平均收益下降27%，高管人员的薪酬总额却增加72%。有家股份制商业银行不良资产巨大，高管人员的薪酬仍旧高得出奇。眼下国内股市创6年新低，一跌再跌，但有的上市银行高管人员的薪酬却一升再升。

金融企业收入拉开差距、档次，要合情合理。上市公司、股份制企业特别是诸如银行等关系到社会公众利益的企业，高管人员的年薪到底拿多少，社会公众完全有权“说三道四”。因为这直接关系到维护中小股东甚至社会公众的利益。事实表明，收入差距的不合理扩大，不仅会严重挫伤广大员工的工作的责任心和积极性，从而影响企业的效率，还会诱发腐败，加大经营风险，并导致社会的不稳定。笔者认为，凡是关系中小股东特别是社会公众利益的企业，绝不允许少数人将公众利益个人化。

我国现有的股份制商业银行高管人员薪酬确定不合理，这归根到底说明这些上市银行的公司治理结构还不完善，公司治理中的一个核心问题，是中小股东的利益能否得到更加切实维护的机制。同时，还要建立健全对管理层的长期激励和约束机制。应借鉴西方国家金融监管的成功经验，通过外部力量强化监管来约束经营者的行为或提高高层管理人员的素质。中小股东和投资者有权知道董事会成员和高层管理人员的薪酬情况，任何股权性质的薪酬均应经股东认可。商业银行作为经营货币的特殊企业，其经营行为在受到监管机制约束的同时，还应当受到股东特别是中小股东的制约。只有这样，才能规避风险，实现对股东的合理回报。

2. 要加强制度建设，健全制衡机制，抑制金融腐败。我国股份制商业银行完善公司治理所要解决的根本问题，较之有同样股权结构特征的其他国家和地区而言，显得更为复杂，即不仅要努力解决控股股东或大股东以及高管人员侵占中小股东利益的问题，还要解决约束行长或董事长所谓“一把手”的权力过大的问题。作为金融部门防范风险，加强内控制度建设，特别是防范道德风险十分重要。

近年来，国内银行犯罪步入高发期。金融大案频发的主要原因就在于经营管理上的制度缺失。执行各项规章制度不力，内部管理不严，基础管理薄弱，给一些人特别是一些高管人员提供了犯罪机会。目前我国包括股份制商业银行在内的金融机构普遍缺乏有效的制衡机制，造成个人权力过大，内部人事控制严重，为滋生腐败提供了肥沃土壤。当前银行、企业实行的“一长制”，是从原苏联搬过来的，这种制度扼杀了银行、企业经营管理权限的制衡机制，主要责任人行长或董事长（通常称为“一把手”）权力过大。有的“一把手”素质不高，缺乏民主作风，在行内独断专行，加之，又控制人事生杀予夺之权，其近者如左右部门老总，远者如外地分支机构头头，稍有触犯，就很有可能被降职甚至下岗，使得一些人敢怒而不敢言；内部审计、纪检监察部门失效，形同虚设，还使作为提供内部信息与控制系统的会计不能很好发挥作用。由于银行实行“一长制”，权力过于集中，显然增大了导致腐败的几率，一旦“一把手”出现道德风险，就不可避免地会出现权力寻租、钱权交易等情况。因此，有不少专家提出了取消“一长制”的意见。

股份制商业银行虽然先行完成了股份制改造，基本上实现了产权多元化，但大多数仍然是由地方政府和国有法人控股，董事长和行长实际上还是实行任命制。他们还是具有一定级别的官员，公司治理仍沿袭国家行政治理模式。这充分说明，对银行仅仅进行股份制改造还远远不够。股份制商业银行还需要进一步深化改革，着力建立现代公司治理机制，银行的股东大会、董事长和行长层次要形成各负其责，相互制衡，高效运营的治理机制。中国银行业的有关监管部门应当采取行之有效的措施，通过加强和完善公司治理机制，用规章制度制约每一位银行从业者的岗位职责，尤其是要加强对“一把手”人、财、物、权力的分解和制约，规范“一把手”的权力运作机制。加强对现有股份制商业银行的制度建设，健全制衡机制，不仅有利于抑制金融腐败，而且还有助于促使股份制商业银行朝着办成真正现代金融企业的目标前进。

（原载《财经理论与实践》2005 年第 11 期）

要尊重商业银行作为企业的经营自主权

从 1997 年发生的开始于泰国的亚洲金融危机，延续至今，目前仍未画上句号。此次金融危机影响巨大，无论从严重程度，还是从波及的范围来看，都堪称空前。在这场金融危机中，人们处处可以看到不良资产的幽灵。金融业不良贷款的居高不下，是这场金融危机产生的最为重要的原因之一。那么。造成亚洲一些国家金融业的不良资产过多的原因是什么呢？从根本上讲，是这些国家政府的行政干预程度较深，银行没有经营自主权，不能按市场经济规律放贷。

从日本、韩国等东亚一些国家和地区的情况来看，这些国家和地区的经济发展采取的是所谓“东亚模式”，其核心是政府主导型的市场经济。这一模式的一个突出特点，就是政府干预经济的程度较深。由于政府对银行经营干预太多，结果造成贷款质量低下，呆账堆积如山。以韩国为例，英国《经济学家》杂志评论指出：“没有一个国家像韩国那样如此严重地干预银行业务，把银行视为政策工具之一。命令银行必须贷款给某些信用不佳的大财团和企业”。在韩国由于企业从银行获取贷款相对容易，致使企业投资缺乏谨慎态度，滥用资金，过度膨胀，畸形发展，很多大企业成了效益低下的“泥足巨人”。韩国大财团在 1997 年发生的危机中之所以纷纷倒闭，一个重要原因就是借钱过多，同时又没有发挥应有效益。企业借钱无力归还，致使银行背上了解脱不掉的呆账、坏账包袱，并因而引发了金融危机。

日本虽属成熟的市场经济国家，但其金融机构的运作受行政干预也很大。战后建立起来的日本金融体制是以政府为主导，这种金融体制的突出特点表现为“银行超贷”、“企业超借”、“间接金融优先”等等。这些做法在国际上被普遍认为是与正常的金融市场运行规则相违背的。所谓“超贷”、“超借”是指在日本政府的指导下，银行在贷款的方法上“能贷则贷”、“不能贷的尽量想办法贷”，结果造成不良资产膨胀。

此外，过度的行政干预造成的另一个恶果是，在这些国家的政府官员和企业领导之间形成了不正常的关系。日本《明报》说：“政府高级官员直接参与金融机构对企业的贷款活动”，“企业再把巨额利润输送给政府的这些官员”。这种情况严重地削弱了政府的调节作用，并导致权钱交易，官商勾结，部分政府官员腐败，丑闻迭次出现。

从东亚一些国家的情况来看，政府对企业（包括银行）干预过多会产生上述两个方面的后果。因此，政府不应当干预企业（包括银行）的具体经营活动。这是市场经济的基本要求。东亚一些国家在其“经济腾飞”的一定阶段，由于金融业不够发达，政府往往采取干预银行经营的做法。这种政府主导型的金融体制在最大程度地动员国内资金，加大政府性投入的力度上尽管能发挥重要作用，并有助于促进经济快速增长。但是，这种体制也导致了金融体系缺乏竞争，效率低下，盈利能力降低，以及大量不良资产的产生等诸多弊端。日本、韩国两国就是典型的例子。在市场经济条件下，政府主要是通过政策和法规，根据发展战略的需要，为企业创造有利的外部环境，侧重引导企业按“游戏规则”在竞争中发展。政府与包括商业银行在内的企业要保持一定的“距离”，真正实行“政企分开”，政府不应干涉银行的具体贷款工作，也不能把银行当成金库。政府必须尊重银行作为企业的经营自主权，多关心，少干预，放手让银行自主经营，自主选择效益好的企业和项目放款，从而使资金能得到合理的配置。

在我国也存在着对金融机构行政干预过多的问题。据报载，80年代初著名经济学家薛暮桥对于我国银行的贷款方式，曾作过一个形象的比喻，叫做“一个萝卜一个坑”。政府先把“坑”挖好，再让银行逐个将贷款放进“坑”。在这种情况下，银行毫无自主权可言，贷款质量更谈不上保证。有些企业经营状况不佳，但有行政长官作后台，仍向银行要求贷款，而且“不贷也得贷”，“要钱没商量”。这就是导致我国银行不良贷款有增无减的重要原因。此次亚洲金融危机虽然没有波及到我国，但我们也应该清醒地认识到，银行的不良贷款较多，信贷资产质量低下，是目前我国金融业最大的风险隐患。金融风险问题有多方面，但核心是要解决金融资产的质量问题。从银行讲就是贷款质量问题，目前我国的金融风险也主要集中表现在银行贷款质量方面。银行特别是国有银行不良贷款比重较高，是我国当前金融运行中存在的主要问题之一。此问题直接影响到我国金融业的稳定。金融业的稳定是个十分重要的大问题。江泽民总书记今年在中共中央举办的第七次法制讲座会上指出：金融安全关系到国家经济的安全，国家和人民的利益要求有一个安全和稳健的金融体系。商业银行存在的大量不良债权问题若不妥善解决，金融业不仅难以实现安全稳定，而且还存在着诱发危机的可能性。

防范金融风险的关键是要化解不良资产，特别是要解决今后不再发生大量的不良资产问题。这就必须要从产生的根源上着手，采取多种措施，真正将经营自主权还给银行，使银行有调度资金的高度自主权。商业银行是一种经营货币商品的特殊企业。所谓企业，是从事经营活动的独立单位，其基本属性是自主经营、自负盈亏、独立核算。自主经营是市场经济通行的基本规则。经营自主权对于商业银行来说，首先是指它对外办理借贷业务具有自主权，商业银行把资金贷给谁、贷多少、何时贷、期限长短、利率高低，应当由自己决定，而不受外界干预。特别是对大型特大型项目要加大银行的自由选择度，给银行贷款“一个萝卜十几个坑”的选择空间。

从确立企业（包括银行）、政府各自在市场上的主体地位而言，改革的核心就是要解决市场主体的自主权问题。在有些市场经济发育最为完善的西方国家（诸如美国等），商业银行的独立性较强，经营活动很少受到政府的行政干预。笔者认为，从我国目前的情况来看，商业银行一时尚难以完全摆脱政府的行政干预，自主经营并以利润最大化为目标的实现还要经历一个复杂而渐进的改革过程，这既需要金融业本身的不懈努力，也需要社会各方面改革措施的协调配套和推进。

1. 要转变政府职能，理顺政府与银行的关系，改变政府把银行当作资金分配“工具”的状况，使银行能依据企业经营对贷款进行独立评估和决策，并承担由此产生的风险。

2. 搞好国企改革，改变国企经济效益不佳的状况。目前作为银行的主要经营客体的国企，现代企业制度还没有建立健全。加之，国企的经济效益普遍不佳，信用状况很差，许多企业离开了银行信贷的“输血”，就无法自我生存和发展。在当前社会保障系统不健全的情况下，企业若实行大量破产又很可能会引起严重的社会问题。因此，银行转换经营机制和实行自主经营，要受到社会各行业特别是国企转换经营机制的严重制约。只有加快国企改革，尽快改变国企经济效益不佳的状况，才能为实现银行与企业间的自主经营的双向选择创造条件。

3. 加快银行业向商业化转轨的改革进程，使之成为真正的商业银行。银行要实现自主经营，就必须遵守市场规则，实现资金的商品化，能从自身利益采取企业行为，让借贷资金按效益原则独立运行。信贷资金的商品化，是银行商业化的核心问题。

银行作为经营货币的特殊企业，如果其经营的对象货币资金不是商品或不完全是商品，不能在市场上自由流动，无权在市场上选择买卖对象，那么就把银行作为企业的本质属性否定了，这样的银行当然也就不能算是自主经营货币商品的企业。银行要实现自主经营，就必须加快信贷资金商品化的进程，使信贷资金作为一种特殊商品能在借贷活动中充分体现。银行能把资金当作商品去买卖、去经营，企业则把资金当作商品去购买（偿还本息）、去使用。银行与工商企业之间只有建立正常的买卖关系，银行才能通过市场机制对企业实行信贷资金的优化配置，把信贷资金投向质量高、效益好的行业与企业，以保证银行资产运用的安全性、流动性和效益性，减少贷款风险，提高贷款质量。

（原载《经济参考报》1998 年 9 月 22 日）

商业银行的经营规模要适度

目前我国的商业银行改革已进入了深化阶段，改革的最终目标是要建立与社会主义市场经济相适应的现代商业银行制度，而按现代市场经济运作规则重新构筑我国商业银行的组织体系，则是其中的一个十分重要的内容。在现代市场经济条件下，商业银行组织体系的构建必须高度重视适度规模经营和规模效益问题。

一、关于“适度规模”理论的论述

现代经济学告诉我们，任何一个经济单位或实体要想取得更大的经济效益，都必须要有一定的经营规模，对于商业银行来说也是如此。银行业的适度集中是必要的。特别是当今世界金融业日趋一体化，竞争激烈，金融机构没有一定的规模，不仅难以达到规模效益，更谈不上在国际竞争中立于不败之地。从当今世界许多发达国家的情况来看，其主流是集中，而不是分散。近年来欧美等西方国家的银行业间盛行兼并风，就是一个例证。但是，我们也不能因而认为，商业银行越集中，越大越好。有的经济学者在其研究论文中写道：商业银行存在着一种呈“U”型的平均成本函数，是典型的“适度规模”产业。事实证明这种看法是正确的。当一家小型商业银行扩大规模时，其单位平均成本会下降，即呈所谓“规模经济”效应，而当其规模增加到一定程度时，单位平均成本则会逐渐增加，非效率开始出现。经营规模具有二重性，规模过小不利于经营优势的形成和盈利的增加，也不利于抵御金融风险，但毫无遏制地扩张规模，又会导致经营成本加大，负荷过量，风险相对集中。商业银行只有处于合理规模的经营状态，其管理费用才能降低，盈利才能增大，服务手段才能日益完善，也才能有利于分散和防范化解金融风险。

商业银行组织体系的构建要做到“适度规模”，就必须遵循以下三条原则：（1）要同国家经济发展水平相适应；（2）要同成本效率微观分析相结合；（3）要有利于实现自主经营和有效管理。仅就商业银行的组织体系而言，我国银行业最突出的问题之一，就是国有商业银行的规模过大，与国家的社会经济发展水平不相适应。西方国家工业化初期银行的规模都不大。例如，19 世纪的美国在金融业中居主体地位的是大量地方小银行，只是人均 GNP 达到 2000 至 3000 美元时，大银行才迅速发展起来。欧洲国家的情况也大体相似。

从我国的具体国情来看，经济不发达，而且经济活动还具有明显的区域性。我国人均 GNP 只有 800 美元左右，属于发展中国家，而我国却拥有四家特大的国有商业银行。如今我国各类商业银行加在一起尽管已超过 100 家（其中仅城市商业银行就多达 88 家），但四大国有商业银行无论是资金、业务量，还是人力物力，都占据压倒的优势。四大国有商业银行的从业人员约占全国金融从业人员的比重近 80%，营业网点约占 90% 以上，金融资产约占 80%，存贷款业务约占 70%。四大国有商业银行的规模如此庞大，与我国经济的发展水平显然不相称。

二、我国国有商业银行规模过大的弊端

由于国有商业银行规模过大，造成诸多弊端，从而为国有银行的发展和建立现代商业银行制度带来严重的障碍。

1. 商业银行经营规模过大，遏止金融业务竞争，不利于统一开放、有序竞争的金融市场的建立

现代金融业所依存的市场经济，从一定意义上说，就是竞争经济。市场经济的核心是竞争，而市场经济的发展也有赖于金融竞争的推动。金融竞争之所以重要，就在于金融竞争具有促使资金合理配置，调节资金供应，提高效益，完善市场经济的运行体系以及有利于正常金融秩序的建立等功能。众多金融机构的存在和共同发

展，是金融业开展竞争的必备条件。美国虽然有世界级的大型跨国商业银行，同时也有众多的小型商业银行，但是美国有反垄断的立法，因此大商业银行未能形成垄断的格局。在我国，国有商业银行是金融业的主体，但比重过大，近乎处于垄断地位。在这种情况下，也就不可能有真正意义上的竞争。

从经济效绩来看，垄断不仅不利于竞争，而且也不利于提高管理水平。一些国家经济管理水平高，其中一个重要原因就是这些国家行业竞争激烈，不提高管理水平就有可能被淘汰，每一个企业都面临着提高管理水平的巨大压力。金融业也是如此。只有通过竞争，金融机构才会有改善管理水平的外部压力，才会努力去提高管理水平和经营效益。

2. 商业银行规模过大，机构臃肿，不便于进行有效管理

与当今世界上其他国家的大商业银行相比，我国的国有商业银行有两个“最多”的显著特点：即：（1）分支机构最多。我国四大国有商业银行的分支机构众多，遍及城乡每一个角落，平均每家大约有800至1000家分支机构。（2）员工最多。我国四大国有商业银行的员工最少的有15万人，最多的达60余万人。我国的四大国有商业银行机构过多过滥，职工队伍庞大，人浮于事，不仅导致效率低下，而且还导致信息传递不顺畅。由于我国目前的信息技术和管理手段还不够先进，银行组织体系过于庞大，层次过多，结果造成信息传递不快，信息失真的可能性较大，以及资金调度不顺，管理费用高等问题。

3. 商业银行的分支机构按行政区域设置，容易受地方政府的行政干预

目前我国国有商业银行基本上仍然是按行政区域设置的，即总行→省地银行→县支行。这种情况使各级行与各级政府结合在一起，依附于各级政府，甚至被政府视为其下属机构，受到政府的控制和干预。地方政府常常命令国有商业银行在当地的分支机构向由他们指定的企业、建设项目发放贷款，并要银行承担实施政府的政策任务，如垫补国企的亏损，无止境地向国企提供所需的资金，包

括本应由企业自筹的营运资金。由于国有商业银行众多的分支机构仍受到地方政府不同程度的行政干预，缺乏经营自主权，因而难以成为真正的商业银行。

三、几点建议

四大国有商业银行的经营规模过大，这在我国金融学界已逐渐形成共识。但是，在究竟如何改变我国国有商业银行规模过大的问题上，我国金融学界却存在意见分歧。依笔者之见，根据我国的国情，在按照市场经济运作规则重新构筑我国的商业银行组织体系时，应着重抓好以下几方面的工作。

1. 把国有独资商业银行业务（特别是除中国农业银行之外的其他三家国有商业银行的业务）逐步转入大中城市，并在大中城市适当再增设一批新的商业银行，包括中外合资银行、外资银行分行以及由地方财政、企业居民入股的地方商业银行。这既有利于充分发挥中心城市的经济辐射功能，使经济与金融在更高层次上融合，也有利于统一的金融市场竞争机制的形成。

2. 继续培育和发展重建或新建的交通银行、中国光大银行、中信实业银行、华夏银行、中国民生银行、招商银行等跨区域的股份制商业银行。其中基础较好、实力较雄厚、前景看好的，应当支持其逐步发展成为规模更大更具有竞争力的全国性商业银行。

3. 借鉴中央银行跨省分行改革经验，按经济区划设置分支机构，彻底破除按行政区划设置机构的做法，以避免地方政府对银行业务的干预。

4. 根据"效益优先"原则设机构布网点，撤并一批成本高、管理难、业务量不足和严重亏损的分支机构。商业银行的每个营业网站都应设定最低业务标准，达不到标准的要坚决撤并。通过撤并分支机构，裁减员工，减员增效。

（原载《经济日报》1999年10月18日）

中间业务是我国商业银行新的收益增长点

所谓中间业务，是指商业银行以中介人的身份为客户提供各类服务并从中赚取手续费和佣金的一种业务。中间业务是商业银行的表外业务或非资产业务，其特点是不直接承担或不直接形成债权债务，不动用自己的资金，不会引起资产风险，却能够带来较多的非利息收入。

20世纪70年代以来，西方国家出现了一场以金融创新为标志的“金融革命”。这场所谓“革命”给西方金融业的发展带来了极其巨大的影响。金融创新涉及的范围很广，内容多种多样，相当丰富，以中间业务为主的金融服务方式的创新是其重要内容之一。近年来，西方国家商业银行的中间业务得到了迅速发展，业务品种不断创新。据资料统计，美国花旗银行等28家大银行的中间业务额占其资产总额的比重，已由1982年的48.5%上升到目前的76.8%。现在许多国际知名大商业银行的中间业务综合收入，早已超过资产业务收入而成为最大的收入来源，其收入占这些商业银行全部收入的60%左右。

我国商业银行的中间业务，虽然近年来有一定的发展，但从总体上看，业务面不广，服务品种少，收益占比低。与西方发达国家相比，我国商业银行的中间业务还处于刚起步的初级阶段。据瑞士国际管理发展研究院关于1996年世界各国竞争力的研究报告，我国金融体系的国际竞争力排名第37位，其中在衡量金融服务的质量这一类指标中，我国排名第34位，处于比较落后的位置。

目前，存贷款仍是我国商业银行的主体业务，贷款在整个资产中占80%以上，业务收入的绝大部分也是来自存贷款的利差收入。

国外商业银行普遍开办的许多中间业务，对于我国商业银行来说基本上还处于空白状态。由于我国商业银行业务范围狭小，资产结构单一，服务功能不全，既影响业务收入的增加，也难以抵御资产风险。随着我国利率的多次下调和存贷利差的逐渐缩小，以及储蓄资金的不断分流，使得我国银行业逐渐进入了低收益和微利时期。我国银行业要摆脱收益下降的困境，就必须改变中间业务过少的状况。此外，我国当前金融机构林立，市场竞争激烈，也使得各商业银行效益的提高不能单纯依赖于存贷利差。各商业银行只有依托自身的优势，花大力气培育新的收益增长点，开展行之有效的中间业务，才能使自身业务经营步入良性发展的轨道，从而使自身得到发展壮大。国外商业银行发展中间业务的经验表明，谁的中间业务上得快、搞得多、办得好，谁的服务收益就高，竞争力就强，谁就有可能在同业竞争中成为胜者，立于不败之地。由此可见，大力发展中间业务，拓宽业务领域，是商业银行自身发展的内在要求。

那么，我国商业银行如何发展中间业务呢？笔者认为，当前应着重抓好以下几个方面的工作：

第一，要更新观念，提高认识。在我国当前的经济金融形势下，各商业银行在搞好传统的资产负债业务的同时，还应当利用经济信息、技术设备、网点、资金实力和信誉等优势，为客户提供代收代付、委托代理、代保管、信息咨询、项目融资、企业购并和资产重组策划等诸多方面的中间业务。这不仅能为企业和社会公众提供更多的金融服务，完善商业银行的服务功能，而且更为重要的是，还有助于改变银行单一的资产形式和获利手段，开辟新的收益增长点，扩大银行业务收入，提高经营效益和竞争实力。因此，要从战略和经营发展趋势的高度，认识发展中间业务对于银行业的稳健经营以及效益提高的现实意义和重要作用，把发展中间业务当成商业银行兴衰攸关的大事要事认真抓好。

第二，要结合市场实际情况，循序渐进，稳步发展。开办中间业务特别是新的业务时，一定要加强对市场的调研，弄清市场前景、服务对象、盈利水平，从市场的需求出发，选择能产生效益的业务种类及合适的时间和地点，有步骤地开展，循序渐进，减少盲目性。同时，还要考虑银行的现实条件和自我承受能力，处理好传统业务和中间业务关系、中间业务的发展与当地经济状况以及国民金融意识的关系。

第三，要重视培养和造就一批能担当发展中间业务重任的专门人才。发展中间业务需要一大批懂得国际惯例、熟悉现代金融业务、具有创新意识和进取精神的高层次新型金融专业人才。只有依靠这批人才，才能根据国内商业银行的具体情况，有效地吸收国外发展中间业务的成功经验和先进的运作方式，并在学习、吸取的基础上有所创新，从而推进我国商业银行中间业务的发展。发展中间业务的关键在于人才，商业银行必须高度重视人才的培养，努力为大批高层次人才的脱颖而出营造条件。

第四，要加大商业银行的科技投入，加快电子化的进程，以便依托于先进的科技手段，推动中间业务的发展。

（原载《经济日报》1999 年 7 月 26 日）

关于扼制银行不良资产再生的思考

商业银行特别是国有银行的不良贷款多，信贷资产质量低下，是目前影响我国金融业稳定最突出的问题。因此，目前我国防范和化解金融风险的重点，就在于要提高银行信贷资产的质量。而要提高信贷资产的质量，化解金融风险，应当重在治本，注重解决今后不再发生大量不良贷款问题，从根本上消除银行不良资产生成的基础。为此，就必须花力气处理好银企关系。究竟怎样才能处理好银企关系呢？笔者以为，在当前形势之下，千头万绪，关键是要培育良好的社会信用意识。

信用是市场经济赖以存在的基础。从一定意义上说，市场经济也是信誉经济。信用是市场经济最起码的要求和经济活动最基本的准则，一切参与市场活动的主体都应以信誉为本。常言道："无信不立"。在市场经济条件下，没有信誉就不可能有畅通的资金来源渠道、产品销售渠道、人才集聚渠道，经济活动也就无法正常运转。

当前，由于我国的一些市场行为的主体信用意识淡薄，造成现实经济生活中不讲信用，不顾信誉的事情比比皆是。例如：假冒伪劣商品充斥市场；短斤少两现象屡禁不止；企业之间相互拖欠货款，企业故意逃废银行债务等等。目前我国银行企业关系存在的主要问题表现在缺乏信用上。据法院部门提供的有关资料，借款纠纷案件在逐年增加，大多为借款方到期不归还银行贷款。

现在，我国不少企业信用较差，缺乏借钱要还的观念。有的企业借钱因经营不善无力归还，有的企业即使有清偿能力也赖账不还。特别是在近年来的各种机制的转变过程中，一些企业借转制之机逃废银行债务的现象已到了相当严重的地步。有些企业因效益不佳背上沉重的债务包袱后，并不是努力去寻找消化债务的各种合理办法，而是千方百计甩掉债务。据报载，眼下一些企业逃废银行债务的手段可谓花样百出，无奇不有，兹列举几种主要的表现：

1. 有的企业转制后，原企业注销，新企业成立，新企业的法人代表则不肯承担原企业的债务，新官不理旧账，造成老债新主，无人认账，使银行贷款长期搁浅。

2. 有些企业采取所谓“细胞分裂”的办法，从一家企业中分离出新的企业，单领执照、单开账户，带走全部或部分有效资产，而将原有贷款债务仍挂在实际上已成为“空壳”的原企业身上，致使银行的债权被悬空。

3. 有的企业采取通过宣告破产，废掉银行债务，再变更名称后，仍在原来的生产方式、技术手段和经营方式下使用原有的工人，生产原有的产品。

4. 有的企业不按国家的有关法规办事，自行宣布破产，并对所谓的破产财产进行处理，以安排职工重新就业或培训的名义，把资产分给职工个人，以此逃废银行债务。

5. 有的企业在对资产进行评估时，故意压低资产价值，使国有资产流失，收益减少，降低了偿还银行债务的数额。

6. 有的企业对原贷款银行采取不存款、不还本付息，避而不往来的对策，通过另选银行开户和办理结算，用多头开户的办法，躲避原贷款银行的债务。

从上述情况中不难看出，在我国建立和发展市场经济的今天，社会信用还没有在市场经济的主体——企业中扎根。企业信用观念淡薄，随意逃废银行债务，会直接导致两个方面的严重后果：一是致使银行背上不良资产的沉重包袱，制约着银行的商业化或企业化的改革进程。银行信贷资产质量的下降，也加大了金融风险。二是使整个经济生活的秩序受到破坏，不利于解决企业生产经营上的困难。当前，一方面不少企业反映贷款难，而另一方面银行担心企业不讲信用，有钱不敢轻易放贷。这种情况对企业改善生产经营状况的努力显然会产生不利的影响。

企业借改革之机逃废银行债务，由于地方保护主义的放纵或庇护而助长了这一行为。有些地方政府从局部利益出发，在企业改制的组织领导和政策措施的制定中，存在着严重的甩债、甩包袱的思想倾向，有的地方甚至把甩债作为增强企业活力的"捷径"。其实，这样做的结果不仅会损害银企间正常的债权债务关系，而且还会扰乱当地的经济秩序，恶化当地的投资环境，从而影响当地的经济发展。实践证明，保持良好的信用，对维护本地金融安全和改善投资环境的益处很大。很难想象，一个高风险的地区，能对国内外投资者具有吸引力。

银行是经营货币的特殊行业，它是融通资金的中介，其存款主要是千千万万居民储户的钱，是到期必须还本付息的。对企业来说，银行是最大的债权人，但对广大储户来说，银行是最大的债务人。企业长期拖欠银行贷款和利息，不但会给国家和社会公众带来财产损失，使银行不能很好地发挥信用中介和促进社会资源合理配置的杠杆作用，而且还会从根本上破坏经济正常运行赖以生存的社会信用关系以及正常的金融秩序。

在市场经济条件下，银企之间是荣损与共的相互依存关系。一方面，银行离不开企业，因为银行直接或间接服务的对象主要是企业。银行的资产、负债、中间等重要业务，都是同企业密切联系在一起的。另一方面，企业也离不开银行，各国的经济发展实践表明，利用银行业的间接金融一直是企业融资的重要方式。特别是金融市场尚处于发育阶段的国家，企业的融资方式更是离不开银行的间接金融。从上述两方面看，银企之间是唇齿相依的关系，一荣俱荣，一损俱损。只有企业蒸蒸日上，银行业才能兴旺发达。同样，只有银行业的经营状况良好，企业的发展才能得到有力的支持。因此，正确和妥善处理银企间的债权债务关系是一个十分重要的问题。构建符合市场经济要求的健康的信用关系，不仅有助于推进企业的改革和发展，而且也利于维护银行业的稳健经营乃至整个经济金融的安全。那么，如何培育良好的信用意识，发展新型的银企关系呢?

1. 企业应树立牢固的信用还债意识，并以此作为企业素质建设的重要内容来抓。企业是市场经济的主角，它的行为端正与否至关重要。企业重合同，守信用，是建设信誉经济，促进市场有序化的基础。企业应强化信用意识，规范信用行为，依法还贷付息，不以任何形式逃废银行债务，努力与银行建立真诚、持久、良好的协作关系。

2. 银行要牢固树立为企业服务的观念，始终把搞好经济、搞活企业作为金融工作的基本出发点。银行要增强服务功能，提高服务质量，为企业生产经营的发展提供全方位的优质服务。

3. 在健全和完善金融法制建设的同时，还应加大金融和其他经济法律、法规的执行力度。尽管造成我国目前银企信用关系扭曲有多种原因，但改革的不配套，特别是法制的不健全和执法不力，却是最重要的根源之一。对于一些企业随意逃废银行债务的行为，银行在无可奈何之下往往诉诸法律，虽然银行有理由能胜诉，但由于来自各方面的干扰，使依法收贷执行起来却难乎其难。据来自各地的调查材料证实，金融诉讼案件的胜诉率很高，一般都超过90%，但执行率却微乎其微。《中华人民共和国民法通则》明文规定：“债务应当清偿”，“民事活动应当遵循诚实信用原则”。《中华人民共和国银行法》、《贷款通则》、《中华人民共和国合同法》等法规，对维护金融债权和对借款人蓄意通过兼并、破产或者股份制改造等途径侵吞信贷资金的行为，也都有相应的规定。执行部门应依法清偿，严格执法，强制企业履行偿债义务，对有钱不还故意逃避债务的企业，要认真查处，并对有关责任人处以巨额罚款甚至追究刑事责任。加大执行有关金融法律、法规的力度，有利于建设良好的信用秩序，为金融活动的开展创造良好的外部环境。

4. 利用各种宣传工具，大张旗鼓抑浊扬清，净化社会空气，端正荣辱观、是非观，大力倡导中华民族素有的“诚信为本”的优良传统，造成一种以讲信用为荣，以不守信用为耻的浓烈的舆论环境。

5. 深化包括金融企业在内的企业制度改革，大力推进建立“产权明晰，权责明确，政企分开，管理科学”的现代企业制度。只有当这种规范有效的现代企业制度建立起来之后，才能使银企双方各自以独立的法人身份，真正按商业利益的原则发生有保障的借贷关系，并对自己的行为负完全的责任。这样，目前银企间存在的种种不正常的信用关系才能根除，从而真正确立起市场经济所要求的平等、互利、竞争、协作的新型关系。

6. 政府应发挥关键的引导作用。一是引导企业正确认识以银行为主体的金融业在国民经济中的重要地位、作用及与自身发展的密切关系，认识银行不良债权过多对国民经济的健康运行和企业自身发展的危害，积极配合银行做好信贷资产的保全工作，化解金融风险；二是引导银行大力支持企业的改革和发展，特别是要为那些有效益有产品市场的企业加大资金支持力度，并运用银行的信息引导企业的生产发展；三是引导银企之间互相理解，通力合作，谋求共同发展。

总之，培育良好的信用意识，构建新型的银企关系是个复杂的系统工程，需要社会的方方面面协调配合，共同努力。

（原载《财经科学》1999 年增刊）

加快国有商业银行金融创新的步伐

金融创新在银行业的发展中一直扮演着十分重要的角色，它是推动银行业可持续发展的不竭动力。因此，金融创新是商业银行提升国际竞争力的根本途径。随着我国加入 WTO 进程的加快，国内商业银行对金融创新的要求也越来越强烈。国有商业银行要执金融创新之牛耳，就必须加快金融创新的步伐。银行业金融创新的内涵相当丰富，笔者认为，就我国国有商业银行而言，应重点抓好以下几方面的金融创新：

一、深化改革，实施产权制度和管理制度的创新

转轨时期的中国银行业存在着很大的金融创新需求，金融创新的发展空间极为广阔，但对于国有商业银行来说，产权制度创新的紧迫性尤为突出。目前我国国有商业银行运营中的许多问题在很大程度上都与单一的国家所有制密切相关。因此，必须在更深层次上进行产权制度的创新。国有商业银行产权制度创新的关键是进行股份制改革，实现产权主体多元化。通过股份化改革，逐步打破国有商业银行的单一产权结构，在明确准入规则的情况下，选择多种成分的经济主体进入，最终将国有商业银行改造成为国家控股、企业入股、个人持股，在适当条件下允许外资参股的股份有限公司或有限责任公司。

国有商业银行产权制度的创新是一个复杂的课题。在当前产权制度问题未得到根本解决的一定时期内，为获得健康发展的活力，国有商业银行应注重在经营管理的各个领域进行管理制度的创新，

逐步按照现代企业制度的基本框架，改进和完善经营管理体制。只有建立科学高效的管理制度，才能对商业银行实施有效管理，提高效益。当今世界上凡业绩优秀的商业银行大都十分注重管理制度的创新。从我国国有商业银行目前的情况看，笔者认为应主要从以下几方面加快管理制度的创新：（1）调整机构设置，构建以市场为导向、以客户为中心、以效益优先为原则的组织机构体系。要继续撤并重复设置的分支机构，加快收缩、业务达不到保本点的营业网点，精简机构和人员，解决人浮于事、负担过重的问题，提高集约化经营水平和运行效率。（2）加强内部控制制度建设，完善内部稽核与监察体制、资产负债比例管理制度、贷款审贷分离和贷款担保抵押制度、信贷资产质量管理制度等，提高风险管理能力和内控水平。（3）加快人事、劳动用工和收入分配管理制度的改革，建立有效的激励和约束机制。

二、大力发展中间业务，进行金融业务创新

商业银行作为从事金融业务的企业，其金融创新理应以业务创新为重点。我国国有商业银行缺乏竞争力的一个重要原因是业务比较单一，以存贷业务为主，缺乏金融创新、缺乏“拳头产品”。加入 WTO 后，面对外资银行的挑战，不彻底进行业务调整是难以适应的。因此，国有商业银行必须加大业务创新，特别是要高度重视和大力发展中间业务，以拓展业务领域，寻求更多的生长点、收益点。大力发展中间业务是国有商业银行在激烈的国内外同业竞争中求生存、求发展的重要途径，也是进行金融创新的主要领域。中间业务的发展是一个渐进的系统工程。首先，要制定中间业务发展计划和总体思路，分阶段落实，稳步推进。在目前的起步阶段，应先从传统的中间业务开始，积极为客户提供代理、咨询、担保、结算、清算、汇兑、信用卡、票据业务和私人理财等业务，并通过对现有的中间业务品种进行梳理、丰富和完善，形成具有特色的“精品”。然后，再在积累经验和创造一定条件的基础上，试行国

际新型金融工具，如期权交易、债权转让、远期利率协议、可互换债券和外汇期货等等高档次、高技术的中间业务，以使国有商业银行的中间业务发展逐步接近国际银行业的先进水平。其次，要设置专职机构，专门负责中间业务的研究开发，新品种的设计推广、宣传推销、管理以及人才培训、选拔，并逐步建立中间业务相对独立的运行机制。最后，加大人、财、物的投入，并将中间业务收入完成情况、收入成本及收益情况等指标列入考核体系之中，以促使银行更加重视中间业务的发展。

三、抓好素质教育，实现员工队伍知识结构的创新

员工的素质是进行金融创新的关键，有没有具有创新能力的人才，是能不能进行金融创新的决定性因素。从总体上讲，我国包括国有商业银行在内的银行业的人才是短缺的，特别是具有创新精神和创新能力的高层次、综合性的人才更加缺乏。员工队伍整体素质偏低，这已成为影响我国银行业金融创新发展的最重要的原因。

作为现代银行业的工作人员，不仅仅要熟悉现代金融理论和一般业务知识，而且还要懂得一些其他社会科学和自然科学方面的知识。否则，就无法适应金融创新的需要。国有商业银行进行金融创新需要有大批素质较高和知识结构合理的员工。为了改变目前国有商业银行员工现状，就必须花大力气抓好员工的素质教育，努力建立一个适应创新潮流的素质教育的新体制。通过大力加强素质教育，对从业人员开展全方位、多角度、多学科的知识培训工作，并通过引入优胜劣汰的机制，强制充电，限期提高，以实现员工队伍知识结构的创新，增强创新能力。此外，还要创新吸引、开发和使用人才的机制，为吸纳人才，充分发挥人才的使用效能并为优秀人才的脱颖而出营造良好的环境。

四、加大金融科技投入，促进金融科技的创新

金融创新要以高科技作支撑，以使金融产品和服务拥有较高的科技含量。随着网络和电子技术不断应用于银行业务领域，银行业的发展越来越依赖于技术进步和科技创新。金融科技的创新，已成为商业银行能否在市场竞争中抢占制高点的关键。在银行业日趋激烈的市场竞争中，谁拥有先进的科技手段，并利用这一手段不断开发和创新出符合市场需求的具有高科技含量的金融产品和服务，谁就能在竞争中处于有利的优势地位，从而赢得市场的主动权。金融科技创新，主要是指要充分运用现代电子技术等一系列先进技术，以此作为金融业务的载体，提高金融服务的质量和效率。目前来看，电子技术在统计、结算、储蓄、汇兑、信息等方面的应用已取得了明显的进展，但还不能满足日趋发展的银行业务的需要。国有商业银行应在现有的基础上，加快电子化和网络化建设的步伐，采用电子计算机和现代通讯技术设备，促进办公自动化、电子化银行以及由此延伸的自动服务手段的应用与推广，提高国有商业银行的业务处理能力和运作效率，以高效、快捷、优质的服务，迎接网络经济时代的到来。

国有商业银行要提高对金融科技创新重要性的认识，从战略高度制定金融科技的发展规划，并舍得花钱加大金融科技投入的力度。由于金融科技投入大都是高成本的投入，因此，应注意消化吸收和适用性，即要坚持效能、效用、效益的原则，以防一方面投入严重不足，另一方面又造成惊人的浪费。

（原载《金融时报》2001 年 9 月 29 日）

提高我国银行业国际竞争力的思考

——兼论我国银行业必须牢固树立科学的发展观

加入 WTO 后，银行业是我国重点开放的行业。随着 2006 年底向外国银行业全面开放的承诺日渐迫近，面对来自国外的大银行，特别是美欧日银行业的日趋激烈的强大竞争，如何提升我国银行业的国际竞争力，已成为摆在我国银行业面前的首要课题。笔者认为，我国银行机构与国外大银行相比，最大的差距体现在看不见摸不着的经营理念和经营作风上。思想观念上的更新是发展的先导，我国银行业要想真正成熟起来，发展成为具有国际先进水平的现代化商业银行，关键是要进行观念上的更新，牢固树立科学的发展观。

一、要树立协调发展的观念

四大国有商业银行是我国银行业的主体，目前四大国有商业银行无论是资金、业务量，还是人力、物力，在国内银行业中都占据压倒的优势。如果单从排名看，早在 2000 年，中国工商银行、中国银行和中国农业银行均已进入全球 25 家大银行之列（中国建设银行排名第 29 位），其中中国工商银行曾以 227.92 亿美元的一级资本居于全球第 7 大银行的位置，在规模上堪与世界级的跨国大银行一比高低。

改革开放以来，我国的银行业特别是四大国有商业银行，从规模上看虽然有了很大的增长。但是，银行的资本规模并不等于银行的实力。我国的银行业尤其是四大国有商业银行的主要弱点并不是规模，而是盈利水平不够高。据报载，我国各商业银行的资产利润率一般在1‰以下，资本利润率在1%左右，而国外的好银行这两个反映经营效益的利润率指标分别为1%和10%左右。相比之下，差距不小。我国银行业的盈利能力过低，使之缺乏国际竞争力。在经济金融全球化进程加快和加入WTO后，面对国外大银行今后日趋激烈的竞争，我国银行业怎么办？唯一的出路就是进一步解放思想，以开放的思维，创新的观念，寻找和开辟更快发展的新路子。“发展才是硬道理”。科学发展观的第一要义是发展。只有发展，才能不断增强国际竞争力，真正实现赶超。虽说科学发展观的立足点仍然是发展，但科学的发展观却是注重规模、质量、效益三方面协调有序的发展。

多年来，我国银行业习惯于运用存贷款规模作为衡量业务发展的标准。在传统发展观的指导下，我国的银行业有着很强的总量偏好和规模扩张的冲动。这种追求规模扩张的冲动，主要来源于竞争的压力和内部的激励机制。由于多方面的原因，我国银行资产运用以贷款为主，银行利润主要依靠利差收入，收入总量要增长，就得靠扩大资产规模，因而使得我国的银行机构普遍存在着重资产、重存款规模的心态。对商业银行而言，适度的规模是必要的。倘若没有一定的规模就没有利润增长的空间，不仅难以发展，也难以化解不良资产。但是，扩大规模并非是商业银行的唯一选择。

发展并不是简单的等同于规模增长，而是规模的增长、质量和效益的提高的有机统一。从某一家银行来看，如果仅是量上的扩张，而没有质上的提高，那么，这家银行要推出自己的具有竞争力的产品是不可能的。银行的好坏并不在于规模的大小，而主要是取决于资产的质量、资本实力和盈利水平。现代银行业竞争的最终胜利者，并不一定是谁最大，而是谁最强，谁最好，规模已不再是决定银行生存和发展的唯一要素。例如，资产规模中等的英国标准渣打银行，由于其单位资本金和资产额的盈利能力最强，2000年被评为全球业绩最佳银行。又如，据报载《亚洲货币》在1999年底对亚洲最重要的88家银行进行评比，在被评为最佳的5家银行中，有4家资产规模远小于位居88家参评者前列的所谓十大银行。在被评为15家最佳银行中还有几家中小银行。由此可见，银行的孰优孰劣并不在于其规模的大小。

要树立和落实科学的发展观，就必须摒弃传统的发展思维和发展模式的影响，下决心走出单纯追求规模增长的误区。过分追求数量和速度的粗放型、外延式的发展方式，其结果必定会导致资本充足率不足，资产质量不高，盈利能力不强。因此，要讲求规模、质量和效益的协调发展。在这三者之中，效益是银行经营的目的，规模是银行实现效益的手段，而确保资产质量则是银行经营的前提。

银行作为负债经营的企业，支撑其规模扩张的应当是市场环境、管理水平和风险控制能力。从我国目前的情况看，已告别了资金绝对短缺的时代，并已进入了资金相对充裕的时期，银行业追求规模扩张的时代已成为过去。我国银行业的发展已进入了新的阶段，情况发生了新的变化，客观上需要在发展的理念上进行调整。我国的银行业应当由传统的追求资产规模高增长战略转向追求质量和效益的新战略，由过去以资产规模增长为中心，转变到提高资本收益率为中心的目标上来。

我国的银行业必须以科学的发展观为指导，坚持以效益作为各项经营活动进退取舍的核心标准，通过深化改革，完善经营体制和内部机制，不断提高盈利水平，并妥善处理好规模、质量和效益三者之间的关系。我国银行业只有在保证资产质量和提高资本运营效率的前提下，实现全面、协调和可持续发展，才能真正实现国际竞争力的提升，做到既大又强。唯有如此，才有可能在国内市场站稳脚跟，在与外资银行的竞争中立于不败之地。唯有如此，也才有可能走向世界，在全球金融业的版图扩张竞争中占有一席之地，为中国有朝一日成为金融强国创造条件。

二、要树立人才资源是第一资源的观念

科学发展观的核心内涵是“以人为本”。“国以才立，政以才

治，业以才兴。”人才问题，始终是银行业改革和发展中的核心问题和头等大事。要牢固树立“人才就是财富，人才就是效益，人才就是竞争力，人才就是发展后劲”的观念。“以人为本”，把人才建设列为头等大事，摆在各项工作的首要位置。

在我国，银行业虽然拥有一支庞大的员工队伍。但是，精通现代银行业务并熟悉国际金融惯例的人才却十分缺乏，取得国际认可的特许金融分析师屈指可数，在国际金融界享有声誉的银行家更是凤毛麟角。从总体上讲，我国银行业的人才是短缺的，特别是高层次的人才更加缺乏。员工队伍整体素质偏低，这已成为影响我国银行业综合竞争力的最重要原因。

那么，我国的银行业如何做好人才的培养与使用工作，并打造一支高素质的人才队伍呢?

具体说来，要着重抓好以下几项工作：（1）加快人事、收入分配制度的改革，实行员工能上能下，能进能出，待遇能高能低，公平竞争，注重实绩，建立健全有利于人尽其才的使用机制和有利于调动人才积极性的激励机制；（2）采取多种形式、多种渠道，不拘一格引进和选聘提拔对业务发展能起重要作用的优秀人才，并委以重任，形成一种尊重知识、尊重人才的文化氛围，为人才的脱颖而出和施展才能营造良好的环境；（3）建立完善的培训、轮训和考核体系，通过对从业人员特别是业务骨干开展全方位、多角度、多学科的知识培训，强制充电，严格考核，以实现员工队伍知识结构的创新和整体素质的提高。

三、要树立金融创新的观念

商业银行作为从事金融业务的企业，其金融创新理应以业务创新为重点。我国银行业缺乏竞争力的一个重要原因是业务比较单一，以存贷业务为主，缺乏金融创新，缺乏“拳头产品”。加入WTO后，面对外资银行的挑战，不彻底进行业务调整是难以适应的。因此，我国银行业必须高度重视金融业务的创新，特别要高度重视和发展中间业务，以拓展业务领域，寻求更多的生长点、收益点。

中间业务由于不占用或少占用银行资金，只是依托银行自身在资金、技术、机构、人才、信息和设备等方面的综合优势，为客户办理各种委托事项并从中收取手续费或佣金，因而具有成本低、风险小、流转快、利润高等特点，在西方国家越来越受到银行业的青睐。

大力发展中间业务是我国银行业在激烈的国内外同业竞争中求生存、求发展的重要途径，也是进行金融创新的主要领域。我国的银行业应当树立金融创新的意识，转变经营理念，正确认识中间业务在银行经营中的地位，改变中间业务是“副业”的看法和做法，要把拓展中间业务与吸收存款、收贷收息一样等同看待。

中间业务的发展是一个渐进的系统工程。（1）要制定中间业务发展计划和总体思路，分阶段落实，稳步推进。在目前的起步阶段，应先从传统的中间业务开始，积极为客户提供代理、咨询、担保、结算、清算、汇兑、信用卡、票据业务和私人理财等业务，并通过对现有的中间业务品种进行梳理、丰富和完善，形成具有特色的“精品”。然后，再在积累经验和创造一定条件的基础上，试行国际新型金融工具，如期权交易、债权转让、远期利率协议、可互换债券和外汇期货等等高档次、高技术的中间业务，以使商业银行的中间业务的发展逐步接近国际银行业的先进水平。（2）要设置专职机构，专门负责中间业务的研究开发，新品种的设计推广、宣传推销、管理以及人才培训、选拔，并逐步建立中间业务相对独立的运行机制。（3）中间业务作为一种新业务、新技术、新手段，发展之初，在人财物上要加大投入力度。与此同时，还应将中间业务收入完成情况、收入成本及收益情况等指标列入考核体系之中，以促使各级银行更加重视中间业务的发展。

四、要树立科技兴行的观念

当今银行业的效率和竞争力的提高，业务品种的创新，管理效能的增强，金融效能的开拓，都是以现代科学技术的应用为基础的。因此，银行业要落实科学发展观，就必须提高对金融科技重要性的认识，树立科技兴行的思想观念。

随着网络和电子技术不断应用于银行业务领域，银行业的发展越来越依赖于科学技术的开发利用。西方发达国家的商业银行大都十分重视对科技的投入和科技人员的培养，许多大银行集团都拥有强大的科技开发中心。我国的银行业虽然近年来加大了科技投入，在采用电子计算机和现代通讯技术设备、促进办公自动化、电子化银行以及由此延伸的自动服务手段的应用与推广方面已取得了明显的进展，但我国金融科技的软件开发仍不能满足日趋发展的银行业务的需要。

信息技术是信息化时代金融创新的首要成因。以计算机、通讯和互联网为代表的信息技术能为金融创新提供有效的不可或缺的工具，而金融业务以及金融交易方式的创新，能使金融机构提高效率，增加经营效益。在今后的一段时间里，我国银行业还应当在现有的基础上，进一步加大科技投入，大力抓好基于信息技术运用的信息化建设，提高我国商业银行的运作效率，特别是运用科技手段实现金融创新的能力，以促进我国银行业整体服务水平和竞争力的提升。

五、要树立优质高效的服务观念

银行作为一种服务性很强的行业，要落实科学发展观，必须树立优质高效的服务观念。就银行而言，唯有在提高服务质量上下功夫，认真抓好服务，才能改善与用户的关系，树立新的形象，从而赢得更多的市场份额，获得更大的利润，提升竞争能力。银行业只有靠文明优质的高效服务和良好的形象，才能牢牢地把握现有的客户，吸引潜在客户。很显然，如果没有客户，哪来业务；没有业务，哪来利润。因此，抓好服务，是银行业在激烈的市场竞争中的制胜之道。

那么，我国银行业怎样才能抓好服务呢？

1. 要树立用户至上的观念，保持良好的服务态度。服务人员在为客户提供服务时所显露出的仪表、举止、言谈、神情等方面的表现，是直接影响客户能否接受服务的重要因素。银行员工不管是在办理负债业务的储蓄窗口，或是办理中间业务的结算柜台前，还是办理资产业务的信贷洽谈时，都应当有一个良好的服务态度。要让客户对服务产生好的印象，感到满意，富有吸引力，愿意建立持久的往来关系。银行员工服务态度的好坏，可在一定的程度上体现服务效能的高低。

2. 坚持以优质服务求生存、求发展的方针，勇于开拓创新，不断提高服务质量。随着我国经济的快速发展，经济建设和社会公众对金融服务的要求，无论在数量上或在质量上都会有很大程度的提高。商业银行应当把握市场定向，贴近客户需求。加大服务创新力度，不失时机地改进和提高服务水平，争取能不断为经济建设和社会公众提供优质而又高效的服务。

由于银行服务业是最容易模仿的行业之一，大凡新的金融产品或金融服务形式一旦在市场上公开面世，就基本上无秘密可言。这一特点，要求银行业在经营服务中必须更加重视开拓创新，力求做到人无我有，人有我新。一方面，要勇于开拓，能不断地进行创新，在不违反国家有关法令、法规的前提下，争取能率先推出新的富有特色的产品，抢先占领市场；另一方面，又要重视服务形式的创新，对于同样的金融产品，通过服务形式的创新，利用自己独具特色的服务，造成同中有异，异中取胜。

（原载《经济学动态》2004年第8期）

“抓大扶小”提高银行业整体竞争力

几经艰难谈判，中国加入WTO已成定局。一旦加入WTO，中国金融市场将在更大程度上对外开放，大批外资银行将随之纷纷涌入。笔者认为，面对大批外资银行特别是面对国际金融航空母舰的汹汹来势，中国银行业应当采取“抓大扶小”的对策，提高整体竞争力。所谓“抓大”，指的是要抓好四大国有银行的改革和发展；所谓“扶小”，指的是要对中小银行采取“扶持”政策。

首先，要抓好国有银行的改革，加大国有银行改革的力度和深度，这是中国银行业从根本上提高与外资银行抗衡能力的战略选择。国有银行是中国银行业的主体，国有银行的改革能不能向前推进，是事关中国整个银行业改革全局和金融业发展的大事。

中国国有银行改革的最终目标是真正实现商业化，办成名副其实的能与国际惯例接轨的真正严格意义上的商业银行。在过去几年的国有银行商业化改革中，已进行了不少探索和尝试，尽管已取得了一定的进展，但国有银行向商业银行的转化过程还远没有完成。就目前而言，深化国有银行的改革应当从变革产权制度入手，可行的办法是把它们改革成股份制银行，实现股份化。从国外银行业发展的历史和现实看，真正的商业银行莫不选择股份制形式。国有银行实现股份制改革的根本目的，在于按照“产权清晰，权责明确，政企分开，管理科学”的原则，建立现代商业银行制度，使之成为自主经营、自负盈亏的法人实体和市场主体，能按照金融风险企业的特点、信贷资金运作规律、《商业银行法》和国际金融业对商业银行有关协定的要求运营。只有这样，方能合规地参与国际银行业间的竞争。

抓紧时间对国有银行进行股份制改革试点，通过实现股份化，推进国有银行的商业化改革步伐，争取用3～5年的时间完成国有银行的商业化。这是我国银行迎接外资银行挑战的最重要的对策。这一过程越快越好，越彻底越好。

面对WTO的中国银行业，不仅要着重抓好国有银行的商业化改革，而且还要努力增强国有银行的国际竞争能力。经过20多年的改革发展，中国银行业的实力已有很大提高。至1999年年底，中国银行业总资产达到172521亿元，其中国有独资商业银行达到110476亿元。中国银行业的实力虽有较大程度的增强，但从总体上看，与国外大型金融机构相比，仍然是小巫见大巫。据有关资料统计，仅美国花旗银行集团总资产便超过7000亿美元，相当于中国银行业总资产的1/3。

尽管从总体实力看，中国银行业与发达国家仍有较大差距，但仅就四大国有银行而言，已有相当大的规模。目前四大国有银行无论是资金、业务量，还是人力、物力，在国内银行业中都占据压倒优势。笔者认为，四大国有银行的主要弱点并不是规模，而是经营体制和内部机制不健全，发展活力不足，加之又缺少先进的金融商品，使之缺乏国际竞争力。中国四大国有银行规模虽大，但内容单薄，盈利水平不够高，实力不够强大。在国际上银行同业并购浪潮不止、一浪高过一浪的情势下，中国的四大国有银行能否在这个大潮中勇立潮头，唯一的出路是增强实力，四大国有银行必须努力发展成为具有更强实力的大银行或大集团。

那么，如何增强四大国有银行的国际竞争能力，使其既大又强呢？从根本上讲，主要靠深化改革，通过改革转换经营机制，焕发活力。此外，笔者认为还应当着重抓好以下几方面工作。

1. 四大国有银行应该加强合作，提高整体竞争力。而今，为了增强竞争能力，国际跨国大银行纷纷采取强强联合已是新潮流。加入WTO是对我国银行业的整体挑战，各个商业银行都应加强彼此之间在信息、技术、人才等方面的交流与合作。目前四大国有银行各有所长，可通过签订业务全面合作协议方式或采取强强联合方式，消除相互以邻为壑、无序竞争的内耗，团结协作，优势互补，以最大限度增强竞争合力。

2. 抓好组织机构、激励机制、内部管理等方面的系列改革，建立既充满生机又富有活力的现代商业银行运行机制，并提高风险管理能力和内控水平。

3. 根据“效益优先”原则设机构布网点，对低效、亏损的营业网点进行撤、并、迁等改造，优化网点配置，提高网点单产水平。通过撤并分支机构，裁减员工，减员增效。

4. 致力提高服务质量，做好市场调研和金融创新，拓展中间业务，改变资产收入结构单一状况，寻求新的效益增长点。

5. 依靠科技进步，加大科技投入，发展计算机网络，提高金融电子化水平，改善经营手段和金融运行效率，促进业务发展。

除四大国有银行之外，目前我国还有数量众多的中小银行。中小银行大体上包括10家全国股份制商业银行和90家地方城市商业银行以及数万家城乡信用合作社。城乡信用合作社原本为股份合作制的小型金融组织，而如今实际上已演变成了以经营存贷款为主业的所谓“微小银行”。

中小银行的实力与四大国有银行相比，虽然相距甚大，但它们却有经营灵活及地利、人缘等方面的优势。它们适宜为多种所有制经济形式，特别是为中小企业及非国有经济提供金融服务，因而成为中小企业及非国有经济的主导服务机构。中小银行能否正常经营和发展，直接关系到对中小企业及非国有经济这部分经济群体的金融服务质量和数量。

中国中小银行目前最突出的问题，就是绝大多数规模都太小，资本实力差，抗风险能力弱。随着加入WTO的时间临近，在即将到来的中外银行激烈竞争面前，四大国有银行稳定的垄断地位一时受冲击相对较少，而中小银行则将承受更大的挑战和冲击的压力，甚至有可能成为跨国大银行的主要“蚕食”对象。因此，从政策上加大对中小银行的“扶持”力度，已成为当务之急。

今年，国家允许股份制商业银行上市发行股票，发行债券，这是政府对中小银行的一项很重要的扶持措施。银行上市的最大好处是可以筹集大量资金，用以充实资本，扩大经营规模，提高经营效率和实力。商业银行上市符合国际惯例，国际上著名的大银行基本上都是上市公司。今后我国凡符合上市条件的股份制商业银行都将逐步进入资本市场。中小股份制商业银行上市相对较容易，这是因为它们的机制较易转变，坏账及政策性贷款等历史包袱也较轻，而且上市集资为达到一定资本比例所需款额也较少，市场较易承接。

除股票上市之外，笔者认为还应当对中小银行采取如下几点重要扶持和鼓励措施。

1. 要鼓励和支持中小银行按市场化原则相互兼并与重组。对中小银行而言，需要加快整合，规模太小没有生存空间，而且资本越小，倒闭的机会越大。针对中国银行业数量过多的状况，应加快银行业特别是中小银行并购重组的步伐。并购重组形成的规模化经营，不但可以扩大业务规模和业务领域，降低经营成本，实现规模经济效益，而且也提高了其技术创新和使用新技术的融资能力。

2. 鉴于中小银行机构目前的状况，应在一定时期内，如在税收、利率、法定准备金、再贷款等方面给予一些适当的优惠，以切实减轻中小银行的负担，帮助一些中小银行机构摆脱困境，促其走上健康发展的道路。

3. 鼓励和支持中小银行根据自身的优势，在合法经营、稳健管理的前提下进行业务创新，开发新的业务品种，努力形成拳头项目和品牌效应，增加市场份额，并解决业务雷同和在狭小领域内的无序竞争问题。

4. 尽快建立一套完备的具有中国特色的存款保险和再保险制度，保障银行特别是中小银行的稳定运行。由于中小银行更容易受到风险的冲击，因此，规避风险，对于中小银行显得尤其重要。对中小银行已出现的风险，中央银行和政府有关部门应主动参与协助中小银行风险的化解工作，如协调资金、清收债务、化解矛盾等。

（原载《金融时报》2000年8月19日）

遵循平等、守信、互利原则，构建新型银企关系

银行与企业之间的关系，是现代市场经济运行中的最重要的经济关系之一。在我国当前的条件下，要构建新型的银企关系，就必须认真规范和严格遵循以下三项原则。

（一）平等原则

在市场经济条件下，真正的严格意义上的商业银行其本质属性是经营货币商品的特殊企业，它与一般企业是平等的“等价交换”的关系。双方在社会经济关系中都是独立享有民事权利和民事义务的企业法人，都能自主地决定自己的经济行为，并能为各自的行为承担责任，不存在一方起控制、主导作用，而另一方则只处于依附的地位。在我国政策性银行已组建并进入营运后，国有商业银行与企业之间应逐步过渡到平等的资金商品的买卖关系，而不应当承担对企业单位事实上的资金供给义务。商业银行对企业发放贷款的微观依据，主要是看客户的还本付息的能力，要严格按照资信评估的等级高低和《贷款通则》有关要求进行。

（二）守信原则

银行向企业发放贷款，按照贷款合同规定，企业到期要归还银行贷款本息，二者间是一种借贷关系和信用关系。这种关系是以签订契约为前提，以履约为保证，任何一方出现失信行为，都有可能导致整个信用链条的失灵。如果企业不守信誉，随意逃废银行债务，银行对企业就会产生不信任感，企业在发展过程中就难以得到

银行的贷款支持。一个企业或者若干企业不讲信用，其影响可能只是局部的；如果企业普遍不讲信用，不按期归还银行贷款本息，那么银行信用就很难维持。倘若银行信用发生（支付）危机，其后果就将是十分严重的。

我国目前的信用制度和信用规则还不完善，不少企业信用意识淡薄，拖欠债务甚至赖债、逃债、废债的情况时有发生。这不但造成了银企信用关系的扭曲，致使银行贷款风险增加，信贷资金回流受阻，不良债务越积越多，而且严重阻碍了银行企业化的进程，甚至影响到银行资金的正常运转。市场经济是信用经济，遵守信用是市场经济正常运行的保障。在当前的情况下，要花力气规范最基本的信用行为，重建社会信用秩序和规则，把信用活动纳入法制化的轨道。此外，还要特别重视提高企业的信用意识，有信必诺，促使企业坚持守信的原则，按期按质履行各种合同、协议、契约，这样才有助于修补信用链条出现的裂痕，密切银企关系。

（三）互利原则

银企之间是一种相互依存、互利互惠关系。从理论上讲，产业资本只有实现了增值，才能周而复始的不断循环，也只有这样，借贷资本才能生息。贷款利息是银行经营收入的主要来源，企业经营效益的好坏，直接影响着银行的利息收入，决定着利润的高低。企业既是银行资金的主要使用者，同时又是银行资金的主要供给者。如果企业兴旺发达，经营效益好，银行业的经济基础就会更加牢固，而银行业资金实力雄厚，又能为企业提供充裕的金融支持。银行与企业间是荣损与共的关系，一荣俱荣，一损俱损。既然银企之间是“荣损与共”的关系，因此，二者就只能走共同发展之路。银行业在实现自身的“两个转变”的同时，应当运用各种经济杠杆和经济手段，大力支持和参与到企业的转机建制的改革中去。这样，既能促进企业改革的深化和发展，又能保证自身的利益，相互促进，相得益彰，共同发展。

（原载《金融时报》1996年10月19日）

小银行是小企业发展的助推器

改革开放以来，我国中小企业特别是小企业发展非常迅速，如今形式多样的小企业犹如雨后春笋，遍布神州大地。小企业数量巨大，它们在为社会提供就业机会，适应多层次市场经济的需求，促进地区经济有效增长等方面发挥着越来越大的作用，现已成为推动我国经济快速发展的重要生力军和最具活力的“经济增长点”。

中小银行特别是作为小银行的城乡信用合作社和城市商业银行，它们主要是适应小企业的融资需求而兴起的，并且是在服务小企业的发展过程中而壮大起来的。小银行与小企业相伴而生，共同发展，作为社会经济中的两个经济群体，它们犹如一对“孪生兄弟”，二者是相互依存、相互促进、唇齿相依的关系。

小企业数量多，规模小，点多面广，分散经营，在资金需求上具有“要得急，频率高，金额小，风险大，管理成本高”的特点。在我国，大银行的服务重点历来主要放在国有大中型企业上，特别是大企业集团、政府大项目方面，难以顾及点多面广的小企业，也无法满足小企业临时性、突发性的金融需求。加上大银行相对集中在大中城市，受人员限制，很难深入到点多面广的小企业详细了解经营状况，因而难以给予及时有效的金融支持。尽管近年来各大银行相继成立了中小企业信贷部，但由于小企业一般资产较少，信用风险较大，生产经营场所固定性差，调查成本高，也在一定程度上影响到大银行贷款的积极性，因此实际效果并不理想。

各种地区性的中小银行特别是城乡信用合作社和城市商业银行等小银行，具有经营灵活及地利人缘等方面优势，它们特别适宜为小企业提供金融服务。正由于小银行在为小企业服务方面具有较强的比较优势，因而成为小企业的主导服务机构，在促进小企业发展中起着“助推器”的特殊杠杆作用。

小企业的发展和壮大，对社会经济发展具有重要的战略意义，扶持小企业的发展，小银行责无旁贷。在小企业的发展中，小银行的助推器作用或服务功能，主要表现在以下两个方面：

1. 利用融通资金的功能，满足小企业正常生产的合理资金需求。资金是企业的血液，而小银行则是小企业信贷资金的最主要的供应者，因此，小企业离不开小银行的信贷支持，小银行融通资金的状况如何，资金营运效益怎样，极大地影响着小企业的生产经营。

2. 利用金融工具及信息优势，为小企业提供结算、汇兑、转账以及经济信息、咨询、评估和财务顾问等金融服务。此外，还能协助小企业做好清产核资、资产评估、产权界定等工作，参与小企业的改制、兼并、联合、租赁、出售和股份制改造，帮助小企业开拓市场，盘活资金存量，加速资金周转，降低费用开支，提高企业的经济效益和偿债能力。

中小企业的发展是个全球性的问题，扶持中小企业的发展在当今世界上已成为许多国家振兴经济的重要途径。近年来，我国政府对中小企业的重视程度明显提高。为了改善中小企业融资难的境况，陆续出台了一系列扶植中小企业发展的措施。然而，目前我国中小企业融资环境差的问题并没有从根本上解决，金融支持相对滞后仍是制约我国中小企业进一步发展的突出因素。

要从根本上解决中小企业特别是小企业的融资问题，首先必须彻底消除对中小企业特别是小企业融资的政策歧视，尽快制定鼓励和扶持中小企业发展的政策措施，并加强针对中小企业经营和融资的法律法规建设，确定中小企业的基本经济定位、组织结构、管理体制、融资担保、融资机制等，促使中小企业经营和融资走上法制化、规范化轨道。除此之外，笔者认为，既然小银行与小企业有着天然的联系，它在为小企业服务的过程中具有不可替代的作用。因而，解决小企业融资难的关键，就是要大力扶植小银行，以使其能得到更快更好的发展。只有这样，才能更充分的满足小企业这部分经济群体在发展过程中的融资需求。

在今后一个时期，金融主管部门应当利用一些新闻媒体开展一些必要的舆论宣传，提高社会公众对小银行的重要地位作用的认识，努力营造一个适宜小银行成长的良好的社会环境。与此同时，政府和金融主管部门还应当采取行之有效的各种措施，给予小银行一些必要的支持和扶持（诸如在税收、利率、法定准备金、再贷款等方面给予适当的优惠等），鼓励和引导小银行结合自身实际，致力业务创新，拓展服务领域，提高综合服务功能，抓好内控管理，转换经营机制，增强经营活力，促使小银行在改革中稳步发展。

（原载《金融时报》2000 年 9 月 23 日）

宏观调控下的银企关系

——走出中小企业融资难的困境

目前我国实施的宏观调控政策已取得了初步成效，但同时在经济运行中的一些矛盾和问题也逐渐显现。我国是一个以银行信贷为主要融资手段的国家，银行贷款对于企业的生产经营活动至关重要。在这轮宏观调控中，国家采取了一系列紧缩银根的措施。这些紧缩措施虽然是直指房地产等过热的行业，但仍殃及池鱼，波及受控行业之外。在放贷资金总量收缩的情况下，信贷资金成了更为稀缺的资源，因而必定会使大多数企业遇到融资难的问题。特别是中小企业受国家宏观调控政策的影响更大，中小企业融资的形势更为严峻。据报载，今年二季度中小企业融资景气指数降至68.8点，不仅处于不景气区间，而且比一季度下降3.7点，比大型企业低44.2点。其中，认为融资困难的中小企业占到38.2%。企业融资难度的增加，加剧了本已严峻的中小企业流动资金的紧张状况。融资通路的阻塞无疑是企业特别是中小企业发展的最大障碍之一。

中小企业融资难由来已久，而在这轮宏观调控中，这一问题愈加凸现出来。中小企业是我国经济的重要组成部分，在国民经济中的地位举足轻重，现已成为推动我国经济快速增长的重要生力军和维护社会稳定的一支重要力量。因此，应当特别关注和努力解决中小企业融资难的问题。在国家宏观调控的背景下，企业特别是中小企业融资难和银企关系，再次成了人们关注的一个焦点问题。下面拟就如何解决中小企业融资难以及如何构建新型银企关系问题谈几点浅见。

一、重信守诺，建立和维护良好的银企关系

银行和企业之间的合作从本质上讲是一种借贷关系和信用关系。这种关系是以签订契约为前提，以履约为保证，任何一方出现失信行为，都可能导致整个信用链条的失灵。银行作为信用的提供者，理应带头重信守诺，不断改善金融服务，这是促进银企合作的基础。目前我国有些银行机构服务意识不够强，特别是对中小企业客户不重视，还有些银行机构不讲诚信，动辄就不履行承贷协议，一有风吹草动，就不加区别，停止贷款和提前催收已发放的贷款，不顾及企业的损失。银行是经营信用的特殊企业，更应当遵循诚信的原则，不能只要求企业讲诚信而放松对自己的要求。银行需要变更贷款承诺时，一定要提前通知客户并充分陈述变更的理由。银行要靠真诚守信和优质服务来赢得企业的尊重。

信用是现代企业生存的基础，企业也必须讲诚信。企业只有讲诚信，才能赢得市场，密切银企关系，也才有可能筹集到更多的社会资本，扩大经营规模。但是，我国目前不少企业信用意识淡薄，拖欠债务甚至赖债、逃债、废债的情况时有发生，致使银行贷款风险增加，失去了贷款的信心。针对目前企业信用意识淡薄的问题，应加强企业的诚信建设，培育企业家的信用观念，增强企业重合同、守信誉的自我约束意识。只有在良好的信用环境下，建立和维护良好的银企关系，企业才能赢得银行等金融机构的大力支持，也才能为从根本上解决中小企业融资难奠定一个坚实的基础。

二、构建重点支持中小企业融资的信用担保体系

国外许多国家和地区十分重视构建为中小企业融资服务的信用担保体系。针对中小企业自身存在的劣势，如缺乏合格的担保品，信用等级不高，抗风险能力弱等，全世界大约有 48% 的国家和地区建立了各具特色的信用担保机构。中小企业信用担保机构体系的

构建，有助于补充中小企业信用的不足，克服中小企业向金融机构申请贷款时担保品欠缺或不足的障碍，分担金融机构对中小企业融资的风险，因而有利于提高银行对中小企业融资的积极性。

我国中小企业融资难就难在缺乏有效的信用担保。信用担保机构是沟通中小企业和银行之间的桥梁。我国应当认真研究与借鉴国外一些国家和地区的成功经验，积极稳妥地发展重点支持中小企业融资的信用担保机构，切实解决中小企业贷款担保难的问题。

三、大力发展地方性中小企业银行

各种地区性的中小型银行特别是城乡信用社和城市商业银行，具有经营灵活及地利、人缘等方面的优势，特别适宜为中小企业提供金融服务。正由于中小银行在为中小企业服务方面具有较强的比较优势，因而成了中小企业的主导服务机构，在促进中小企业发展中起着特殊杠杆作用。

解决中小企业融资难的一个重要途径，就是要大力发展中小银行，特别是要重点扶植一些规模较小，机制灵活，管理健全，经营状况良好，主要为中小企业服务的小型银行类金融机构。只有这样，才能更充分地满足中小企业在发展过程中的融资需求。

四、政策优惠，重点扶持

在国家宏观调控政策下，中小企业的融资空间有可能变得更加狭窄。因此，应适当采取一些金融扶持政策，以减轻或消除中小企业在融资中遇到的困难。例如：对中小企业的贷款利率浮动范围可允许适当提高，以鼓励银行贷款的积极性；在信贷政策方面，可与财政部门协商对中小企业贷款比重较高的银行实行冲销部分坏账及补贴资本金的优惠政策，并要求银行在保证贷款质量的同时，适当提高对中小企业贷款比例。

中小企业数量众多，且情况各不相同，特别是在国家实行宏观调控政策的背景下，不可能毫无例外地都给予优惠扶持。银行业对中小企业也应坚持“有保有压，区别对待”的原则，以国家产业政策为导向，结合当地经济发展规划，将产品有市场，科技含量高，发展潜力大和吸纳就业人数多的中小企业作为扶持的重点。

五、发展资本市场，拓宽融资渠道

目前，我国中小企业融资主要是通过银行机构来实现的，渠道单一。企业过度依赖银行贷款，不仅会产生资金来源不足和资金紧张的后果，而且也不符合市场经济发展的要求。因此，应积极发展资本市场，并鼓励和引导中小企业直接融资，以改变企业主要依赖银行获得资金的现状。

针对我国目前资本市场体系不健全，功能单一，不能满足中小企业直接融资的需要，应进一步发挥资本市场的功能，尽快建立多层次资本市场体系，为中小企业直接融资创造条件。其中，包括发展为中小企业服务的证券市场，尽快推出为高新技术企业融资的创业板，办好作为股份代办转让系统的三板市场，建立创业投资和风险投资基金，发展地方性产权交易市场，为不同类型、不同发展阶段的中小企业开辟直接融资渠道。

资本市场的建立和完善，是从根本上解决中小企业融资困难的重要途径之一。国外许多国家都很重视资本市场对中小企业的支持，对中小企业的直接融资大都能网开一面。从市场经济发达国家的经验看，发挥资本市场的功能，为中小企业开辟直接融资渠道，不仅有助于解决中小企业融资难的问题，而且还有利于促进中小企业完善公司治理，实现规范发展。

六、提高整体素质，增强融资能力

我国中小企业融资难，究其原因，除受外部环境影响之外，还因为自身的素质不高。例如，我国许多中小企业存在管理不规范，财务制度不健全，财务信息不真实等问题。这些问题主要是由企业治理结构不健全造成的。中小企业应当通过完善治理结构，健全各项规章制度，强化财务管理，保证会计信息的真实性和合理性等措施，从制度上提升信用度，以此赢得银行等金融机构的信任和支持，从而增强融资能力。加快改革步伐，规范经营行为，提高企业整体素质，实现向现代企业制度的根本转变，是解决中小企业融资难的一个有效途径。

（原载《西南金融》2005 年第 1 期）

服务新农村建设是金融业的发展契机

建设社会主义新农村，最缺的是资金。很多人认为，农业是弱质产业，农村是落后地区，想获得金融业的大力支持，既十分困难又不太现实。这种看法并不全面。应该认识到，为新农村建设提供金融支持，不仅是金融业理应承担的社会责任，同时也为金融业发展提供了一个良好机遇。

服务新农村建设，能为金融业开拓新的市场增长点。我国金融体制改革的进程是城市先于农村。城市金融改革起步较早，力度较大，步子较快。相对于城市金融，目前农村金融组织体系还不健全，业务单一，金融服务供给不足，管理粗放，风险突出。但随着新农村建设的全面展开，农村金融的种种发展障碍必定会逐渐弱化以至消除，农村金融将获得更好的发展环境。就金融业而言，新农村建设蕴藏着众多商机。农村经济的发展和农民收入水平的提高、消费需求的增加，既有可能成为我国今后长时期经济增长的重要拉动力量，也将为金融业提供更加广阔的发展天地。金融业完全可以在支持新农村建设中开拓新市场、培育新客户、发展新业务，使自身得到发展壮大。

服务新农村建设，有助于金融业调整优化资产配置和风险结构。多年来，金融业的绝大部分盈利性资产集中在第二、第三产业，金融业的整体布局也明显偏向于城市。而在建设新农村的战略举措实施之后，农林牧渔等产业将有可能得到结构优化和长足发展的良好机会，一些有资源优势和产业优势的农产品产业带、主导产业生产基地、农产品专业市场将得到更多支持，一些业务潜力巨大、资产优良的涉农企业必定会脱颖而出。金融业可以通过满足生产性资金需求和提供其他金融服务，支持这些产业集群和优势企业发展壮大，吸收来自第一产业的优质资产，从而调整资产配置，并借此改变风险结构，进一步强化金融业稳定发展的基础。

服务新农村建设，可以促使金融业加快改革创新的步伐。由于主要服务对象的差别，农村金融与城市金融具有不同的特点，在业务拓展、风险规避和资产管理等方面都需要采取不同的方式和手段。唯有加大金融业改革创新的力度，革新农村金融现有的组织框架和经营管理方式，拓展金融产品和服务手段，改善农村信用环境，完善政策保障机制，构筑农业风险防范屏障，在健全和改进农村金融服务体系上下功夫，才能使金融业在体制、机制和金融服务方式上更好地适应新农村建设的需要。为新农村建设提供金融支持的重要历史使命，促使我国金融业必须从一个全新的视角和高度来审视自身的改革创新，以适应经济社会发展的要求。

（原载《人民日报》2007 年 8 月 3 日）

农村金融：关键是要完善服务功能

建设社会主义新农村，是党中央面向新世纪构建和谐社会作出的一项重大战略决策。金融是现代经济的核心，建设社会主义新农村战略的实施，离不开金融业的大力支持和助推。在现代市场经济条件下，货币资金是沟通整个社会经济生活的命脉和媒介，作为筹集、融通和经营货币资金的金融业，应当在社会主义新农村建设中责无旁贷地发挥特殊的杠杆作用。

建设社会主义新农村，首先遇到的就是资金问题。资金缺乏已成为困扰新农村建设的最大难题。据有关部门初步测算，到2020年，新农村建设需要新增资金15万亿元至20万亿元。新农村建设资金需求总量巨大，仅仅依靠国家财政投入显然是远远不够的，其中大部分仍然要由银行等金融机构提供。长期以来，制约我国农业和农村经济发展的一个突出因素就是资金投入不足，建设社会主义新农村则对金融业提出了更新、更高、更多样化的要求。那么，金融业怎样才能适应建设社会主义新农村的需要，在建设社会主义新农村中发挥有效的支持和助推作用呢？笔者认为，关键是要加快农村金融的改革步伐，完善农村金融的服务功能。

一、发展多种形式的金融组织，促进各类金融组织之间的竞争

近年来，由于国有银行体制转轨后从县及县以下大规模撤并机构网点，结果造成许多地区由农信社独家垄断农村金融市场的局面。针对这种情况，应当在政策上适当降低农村金融市场准入门

槛，发展形式多样的金融组织机构，如民间借贷、农村合作基金会、互助会、储蓄会和典当行等。

目前，农村金融服务水平不高的一个重要原因，就是提供农村金融服务的机构较少。发展多种形式的金融组织，不仅有利于增加农村金融供给，有效缓解农民贷款难的问题，而且还有利于打破农信社在农村大部分地区“一社独大”的垄断局面，加大各类金融组织之间的竞争度，从整体上提高农村金融业的经营效率。

二、深化农信社改革，转换经营机制，增强资金实力

在目前的农村金融市场的格局下，农信社已成为农村金融市场的主力军。因此，要重点抓好农信社的改革。农信社的改革应在明晰产权的基础上，完善法人治理结构，切实转换经营机制，强化内部管理和自我约束，并引导和扶持符合条件的农信社分期分批逐步建成社区性的农村银行金融机构。增资扩股是农信社改革的一项重要工作，应出台相应的政策措施，引导和鼓励民间资本投资信用社，以增强其实力，为加大对新农村建设提供资金保障。

三、重新界定农发行的职能定位，加大政策性金融的支持力度

农发行的业务应走出仅局限于粮棉油收购这一狭窄的领域，拓展业务范围，延伸服务链条。要在“风险可控，保本微利”的前提下，把农发行逐步建成支持农业开发、农村基础设施建设、农业结构调整和产业化经营的综合性政策性银行，使之成为新农村建设中提供金融支持的一支重要力量。

四、农行应坚守农村阵地，以支农为业务重点

在我国幅员广大和人口众多的农村地区，除农行之外，其他几

家国有银行机构网点早已撤出，而新农村建设又离不开商业银行的强有力的支持。因此，农行仍然要坚守农村阵地、并把支持新农村建设作为义不容辞的责任。

五、利用邮政储蓄机构的优势，提供更好的金融服务

目前全国4.5万个邮政汇兑网点中有70%在农村，大部分汇款交易流向农村，因此，即将成立的邮政储蓄银行很有可能成为支农的又一主力军。要利用储蓄机构网点多、深入农村的优势，增强其在农村地区储蓄、汇兑和支付的功能，使新农村建设得到更好的金融服务。同时，还要在对邮政储蓄资金管理体制的改革中，探索建立储蓄资金回流农村的机制，从根本上改变农村资金外流的局面。

六、加强农村支付结算体系建设，提升金融服务水平

农村支付系统是农村金融的核心基础设施，其效率及稳定性直接关系到农村金融的改革成效以及“三农”经济发展。因此，必须努力推进农村现代化支付系统建设，加快农信社接入支付系统的进度，使农村金融机构得到安全、高效和低成本的现代化支付结算服务。

此外，还要抓好农村金融机构创新服务理念，拓展金融产品和服务手段，以及努力改善农村信用环境，完善政策保障机制，构筑农业风险防范屏障，为金融支持新农村建设提供配套措施等方面的工作。

（原载《中国经济时报》2006年10月17日）

金融业要大力促进住宅产业的发展

从世界各发达国家的情况来看，住宅产业均在国民经济中居于十分重要的地位。就我国目前的情况而言，住宅产业有可能成为国民经济新的最佳的增长点之一，主要原因有以下两点：

1. 在现代社会的各种经济活动中，住宅建设是一个对相关产业具有很大带动作用的行业。大规模的住宅建设不仅可以带动建材、冶金、化工、机械、轻工等多达数十个行业的发展，而且住宅消费增加的带动系数也比较高，能带动其他商品消费的相应增多。正由于住宅建设的产业关联度高，其发展有助于促进市场商品的有效供应，有利于个人消费资金的回笼和消费结构的调整，对整体经济具有极为强劲的拉动力，因而使其最有可能成为具有生机和活力的经济增长点。

2. 我国经济经过多年的持续快速发展，城市化、工业化的进程明显加快，居民的物质文化生活水平不断提高，众多的城市居民在已经购置齐了他们所能买得起的高档消费品（如电冰箱、彩电等）的情况下，自然会把眼光转向居住条件的改善方面。目前全国住房特困户仍有 300 多万户，全国还有 3300 多万平方米危旧房需要改造。此外，到 2000 年时全国城市人口将从目前的 3 亿人增加到 4.5 亿人。这一切都将构成对住宅需求的巨大潜在市场。

上述两点决定了住宅产业在我国有很大的发展前景，完全有可能在未来的数年里成为国民经济的新的经济增长点。如今，上至中央下到普通百姓都十分关注住宅产业的发展。为了减少商品房的积压，加速培育住宅消费市场，启动住房的有效需求，加快住宅建设，各级政府已相继出台了一些政策措施，加上国家银行决定

1998 年增加 1000 亿元人民币的住房贷款规模。这些努力无疑都有助于住宅产业在我国的复苏和发展。

由于住宅建设是一个需要长期巨额资金的行业，因此，其发展离不开金融业的大力支持。倘无金融业的鼎力相助，住宅产业的发展必定会受到巨大的制约。与其他产业不同，住宅产业不仅需要金融业为其生产者（开发商）解决融资问题，以使其能源源不断地向社会提供规模适当、价格合理的住宅商品，而且住宅产业销售市场的开发也离不开金融业的支持。住宅产业需要金融机构为其消费者即广大居民解决融资问题，以使收入有限的广大居民具有购买价格昂贵的住宅商品的能力。在货币信用经济条件下，住宅产业的生产、流通乃至消费环节基本上都是利用金融中介融入资金而使得再生产过程能够顺利进行的。金融业作为筹集、融通和经营货币资金的部门，是现代经济的核心。金融业本身的职能和特点，决定了它在住宅建设和消费的资金融通中具有特殊的杠杆作用。

住宅贷款在西方各国银行的消费信贷中是最主要的业务之一。在健全的住宅制度下，与抵押有关的资产在金融资产中占相当大的比重，而且这一比重还在增大。例如，目前美国商业银行以住宅贷款为主要业务的消费信贷已占信贷总额的一半以上。住宅抵押贷款在美国已成为最大的长期信贷市场，住宅抵押贷款年净增长超过 1000 亿美元。

由银行为中低收入家庭购房提供融资服务，购房者采取分期付款的方式来实现居者有其屋，这是国际上通行的所谓“住宅金融”模式。各国住宅贷款大都主要是由专门的住宅金融机构经营。在各国的金融体系中，住宅金融机构是专业性较强的专门从事房屋融资的互助性的非银行金融机构。其中有些是官方的或半官方的，如日本的住宅金融金库、美国的联邦住宅贷款银行等。许多国家政府都采取一些优惠政策来推动国内住宅金融机构的发展。住宅金融机构在发放贷款时通常能得到政府的补贴，而它们在开展业务活动时也能有意识地配合政府住宅建设计划的推动。

我国目前制约住宅产业发展的因素不少，其中最主要的问题有两个：一是低租金福利实物分房和廉价分房还未取消，有些人购房消费观念淡薄，即使有钱也不愿用于购房消费；二是商品房价太高，广大工薪阶层的经济实力不足，购买困难。因此，能否解决广大百姓愿意买而又买得起的问题，是事关我国住宅产业能否真正成为带动整个国民经济发展的新的经济增长点的关键。而要解决制约我国住宅建设发展的主要难题，将对住宅商品的潜在需求转化为有效需求，除了要加快城镇住房制度改革，推动住宅商品化，引导居民消费结构的调整，增加个人住房消费的支出，以及采取一些政策措施把过高的商品房价降下来之外，还要大力发展住宅金融，充分发挥金融业支持的助动力作用。下面，仅就如何促进住宅金融的发展问题谈点个人浅见。

1. 要加大住房公积金和公有住宅售房款的归集力度，增加公积金贷款的资金盘子，降低贷款利率，延长贷款期限，简化办理手续，以提高中低收入家庭的购房能力。住房公积金是一种义务性的长期储金，它的建立是为整个市场的住房消费和建设提供融资保证。我赞同有的专家的意见，鉴于目前很多地方公积金，实际上已十分接近金融机构，可逐步引导其朝住宅合作金融机构的方向发展。

2. 从国外的经验看，个人住房抵押贷款是解决个人的购房能力不足的一种行之有效的手段。近几年来，我国的一些商业银行先后开办了这一业务。这对于支持城镇居民购买住房发挥了积极的作用。要全面建立和完善商业银行开办的个人住房抵押贷款业务，积极探索拓展这一业务的方法和途径，开发住房信贷品种，优化服务手段，提高服务质量，健全信贷风险防范机制，确保个人住房抵押贷款业务的良性运作。

3. 在西方一些市场经济发达的国家，银行贷款债权同其他类型的债权一样，都具有一定的流动性，即可以拍卖转让。我国似可采取逐步创造条件探索住房抵押贷款的证券化，使抵押的房产权即非销售性的银行资产变为可以上市交易转让的债券。通过实行住房抵押贷款证券化，有助银行解决现存资金来源的短期性（储蓄存款一般最长为 5 年）与资金运用的长期性（住房抵押贷款一般为 10 至 20 年）之间的棘手矛盾这一难题。

4. 既然住宅产业在未来的几年间有可能成为我国国民经济新的重要的经济增长点，对于住宅产业的发展，金融业理应给予大力支持。但是，住宅金融的发展也有个“度”，金融机构对住宅产业的贷款并非越多越好。近几年来，日本之所以发生泡沫经济，其中一个重要原因就是住宅金融发展过度。去年泰国之所以发生金融危机，与银行提供过量的住房贷款，资金收不回来密切相关。东南亚国家发生的金融风暴给我们提供了有益的启示。我们对于住宅金融业务的拓展，既要积极，又要稳妥。要在弄清楚市场的需求情况及我国物业开发的产业政策，掌握客观经济状况的基础上，有条不紊地科学运作。在金融资产和住宅建设的投资上必须防止出现盲目扩张的现象发生。

（原载《金融时报》1998 年 4 月 12 日）

适度发展直接融资，促进国企改革

长期以来，我国实行的是单一的以银行为媒介的间接融资体制，企业融资几乎全靠银行贷款。直接融资在我国起步较晚，目前直接融资在企业融资中所占的比重仅为10%左右。近年来，随着证券业的兴起和国企改革的深入发展，要求加大直接融资比重的呼声日盛。我认为，我国在融资体制上，选择以间接融资为主，并不排斥直接融资的适度发展。从世界各国的情况来看，大都走着一条直接融资逐步增加的道路。这是市场经济发展对企业融资行为的一种内在要求。在许多经济发达的国家，通过证券市场进行的直接融资占的比重很大，甚至超过企业融资总额的一半，少数国家多达70%。在我国当前形势之下，发展直接融资，拓宽融资渠道，不仅是我国现行融资体制改革的必然取向，而且对于推进我国的国企改革和建立现代企业制度也具有重要的意义。

（一）发展直接融资有利于降低国企的负债率，减少利息支出

国企自有资金比例过低，负债率过高，利息负担过重，必然导致效益下滑。据统计，目前我国国企的总债务负担率（即总资产与自有资金的比例）一般在75%左右，其中流动负债率在95%以上。企业每年应支付的利息多达几千亿元人民币。如此巨大而沉重的债务负担，是造成国企步履维艰的一个重要原因。

直接融资多以企业发行股票或债券的形式向社会筹集资金。社会公众以购买股份的形式投资企业，资金归企业所有而成为企

业的资本金或周转金，投资者则以所持股份为限参与企业管理，分享企业利润和分担企业的风险。它不构成企业的负担，企业也不必对这部分资金支付利息。在我国，上市公司的经济效益普遍好于非上市公司，负债率较低，利息负担较轻，是其中的一个重要原因。

通过适度发展直接融资，降低国企负债率，减轻国企利息支出负担，有助于国企从原有债务的泥潭中拔出脚来，从而增强国企实现调整和转轨的力量，加快国企转机建制的步伐。

（二）发展直接融资有利于改善国企的融资结构，减轻国企对银行的过度依赖

在计划经济体制下，国家作为投资主体通过财政给企业拨资金，企业各项资金来源几乎全部靠财政拨给。近十多年来，我国企业的资金供应方式发生变化，已由财政拨款改为银行贷款。现在，企业投资靠银行，流动资金靠银行，生产靠贷款，还贷靠举债，形成企业高度依赖银行间接融资的格局。企业负债过分倚重银行，而企业的经营状况则又普遍不佳，全国大约有一半以上的企业处于亏损的境地（包括明亏和潜亏）。在许多企业资产盈利率远远低于银行贷款利息率的情况下，不用说偿还银行的本金，就是利息也无力支付。

居民储蓄通过银行贷给企业，投资风险全由银行承担。国企对银行的过度依赖把国企的各种风险全都转移给银行了。过度的间接融资和国企低下的偿还能力，使得银行的资产质量严重恶化。目前，许多企业欠下银行的债务，有的无力归还，有的则不愿偿还。在我国目前信用体系还很不完善的情况下，企业过分依赖间接融资，必然会在企业和银行间形成不正常的信用关系，致使银行不良债务越集越重。据公布的有关统计数字，我国银行的不良债权大约为20%，即高达近一万亿元人民币。如今，国有银行已不堪不良债权的重负，不良债权问题若不能妥善解决，国有商业银行也就不

可能真正实现向商业化的转变。而要改变企业负债比率过大和负债结构单一，以及银行资产过分集中于企业，易于导致银行债务危机的状况，就必须逐步稳妥地发展直接融资，适当扩大直接融资的比重。

（三）发展直接融资有利于盘活存量资产，推动国企资产重组

几十年来，国家对国企的逐年投入形成了数额巨大的存量资产。盘活这部分存量资产并使之产生效益，是一项投资少、见效快而又能搞活国企的重要选择。

盘活国企资产，其基本前提是国有资产具有可流动性。积极稳妥地发展直接融资，使一部分业绩优良前景看好的国企上市运作，可以利用股票债券融资来扩充资本，增强国企发展的财力和实力。据统计，截至 1997 年 8 月，我国上市公司通过境内外证券市场筹集到资本金已多达 2560 亿元人民币，大量资金的融入，能为国企提供以增量盘活存量，使存量资产得以流动和增值的机制。适度发展直接融资，通过证券的流通，还能使优势企业实现对劣质企业的兼并和收购，进而借助优势企业的力量盘活更多的亏损企业和闲置资本，最终达到实现优化产业结构和提高资产产出效率的目的。此外，直接融资引入新的投资者，不但筹集了大量的资金，而且还有利于改变这些企业过去单一的产权结构，建立多层次的产权所有关系。由于产权主体的多元化和产权的明晰化，在此基础上建立起新型的治理机构，有利于国企效益的提高和资本盈利功能的增强。

（原载《金融时报》1997 年 12 月 6 日）

拓展对个体、私营经济的金融服务

随着改革开放的深入发展，我国个体、私营经济从小到大，迅速发展起来。据统计，到1996年底止，全国个体工商户为2703.7万户，从业人员5017.1万人，全年工商业总产值达3583.4亿元；私营企业为81.92万户，投资者170.45万人，雇工1000.68万人，全年工商业总产值达3226.57亿元。从上述数字中不难看出，个体、私营经济经过十几年的发展壮大，现已形成了一定的经济实力和社会影响，成为我国社会主义市场经济乃至整个国民经济的重要组成部分。在繁荣经济，增加供给，方便城乡人民生活，增加国家与地方财政收入，扩大城乡就业，维护社会稳定等方面，个体、私营经济都发挥着不可低估的积极作用。我国实行改革开放近20年的实践证明，在以公有制为主体、国有经济为主导的前提下，发展个体、私营等非公有制经济于国于民均是有利的。

建国以来，我国个体、私营经济经历了一个曲折的发展过程，反映在金融部门对个体、私营经济的融资政策上，忽冷忽热，时紧时松。从总体上看，在相当长的一段时间里，金融机构特别是国有银行对个体、私营经济采取的是不平等和歧视的态度。国有银行一般都是把国有企业作为自己的主要放款对象，而对于个体、私营经济的贷款需求则很少考虑。目前，个体、私营经济在融资总额中仍只占很小的份额。由于金融机构大都不太情愿向个体、私营经济融通资金，使得个体、私营经济的资金需求难以满足，从而严重地阻碍了个体、私营经济的进一步向前发展。

党的十五大报告指出：“公有制为主体、多种所有制经济共同发展，是我国社会主义初级阶段的一项基本经济制度”。“对个体、私营等非公有制经济要继续鼓励、引导，使之健康发展。”这些论断反映了我国社会主义初级阶段基本国情的客观要求，为我国今后的经济金融工作提供了重要的指导。金融工作者应当通过加强学习，提高认识，进一步解放思想，突破姓“公”姓“私”传统观念的禁锢，对于一切符合“三个有利于”的所有制形式都要一视同仁，给予积极的支持、鼓励和帮助。时至今日，个体、私营经济既然已成为繁荣我国各地经济的一支重要的生力军，客观上也就要求金融业按照生产决定流通、经济决定金融这一规律，重新组合和调整自己的经营战略，对个体、私营经济拓展相应的金融服务，以使其业务结构、资产结构和社会经济的所有制结构相适应。

为个体、私营经济发展提供金融服务，是我国金融业面临的新的历史使命。我国的金融机构，无论是银行，还是保险、证券、信托投资公司等，都必须顺应经济体制改革的大趋势，克服所有制界限的偏见，把大力支持个体、私营经济的发展纳入本职工作的重要内容之中。金融业应当遵循市场经济规律，本着“谁的效益好就支持谁”的原则，“不看所有制，关键看效益”，充分发挥在资金、机构网络、信息和人才等方面的优势，积极为个体、私营等非公有制经济的发展提供平等参与市场竞争的条件。对于那些经营状况良好，有市场、有效益、有发展前景的个体、私营等非国有企业，尤其要提供更多的全方位的优质金融服务。

个体、私营经济具有决策自主、机制灵活、注重效率以及不受行政干预等特点。此外，许多个体、私营企业自有资金占比也较高，负债率较低，信誉度较好，承担风险能力较强。因此，金融机构扩展对个体、私营经济的业务，有助于优化其自身的资产结构，分散经营风险，提高经济效益。随着我国经济体制改革的深入以及个体、私营等非公有制经济在国民经济中的地位和作用增大，它们必定会逐渐成为金融业直接或间接服务的重要对象之一。个体、私营等非公有制经济也将与金融业形成日益密切的相互促进、相互依存的关系。国有企业等公有制经济和个体、私营等非公有制经济都兴旺发达了，则金融业的经济基础就会更加牢固，而金融业的资金实力增强了，又可以为促进以公有制为主体的包括个体、私营经济在内的多种所有制经济的共同发展，提供更加充裕的金融支持。

（原载《金融时报》1998 年 3 月 28 日）

努力为非公有制中小企业的发展提供金融支持

党的十六届三中全会通过的《中共中央关于完善社会主义市场经济体制若干问题的决定》（以下简称《决定》），是对我国经济金融工作具有重要指导意义的纲领性文件。《决定》再次明确指出："个体、私营等非公有制经济是促进我国社会生产力发展的重要力量。"《决定》还特别强调要"支持非公有制中小企业的发展，鼓励有条件的企业做强做大"。

改革开放以来，我国中小企业发展非常迅速，如今形式多样的中小企业犹如雨后春笋般遍布神州大地。目前，我国的中小企业主要是以民间投资为主，绝大多数为非公有制的民营企业。如今数量巨大的以非公有制民营经济为主体的中小企业，现已成为促进国民经济发展和维护社会稳定的一支重要力量，在经济和社会发展中具有大企业无法替代的战略地位。因此，认真学习贯彻《决定》的有关精神，大力支持非国有民营中小企业的发展，对于进一步推动我国经济的快速增长，加快全面建设小康社会的进程，具有十分重要的意义。

以融资为己任的金融业在现代企业的发展中扮演着至关重要的角色，中小企业的发展离不开金融业的助推与支持。下面，笔者就如何更好地为非国有中小企业的发展提供金融支持问题谈几点浅见。

一、构建重点支持中小企业融资的信用担保体系

近年来，随着中小企业的发展及其在国民经济中地位的提高，

我国政府对于中小企业的重视程度明显增强。为了改善中小企业融资难的情况，陆续出台了一系列扶持中小企业发展的措施。然而，目前我国中小企业特别是非国有中小企业融资环境差的问题并没有从根本上解决，金融支持相对滞后仍然是制约我国中小企业进一步发展的突出问题。中小企业融资难就难在缺乏有效的信用担保。这些年来，随着我国银行业商业化进程的加快，为了防范金融风险，加强内部监管，大幅度减少了信用贷款的数量，致使中小企业绝大部分贷款都要通过抵押或担保来进行。中小企业一般资产较少，风险较大，资信等级较低，而适合可供向银行作抵押的资产却又不足，有的甚至没有。中小企业在健全的融资担保系统缺位的情况下，要获得银行贷款是很困难的。这种情况，已成为抑制我国中小企业间接融资增长和发展后劲不足的最大障碍之一。

国外十分重视构建为中小企业融资服务的信用担保体系。针对中小企业自身存在的劣势，如缺乏合格的担保品，信用等级不高，抗风险能力弱等，许多市场经济发达的国家根据本国的具体情况，大都建立了各具特色的信用担保机构。我国应认真研究和借鉴西方国家的成功经验，积极稳妥地发展重点支持中小企业融资的信用担保机构，切实解决中小企业贷款难的问题。

近年来，为中小企业融资提供担保业务的专业性机构已在我国的一些地区相继涌现。据有关机构所作的不完全统计，截至2002年年底，全国共有中小企业信用担保机构848家之多，覆盖全国30多个省、自治区和直辖市，募集各类担保资金约240多亿元。这些担保机构在扶持中小企业发展方面起到了积极的作用，提高了企业资信，增强了银行对中小企业贷款的信心，改善了金融机构的资产质量，引导商业银行贷款，缓解了商业银行借贷局面，疏通了货币政策传导机制，刺激了内需，增加了有效需求。

专业信用担保业在我国的建立和发展，对于沟通企业与银行间的关系，改善中小企业的融资状况，具有重要的现实意义。但是，中小企业信用担保发展过程中也存在一些问题，主要表现在：（1）各地对担保的认识存在偏差。对担保机构潜在的风险重视不足，存在“一保就灵”的思想，对担保的后续财力支撑普遍缺乏考虑，存在一定的盲目性。（2）担保的放大作用没有有效发挥。担保机构的责任放大倍数一般在1倍左右，起不到应有的放大作用，相当部分担保机构对中小企业的担保笔数较少，有的机构甚至成立几年来只做了一笔业务。（3）担保机构风险补偿不到位。担保机构不得不收缩高风险的担保业务，重点开展其他盈利业务，从而背离机构设立的宗旨。（4）法规建设相对滞后，缺乏专业法规，担保机构的地位、职能以及监督管理缺乏法律支持。（5）部分担保机构运作不够规范，防范和控制风险的能力有待提高。政府出资的担保机构对大项目或政府基础设施项目提供担保的现象较为普遍，相当部分担保机构热衷于盈利性的投资业务，部分担保机构政企不分，识别、防范和控制风险的能力较弱，手段缺乏。（6）开展担保业务的环境较差，企业和个人缺乏信用观念，骗保、逃废债务的现象较为普遍，中介机构信用状况较差，企业会计信息真实性不高，缺乏可资担保的中小企业，担保机构在落实反担保过程中，抵押质押登记难，收费高，加重企业负担等。（7）担保机构与银行尚未建立风险共担、利益共享的协作关系，四家国有独资商业银行分支机构普遍不接受比例担保，即使接受，也要从贷款中提出相应比例的保证金，不承担任何风险。（8）不同程度地存在着行政干预，是影响担保业务健康开展的重大隐患，有的担保机构因此而产生了一些问题。

我国建立的信用担保机构虽然已对如何支持中小企业融资进行了一些有益的探索，但从总体上看，信用担保业在我国还处于起步阶段。在我国当前的宏观经济形势下，推动和支持中小企业信用担保业务的开展符合建立公共财政框架的要求，是积极财政政策的组成部分。中小企业作为弱势群体，难以通过市场机制获得银行贷款。政府通过开展政策性的担保业务，借助于担保机制引导银行向中小企业贷款，弥补市场机制的不足，是公共财政的职能之一，也是市场经济国家的通行做法。构建重点支持中小企业融资的信用担保体系，有利于疏通货币政策传导机制，拉动经济增长。为了促使这一新兴行业能够健康稳定的发展，应着重注意抓好以下几方面工作：

1. 各地开展中小企业信用担保工作要因地制宜，量力而行。各地财力不同，中小企业布局和发展状况各异，在制定有关政策规定时，要因地制宜、量力而行，综合考虑预算的即期和长期收支情况，统筹安排，不做硬性要求。已建立担保机构的地区，应根据实际情况确定对担保机构的支持方式和补偿力度，不搞一刀切。

2. 要研究采取对担保机构的进一步支持政策。并要建立完善对担保机构的绩效考核指标体系，考核其宏观经济效益和社会效益，一方面作为评价经营人员、进行奖惩任免的依据，另一方面也是政策支持的依据。

3. 为弥补政府资金的不足，应多渠道筹集担保资金，通过减免税收、提供再担保支持，鼓励民间资金进入中小企业信用担保领域，引导商业性担保机构为中小企业服务。同时，要对政府出资的政策性担保机构的服务对象进行准确定位，重点支持那些难以通过市场渠道融资的小企业以及微型企业。

4. 制定统一的行业管理制度和财务会计制度，加强对担保机构的监督管理。目前，有关部门发布的规范性文件缺乏足够的法律效力和权威，应制定中小企业信用担保的行业管理制度，作为行政法规由国务院发布。行业管理制度应对担保机构定位、市场准入、机构设立的审批制度、业务运作、政策支持、监督管理等做出规定。有关部门应协调配合，加强对担保工作的指导和监督管理。

5. 协调金融监管部门，推动建立银行与担保机构风险共担、利益共享的协作关系。应该明确的是，要推动担保机构与商业银行建立协作关系，提高担保机构的信用水平，转变商业银行对担保及担保机构的观念是关键所在。以比例担保、利率浮动两个较为普遍的问题为例，商业银行作为自主经营的独立法人，由人民银行来强制其接受比例担保以及对担保贷款利率不上浮是不合适的，既不符合《中华人民共和国商业银行法》，也不符合利率市场化的政策取向。在这方面应该更尊重市场规律，切实提高担保机构的实力和风险管理水平，取得银行的认可。

二、大力扶植中小银行的发展

中小企业特别是民营小企业数量虽多，但大都是规模小，点多而广，分散经营，在资金需求上具有“要得急，频率高，金额小，风险大，管理成本高”的特点。在我国，大银行的服务重点历来主要放在国有大型企业上，特别是大企业集团、政府大项目方面，难以顾及点多面广的民营中小企业，也无法满足民营中小企业临时性、突发性的金融需求。加上大银行相对集中在大中城市，受人员限制，很难深入到点多而广的民营中小企业详细了解经营状况，因而难以给予及时有效的金融支持。作为大银行有其规模经济效益高的优势，但同时又有其交易成本和管理成本高的不足之处，因此，大银行也许更适合于为大企业提供金融服务。尽管1998年以来我国政府鼓励大银行为中小企业增加贷款，各大银行甚至也相继成立了中小企业信贷部，但由于中小企业特别是民营小企业一般资产较少，信用风险较大，生产经营场所固定性差，调查成本高，这在一定程度上影响到大银行贷款的积极性，因此实际效果并不理想。

各种地区性的中小银行特别是城乡信用社和城市商业银行，它们具有经营灵活及地利、人缘等方面的优势，特别适宜为中小企业提供金融服务。各种地区性的中小银行有条件能比较充分利用本地区（以至社区内）的信息存量，比较容易了解本地区的中小企业的经营状况、项目前景和信用水平，也比较容易克服“信息不对称”和因信息不完全而导致的交易成本较高这一开展金融服务上的障碍。因此，不仅能省去大量的调研费用，还可以减少审核批准程序，从而使金融业务付出的成本相对较少，服务价格也可随之降低，这显然有利于资金供求双方的发展。

正由于中小银行在为中小企业服务方面具有较强的比较优势，因而成为中小企业的主导服务机构，在促进中小企业发展中起着特殊杠杆作用。目前我国数以万计的中小银行（包括城乡信用社在内），它们主要是为适应中小企业的融资需求而兴起的，并且是在服务中小企业的发展过程中而壮大起来的。既然中小银行与中小企业之间有着天然的联系，它们在为中小企业提供服务中具有不可替代的作用。因此，解决中小企业融资难的关键，就是要大力扶植中小银行，特别是要保留并扶植一些规模较小，机制灵活，管理健全，经营状况良好，主要为中小企业服务的小银行。

由于多方面的原因，我国现有的中小银行的大多数经营状况均不理想（特别是城乡信用社），市场适应性和竞争实力相对较弱。在今后的一定时期内，中小银行应主要通过深化改革，完善产权结构，改善经营管理，提高竞争力，争取能有更大的发展。党的十六届三中全会通过的《决定》提出："鼓励社会资金参与中小金融机构的重组改造。在加强监管和保持资本金充足的前提下，稳步发展各种所有制金融企业"。我们应当遵照《决定》的精神，对民间资本投资中小银行采取积极欢迎的态度。在做好设计监管规则和运行机制等准备工作的前提下，应当鼓励和允许民间资本进入银行业，参与对现有的一些风险不大的中小金融机构进行重组和股份制改造，按照现代银行制度的要求构建公司式的法人治理结构和经营管理制度，并给予一些适当的优惠或扶助，使它们有可能不断发展壮大，进而成为以民间资本为主体，专门以当地中小企业为服务对象的社区银行或非国有的民营银行。

通过稳步而有步骤地发展多元化的包括非国有银行在内的金融组织体系，不仅有助于为包括个体、私营经济在内的非国有经济特别是中小企业的发展提供更加充裕的金融支持，而且还有助于使金融业的业务结构、资产结构与社会经济的所有制结构相适应，有利于我国金融业更快地做强做大。

三、建立专门面向中小企业的政策性银行

大力促进中小企业的发展，已是当今世界上许多国家推动经济发展的一种潮流。从金融扶持来看，一些发达国家解决中小企业融

资难的重要举措是建立专门面向中小企业的政策性银行机构，向中小企业提供多种形式的政策性融资服务，以减轻或消除中小企业在融资中遇到的一些问题。

国外政策性银行的实践经验表明，在促进和扶持中小企业发展方面，政策性银行发挥着重要而又独特的作用。例如，日本的中小企业金融公库是国际上有名的中小企业政策性金融机构，韩国的中小企业银行、加拿大的发展银行以及德国的复兴银行和平衡银行在扶持中小企业发展方面也积累了一些成功的经验。它们以优惠条件为中小企业提供资金融通的服务，是政府贯彻实行中小企业政策意图的有力工具。

为了解决我国中小企业融资“瓶颈”问题，加大对中小企业的金融支持力度，原国家经贸委政策法规司、中小企业司起草并已报送全国人大财经委的《中小企业促进法》讨论稿中，曾提出了组建专门为中小企业服务的政策性银行的构想。在当前的形势下，我们应当按照党的十六届三中全会通过的《决定》中提出的“深化政策性银行改革”的精神，加快政策性银行的改革步伐，创造条件，争取能尽早设立专门为以民营经济为主体的中小企业服务的政策性银行机构。笔者认为，这一举措将有助于进一步改善中小企业的融资环境，促进中小企业的更快发展。

作为国家的政策性银行，中小企业发展应由政府出资创立，资本金由政府提供，其运行主要依赖于政府的资金支持。此外，中小企业发展银行的资金还可以来自以下途径：（1）发行由政府信用担保的可转让金融债券，向社会和金融机构筹集资金；（2）通过向中央银行、社会保障体系及邮政储蓄系统等机构借款，取得资金；（3）与国外金融组织建立融资关系，引进国外资金。

中小企业发展银行作为国家的政策性银行，必须把通过融资活动贯彻国家产业政策，支持中小企业的发展作为自己的首要任务和基本职责。其经营宗旨不是为了盈利，它所要获取的主要是社会效益和国民经济的整体效益。显然，作为政府金融机构的政策性中小企业发展银行与以追求自身利益最大化为目标的商业银行在职能上迥然有别。中小企业发展银行不以利润最大化为目标，这并不意味可以因此而不讲核算、不计成本。中小企业发展银行不追求盈利，但其经营原则却是“保本微利”。在某些政策性原因的情况下可以受亏，但决不允许发生人为的能盈却亏的情况。政策性银行也是银行，它与一般政府机构或社会公益机构有着本质的区别。它也应当按银行的办法来经营，即要讲求效益，其贷款是借款行为，必须有借有还，还本付息，坚持“保本微利”的经营原则。

中小企业数量众多，且发展水平参差不齐，不可能毫无例外地都给予大力支持。中小企业发展银行应当坚持以国家的产业政策为导向，结合地方经济发展规划，将产品有市场，科技含量高或吸纳就业人数多，发展潜力大的中小企业作为重点扶持的对象，实行倾斜的优惠政策，努力为这些中小企业提供更为便利的融资和稳定的资金支持。

四、发挥资本市场的功能，为中小企业开辟直接融资渠道

国外很重视资本市场对中小企业的支持，对中小企业的直接融资大都能网开一面。国外发达国家的成功经验之一，就是建立创业板市场（二板市场），以便为中小企业的创立和发展服务。

在国外创业板市场上市的公司大多是成立时间较短及规模较小，从事高科技业务，具有较高成长性的中小企业。高新技术中小企业的创业投资，属风险投资，一般银行出于自身利益，不愿意而且也不敢过多涉足。创业板市场看重的是增长潜力和发展前景，而不是现时的财务基础。创业板市场的最大特点，就是降低企业上市的门槛，它为有潜力的中小企业提供了直接融资的机会。从国外实践的情况看，创业板市场的作用突出表现在以下三个方面：（1）有利于为前景看好的中小企业的发展提供更方便的融资渠道；（2）有利于为风险资本营造一个正常的退出机构；（3）有利于促使中小企业建立良好的激励机制。

党的十六届三中全会通过的《决定》明确提出要大力发展资本市场和其他要素市场，并把资本市场提升到其他要素市场之先的高度。我们应当更加充分地发挥资本市场在我国经济体制改革和经济发展中的积极作用。目前，我国中小企业融资主要是通过银行等金融机构来实现的，渠道单一。企业过度依赖银行贷款，不仅会产生资金来源不足，资金紧张的情况，而且也不符合市场经济发展的要求。因此，在保证中小企业现有融资渠道的情况下，还应按照《决定》提出的“推进风险投资和创业板市场建设”的意见，进一步发挥资本市场的功能，为中小企业开辟直接融资的渠道。对中小企业而言，特别是我国的一些以高科技为背景的企业，其创业资本的来源也应当同国外一样主要靠资本市场解决，也只有资本市场才能为中小创新企业的持续发展筹集资金。

据媒体报道，有关主管部门已原则同意，将流通股在5000万股以下，具有成长性的中小企业集中在深圳证券交易所发行上市，在不改变现有法规、上市标准、发行审核程序的情况下，作为深圳现有主板市场的一个板块推出，以便为高新技术企业和其他成长性中小企业疏通直接融资渠道。但是，从我国目前的情况看，由于受到诸多因素的制约，让大批中小企业直接进入股票市场还不大现实，因而需要在主板市场之外另辟一个规范的创业板市场，建立一个有利于支持中小企业高新技术产业化和融资的金融体系。目前中小企业在我国国民经济中的作用日益增大和新增劳动力愈来愈依赖中小企业的形势下，我们应当学习和借鉴一些国家与地区创业板块股票市场的成功运作经验，开阔思路，加大金融创新的力度，积极创造条件，争取早日推出创业板市场。通过开启创业板市场，为我国的中小企业提供一个持续融资的途径，助其更快地成长和壮大。

（原载《金融时报》2003年11月1日）

浅谈我国信托业的风险与防范

当前我国信托业已进入了一个步履艰难的阶段，许多信托机构资产质量低下，经营乏力，效益较差，资金周转十分困难。当众多信托机构难以为继而陷入困境时，信托业的风险也因而增大，并成为金融风险中不容忽视的一部分，已引起社会的普遍关注。本文拟就我国信托业主要风险的成因及防范对策等问题，谈点粗浅的看法。

一、当前我国信托业存在的主要风险

从我国信托业的现状看，主要存在以下几类风险：

1. 信用风险，即到期贷款、投资和租金可能难以按始定的条件收回而产生的风险。

2. 流动性风险，即因负债和资产规模过大，资金周转困难，无力支付到期的信托存款、拆借款和外债等而引起的风险。

3. 经营风险，即由于超范围经营和违规操作等原因而导致的风险。

4. 收益风险，即因负债成本超过资产收入而产生的风险。

5. 利率、汇率风险，即由于利率调整、汇率波动等原因给资产和负债带来损失的市场风险。

6. 管理风险，即因管理者不称职或机构内部管理不规范而带来的风险。

二、造成信托业风险的原因

造成我国信托业出现上述风险的原因是多方面的，主要如下：

1. 主业不突出，经营不规范

长期以来，我国信托业以自营业务为主，偏离了以“代人理财”为特征的信托业务发展方向。许多信托机构风险意识淡薄，盲目扩大负债经营规模，忽视资产质量和资产负债比例的合理性。信托机构超范围和违规经营也较突出，短期拆借长期使用等行为屡屡发生。经营方向的失误，带来的只能是质量和效益的低下，抵御各类风险的能力较差。

2. 地方政府部门的行政干预过多

我国目前信托投资公司的资本或产权主体结构单一，大多数归属中央部委或地方政府，其主要负责人由主管部门任命。因此，不可避免地要受到地方政府部门的干预。信托投资公司其经营活动要贯彻部门或地方的政策，往往要接受指定投资，奉命贷款。政府部门的行政干预使得信托机构自主权弱化，难以按市场经济规律运作，从而加大了其经营的风险性。

3. 内部管理和外部监控体制均不健全

目前我国信托业尚处于探索阶段，经营管理机制不够健全，因而造成决策不科学，操作不够规范，个人意志严重。同时，由于外部监控体制不健全，一套行之有效的风险管理机制尚未建立。这些都使得信托业的经营活动具有较大的风险性。

此外，我国绝大多数信托机构的资本金严重不足，自身实力和管理水平不高，通晓专业知识的高素质的信托从业人员较少，这些也是产生信托风险的重要原因。

三、信托业风险的防范

就我国信托业的现状来看，要防范和化解信托风险，应重点抓好以下几方面的工作：

1. 完善信托立法，还信托业以本来面目

防范和化解信托风险，要以完备的信托法制为首要前提。应尽快出台《信托法》，以使信托机构在业务经营活动中有法可依，有章可循。同时，还应尽早实现信托业与银行业的分业经营管理的原则，将信托业发展的重点逐步转移到“受人之托，代人理财”的本职上来，还信托业以本来面目。

在相当长的时间里，信托业扮演着“小银行”的角色，以从事银行的信贷业务为主，在发展过程中不断与银行抢业务。时至今日，信托业如果再以银行信贷业务为主显然行不通了。面对商业银行越来越大的竞争压力，以及日益严格的监督，必须尽快还信托业的本来面目，从事真正意义的信托业务。信托业若不尽快按自身职能特征，及时调整立足基点，摆脱与银行融资业务趋同轨道，必定会面临因宏观环境变化而带来的更大的经营风险。

信托法应从我国的实际情况出发，参照国际通行的做法，为信托业制定比较适当的经营范围，赋予它更多的职能，允许信托业兼营一些相关业务，为其留有更大、更宽松的活动空间。对信托业的经营范围不宜限制过死，但管理却应当十分严格，这样才有利于信托业的发展。

由于信托业的业务具有内容丰富和品种多样的特点，还应根据不同信托品种及其运作进行专门立法，制定信托特别法，如“公益信托法”、“租赁法”、“投资信托法”、“信托财务管理办法法”等。只有通过一系列专门的信托立法，建立和健全我国的信托法制，才能使信托业真正规范经营和健康发展。

2. 深化体制改革，加快建立现代企业制度的进程

体制改革不到位，是影响我国信托业发展的一个极为重要的因素。信托业务稳健发展，就必须深化信托机构的体制改革。应当抓住当前信托业正在进行的结构调整的机遇，在整顿和归并过程中，尽可能导入股份制。按现代企业制度的要求，将现有的信托机构改造成规范化的股份公司，从而使信托机构真正成为自主经营、自负盈亏、自我约束、自求平衡、自担风险、自我发展的法人实体。

实行股份制后，由于产权结构的多元化，公司利益主体也必定会随之多元化。使得企业的重大决策不可能只按照产权所有者

某一方面的意图执行，而必须由产权所有者共同协商决定。因此，进行股份制改造后有助于信托机构最大限度地摆脱政府部门的行政干预。不仅如此，信托业还可以利用股份集资机制，广泛调动各种社会资金，增加长期稳定的资金来源，提高资本充足率，增强抵御风险的能力。因此，实行股份制，可以说是我国信托业发展的必由之路。只有走股份制改造之路，我国信托业才会有生机与活力，才能在我国现代化建设的经济金融舞台上扮演更加重要的角色。

3. 建立健全的信托风险监管体制和监测反馈机制

西方国家政府对金融业的监管都有一系列规定，并由事后监控转向事前监控与干预。许多国家政府对包括信托业在内的金融机构有一整套严格的管理措施，其中包括管理机构的设置，各种规章条件，各类报表及审核制度，交纳准备金和税收规定等。我们应当在总结过去经验教训及借鉴国外经验的基础上，建立一套行之有效的风险监管体制。信托业的经营风险既然是一种客观存在，建立严格规范的监管体制，无疑有助于将风险降至最低程度。

此外，还应强化对风险的监测和控制。通过建立风险监测反馈机制，广泛收集社会经济信息和企业经营动态，把握各项经济金融政策和对客观经济环境的分析预测，以及对企业生产经营状况和各项财务指标的了解，随时捕捉可能出现的信托风险，发现不良征兆应及时“报警”，从而将恶性“症状”扼制在萌芽时期。

4. 建立和健全各项规章制度

加强对投资项目的审查与财务控制，完善内部考核监控体系。强化内部稽核与会计核算。根据自身业务的运营状况，建立有利于堵塞漏洞，消除隐患的风险防范机制。

5. 加快培养高素质的信托人才

信托业的风险防范和健康发展，离不开一批素质高、能力强、业务精的人才队伍。当前，信托机构应当把提高从业人员整体素质摆到重要议事日程上来，通过学习和培训，大力提高从业人员的文化水平、管理水平和业务水平。同时，重视对从业人员的风险教育，增强他们的风险意识，并落实内部责任制，从而使信托业的风险防范建立在坚实的基础之上。

（原载《四川金融》1997 年 8 月）

浅谈我国中央银行的货币政策目标

货币政策目标，是一国中央银行采取调控货币供给量和管制信用规模所要达到的目的，通常是指货币政策的最终目标或货币政策的战略目标。科学有效地确立货币政策目标，是发挥货币政策调控和发展经济积极功效的前提，因而是一国中央银行制定和执行货币政策的首要课题。

我国在改革开放以前实行的是“大一统”的银行制度。中国人民银行既是中央银行又经营各种一般银行业务，“一身二任”，其主要职责是根据国民经济计划的需要供应资金。那时国家还没有把货币政策作为重大问题放到宏观调节体系中去考虑，除了在国民经济比例失调时才动用货币手段外，并没有经常主动地利用它去调节经济。因此，也没有货币政策这一概念。党的十一届三中全会以来，随着我国金融体制改革的不断深化，特别是在中央确定中国人民银行专门行使中央银行的职能后，货币政策才作为宏观经济调节的有效工具，被提到了一个从未有过的高度。随着我国经济体制改革的进一步发展，即由计划经济旧体制向社会主义市场经济新体制的过渡，货币与市场经济相互关系也必然随之增强，因而货币政策对国民经济的导向作用也必定越来越重要。

任何国家、任何时期的货币政策目标的制定，都离不开本国这一时期的经济环境的实际情况。那么，我国中央银行的货币政策目标是什么呢？在我国金融学界，一直存在着单一目标、双重目标和多重目标的争论。但是，在过去相当长的一段时间里，占主导地位并代表官方意见的，则是“发展经济，稳定币值”的双重目标。

在我国关于中央银行货币政策最终目标的问题上，尽管存在着分歧，但不论哪一种观点，都认为稳定货币与发展经济之间是互为条件、互相促进的关系。一方面，经济的发展要以货币的稳定为前提。货币资金是现代经济的“血液”，如果币值不稳，资金运用和货币流通不正常，就不可能有经济的活跃、繁荣和发展。另一方面，稳定货币又要以经济的发展为基础，只有经济发展了，货币才能从根本上实现稳定。

建立社会主义市场经济需要有一个稳定和繁荣的经济环境，由于稳定货币是发展经济的前提，因此许多金融专家认为，作为领导和管理全国金融业的中央银行，应当以稳定货币作为自己货币政策的首要目标。如果做到了保持货币流通的正常，维护了货币的稳定，就是对建立社会主义市场经济最大的支持和贡献。笔者是赞同和支持这种观点的。

所谓稳定货币，就是指要运用各种调节机制，使流通中的货币量与经济发展的客观需要量相一致，保持正常的货币流通，保证币值与物价的基本稳定。在现代稳定货币的概念下（即通常指通货膨胀率控制在3%以下），不仅可以为发展经济提供充足的货币供给，而且还能为发展经济提供一个良好的金融环境，最终促使经济增长的目标得以实现。

具体说来，稳定货币对于发展经济主要有以下三方面的作用：（1）有利于通过信用形式，最大限度地集中社会闲散资金，为经济发展提供金融服务和资金支持。如果币值不稳，物价经常上涨，且幅度接近甚至超过利率，人们就会把存款取走，储蓄存款也就会下降。而且，币值的波动会引起生产领域的紊乱，破坏社会生产的正常进行。（2）便于企业利用货币精确核算成本、价格、利润、评价生产成果，促进企业努力增加生产，降低成本，增加赢利，用尽可能少的劳动耗费，创造尽可能多的经济效益。（3）保持货币稳定，是实现社会安定团结的重要条件。社会的稳定对经济建设具有至关重要的作用，没有一个安定团结的社会局面，经济建设就不可能搞上去。而要实现社会的安定团结，就必须保持物价和币值的相对稳定。中外历史一再证明，严重的通货膨胀，货币大幅度贬值与物价飞涨，往往是发生社会动乱的重要原因之一。由此可见，稳定货币，保持一个良好的金融环境，对国民经济的持续、快速、健康发展具有极为重要的作用。

从国外的经验来看，战后一些发展中国家曾把货币政策的首要目标确定为发展经济。这些国家为了刺激经济的高速增长，在流通中投入了大量的货币。结果造成物价上涨和通货膨胀，使得这些国家在实现经济增长的过程中越来越严重地受到通货膨胀的威胁，通货膨胀成了阻碍经济增长的最大障碍。此后，越来越多的发展中国家和地区都从各自的教训中认识到，稳定物价和币值在一国经济增长中的重要作用，纷纷把货币政策的首要目标从促进经济增长转到实现物价和币值的稳定上来，从而在一定程度上制止了物价的上涨和通货膨胀，经济也因此而有了稳定持续的增长。从发达国家来看，二战后的日本和前联邦德国由于始终把稳定货币当作货币政策的重要目标，从而保持了物价的基本稳定，在实现经济持续增长方面取得了举世瞩目的成就。

我国中央银行的货币政策目标，过去虽然名义上是“发展经济，稳定币值”，而实际执行时却往往是以发展经济为重心，“稳定币值”服从于“发展经济”。特别是当二者发生矛盾时，通常情况下大多是采取舍“币值稳定”，保“经济发展”。当经济发展速度加快，投资和消费扩张时，基础货币也同步增长。“稳定币值”让位于“经济发展”，甚至以牺牲前者来保证后者。由此造成的后果是，货币发行难以遏制，银行即使想控制货币投放，但“腰杆子”却硬不起来，怕担当“阻碍经济发展”的“罪名”。因此，我国中央银行虽然几乎年年都叫喊要改善和有计划地调节控制货币流通，并千方百计地保持货币与物价稳定，但由于始终把工作重心放在促进经济发展上，相对忽视了稳定货币的作用，致使基建投资规模总是过大，消费基金总是增加过猛，结果造成信贷和货币投放失控，货币的超量供给必然会引发通货膨胀的现象。这就是我国中央银行在货币供给问题上，为什么“年年喊控制，年年控制不住”的根本原因。

事实证明，中央银行的货币政策目标以发展经济为重心，是有一定的缺陷的。尽管中央银行有义务大力协助政府发展经济，但稳定货币才是中央银行的最高职责。我国中央银行的货币政策目标应当是：既要考虑满足经济快速增长对货币的需求，以促进经济的发展，又要十分重视保持货币的稳定，防止通货膨胀，力求在稳定货币的前提下促进经济的发展。

当今世界许多国家都将稳定货币和促进经济增长作为中央银行的货币政策的重要目标。但是，由于这两个目标在执行过程中往往容易顾此失彼，难求两全，所以只能因时而异，轮流突出，即在不同时期应有不同的侧重。就我国 20 世纪 90 年代而言，我国中央银行货币政策目标的重心应当是稳定货币，主要原因有两点：（1）我国经济在 90 年代，一方面存在着快速发展的趋势；另一方面在经济的快速增长中又存在着通货膨胀的危险。近年来，为了刺激经济的复苏和发展，货币供应超经济增长的幅度较大，信贷和货币投入都较多，从而导致通货膨胀的压力加大。（2）调整产业结构及转换企业经营机制，促使企业走向市场，提高经济效益以及建立现代企业制度等改革措施，都必须要有稳定的物价作保证。这是因为物价指数的急剧上升，会影响到个人消费活动和企业经营行为的变异，从而有可能会导致转换企业经营机制和建立现代企业制度改革的厚望落空。因此，在当前和今后的一个相当长的时期内，我国的中央银行都应当把平抑物价和“保卫币值”作为首要任务，有效地控制货币供应量，在保持物价、币值基本稳定的前提下，按紧中有松，适时适度地调节银根松紧的货币政策，以协调社会总供给和总需求的基本平衡，从而达到促进经济适度增长的最终目标。党的十四届三中全会明确指出：“中央银行以稳定币值为首要目标”。在稳定货币的基础上，促使国民经济实现持续、快速、健康地发展，应当是我国今后制定和贯彻货币政策的基本出发点。

（原载《金融科学》1994 年第 3 期）

金融监管是中央银行的重要职能

金融业不同于一般工商企业，它是一种经营货币和信用的特殊产业，其经营活动具有较大的风险性。这一基本特性决定了从它一开始产生起就要有一种标准的、严格的、持续的、全国性的监督管理。

市场经济本质上是一种风险经济，市场金融在提高社会资源配置效率的同时也增大了金融业的经营风险。金融业所具有的内在不稳定性和金融业的市场行为相结合，很容易导致金融风险。1995年发生的震惊国际金融界和轰动世界舆论的“巴林银行破产案”，足以说明金融业是风险性很大的行业。管理上的巨大漏洞最终导致赫赫有名的巴林银行毁于一旦。巴林银行破产事件对世人敲响了警钟，金融业随时都面临着巨大的风险，无论资金实力多么雄厚，从事不谨慎的交易和不严密的监管都有可能遭到破产的厄运。即使是在那些开展金融市场业务时间较长的国度里的老牌大银行也常常会因监督不力，疏忽大意，酿成大祸。

在西方发达国家，金融业特别是银行业已成为社会资金调节中心、物资调配中心、经济信息中心和公共簿记部门。由于金融业在社会经济发展中的重大作用及其经营上的特点，因此必须对金融业加强监管。随着金融业风险性的增大，西方国家已越来越重视对金融业的监管工作。

金融监管是《中华人民共和国中国人民银行法》赋予我国中央银行——中国人民银行的两大重要职能之一。《中华人民共和国中国人民银行法》第五章对人行实施金融监管作了明确的规定。

为什么要把金融监管作为人民银行的一项重要职能呢？这是因为，金融业作为国家宏观调控的核心和主要力量，已渗透到社会经济生活的各个层次和角落，金融体系的运作必然会给全社会带来重大的影响。随着金融体制改革的深入发展，一方面金融业在我国国民经济中的地位愈趋重要，另一方面随着金融机构日益多元化，金融业和金融机构经营的市场化，以及金融机构之间的业务交叉与竞争日益激烈，我国金融体系的经营风险明显增大，尤其是对迅速发展的商业银行来说更是如此。因此，加强金融监管是我国中央银行的一项十分重要而又紧迫的任务。金融监管这项工作如果做不好，不仅会影响经济发展和改革的进程，而且会扰乱金融秩序，影响社会的安定。

基层人民银行作为人民银行总行的派出机构，应当转变观念和职能，从日常的事务中解脱出来，把工作的重点从过去侧重于分资金、分指标，转移到维护货币稳定，加强金融监管上来，真正树立起金融监管是主业的观念，把它摆在各项工作的首位，使基层人行的金融监管工作登上新台阶。

金融监管工作应以风险防范为中心。风险指可能的损失，而不是现实的损失。风险管理的最主要的目的，就是要把风险消灭在萌芽状态之中，防患于未然。近些年来，西方国家对金融业的监管已出现了由事后监控转向事前监控与干预的趋势。为了提高金融机构自身防范风险的能力，国外大的银行内部均设立有较强的调研机构。

虽然西方国家有发达的市场经济，政府和有关部门对金融业有一整套比较完善的防范风险的法规制度，金融业仍避免不了种种意外的风险和破产倒闭的厄运。由于我国正处在体制转换时期，金融微观基础生存于缺乏自我约束机制的环境中，金融主体的风险防范能力明显不足，金融监管法制建设滞后和不完善，因此，我国的中央银行及其分支机构就更应当重视和加强对金融业的风险监管问题。

我国的金融业特别是商业银行应当加快建立风险防范与监测体系，以增强防范与抵御风险的能力。商业银行的经营目标是追求利润的最大化，但商业银行的盈利能力与其经营风险存在着直接相关的联系。为了获得较高的收益，商业银行必然要承担一定的风险，然而承担的风险一旦超过自身的御险能力，盲目追求收益率，也可能会因较大的损失而导致银行破产倒闭，因此商业银行必须处理好收益与风险的关系，避免承担过大的风险。这就要求尽快建立起严密、严格而又操作性强的金融经营风险的预警和监测系统。基层人行通过对商业银行资本金的真实充足性、资产质量的好坏、负债清偿能力的高低以及经营管理和决策水平等项目的监测管理，检查其是否遵循谨慎经营的原则，货币资本是否达到法定额度或比例，资产结构和投向是否合理，内部经营机制是否健全等，用系统、规范的监控指标体系来约束商业银行的风险经营行为。

基层人民银行对金融业的监管工作应以防为主，防治结合。在实施监管的过程中，要准确及时地捕捉和解决金融业务经营活动中带有苗头性、倾向性和较大风险性的问题，迅速消除各种不稳定的因素，避免或减少金融波动，为国民经济的持续、稳定、健康发展创造一个良好的金融环境。

（原载《金融早报》1996 年 4 月 11 日）

加快人民币区域化的路径选择

近十年来，随着我国的经济持续快速增长，经济实力日益增强，对外贸易特别是与周边国家和地区之间的贸易规模不断扩大，以及人员往来逐年增加，人民币作为支付手段和交易媒介，在我国港澳地区和周边接壤国家的使用越来越广泛，甚至被一些国家作为官方储备货币持有。人民币跨境流通的现象表明，人民币已经悄然进入区域化的进程。

人民币的区域化或国际化，不仅能为我国带来铸币税收入等诸多好处，更重要的是有助于增加我国在国际金融事务中的发言权，提高我国在世界政治经济中的地位。此外，人民币的区域化或国际化还有助于推动我国对外贸易的发展，使我国在对外经济往来中拥有更大的主动权。但是，当前人民币在周边国家的流通还只是一个自发的过程，要制度性地使人民币成为区域的关键货币，却还有大量的问题需要研究和解决。目前国内对于人民币区域化问题的研究仍尚不充分，缺乏系统深入的理论研究和实证分析。鉴于人民币跨境流通的现状，以及美国次贷危机发生之后，美元在东亚区域的地位发生变化，着眼于中国的未来发展和在世界各国中的经济地位的日渐提升，有必要把人民币区域化问题置于东亚货币格局中，作为中国经济发展战略的一个重要组成部分进行系统的思考和研究，并提出符合中国经济发展实际的人民币区域化发展战略，以最大限度的获取人民币区域化可能出现的收益，尽量避免人民币区域化可能出现的风险。

本研究项目运用现代经济学中的有关理论，采用实证分析、规范分析、比较分析和数量分析等方法，在充分吸收国内外学术界已有研究成果的基础上，对人民币区域化相关的几个重要理论问题，从多视角、多侧面的角度进行了较为系统的探讨，并得出了如下几点结论：

1. 本研究项目运用实证分析与规范分析相结合的方法，分析了人民币跨境流通的现状和原因。研究结论表明，人民币境外流通规模和我国的经济总量、我国的对外贸易额以及出境人数成正比，与人民币名义汇率水平和我国的通货膨胀率成反比。人民币之所以能够跨出国境，在境外充当支付手段和交换媒介，是以中国的经济实力为基础的。同时，也与人民币的币值稳定密切相关。本课题研究表明，境外人民币流通数量与人民币名义汇率相关性最大，人民币币值稳定是推动人民币跨境流通的最主要原因。

2. 本研究项目从区域货币竞争的角度，分析人民币成为东亚核心货币的可能性。本研究项目研究表明，人民币在东亚货币竞争格局中的最佳选择，是在推动人民币区域化的过程中争取成为具有国际影响力的区域货币，或者争取成为东亚货币合作中的主导货币。本课题还通过实证分析表明，人民币在东亚部分国家汇率稳定中的作用已高于美元，强于日元，人民币有可能替代美元成为区域内的锚货币。

3. 本研究项目运用经济学中成本——收益分析方法，结合对近期美国次贷危机而引发的金融危机的研究，分析人民币区域化的收益和风险。本课题研究表明，人民币区域化具有诱人的收益，也隐藏着风险。本课题研究结论认为，如果能客观地认识与评估人民币区域化的成本与收益，将有助于我们制定正确的人民币区域化战略，在推进人民币区域化的过程中更好地享受其收益，回避或控制风险。

4. 本研究项目从静态和动态角度，分析了人民币区域化与人民币可自由兑换之间的相关性问题。本研究项目研究表明，从静态角度来看，人民币可自由兑换程度越高，其兑换成本就越低，外国居民对人民币的接受意愿就越强，人民币在国际交易中作为计价货币和支付手段的比例就越大，人民币区域化程度也就越高，即人民币区域化与人民币可自由兑换正相关。从动态角度来看，人民币区域化有助于促进和加速人民币可自由兑换进程，而人民币可自由兑换程度的提高又必将推进人民币的区域化。

5. 本研究项目从新的视角论述人民币参与国际贸易的结算的现实可能性及意义和对策。本研究项目还认为，人民币参与国际贸易结算，对于扩大人民币跨境流通规模，加速人民币区域化具有重要的现实意义。本研究项目还认为，在美元不断贬值和区域内一些国家外汇短缺的情况下，人民币参与国际贸易结算，可以增加区域内贸易的支付手段，推动区域贸易的发展。

根据以上分析和研究结论，本研究项目认为，加快人民区域化应着重抓好以下几项工作：

1. 大力发展经济，保持币值稳定

本研究项目相关实证分析表明，作为人民币区域化的主要指标之一的人民币跨境流通数量，受中国经济实力、人民币币值、通货膨胀率、边境贸易和旅游的发展等多种因素的影响。其中，人民币币值稳中趋升，是人民币在周边国家和地区受到广泛欢迎的最主要原因，人民币币值越稳定，境外居民越愿意持有较大数量的人民币。

在当前的国际信用货币体制下，一国货币能否走向国际，其国际地位如何，从根本上说取决于该货币发行国的经济实力。经济的良好的运行前景是币值稳定的基础。只有中国经济相对于其他经济体一直保持良好的上升态势，人民币才可能相对坚挺，人民币区域化才可能顺利推进。中国经济的持续快速增长，有助于提高我国的生产力和技术水平，从而为人民币的购买力提供了物质保障。经济发展还会增加我国的对外贸易数量，吸引国际投资，通过国际收支顺差的形式增加我国的外汇储备，从而增加我国政府的清偿能力，有助于提升外国居民对人民币的信心。

30 年的改革开放表明，中国经济的成功，取决于正确的发展战略和经济布局，即社会主义市场经济体制改革和对外开放的取向。只有继续推进改革开放，并适时采取恰当的财政货币政策，保证国民经济持续、健康、快速的发展，才能维护中国的经济崛起局面，从而树立国内外人士对中国经济和货币的信心，推动人民币区域化不断深化。

2. 争取人民币在东亚货币竞争博弈中成为主要区域货币

人民币在东亚货币竞争格局中的地位是决定人民币区域化进程的重要因素。只有那些在某一特定区域或全球范围内有竞争实力的货币，将来才可能成为区域货币或国际货币。人民币区域化的过程，首先是在东亚地区的竞争实力不断增强并成为东亚主导货币的过程。为了争取使人民币成为本地区的关键货币，应当继续推动中国与东盟自由贸易区建设，增强人民币在经济贸易上的吸引力；应当与更多的贸易伙伴签署双边货币结算与合作协议，争取使人民币成为东亚区域内经常账户交易的主要结算货币；要正确处理人民币和日元之间的竞争与合作关系，努力寻求两种区域强势货币在汇率安排、流动性支持乃至将来的共同货币等方面的精诚合作；还要与东亚各国一道，争取在货币互换、亚洲债券基金发展、汇率稳定等方面的合作上不断取得实质性进展。

3. 深化金融改革，加快人民币可自由兑换的步伐

根据研究项目的分析，人民币区域化程度与人民币可自由兑换水平正相关，人民币区域化过程与人民币可兑换进程之间存在着一种相互促进的动态关系。人民币区域化导致人民币在周边国家和地区事实上的可自由兑换，为人民币实现可自由兑换提供了重要的安全保证，进一步推动和加快了人民币可自由兑换的进程。人民币可自由兑换程度的提高增强了在境外流通的人民币的流动性，催进人民币境外流通规模不断扩大，促使人民币作为支付手段、计价手段和储备手段在国际交流中得到更多的使用，从而推动人民币区域化不断加深。

要加快人民币可兑换的进程，就必须进一步深化金融改革。首先，应当明确人民币可兑换进程的总体思路。要从中国实际出发，借鉴国际经验，以放松资本项目交易限制、引入和培训资本市场工具为主线，在风险可控的前提下，依照循序渐进、统筹规划、先易后难、留有余地的原则，分阶段、有选择地逐步推出资本项目开放措施。此外，还应当研究和采取一些行之有效的具体措施，以加快

人民币可自由兑换的步伐。随着人民币可自由兑换进程的加速，必将进一步推动人民币的区域化。

4. 推动人民币参与国际结算，提高人民币的国际化程度

一个国家的货币只有在区域内被广泛的作为货币贸易中的计价结算货币的基础上，才有许多周边的国家或地区和居民将它作为价值储备货币，从而成为区域化货币。因此，应当通过实施开放内地与香港进出口贸易人民币结算、逐步建立海外人民币结算系统、建立适合促进人民币国际结算的外汇管理方式，以及取消人民币现金出入境限额和进一步完善人民币结算出口退税机制等措施，推动人民币参与国际结算。这对于扩大人民币境外流通规模，提高人民币的国际化程度，逐步实现人民币区域化具有重要的战略意义。

5. 促进香港人民币离岸金融中心的建立，为境外人民币提供投资和交易场所

香港人民币离岸金融中心的建立，可以为境外人民币提供投资和交易场所，满足东亚地区对人民币融资的需求，并逐步形成完全市场化的人民币汇率和利率指标体系。香港作为国际性离岸金融中心，与内地的上海、北京等地相比较，在国际金融领域具有明显的竞争优势。从地理位置、基础设施、经济自由度、金融体等角度看，香港具有建立人民币离岸金融中心的基本条件。为了促进人民币区域化，应通过放宽政策限制，允许香港经营人民币贷款业务，扩大中央政府、内地企业和香港企业在港发行人民币债券规模，允许内地企业和香港企业在港发行以人民币计值的股票，推动香港与内地之间使用人民币结算等措施，以促进香港人民币离岸金融中心的建立。

6. 完善金融监管体制，防范人民币区域化可能带来的金融风险

现在市场经济的一个突出特点是，金融活动遍及社会的每一个角落，牵涉到经济生活的方方面面。美国次贷危机对美国宏观经济的巨大影响就是一个明证。正由于此，金融稳定被各国政府提升到国家战略的高度。人民币区域化会导致更多的金融机构和金融活动

暴露在外界风险和冲击之下，使得更多的诱因可能导致金融危机。另外，人民币区域化导致中国与外界的金融联系更加深入更加广泛，使得更多的金融机构及其部分活动处于国内金融监管机构的有效监控和管理范围之外，从而使得金融监管机构防范或者遏制金融危机的蔓延、维护金融稳定的措施的执行效果可能因相关经济主体的反向操作而消减。

在人民币区域化背景下，必须加强对货币流动的监控。人民币区域化会导致对人民币的需求大幅增加，人民币流入和流出的规模也将大幅度提高，流入和流出的频率更加难以预测，这不能不对中央银行货币控制提出更大的挑战。货币当局只有对货币流动进行实时监控，分析货币需求变化的规律，才可能未雨绸缪，灵活自如地应付各种危机和挑战。在人民币区域化背景下，还必须强化对资本的监管，尤其是加强对资本流动的监控，更加重视相关信息的采集，并深入研究资本跨越不同的地区、机构和市场流动与扩散的规律，认真分析其动机和诱因，创新和完善金融监管方式。只有这样，才可能在人民币区域化条件下避免发生类似于东南亚金融危机的事件。

伴随着我国经济实力的日益增强和人民币区域化或国际化进程的稳步推进，人民币在国际货币体系中的地位也必定会逐渐提高。我国人民币的区域化或国际化有着良好的发展前景。可以预见，在不久的将来，人民币必将会作为亚洲地区的一种重要货币，在世界金融市场上发挥举足轻重的作用。

（摘自《人民币区域化问题研究》，光明日报出版社 2009 年版）

第六部分

金融中心建设理论

关于国内大城市争当金融中心的若干思考

金融中心的有关话题在我国由来已久，特别是近几年来关于金融中心的争论更是一浪高过一浪。上海是国内最早确立建设国际金融中心目标的城市。随后，深圳、北京、广州、天津、沈阳、大连、重庆、成都、西安、武汉等城市也都用不同的声音喊出了要建立本地区或全国乃至国际金融中心的口号。今年6月北京市委、市政府下发的《关于促进首都金融业发展的意见》，正式提出“将北京建设成为具有国际影响力的金融中心”的目标定位。一石激起千层浪，有关建设金融中心的争论因而急剧升温。下面，笔者拟就此问题谈几点拙见。

一、金融中心热与大城市的目标定位

所谓金融中心，简言之，就是资金扩散、融通和调节的中心。它通常是以某一个经济发达的中心城市为依托。在现代市场经济条件下，以融资为己任的金融业在整个社会经济发展中扮演着至关重要的角色。发展经济离不开金融的助推和支持，一个城市要想实现比较快的经济增长，要想使该城市在国家或区域经济发展和资源配置中发挥更大的作用，就必须把发展金融业摆在特别重要的位置，这是中外现代城市发展所证明了的事实。大城市必须重视和大力发展金融业，努力提高金融业的聚集功能和资源配置效率，但并非每个大城市都能建成金融中心。重视发挥金融业的功能作用与建立金融中心是不能划等号的两回事，建立金融中心必须具备一定的条件。

一座城市能否成为金融中心，关键要看其是否具备建立金融中心的一系列软硬件条件，只有基本条件具备，才有实现的可能。金融中心形成所必须具备的最基本条件包括：经济实力雄厚，基础设施先进；地理位置优越，交通便利；金融机构门类齐全，数量众多；金融市场发达，资金交易活跃等。

从上述几个最基本的条件看，国内大城市真正有资格构建金融中心者实际上寥寥无几。建立金融中心必须强调条件，不具备条件就如同在沙滩上建造楼房，缺乏坚实基础，其结果只能是变味或者倒塌夭折。

近年来，国内大城市角逐金融中心有愈演愈烈之势，一些连最起码条件都不具备的城市也争先恐后跻身建设金融中心的行列。国内东西南北不少大城市都对建立金融中心表现出了很高的积极性，成了我国近年来出现的一道独特的景观。目前国内金融中心建设为何这般“热”，探究其根源，主要有以下几点：（1）建立金融中心对地方政府很有吸引力。建设金融中心能增加金融服务业 GDP 的收入，扩大就业人数，吸引外来投资，加大对消费的刺激效应等。因此，建设金融中心对当地经济的发展有利，可以拉动当地 GDP 的增长，从而为地方政府带来政绩。（2）房地产商对建立金融中心的热情很高。房地产商借建设金融中心之机，有可能以优惠价格拿到好的地段并有可能从银行获得优惠贷款支持，赚取高额利润。（3）缺乏科学论证，不考虑自身条件，盲目跟风。近年来，我国城市定位的最大问题之一就是相互攀比和盲目跟风的现象严重。例如，全国 200 多个地级以上的城市，竟然有 183 个提出过建设国际化大都市的设想。我国的一些城市不顾条件争当金融中心，这也与城市定位中出现的盲目跟风现象有关。

任何一个城市在确定自己发展目标的时候，都应当根据自己的具体条件而定，不宜不顾条件盲目跟风加入角逐金融中心的行列。城市的定位，必须与自身的地理区位、人文环境与自然景观、资源状况和经济发展水平等诸多因素相适应，特别是要注重特色，扬长避短。城市建设要突出特色是应有之义，也是魅力之所在。纵观中外著名的城市，无一不是各具特色，没有特色就不可能成为名城，这如同一个企业没有名牌产品，就不可能成为知名企业一样。不论中外，凡具有较强竞争力而获得快速发展的城市，从产业结构上看，一般都是通过突出 1 ~2 项优势产业，以其独特的城市竞争优势而屹立于世。例如，伦敦的定位是“金融中心”，巴黎的定位是“世界时尚之都”，维也纳的定位是“世界音乐之都”，瑞士洛桑的定位是“钟表之都”，中国杭州的定位是“世界休闲之都”，中国潍坊的定位是“国际风筝之都”等。这些定位都已成了一种具有国际影响力的品牌，从而形成了这些城市发展的核心竞争力。每个城市的情况各不相同，大都有自身的长处，如果能将之发掘出来，则可以据之进行妥当的定位。倘有条件建设金融中心固然不错，若能根据自身的优势打造成为风景旅游城市、展览之都、服装之都、制造业中心、文化名城、钢城、汽车城、石油城等，同样可以具有竞争活力和远大的发展前景。

城市的定位十分重要，是关系到城市未来发展全局的大事。妥当的定位，可以促进城市形象的提升和城市品牌的确立，从而带动城市经济的整体发展。定位的失误，就有可能失去正确的航向，造成不必要的资源浪费，甚至错过发展的时机。大城市的地位更重要，其定位影响更重大，不能叫喊一些不切实际的口号，不能追求难以实现的目标，而应当对包括金融业在内的整体定位采取慎重、严肃、务实的科学态度。

二、北京，能否建成具有国际影响力的金融中心

由于上海早在 20 世纪 90 年代初开发浦东时就已提出建设国际金融中心的战略目标，并获得了国务院的认可，因此，多年来北京一直回避“金融中心”这个话题。2005 年，在北京市政府制定的《关于北京市国民经济和社会发展第十一个五年规划纲要》（下称《规划纲要》）中，曾提出北京市的发展目标为“国家首都、国际城市、文化名城、宜居城市”。该《规划纲要》还曾获得国务院的

批复。对于这个《规划纲要》中的北京的目标定位，当时曾受到国内不少媒体的赞好和追捧。有的媒体评论说，随着社会经济的发展和时代的进步，人们越来越倾向于建立良好的宜居环境。北京既是国家首都又是历史悠久的文化名城，理应把环境及历史文化名城的保护和建立宜居城市摆在更重要的位置。有的学者撰文说，《规划纲要》对北京的定位去经济化是一种“进步”，是一次寻求打造城市特色的努力，是对首都城市定位的更高层次的追求。有的学者还认为，强调建设环境良好的“宜居城市”，是城市发展从“经济挂帅”到“以人为本”的转换，是对“以人为本”信念的最充分最生动的体现。

然而，北京毕竟是国内金融业最发达的城市之一，北京的不少人对金融中心有着挥之不去的情结。时隔数年，北京的有关部门终于在今年下发的《关于促进首都金融业发展的意见》中，正式高调宣布要“将北京建设成为具有国际影响力的金融中心”，并在空间布局、市场体系建设、吸引人才等诸多方面作出了详细的规划。《关于促进首都金融业发展的意见》与《规划纲要》对北京城市定位的表述，显然变化很大。那么，北京究竟能否建设成为“有国际影响力的金融中心”呢？对此问题，我国经济金融学界可谓仁者见仁，智者见智，争议颇多。

笔者同意有些专家的看法。北京提出“建设具有国际影响力的金融中心”，虽然晚于上海、深圳等国内其他城市，但北京金融业的这一目标定位却也不乏依据。北京是国家首都，是国家中央机关及宏观调控部门和三大金融监管部门的所在地。北京地位重要，环境良好，交通便利，且有在国内大城市中居于领先地位的综合经济实力和金融业。从全国范围看，北京金融业在法人机构数量、金融资产量、金融对经济的拉动系数、单一行业对国税贡献率，四项指标在国内大城市中均居第一。金融产业目前已是北京经济的第一支柱产业。

当下，北京还是国内“中字头”大型金融企业机构总部的密集地。四大国有商业银行、中国人保等三大保险公司、国家开发银行、中信集团、光大集团、民生银行、华夏银行、银河证券、中金公司等金融机构的总部，以及中国证券登记结算公司、中国国债登记结算公司，一并被北京定格在自己的身边。据北京市发改委公布的数据，2007 年北京的金融资产总量为 34.8 万亿元，占全国金融资产总量超过 40%，近半壁江山，令上海等大城市望尘莫及。

从构建金融中心的一些条件看，北京与国内的主要城市相比，确实拥有诸多独特的优势。但是，就北京目前的情况而言，在北京金融街上集中的主要是一些国家级的金融管理机构以及国家级的银行总行和非银行金融机构的总部。除个别的资本要素市场外，北京没有发达的资本市场，至今甚至还没有一家全国性的交易机构（如证交所、期交所和黄金交易所等），没有股票、期货、外汇等要素市场。金融交易功能上的薄弱是北京金融业的软肋，是将北京建设成为有国际影响力金融中心的主要障碍。

所谓国际金融中心，简言之，就是国际资金的集散中心，它是一个国际资金筹集和供给的聚集地。作为国际金融中心的基本条件之一，就是拥有大量的国内外金融机构和完善的金融市场体系，能从事大规模的国际资金交易活动。国际金融中心通常汇集了各项金融业务，在国际资金的借贷、有价证券的发行与买卖、外汇交易、黄金价格的确定等方面都发挥着重要的作用。

国际金融中心，首先应当是一个从事国际性金融交易活动的场所。举世闻名的美国纽约华尔街无疑是国际金融中心的真正标杆。纽约证交所、美国证交所、几十家世界级大银行和保险公司的总部、百多家跨国巨头总部，以及棉花、咖啡、糖、可可等商品交易所，均设在华尔街。那里是当今世界投融资最多，金融交易和投资活动开展最活跃的地方之一，被称为世界金融的心脏。华尔街作为金融中心的真正崛起是在纽约证交所等几大交易机构建立起来之后，每天庞大的交易量是其国际金融中心地位确立的基础。

与美国华尔街齐名的英国伦敦金融城也是全球金融机构最为密集的地方之一。金融城的外汇交易额、黄金交易额、国际资金的借贷总额、有价证券的发行与买卖交易额、海事与航空保险业务额及基金管理总量均居世界前列。伦敦金融城之所以能够成为全球著名的国际金融中心，除了优越的地理区位和特定的历史渊源之外，关键在于其聚集了大量的国内外金融机构，金融市场高度发达，金融交易十分活跃。

既然北京没有一家颇有影响力的交易中心，国内证券公司和基金公司的总部大都设在上海，迄今还没有一家著名的国际大投资银行和基金公司在北京开业，还称不上全国性的金融交易活动中心。尽管北京在金融业占国民生产总值的比重方面一直不逊于上海(甚至超越)，但北京还不是现代严格意义上的国内的金融中心，更缺乏建设成为具有国际影响力的金融中心的最基本的条件。笔者认为，北京在金融这个极其重要的领域里应当主要扮演全国性管理中心和决策中心的角色。我国经济金融的快速发展，需要构建一个运作高效和富有活力的金融管理中心和金融决策中心，这个角色，在国家的社会经济发展中的作用同样十分重要。此外，由于北京的银行业相对较发达，加之又是包括四家大型国有商业银行在内的多家银行机构总部的所在地。因此，北京还有条件借鉴以现代商业银行体系为基础的所谓法兰克福模式，争取打造成为北部中国的一个最大的区域性资金运营或交易中心。笔者赞同许多专家的观点，北京金融业也有着良好的发展前景。

三、倾力打造一个国际金融中心

在现代市场经济条件下，国际经济竞争的根本，就在于对国际金融领导权的掌握，在于对全球资本控制权、支配权的争夺。对于任何一个国家来说，一个国际金融中心的崛起，不仅能提高该国在世界舞台上的地位和影响力，而且还能有力地促进该国的经济发展。正因为如此，包括亚洲在内的当今世界许多国家和地区，都毫无例外地努力争取把本国、本地区的某一大城市培育成为区域性或全球性的国际金融中心。

就当下中国大陆地区正在角逐金融中心的诸多大城市来看，综合条件最好的当推上海，现已被视为最有希望竞争成为国际金融中心的城市。上海在历史上曾经是中国乃至远东地区最大的国际金融中心，具有丰厚的金融历史文化沉淀。从现时的情况来看，今日之上海已形成了包括证券市场、银行间同业拆借市场与债券市场、期货市场、外汇市场、黄金市场在内的层次比较齐全的金融体系，已成为国内外资金融机构云集，金融交易量最大且运作最规范的地区。

多年来，上海重点围绕国际金融中心的目标，上下求索，着力建设，虽已取得了令人瞩目的进步，但与一些已建成的全球性甚至区域性的国际金融中心相比，无论在硬环境还是软环境方面都存在着不小的差距。作为一项发展战略，国际金融中心建设已成为上海金融业乃至整个城市发展的最高理想，但要圆梦这一理想却还要走很漫长的路。

立足于未来全球金融竞争的战略考虑，中国在维护和增强香港的国际金融中心地位的同时，还有必要合力将上海再打造成一个高层次的全球性国际金融中心。除香港以外，在中国的大地上倘若还能有一个世界顶级的国际金融中心崛起，将对中国未来的长远发展和金融安全具有至关重要的作用。中国再有一个像伦敦、纽约那样的全球性的国际金融中心，就能提供更加有效的金融服务平台，更好地满足中国经济走向世界的发展需要，并能大大提高中国对国际商品和金融产品的话语权、定价权，因而有助于中国从金融大国向金融强国的转变。

近年来，随着中国周边国家和地区提出建设国际金融中心目标的城市不断增加，中国的国际金融中心建设面临着严峻的挑战。笔者认为，面对来自国外大城市的挑战，在目前的经济发展水平下，确保将上海建成国际金融中心应当是中国优先考虑的问题，将之摆在更为重要的位置。这也是应对国外大城市竞争压力的有效战略选择。倘若多个城市一哄而起，齐头并进，各搞各的国际金融中心建设，不仅会使有限的资源稀释和不可避免地导致重复建设，资源浪费，而且还会削弱国内城市与周边邻近国家在角逐国际金融中心方面的竞争能力。

现代金融产业发展的趋势是集中，金融中心的建设具有排他性。凡有一定金融知识的人都会明白，任何一个国家都是不可能建立多个具有国际影响力的金融中心，即使美、日、英等经济强国，尽管金融机构数量多，金融总量大，也只有一两个国际金融中心。全世界的发达国家和地区为数不少，但也只有伦敦、纽约、东京、法兰克福、新加坡以及香港特别行政区等十几个公认的真正具有国际影响力的金融中心。中国虽已是经济大国但还不是经济强国，只是人均 GDP 排名在 100 位以外的发展中国家。与发达国家相比，中国金融机构种类偏少，机构数量、金融总量仍然偏小，各类金融机构分工和协作尚不完善，金融市场环境也待改进。特别是作为全球三大金融中心之一的香港已回归，对香港的国际金融中心的地位必须维护，同时中央政府又已决定在上海重塑国际金融中心的情况下，怎么可能在中国大陆再打造一个或两个有国际影响力的国际金融中心呢?

构建国际金融中心是一项国家的重大战略决策，是一种政府行为，离不开政府的合理规划、认可和支持。国外的经验表明，国际金融中心形成初期的政府“自由放任”的做法，从 20 世纪 70 年代中期起已逐渐被摒弃。当今世界的几个主要国际金融中心的崛起，无一不是政府力量与市场力量共同推动的结果。中国的市场经济还不够发达，民间的金融资本力量还很弱，政府的大力支持因而更显重要。政府的有关部门有必要成立面向全国的专门性的研究机构，就如何学习和借鉴国外现代国际金融中心的成功经验以及如何发挥举国一体资源聚合的力量，打造一个具有中国特色的国际金融中心，进行广泛深入的研究，以便为政府有关部门科学规划和制定正确的发展战略出谋划策。

既然全国有多个大城市都在筹划建立国内区域性或全国性甚至国际性金融中心，政府的有关部门就不宜久拖不定，而应当及早制定出切实可行的实施方案和步骤措施。这样，既可以科学合理规划国内构建金融中心的布局，又有助于推动这一工作的进展。

对许多中国人来讲，在中国的大地上再打造一个有国际影响力的金融中心，既是追求和梦想，也是事业和责任。笔者认为，在未来的若干年中，随着中国经济的快速增长和在全球经济地位的不断上升，金融市场化改革的推进和金融市场环境的日益改善，特别是在人民币实现资本项目下的完全可自由兑换并成为真正的硬通货之后，上海完全有可能成为中国的另一个具有竞争活力、标准的和一流的国际金融中心。

（原载《金融时报》2008 年 9 月 1 日）

国内大城市，谁能戴上金融中心的桂冠？*

金融中心，近年来已成了国内不少大城市为之努力追求的目标。国内的深圳、广州、大连、天津、成都、重庆、青岛、北京、上海等大城市都用不同程度的声音喊出了要建立金融中心的口号。这些大城市纷纷策划，争取能把自己建成本地区或国际的金融中心，都力争能戴上金融中心的桂冠。随着现代市场经济在我国的建立和发展以及金融业在国民经济中的地位与作用的增大，建设金融中心已成了国内大城市之间竞争的一个重要内容。

从国内正在竞逐金融中心的大城市来看，综合条件最好的当推上海、北京和深圳。深圳的目标已确定为构建区域性的金融中心，主要为本市建设国际化城市以及所在的珠三角和其他资金需求迫切而供给缺口较大的地区，发挥集聚资本，同时又输送资本、提供金融服务的作用。本来，上海早以“种子选手”的姿态赢得了建立国际金融中心的首选资格，但近年来北京市也有人喊出了要打造国际金融中心的口号。

对于北京金融业的发展和金融中心的建设，北京市早在 20 世纪 90 年代初就已作出了规划，并且将建设的重点落在了金融街。北京金融街地理位置极为优越，开发条件得天独厚，经过十多年的建设取得了很大的成绩。目前已有 530 多家金融机构和知名企业在金融街安营扎寨。中国工商银行、中国银行、中国建设银行、中国农业发展银行、北京市商业银行等银行机构的总部，以及中国人民

---

* 2003 年 11 月 20 日作者应邀参加北京市有关部门举办的“北京经济论坛——优化首都金融环境，大力发展金融产业”专题研讨会，本文系作者根据在会上的发言稿整理而成。

银行、中国证监会、中国保监会和中国银监会的一部分等国家级金融管理机构已坐落在金融街上。此外，中央证券登记结算有限公司和中央国债登记结算有限公司两大金融结算中心也已相继落户入驻。

正当北京金融街在热火朝天大兴土木，将其定位于国际金融商务区，面向国内外特别是国外，大力吸引国际金融机构入驻时，相距不远的朝阳区也加快了建设 CBD 的步伐，蔚为壮观的顶级写字楼群依次拔地而起。按照 2000 年制定的北京市总体规划方案，朝阳区计划在 3.99 平方公里范围内建设以国贸为中心的大型中央商务区，CBD 核心区的产业功能定位是国际金融服务业。北京中关村科技园也在致力于打造包括科技、商务和金融在内的中央商务区，并由世界著名设计建筑事务所 KPF 设计了中关村金融中心。

为了能在同城的竞争中占上风，北京市朝阳区在 2003 年 10 月 9 日召开的颇具规模的第四届国际商务节期间邀请官员、专家学者甚至外国友人登台亮相，并正式宣称 CBD 的目标是建立国际金融中心，还宣布成立了一个北京市金融发展顾问团，大造声势，被媒体炒得沸沸扬扬。在北京金融中心热急剧升温的背景下，有家民办的研究机构提出了北京应当“金融立市”的对策建议，有的专家甚至还认为北京、上海、深圳“各有发展成不同特点国际金融中心的可能”。对于上述观点和看法，我认为都是值得商榷的。北京和上海究竟谁最可能戴上国际金融中心的桂冠？国内大城市究竟如何打造金融中心？下面笔者拟就上述问题谈几点个人的浅见。

（一）上海最有条件、最有资格建设成为国际金融中心

早在 20 世纪 30 年代，上海曾是西太平洋地区金融机构最密集的地方，形成了举世闻名的国际金融中心，在远东地区首屈一指，重建上海国际金融中心的目标是中国改革开放的总设计师邓小平首先提出来的。1991 年 2 月，邓小平在考察上海时说道：“上海过去

是金融中心，是货币自由兑换的地方，今后也要这样搞，中国在金融方面取得国际地位，首先要靠上海。”1992 年在党的十四大报告中明确提出：“尽快把上海建设成为国际经济、金融、贸易中心”的基本构想。2001 年，国务院在批准上海城市总体规划中，再次明确要把上海建设成为国际金融中心。

上海之所以能成为中国大陆建设国际金融中心的首选之地，这不仅仅是因为上海在历史上曾经是著名的国际金融中心，而且主要是由于它自身具有的基本条件所决定的。从金融中心形成所需要的地理位置、经济实力和金融发展三大最基本的要素看，上海与国内一些主要城市相比拥有以下明显的比较优势：

1. 上海拥有地理区位优越的良好条件。

上海位于太平洋的西岸，与东京、香港、新加坡相邻或处同一时区，也能与国际金融中心伦敦、纽约构建连续 24 小时的接力营业交易。上海又位于远东的中心点，邻近的是全球经济最具活力的东亚地区。上海地处长江的出海口，面向太平洋，背靠长三角和江浙等沿海经济发达地区。上海及其周边的长三角地区现在已经是东亚仅次于日本东京的第二大城市群，是中国特别是华东地区人流、物流、经贸往来连接世界的重要门户和通道。加上，上海又拥有四通八达的海路、公路、铁路、航空网，与全国、全世界紧紧相连。与国内诸多大城市相比，上海构建国际金融中心享有极为良好的地理区位和交通便利的条件。

2. 上海拥有雄厚的经济实力的优势。

作为全国最大的城市，上海仍不失为全国的经济中心，具备了汇聚国内商贸并辐射全国乃至海外的作用。近年来，上海以强势发展引领着中国经济改革的潮流，尤其是上海浦东新区的发展更引人注目。上海经济活力四射，具有很强的集聚和辐射能力。如今上海的人均 GDP 比北京高出一半左右，上海经济的蓬勃发展积蕴了深厚的经济实力，这本身就为其发展成为国际金融中心奠定了坚实的根基。

3. 从金融业来看，经过多年的努力，上海在金融设施、交易规模、机构数量、金融产品创新和金融人才等方面均取得了快速的发展。

1993 年上海市人民政府提出在外滩地区恢复金融区功能的规划。1994 年上海发展规划再次提出，要形成外滩金融一条街。有人把这一决策称为重建“中国的华尔街”，中外金融机构纷纷在金融街抢滩登陆，使外滩金融街成为众多金融机构聚集之地。上海陆家嘴金融贸易区也在浦东新区迅速崛起，云集于此地的中外金融机构，涵盖了银行、证券、保险以及非银行类金融业。作为昔日远东金融中心繁华犹在的外滩与后起之秀的陆家嘴金融贸易区遥遥相对，比翼齐飞，共同打造上海国际金融中心。截至 2003 年末，上海金融机构总数达到 423 家，上海现已成为国内外金融机构最集中的地方。

如今，全国城市商业银行资金清算中心、黄金交易所以及中国银联都相继落户上海。中国银联落户上海，标志着上海成了全国银行卡资金的清算中心、电子货币流通体系的枢纽。而在此之前，汇丰银行在上海建立了数据中心，中国工商银行的票据中心和招商银行的信用卡中心也都设在上海。加上上海证券交易所、中国外汇交易中心、全国银行间同业拆借市场、钻石交易所、金属交易所，等等，使得上海金融“营运中心”的地位已初具规模。

上海虽然不是首都，中央银行也不在上海，但这些都不可能成为上海建设国际金融中心的障碍。如美国的联邦储备委员会总部设在首都华盛顿，但美国的金融中心却在纽约。经过近十多年的快速发展，上海事实上已成为国内最大的金融城市，已为迈向国际金融中心打下了基础。上海尽管在建设国际金融中心的过程中取得了令人瞩目的阶段性的进步，但与一些已建成的全球性国际金融中心以及地区性的国际金融中心相比，无论在硬环境还是软环境方面都存在着不小的差距。上海要实现建立国际金融中心的目标，还要走很长的路程。

（二）北京的定位应当是全国性的金融管理中心和北部中国区域性金融交易中心

伦敦和东京分别是英国和日本的首都，它们都是著名的国际金融中心。北京作为我国的首都和政治文化中心，不仅地位重要，交通便利，环境良好，而且具有较强的综合经济实力和较发达的金融业。北京金融街聚集着中国金融业60%左右的金融资产，控制着全国90%以上的信贷资金和65%的保费资金，汇总着每年国内居民和企业存款80%以上的数据，是独一无二的全国性金融管理和信息发布中心。北京朝阳区CBD还集中了数量颇多的外资金融机构。

从一定意义上可以说，北京作为一个新兴的金融中心已初具雏形。但是，北京与国内的上海及国外的一些金融中心不同，还不是全国性的交易中心，而只是全国的金融决策和监管中心、全国的资金调度中心和金融批发中心。从构建金融中心的基本条件看，北京与国内一些主要城市相比，虽然拥有诸多独特的优势，但就北京目前的情况而言，在金融街上集中的主要是一些国家级的金融管理机构以及国家级的银行总行和非银行金融机构的总部。金融机构的种类不够齐全，特别是在金融街乃至整个北京市至今没有一家全国性的交易机构（如证券交易所、期货交易所和黄金交易所等）。因此，北京还不是严格意义上的现代金融中心。

所谓国际金融中心，简单地说，就是国际资金的集散中心。国际金融中心的建设具有排他性。纵观当今世界，包括幅员辽阔的头号经济强国美国在内，尚无一个国家有两个或两个以上的国际金融中心。作为远东地区两大国际金融中心之一的香港已回归，在香港的国际金融中心的地位必须维护，同时中央政府又决定重建上海国际金融中心的情况下，怎么可能再在北京打造一个国际金融中心呢？

鉴于上述情况，笔者认为，北京在金融这个极其重要的领域里应当主要扮演全国性管理中心的角色。此外，由于北京的银行业相对较发达，加之又是多家大型商业银行机构总部的所在地。因此，北京还有条件借鉴以现代商业银行体系为基础的所谓法兰克福模式，争取打造成为北部中国的一个最大的区域性资金运营或交易中心。北京的金融业有着良好的发展前景。从北京金融业的规模、发展水平以及竞争实力看，完全有条件发展成为除上海之外的国内最大的金融城市之一，甚至还有可能跻身于世界上众多金融业较为发达的大城市之列。

（三）统筹安排，合理规划，深入研究，定位妥当

无论是在国际上还是在一个国家内，在一个大的经济区域里，可以有一个大的金融中心，还可能有若干小的金融中心。若按区域划分，有地区性金融中心、全国性金融中心和国际性金融中心。

从我国人多地广和经济规模庞大等具体特殊国情来看，除要力争建立一个国际性金融中心和全国性金融中心外，还有必要依靠经济发展的格局建立多个区域性的金融中心，以便为本区域提供一个资金、信息和各种金融产品的集散地。

近年来，国内东西南北不少大城市都对建立金融中心表现出了很高的积极性，甚至某些相邻的城市，如深圳和广州、重庆和成都、天津和北京等都在力争成为本区域的金融中心。对此，笔者有以下三点浅见：

1. 金融中心的建设应当统筹安排、合理规划。

既然国内有不少大城市在竞逐金融中心，就有统筹安排、合理规划的必要。如果各建各的金融中心，就难免会陷入重复建设，造成资源和资金的浪费。构建金融中心是一种政府行为，离不开政府的合理规划、认可和支持。因此，政府的魄力和决心十分重要。既然全国有多个大城市，都在筹划建立金融中心，政府的有关部门就不宜久拖不定，而应当及早制定出切实可行的实施方案和步骤措施。这样，既可以科学合理规划国内构建金融中心的布局，又有助

于推动这一工作的进展。

2. 成立专门的研究班子，为政府制定发展战略出谋划策。

建立现代金融中心在我国并无先例可循。旧上海虽然曾经是远东著名的国际金融中心，但当时的上海整个金融业的规模、运作方式和辐射能量都远远没有达到现代金融中心的水准。时代不同，基础不一样，昔日的金融中心与现代金融中心已不能相提并论，其含义已发生变化。因此，有必要成立面向全国的专门性的研究机构，就如何学习和借鉴国外建设现代金融中心的成功经验以及如何结合中国的实际情况，打造具有自身特色的金融中心，进行广泛深入的研究，以便为政府有关部门科学规划和制定正确的发展战略出谋划策。

3. 定位妥当，目标明确。

金融中心的打造，是一件十分慎重、严肃、务实的大事情，并非随意夸海口、拍脑袋就能建成的。一个大城市能否成为金融中心，关键是要看其是否具备建立金融中心的一系列软硬条件，只有基本条件具备了，才有实现的可能。即使有一定条件构建金融中心的城市，其定位还必须妥当。究竟是建设哪种类型或层次的金融中心（地区性的还是全国性的或国际性的），必须从自身的实际情况出发，采取慎重、科学的态度，而不能眼高手低、好高骛远。如果定位不准确，就没有正确的奋斗方向，目标也就难以实现。大城市的地位重要，定位影响重大，不能叫喊一些不切实际的口号，不能搞盲目的跨越式的建设。而应当通过潜心研究，对本地区包括金融业在内的整体建设进行科学合理的定位，脚踏实地，合理打造能够实现的目标，这样才能使金融业对本地区及周边地区的经济快速发展真正发挥有利的“助推”作用。

构建金融中心，既是我国经济金融发展的需要，也是摆在我们面前的一大使命。我们坚信，在方方面面的协调配合之下，经过若干年的不懈努力，几个不同类型的运作高效和富有勃勃生机的金融中心，必定会在中华大地上崛起。

（原载《金融时报》2004年2月16日）

深圳，正在崛起的区域性金融中心*

金融中心，近年来已成为国内经济金融界许多人关注的一个热门话题。国内的北京、上海、深圳、广州、大连、天津、成都、重庆等城市都用不同程度的声音喊出了建立金融中心的口号，都力争能戴上金融中心的桂冠。

在现代市场经济的条件下，金融业是百业之首，处于龙头地位，发展经济离不开金融的助推和支持。一个地区如果没有兴旺发达的金融业，经济就难以腾飞，而金融业发达的一个重要标志，就是金融中心地位的确立。因此，当今世界，凡市场经济发达的国家和地区，都毫无例外地努力把本国、本地区的某一中心城市培育成为区域或国际金融中心。改革开放以来，随着现代市场经济在我国的建立和发展，国内一些大城市对构建金融中心的竞争势头日显激烈，建设金融中心已成为我国大都市之间竞争的一个重要内容。

改革开放20多年来，深圳已由一个边陲小镇发展成为国内外瞩目的现代化大城市，创造了世界经济发展史上的奇迹。面对着新的巨大的挑战，深圳已确立了自己的新的奋斗目标，即通过建设国际化城市，以提高国际竞争力、影响力和国际地位。深圳要建设国际化城市，离不开金融业的大力支持，为此深圳市提出了打造金融中心的目标。构建金融中心，是发挥金融支持作用、促使深圳建设国际化城市的一种模式。金融中心的建立，能使国内外大量金融资本和由此驱动的各类生产要素集中于深圳，从而极大地带动该市并辐射临近省市地区经济和金融的发展。

---

* 本文系作者于2003年9月19日在由国家发改委宏观经济研究院与深圳市发展计划局联合举办的“深圳国际化城市战略发展论坛”上的演讲稿。

改革开放以来，深圳在我国的金融业发展中扮演着十分重要的角色。1992 年以前，深圳一直是对外金融机构最早开放的城市，是中国金融业改革开放的试验田和窗口。作为一个试验场，深圳在中国金融业改革开放的历史上创下了诸多的“第一”。例如，第一家外资银行、第一家股份制上市银行、第一家法人持股的商业银行、第一家股份制保险公司、第一家证券公司、第一家外汇调剂中心、第一家中外合资经营的金融公司、第一家金融电子结算中心等都诞生在深圳。深圳也应当仁不让地构建成为中国第一个与地区经济发展相适应的区域性金融中心，借以更好的发挥金融在深圳建设国际化城市及邻近地区经济发展中的“第一推动力”作用。

一个地区能否戴上金融中心的桂冠，关键要看其是否具有建立金融中心的基本条件。从金融中心形成所需要的地理位置、经济实力和金融发展三大最基本的要素看，深圳与国内一些主要城市相比拥有诸多明显的优势。

首先，深圳拥有地理位置优越的良好条件。深圳地处太平洋海上交通要道，处于国际航线上，毗邻港澳，面向东南亚，背靠珠三角和华南腹地，是中国特别是华南地区人流、物流、经贸往来连接世界的重要门户和通道。深圳紧邻国际化大都市香港加上又拥有四通八达的海路、公路、铁路、航空网，与全国、全世界紧紧相连。与国内诸多大城市相比，深圳构建金融中心享有得天独厚的地理区位和交通便利的优势。

深圳可以凭借其拥有的畅通便利的交通网络和发达的通讯系统，能及时地汇集、传递经济和金融信息资讯。既为本地区的经济和金融活动提供决策参考和依据，同时也为国家间经济往来提供重要的经济和金融信息。同时，深圳所特有的国际交往中心的地位，也使之比其他城市更具影响力和吸引力。

一个地区成为金融中心必须以发达的经济与贸易为依托，不能想象一个经济不发达的地区能成为金融中心。20 多年来，深圳在经济发展和城市基础设施建设方面取得了令世人瞩目的成就。作为经济特区，与国内一般城市相比，在同国际接轨方面有明显的优势，市场化、法制化程度较高，国际贸易发达，外资包括跨国公司进入较多，已形成以高新技术产业和物流、商贸、金融、旅游等现代服务业为主体的产业结构。其综合经济实力已进入全国大城市前列，已不失为国内最具竞争潜力的大城市之一。深圳的快速发展已积蕴了深厚的经济实力，这本身就为其发展成为一个区域性金融中心奠定了坚实的根基。

从金融业来看，经过多年的努力，深圳在金融设施、交易规模、机构数量、金融产品创新和金融人才建设等方面均取得了快速的发展。深圳的银行、证券、保险业机构、外资金融机构数量以及从业人员比例均居全国前列。国内主要金融机构在深圳均设有机构，与 180 多个国家和地区 300 多家金融机构建立了业务代理关系，金融从业人员逾 4 万人，发行银行卡 1 500 万张。现有各类金融机构 102 家，其中综合类证券公司 1 家，基金管理公司 10 家，保险公司 17 家，营业性外资金融机构 30 多个。国通、深发展、平安、招商、南方、国信等十余家大银行、保险公司、证券公司总部均设在深圳。

2002 年年末，金融机构人民币存款余额 4952. 73 亿元，人民币贷款余额 3512. 48 亿元，居全国大中城市第四位。外资银行数量、资产规模和外币存贷款规模在国内仅次于上海。保险公司总资产 103. 48 亿元，保险市场深度和密度均居全国首位。作为全国仅有的两家证交所之一的深圳证交所，截至 2002 年年底，已有上市公司 508 家，挂牌股票 551 只，市价总值 12965. 41 亿元。深圳创业投资发展迅速，机构 140 多家，创业资本总规模达 150 亿元，约占全国 2/5。10 家基金公司发行基金资产 600 多亿元，机构数量和发行资产数量占全国一半以上。近几年深圳金融业创造的增加值约占全市 GDP 的 12%，与高新技术产业和现代物流业一起成了深圳三大战略支柱产业。

从以上几点看，深圳完全有基础、有条件、有资格建设成为区域性的金融中心。尽管如此，但也要看到存在的困难和问题。深圳的综合经济实力虽然在全国位居前列，但与邻近的广州相比还存在差距。深圳的金融发展水平（反映金融发展水平的指标大体上包括：金融机构数量和种类、金融市场规模和结构、金融资产及金融负债相对 GDP 所占比重以及金融业增加值相对 GDP 所占比重）虽然高于全国绝大多数城市（仅低于上海、北京等个别城市），但离严格意义上的金融中心所要求的标准还相距较远。对于一个金融活动相对于整个国民经济活动占比（即经济金融化程度）还不算太高的城市，显然很难称之为名副其实的金融中心。从深圳目前的情况看，要建设成一个兴旺发达和富有活力的金融中心也并非易事，还要经过几年甚至十几年的不懈努力方能达到目的。深圳构建金融中心的任务艰巨，我认为应着重抓好以下工作：

（一）定位妥当，目标明确

近年来，国内东西南北许多大城市都对建立金融中心表现出了很高的积极性，甚至某些相邻的城市都在力争成为本区域的金融中心。从国内几个正在角逐金融中心的城市来看，综合条件中最好的当推上海、北京和深圳。上海已以“种子选手”的姿态赢得了建立国际金融中心的首选资格。北京似乎已定位于争取成为全国性的金融中心。深圳的目标也已确定为力争构建区域性金融中心。我认为，深圳定位于区域性金融中心的目标，是妥当的。凡有一定条件构建金融中心的城市，其定位都必须妥当，定位不准确，就没有明确的奋斗方向，目标就难以实现。

深圳要建设国际化城市，众多基础设施项目的实施必定会使投资机会远高于许多其他大城市，而巨大的投资空间又必定会带来旺盛的资金需求。另外，深圳所依托的珠三角是块庞大而又最具经济活力的地区之一，经济的快速发展也需要大量资金的支持。鉴于上述情况，我认为深圳更适合于构建筹资型的区域金融中心，主要为本市建设国际化城市以及所在的珠三角和其他资金需求迫切而供给缺口又较大的地区，发挥积聚资本，同时又输送资本，提供金融服务的作用。

深圳要实现打造区域性金融中心的目标，就必须利用良好的区位条件优势，坚持深港合作，加强深穗联合，依托珠三角，辐射华南地区，获得这一区域融资和投资的主动权和调剂权，充分发挥资金筹集的渠道功能、金融信息的传导功能和引进资金的桥梁功能。

（二）成立专门的研究班子，为政府制定发展战略出谋划策

建立现代金融中心在我国并无先例可循。旧上海虽然曾经是远东著名的国际金融中心，但是，当时的上海整个金融业的规模、运作方式和辐射能量都远远没有达到现代金融中心的水准。昔日的金融中心与现代金融中心已不能相提并论了，其含义已发生了变化。因此，有必要成立面向全国的专门性的班子研究、学习和借鉴国外建设现代化金融中心的成功经验，以便采取正确的方针政策和发展战略或模式。

构建金融中心是一种政府行为，离不开政府的认可和支持。因此，政府的魄力和决心十分重要。今年3月，深圳市已经出台了有18项条款的《深圳市支持金融业发展的若干规定》，被认为是进一步巩固和强化以往深圳向区域性金融中心地位所做出的努力的一种举措。最近深圳市金融发展服务办公室已正式挂牌，这显然是深圳市政府全面支持和促进区域性金融中心建设的又一举措。

深圳如何结合本市的实际情况，建立具有自身特色的区域性金融中心，是一项十分复杂而艰难的系统工程。如何实施和完成这一工程，也需要成立专门的班子进行广泛深入的研究，以便为市政府制定正确的发展战略出谋划策，及早制定出切实可行的实施方案和步骤。这样，既可以科学规划区域金融中心建设，又有助于推动这一工作的进展。

（三）推进深港金融衔接与合作，实现深港两地“双赢”

香港已是国际金融中心且已回归，紧邻香港的深圳要构建成为

区域性金融中心，那么，如何解决深港之间的金融衔接呢？这显然是个需要集中各方面的力量和智慧认真研究的问题。有的专家提出，深圳完全可以采取通过发展内外一体型离岸金融市场，作为深港金融衔接的突破口。对于这一对策性建议，我是持赞同态度的。我认为，深圳通过恢复和发展离岸金融业务，在深港合作的基础上，使香港国际离岸金融中心向内地延伸。此外，还可以通过采取深圳创业板合营等措施，实现深港金融市场交相辉映。这既有利于更充分保证和维护香港作为国际金融中心的地位，同时又有助于促进深圳同国际金融市场的接轨，提高深圳的金融发展水平。

今年6月中央政府与香港特别行政区签署了CEPA协议在服务业方面将进一步加大对香港金融业的开放力度。这在客观上必将增加深港金融合作的机会，为加快深圳区域金融中心建设带来重要机遇。深圳应抓住实施CEPA的时机，依托毗邻香港的区位优势，吸引香港符合条件的各类大中小银行机构来深发展。在引入金融资本的同时，为完善深圳金融市场补充专业人才、管理经验和风险控制技术，以便借助加大对香港金融业的开放促进深圳金融业整体能级的提升，从而实现深港两地的“双赢”。

（四）重视基础设施建设，加快打造金融中心区

要努力改善深圳市的交通、通讯、能源等服务水平，并注重提高设施的水准，以适应建设金融中心和实现国际化发展的需要。设施现代化，这是金融业现代化的物质基础，也是金融中心建设的重要标志。环境的构造对金融中心的建设举足轻重，一些国际金融中心的形成（如香港、新加坡），环境发挥了决定性的作用。环境的构造包括软环境和硬环境的构造。金融硬环境，主要指有良好的基础设备。金融软环境包括内容很多，诸如实行优惠的财税政策、放松资金流动和外汇管制等。

深圳应当在金融企业密集区域的基础上进行整合、规划，打造一个十几平方公里的金融中心区。这个金融中心区就像英国伦敦的

金融城、美国纽约的华尔街以及国内的北京的金融街、上海的外滩和陆家嘴一样，尽量把各主要金融机构的业务网关、各类金融市场以及其他金融服务功能引入其中，打造深圳的金融服务中心、资金集散中心、金融信息中心和金融监控中心，使人们进入金融中心区就能及时得到各类优质高效的金融服务，并切实感受到作为金融中心的浓烈气氛。

（五）争取成为金融改革的综合试验区，加大金融创新力度

我国的金融改革已进入了深化阶段，一系列重大突破性的金融改革已在或正在逐步推出。例如，利率市场化、国有银行的股份制改造、人民币资本项目的可兑换以及组建中外合资金融机构、金融控股公司、非国有金融机构和社区银行的试点等。深圳应抓住这一历史机遇，创造条件，积极争取有关金融管理部门能将深圳作为我国金融改革的综合试验区，优先给予各项改革的试点权。通过率先改革，创造体制优势，谋求更快发展。

证券业发达是深圳的特色和比较优势。深圳的股民密度、证券机构营业网点数量、证券从业人员等指标都远远高于国内其他城市。深圳应积极稳妥地推进以资本市场为重点的金融服务体系建设，尽力争取创业板早日推出，支持深交所扩大国债规模。此外，还应加大金融创新的力度，争取能在金融体制和业务创新方面走在全国前面，努力把深圳建设成为金融创新的“示范区”和具有自身特色的金融优质服务区。

（六）加大培养与引进人才的力度，壮大高层次金融人才队伍

金融中心的建立，关键在于人。现代金融中心，是靠科学和严密的管理制度运行的。金融业如果没有一批素质高、通晓经济运作

规律的资金管理人才为之服务是不行的。作为金融中心的建设者，必须具有一定的金融专业知识和较强的金融意识，了解发达国家金融中心的历史和发展现状，这样才能使金融中心的建设更符合国际惯例，并能按国际惯例运作。深圳的有关部门应当深明金融人才在金融中心建设中所具有的极其重要的作用，真正把人才培养和引进摆在突出重要的位置，抓紧培养和引进一大批高层次的金融人才，让他们肩负构建区域性金融中心的历史责任。

（七）抓好舆论宣传，提高知名度

由于种种原因，上海的外滩和陆家嘴、北京的金融街的知名度相对较高。深圳应当通过报刊、电台及召开各种学术研讨会等形式，加强舆论宣传力度，让更多的人了解深圳，特别是了解深圳打造区域性金融中心的决心和诸多有利条件，这样有助于进一步扩大影响力和对国内外金融机构到深圳安营扎寨的吸引力。深圳要成为名副其实的区域性金融中心，没有门类齐全、数量众多并按市场规则运作的金融机构作支柱，显然是不行的。倘无一定数量的来自外地或国外的金融机构，就不可能建成现代开放型的金融中心。

构建区域性金融中心是摆在深圳人面前的一大使命。只要以深圳人特有的胆略和气魄，继续发扬与时俱进、敢为人先、敢于创新的精神，经过若干年的艰苦努力，必定会实现自己的既定目标，一个兴旺发达、运作高效和富有活力的现代区域性金融中心必定会在美丽的深圳大地上崛起。

（原载 2004 年 2 月 16 日《金融时报》）

上海和香港，谁能成为中国的国际金融中心

国际金融中心，近年来已成了亚洲不少大城市为之努力追求的目标。亚洲不少大城市都对建立国际金融中心表现出了很高的积极性，都用不同程度的声音喊出了打造国际金融中心的口号。

所谓国际金融中心，简单地说，就是国际资金的集散中心。在现代市场经济条件下，国际经济竞争的根本，就在于对国际金融主导权的掌握，在于对全球资本控制权、支配权的争夺，拥有一个国际金融中心，对于一个国家的长远发展和金融安全具有至关重要的作用。正因如此，包括亚洲在内的当今世界许多国家和地区，都毫无例外地努力争取把本国、本地区某一大都市培育成为区域或国际的金融中心，使之能在促进本地区或国家的经济发展和资源配置中发挥更大的作用。从国内正在角逐国际金融中心的大城市来看，综合条件最好的当推上海，上海也以“种子选手”的姿态赢得了建立国际金融中心的首选资格。上海要重塑国际金融中心，香港已回归且已是一个国际金融中心，那么，上海和香港究竟谁能成为中国的国际金融中心呢？这是近年来我国经济金融界许多人关注的一个热门话题。

一、上海重塑国际金融中心

早在20世纪30年代，上海曾是西太平行地区金融机构最密集的地方，形成了举世闻名的国际金融中心，在远东首屈一指。上海之所以能成为中国大陆建设国际金融中心的首选的“种子选手”，这不仅仅是因为上海在历史上曾经是著名的国际金融中心，而主要

是由它自身具有的基本条件所决定的。从金融中心形成所需要的地理位置、经济实力和金融发展等最基本的要素看，上海在国内诸多大城市中最有条件、最有资格建设成为国际金融中心。

首先，上海拥有地理区位优越的良好条件。上海位于太平洋的西岸，与东京、香港、新加坡相邻或处于同一时区，也能与国际金融中心伦敦、纽约构建连续 24 小时的接力营业交易。上海又位于远东的中心点，邻近的是全球经济最具活力的东亚地区。上海地处长江的出海口，面向太平洋，背靠长三角和江浙等沿海经济发达地区，是中国特别是华东地区人流、物流、经贸往来连接世界的重要门户和通道。加上上海又拥有四通八达的海路、公路、铁路、航空网，与全国、全世界紧紧相连。与国内诸多大城市相比，上海构建国际金融中心享有得天独厚的地理区位和交通便利的条件。

第二，上海拥有雄厚的经济实力的优势。作为全国最大的城市，上海仍不失为全国的经济中心，具备了汇聚国内商贸并辐射全国乃至海外的作用。国内主要城市横向比较，上海在 GDP 排名、国内生产总值、固定资产投资总额、社会消费品零售总额、外贸出口总额等方面处于领先地位。上海经济的蓬勃发展积蕴了深厚的经济实力，这本身就为其发展成为金融中心奠定了坚实的根基。

第三，从金融业来看，经过多年的努力，上海在金融设施、交易规模、机构数量、金融产品创新和金融人才培养等方面均取得了瞩目的发展成就。

早在 1992 年，上海有关部门就确定了将该市建成国际经济、金融、航运和贸易中心的战略目标。十多年来，上海重点围绕金融中心的战略目标，着力建设全方位、多层次的金融体系。如今上海作为金融中心的框架雏形已基本形成。具体说来，表现在以下几个方面：（1）金融业已成为上海六大支柱产业之一，且形成了多元化的国际金融机构体系，是中国大陆内外资金融机构集聚程度最高的城市；（2）全国的货币、证券、黄金、期货、外汇五大金融交易市场都已落户在上海；（3）上海已成为中国大陆金融产品最为丰富、最为集中的地方；（4）金融监管和风险防范能力逐步加强，金融发展环境不断改善；（5）在服务于全国经济特别是长三角及长江流域的经济发展中发挥着日益显著的积极促进作用。从国外主要的国际金融中心的形成过程看，它们有一个共同的特点，即大都先是该国的国内金融中心，然后再进一步发展成为国际金融中心。上海现已是国内最大的金融城市，是内地当之无愧的金融中心。上海尽管在建设国际金融中心的过程中取得了阶段性的进步，为迈向国际金融中心打下了基础，但与一些已建成的全球性甚至地区性的国际金融中心相比，仍存在很大的差距。国际金融中心的主体是市场，而上海目前的主要缺陷是金融的市场化程度还较低，产品比较单一，创新能力还不足，服务功能也较弱。上海要实现建立国际金融中心的目标，还要走很长的路程。

二、香港打造“亚洲的华尔街”

香港由于受地小人多等自身条件的限制，只能将服务业作为经济发展的主体，而金融业作为高端的服务业就成了发展目标的必然选择。金融业如今已是香港当之无愧的首要支柱产业。香港具有先进的金融基础设施和完善的法律、会计体系以及货币可自由兑换和低税率的简单税制，更拥有优秀的法律、会计、审计人才。香港的金融市场成熟，拥有完整的金融体系，兴旺的证券市场，活跃的外汇交易市场以及国际化的银行业，无论用哪项有关国际金融中心的指标来衡量，都已是名副其实的国际金融中心。

香港金融最早是以银行业闻名天下，早在20世纪初，香港便位列全球“十大国际银行中心”之一。而香港作为亚太金融中心的崛起，始于上世纪70年代末，香港解冻银行牌照，使得外资银行大量涌入。90年代后，随着香港银行业管制的大幅放松，放宽外资银行进入设立分支机构或扩展分支网络的限制，使香港成了国际银行网点最集中的地区。

1997年香港回归祖国后，大量内地企业选择到香港上市，促使香港资本市场实现了突破性的发展，并成为促使香港金融中心地位晋级的重要原因。在 1997 年 6 月底，港交所上市的内地公司（包括 H、红筹及非 H 股民营企业）仅 83 家，而到 2007 年 5 月 25 日这一数字达到 373 家，占香港上市公司的 30% 左右。这些企业的市值约占港股市值的五成，成交则约占六成。2006 年，内地企业在港集资达历史高峰，香港新股集资规模升至 3332 亿港元，首次跃居全球第二，超过了纽约，逼近伦敦。大量优质新股的上市，吸引了海外资金持续流入香港，港股成交空前畅旺。据中银香港一位金融专家的分析，从长远看，香港股市集资功能的提升，将推动香港金融中心的发展由银行主导转向股市与资产管理为主导。该专家认为，香港的这种转型正是金融中心地位提升的重要体现。

香港回归十多年来，经历了风雨，走过了艰难。尽管香港经济遭受了亚洲金融危机的冲击，但在内地和香港两地的共同协作努力下，依托中国大陆经济实力的迅速增长，香港经济依然保持了健康发展的势头。2006 年，香港 GDP 为 1887.6 亿美元，人均生产总值达到创纪录的 27466 美元，列世界第 7 位。十多年来，香港经济发展最引人注目的成就，莫过于国际金融中心地位的崛起。据伦敦市法团于 2007 年 3 月公布的有关全球金融中心指数的评价报告，香港以 684 分排名全球第三，仅次于伦敦及纽约，居亚洲金融中心龙头之位。该报告指出，香港在所有主要领域均表现卓越，特别是监管方面，而监管则是衡量市场竞争力的主要因素之一。该报告在结论中指出，香港是争夺成为“名副其实”的顶尖全球金融中心的竞赛中不容忽视的竞争对手。日本经济委员会联同多个经济研究机构于 2007 年发表的报告称，香港回归十年发展势头强劲，潜在竞争力 2006 年在世界 50 个主要经济体中名列第一，在具体指标中，金融和国际化两项拔得头筹。

香港具有开放条件下成熟的市场经济体制，是当今世界经济中最为活跃、最具竞争力的自由经济体之一。香港在人力、法律、会计等方面都已全面实现了与国际接轨，便于为来自全球的投资者提供全方位的服务。香港发展包括金融业在内的高端服务业有自己的较强的比较优势。因此，打造更具规模、更高层次的金融中心，才是香港发展的硬道理。港交所主席夏佳理谈及香港金融业的发展目标时曾经说道：“香港有条件成为与纽约、伦敦比肩的全球金融中心，但这需要争取。”这位港交所负责人的上述讲话，在一定程度上反映了金融界争取将香港打造成为“亚洲华尔街”的目标追求。

三、上海和香港，谁当中国的国际金融中心

对于上海和香港谁能成为中国的国际金融中心，这是个在经济金融界颇有争议的问题。下面，笔者拟就此问题谈几点个人的浅见。

1. 中国地广人多，经济规模庞大，完全可以容纳两个国际金融中心。在一个国家内，已有一个国际化的金融中心的情况下，如果再打造一个功能相同的国际金融中心，势必会造成不必要的竞争和资源的浪费。因此，如何在服务功能上寻求不同点，将上海打造成较之香港具有不同特色的国际金融中心，是个必须认真研究的课题。美国有纽约和芝加哥两个国际金融中心，这两个金融中心各有不同的功能和服务对象。在“一国两制”下，香港与上海等内地金融中心，如果也能有很好的分工合作，就有可能在互补与共存、共赢中促进两地金融共同做大做强。

上海和香港作为一个国家的两个大都市，应当是互助互惠互利，而不宜互斗，内耗自损。上海和香港应当携手合作，共同打造一个世界顶级的国际金融中心。这对中国的未来发展具有极其重要的战略意义。中国拥有一个像伦敦、纽约那样一流的全球性国际金融中心，就能提供有效的金融服务平台，更好地满足中国经济走向世界的发展需要。上海和香港两地只有携手合作，方能成就中国成为金融强国的地位，提高中国对国际商品和金融产品的话语权、定价权，从而使国家利益和金融安全得到更有效的保障。

2. 要维护和增强香港的国际金融中心地位。香港的金融业在内地经济的快速发展中一直发挥着独特而又极其重要的作用。香港回归祖国后，如何维护和增强香港的国际金融中心的地位，是个必

须十分重视和认真对待的问题。在改革开放的过程中，香港作为重要的贸易与金融中心，对内地的经济发展提供了有力的支持。在内地经济规模不断增大的情况下，继续发挥好香港的作用，有助于推进内地与香港的共同繁荣和发展。

就香港而言，其定位必须立足于中国，是中国的国际金融中心，定位和角色十分重要。香港的未来系于中国，香港的国际金融中心地位的维持，在很大程度上离不开内地的支持，离不开与内地经贸、金融的加速融合。香港国际金融中心地位的维持，还取决于香港金融监管与管理体制能否不断改进和完善。香港只有通过加强自身的金融深化，促进金融产品的创新，扩大金融业的辐射与服务范围，才能维护和不断提升在亚太地区金融业中的地位。

3. 香港的国际金融中心地位无可替代。香港目前正处在一个重要的发展时期。香港背靠祖国，面对世界，有着特殊的区位优势。2007 年 3 月，在北京召开的十届全国人大五次会议期间，温家宝总理在与中外记者见面并回答记者提问时明确指出：香港的金融中心地位以至航运中心地位、贸易中心地位，是其他地区不可替代的。

尽管上海所蕴含的发展潜力巨大，但上海要后来居上，赶上或超过香港也并非易事。上海离国际金融中心还很远。从现实条件来看，上海由于受资本市场的环境以及人民币尚未实现自由兑换等诸多因素的制约，短时间内尚难以圆梦国际金融中心。只要人民币还没有成为真正的硬通货，只要中国还没有开放资金流通，只要中国的法制和监督体系还不健全，香港就一直会是中国唯一的国际金融中心。

（原载《金融时报》2008 年 3 月 17 日）

重庆：瞄准西部区域性的金融中心

在现代市场经济的条件下，金融业是百业之首，处于龙头地位，发展经济离不开金融的助推和支持。一个地区如果没有兴旺发达的金融业，经济就难以腾飞，而金融业发达的一个重要标志，就是金融中心地位的确立。因此，当今世界，凡市场经济发达的国家和地区，都毫无例外地努力把本国、本地区的某一中心城市培育成为区域或国际金融中心。改革开放以来，国内一些大城市构建金融中心的竞争很激烈，建设金融中心已成为现代城市之间竞争的一个重要内容。

我国全面建设小康社会的重点和难点在西部。目前，我国西部地区要实现跨越式、追赶式的发展，首先遇到的是资金短缺的困难，更离不开金融业的大力支持。构建区域性金融中心，是发挥金融支持作用，促进西部大开发的一种模式。金融中心在西部某一中心城市的建立，能使大量金融资本和由此驱动的各类生产要素集中于该市，会极大地带动该市并辐射西部许多省市地区经济和金融的发展。重庆是我国西部最大的城市，在历史上又曾经长期是我国西部的一个金融中心，应当仁不让地构建成为与西部地区经济发展相适应的区域性金融中心，借以更好地发挥金融在我国西部地区经济发展中的“第一推动力”作用。这无论是对重庆本身的发展还是对促进西部大开发，都具有十分重要的意义。

一个地区能否戴上金融中心的桂冠，关键要看其是否具有建立金融中心的基本条件。从金融中心形成所需要的地理位置、经济实力和金融发展三大最基本的要素来看，重庆与西部一些主要城市相比拥有诸多明显的优势。

在西部各省市中，重庆地处东西部结合的关节点，与陕、鄂、湘、黔、川等省接壤，起着承东启西、南北传递的重要作用。重庆是西部地区唯一拥有“水陆空”整体优势的大城市。重庆通过“黄金水道”——长江以及四通八达的铁路、公路、航空网，与全国、全世界紧紧相连。与西部其他大城市相比，重庆构建金融中心享有得天独厚的地理区位和交通便利的优势。

一个地区要成为金融中心必须有发达的经济与贸易为依托，重庆自古就是西部地区著名的水陆码头，具备汇聚周边省市的商贸并辐射西部特别是西南部的优越条件。改革开放以来，尤其是成为直辖市之后，3000 万重庆人民团结奋进，锐意进取，在经济发展和城市建设方面取得了令世人瞩目的成就。如今重庆已成了我国西部生机勃勃的重要工业基地、科研基地和商贸中心，其综合经济实力在西部有举足轻重的作用。美国财富论坛曾把重庆评为中国最具竞争潜力的城市之一。重庆经过近几年快速发展已积蕴了深厚的经济实力，这本身就为其发展成为西部区域性金融中心奠定了坚实的根基。

从金融业来看，经过多年的努力，重庆在金融基础设施、交易规模、机构数量、金融产品创新和金融人才建设等方面均取得了长足的进步。目前重庆的银行、证券、保险等各类金融机构较为齐全，遍布全市，其金融机构数量在西部名列第一，金融服务对象覆盖各行各业。日本的住友银行、加拿大的丰业银行及一些保险公司也捷足先登，来重庆淘金。重庆的经济繁荣带动了金融业的迅速发展。重庆的金融存贷款总量已跃居为西部各大城市之首。截至 2001 年年底，重庆金融机构存款余额达到 2294 亿元，高于成都的 2257 亿元和西安的 1629 亿元；重庆金融机构贷款余额达到 1871 亿元，而成都、西安的金融机构贷款余额分别为 1762 亿元和 1185 亿元（2002 年重庆金融机构存款和贷款余额分别达到 2850 亿元和 2280 亿元）。

上述基本条件决定了重庆经过一段时间的努力后，完全有可能建设成为西部地区的金融中心。尽管如此，但也要看到存在的困难。重庆的综合经济实力在西部地区虽然有一定的优势，但在全国的特大城市中总体实力还不是很突出，甚至与西部地区的个别城市（如成都）还存在差距。重庆的金融业发展水平也远不及上海、北京、广州、深圳等城市。从重庆目前的情况看，要建设成一个兴旺发达和富有活力的金融中心并非易事，只有经过较长时间不懈努力后方能达到目的。重庆构建金融中心的任务很艰巨，笔者认为应着重抓好以下工作：

第一，要制定正确的发展战略或目标模式。西部大开发的关键是资金。重庆地处资金需求迫切而资金供给缺口较大的西部地区，更适合于建成一个筹资型的区域性金融中心，起内向型的金融中介作用，即从外部地区筹措资金以利于重庆本身或周边省市发展之用。这一目标模式，符合中央的西部大开发的战略，有利于加快西部地区经济发展的步伐，从而有利于缩小东西部差距和促进全面建设小康社会宏伟目标的实现。

第二，构建适应现代市场经济要求的金融机构体系。金融中心的主体和核心是有健全的机构体系。重庆要成为名副其实的区域性金融中心，没有类别齐全、数量众多并按市场规则运作的金融机构作支柱，显然是不行的。因此，重庆应适当发展多种类型的金融机构，特别要注意适度引进国内其他地区或外资金融机构。倘无一定数量的来自外地或外国的金融机构，就不可能建成现代开放型的金融中心。

第三，加快建设发达的金融市场体系。现代金融中心大都是以发达的金融市场作为标志。因此，重庆要实现构建区域性金融中心的目标，就必须大力发展包括短期资金的货币市场、长期资金的资本市场、外汇市场，甚至包括黄金市场在内的门类齐全的金融市场体系，并不断完善整个金融市场的功能。重庆只有建立起功能完善、设施健全、运作高效的金融市场体系，才有可能在西部地区的资金流动中发挥龙头和枢纽的作用。

第四，积极推进金融设施现代化的建设。要重视金融业的基础设施建设，特别是要重视采用电子设备武装金融业，实行电子化管理。金融作为现代经济生活的核心，实行电子化管理，不仅有助于金融业经营的现代化，提高业务处理的效率和质量，加速资金周转，节约营业费用，而且有助于金融调控能力的增强。因此，要把重庆建成高效运作的现代金融中心，就必须加强电子计算机在金融业中的开发和应用。

第五，培养和造就高层次金融人才队伍。金融中心的建立，关键在于人。重庆的有关部门应当深明金融人才在金融中心建设中所具有的极其重要的作用，真正把人才培养摆在重要的位置，抓紧培养和造就一大批高层次的金融人才，让他们肩负构建区域性金融中心的历史责任。

（原载《金融理论与实践》2003 年第 8 期）

第七部分

资本原始积累史理论

海盗抢劫和贩奴贸易

对金银财富的无限贪婪，促使欧洲商人和冒险家从事海盗掠夺事业。16世纪和17世纪初，欧洲各国的海外贸易一般都带有海盗劫掠性质。欧洲的商人往往身兼海盗，在海上杀人越货，拦截过往商船，夺走船上的贵重货物，并对船上的水手和乘客横施暴行，甚至公开袭击别国的城市，烧杀抢掠，无所不为。这些海盗行径在当时被看成是合法的事业，并得到本国政府的默许和支持。谁干得成功，谁就能在本国获得最大的"荣誉"。马克思在描写这个时期的商人资本家时说道："占主要统治地位的商业资本，到处都代表着一种掠夺制度，它在古代和新时代的商业民族中的发展，是和暴力掠夺、海盗行径、绑架奴隶、征服殖民地直接结合在一起的。"①

西班牙和葡萄牙是早期的殖民强国，它们在亚洲、非洲和美洲地区，对当地居民进行殖民征服、海盗抢劫、杀戮和奴役中，攫取了大量的财富。后来，甚至连它们也成了海盗袭击的重要目标，后起的殖民强国使用海盗这一所谓"得意的武器"，抢夺西班牙和葡萄牙的"劳动"果实。据统计，在西班牙国王查理五世时，2421艘船只从西班牙开往美洲，结果只有1748艘能返回国内。除少数被暴风雨毁掉外，其中约有673艘给海盗夺走。后来，虽然建立了派军舰护航的制度，从1627年到1636年的近10年内，单是荷兰海盗就抢劫了550艘西班牙船只。

英国的海盗是海盗中的"佼佼者"，以致被称为"海盗国家"。16世纪60年代以前，英国海盗活动的主要地区是本国附近的英吉利海峡。19世纪60年代以后扩展到大西洋，在公海上，他们肆无忌惮地抢劫葡萄牙人的装载着东方香料的船只，抢劫西班牙人满载

① 马克思：《资本论》第3卷，人民出版社1975年版，第370页。

着美洲金银的所谓“白银舰队”，以后英国海盗又把非洲变为猎捕黑奴的场所，从事贩奴贸易。这些海盗活动得到英王的同意和支持，甚至成立了许多专门从事这种抢劫业务的公司，连英王自己也是股东之一。这种方式积聚财富，利润十分惊人，一般都高达十倍、八倍。例如 1578 ~ 1580 年，在劫掠智利、秘鲁等沿海地区的海盗掠夺中，获得了价值 40 万英镑的白银、5 箱黄金（每箱一英尺半长）和大量的珍珠。伊丽莎白女王作为组织这次海盗掠夺的股份公司的股东之一，获得了 36.3790 万英镑的红利。

伊丽莎白女王的宠臣海军将领兼海盗头子德雷克，因为做海盗成功，被封为“爵士”。德雷克有一次袭击巴拿马，把运往西班牙的全年的黄金都抢了去，被人称为历史上收获最丰富的一次海盗袭击。德雷克在他的一次环球海盗航行中，投资仅 5 千英镑收获却达 60 万英镑。英国另一个有名的海盗哈金斯声称，他掠夺到的宝物值 180 万英镑。在伊丽莎白女王时代，据估计英国海盗带回的赃物高达 1200 万英镑。这在当时是个非常庞大的数目。英国的加勒比海海盗群，依靠他们的强盗劫掠，奠定下了英国海军的基础。他们在抢劫时，抢占了西印度群岛的很多岛屿，如巴哈马群岛、巴巴突岛、牙买加等，作为海盗活动的根据地，后来，这些岛屿就成了英国的殖民地。英国所自夸的强盛海军和海上霸权，是起源于加勒比海海盗的掠夺行径的。海盗掠夺是英国商业资产阶级发财致富的一个重要手段。英国不少有名望的家族祖先都是以海盗起家的。

法国人和荷兰人在海盗事业中是英国人的强烈竞争者。法国在征服殖民地的战斗中甚至利用海盗打先锋。荷兰人做海盗也很起劲，荷兰的西印度公司还专门列有劫夺别国船只的损益项目。

海上的掠劫行为，使西方殖民者获得了发展资本主义经济的大量货币资本。

西方殖民者不仅利用商船进行海盗式的劫掠，而且利用商船进行贩卖奴隶的罪恶行业。殖民征服、海盗行劫同贩卖奴隶行业往往是结合在一起进行的。整个奴隶买卖的本身就是一种大规模的海盗和劫掠行径。例如，1621 年成立的荷兰西印度公司就是一个土地攫取者、海盗和奴隶贩子的联合组织。

早在15世纪中叶，葡萄牙殖民者就开始从事奴隶贸易的勾当，不过那时欧洲殖民者主要醉心于抢夺非洲黑人的黄金、象牙等奇珍异宝。强掳人口，卖为奴隶，只是欧洲殖民强盗的一项副业。例如，1450～1458年葡萄牙每年总有10～12艘海盗船出入于几内亚湾，掠走价值200万美元的金砂。同时也进行掠取贩卖奴隶的活动，但数量不多，规模不大。据估计，15世纪中叶，葡萄牙每年从西非沿海劫掠七八百黑人运到欧洲贩卖，主要供做家务奴隶用。进入16世纪以后，情况发生激变。由于欧洲殖民主义者侵占美洲以后，疯狂地屠杀印第安人，结果随着美洲种植园经济和开采金矿事业的发展，劳动力越来越感到缺乏。在唯利是图的殖民老爷看来，人数众多的非洲黑人，熟悉栽培热带作物技术又适应热带劳动条件，把他们当奴隶使用，便会有充足的劳动力来源。因此，从非洲贩运奴隶就成了当时极有厚利可图的"行业"。1502年，西方殖民者第一次将非洲黑人运到西半球，奴隶被运到海地登陆，很快就被美洲种植场主抢购分光了，从此血腥的贩卖奴隶的"行业"逐渐兴旺起来。继葡萄牙之后，西班牙、荷兰、法国、英国和美国等殖民强盗，竞相加入这一海盗行列。参加的国家越来越多，每年从非洲运往美洲的黑奴人数越来越大，猎取黑奴的地区也越来越广。据著名美国黑人学者杜波依斯估计：16世纪时运往美洲的黑人有90万人，17世纪剧增3倍多，达到275万人，到18世纪竟高达700万人之多。掠取奴隶的场所，最初集中在塞内加尔和冈比亚河流域，后来沿海岸线向东和向南扩展，最后囊括了从塞内加尔到安哥拉广达6000多平方公里的地区。到19世纪上半期，西非奴隶来源日渐枯竭，奴隶贩子又将掠取奴隶的范围扩及东非沿岸，包括莫桑比克和马达加斯加等广阔区域。西方殖民者在非洲沿岸建立了许多贩奴据点和城堡。在城堡里，深壁高垒，驻有重兵，戒备森严，专门从事大规模的有组织的贩卖黑人的活动。

西班牙是最早在美洲进行殖民征服的国家，也是最早向美洲输入黑人奴隶的国家。17世纪上半叶荷兰成为海上强国，仅荷兰西印度公司，在西非就拥有40处堡垒和商站，大肆从事贩运奴隶的罪恶活动。当时的荷兰，在奴隶贸易中占海上绝对优势。但是，到了17世纪后期，英国成了经营这项肮脏买卖的主要国家。英国从事贩奴贸易开始于16世纪下半期。海盗和冒险家霍金斯是英国贩奴的开山祖师。1562年，他首次从西非海岸劫夺了一船奴隶，把他们运到美洲，受到英国统治者伊丽莎白女王的嘉奖，被封为“爵士”。霍金斯由于进行这一肮脏买卖大发横财，后来竟成了当时有名的大富翁。在英王政府的直接保护和支持下，一些道貌岸然的内阁大臣、打着上帝旗号的传教牧师、衣冠楚楚的皇亲贵族同无恶不作的海盗冒险家勾搭在一起，成立了一家家具有高度组织的专做贩奴贸易的垄断公司。例如，1672年成立的英国皇家非洲公司，最盛时期拥有249条贩奴船，它不仅垄断了英国的全国奴隶贸易，而且垄断了从非洲至英属西印度群岛的全部黑人奴隶贸易。这个公司的成员中，包括3个公爵，8个伯爵，7个爵士和27个骑士称号的贵族。据估计，从1680年到1700年20年间，光这家公司就从非洲运出了14万名黑奴。

为了争夺这种以活人为商品的赚钱买卖，西方殖民强盗之间展开了激烈的竞争，互相厮杀火并。1567年，一个英国海盗从几内亚海岸装运黑人到海地出卖，西班牙殖民当局则禁止英国人在其殖民地从事贩卖奴隶的活动，并扬言对于违命者处以死刑。英国政府就派遣绰号叫“海狗”的德雷克为首的海盗船，袭击西属西印度群岛，把西班牙人的贸易站洗劫一空。于是，西班牙国王腓利普二世便作出了“从地球上把英国抹掉”的强硬决定。他派遣“无敌舰队”去征服英国。1588年西班牙“无敌舰队”被英国舰队击垮。从此西班牙海上势力衰弱下去。18世纪初，资本主义暴发户英国又打败另一个海上劲敌——被称为“世界海上马车夫”的荷兰，取得了海盗头子的地位。1713年英国强迫西班牙签订条约，取得了对西班牙殖民地输入奴隶的独占权。英国以它庞大的海上力量疯狂地从事这项嗜血贸易，很快就把其他各国抛在后面，成了当时公认的世界头号奴隶贩子。根据统计，从非洲输往美洲的奴隶，由英国船的运输量是所有其他国家运输总量的四倍。

到了19世纪上半期，美国的棉花种植园迅速发展起来，需要大批奴隶劳动。于是，美国殖民者便开始了大力从事贩奴贸易的野蛮行径。美国独立不到100年，美国的黑奴人数就从46万猛增到400万人，共有15个州是所谓蓄奴州。

马克思曾一针见血地指出："当我们把自己的目光从资产阶级文明的故乡转向殖民地的时候，资产阶级文明的极端伪善和它的野蛮本性就赤裸裸地呈现在我们面前，因为它在故乡还装出一副很有体面的样子，而一到殖民地就丝毫不加掩饰了。"① 西方殖民主义者在贩奴过程中，残酷虐待和杀害非洲黑人的血迹斑斑的事实，完全说明了这一点。在贩奴贸易的初期，一些欧洲海盗、商人、亡命之徒曾组织所谓"猎捕队"，深入非洲腹地，像猎取野兽一样，到处追捕黑人，偷袭黑人村落，他们往往一夜之间，就把那些和平宁静的黑人村落糟踏成荒无人烟的废墟，房屋被烧毁，遭难的黑人一个个被捆绑而去。但是，这种方式收获不多，并经常遭到当地居民的坚决反抗，往往被黑人的箭镞打得抱头逃窜，狼狈不堪。这些狡猾的强盗慑于黑人的反抗斗争，遂改变手法，用枪支、火药诱骗沿海地区的一些部落酋长，唆使他们向内陆攻袭，挑动部落之间的战争，俘虏对方部落的人，殖民者再用少许枪械、甜酒、花布和其他装饰物向部落酋长换取奴隶。在殖民主义者的挑动下，非洲各地区、各部落之间自相残杀，争斗不绝，大量的黑人被捕掳和惨遭杀害。

那些在"猎取战争"中被掳掠来的黑人，戴枷铐锁，组成一支长长的队伍，从内地草原和原始森林地带经过长途跋涉，被荷枪实弹的强盗奴隶贩子押送到海边，有人在描述这段悲惨历程的最初阶段时写道："一群奴隶在向海岸进发途中，累赘地跨着沉重的颈箍或缚着捆奴棍，戴着手铐脚镣，磨得皮开肉绽，伤口恶化溃烂，奴隶仍半饥不饱，遭到过度驱使，加上饮水供应不足，不管死活，

① 《马克思恩格斯全集》第9卷，人民出版社1972年版，第251页。

极易中暑丧命。假如他们躺下休息片刻，或者精疲力竭就此倒下，就会被枪杀或矛刺。甚至被惨无人道地割断喉管，……有的母亲背不动孩子，有的孩子跟不上商队队伍，都被揍得脑浆迸裂。……"① 当这支死亡殆半的奴隶队伍到达海岸之后，奴隶们便被关入贩奴堡内的地牢里。牢内阴暗潮湿，毒虫蚊蚋麇集。有许多奴隶还未装船，就不堪虐待而夭折。在装船前，还要经过挑选，合格者，用烧红的烙铁，在奴隶的肩上或胸前打上烙印。从地牢的二尺见方狭小的地道里，爬着赶进船舱。

在运往美洲的贩奴船上，奴隶们所受的折磨更是骇人听闻。当时的贩奴船都是单桅小船，最大的不过百吨。奴隶贩子为了多赚钱，把带有脚镣的奴隶像货物一样塞入拥挤不堪的船舱里，一艘几十吨的帆船竟要装运几百个奴隶。奴隶们曲膝弯颈，被迫一个紧挨着一个地并排躺在船板上，头顶脚，脚顶头，连左右松一下的余地也没有。由于拥挤过度，空气污浊，饮食恶劣，使得天花、痢疾、眼炎等传染病极为流行。再加上航程远，风浪大，许多善良的"黑人旅客"，常常被疾病折磨致死在途中，几乎每天都有黑人尸体被投入大海之中。不堪虐待的黑人稍加反抗，就要遭到毒打刺伤，或断手砍头，与病奴一起抛入大海中。在一艘从非洲横渡大西洋开到美洲的贩奴船上，30% 的死亡率是平常的。有时一半人，甚至 2/3 的人都葬身于大海。据统计，从 1680 年到 1688 年，英国皇家非洲公司从非洲运出黑人奴隶为 60783 人，而死于海上的就达 14387 人。由于不断地有死尸被抛到大海之中，致使每一条贩奴船在航行时，船尾经常有逐食的鲨鱼跟踪游弋。滔滔的大西洋海底，不知埋葬了多少无辜的黑人奴隶的尸骨。美国 19 世纪的进步诗人朗弗罗在《证人》这篇名诗中满怀悲愤地写道：

大海的深处，
泥泞的泥里，
躺着被人们遗忘了的

① 西克·安德烈：《黑非洲史》，上海人民出版社 1965 年版，第 210 页。

锁着铁链的人骸。

……

在溃灭的黑暗里，

闪烁着不幸的奴隶的白骨，

他们从乌漆漆的巨浪里，

大声叫唤："我们是证人！"①

贩奴船自西非起航后，在大西洋上航行6至20个星期，到达美洲后，奴隶们在市场上像牲畜一样被标价拍卖。当时，在美洲殖民者办的报纸上，常常登载贩卖黑奴的广告，把男女黑奴的体质与工作能力像宣传商品一样，在广告中介绍一番。如美国《孟斐斯鹰和调查者日报》的一份广告上写道：

"奴隶！奴隶！奴隶！

本周新到货物！我店设在纳切斯附近的马路交口。许多年来，我们全年存有高大和优良种族的黑人，其中有：农奴、家宅奴隶、手工业奴隶、厨师、缝纫洗衣女奴和烫衣女奴等等。随时廉价出卖，价格比新奥尔良任何一家商店都便宜……。费·普尔曼"。②

人贩子将奴隶在美洲高价出售后，满载着美洲种植园和矿场里生产的糖、棉、烟草以及铜、银、金等矿产品，运回欧洲，然后再将这些原料制成的工业品运到非洲去换取黑人。在大西洋上所进行的这种贸易循环，被称为"三角贸易"。一次三角航行，约需六个月，奴隶商人在"三角贸易"中可做三笔买卖，赚取惊人的利润。特别是其中贩卖非洲黑人一环，所取得的利润最大。在17世纪，当时非洲每名黑人值25英镑，运到美洲可卖150英镑，利润达到600%。18世纪时，在非洲一名黑人值50美元，运到西印度群岛可卖400美元，利润高达800%，有时甚至可达5000%。当时的奴隶贩子曾这样计算过：他们只要在三船奴隶中有一船逃避开海盗和其他类型的劫掠，以及海上种种风险，平安运到终点，他们就可发

① 转引自杜宣：《西非日记》，作家出版社1964年版，第25页。

② 恩·巴尔奇：《印第安人、黑人和阿拉伯人》，中国青年出版社1962年版，第78页。

大财。许多奴隶贩子跑了几趟“三角贸易”。回到了欧洲都成了巨富。

被贩卖到美洲的黑人，主要是在奴隶种植园中从事笨重的体力劳动，开荒辟地，种植甘蔗、棉花、烟草、蓝靛等经济作物。种植园曾经是美洲的主要经济形式，而黑人则是开发美洲的主要力量。在种植园里，黑奴完全被当作“耕畜”使用，他们冒着酷暑严寒，带着锁链百十成群地在监工的皮鞭下，胼手胝足，每天劳动长达十八九个小时，夜间则被关到破陋的木屋草舍里，在屋外还有猎狗监视。黑人没有任何人身自由，不能与外界接触。未经主人允许，不能结婚。即使偶尔成婚，一旦被典当拍卖，则要妻离子散，天各一方。他们用自己的血汗养肥了种植园主，换得的却是缺衣少食、牛马一般的生活。白人可以任意凌辱、奴役、买卖、鞭打和杀害黑奴，而不受任何法律追究。黑奴稍有反抗，就要遭到鞭笞、钉十字架、火焚、切断手足的惩罚。非人的待遇摧残了黑奴的身心，一个强壮的黑人劳动力经过七八年的折磨就结束了生命，或者是成为残废。在西印度群岛的种植园中，黑人的寿命平均只有七年。如圣多明各岛在 18 世纪上半期共输入奴隶 280 万人，而到 1764 年仅剩下 65 万人，平均每年要死亡 4 万多人。牙买加岛在 1690 年到 1820 年间输入约 80 万黑奴，1820 年时只剩下 34 万人。无法计数的黑人为了种植园主的发财致富而流尽了血汗，死在美洲的大地上。黑奴一旦死了，就像一具牲畜似的尸体被抛在荒冢漫野里。

延续四个世纪的贩奴贸易，使非洲大陆遭受空前的大浩劫。杜波依斯教授在论及贩奴贸易给非洲大陆带来的灾难性后果时写道：“奴隶贸易遍及整个大陆，绵延数世纪之久。它带来的经济、社会和政治灾难，在人类历史上，大概是罕见的。”① 据杜波依斯估计：被贩运到美洲的奴隶，总计达 1500 万人之多。由于在掠捕奴隶时的血腥屠杀和运送途中的残酷虐待，每活着运到美洲 1 人，就有 5 ~6 人或者是死于相互残杀的“猎奴战争”的战场上，或者被折磨

① 转引自：《世界近代史》，吉林人民出版社 1962 年版，第 206 页。

致死在押运途中，或者在横渡大西洋时被抛入大海。照此比例推算，非洲因有奴隶贸易而损失的人口几乎高达1亿人。而且，所损失的绝大多数是年轻力壮的男子。人口的大量损失，必然破坏生产力的发展。连绵不断的“猎奴战争”，使昔日繁华的城市变为荒凉的村落，商路遭到破坏，整个整个部落被灭绝。凡是奴隶贸易所殃及的地区，处处是庐舍为墟，白骨累累，惨不忍睹。社会生产力遭到如此巨大的破坏，严重地阻碍了非洲的经济文化的发展，使原有的社会联系被割裂，政治经济的独立发展过程被中断，许多部落、国家被灭亡。这一切都使得非洲的文明比西方入侵前大大倒退。古老的非洲大陆，原是人类文明的摇篮之一，只是由于殖民强盗的血腥掠夺，才使得它变成了贫困落后的大陆。

毛泽东同志说：“万恶的殖民主义、帝国主义制度是随着奴役和贩卖黑人而兴盛起来的。”① 贩奴贸易给非洲人民带来了深重的灾难，而西欧各国，特别是英国却在贩卖和奴役黑人中积累了巨额的财富。大量的沾满血污的国外财富源源不断地流入国内，转化为资本，成为资本主义经济发展的有力的催化剂。非洲儿女的血肉之躯，成为资本原始积累的一个重要来源之一。马克思在《资本论》中指出，奴隶贸易是资本主义在欧洲产生和发展的重要前提之一。英国著名的冶铁业大老板安东尼·培根，就是一个大奴隶贩子。他在1768~1776年，按照政府签订的合同，定期向英属西印度群岛贩卖奴隶，获得67000英镑的收入。这笔钱成为他后来创办冶铁业的资本。英国的利物浦、朴茨茅斯，法国的马赛以及葡萄牙的里斯本，都因奴隶贸易出现了异常的繁荣。1787~1793年，仅利物浦的船只就贩运奴隶900次，人数多达35万多人，英国殖民者从中渔利1500万英镑。利物浦就是在贩卖黑人的基础上，从一个小村镇很快发展成为一个大城市的。朴茨茅斯是英国最早的贩奴中心，到18世纪时已发展成为仅次于首都伦敦的最大城市。一个地方的编年史作者这样写道：“这个城市里没有一块砖不是由奴隶的鲜血

---

① 毛泽东：《支持美国黑人反对美帝国主义种族歧视的正义斗争的声明》，《人民日报》1963年8月9日。”

所染成的。豪华的宫殿，奢侈的生活方式，穿着华贵的制服的仆役，这一切都是由朴茨茅斯的商人所买卖的奴隶苦痛中所压榨来的财富所造成的。”① 曾经吞灭了数百万非洲黑人生命的西印度群岛的种植业给英国工业提供了大批廉价的棉花等原料，成为英国当时最主要的经济部门——纺织工业得以迅速发展的原因。马克思在论及美洲的奴隶制的种植园同英国工业发展的关系时写道：“同机器、信用等等一样，直接奴隶制是资产阶级工业的基础。没有奴隶制就没有棉花；没有棉花现代工业就不可设想。”② 美国南部的种植园经济同样是靠奴役黑人而发迹起家的。万恶的奴隶贸易有力地证明，欧美资本主义的发展与繁荣浸透着无数非洲人民的血和泪。

（摘自《资本原始积累史》，吉林人民出版社 1981 年版）

---

① 转引自塔塔里诺：《英国史纲》，三联书店 1962 年版，第 332 页 ~ 338 页。

② 《马克思恩格斯全集》第 4 卷，人民出版社 1972 年版，第 145 页。

西方殖民者在美洲大陆

美丽富饶的美洲大陆，原来是印第安人居住的地方。印第安人是个勤劳、智慧的民族。在欧洲人来到美洲大陆以前，印第安人已经创造了独特的美洲古代文明，对人类社会的发展作出了自己的贡献。15 世纪末，印第安人的社会处在原始公社末期的发展阶段上，他们组成了许多氏族部落。而当时的西欧各国封建制度已开始解体，一些国家已经出现了资本主义萌芽。由于商品、货币关系的迅速发展和对货币的急速增长的需求，刺激了人们对于黄金的追求，推动西欧商人和冒险家向海外探险。他们幻想找到神话中的“黄金国”，以便掠取金银财宝，加速资本原始积累。恩格斯说：“黄金一词是驱使西班牙人横渡大西洋到美洲去的咒语。”① 1492 年冒险家哥伦布发现美洲大陆后，殖民主义者们以为神话中的“黄金国”终于找到了。于是，这块新大陆就成了正在进行资本原始积累的西欧各国竞相争夺的场所。西班牙、葡萄牙、荷兰、英国、法国的商人以及破产贵族、雇佣兵、刑事犯和各种各样做着黄金梦的社会渣滓，像潮水般纷纷涌向这片土地，用残暴无比的手段，杀害和驱逐土著居民印第安人，从他们手中夺取黄金和土地。西方殖民强盗的入侵，破坏了印第安人原有社会的正常发展进程，毁灭了他们原有的古老文化。从此，印第安人开始了“血和泪”的历史。

西班牙人是登上美洲大陆的第一批殖民者。从 15 世纪末到 16 世纪上半期，西班牙殖民者在中南美洲进行了野蛮的殖民征服。一个目睹者写道：“对这些温顺的羔羊（印第安人），西班牙人一踏上他们的国土，就露出凶残、贪婪、虎狼般的面貌来。40 年来一直到今天，他们用各种闻所未闻见所未见的残忍办法来蹂躏、屠

① 《马克思恩格斯全集》第 21 卷，人民出版社 1972 年版，第 450 页。

杀、虐待、毁灭印第安人，使印第安人受尽折磨苦难。”① 为了霸占这些地区几千年来积累起来的金银财宝，殖民者用马队和枪炮惨无人道地大批屠杀印第安人。他们稍遇反抗便把整个地区的居民几乎全部杀光，连老幼妇孺也不能幸免。他们甚至把屠杀印第安人当作一种“游戏”。当时有人曾经这样真实地描述说：“当西班牙人进入印第安人居住地时，老人、儿童和妇女就成了他们逞凶肆虐的牺牲品。他们甚至连孕妇也不饶过，用标枪或剑剖开她们的肚子。他们像赶羊似地把印第安人赶进围棚里。然后便互相比赛，看谁能更灵巧地把一个印第安人一下子砍成两半，或者把他的内脏剜出来……”。②

殖民强盗的野蛮残忍骇人听闻，而他们所得到的金银之多，超出了他们的想象。西班牙殖民强盗科泰斯在征服墨西哥城后，仅从废墟中就搜寻到黄金 38 万比索，其他珍珠、宝石、贵重手工艺品的价值，则相当于这个数字的两倍。另一个西班牙亡命徒皮萨罗，在征服秘鲁时，劫夺到 15000 万金卢布的财宝。

为了勒索印第安人的金银，殖民者常去俘虏土著居民，然后要当地人用重金赎回。更无耻的是，殖民者在收足了所谓“赎金”以后，又往往背信弃义地杀死俘虏。此外，殖民者还盗墓开棺，掠取殉葬的贵重金属，抢劫各庙宇的金像，甚至杀死居民，夺取他们身上的装饰物。

西班牙殖民者为了满足自己追求金银的欲望，还强迫印第安人在阴森可怕的金银矿坑里，从事奴隶般的劳动。这种徭役对印第安人来说，“比任何天灾都可怕，比任何瘟疫都厉害”。繁重的劳动、饥饿和虐待，往往使他们很少能够活着回到故乡。据估计，每五个印第安人中就有四个在第一年中死亡，矿山变成了印第安人苦役的墓地。根据记载，在墨西哥的一些矿井的周围，好几里地以内的道路和岩穴里，堆满了因饥饿和疲劳而死亡的印第安人的尸骨，只有

① 雅克·阿尔诺：《对殖民主义的审判》，世界知识出版社 1962 年版，第 54 页。

② 转引自金重远：《西班牙美洲殖民地独立斗争》，商务印书馆 1964 年版，第 8 页。

在死人的骨骸上才能走得过去，其景象十分凄惨。

西班牙人来到中南美洲，当地土著居民成了他们掠夺的牺牲品，上百万印第安人被埋于矿井，或被折磨死在种植园、畜牧场里，或因反抗而遭屠杀。据西班牙人自己估计，仅在16世纪前半期，被他们杀害的美洲土著居民就有1500万人之多。特别是人烟稠密的西印度群岛地区，当地居民几乎完全绝迹。马克思曾经一针见血地指出："当我们把自己的目光从资产阶级文明的故乡转向殖民地的时候，资产阶级文明的极端伪善和它的野蛮本性就赤裸裸地呈现在我们面前，因为它在故乡还装出一副很有体面的样子。而一到殖民地它就丝毫不加掩饰了。"① 西班牙殖民者残杀印第安人的暴行完全说明了这一点。

印第安人尸骨成山，殖民强盗则金银满舱。300多年间，西班牙殖民者从美洲掠走250万公斤黄金，1亿多公斤白银。另一个随之而来的殖民主义国家葡萄牙，仅从巴西一地至少掠走了价值约10亿美元的黄金。

17世纪初，英国殖民者也来到北美洲。为了抢夺印第安人的土地和财富，他们发动了一次又一次"剿灭"印第安人的战争。他们烧杀、抢掠，无所不为，甚至采用高价收购印第安人的带发头盖皮的办法，消灭土著居民，其残酷程度，较西班牙人更甚一层。如1702年新英格兰的英国殖民当局决定，一个带发头盖皮悬赏40英镑，1720年增加到100英镑。1744年悬赏如下：12岁以上的男子带发头盖皮每个给奖100英镑，妇女和小孩每个50英镑。在当时的北美捕杀印第安人竟成了有利可图的事情，凡是这些抢男霸女、杀人放火的匪徒到过的地方，土地荒芜，人烟灭绝。弗吉尼亚地区在英国殖民者入侵后的12年间，原来的印第安人居民几乎全部被杀光。到美国独立战争前夕，阿勒根尼山以东的印第安人部落几乎都被消灭。这种灭绝人性的暴行，使印第安人口与日俱减，而侥幸活下来的人，又被迫避入西部深山和荒野之中。就这样，英国

① 马克思：《马克思恩格斯全集》第9卷，人民出版社1972年版，第251页。

通过驱逐和抢占印第安人的土地，在1607～1733年的一个多世纪中，在大西洋沿岸最富庶的地区，先后建立了13个殖民地。

欧洲殖民者最初来到美洲是为了追求金银，但北美大陆的金银蕴藏，不如中南美洲丰富。英国殖民者便转而与印第安人进行掠夺性的皮毛贸易，通过这种诈骗行为，赚得了大量的财富。他们采取的手法是先把印第安人灌醉，然后以极贱的代价，用金属玩具、梳子、镜子、枪、刀、火药等物品，向他们换取珍贵的毛皮。有个名叫亚士托的英国商人，1786年初到北美时，口袋里只有5英镑，他就是靠这种欺诈性的贸易大发横财的。在他设在密苏里河岸边的贸易站附近的道路上，经常满布着烂醉如泥的印第安人——男人、妇女和小孩。他以不超过1元钱的货物，向印第安人换来的海狸皮，在伦敦至少要卖6～7元钱。1881年时，亚士托创办的这号公司，已经拥有100万美元的资本，每年获利在50万美元以上，成了当时最大的富翁之一。英国殖民强盗靠着杀戮、掠夺和欺诈印第安人，两手空空而来，不过几日，就金银满舱而去，为国内的资本主义发展掠夺了巨额的财富。

美国是当代头号帝国主义大国。在两百年前，美国刚刚独立不久，便走上了殖民扩张的道路，侵占了西部广大的土地。到19世纪中期，美国的领土已从大西洋延伸到太平洋，达到现今的疆界。

美国向西部扩张领土的过程。就是用火和剑驱逐和消灭印第安人的过程。美国殖民者为了侵占印第安人的土地，不仅采用威胁利诱、强迫订约的手段把他们赶走，而且常常发动灭绝人性的战争。美国第一任总统华盛顿就是屠杀印第安人的刽子手。他在命令部下带兵去“扫灭”纽约州北部的印第安人部落时，在训令中杀气腾腾地说道：“当前的目标，就是要完全摧毁并踏平他们所聚居的地区，要尽可能地多抓俘虏。不管男女老少，抓得越多越好。不仅是要扫荡那个地区，而且要毁灭那个地区。”美国统治集团从一开始，便继承了英国殖民者屠杀和奴役印第安人的衣钵。

1880年，被称为印第安人死敌的美国总统杰克逊颁布《印第安人迁移法》，决定把印第安人赶到密西西比河以西去，并派兵包围押送。这是一次极为凄惨的大迁移，印第安人拖儿带女长途跋涉，成千上万的人死于途中。印第安人把这条路称做“眼泪之路”。当迁移法颁布时，美国政府曾虚伪地允诺印第安人，他们移居的新地区“将保证天长地久一样永归他们所有”。然而。当印第安人移居到密西西比河以后，仍然遭到被驱逐和屠杀的命运。例如，在加利福尼亚州发现金矿后，印第安人又被整村整村地歼灭掉。十年间，该州的印第安人由 10 万人减少到 3 万人。直到 19 世纪下半期，美国殖民者还用猎犬来追逐印第安人，把他们赶进山洞里，不分成年人和儿童，一律枪杀。

如果说，在英国被剥夺土地的农民还能在城市里找到避难之处，而在北美的印第安人，在他们失去土地之后，却只能遭到被屠杀的命运。到 19 世纪末，北美的印第安人在英美等殖民者的杀戮下，已由原来的 100 多万人剧减到 24 万人。残存下来的则被赶到荒僻贫瘠的沙漠地带，画地为牢，圈定在所谓“印第安人保留地”里，不准自由行动。据估计，美国殖民者在 1887 ~ 1933 年期间，一共从印第安人手中夺得到 3650 万公顷土地。在美国土地上，到处浸染着印第安人的斑斑血迹。美国资产阶级的巨额财富，是在印第安人的骸骨堆上建立起来的。

如果说，在各种不同的原始积累方式中，对农民土地的剥夺，是全部过程的基础，那么，对亚洲、非洲和美洲人民的殖民掠夺，则是原始积累的一个非常重要的因素。殖民强盗从殖民地，特别是从美洲抢劫来的和稍后驱使当地居民以奴隶劳动采掘出来的金银，源源不绝地流入欧洲。16 世纪中叶，他们在殖民地采掘的金银比欧洲在征服美洲前的采掘量多四倍。大量成本低廉的金银投入流通后，扩大了交换手段，引起金银价格下降，货币贬值，物价相应上升。如在 16 世纪内，西班牙的物价上涨了 3 倍多。法国、英国、德国的物价也平均上涨了 1 ~ 1.5 倍。由于日用消费品价格的上涨，导致实际工资的降低，使城乡劳动群众状况更加恶化了。物价的上涨和货币的贬值，同时也使那些依靠收取固定数额货币地租的封建地主也遭受损失，而只有那些依靠剥削廉价劳动力，并按高昂的价格出售商品的资产阶级，从中大发横财。这就加强了资产阶级的地位，结果进一步加速了欧洲的阶级分化。正像马克思所指出的："交换手段扩大的结果一方面是工资和地租跌价，另一方面是工业利润增多……换句话说，土地所有者阶级和劳动者阶级，即封建主和人民衰落了，资本家阶级，资产阶级则相应地上升了。"①

大量黄金和白银的流入，则更是西欧国家资本原始积累的重要来源。马克思在分析欧洲资本主义工场手工业的产生时指出："形成工场手工业的最必要条件之一，就是由于美洲的发现和美洲贵金属的输入而促成的资本积累。"②所以说，美洲的发现以及随之而来的殖民地掳掠，对于促进封建生产方式的衰落和资本主义生产方式的勃兴产生了非常重大的影响。

（摘自《资本漫话》，辽宁人民出版社1979年版）

①② 《马克思恩格斯选集》第1卷，人民出版社1972年版，第130页。

法国农民土地的丧失

欧洲各国进行资本原始积累尽管各有其特点，但有一点则是相同的，那就是剥夺直接生产者，首先是使农民失去土地。在封建制度解体时期的法国，虽然没有发生像英国那样大规模的圈地运动，强制地把农民从土地上赶走，但同样毫无例外地出现过掠夺农民土地的情形，只不过法国农民的被剥夺是以另一种方式进行的罢了。

中世纪的法国，一直是欧洲最大的封建专制国家之一。到了16～18世纪，虽然专制制度已经开始由极盛走向衰落，商品经济有了很大发展，资本主义关系正在逐渐成长起来，但就整个社会来说，封建主义关系仍然居于绝对统治地位。

在法国封建制度下，根据“没有土地不属于领主”这一封建原则，全国土地大都属于所谓封建领主所有，其中贵族占有3/5、国王和僧侣各占有1/5。而占总人口绝大多数的农民则没有土地，或只有少量的土地。尽管18世纪下半期，法国的农奴制度已经基本上瓦解了，但它的残余还随处可见，直到1789年资产阶级革命前夕，仍有大约150万未解放的农奴。而已经解放的农奴，人身是自由了，却在土地和司法上依附于封建领主，他们必须向领主缴纳封建地租，并服从封建的司法权。地主在自己的领土上制定出农民必须遵守的规章制度，这使得农民的人身自由受到很大的损害，农民实际上处于半农奴的地位。

法国封建土地制度的特点是领主都不亲自经营土地，而是采用“纳赋地”或“租地”的形式，将土地分成许多小块租给农民耕种。“纳赋地”具有永佃性质，由农民即所谓“年贡缴纳者”世代相传，长期使用，甚至可以完全或部分抵押、出租或出售。但领主永远保留土地所有权，不管纳赋地卖给了谁，承受者必须与先前一样缴纳一切贡赋。“租地”是领主按期出租给农民耕种的土地，租地的农民（佃农）按照租约的规定向领主缴纳地租。

农民除供养封建地主之外，还要向封建国家缴纳苛重的捐税。国税大体分为两种：一种是直接税，如田赋财产税、人头税、军役税等，另一种是间接税，如盐税、酒税、烟草税等。农民最痛恨的是盐税。国家垄断了食盐的销售，并任意规定农民必须遵守国家规定的食盐价格和消费量，购买价格较低的私盐就要受到严厉的处罚。在18世纪，这些捐税以惊人的速度增加。例如，1715年时，土地税和个人税以及人头税共计6600万利维尔，在1759年为9300万利维尔，而到1789年竟高达11000万利维尔，也就是说，直接税在74年中增加了69%。1757年时，直接税和间接税的总数为28300万利维尔，而到1789年上升到47600万利维尔，捐税在32年中增加了68%。间接税在18世纪增加了2倍。国税之高有时竟达到夺去农民收入一半的程度。

农民除遭受封建领主和国家的残酷剥削外，还要向教会缴纳收获物的十分之一的贡献，即所谓什一税。据估计法国农民每年缴纳给领主、国家和教会的各种租税和贡赋要占他们每年总收入的四分之三以上。

名目繁多的苛捐杂税压得农民喘不过气来，因此在征税时往往引起农民武装反抗。1670年维瓦莱山里人的战歌写道：

快有五六年了，
吝啬的包税人、
副包税人、分包税人，
这些与我们的幸福势不两立的人们，
对我们肆无忌惮地进行掠夺。
饿够了，哭够了，
农民们：拿起武器来血战吧，
向那些吃人的恶鸟和盐吏扑上去吧，
必须和狼一齐嚎叫，
对那些阿尔德什省的吸血鬼，
拿起你们的铁锹、铲子和锄头来，

也去征收它们的税收吧。
勇猛前进吧，兄弟们！不要休息！
为了保卫我们的粮食，
在兰德那一边的原野，
飘扬着维瓦莱的旗帜，
上帝保佑陆尔和他的部下！①

农民在地租和赋税的重压下，往往不得不以土地作为抵押，举借债款，承受高利贷者的重利盘剥。当他们债台高筑无法清偿时，土地便被夺去了。于是，只好接受苛刻的条件，向高利贷者租种原来属于他们自己的土地，承受地主和高利贷者的双重剥削。

法国农民在地主、国家、教会以及高利贷者的层层剥削之下，陷入了山穷水尽、贫困不堪的境地。在17世纪，甚至到了18世纪，法国大多数农民还是住在矮小潮湿、黑暗、寒冷的茅屋里，壁是用泥涂的，屋顶是茅草盖的，不蔽风雨，而且一般没有烟囱，整个房间经常是烟雾迷漫。这样的住宅，一户一般地只有一间，人和牲畜（仔猪、山羊、家禽）时常杂居一处。他们吃饭没有桌，睡觉没有床，夜间睡的是草垫，身上穿的是自己织的粗布加染色的衣服，足上穿的是木屐或草鞋。他们吃的主要食物是粥和稞麦做的黑面包。家里虽然养有猪羊，但肉食却是难得的奢侈品。在平常的年景里农民还难以免除饥饿，若是遇到荒年就只能以树皮草根延续生命。歉收和饥荒在当时是很平常的现象，因而，伴随而来的必然是很高的人口死亡率。当时的法国政府常常收到这样的报告："在屠林伯爵领地，人们已经吃了一年青草"；在却特利主教辖区"人们像羊一样吃青草，像苍蝇一样大批死亡，诸如此类，不一而足"。②

英国经济学家、农学家阿瑟·杨格曾于1789年游历过法国，他谈及法国农民的悲惨景况时写道："我徒步走上一个漫长的山

① 转引自让·勃吕阿：《法国工人运动史》第1卷，三联书店1957年版，第42～43页。包税人、副包税人和分包税人是指收税捐的财主，盐吏是收盐的官吏，安东尼·陆尔是起义领袖。

② 罗琴斯卡亚：《法国史纲（17～19世纪）》，三联书店1962年版，第46页。

岗，有一位贫苦的妇女同行，她抱怨时世艰难和乡间悲惨。问她什么理由，她说她和丈夫只有一小块土地、一头牡牛和一匹可怜的小马，然而他们要付给一个领主42磅的小麦和三只鸡作为免役税；并且还要付给另外一个领主168磅的燕麦、1只鸡和1个法郎，此外还要付很重的军役税和其他捐税。……但愿上帝给我们好过一些，因为苛捐杂税和封建权利压得我们透不过气来。这个妇女由于劳苦，身躯是这样弯曲，脸皮是这样起了皱纹和没有表情，在不远的地方看来，可能被认为有六七十岁，但是她说只有28岁。”①

随着封建剥削的不断加强，农民贫困破产和失去土地的情况日益加剧。在法国剥夺农民的主要方法不是英国式的圈地，而是通过加强租税剥削迫使农民出售他们自己的份地的方式实现的。马克思在揭露这一剥夺农民的方式时曾经指出："要剥夺农民不必像在英国那样把他们从土地上赶走，……您若超过一定限度夺去农民的农业劳动产品……就休想把他们羁留在他们的田地上"。② 在法国，破了产的农民的土地，主要是被富裕起来的城市资产阶级收买去，但法国的新贵族——以前的城市中等资产者——和英国的新贵族不同，他们并不在购买来的土地上进行资本主义方式的经营，而是短期地出租给原来的那些农民耕种，并供给他们种籽、农具及耕畜，新贵族们收取的租金一般都要高达收成的一半，有时还要多些，这就是所谓“对分制”。马克思认为这种地租形式，是从封建地租到资本主义地租的过渡形式。

在17世纪，法国农民与土地分离的情况已不少见，但这一过程进行得还是比较缓慢的。到了18世纪，封建领主依据“三分制”的原则大肆侵占公社土地，从而加速了对农民土地的剥夺过程。早在16~17世纪时，法国许多地方的封建领主在国王和教会

---

① 转引自《世界通史资料选辑》（近代史部分）上册，商务印书馆1964年版，第111~112页。

② 马克思：《1881年3月8日致札苏里奈的信的草稿》，《马克思恩格斯全集》第27卷，俄文版第685页；转引自罗琴斯卡亚：《法国史纲》（17~19世纪），三联书店1962年版，第11页。

的庇护之下，就常常侵占属于农村公社共有的农田、草地、森林等等。后来，随着人口的增加，地价愈来愈高，侵占公地的事也就越来越多了。到了1669年时，国王路易十四颁布敕令，将名义上属于公社共有的农村土地分为三个部分：一部分分给领主，另一部分分给农民，第三部分分给公社，这就是所谓“三分制”。依据这一制度，封建领主对于过去仅仅是隶属于他们的村社公地，现在就可以名正言顺地将三分之一归为自己的私有财产，从而使封建领主侵占土地的行为合法化。到了18世纪，封建领主掠夺公社土地的情况就更加严重了。他们不但把公社最好的土地夺去，而且侵占的公社农地大大超过了三分之一的数量，有时甚至侵占了全部。他们采用的手法是，或者用武力，或者用欺骗，或者用农民看不懂的文件，或者是借口公地的某些部分原来就包括在领主的领地之内。村社公有地原来是农民放牧牲畜的场所，农民可以在公有的草地上、森林里采集果物和菌类，收获庄稼时还允许老人和牧童拾捡散落在公有田地上的谷粒。公有地被封建领主强占变为私产后，农民们便失去了这些必要的补充收入，使得生活更加艰难，因而加速了农民的破产过程。

在1789年资产阶级革命前夕，法国总人口为2500万人，其中农业人口约2200万人。据估计，赤贫的农民已达150～200万人。大批失去了土地的破产农民，有的留在农村变为对分制租佃者，即雇农；有的流入城市做工。他们当中的相当大一部分人找不到工作，到处漂泊，最后沦为乞丐。在18世纪60年代，全法国竟然有几十万人依靠讨饭度日，仅首都巴黎一地的60万居民中就有11.6万人为乞丐，约占全市人口的五分之一左右。一位当时的作家写道：“巴黎简直满城是乞丐。不论您在哪一家门口停立，马上就有十来个乞丐从四面八方包围您。据说他们全是农村居民，因为被压迫得在农村里也待不下去了，才逃到城里来讨饭的……”。①

这些进入巴黎后无业可就的、靠乞讨为生的贫苦农民，为了争

① 罗琴斯卡亚：《法国史纲（17～19世纪）》，三联书店1962年版，第47页。

取生存的权利，曾聚集在巴黎的圣索韦街、普提卡罗街、开罗街和圣德尼街之间的地区，成立了自己的组织，拥有自己的领袖。长期居住在那里并不受政府的任何管辖，因此被称为“巴黎浪人王国”。这个王国的利益显然是同法国地主、资产阶级的利益相背离的，所以后来被代表地主、资产阶级利益的法国政府用暴力驱散了。但是，这些浪人的生存问题并未因此获得解决。在资本主义还处于上升时期的法国，这些浪人谋求生存的主要出路是：出卖劳动力，转化为工资劳动者，为了强迫这些被剥夺了土地的贫苦农民完成这个转化，法国政府颁布了许多和英国相类似的“血腥立法”。例如，1764 年颁布的法令规定，从 16 岁到 70 岁的人如果被控有行乞行为，就要被分配到船上去做 3 年的划手；70 岁以上的和有病的乞丐要被送到医院里去住 3 年，所谓医院其实就是监狱。根据这条法令，1797 年逮捕了 5 万浪人。同英国一样，这些无家可归和饥寒交迫的人群到处遭受着鞭挞、囚禁和无情的迫害。正是这些过着可怜生活的流浪者和乞丐，构成了法国资本主义工场手工业的主要劳动力的来源。

1789 ~ 1794 年的法国资产阶级革命，推翻了牢固的封建统治，比较彻底地解决了农民的土地问题。根据 1793 年连续颁布的三个土地法令的规定，把地主近 200 年来所掠夺的农村公有地按人口平均分给农民，在没有公有地可分的地区，则给无地和少地的农户以一阿尔培（法国当时土地的计量单位）土地，将没收了的王室、教会和逃亡地主的地产，分成了小块出售给农民，地价分 10 年偿付，不计利息，无代价地废除一切封建义务。法国资产阶级大革命摧毁了封建地主大土地占有制，以民主的方式解决了农民的土地问题，使法国从此摆脱了封建束缚，为资本主义发展创造了有利条件。法国资产阶级大革命后，广大农民获得了一定数量的土地，于是农民的小块土地所有制在全国范围内普遍建立起来。但是，在资本主义条件下，小农并不能摆脱苦难的命运，小农经济不可避免地要发生分化。革命后，农民摆脱了封建的奴役，立刻又被戴上了资本主义的锁链。法国农民不仅要遭受工商业资产阶级的残酷剥削，还要向资产阶级的国家交纳苛重的土地税和许多繁重的间接税，而在他们为生计所迫而走投无路时，不得不四处借贷，又陷入高利贷者重利盘剥的罗网。马克思曾经指出：“单个的资本家通过抵押和高利贷来剥削单个的农民；资本家阶级通过国家赋税来剥削农民阶级。农民的所有权是一种符咒，它至今还使农民遭受资本支配……”。①

马克思在研究资产阶级革命后法国的农民问题时，曾列举1840年的统计材料深刻地说明了法国农民备受压榨的情况。1840年，法国农业总产品的价值为52.37亿法郎，扣除耕作成本和农民消费以后，纯收入是16.85亿法郎。其中用来支付押地借款的利息为5.5亿法郎，纳税3.5亿法郎，公证费、印花税和典当税等1.07亿法郎，法律费用1亿法郎，最后剩下的仅为纯产品的1/3，即5.38亿法郎，平均分到每一个人身上只有25法郎。②但是，就连这个数目也还要部分地被用来支付非抵押借款利息及律师费等等。农民的贫困状况由此可见一斑。

贫困的法国农民不可避免地要走上分化破产的道路。在19世纪中期以前，一方面几乎每年都有数以万计的小农户沦为无产者，另一方面，法国农村中极其猖獗的高利贷活动，对于农民和土地的分离过程，却起着延缓的作用。高利贷者更愿把已经破产而不能清偿债务的农民仍然保留在他们的小块土地上，因为这样可以使他们能够世世代代地吮吸农民身上的膏血。这就是法国的小块土地占有制得以长期保留下来的部分原因。

小块土地占有制的长期保持，把广大农民束缚在小块土地上，限制了自由劳动力的形成。特别是小农由于生活贫困，使得法国人口增殖非常缓慢，造成工农业生产中劳动力资源不足，从而限制了法国经济发展的速度。

总之，在封建制度解体和资本主义产生时期的法国农民同样经历了被剥夺的痛苦过程。但是，同英国相比，农民与土地分离的过

①②　参见《马克思恩格斯全集》第7卷，人民出版社1959年版，第98页。

程冗长得多。不像英国的“圈地运动”那样快地、彻底地实现了对农民土地的剥夺，这是由法国的特殊历史条件造成的。一方面，是因为直到18世纪法国的封建土地制度仍然根深蒂固，使大多数贫困的农民依附在封建领地上苟延残喘，阻碍着自由劳动力的形成；另一方面，一直保留到18世纪末的法国行会制度，严重阻碍着就业人数的增加与选择职业的自由。据估计，在法国大革命前后，在总人口2500万居民中，自由工人至多只有60万人。① 法国的资产阶级大革命废除了大的封建土地占有制，可是它却导致了小土地占有制的广泛流行。虽然小农经济不可避免地要向两极分化，但这毕竟是一个极其缓慢的过程。因此，法国自由劳动力的产生不像在英国那样顺利，法国的工业未曾拥有像18～19世纪英国工业所拥有的那样庞大的产业后备军。自由劳动力的不充分，是致使法国资本主义的发展相对落后于英国的重要原因之一。

（摘自《资本原始积累史》，吉林人民出版社1981年版）

① 转引自让·勃吕阿：《法国工人运动史》第1卷，三联书店1957年版，第73页。

德国的“普鲁士道路”

19世纪初叶，英国已进入了资本主义确立的阶段，但德国还是一个封建的农业国，经济非常落后。全国绝大多数居民（约80%）都从事农业，即使在经济最发达的普鲁士地区，在1804年还有73%的居民住在农村。甚至城市居民，也经常从事农业，而仅在形式上属于城市居民。当时农业经济在德国占据主要地位，而在农业中占统治地位的还是封建农奴制的自然经济，耕作技术也很落后。

资本主义工业虽然有一定程度的发展，但远比英法落后，其主要形式还是以剥削广大家庭手工业者为基础的分散的手工工场，使用机械很少。以经济最发达的普鲁士为例，1837年蒸汽机才有400台。手工工场的工人本身仍然是农奴、农民或行会手工业者，他们还未变成纯粹的雇佣工人。例如，1831年普鲁士的25万架麻织机（包括手工织布机）中，有21.6万架（占86%以上）是由从事农业生产的农民使用的。这种情况同正在进行工业革命的英国相比，鲜明地说明了德国的资本主义生产关系的发展还是十分缓慢和微弱的，它还处于资本主义工场手工业的初期阶段。

总的说来，在19世纪初，德国经济是落后的。造成德国经济落后的原因很多。当时的德国在政治上和经济上都处于封建割据状态，全国分为大大小小许多邦国。在诸侯林立、四分五裂的条件下，德国境内关卡重重，税目繁多，商业法规和度量衡单位很不统一，货币流通也极为混乱。举例说，一个商人从柏林去瑞士必须经过10个邦国，也就是说，要换10次货币，要办10次过境手续，要上10次关税。此外，牢固的行会制度的垄断和森严的法规也束缚着德国资本主义工业的发展。在造成德国经济落后的种种因素中，最根本的原因是封建农奴制的反动统治。

本来在13世纪时，德国农奴制隶属关系曾有某些缓和，农民已享有一定的人身自由。但是，到16世纪初德国的农奴制度又重新加强，并一直存在到19世纪上半期。德国农奴制之所以在这时又恢复加强起来，是由于国内外两方面的条件所造成的。第一，声势浩大的1524～1525年的德国农民战争被残酷镇压下去后，诸侯的统治加强了，被击败的农民已无力反抗农奴制剥削的加重，地主对农民的专横暴虐行为几乎变得毫无限制。同时，在镇压农民革命的过程中，以及在农民战争失败后迭起的封建诸侯的长期纷争中，使德国经济遭到严重破坏，而封建主则乘机对农民进行残暴掠夺，强占农民的土地，使得许多农民丧失了起码的生活资料，不得不依附于封建领主，忍受其残酷的剥削和压迫，这就给封建统治者恢复农奴制度提供了有利的条件。第二，自从地理大发现后，英国和荷兰的工商业迅速发展起来，对粮食和农业原料的需求不断增加，而16世纪的“价格革命”又使世界市场上粮价上涨。为了增加谷物和农业原料的生产和出口，获取高利，容克（即德国贵族地主）们一方面大肆兼并农民的土地，把农民成批地从他们的土地上赶走，以扩大自营的庄园面积；另一方面，竭力加强对农民的剥削，提高贡租和赋税，并力图扩大农奴制度。在这种情况下，从16世纪初开始，德国便发生了农奴制度重新加强的过程。到17世纪中叶时，不仅农民恢复了原来的依附地位，自由农民也农奴化了。恩格斯写道：“农奴制度现在成了普遍的制度，自由农民正如白色的乌鸦那样少见。”① 这就基本上恢复到13世纪前的农奴制状态，一般称它为“农奴制的再版”。同时，由于德国各个地区的具体历史条件不同，又各有不同的特点。

在西部地区，从12世纪末，都市便开始发达，农产品价格比较昂贵，因而商品经济发展较早。到18世纪时，随着商品经济的发展，农奴制已开始解体了。大多数农民拥有小块土地，农民对地主的依附关系，主要只限于缴付一定的捐和租。在17～18世纪内，代役租是这个地区封建地租的基本形式，劳役地租则居于次要地

① 《马克思恩格斯全集》第19卷，人民出版社1963年版，第366页。

位。但封建剥削和压迫仍然重要，地主除了不断增加代役租的数量外，还任意限制农民的财产和人身自由。如在巴登邦，农民在出卖、交换继承产业的时候，必须付给地主一大笔所谓“转手费”。按照常规，转手费约为产业价值的1/3～1/5。农民也还须担负徭役劳动，不过一年中已不超过2～4星期了。此外，农民结婚必须取得地主的同意，并向他们献出最珍贵的物品。

和西部地区比较，易北河以东的东北部地区的农民的境况更为悲惨。这个地区的农奴制经济的主要形态是以劳役制为基础的封建地主大庄园经济，生产的农产品主要远销于国外市场。农民大都是被剥夺了土地的所谓“茅舍人”，是只领有一间茅屋和一小块菜园的农奴式的雇农。他们除了自行耕种份地外，还要在地主庄园里从事无法计量的徭役劳动。由于徭役太重，农民们常常被迫在夜间耕种自己的一小块份地。不仅如此，农民的徭役义务还扩展到他们的妻室儿女身上。容克地主除了在经济上残酷剥削农民，经常强制他们从事各种劳役外，还依仗手中的立法、司法、行政、警察等特权，对农民恣意欺压。农民的身家性命都是是地主的财产。他们常常被地主出卖、出借或者典当出去，甚至在打牌场中被输出，等等。例如，在梅格林堡，法律竟规定农民可以被地主当作货物转让或出售。

农奴制的恢复和加强，不仅恶化了农民的处境，而且给农业和工业的发展造成了严重的障碍。在农奴制的统治下，农民在地主的田地上，常常被监工像牲畜一样拿着鞭子吆喝使唤，而一切劳动成果又主要被容克地主非生产性地挥霍掉，因而大大降低了农民的生产积极性，阻碍了农业生产的发展。同时，农民在人格上完全从属于封建领主，他们终年被束缚在土地上进行无偿的劳动。这样，不仅不能形成资本主义发展所需要的大批自由劳动者，也不能造成大批的商品需求者，从而严重地影响了资本主义工业的发展。恩格斯指出：“农奴制的普遍恢复是德国的工业不能在17和18世纪发展起来的一个原因”。①

① 《马克思恩格斯全集》第35卷，人民出版社1971年版，第123页。

1789 年，法国爆发了资产阶级的革命。“法国革命像霹雳一样击中了这个叫做德国的混乱世界”。① 在法国资产阶级革命的影响下，德国许多地区的农民掀起了反封建的起义。1789～1793 年，农民起义从亚尔萨斯开始，迅速地蔓延到莱茵河西岸的广大地区、萨克森和西里西亚。这些起义虽然没有成功，但却震撼了德国封建制度的基础。

1792 年，法国国民军击退了普奥联军的入侵，并乘胜占领了德国莱茵河左岸 21280 平方公里地区。以后，拿破仑又连续战胜德国诸侯，把他的统治扩展到整个德国，拿破仑的军事胜利有力地打击了德国的封建制度。在莱茵河的左岸地区，法国统治者为了便于统治和掠夺，推行了一系列比较彻底的资产阶级革命：如废除农奴法，解除农民对地主的徭役和地租义务，取消封建贵族的特权，没收教会和流亡者的土地进行拍卖，推行新的资产阶级民法等。此外，在莱茵河右岸，拿破仑也推行了类似上述的资产阶级改革。

在法国资产阶级革命的影响下，德国农民的骚动和国内资产阶级的不满，严重地动摇了德国封建贵族的统治。同时，由于战争的惨败，也使得封建贵族感到再也不能用老方法和旧手段统治下去了，而必须进行改革，首先是农奴制的改革，才能重振军事力量，增强国力，巩固他们在国内的统治。在这种形势下，德国各邦政府先后被迫地实行了一系列自上而下的资产阶级性质的改革。

在实力最强的普鲁士邦，推行改革的代表人物是先后担任首相的斯太因和哈登堡。1807 年 10 月斯太因颁布了“十月敕令”，宣布废除农民对地主的人身依附关系，允许农民有权支配自己的财产（包括把它传给自己的继承者）和选择职业的自由。但因这一改革是从维护容克地主阶级的利益出发的，所以这次改革是很不彻底的。如在敕令的第 12 款中写道：从“1810 年的圣马丁节起，在我们整个国家中停止一切农庄农民隶属关系，在 1810 年圣马丁节之后，只有自由的人。……但是，当然，这些人以自由人的身份由于

① 《马克思恩格斯全集》第 2 卷，人民出版社 1957 年版，第 635 页。

占有土地或由于特定契约而担负的义务却继续有效”。[①] 从这一条款中可以看出，尽管宣布了农民拥有人身自由，然而与土地占有相关联的一切封建义务仍被保留下来，并没有取消农民贡赋等封建义务。法令尽管允许农民获得土地，但实际上农民不是获得土地而是失去土地。例如法令规定，不管农民的意见如何，假如地主向农民偿付一定的代价，或者如果在别的地方指定给农民同样大小的土地，便可以把农民原来的份地占为己有，把小块土地凑成大块地产。这就为地主在调整土地的借口下，任意霸占农民土地提供了“法律根据”。虽然如此，地主们因害怕农民获得人身自由后不能保证庄园内劳动力的供给，仍对这一改革持反对的态度。为了迁就地主的利益，在1810年又颁布了关于雇农的法令，规定雇农完全从属于地主。

1811年，贵族地主出身的哈登堡执政，进行了第二次改革，公布了“关于调整法令”的敕令。这个敕令，是要解除1807年的“十月敕令”所没有解除的农民对地主的苛重的负担和劳役。法令准许农民可以赎买封建义务，成为他们所使用的土地的所有者，但是必须向地主交纳巨额的“赎金”（大约为年租的25倍），或者把自己的份地的一部分无偿地让给地主（一般达到份地1/3～1/2）。如此苛刻的条件，实际上使农民无法解除他们所负担的封建义务，或者是要农民负债累累，结果到头来还是只得去依附于地主。

即使这样有限的改革，还是遭到了一些守旧的容克地主的猛烈反对。普鲁士政府不得已又于1816年颁布了一项“皇家宣言”，对1811年的“调整敕令”作了补充规定。在规定中，对可以用金钱或土地来赎免封建义务的农民的范围大加限制。宣言规定，只有至少拥有一辆双套马车，并且是两三代以来一直占有份地的农户，才能按1811年颁布的“调整敕令”赎免封建义务，而大量无马或只有一匹马的贫苦农民和茅舍农民，则要继续承担地主的奴役。到

① 维纳洛赫：《德国史》，三联书店1959年版，第120页。

1821年普鲁士政府颁布了“义务解除法”和“公有地分割法”。前者重申，只有富裕农民用一定的货币或土地才能摆脱封建义务。后者规定，将农村公社的共有地分割成若干部分而变成封建地主的私有财产。贫苦农民虽然也分得一小块土地，但却丧失了对共有地的使用权，一些农民因不能维持最低生活，又不得不将自己分得的土地出卖。

据统计，1816～1848年，普鲁士地主在从一共占有515万摩根（德亩）土地的35万户农民赎免封建义务的过程中，得到了153万摩根的土地，也就是说，农民在这期间丧失了差不多2/3的土地，大部分农民变得完全没有土地了。此外，地主还得到了来自农民的大约1850万台勒的赎金。那些赎买了封建义务而成为小生产者的农民，也在此期间发生了急剧的分化，少数上升为富农，大多数因惨遭掠夺而破产变为雇佣劳动者。同时地主则利用攫取来的大量土地和赎金，逐渐地将其庄园改为资本主义方式经营。

普鲁士的农业改革后，在德意志其他各邦也先后进行了一系列类似的农业改革，尽管这些改革不彻底，但它毕竟部分地废除了封建农奴制，使资本主义关系在农业中有了初步的发展。

在1848年的资产阶级革命的推动下，德国封建统治者被迫加大了“农业改革”的步伐。1850年3月，普鲁士政府颁布了新的“调整法”，它虽然像过去的法令一样保护容克地主的土地占有制，但同时也规定了无偿地取消农民的一些次要封建义务。并且允许赎买封建义务的农民已不限于富裕农民，一般农民也能赎买同土地有直接关系的主要的封建义务（各种强制劳役和地租）。农民赎买次要封建义务的办法有两种：或是交纳赎金，即向地主交纳相当于由重要的封建义务折算成的货币地租额的18倍的款项；或是出让土地，即以价格相当于赎金的土地让给地主。当时还设立了土地银行，专门办理交纳赎金的业务，以此来加快赎买的过程。但是，由于当时普鲁士农民丧失土地十分严重，以致于对大部分农民来说，赎买土地的法令已经没有任何实际意义了。例如，在西里西亚的2.5万名农民中，1850年的法令仅仅和1.2万人有关，因为其余的人早在这项法令颁布前就已丢失了自己的土地。1850～1860 年，在普鲁士又有 1. 2706 万户富裕农户和 101. 4341 万户小农办完了赎买封建义务的手续。在实施 1850 年法令的过程中，容克地主又从农民手里掠取了大量赎金和土地，成千上万的农民又由于这一立法而破产。

在德国西部和其他一些地区，农业改革是按另一种方式进行的。在受法国资产阶级革命影响最大的莱茵区，早在 18 世纪末农奴制度就已经解体了。巴伐利亚的农奴制于 1808 年废除，符滕堡的农奴制于 1817 年废除。在德国西部的这些地区和另一些地区里，农民只赎买自己的代役劳务，绝大多数农奴通过赎买变成了农民。和普鲁士不同，在这些地区没有发生地主大规模掠夺农民土地的情形。

在延续半个世纪的农业改革的过程中，普鲁士容克地主的大土地占有制扩大了。到 60 年代初，占德国农户总数 71. 4% 的小农户，只有占总面积 9% 的耕地；而占农户总数 28. 6% 的容克地主和富农，却拥有总面积 91% 的耕地。1849～1858 年，普鲁士公有荒地和牧场面积从 800 万公顷缩减到 440 万公顷，剩下的都转入了地主手中。不仅如此，容克地主通过赎金形式攫取了巨额的货币。据估计，仅住在易北河以东的农民就在 50 年内向容克地主交纳了 10 亿马克左右的赎金。容克地主在拥有大量土地和更多资金的条件下，逐步地把自己的庄园扩大和改造为资本主义农场，而且越来越多地使用雇佣劳动和农业机器，不断地提高劳动生产率，积极地扩大资本主义经营的范围。

容克地主在农业改革中发财致富，而惨遭掠夺的广大农民则因此倾家荡产，丧失了土地和牲畜，陷入到更加贫苦的境地。同时，地主庄园和富农农场对新技术的采用和大机器工业的发展，又逐渐地排挤着和摧毁着小农经济及其家庭手工副业，结果农民分化的过程加速了。许多人破产以后，沦为雇农，被迫到地主的庄园和富农的农场中去做工。19 世纪 60 年代初，仅在普鲁士一个地区，雇农数目就多达 350 万人，另有一部分人破产后涌入城市谋生，补充了工业无产者的队伍。只有少数农民上升为富农。这些沦为雇农的无产者，有一部分又依附于地主，地主给予他们一块土地，使其举家为地主劳动，结果成为兼受资本主义和农奴制剥削的半农奴。他们在政治上毫无权利可言。1854 年颁布的“雇农法”，彻底地剥夺了容克地主庄园中雇农的罢耕和结社的权利，违者要处以三年监禁。经营资本主义农场的地主对农民仍然拥有“世袭领地裁判权”，他们有权看管农民，甚至把农民关进监牢里。直到 1918 年，德国农民才完全摆脱了半农奴的地位。

列宁指出，农业中的资本主义发展，客观上存在着两种可能的道路，即：“美国式的道路”和“普鲁士式的道路”。① 前一条道路的主要特点是：资产阶级革命彻底摧毁了封建土地关系，普遍地建立起农民土地所有制，在小农经济自发分化的过程中，使资本主义农场迅速地发展起来。这一道路在美国农业发展中最为典型。法国农业中的资本主义发展所依循的基本上也是这条道路，只是农民分化的过程较美国缓慢一些而已。后一条道路即是“普鲁士道路”。从上述中我们可以看出，它不是经过粉碎旧的封建地主土地所有制，在农民分化的基础上发展起资本主义经济的，而是在保存容克地主封建大地产的情况下，通过“自上而下”的改革使地主经济缓慢地转变为资本主义经济的途径发展起来的。在“普鲁士道路”的农业改革中，绝大多数的农民经历着漫长的破产和日益无产阶级化的过程，广大农民长期遭受资本主义和封建残余的双重压榨和奴役。正因为“普鲁士道路”没有摆脱封建关系的束缚，农业中资本主义关系的成长和生产力的发展，较之在“美国式道路”下要缓慢得多。

尽管“普鲁士道路”是一条保存封建残余的改良道路，但比之封建农奴制仍然是一种进步。它有力地推动了农村中资本主义经济的发展。被剥夺了土地的农民组成了一支人数众多的农业工人和工业工人的大军，成为资本主义劳动市场的主要来源；另一方面，

① 《列宁全集》第 13 卷，人民出版社 1959 年版，第 219 页。

农民缴纳的赎金则又变成为德国资本原始积累的一个重要源泉。这就为德国的产业革命创造了必要的条件。

（摘自《资本原始积累史》，吉林人民出版社 1981 年版）

俄国农奴制的废除

俄国资本主义的发展比较缓慢，在经济上远比西欧国家落后。早在14、15世纪，英法两国的农奴制度就已经解体。到18世纪初，西欧各国都已进入资本主义占统治地位的时期，而那时俄国的资本主义却仍然处在封建农奴制度的桎梏之下。俄国农奴按其依附对象的不同，分为地主农民（亦称为地主农奴）、国有农民和采邑农民三种类型，分别属于地主、农奴主、封建国家和皇室。据统计，到19世纪中叶，仅俄国欧洲部分，地主农奴的总人数就多达1069万人。

在农奴制度下，农民被强制固定在地主庄园里，依附于地主，没有人身自由，地主可以任意将他们买卖和转赠。地主把最坏的田地交给农民去耕种，农民为租种这块份地以维持生活，必须向地主出劳役租（工役地租）或代役租（货币地租）。付劳役租的农民每星期要到地主田里干3~5甚至6天的活，只有1~3天的时间在自己地里干活，逼得农民不得不经常夜间在自己份地上劳动。在商品货币经济发达的地方实行代役租，代役租农民所处的状况略微好些，但他们所受的剥削同样繁重不堪。他们除了要向地主缴纳一定数量的货币地租外，还要向地主履行一定的劳役义务和交纳一定的实物，如蘑菇、草莓、奶酪等。在18世纪末，代役租每人平均为1~7卢布，19世纪以后，还逐年递增到35卢布。

地主为了榨取更多的剩余劳动，竭力加强农民的劳动强度，并对农民进行各种非人的虐待。有的地主为了不让农民在劳累过度时躺在地上休息一下，便把木枷扣在他们的颈上。在赤日炎炎似火烧的盛夏，为了迫使农民尽快收割完地里的谷物，甚至不让农民去喝水解渴，农民稍有过失，便要遭到无情的鞭打。除用皮鞭棍棒外，地主还用各种酷刑对农奴进行横暴的摧残。例如，用铁链把农民绑在椅子上，让农民戴上铁枷，开水浇颈，强迫吃蚂蟥，用烧红的铁烙身等。农民受到人身侮辱和虐待后，无权控告自己的主人；如去控告，就要受到棍刑的处罚或被流放去服苦役，或受到鞭打。

在腐朽落后的农奴制度下，农业生产陷于停滞状态，歉收和荒年十分频繁，广大农民挣扎在饥馑的贫困之中，在严冬时节，农民吃的是令人恶心的食物，有时只能以橡树果、树皮、草根和稻秆充饥，农民们常常拿不出一文钱去买盐。贫困和疾病像梦魇一样地缠住他们不放，母亲没有奶水，婴儿干瘦如柴，在地主农奴主抽筋剥皮般的压榨下，广大农奴大批死亡。仅在1830~1851年间，农奴人数就减少了大约50万人。

尽管农奴制的统治如此残酷野蛮，但是，在俄国封建农奴制社会的内部仍然孕育着资本主义的因素，并且不可遏制地发展起来了。18世纪末，俄国资本主义开始萌芽，进入19世纪后，已经有了很大发展。在许多工业部门中，机器生产逐渐代替落后的手工劳动。全部纺纱业和大部分印花布业都已使用机器生产。其他工业部门，包括落后的冶金工业，也进行了技术改革。此外，有些部门也开始使用蒸汽机和水力涡轮机，与此同时，交通运输业也发生了巨大的变革。1815年，第一艘汽船在涅瓦河上出现。30~40年代，在伏尔加等河流开辟了定期的汽船线。1851年，从彼得堡到莫斯科长达600余公里的铁路线建成。随着工业革命的发展，自由雇工在许多工业部门中逐渐代替农奴劳动，棉纺工业绝大部分已使用雇佣劳动。

农业生产技术和生产方法的改革也在进行，少数地区开始采用打谷机、播种机等农业机器，土地耕作方法开始由落后的三圃制改进为轮种制。在农业中，土地买卖关系和租佃关系，以及使用雇佣劳动的现象日益增多。农村经济和市场的联系日益密切，自然经济日趋瓦解。

工农业生产的发展，造成国内市场的活跃。19世纪中期俄国约有4300多个市集，其贸易总额每年达23000万卢布。从19世纪初到50年代，俄国对外贸易额增加了3倍多。

但是，俄国资本主义的发展不能不受到当时占统治地位的封建农奴制度的严重压制和束缚。因为，在封建农奴制度下，大部分可耕地多半都属于地主和国家，直接从事农业生产的农民都是农奴。农奴对地主有人身依附关系，不能任意离开土地。因此，妨碍着自由劳动力市场的发展。虽然一部分交代役租的农民可以独立经营工商业或到工厂去做工，但是他们对地主仍有人身义务。在农活繁忙的季节，地主可以随时把他们抽回去，这就影响了企业的正常生产；而且厂主雇佣这种工人还须拨给农奴主一部分利润，从而也就影响了工业企业的资本积累。农奴由于受到地主残暴的超经济的强制，因而大大地抑制了他们的生产积极性。而地主则因有农奴的无偿劳动可供剥削，对于改进劳动工具漠不关心。一个地主在解释他为什么反对使用打谷机时说：打谷机要花钱，要修理，但农民的劳动却一文不花费……。这就使得农业生产力相当低下，不能为工业提供充足的原料。此外，封建土地所有制还限制着商品货币关系的发展，阻碍着资本主义农业土地面积的扩大。地主为了搜刮更多的粮食和原料，并用以投入市场，最简易也是最经常的方法，就是加强对农民的剥削。

工业部门中存在的强制劳动，更是直接地阻碍了工业生产的发展。据统计，1860 年的 86 万工厂工人中，有 44% 属于强制劳动。在乌拉尔、阿尔泰及莫斯科附近的采矿部门中，强制劳动的比重高达 81%。工人遭受农奴般的待遇，因而，工业劳动生产率也是很低的。在反动落后的农奴制度下，俄国的工农业生产越来越落后于其他主要资本主义国家。

19 世纪上半叶，俄国社会经济的发展表明了腐朽的封建农奴制度已成为阻碍俄国社会发展的桎梏。废除农奴制，为新的生产关系开辟了前进的道路，已成为历史发展的迫切要求，历时数百年之久的俄国农奴制已陷入了深刻的危机之中。

资本主义在俄国的发展，削弱着农奴制度的基础，同时激化了封建地主和农奴之间的阶级矛盾，阶级斗争空前地高涨起来。深受贵族地主压迫剥削的俄国广大人民，是反对封建农奴制度的主力军，他们通过各种形式来反对农奴制度和沙皇专制制度，要求自由和土地。19 世纪上半叶，俄国的农民起义此起彼伏，汹涌澎湃。

1826~1854年，俄国共发生过709次农民起义，平均每年达24次以上。同时，农奴工人和雇佣工人也都发动了起义。面对如火燎原的农民起义，连当时全国警察局长在给沙皇的报告中也不得不供认："农奴状态是国家脚下的火药库"。

1853~1856年，沙皇俄国同英法为争夺巴尔干霸权发动了克里米亚战争，战争结果以沙俄的溃败而告终。这场战争，更加充分地暴露了俄国农奴制度的腐败和无能。克里米亚战争的失败和日益高涨的群众革命运动，促使统治阶级中的一部分人认识到封建农奴制度不能再照旧维持下去了，必须采用改良手段这种"避雷针"，来逃避革命雷霆的轰击。因此，在克里米亚战败后接位的俄国沙皇亚历山大二世，虽然素来反动保守，也为经济发展的客观要求和群众的革命斗争所震慑，不得不采取解放农奴的改革措施。因为他已深刻地感到不能再用旧的方法统治下去了，与其让农民起来采用革命手段解放自己，还不如自上而下地由皇室颁发敕令来"解放"农民。当时由于俄国的无产阶级尚未成长为独立的政治力量，由于农民不是代表新生产力的先进阶级，不可能单独完成资产阶级民主革命。而俄国资产阶级则又由于自身的软弱和对沙皇制度的依赖，还不能爆发一场革命来彻底推翻沙皇封建统治而建立全新的生产关系。正是在这种阶级力量对比的条件下，才使得掌握政权的地主阶级能用改革的手段来废除农奴制度，避免被爆发的革命所推翻。俄国废除农奴制度的改革就是在这种形势下发生的。

1861年2月19日（公历3月3日），沙皇亚历山大二世正式签署了改革法令和废除农奴制度的特别宣言。法令宣布农奴立即取得人身自由，不再是地主的私有财产。农民在家庭生活方面享有自由，承认他们有权拥有私人财产、担任社会公职、从事一切工商业活动以及同他人或机关订立契约等权利。

1861年2月19日的法令只适用于欧俄大部分地区的地主农民，而不包括西伯利亚和中亚大部分地区。法令公布后，获得"解放"的农奴有1025万人，以后1863年和1866年，又先后"解放"了100余万采邑农民和900万国家农民。其他非俄罗斯地区的改革进行得较为缓慢，中亚和西伯利亚部分地区的农奴制度一直保留到1917年十月革命。

由于1861年的改革是由农奴主阶级进行的，因此，它“只能具有农奴制形式，带有农奴制性质和采用农奴制方法”。“并且随之而来的不能不是使用一切暴力的制度。”① 这种由农奴主实行的农奴制改革，实质上是农奴主在“解放”的旗号下，以温饱和自由的幻影愚弄农民，并对农民进行疯狂的进攻和残酷的掠夺。沙皇亚历山大二世在1861年1月28日最后讨论改革草案的会议上，对这场骗局作了自我招供，他说：“诸位先生，我希望在审查呈递于国务会议的各种草案时，诸位会深信：凡是可以保护地主利益的措施都已一一做到了”。这种诈骗伎俩，在法令本身及其执行的过程中都充分地暴露出来了。

尽管2月19日的法令宣布了农奴的解放，给农民以人身自由。但是，农民对地主的人身依附关系，尤其是地主对农民的封建剥削，并没有消除。法令规定农民在获得人身解放时可以得到两块份地，但同时却规定他们要负担相当重的义务。份地分配数量各个地区有所不同。在欧俄地区，政府只规定份地的最高和最低定额，具体份地面积大小由地主决定。农民现有份地超过当地最高标准时，必须还给地主，但低于最低额时则不一定添补。这实际上是为地主掠夺农民的份地大开方便之门。地主们利用这些规定，故意把份地数额规定得很低，借以缩减农民现有份地，从而扩大自己的耕地。此外，地主还依据法令用其他手段掠夺农民，如让农民不付赎金而只拿1/4的份地，夺去农民份地的3/4；用“交换”土地的办法，给农民一些不毛之地（盐渍地、沙石地等），夺去农民的肥沃农业用地。同时，在授予农民份地的时候，还尽量人为地造成地界插花的现象，致使地主的土地像楔子似的插在农民份地中间，把农民的份地割成若干片，以此来迫使农民用高额租金租种这些插花地。那些被地主强占去的土地，被称为“割地”。据统计，“割地”平均

① 《列宁全集》第17卷，人民出版社1959年出版，第102页。

占改革前农民份地的1/5，在中央黑土地带、南部地区和伏尔加河中下游，则达到20%～40%。有些地区，如萨马拉州更高达44%，这个州的一些村子里甚至“割地”高达2/3以上。而在克里米亚半岛一带，由于那里的土地多属皇亲国戚和高门显贵，因而农民完全未分得土地。很显然，法令实施的结果，不是农民获得土地，而是农民丧失土地。由于被地主割去的往往是农民赖以生存的重要农用土地（如刈草场、牧场和取水处等等），这就更造成了农民的经济困难和对地主的依赖。当时一位政治家在他的评论中写道：农民们“陷于对地主的依赖地位，是由于几乎在任何地方，如果不使用地主的附属场地便不能生活，特别是，当所谓割地由地主支配时更是如此。农民没有地方放牛、养鸡，因为地主的土地有时靠近农民的园地”。①

在惨遭地主阶级如此残酷的掠夺之后，农民所获得的只是少量的最坏的土地。尽管如此，依据法令农民还要向地主交纳高额赎金。农民的宅边园地赎取的期限，由农民自行确定。他们可以在任何时间向政府交纳60卢布的法定赎金，6个月后即可取得所有权。而份地的赎金，则须要预先取得地主的同意。法律规定，赎金数额取决于农民每年交纳的代役租的数量，即根据该地区每年代役租作为6%的年利率折算出来。例如，假定某地每年代役租为12卢布，就规定赎金总数为200卢布；如果代役租为9卢布，则赎金总数为150卢布，依此类推，份地的赎金通常总是大大超过土地的市场价格，特别是非黑土地带，因为那里的地价向来很贱，而代役租却非常高。在这次“解放农奴”的过程中，农民从地主那里获得了共计3226.8万俄亩的份地，如果按照1854～1856年的价格计算，份地的地价不过5.44亿卢布，但是份地的赎价却高达8.67亿卢布。因此，地主得到了超过土地实际价值的额外收入约3.23亿卢布。这比土地的出售价格高出56%。在非黑土各洲则超过121%。这样高的赎金，实际上不但把地价，而且把农民的人身赎金，即封建义

① 转引自札依翁契可夫斯基：《俄国农奴制度的废除》，三联书店1957年版，第171页。

务赎金，都计算在土地的赎取价格之中了。由于赎金数额太大，农民无力在短期内支付，而地主又不愿意一部分、一部分地收取赎金，于是，沙皇政府为了满足地主的利益，便在“帮助农民把他们的耕地购为私有”的借口下，动用国库财力向农民发放赎地贷款。在赎地时，农民一次先付赎金总数的20%～25%的现金，其余75%～80%由国家拨款一次垫付给地主，国家则把这笔钱算作农民的负债，农民必须在以后的49年中每年加利偿还。由于农民每年要付出大量的贷款利息，这样，从1861年到1905年，那些被宣布“解放”了的农民需要付出的份地赎金，就要高达20亿卢布，也就是说，农民为了取得份地，需要付出超过实际地价数倍的金钱。例如在莫斯科州，当时1俄亩土地的平均价格大约为25卢布，但一俄亩土地的赎价却高达62.5卢布，再加上49年内以“赎地费”形式偿还国家的贷款，平均每俄亩份地赎金，就要高达195.5卢布，超过了当时地价的5倍。由此可见，所谓赎取份地。实际上是对农民的一次惊人的敲诈勒索。

农民用高价赎取来的份地，法令却规定不属于农民私有，在大部分地区都确定归村社管理，由村社定期在农民中重新分配。为了便于加强对改革后的农民的统治和剥削，沙皇政府保留和利用原有的村社组织，建立连环保制，监督农民按时完成各种义务。由于村社的实权都是掌握在从地方贵族地主选出的调停吏手中，因此，农民赎来的份地，实际上仍处在贵族地主的控制之下。

由于农民被割去大量最好的土地，份地锐减，土地质量更加贫瘠化，使得80%以上的从前的地主农民，依靠他们在“解放”过程中所得到的份地甚至无法维持最贫困的生活，则不得不接受苛刻的条件去租种地主的土地，从而又重新陷入封建租佃制的剥削之下。列宁写道：“1861年是这样‘解放’农民的：使农民一下子就落入了地主的圈套。农民受着被地主夺去土地的压迫，不是饿死，就是受奴役”。① 农民为了向地主租佃土地，往往要以自己的农具

① 《列宁全集》第12卷，人民出版社1959年版，第255页。

和牲口白白地为地主耕种一定数量的土地。这就是改革后产生的所谓工役制，它实际上是劳役制的直接残余。工役制还有另一种变相形式，即对分制。它是以收成的一半或一半以上趸给地主作为租佃条件的。据统计，到1906年，农民向地主、国家和商人因租佃土地而交付的地租，不下100亿金卢布。

大量土地的丧失，高额的赎金和地租，以及种类繁多的义务，再加上多如牛毛的苛捐杂税，这一切都使得农民陷于更加贫困的境地。法令规定："脱离农奴身份的农民必须负担下列的国税和地方税：（1）人丁税；（2）粮食保证捐；（3）地方捐，包括国家的、全州的和本地区的税；（4）为准备各项税捐的纳税通过书而募集的捐款"，如此等等。在许多地方，解放了的农奴应缴纳的各种赋税，甚至大大地超过了他们土地上的收入。据俄国经济学家杨松的统计，在整个黑土地带，"从前的国有农民平均付出的赋税占土地收入的30%～148%，而从前的地主农民付出的赋税，在中等份地的情况下，超过土地收入的24%～124%，在最低份地的情况下，甚至达到土地收入的200%"。① 关于农民的困苦生活状况，杨松在他的《关于农民份地租税支付的统计研究经验》一书中写道："在这种份地情况下，因为要补偿养活家口的资料，几乎不可能有任何剩余，没有一元钱来买盐和油、来修补衣服和耕具、购买木材以及其他物品，更没有钱缴纳赋税"。② 连沙皇政府的一个机构在1878年对车尔尼戈夫州的一份调查报告中也直言不讳地写道："农民吃的面包，有时是由2/3的干野草和大麻汁渗合成的。并且在春天，农民有许多天还没有这种面包"。③ 为了缴纳赋税和养家糊口，农民们不得不在耕种份地之时，另去地主的田地、临近的作坊或到城市的工厂里出卖劳动力。

贫困的生活使得农民的债务，如牛负重似的急剧地增加。根据

① 转引自札依翁契可夫斯基：《俄国农奴制度的废除》，三联书店1957年版，第212页。

② 同上书，第207页。

③ 同上书，第214页。

沙皇政府财政部税收厅所制定的州报告表的材料，在1871年，农民的赎金欠债是1286万卢布，而到1881年时，这笔欠款增加到1973万卢布。庞大的债务压得农民喘不过气来，许多农民被迫把自己最后一点点生产资料和家什抵押给高利贷者，借钱还债，忍受高利贷者的盘剥。

俄国的农民就是在地主的巧取豪夺之下，在获得“自由”时已被剥夺得一干二净了。解放了的农奴，同时又成了破产的农奴。对于1861年改革的残暴性和欺骗性，列宁作了无情的揭露，他深刻地指出：“臭名昭彰的‘解放’，实际上是对农民进行残酷的掠夺，是对农民施行一系列的暴力和一连串的侮辱。”① 在农民获得解放的当时，至少有400万农民失去了土地，而到19世纪80年代时，几乎有一半以上的农民成了无马的或只有一匹马的贫农。每年都有大批的农民因失去土地、失去房屋，在农村里无法生活，而被迫从他们祖居的乡土上流浪出去，怀着渺茫的希望，流向城市，流向铁路沿线，流向中心工业区，寻找谋生的出路。

尽管如此，1861年废除农奴制的改革按其社会内容来说，仍是一次带有资产阶级性质的改革。它是俄国历史上从封建生产方式过渡到资本主义生产方式的转折点。列宁在评论这次改革的意义时指出：这次“‘农民改革’是由农奴主实行的资产阶级改革。这是俄国在向资产阶级君主制转变的道路上前进的一步。”② 农奴制的废除，为俄国资产阶级的发展创造了必要的前提。首先，由于广大农奴的人身解放和全部地或部分地被剥夺了生产资料，使千百万雇佣工人大军得以形成。虽然远在1861年以前，随着商品货币关系和资本主义因素的成长，俄国农村中已经出现两极分化的现象，一部分小生产者丧失了生产资料沦为雇佣劳动者。但是，在封建农奴制占统治地位的条件下，这一过程不可能得到迅速的发展。要发展资本主义，正如马克思所指出的，必须要有双重意义的工人存在，也就是说，既要有人身自由，又要有完全失去了生产资料，两手空

① 《列宁全集》第17卷，人民出版社1959年版，第102~104页。

② 同上书，第103页。

空，自由得一无所有的工人存在。在俄国农奴制度的条件下，不可能有大量这样的工人。就连那些在农奴制度废除以前已被资本主义企业雇佣的工人，他们中的多数也绝不是马克思所说的那种自由工人。因为他们按其社会地位来说，大部分是代役租农民。他们在对企业主的关系上是自由工人，而在对自己的地主关系上则又是农奴。1861 年的改革，一方面给农奴以人身自由，使他们从封建依附关系下解放出来，可以自由地离开农村到城市里去出卖劳动力；另一方面，沙皇政府和地主勾结在一起，通过“割地”和“赎地”等手段，将许多农民仅有的一点点基本生产资料抢劫一空，迫使他们成为只有依靠出卖劳动力才能为生的雇佣工人。因此，1861 年的俄国农奴制的废除，使资本主义发展获得了必要的劳动力。据统计，改革后的俄国，在全国 224 个县中，有 729.3 万农民因为失去了土地，被迫出外充当雇佣工人。此后，离开农村出外谋生的人数与年俱增。1884 年由乡公所签发的流进城市的护照和通行证的数量，仅在俄国欧洲部分就有 467 万张，到 1897 年更增加到 933 万多张。1893 年在顿巴斯矿区的矿工中，大约只有 1/8 是本地人，其余 7/8 都是从农村来的乡下人。当时有一本研究中心工业区工厂人口的书中说，这里有着从农村来的源源不绝的廉价劳动力，任何时候也没有一架机器是停着不用的，“只要有一个工人走掉，他们的位置常常是立刻就有十个代替者来占据”。据列宁的统计，19 世纪到 90 年代初，俄国雇佣工人的总数已将近 1000 万人。

此外，地主向农民勒索来的巨额赎金，除按照“高尚贵族”的习俗像流水般地挥霍掉外，也部分地用于投入资本主义方式的经营过程，在一定程度上满足了资本主义发展的需要。同时，改革还推动了商品货币经济进一步发展，促进了国内市场迅速扩大和农民经济日益分化。

总之，1861 年农奴制度的废除是俄国历史上的转折点，在俄国的社会经济中，资本主义从此有了较快的发展。继经济改革之后，沙皇政府又在政治、军事、司法以及教育等方面进行了一些资产阶级性质的改革，使封建君主制度逐渐走上了资产阶级君主制度的道路。

但是，1861 年的改革，即使作为资产阶级的改革来说，也是很不彻底的。改革后仍然保留大量的封建残余地主土地所有制没有触动，大部分土地仍然掌握在地主手里。改革不仅没有满足农民对土地的要求，而且还加重了农民的负担。他们除了遭受地主的剥削和压迫外，又加上了一层资产阶级的剥削和压迫。农奴制残余的存在，不仅使生产力的发展仍然受到严重的阻碍，而且决定了俄国农业中资本主义主要是遵循着“普鲁士道路”发展的。这条道路，使得农民在几十年内经历着最痛苦的剥夺和破产的难忍的缓慢过程，使得饥饿和灾难像一条无形的绳索紧紧地缠绕着解放了的农奴（同时也是破产了的农奴）及其全家人，逐步地将其拖进出卖劳动力为生的资本主义工厂的大门里去。

（摘自《资本原始积累史》，吉林人民出版社 1981 年版）

旧中国农民的破产

旧中国的资本原始积累，同样经历了将小生产者赶出家园，使其流浪街头，被迫进入劳动力市场的悲惨过程。但是，它是以与欧美资本主义不同的另一种方式进行的。

中国是一个古老的大国，封建社会一直延续了3000年左右，尽管生产力发展缓慢，但是到了封建社会末期，商品经济也有了相当规模的发展。毛泽东同志指出："中国封建社会内的商品经济的发展，已经孕育着资本主义的萌芽，如果没有外国资本主义的影响，中国也将缓慢地发展到资本主义社会。"① 但是，由于中国的封建剥削和压迫非常残酷，造成农民极端穷苦和落后，使这种资本主义因素的发展很慢，直到19世纪中叶，自然经济还占据着统治地位，中国仍然是一个封建社会。

鸦片战争前，当中国还停留在封建社会时，西方的资本主义已经迅速发展起来，并积极向世界各地进行海盗式的掠夺，寻找和开辟殖民地市场。它们不但手握着杀人的武器，而且还运载着大量的廉价商品，要以"商品重炮"轰开一切落后国家的门户，使其变为商品市场和原料供应地。这时的东方各国，特别是"物产丰盈，无所不有"的中华帝国，自然就成为西方资本主义侵略的重要目标。

毛泽东同志在分析外国资本主义的侵略对中国社会经济所起的影响时指出："一方面，破坏了中国自给自足的自然经济的基础，破坏了城市的手工业和农民的家庭手工业；又一方面，则促进了中国城乡商品经济的发展。这些情形，不仅对中国封建经济的基础起了解体的作用，同时又给中国资本主义生产的发展造成了某些客观

---

① 《毛泽东选集》合订本，人民出版社1968年版，第589页。

的条件和可能。因为自然经济的破坏，给资本主义造成了商品的市场，而大量农民和手工业者的破产，又给资本主义造成劳动力的市场。”①

18 世纪后半期，资本主义列强，主要是英国，竭力向中国倾销商品。然而，中国的大门不是英国的“商品重炮”所能轻易打开的。直到 19 世纪 30 年代，英国的工业品没有一样能在中国畅销，只能靠用偷偷运进毒害中国人民的鸦片来掠取中国的白银。这是因为中国封建社会中的小农业和家庭手工业紧密结合的自然经济，对于外国工业品有很大的抵抗力。对此，马克思曾经指出：“除了鸦片贸易之外，对华进口贸易迅速扩大的主要障碍，乃是那个依靠着小农业与家庭手工业相结合的中国社会经济结构。”② 他又说：“因农业和手工制造业的直接结合而造成的巨大的节约和时间的节省，在这里对大工业产品进行了最顽强的抵抗。”③

原来以家庭为单位的“男耕女织”，是中国自然经济结构的核心，是中国封建制度的经济基础。这种耕织结合的小农经济是由残酷的封建剥削造成的。中国农民在极其沉重的封建剥削下，单靠种地过不了日子，不得不动员起全家妇孺老小的力量，进行除耕作以外的手工业生产，“以织助耕”，勉强维持最低的生活。这样就使小农业和家庭手工纺织业紧密地结合在一起了。这种耕织结合的经济形式，一直持续到 19 世纪中叶鸦片战争前的近代，在全国范围内仍然广泛地存在着。如江苏松江，“乡村纺织，尤尚精敏，农暇之时，所出布匹日以万计。以织助耕，女红有力焉”。④ 松江是商品经济比较发达的地区，耕织结合尚且如此紧密，其他比较偏僻的地区就更可想而知了，在这种经济结构下，“农民不但生产自己需要的农产品，而且生产自己需要的大部分手工业品”。⑤ 对市场的

---

① 《毛泽东选集》合订本，人民出版社 1968 年版，第 589 ~ 590 页。
② 《马克思恩格斯全集》第 13 卷，人民出版社 1962 年版，第 601 页。
③ 《马克思恩格斯全集》第 25 卷，人民出版社 1974 年版，第 273 页。
④ 转引自李文治：《中国近代史农业史资料》第 1 辑，第 101 页。
⑤ 《毛泽东选集》合订本，人民出版社 1968 年版，第 586 ~ 587 页。

需要十分有限，社会购买力很小。这就给予英国以及一切资本主义国家的商品以极其强烈的抵制，使他们的机器制造品在这里难以施展其威力。对于这种抵抗，只有借助于政治暴力才能打破。

为了冲破中国自然经济的藩篱，资本主义列强对中国发动了一系列的侵略战争，通过杀戮和征服在中国取得了种种政治上和经济上的特权。特别是第二次鸦片战争以后，腐朽透顶的封建政权已经丧失了对外的自卫作用，而变成外国侵略者的工具。外国侵略者利用在中国攫取的政治、经济特权，向中国大肆倾销商品和掠夺原料。在这种形势下，一直顽强地阻碍着外国资本主义入侵的小农业与小手工业相结合的经济结构，开始了逐步分解的过程。

在外国资本主义大量廉价商品的轰击下，首当其冲的是作为自给经济支柱的手工棉纺织业。中国手工棉纺织业的解体，主要是19 世纪 60 年代以后廉价的洋纱、洋布大量入销引起的。其中首先是洋纱代替土纱，使纺与织相分离。据记载，1867 年洋纱进口值为 161 余万海关两，而到 1869 年则为 3183 余万海关两，增长了 20倍。① 由于当时一个工人用机器纺纱的产量约等于一个手纺工人产量的 80 倍，这就使得洋纱的价格远远低于土纱。1887 年《海关报告》牛庄部分中记载，土纱在牛庄的售价为 300 斤 87 两，而洋纱仅为 57 两。② 二者价差如此悬殊，土纱自然无力与洋纱竞争，而手织业者也自然要舍弃土纱而改用洋纱。1887 年山东烟台海关报告中说："本省（山东）土纱纺织业几乎全部停歇。"③ 即使家庭纺织业比较发达的浙江鄞县，到 1844 年后，"则巡行百里，不闻机声"。④ 又如广东省番禺，"按邑中女红以纺织为业，近洋纱自外国至，质松价贱，未俗趋利，以充土纱，遂多失业矣"。⑤ 城乡手织业多用洋纱代替土纱织布，这就使得手纺与手织开始分离。这是小

---

① 转引自李文治：《中国近代史农业史资料》第 1 辑，第 489 页。

② 严中平：《中国棉纺史稿》，第 58 页表。

③ 转引自彭泽益：《中国近代手工业史资料》卷 2，第 208 页。

④ 蔡芷卿等：《鄞县通志》卷 3，《博物志》。

⑤ 转引自彭泽益：《中国近代手工业史资料》卷 2，第 207 页。

农业与家庭手工业相结合的经济结构解体过程的第一步。

不仅土纱受到洋纱的排挤，土布同样也逐渐受到洋布的打击。洋布之所以能够排挤和代替土布，同样也是因为其价格低廉。如1871年汉口的英国领事在报告中说："农民开始发现这种外国货物（洋布）比他自己的（土布）便宜得多，在某种程度内，（洋布低廉的价格）抵补了（洋布）不耐用的（缺点）。贸易的普遍恢复和扩张，（洋布）价格的低廉和（中国）国内情况的改善，使得中国农民能够购买这些货物（洋布），其结果，就是贸易的增加"。① 郑观应在《盛世危言》一书中写道：价格只及土布1/3的洋布，夺去了福建、江浙一带土布的内销市场，使土布生产削减大半。到19世纪末，"迄今通商大埠，及内地市镇城乡，衣土布者十之二三，衣洋布者十之七八。"② 这段描写可能有些夸大，但在一定程度上还是反映了当时手织业所受打击的严重情况。洋布代替土布，使得原来在农村中织布自给或有余出卖的农民手织业，逐步遭到破产的厄运。这时，以农业和家庭手工业结合的小农经济，不但不能自给，没有剩余可卖，反而要到市场上去买洋布。这样，耕与织便最后相分离了，结果造成了大批农民破产。当时有人在文章中写道："乡邑妇女，多借纺织以谋食，自有洋布，而土布无（人）过问矣。""近年洋布洋纱大行，中国织妇机女，束手饥寒者，不下数千万人"。"十年前，郡民一灯萤然，机声彻晓，今无之矣"。③ 农民的一条重要的谋生道路被夺去了，使许多农民因此而荡家破产。至于城镇中的棉纺织手工业者，在竞争不过洋纱、洋布的情况下，也纷纷走上了失业破产的道路。

由于外国资本主义输入中国的商品种类很多，因此，外国资本主义的商品倾销不仅摧残了手工棉纺织业，也破坏了其他许多传统的手工业部门。当时凡是有外国商品进口的行业，都相应地排挤着中国手工业的产品。郑观应说："洋布、洋纱、洋花边、洋袜、洋

---

① 转引自彭泽益：《中国近代手工业史资料》卷2，第221页。

② 郑观应：《盛世危言》卷7，第20页。

③ 转引自李文治：《中国近代史农业史资料》第1辑，第492页、486页、505页。

巾入中国，而女红失业；煤油、洋烛、洋电灯入中国，而东南数省之柏树皆弃为木材；洋铁、洋针、洋钉入中国，而业冶者多无事投闲。此其大者。尚有小者，不胜枚举。所以然者，外国用机制，故工致而价廉，且成功亦易；中国用人工，故工笨而价费，且成功亦难。华人生计，皆为所夺矣。"① 例如生铁和铁制品，由于外国进口货物具有价格便宜和使用方便的特点。销路日广，不断代替土铁。据文献记载，"从前山西铁曾经供应中国大部分地区销用，如今欧洲五金货物的竞争，限制了这种贸易，以致销路局限于中国北部"。而山东省以前"使用的土铁大部分来自山西泽州府，现在（1869 年）几乎已经完全被洋铁所代替了"。② 铁线本是广东佛山镇的特产，"前有十余家（铁线行），……道咸时为最盛，工人多至千余。后以洋线输入，仅存数家。""铁钉行：……道咸时为最盛，工人多至数千，……后以洋铁输入，除装船用揽核钉一种外，余多用洋钉，故制造日少。"③ 另如，煤油的大量进口使中国的榨油业受到排挤。煤油具有价格低廉和照明发光力强的优点，因此，中国榨油业也"因煤油盛行，多已歇业"。④ 此外，其他如洋火（火柴），代替打火石和铁片，洋钉代替土钉，洋漆代替土染料，肥皂代替皂夹等等，不胜枚举。乃至于红红绿绿的洋铁铜鼓、洋铁喇叭、小洋团团，都充斥于中国穷乡僻壤的市场上。总之，由于洋货的大量输入，严重打击了中国旧有的手工业部门，夺去了许许多多、大大小小的小工小贩的生计，从而促使千千万万的手工业者破产，变成除劳动力外一无所有的无产者了。

外国资本主义不仅要把中国变为它的倾销商品的市场，而且还要把中国变为它的原料产地。帝国主义对中国农产品的残酷掠夺，这也是促进中国农民贫困破产的一个重要因素。以棉花为例，在鸦片战争以前，棉花早已被大量投入市场。随着国内棉纺织业的发

① 郑观应：《盛世危言》卷 7，第 20 页。

② 转引自彭泽益：《中国近代手工业史资料》卷 2，第 175 页。

③ 冼宝干等：《民国佛山忠义乡志》卷 6，第 15 页。

④ 刘崇本：《光绪雄县乡土志》，物产第十四，第 14 页。

展，洋棉入口逐渐增加。但是到19世纪60年代以后，人口减少，出口显著增加，棉花由入超变为出超。这就刺激了产棉区日益迅速地扩大。如上海、南汇两县以及浦东区“均栽种棉花，禾稻仅十中之二”。① 就是许多原来不产棉的地区，也开始大规模种植棉花了。如江苏省华亭县就是在太平天国革命失败后开始“改禾种花”的。② 然而，当后来美洲棉大量倾销进来的时候，受到严重打击的首先就是这些棉农。帝国主义和中国的买卖商人往往利用农民青黄不接的困难，向农民预定还没有成熟的棉花，所出价格一般只有市场价格的30%～40%。在竭力压价收购的残酷盘剥之下，往往棉花刚刚成熟，许多棉农就已陷入了破产的境地。1884年《申报》在报道湖北、江西棉农破产景况时曾写道：“今秋棉花减收……花价又较平时大减，竭经岁之辛勤，所得寥寥无几，以故居民多弃田庐挈眷属转徙他方”。③ 不仅是种植棉花的农民，其他如种植茶叶、蚕桑、大豆、烟叶等经济作物的农民，在帝国主义和中国买办商人残酷的压榨下，也都被弄得倾家荡产，背井离乡，有的甚至全家悲愤自杀。

由于帝国主义的侵略，中国封建统治阶级对于农民的剥削和搜刮也日益加剧起来，这是造成小生产者被剥夺的另一个重要原因。马克思早在1853年时就曾经指出，中国鸦片战争以及外国商品的倾销对生产的破坏等等，“这一切就造成了两个后果，旧税捐更重更难负担，此外又加上了新税捐”。④ 清政府从鸦片战争后就不断增加田赋和盐价，1855年开征厘金，以后一再浮收加征，以及实行折漕、加厘、捐官、捐俸、勒捐盐商、勒捐典当，又铸大钱，滥发官票、宝钞和银行钞票等等。地方统治者的苛捐杂税更是多如牛毛，田赋地租，层层加码。胡思敬在《退卢疏稿》中描写道：“业之至秽至贱者灰粪有捐，物之至纤至微者柴炭酱醋有捐，下至一鸡

---

① 转引自李文治：《中国近代史农业史资料》第1辑，第418页。

② 同上书，第419页。

③ 《上海的故事》第3集，上海人民出版社1962年版，第44页。

④ 《马克思恩格斯选集》第2卷，人民出版社1972年版，第3页。

一鸭一鱼一虾，凡肩挑背负，用寻常饮食之物，莫不有捐”，农民除负担“漕粮、地丁、耗羡之外，有粮捐、有亩捐、有串票捐，田亩所出之物，谷米上市有捐，豆蔬瓜果入城有捐，一身而七八捐”，因之，“力不能胜则弃田潜逃者比比也”。[①] 反动统治者不可胜数的捐税，不管征自什么人，最终还是转落在广大农民身上，使他们即使勒紧裤带也难以生活下去。

帝国主义的入侵促进了商品经济的发展，而商品经济的发展则刺激了土地兼并过程的加速，大量土地被富豪军阀所侵占。在整个土地兼并过程中，官僚军阀对土地的兼并最为突出。例如，湘军和淮军的大小军阀在镇压农民起义的过程中，利用他们手中的兵权和掠夺来的财富，疯狂地兼并土地。曾国荃在湖南湘乡县占田 6000 亩，李鸿章兄弟 6 人在合肥县平均每人占地 10 万亩。李鸿章本人所置田业，每年可收租稻 5 万石左右。李氏一家的田产占合肥东乡土地面积的 2/3 以上。除官僚军阀外，商人、高利贷者也趁机大量兼并土地，结果迫使大批农民丧失土地。许多地方，农民除自耕农占有极少一部分土地外，大多数农民成了无地的贫农。1871 年，江苏新城县的农户占全县总户数的 90%，而其中的 70% 是房无一间地无一垅的贫农。1878 年，浙江杭州的佃户已占农户总数的 50% ~60%。

在土地激烈兼并的同时，地主阶级对农民的地租剥削也加重了。一般地租额常常要占收获物的一半，即所谓“按半分收”。除正常地租外，地主还通过增加押租、提高地租折价以及额外浮收的办法，加强对农民的剥削。由于商品货币关系的发展，地主向农民收取地租折价也日益增多。农民为了交纳折价的地租，必须把生产的粮食出卖，才能换回货币交纳。因米价时常下跌，农民往往为完一石租，须卖出一石六七斗才行。不少地方额外浮收租额也不断增加。如安徽休宁县，某地主对一佃户的浮收租额 1854 年占实收租额 5%，1856 年竟增至 24%。此外，随着农产品的商品化，高利贷

① 胡思敬：《极陈民情困苦请撙节财用禁止私捐疏》，《退庐疏稿》卷一。

资本也活跃起来。借贷年利率往往高达30%以上，实物借贷率一般都在70%以上。农民在青黄不接的困难季节或遭遇天灾人祸的打击时，不得不向高利贷者抵押借贷，往往使农民“禾未苗而贷于人，蚕未丝而偿于债”。[①] 由于封建剥削极其苛重，农民生活十分困难。“有终岁勤苦而妻子不能饱暖者”。[②] 即使所谓鱼米之乡的江南，农民完租后，“食用所需几无升斗以馌妇子”，到冬天“一家数口，棉被质尽，而互抱通宵者。”[③]

旧中国农民除在经济上遭受帝国主义和封建统治者的残酷剥削外，还要遭受公开的烧杀抢掠。帝国主义强盗先是和中国封建势力勾结在一起，镇压太平天国和捻军等农民起义，进行惨绝人寰的大屠杀；其后又各在中国扶植代理人，并以军火供给各派军阀，制造连年不息的军阀混战，使广大农民深受其苦。连年战争，除饷糈多半出自农民外，还要受到骚扰、拉伕甚至烧杀掳掠之害。如袁世凯称帝时，派兵进入川湘，大打内战，这些反动军队“沿途骚扰、奸淫掳掠，惨无人道。人民流离失所，死者载道。农民辍耕于野，商贾停业于市，无形之损失，不可以数记。”[④] 人祸带来天灾。“因国内政治混乱，内争迭起，对于天灾之预防及补救，绝不注意，故水、旱、风灾，亦成为农民最大的苦痛”。[⑤]

总之，19世纪中叶以后，由于外国资本主义侵入中国，促使中国社会发生了重大变化，自然经济开始瓦解，大批农民和手工业者遭到了破产；同时，封建剥削日益加重，土地兼并日益加强。以及天灾战祸频仍不绝，从而使得广大农民不断地陷于破产的绝境。

成千上万的破产失业的农民和手工业者，除一部分冻死于沟壑外，苟全性命者迫于生活所逼纷纷地投身于劳动力市场，变成出卖劳动力为生的雇佣奴隶。据统计，到甲午战争时，完全被剥夺了生

---

① 转引自李文治：《中国近代史农业史资料》第1辑，第553页。

② 同上书，第279页。

③ 同上书，第259页。

④ 《护国运动期间湖南的反袁斗争》，《湖南历史资料》1960年第1期。

⑤ 转引自章有义：《中国近代农业史资料》第2辑，第617页。

产资料的小生产者，多达数千万人。这许许多多劳动者就是 19 世纪中叶以后，由于外国资本主义入侵而形成的庞大产业后备军，他们就是中国资本主义工业和外国资本主义在华企业所需廉价劳动力的主要来源，如清末最大的江南制造厂，1865 年创办时，只有 200 名工人，到 70 年代以后，已增加到 2000 多人，除了少量是出身于工人或农民家庭的“匠童”（幼童）外，主要来源于本地或外地的破产农民。但是，中国破产农民的遭遇和资本主义国家的破产农民也有所不同。在帝国主义侵略的条件下，我国农民的破产并没有伴之以民族工业的相应发展，因此，在城市中找个职业是十分困难的。流落在上海、天津等大城市街头的破产农民和手工业者，成千上万，哪里有谋生之机，不管是进工厂或是当码头工人，甚至当富家的佣人，他们马上蜂拥而至，排队等候极其苛刻的挑剔选择。在天津的万德庄、西广开等区域，就有专门出卖劳动力的市场，叫做“人市”。大批饥饿的破产农民和手工业者，整日呆在那里等待被人雇佣的机会。还有一些破了产的农民，在走投无路的情况下，被迫离乡背井，远离祖国，到南北美洲和南洋等异地去充当奴隶和苦力。

中国的工人阶级最初并不是产生在中国人创办的近代工业里，而是产生在外国资本主义在中国创办的企业。这是因为外国资本的企业出现较早。早在 19 世纪 40 年代，外国资本就在上海、广州、厦门等地经营起近代工业，在这些企业中雇佣中国工人，他们就是中国最早的一批工人阶级。从 19 世纪 60 年代起，中国封建统治者创办了一些军事工业和其他工业，在这些企业中又出现了一批工人。19 世纪 70 年代，中国民族资本主义工业产生了，随着中国民族资本主义工业的产生和发展，中国工人的数量也增加起来。据估计，至 1894 年甲午战争前，中国工人约有 9 万余人，其中在外资经营的企业和航运企业中的工人，大约有 3 万余人，在民族资本主义企业中的工人，大约 2 万余人，其余的工人分别在清政府经营的军事工业和民用企业中，随着帝国主义在中国投资设厂的增加以及中国民族资本主义工业的发展，中国产业工人数量也不断增加，到

1919 年，中国产业工人的数量已达 200 万人之多。

历史事实证明，中国自然经济的解体，农民和手工业者的被剥夺，资本主义劳动力市场的形成，同样是在“血迹斑斑的图画”中进行的，是一个充满了死亡、饥饿和深重苦难的历史过程。

（摘自《资本原始积累史》，吉林人民出版社 1981 年版）

第八部分

经济金融理论漫笔

寓道理于情趣之中

——经济学与情趣

大凡对一门科学发生兴趣的人，往往就会下劲去潜心探究，这是人之常情。科学理论虽然逻辑严密，但绝不是刻板的。理论著作不仅要观点正确，言之有理，而且还要语言生动，言之有趣。逸笔妙趣，富有文学性，更容易引起读者的学习兴趣。

有人说，经济学是一门平淡、枯燥的科学，其实并不尽然。有些经济学论著确实平淡如水，枯燥无味，然而也有不少经济学论著见解精辟，文笔优美，饶有兴味，引人入胜，让人爱不释手。马克思的《资本论》是一部博大精深的巨著，但书中却插入了大量诗句、典故、传说和故事等。马克思善于用文学的手法阐释高深的理论，常常把一些抽象、难懂的问题写得趣味盎然，使人读之难忘。凡读过《资本论》的人，大概都不会忘记“雅典的泰门”、“威尼斯商人”、“孤岛上的鲁滨逊”和可笑的唐·吉诃德先生，等等。

当然，科学理论不是艺术，更不是小说，它们各自有着不同的思维规律。科学理论离不开抽象思维和逻辑推理，离不开概念的演绎和规律的表述，但事实又告诉我们，在抽象思维和形象思维之间并没有一条不可逾越的界线。

所谓经济学，是阐明构成人类社会各种关系的基础以及人类生存和发展所不可缺的物质资料如何进行生产、分配、消费等活动的科学。在许多优秀文学作品中，高明的艺术家凭着自己的洞察力，生动地描绘了处于一定经济关系中的活生生的人物。马克思和恩格斯都曾高度评价过巴尔扎克的作品。马克思称赞他“对现实关系具有深刻理解”。恩格斯称赞他“提供了一部法国‘社会’特别是巴黎‘上流社会’的卓越的现实主义历史”，从这部历史里，“甚至在经济细节方面（如革命以后动产和不动产的重新分配）所学到的东西，也要比从当时所有职业的历史学家、经济学家和统计学家那里学到的全部东西还要多。”《欧也妮·葛朗台》是巴尔扎克的重要代表作之一。在这部小说里，作者用讽刺、犀利的笔触，塑造了一个无限贪婪、满身铜臭的资产阶级暴发户的典型。马克思曾经写道：“在资本主义生产方式的历史初期，——而每个资本主义的暴发户都个别地经过这个历史阶段，——致富欲和贪欲作为绝对的欲望占统治地位。”如果我们读了《欧也妮·葛朗台》一书，再去重读马克思对创业时代资本家特征的描写，就会感到真实而深刻，容易理解多了。

在文学和经济学之间，完全可以架起一座桥梁。这个工作不仅要靠文学家去做，更要靠经济学家去进行。文学家要用艺术形象再现社会真实的经济生活，经济学家则应通过挖掘文学宝藏，采取群众喜闻乐见的形式去说明经济学的道理，也就是要寓道理于情趣之中，使读者在不知不觉中受到经济学的熏染启迪。有的经济理论工作者已经在这方面进行了有益的尝试，写出了一些生动、形象、融思想性、知识性、趣味性于一体的好作品，在普及经济学理论的工作中，取得了可喜的成绩。他们提供的宝贵经验，说明这条路是走得通的。

有人说，资本主义生产过程中的人是经济范畴的人格化，还比较容易和艺术形象结合起来，政治经济学社会主义部分却很难做到。政治经济学社会主义部分究竟能不能写得生动有趣一些呢？回答是肯定的。我们既然认为社会主义政治经济学是研究生产关系的科学，社会主义的经济关系自然也要通过人的活动反映出来。党的十一届三中全会以来，有些反映城乡经济体制改革的文学作品，就是我国现实经济关系变动的真实写照。如果我们的经济学教科书和经济学论文，能够通过采用文学的表现手法，增加一些知识性和趣味性，把阐释理论同形象化的叙述融为一体，那么，就必定会引起更多读者的学习兴趣，我们的经济科学也因而会另有一番繁荣的景象。

我们的经济理论工作者要使自己的论著在思想性强、立论正确的大前提下，做到理中有趣，以理服人，以趣引人，就要加强学习，广泛涉猎，既专又博，用文学知识、自然科学知识以及其他社会科学知识武装自己。这对于广大理论工作者来说，虽然是一个更高的要求，但却是一个经过刻苦努力后能够达到的要求。

（摘自与王慎之合著的《趣味经济学》一书，该书于1989年由中国青年出版社出版）

处处留心皆学问

——经济生活与经济学

理总是寓于实之中。任何事物都有其存在和发生的道理。学问，有时是在瞬间的震撼中发现的，有时却是长期痛苦思考的结果。

经济学是一门重要的学问，是从我们周围存在的大量经济现象中抽象和概括出来的一般结论。经济生活是经济学的源泉，离开了经济生活，经济学就如同空中楼阁，水中浮萍。我们要寻求隐藏在经济现象后面的深刻道理，就必须细心观察经济生活。

学问并不会自动跑到我们身边来，需要动脑筋、花力气，才能获得真知。每一种日常生活的经济现象，都有它产生的原因和发展变化趋势，“处处留心皆学问”，这是一个朴素的真理。商品是一个客观存在，每天商店里人来人往，络绎不绝，货架上的商品琳琅满目，比比皆是，可是人们已经司空见惯，往往并不留心什么是商品，也很少有人会想到商品背后会有什么奥秘。毛泽东同志曾经说过：“商品这个东西，千百万人，天天看它，用它，但是熟视无睹。只有马克思科学地研究了它，他从商品的实际发展中作了巨大的研究工作，从普遍的存在中找出完全科学的理论来。”① 商品买卖是最常见的现象，但熟视和接触商品的人并不一定懂得商品的学问，正像一个人会用煤火烧饭并不一定懂得热力学，一个人会开汽车并不一定懂得了机械动力学一样。人们之所以未能从大量的现象中总结出科学的道理，就是因为不注意、不留心。只有时时注意，悉心观察，才会有科学。瓦特就是从沸水冲撞壶盖受到启示发明了

---

① 《毛泽东选集》第3卷，人民出版社1956年版，第819页。

蒸汽机，牛顿从苹果落地总结出了万有引力定律，阿基米德从游泳中认识了浮力。这种例子，在科学史上俯拾皆是。我国经济体制改革中有许多成功的事例，其中很重要的一条就是经营者的悉心观察。南方大厦分管业务的负责人就是从杂志上的气象预测看到来年雨量多和雨季长，才做出了大量购进雨伞的经营决策，结果获取了大量利润。

经济现象尽管纷繁复杂，但只要我们处处留心，认真观察和研究，就能使之条理化、系统化，并从中总结出科学的道理来。比如，有些企业连年亏损，入不敷出，这是一个现象。那么，这些企业为什么会亏损呢？其中必有原因，或者是经营管理不善，或者是机构臃肿、人浮于事，丧失了效率，或者是计划限制过多，使企业丧失了生机和活力。通过调查研究，解剖麻雀，做出“诊断”，就会找出扭亏增盈的办法。当然也有些企业经营效果显著，利润率高，成本消耗低，取得了成功的经验。经过细心观察，上升到理论，就会形成系统的认识。生产有生产的学问。花钱也有花钱的学问。一个家庭或者个人，怎样用有限的收入获得最大的满足，就包含着许多的科学道理。有人喜欢细水长流，有备无患；有人却是大手大脚，寅吃卯粮。我们反对铺张浪费，但也反对当守财奴。节俭是应该提倡的美德，但节俭多少才合适呢？凡事都有一个“度”，都有一个界限。成功地掌握这个界限，并不容易，这就需要细心观察、思考，充分顾及各种因素，从中总结出规律性的东西，否则，就会陷入盲目性。

熟视无睹，不闻不问，是科学的大敌。对经济生活中存在的大量的问题，漠然处之，泰然若素，在经济生活和经济学之间，人为地断绝了联系，久而久之，就会葬送经济科学。

对于现实经济生活，一定要敏感。一个小生产者尚且需要知道市场信息，更何况是社会化大生产？现代科学技术进步已把我们推向信息化时代，商品行情需要信息，技术进步需要信息，生产过程需要信息，群众消费也需要信息。不久的将来，我们将生活在一个信息世界中。大量的经济信息，需要产生适应时代潮流的新经济学。如果对大量的经济生活信息失去灵敏反应，我们就会被远远地抛在时代的后面。

经济学并不神秘，它就在我们日常生活之中，和我们如影随形，形影难分。法国喜剧大师莫里哀在《醉心贵族的小市民》中描写的茹尔丹先生，不知道什么是散文，后来忽然发现他已经说了40多年的散文了。恩格斯借助这个有趣的例子发挥道："人们远在散文这一名词出现以前，就已经在用散文说话了"。[①] 经济学也是如此，尽管人们天天接触它，但却未必真正感受到它的存在。经济学就在日常生活之中，只要处处留心，善于思考，就一定能从一些习以为常的现象中概括出科学道理来，从而也就一定会掌握和运用好经济学。经济学来自经济生活，又高于经济生活。

（摘自与王慎之合著的《趣味经济学》一书，该书于1989年由中国青年出版社出版）

① 《马克思恩格斯全集》第3卷，人民出版社1956年版，第182页。

焚烧手稿的怪人

——斯密对经济管理理论的贡献

1790 年春，一位病入膏肓的老人把他的两位好友叫到家里，恳切地希望两人代为烧毁他的十六卷手稿。两位好友虽对此举百思不得其解，但出于对老人的尊重，只得把手稿一摞一摞地扔进火炉里。老人看到自己辛苦撰写的手稿被火舌慢慢吞噬，反而如释重负，露出了一丝微笑。这位奇怪的老人，就是被世人称为“现代经济学之父”的亚当·斯密。

亚当·斯密（1723 ~ 1790）之所以被誉为“现代经济学之父”，主要是因为他于 1776 年 3 月出版了一部划时代的著作——《国民财富的性质和原因的研究》（简称《国富论》）。这部著作一出版，立即就震动了国内外学术界。当时，英国首相庇特对他推崇备至，他根据斯密在这部著作中所阐述的经济学原理，制定了英国政府的一系列经济政策，其他一些国家的政府也不失时机地把《国富论》的基本观点作为自己决策的重要依据。1777 年，庇特见到斯密时，称自己是斯密的学生。这一年，斯密应邀出席一位国会议员的宴会。当他步入客厅时，包括庇特在内的先来的客人全体起立欢迎，斯密请他们就坐，庇特回答说：“不，我们都是你的学生，你不坐下，我们怎么能先坐下呢?”由此可见斯密当时在英国朝野的声望了。英国著名的政治经济学家 J. A. R. 马里奥特曾对斯密作过这样的评价：也许没有任何一部当代的著作像《国富论》那样对科学经济思想和行政管理体制产生过如此深远的影响。英国著名学者巴克尔在他的《文明史》中也指出：“《国富论》是在现代经济学方面迄今为止最为重要的著作之一，无论是作者的独到见解，还是从此书产生的实际影响来看，都是这样。”

大多数读者可能都知道，《国富论》的主要贡献在于政治经济学，它不仅建立了资产阶级古典政治经济学的殿堂，而且成为马克思创立政治经济学的主要理论来源。至于在经济管理学方面，人们只要在他这一“百科全书”的浩瀚知识海洋中稍微采撷几朵浪花，也可足见他的贡献之大了。这里，我们仅简述一下他的两个重要观点。

（一）劳动分工的观点

亚当·斯密认为，劳动是各国财富的源泉，当然也是各国人民的生活必需品的源泉。这种生活必需品的供应状况的好坏，主要决定于两个因素：一个是劳动生产率的高低；另一个是从事生产的人数，两者相比，前者更为重要。在文明时代即资本主义社会，人民生活之所以比野蛮时代远为富裕，最主要的就是因为劳动生产率有了很大的提高；而劳动生产率之所以能够提高，又是劳动分工的结果。他用制针的例子来说明劳动分工的好处：若一人单独从事这项工作，每天最多只能生产 20 枚针，而若进行合理的分工协作，每个工人即能生产 4800 枚。这个例子虽微不足道，但如同“一滴水可照见太阳的七色光彩”一样，它充分说明了分工对提高劳动生产率的巨大作用。这种作用可以简要地概括为如下三个方面：第一，分工可以使劳动者专门从事一种单纯的操作，从而提高熟练程度，增进技能；第二，分工使每个人专门从事某项作业，节省了从一种工作转到另一种工作所要损失的时间；第三，分工使劳动者比较容易改良工具、技术和工作方法。

也许有人会说，亚当·斯密所强调的劳动分工的作用，是人人都明白的道理，难道能算得上是什么重大的贡献吗？为了说明这个道理，我们不妨插进一个“哥伦布发现新大陆”的故事。哥伦布本是一位普通的意大利海员，他在作了 18 年的航海后，于 1492 年 10 月 12 日发现了美洲新大陆。当他满载而归时，举国上下一片欢腾，人民把他作为划时代的英雄来欢迎。这时有几位嫉妒者大为不满，在一次宴会上，他们偶然与哥伦布相遇，便对哥伦布发难道：“你发现了大洋那边的新天地，这有什么了不起？任何人都能像你那样横渡大洋，任何人都能像你那样沿海岸航行，那是世界上最轻而易举的事情。”哥伦布听了没有反驳，只是顺便从碟子里拿出一个鸡蛋，要求那几位发难者把它竖立在桌子上，那几个人一一试过，都未能做到。哥伦布蔑视地一笑，把鸡蛋的小端在桌上轻轻敲破一点，便使它稳稳直立了。这时，他才说道：“先生们，这是世界上最轻而易举的事情，任何人都能做——只不过是在别人做给他看了之后。”从这个故事中我们可以悟出一个道理：劳动分工的理论今天看来平凡简单，但斯密第一个比较全面地阐述了它对提高劳动生产率和增进国民财富的巨大作用，这完全可称得上是“天才的发现”，况且，他的这一分工理论对于后来管理理论的发展也起了十分重大的作用，后来的专业分工、管理职能分工、社会分工等理论，都与斯密的这一学说有着“血缘关系”。

（二）“经济人”的观点

亚当·斯密认为，人的行为都受自身利益的支配，追求财富仅是一种表现，这种个人致富的欲望对社会福利有益，一个社会只有放手让每个人富裕起来，它本身的繁荣才有保证。在他看来，追求个人经济利益不仅是人的本能和天性，而且是人类一切活动的根本。因此，他认为，对于人们追求个人利益的一切活动，都不宜加以限制，因为这种利己本能必然形成一种不可抗拒的经济力量，任何限制都是徒劳无益的，由此可以断言，经济上的自由放任是自然发展的要求，是天经地义的。

在斯密的理论中，经济活动的主体就是这种受利己心支配的追求个人利益的“经济人”，他把社会上一切经济现象都看成是“经济人”活动的结果。在他看来，人们正是为了追求自身的利益，才需要打破那种“鸡犬之声相闻，老死不相往来”的生产方式，而产生了互相交换物品的倾向；同时，在这种相互交换的过程中，每个人也绝不会像《镜花缘》中“君子国”的商人一样，“互相谦让”，而必须以自身的利益为轴心。诚然，人们彼此之间需要互相帮助，但这种帮助并非出于利他主义的崇高品德，而同样是出于利己主义的考虑，对此，他有一句名言可以概括：“请给我所要的东西吧，同时，你也可以获得你所要的东西。”这么说来，斯密是不是就赞成“人不为己，天诛地灭”，赞成人与人之间以邻为壑，尔虞我诈呢？当然不是。斯密认为，正因为每个人都有利己主义，所以，每个人的利己主义又必然被其他人的利己主义所限制，这就迫使每个人必须顾及他人的正当利益，由此而产生了社会利益。社会利益正是以个人利益为立脚点的。

亚当·斯密的“经济人”的观点，反映了资本主义生产关系的本质要求：在等价交换和所谓“完全平等”的温情脉脉的外衣下，让资本家巧妙地剥削工人创造的剩余价值。同时，由于他把人的“天性”看作是一切以利己主义为出发点的“经济人”，所以，它也蕴含了怎样去管理这些“经济人”的理论和方法。这一点，不仅在早期的工厂制的管理中得到了充分的体现，而且对 19 世纪末开始的科学管理产生了深远的影响。早期的企业主就是以这种“经济人”的理论为依据，来进行管理的。

早期的企业主对“经济人”的管理办法主要是：“胡萝卜”加“大棒”。为什么叫“胡萝卜”加“大棒”呢？这还得从美国的一则寓言说起。这则寓言的大意是：某人要把一只驴子赶往一个目的地，但驴子不是很听话，常常要在周围寻找食物，这样，赶驴者就在道路的前方不时扔几根胡萝卜来引诱它，必要时，再用大棒在它屁股上揍几下，如此一来，驴子就乖乖地走向了目的地。早期的企业主从这则寓言中得到启示：既然人也是以利己主以为出发点的“经济人”，那么，对他们施以“胡萝卜”加“大棒”的办法也是理所当然和行之有效的。

这里所讲的“胡萝卜”，就是用经济手段来刺激人的积极性，建立包工制和计件工资制是其主要内容。所谓包工制，就是企业主同监工就某些方面的工作签订转包合同。这种合同把督促工人的责任转交给监工去承担，企业主为各种需要完成的任务定出承包价格，并让转包的监工支付工人的工资，采购生产所需的原料，承担工厂的各种风险。转包人力了保证能获得利润——承包价格和费用之间的差额，就要千方百计降低成本，提高生产效率。所谓计件工资制，就是按工人的劳动成果支付工资。由于把劳动报酬与劳动成果紧密挂起钩来，每一个工人就会为了取得尽量多的报酬而拼命工作，从而提高劳动生产率，为转包者和企业主带来更多的利润。

这里的所谓“大棒”，就是经济上的制裁措施。在这些措施中，罚款是最为普遍的方法。工人们上班迟到早退——罚款；质量上出了差错——罚款；对管理者稍有不恭——罚款；大小便超过了规定时间——罚款……。由于到处滥用罚款，而且罚款的数目较大，许多工人辛苦一周，只能得到三四美元，甚至有极少数人分文不取，还倒欠了工厂的钱。除了罚款之外，雇主和监工还采用其他粗暴甚至野蛮的方法来制裁工人。例如，有的童工由于过分疲劳，在工作中不知不觉就睡着了，监工就会一把抓住孩子的腿，把他们的头浸到水桶中，让他们“清醒”一下。

由上可见，早期的企业主采用的那种“胡萝卜”加“大棒”的管理方法是比较残酷的。即使是后来的“泰罗制”和法约尔的管理方式，虽然其外表稍显温和，但由于他们仅仅是改变了“胡萝卜”的大小和“大棒”的轻重，因而还是属于专制的管理方式，仍然有一定的残酷性。当然，这并不能归咎于亚当·斯密，似乎是他的“经济人”观点导出了这一场悲剧，因为斯密的本意并非如此，造成这一悲剧的，只能说是资本主义制度。

（摘自与宋定国、薛世安合著的《漫话经济管理》一书，该书于 1988 年由工人出版社出版）

从生活里常见的事物说起*

——商品的来历

传说，牛顿是从看见熟透了的苹果落下树来得到启示，发明了万有引力定律；瓦特是从蒸汽掀开壶盖的现象中得到启示，发明了蒸汽机。生活里常见的事物，人们往往习而不察，“见怪不怪”。但是，爱动脑筋的科学家们却总是事事留心，认真观察和思考，往往从一些人们习以为常的事物中发现了许多重要的科学道理，对人类作出了很大的贡献。这样的事例不胜枚举。商品这个东西也是一样，在现实的生活里，虽然是人人所需，户户必用，人们天天看它、用它，一时一刻也离不开它，但人们对它熟视无睹，并不重视。然而，伟大的革命导师马克思却对它发生了浓厚的兴趣。100多年前，马克思正是通过对资本主义社会里最常见、最普遍的经济现象——商品进行了分析研究，揭示了商品的内在秘密，并在这一基础上，揭示了资本主义产生、发展和必然灭亡的客观规律，建立了马克思主义科学的政治经济学理论。

那么，到底什么是商品呢？谈起商品，人们自然会想到商店里出售的那些吃的、穿的、用的物品，从食品、衣着、鞋帽、日用百货，到各种各样的生产用具，这些供出卖的东西，哪样不是商品呢？所谓商品，简单地说，就是用来出卖或交换的劳动产品。

作为商品，首先它必须是劳动产品。天上的太阳、自然界里的空气等非劳动产品，尽管都是人类赖以生存而须臾不可缺少的东西，但由于无需花费劳动，无需花钱购买，人们便可以取得它们，随意享用，因此，不能成为商品。不是人类劳动的产品不能成为商

---

* 该文曾在《管理世界》1985年第1期登载。

品。那么，能否说凡是劳动产品都是商品呢？也不能这样说。商品是劳动产品，但并不是一切劳动产品都是商品。

世界上的事物，往往有其貌相似而其实相异的情况。从外表上看，商品和一般劳动产品的面貌非常相像，翻来倒去看不出有什么区别，实际上却有本质的不同。商品和劳动产品，是两个不同的概念。按照通常的说法，凡是经过人们劳动生产出来的物品，都叫做劳动产品，如工业产品、农业产品等等。其中只有那些供出卖或交换而生产的劳动产品，才是商品。东晋时代的诗人陶渊明曾写过一篇名为《桃花源记》的著名散文，描写了一个与世隔绝的乌托邦式的空想社会。在这个景物秀丽的叫做桃花源的社会里，男耕而食，女织而衣，自给自足，与外界无任何接触。人们过着如哲学家老子所想象的那种“甘其食，美其服，安其居，乐其俗”，“鸡犬之声相闻，老死不相往来”的生活。桃花源的人种出来的米，织出来的布，当然都是劳动产品，但是，由于他们把这些米自己吃了，把这些布自己做了衣服穿，那么这些供自己消费的米和布就不成其为商品，而只是一般的劳动产品。在漫长的人类历史上，虽然不曾出现过所谓“桃花源式的乐土”，但自给自足的农民，在封建社会里却是常见的。例如，唐代诗人白居易在一首《朱陈村诗》中描写的朱陈村，就是一个自给自足的自然经济色彩浓厚的居民点。“家家守村业，头白不出门”，与外部很少往来，许多村民在一生中甚至没有迈出过村庄一步。在我国封建社会里，类似朱陈村的村庄，并不少见。这些村民的生产目的。就如同桃花源人那样，不是为了出卖或交换，而是直接为了满足自身的需要，劳动产品很少出售。

既然自产自用的劳动产品不是商品，是不是一切供别人消费的劳动产品，都是商品呢？那也不一定。比如，旧社会的农民辛辛苦苦收获的粮食，其中以实物形式作为地租交给地主享用的部分，就不能称之为商品。茅盾的小说《残冬》里描写的东村坊农民，就是这样的一个例子。东村坊农民向地主租田种，年成好，一亩能收三担米，五亩田可收十五担米，但每年要向地主交租六担五斗，剩下的仅够勉强维持生活，若逢荒年只能以桑根充饥。东村坊农民向地主租种五亩田缴纳的六担五斗米地租，由于是被地主无代价拿去的，在这里，发生的只是赤裸裸的剥削关系，而不是交换关系，即没有经过买卖行为，所以，这些米虽然也是为别人而生产的劳动产品，同样不能称为商品。劳动产品和商品的区别，不在于是自己消费还是别人消费，而在于是否通过买卖关系归别人消费。只有当劳动者把自己吃剩用余的劳动产品拿到市场去卖钱，或者用来向别人换取其他物品的时候，这一部分拿来出卖或交换的劳动产品才是商品。可见，商品既不是普通的物品，也不是一般的劳动产品，而是经过交换或买卖用于满足别人需要的劳动产品。商品和一般劳动产品尽管外观相同，但是，一旦劳动产品用于买卖或交换，那么，这部分劳动产品便转化为商品，而不再当作一般劳动产品来看待了。经济学家王亚南说，这就好比女子拜见了公婆，取得了少妇的资格，便不再是少女的道理一样。①

自古以来，任何社会都有劳动产品，如果没有劳动产品，人类就无法生存。但是，在历史上的一个很长的时间里，劳动产品却不是商品。劳动产品变成商品经历了一个漫长的发展过程。恩格斯说，只有生产的东西除了自己消费以外还有剩余的时候，这种剩余才拿去出卖和进行交换。这就是说，商品交换是在有了剩余产品之后发生的经济活动。在原始社会的初期，人类的祖先是以氏族部落为单位，在那遮天蔽日的森林里和鸟兽逼人的原野上，过着群居生活，使用粗糙的石器，依靠群体的力量，猎取各种野兽或采集果实，打猎和采集得到的东西大家平均分配。由于生产力极度低下，劳动工具十分简陋，没有什么社会分工，劳动成果在品种上差不多一样，数量上也微乎其微，只能勉强填饱肚皮，没有多余的东西可拿去进行交换。在这样的条件下，劳动产品显然不可能成为商品。

到了原始社会中期，生产力有了一定的发展，人们在生产实践中不断积累经验，逐渐懂得把暂时吃不了的动物留养起来，学会了

① 参见《中国半封建半殖民地经济形态研究》，人民出版社1957年版，第56页。

饲养家畜，产生了原始的畜牧业。同时，人们还发现了植物的死死生生，连绵不断，逐渐地学会了栽培五谷，产生了原始的农业。我国古书上记载有伏羲教民结网捕兽、驯养牲畜，神农氏尝百草教民栽培植物的传说，反映了原始的畜牧业和农业发生的情景。由于从事农业要有肥沃的土地，从事畜牧业要有广阔的牧场，定居的农业和游牧的畜牧业在生产活动上各有特点，久而久之，畜牧业便渐渐同农业相分离。有的部落只管饲养家畜，专门进行畜牧业生产；有的部落则从事栽培，专门进行农业生产。由此，形成了人类社会的第一次大分工。社会分工是生产力发展的结果，反过来又促进生产力的发展，使生产品日益增多起来。这时畜牧业部落和农业部落都开始有了剩余产品。人们在维持自身生活必需之外，为了调剂余缺，改善生活，客观上就产生了交换的需求。畜牧部落富余的是肉、毛、乳之类，缺乏的是粮食、瓜果、棉麻等。农业部落恰好相反，他们富余的是粮食、瓜果、棉麻之类，缺乏的是肉、毛、乳等。于是，畜牧部落和农业部落之间，就渐渐发生了交换行为。各个氏族部落作为不同产品的所有者，把自己多余的东西拿去交换一些自己没有或缺少的东西，这些用来交换的物品就转化成了商品。起初，交换是在各个氏族部落之间，由各个氏族首领为代表来进行的，是集体行为，交换得来的商品归集体占有和享用。而且这种交换只发生在各部落交界的地方，带有很大的偶然性。各个部落的剩余产品也并非一开始就为着交换而生产，只是通过偶然的交换，才使得它们转化为商品。随着生产力的发展和交换的日益频繁，一些氏族首领开始利用自己的权力，把由他们经手交换得来的产品据为己有。后来，交换关系渗透到氏族公社内部，有些氏族成员也把各自的产品当作私有财产用来交换。因而产生了私有财产。私有财产的出现，使得个人与个人之间的交换，渐渐地取代氏族集体之间的交换而成为交换的主要形式。

第一次社会大分工后，生产力有了进一步的发展。铁器的出现，使得生产力的发展更加迅速。这时除了农业和畜牧业之外，还出现了一些专门从事手工业的人们。他们用自己的手工制品进行交换。这就使得交换的物品品种增加，范围扩大，因而有比过去多得多的产品变成了商品。原来手工业和农业是结合在一起的，自从铁制工具发明后，使手工业有可能作为一个独立的生产部门从农业中分离出来，这样就发生了人类社会的第二次社会大分工。木匠、铁匠等手工业者生产的产品，饥不可食，寒不可衣，除自己所用之外，绝大部分都必须拿去出卖或交换，以便取得吃的、穿的、用的以及原材料等物品，才能维持生存和继续进行生产。所以，手工业者的生产从一开始就主要是为了出卖或交换的，是地地道道的商品生产。这时候，农民和牧民为了向手工业者换取各种用品，也必须把一部分农产品或畜产品经常当作商品来生产。可见，随着手工业和农业的分离，社会上便出现了以交换为目的的商品生产。

从商品产生发展的历史中可以看出，商品虽说是从劳动产品转化来的，但并不是在任何情况下劳动产品都能够变成商品。这就好像鸡是从鸡蛋变化来的，但并不是任何时候鸡蛋都能孵出小鸡来。只有在适当的温度下，鸡蛋才能变成小鸡。不管是用老母鸡孵化，还是用温箱孵化，都离不开适当温度这个条件。同样，劳动产品转化为商品也需要一定的条件。条件主要有两个：一是社会分工；二是生产资料和产品为不同的所有者占有。由于社会分工使生产专业化，有人种植五谷杂粮，有人放牧猪马牛羊，还有人从事烧窑、打铁、织布、纺纱等等。生产者各干一行，只生产某一种或某几种类型的产品。他们为了满足自己和家庭多方面的需要，就必须以其所有，易其所无，互相交换劳动产品。战国时代的学者荀况说：“泽人足乎木，山人足乎鱼，农夫不斫削、不陶冶而足械用，工贾不耕田而足菽粟。”意思是说，通过沟通有无就可以使住在水边的人得到木材，住在山区的人得到水产，农民不动刀斧、不陶不冶，可以得到生产工具，工商业者不耕不种可以得到粮食。如果没有社会分工，大家都生产同样的东西，你生产的我有，我生产的你也有，那就没有交换的必要了。社会分工是商品生产存在的条件。但是，仅有社会分工，如果产品属于同一个主人，也没有交换的必要。马克思说："在古代印度公社中就有社会分工，但产品并不成为商品。"① 我国黑龙江省、内蒙古自治区的鄂伦春人和鄂温克人，直至解放前还生活在原始公社末期。据调查，在这些少数民族的内部，虽然存在着社会分工，但由于劳动产品都归集体所有，大家分摊享用，因此不存在商品生产和商品交换。事实证明，商品的产生，光有社会分工这个条件不行，还要有另一个前提条件，这就是生产资料和产品为不同的所有者占有。具体地说，在私有制社会里，商品产生的第二个条件是私有制。由于存在私有制度，使人们生产的东西成为私有财产，谁也不能无偿地占有别人的东西。然而，在存在社会分工的情况下，谁也不能光靠自己的劳动来满足自己生产和生活上的全部需要。为了解决这个矛盾，就只有互通有无，采取商品交换的形式。商品就是伴随着社会分工和私有制这两个条件的逐步形成，从劳动产品中脱身而出，名正言顺地来到人世间的。

（摘自《政治经济学 ABC》，河北人民出版社 1987 年版）

① 《马克思恩格斯全集》第 23 卷，第 53 页。

商品世界里的“无冕之王”

——奇特的货币

在商品经济的社会里，人们不仅要同商品打交道，而且还要经常同货币打交道。货币，通常叫做钱，是大家非常熟悉的东西。用钱可以买各种各样的商品，这在今天大家已经是习以为常了，因此往往被人们认为是理所当然，不言而喻的事情。其实，货币既不是自古就有，也不是与商品同时出现的。从不用货币的商品交换发展到用货币的商品交换，经历了一个漫长的历史过程。那么，货币到底是怎样产生的呢？英国资产阶级古典经济学家亚当·斯密认为，货币是一些“有思想的人”，为了消除交换的不方便而设想出来的一种技术工具。这种说法是不对的。货币并不是哪一个能人圣贤的发明、创造，而只是商品生产和商品交换发展到一定阶段的产物。

人类的祖先最初进行商品交换的时候，不像我们现在这样是以货币为媒介来进行的，而是采取物与物直接交换的形式。即“以所有易所无”。例如，畜牧部落的人用自己多余的牛、羊，交换农业部落多余的大米、小麦。由于当时的生产力水平仍很低，剩余产品极有限，商品交换还只是偶然发生的行为。一般要经过一段时间才能交换一次。而且交换的东西也是偶然的，这次可能是羊换大米，下次可能是牛换小麦。交换是否成功，对氏族部落的生产和生活没有太大的影响。因为剩余产品不多，如果交换不出去，自已吃用就是了。

在以物易物的商品交换中，一种商品的价值是通过另一种商品表现出来的。比如说，1 只羊 =5 斗大米，也就是说用 1 只羊可以换到 5 斗大米。羊的价值本来是无影无踪，视而不见的。但是，通过同大米相交换，1 只羊的价值有多少，就从偶然换来的 1 袋大米身上相对地表现出来了。使人们知道1只羊的价值同5斗大米一样大。在这里，大米这种商品，成了充当表现另一种商品（羊）的价值的材料，起着“等价物”的作用。这就好像人不能自视其面，必须照照镜子才能看到自己的容貌一样。起着“等价物”作用的商品（大米），在上面所说的交换关系中就是一面专照另一种商品（羊）的价值的镜子，它可以把另一种商品（羊）的价值映现在人们的面前。

在物物交换的初期，由于生产的东西少，品种也不多，换来换去不过那么几种，直接交换并不太麻烦。后来，随着生产力的发展，交换逐渐成为经常的事，参加交换的商品数量和种类也越来越多。这时，一种商品不再是偶然地和另一种商品相交换，而是常常同其他多种商品相交换。例如羊的主人，不仅可以用1只羊换取5斗大米，还可以1只羊换取40尺布，或换10斤茶叶、20斤盐等等。这样，羊的价值就不是偶然地被另一种商品如大米表现出来，而是可以常常表现在布、茶叶、食盐等一系列其他商品的身上。由于进入交换的商品种类繁多，各个商品的价值没有统一的表现，没有共同的“等价物”，必然会给交换带来一定的困难。交换越发展，物物交换带来的困难也越大。因为物物交换的顺利进行，是以双方都需要对方的商品为条件的。一种商品的所有者，如果想换取自己需要的东西，就必须找到一个持有这种东西又同时需要自己商品的人。但是。这种偶遇巧合是不多见的，通常往往要经过许多曲折的中间环节，交换才能成功。比如说，在市场上牵羊的人想换米，背米的人却要布。但有布的人既不需要羊也不缺少米，而需要丝。如果有丝的人正好需要羊，那么，羊的所有者就只好先把羊换成丝，再用丝去换布，然后用布换取自己所需要的米。如果有丝的人也不需要羊，而需要别的什么东西，交换的环节就更多了，甚至有可能交易做不成，牵羊的人，虽然走遍了集市的每一个角落，还是换不到自己想要的大米。由此可见，直接的物物交换困难多端，很不方便。

物物交换尽管是那么不方便，却延续了相当长的时间。在长期频繁的交换实践中，人们慢慢发现，只要先把自己手中的商品换成某种大家普遍需要的东西，然后再用它作为交换的媒介，就可以毫不费事地换到自己所需要的其他商品。因此，久而久之，就有一种商品渐渐地从商品群中分离出来，专门充当商品交换媒介物的角色，充当表现其他商品价值的材料，而其他一切商品也都习惯地同它相交换。通过它来衡量自己价值的大小。这种在交换中起媒介作用的商品，在政治经济学上称之为“一般等价物”。一般等价物出现后，直接的物物交换，变成了通过媒介物的间接交换了。由于有了一般等价物，能够克服在交换中往往不易找到两厢情愿对象的困难，使交换比较容易成功；同时由于在进行交换时，不再需要多次转手，几经周折，因而也便当多了。

一般等价物的角色只能由个别商品来充当，其他商品不能同时都成了一般等价物。马克思在说明这个问题时，曾经用了一个生动的比喻：“设想能同时在一切商品上打上能直接交换的印记，就像设想能够把一切天主教徒都变成教皇一样。”① 这种设想，显然是不可能变为现实的。因为一个商品充当一般等价物，就是由于其他商品不充当一般等价物，如果一切商品都同时具有直接交换的形态，也就不会有所谓一般等价物的形态了。正如教皇之所以成为教皇，就是因为其他人都只能是教徒。如果所有教徒都变成教皇，那么教皇也就不成其为教皇了。君主制度也一样，皇帝之所以成为皇帝，就是因为他的臣民不是皇帝。如果一切臣民都是皇帝，皇帝也就不存在了。

一般等价物把其他商品打成了臣民，自己登上了皇帝的宝座，但不是一个皇帝做到底，中间也经过无数次的改朝换代，几易其主。在历史上，不同民族和不同地区，充当过一般等价物的商品是各色各样，不尽相同的。在我国古代社会，轻巧灵便、坚固耐用的贝壳，曾经长久地充当过一般等价物。

据历史记载，我国商代时以贝充当一般等价物已经是比较普遍

① 《马克思恩格斯全集》第 23 卷，人民出版社 1972 年版，第 84 页注（24）。

的现象。人们不仅常常拿它做买卖，还把它当作贵重的贡献物或赏赐品。从出土的青铜器上的铭文看，当时帝王和贵族赏赐给臣属的物品中，最常见的就是贝。贝在当时是以“朋”为计算单位，五贝为一串，两串为一朋。由于贝出产在遥远的海滨，商时极为难得，数量甚少，所以即使商王赏赐臣下，每次最多也不超过十朋。贝在当时就像珍宝那样有价值，很受喜爱，故有人干脆把它叫做“宝贝”。“宝贝”这个人人皆知的称呼，就是由此而来的。传说商朝末代皇帝商纣王，曾把周文王囚禁多年，后来周文王手下的大臣散宜生远走江淮，弄到一个非常美丽的大贝，奉献给商纣王。商纣王在一时高兴之下，便将周文王释放了。

从商品交换的历史来看，用自然物作为交换的媒介，贝虽然不算最早，可是行使时间久、范围广、影响大。我国边疆少数民族地区，以贝为交易媒介的历史一直延续到明末清初。例如明代医学家李时珍在《本草纲目》中说：“云南用贝，明时尚然”。除贝壳外，我国古代社会中的牛羊、铁铲、布帛、丝束、铜、玉等其他许多商品，也都“扮演”过一般等价物的“角色”。例如以布帛为一般等价物，起源也很早，使用的时间也很长。传说距今3000多年前，商部落有个名叫王亥的大酋长，是我国古代牛车的发明家。他很会驯服牛马，常常驾驶着牛车，用布帛和牛当作交换的媒介物，到远近各个部落去做买卖。直到唐代，在一些地区甚至还畅行以布帛进行交换，用它来买米、买油、买油盐等。近代学者陈寅恪说：“唐代实际交易，往往使用丝织品。”据《新唐书·皇甫湜传》记载，皇甫湜为裴度作《福先寺碑文》，裴度“赠以车马缯采甚厚”，但皇甫湜不满足，不高兴地说：“碑文三千字，一个字应三匹绢，为什么给我这么微薄的报酬。”裴度听后笑了起来，便酬谢他九千匹绢。在唐代连卖字也要以绢帛计算酬金，由此可见，在当时的各种实际交易中，对绢帛的使用是多么普遍。

一般等价物出现后，交换比过去方便多了。但是，开始时一般等价物是不固定的，经常因时因地而异。一个时期是牲畜，另一个时期可能是贝壳；有的地区可能是贝壳，另一个地区可能是布帛等。这种情况，必然还会给交换带来种种不便。特别是商品交换日益发展，渐渐地突破了地方市场的限制，在更大范围进行时，各民族、各地区一般等价物的这种不固定性和不统一性，就成了商品交换进一步发展的障碍。为了适应交换范围不断扩大的需要，客观上要求把各种不同的一般等价物统一起来，相对稳定地由一、两种商品来充当。后来在无数次商品交换的实践中，一般等价物逐渐地、自然而然地固定在贵重金属金、银的身上，由金银所独占。

为什么金、银能够被人们最后选用为固定的一般等价物呢？古代曾经充当过一般等价物的商品虽然很多，但无论是贝也好，布帛、牛羊等牲畜也好，用作一般等价物都有它先天的缺点。第一，贝与贝之间，布与布之间，牛羊与牛羊之间，都不可能是一模一样的，它们在本质上有好坏不同的差别。质量上的不统一，就不便于衡量价值的大小。第二，这些东西不能随意分割，不便于计数。比如用羊换米，羊就不能少于一头，因为羊不能分割，如果分割，活羊就变成了死羊。贝壳、布帛等商品也是这样。文字学家说，分贝为贫，汉字里把贫字写成“分贝”，就是这个缘故。布帛如果分成小片，不仅使用价值会减小。价值也会大大降低。我国东晋时曾用布帛作交换媒介，当时就有人指出它的这一缺点：“裂匹以为段数，缣布既坏，市易又难，徒坏女工，不任衣用”。第三，这些东西一般都笨重，不便于携带和储藏。最明显的是牲畜，比如羊，它的体积大，价值小，如果要到较远的地方去买较多的东西，就得赶上一群羊，极不方便。正因为这些商品用作一般等价物有这样或那样的缺点，天长日久，一一被逐渐淘汰。唯有黄金和白银具有作为一般等价物的许多天然条件。如它包含的劳动多，价值量大，但体积小，便于收藏、运输和携带；它质地坚固、不易生锈、损坏，适合长期保存；质量均匀一致，便于分割成大小不等的条块，宜于表现各种商品的不同价值，等等。这些优点是任何其他商品所不能比拟的，因而金银是最理想的一般等价物材料，最有资格作为价值的代表和交换的媒介。正是这个原因，在长期的竞赛中，金银终于排除一切其他商品而取得充当一般等价物的独占权，成为一种特殊的商品——货币。

从货币产生的历史中，我们可以看出货币的本质。什么是货币？货币就是从商品世界中分离出来的、专门充当一般等价物的特殊商品。货币之所以能充当一般等价物，首先是因为货币本身也是商品，也有价值。从历史上使用过的货币材料来看，如牛、布帛、贝壳、铜、金、银等等，没有一样不是价值的凝结体。如果货币不是商品，没有价值，与其他普通商品没有共性，那么它就不具有与其他商品相交换的基础，从而也就不能用来表现其他一切商品的价值，不能充当其他一切商品交换的媒介。货币和普通商品所不同的是，它除了具有作商品的特殊使用价值（如金可以用来做装饰品，镶牙等）以外，还具有可以换取其他任何商品的一般使用价值。所以说，货币是特殊的商品。

自从货币出现后，整个商品世界分裂为对立的两大阵营：一边是各种各样的普通商品，它们以使用价值的形式出现；另一边是货币，它作为价值的代表而存在。这时商品内部使用价值和价值的矛盾，表现为商品和货币的外部的对立。商品生产者为了使自己的劳动为社会所承认，实现商品的价值，巴不得自己的商品赶快变成货币，出卖出得越快越好。如果商品卖不出去，就有破产的危险。但货币的所有者不用担心，因为货币本身就代表着价值，手中有了货币，想买什么就买什么。一般不会有什么困难。商品总是恋着货币，货币却挑拣商品。因为"恋爱"双方的门户不相对，地位极不相同。马克思曾形象地说道：我们看到，商品爱货币，但是"真恋爱的道路绝不是平坦的"。[①] 这句话，出自莎士比亚戏剧《仲夏夜之梦》。此剧描写伊及斯把他的女儿赫美霞许给第米屈律斯，但赫美霞却爱着莱散特。故事从伊及斯向雅典公爵提修斯控诉女儿开始，提修斯根据雅典法典作出最后判决："美丽的赫美霞，好好准备依从你父亲的意志，否则雅典法律将把你处死，或者使你宣誓独身……"。这个判决并没有使莱散特和赫美霞屈服，莱散特对赫

① 《马克思恩格斯全集》第23卷，人民出版社1972年版，第156页。

美霞说道："从我能在书上读到的，在传说或历史上听到的，真爱情的道路绝不是平坦的……"。马克思借用这个故事说明，商品生产者要把自己的商品卖出去转化为货币，并不是一件轻而易举的事情，有时就像莱散特和赫美霞的爱情道路那样艰难。

货币本来是商品交换发展到一定阶段时的产物，如果没有商品交换，就不会有货币。如果没有商品生产者之间的劳动互换关系，金银只不过是一种用处不大的矿物。金银作为交换的媒介，本来是为交换服务的。但是，当它一旦从商品的行列中分离出来成为货币后，地位就变化了。每个商品生产者只有将自己的商品换成货币，才能实现商品的价值。人们只要有了货币，就取得了购买其他一切商品的权力，可以买到自己所需要的一切东西。正因为这样，货币便从商品的区区帮手，变成了人人喜爱的"骄子"变成了商品世界中地位显赫的"无冕之王"。

（摘自《政治经济学 ABC》，河北人民出版社 1987 年版）

黄金迷的故事

——货币的魔力

《列子·说符篇》里载有这样一个故事：从前齐国有个黄金迷，整天想着金子。一天清早起来，他把衣服穿得整整齐齐，赶到集市上，走进了一家卖金的店铺里，在众目睽睽之下，伸手拿了一块金子回头就跑。人们连忙追赶，并把他捉住了，愤怒地责问他说："你真是狗胆包天，当着这么多人，竟敢抢人家的金子?"这个黄金迷回答说："我拿黄金的时候，眼睛里只见黄澄澄的金子，并没有看见周围的人呀!"此人钱迷心窍，已经到了如醉如痴的地步。

在私有制商品社会里，有的人在金钱面前五体投地，神魂颠倒，把金钱当成崇拜的偶像和梦寐以求的东西，这种社会现象在政治经济学上称之为"货币拜物教"，也叫"金钱拜物教"。马克思说，货币拜物教是由商品拜物教发展而来的，商品拜物教的谜就是货币拜物教的谜。

商品拜物教是随着商品生产的发展而发展的。自从出现了货币之后，商品交换必须要以货币为媒介来进行。由于货币是一般等价物，能同一切商品相交换，因此，谁有了货币，谁就可以买到各种商品，货币的数量愈多，能买到的东西愈多，也就愈富有。无论是钞票，还是金银，都没有特殊的臭味，不管你是劳动换来的，还是偷来的，或者是掠夺来的，用处都一样。谁的货币愈多，权势就愈大。只要是"千金之家"，就可以"比一都之君"，如果是"巨万者"，更可以"与王者同乐"，而不管这个拥有千金、万金的暴发户原来究竟是小偷、强盗，还是其他什么人。相反，要是没有钱，任凭你是英雄好汉，也不得不低头、受罪。这种情况给人造成了一种错觉，似乎货币天生就是财富的化身，具有一种支配人们命运的魔力。因此，货币就代替商品而成为人们崇拜和追求的对象。所谓“钱能通神”的说法，就是人们的这种货币拜物教思想的表现。尽管货币拜物教是由商品拜物教发展而来的，本质相同，但由于货币是充当一般等价物的特殊商品，它与普通商品相比，更显得迷人视觉。因此，货币拜物教与商品拜物教相比，就更加耀人眼目了。

在古代中国，人们崇拜财神爷的风气是相当盛行的。我国民间传说中的财神很多，如赵公元帅、神农爷、关圣帝君、二郎神杨戬等等。许多人家在祭坛上都虔诚地供奉着这些财神爷的画像，经常毕恭毕敬地匍匐在画像下烧香磕头、祈求发财致富。“财神”，其实就是“钱神”。对“财神”的膜拜，也就是对“钱神”的迷信。

我国魏晋时有个叫成公绥的人写过一篇《钱神论》，他描写当时世间的情景是：“路人纷纷，行人悠悠。载驰载驱，唯钱是求。”你看，路人行人往返奔波，赶着车子，忙忙碌碌，追求的无非是金钱。时过约一百年后，一个叫鲁褒的人在他写的第二篇《钱神论》中，形容那些“无翼而飞，无足而走”的金钱，在当时“为世神宝”，“谓为神物”。他用生动形象的笔触，潘龙活现地描绘了金钱的魔力，以及当时人们对金钱的崇拜和追求。他写道：“钱之所在，危可使安，死可使活；钱之所去，贵可使贱，生可使杀。是故忿争辩讼非钱不胜，孤弱幽滞非钱不拔，怨仇嫌恨非钱不解，令闻笑谈非钱不发。”这段话的大意是：有了钱，便可转危为安，起死回生；失掉钱，高贵就沦为卑贱，生命可能夭折。因此，争吵打官司，没有钱就不能获胜；由孤门细族沉沦下层的人才，没有钱就不能出头；嫌怨仇恨，没有钱就不能消除；美好的名声，有趣的言谈，没有钱就不能流传。金钱在世间具有如此颠倒众生的巨大威力，其神通真可谓大矣！早在两千年前中国历史上便先后出现了这样两篇有名的《钱神论》，由此可以看出，在商品经济不怎么发达的古代中国，人们对金钱这一“有形的神明”的崇拜就已经很狂热了。

到了资本主义社会，商品生产发展到最高峰，人们对商品和货币的崇拜也因而达到了顶点。马克思说过，在这个商品经济占统治地位的私有制社会里，“一切东西都可以买卖”，“连圣徒的遗骨也不能抗拒这种炼金术，更不用说那些人间交易范围之外的不那么粗陋的圣物了”。一切关系都变成了冷酷无情的现金交易，金钱的力量简直是所向披靡，无坚不摧。16 世纪的意大利航海家、美洲大陆的发现者哥伦布，在一封信中写道：“金真是一个奇妙的东西：谁有了它，就成为他想要的一切东西的主人。有了金，甚至可以使灵魂升入天堂”。哥伦布形容金钱甚至能使人的灵魂升入天堂，可以想见金钱在资本主义社会里具有多么大的神通！

正是由于在资本主义社会里金钱万能，威力无比，使得资产阶级把金钱当成了心目中的真正上帝，对它的追求也因此达到了前所未有的地步。马克思在《资本论》中曾经这样刻画资产阶级拜金主义者的嘴脸：“像鹿渴求清水一样，他们的灵魂渴求货币这唯一的财富”。法国作家巴尔扎克写过一部名叫《欧也妮·葛朗台》的小说，老葛朗台是书中一个引人注目的主人公。此人就是个视钱如神、嗜钱如命的资产者。他只要一看到金子，连眼睛都是黄澄澄的，染上了金子的光彩。他把搜刮旁人、掠取财富当作自己“奋斗”的目标，因此，在一切可以捞钱的地方和一切可以榨取钱财的对象身上，都深深地留着他掳掠金钱的“钢铁般的利爪干净利落地抓过一下”的痕迹。他对黄金有永无止境的占有欲，随时都准备“张开血盆大口的钱袋，倒进大堆的金钱”。连自己女儿的首饰，老婆的订婚戒指，都要夺到自己的手中方觉舒服。这个贪吝鬼，每天晚上睡觉时，都要把藏着的金币取出来摆在自己的面前，一边用手抚摸着，一边嘴里念叨着：“这样好叫我心里暖和。”当他生命垂危时还要抓着几百万家财的大权不放，不肯把储金密窟的钥匙交给他的合法继承人女儿欧也妮。他只要能睁开眼睛，便赶忙把目光投向满装财宝的密室的门上，惊慌无力地问道：“在那里吗？在那里吗？”他恨不得把黄灿灿的金子一口吞进肚内，溶化在血液里，陪同他一起去见上帝。他眼看末日临近，留给女儿的唯一的嘱托是：“你看住金子。”恩格斯曾一针见血地指出：“在资产阶级看来，世界上没有一样东西不是为了金钱而存在的，连他们本身也不例外，因为他们活着就是为了赚钱，除了快快发财，他们不知道还有别的幸福，除了金钱的损失，也不知道还有别的痛苦”，一切资产阶级都是地地道道的黄金迷，而葛朗台则是其中的一个典型人物。

在当今的资本主义世界里，货币拜物教的信徒尽管大有人在，货币尽管仍被不少人奉若神明，但是货币拜物教毕竟不是一种永恒存存的东西，而是一种终究要消亡的历史现象。那么，货币拜物教在什么情况下才能最终消亡呢？货币拜物教作为一种观念形态的东西，既然是以私有制为基础的商品生产社会的产物，因此，在人类社会里，凡是有私有制商品生产存在的地方，货币拜物教的观念就像影不离体一样必然存在并且发生作用。科学虽然能使人聪明起来，可以帮助人们揭开货币拜物教的奥秘，却不能清除它存在的基础。要铲除产生货币拜物教的根源，就必须消灭人类历史上的最后一个私有制度——资本主义。随着历史的发展，到了一定阶段，资本主义私有制度被完全消灭了，商品货币关系消亡了，那时候，货币拜物教这个陈腐的观念，将因失去了存在的社会经济条件，而无立足之地，最终从人类社会销声匿迹。

（摘自《政治经济学 ABC》，河北人民出版社 1987 年版）

货币发展小史

——谈谈货币材料的演变

说起货币，大家知道就是钱，一提到钱，人们又自然会想到那不就是一张张花花绿绿的钞票吗？可是最初的货币并不是钞票，而是一个个光泽绮丽的小贝壳呢！

跟现代人一样，古人也是喜爱装饰的。住在沿海一带的民族，常常把从海滩上拾到的一些洁白美丽的小贝壳，用绳子串联起来，带在身上或挂在屋子里，当作装饰品。由于这些贝壳轻巧圆滑、质地坚硬，既便于携带，又可以长久使用，因此，后来它便渐渐地被人们当作一般等价物，也就是当作钱来使用。这些被当作货币用的贝，叫做“货贝”。货贝就是历史上最早出现的钱，直到不久前，在太平洋某些岛屿和若干非洲民族当中，还把一种叫做“加乌里”的贝壳，作为通用的钱来使用。

在我国，把贝壳当作货币使用的历史是很久远的，早在距今5000年前的夏代，就已经开始使用货贝了。古书《盐铁论》上记载说：“币与世易，夏后以玄贝”。意思是说，每个时期的货币都不一样，夏代时候的货币是黑色的贝壳。在我国发掘的属于夏代时期的龙山文化和早期二里头文化的出土物中，也多次发现有陪葬的贝壳。

到了奴隶社会的殷商时代，贝壳当作货币使用就更广泛了。1978年，在河南安阳殷墟附近发现了一座保存完好的“妇好”墓。这个“妇好”墓，据甲骨文记载，就是殷朝武丁皇帝的一员女将。就在这座“妇好”墓中，发现有6000多枚贝壳。

中国最早的货币是贝。这点从我国汉字的结构上也可以看出来。凡是和财富及价值有关的字，几乎都与“贝”字联系着。如贵、贱、赏、赐、买、卖等等。可见，在中国文字形成的时候，贝已成为体现价值的东西，当作货币使用已经是比较普遍的现象了。

有人也许会问，贝壳在我国沿海一带多得很，简直是俯拾皆是，要得到它不是太容易了吗？原来我国古代充当货币的贝壳，不是我们常见的一般贝壳，而是一种坚硬、耐磨、小巧、光滑的贝壳，它产在遥远的南海，只有通过贸易交换和贡赋等渠道才能传到中原地区。所以，在当时来讲是十分珍贵的东西。

随着生产力的进一步发展，市场上进行交换的商品越来越多，人们需要的货贝数量也就日益增多。而当时的中原地区获得货贝又不那么容易，因此，作为商品交换媒介物的货贝，渐渐不够用了。为了满足交换的需要，我们的祖先开始寻找种种代用品。从各地发掘出土物来看，有用蚌壳磨制的假贝，有用石头磨制的石贝，有用兽骨磨制的骨贝，有用玉磨制的珧贝。有的骨贝还染上绿的或褐紫的颜色，在背上有一二个小圆孔，为的是把它穿成钱串，携带方便。

到了殷周之际，青铜的冶炼已经有了相当的发展，人们所使用的生活器具和打仗用的武器，已由石器、陶器转而为铜器了。历史学家把这个时期称作青铜器时代。在青铜器时代里，由于生产力的发展，商品交换更多了，用石头和兽骨等物来磨制假贝太费功夫，跟不上商品交换的实际需要，因此，人们便开始用青铜铸造铜贝。在殷墟周围的商代墓中，就发现了大量的铜贝。

铜贝是一种金属物体，它除了具有贝壳的质坚、体轻等优点之外，还有一个最大的特点，就是它既可以分割成小块，又可以把许多小块溶合成一个大块。这一点作为货币材料是很重要的。因为货币要衡量各种商品的价值，既要有大的单位，又要有小的单位。如果有大无小，一些小额的交易就无法进行。用通常的话来说，就是找不开零钱，买卖无法成交，而这都是贝壳所办不到的。货贝不仅不能溶合，而且一旦破碎，便失去了任何价值。在中国汉字里把“贫”字写成“分贝”，不是没有道理的。因为贝壳一旦分割开，必然是物亡财破。正因为铜贝具有贝壳所没有的优点，所以，贝壳的货币资格就逐渐为金属铜贝所取代了。铜贝的产生，是货币发展史上的一个质的飞跃，它使货币逐渐脱去了原始形态，进入了更加完善的阶段。

还有个别时候个别地区使用的铁币也和铜币一样，都属于贱金属。一块铜或一块铁，它们的价值都不高。随着商品经济的发展，再使用这些价值较低的贱金属充当货币，往往有许多不便。因为大量的商品交易，要求有大量的货币作为交换的媒介。如果这时仍然使用铜币或铁币，一件大宗的商品交易，比如购买一座房屋，那就需要有成千上万的铜币或铁币。这样多的货币且不说携带起来不方便，就是数点一遍也是相当麻烦的事。因此，随着商品经济的进一步发展，货币的作用最后逐渐自然而然地固定在贵金属金或银身上了。因为金银的体积小，价值大，便于携带在身上或储藏在家里，并且不容易生锈、损坏，还能化整为零。这些自然特性决定了金、银最适宜于充当货币角色。时间一长，它们就完全排挤掉贝壳和其他金属，稳固地坐上了“一般等价物”的宝座。

金属货币刚刚出现时是以块状流通的。每块天然金属不仅没有固定的重量，而且由于含有各种杂质，成色也不尽相同。在每次买东西时都要称分量、查成色。同时，按照交易额的大小，往往还要把较大的金属块根据需要切成小块。因此，很不方便。为了便于交换，起初，某些富有的商人，利用他们在市场上的信誉，在一定金属条块上烙上印记，标明成色和重量，这样就出现了铸币的萌芽。这种金属块在流通时无须再作鉴定，自然就比较方便。但是，当商品交换进一步发展并突破地方市场的范围后，对于金属块的重量与成色就要求更具有权威的证明。而最具有权威的机关，当然是国家。国家把金属铸成一定的形状并打上自己的印记，这样就出现了铸币。所以，铸币就是经过国家证明了的具有一定形状、重量和成色的金属铸块。

各国的铸币不同，我国在商朝末年，就已经开始用铜制造铸币。最初的铜质铸币是一种形状像农具的布钱。到了春秋战国时代，由于当时还没有形成统一的中央集权的国家，各个地区便根据当地的经济生活的特点，铸造了本地区流通的货币。例如，地处黄河中游的郑、晋、卫、宋等国，大多仿效铁铲的形状用青铜铸造一种布币；在山东、河北、东北一带的齐燕等国，多仿效大刀的形状铸造一种刀币；在西北地区的周、秦等国。则仿效纺锤形状铸造一种圆钱；而在长江流域的楚国，仍然仿效货贝形状铸造铜贝。

秦始皇平定了东方六国，建立起中央集权的国家后，统一了中国的货币制度，规定货币分为两等：黄金是上币，单位是镒（一镒等于 20 两）；铜钱是下币，以半两为单位，叫做“半两”钱。据说秦始皇迷信方士，主张天圆地方，因此将半两钱铸成方孔圆钱。由于圆形铸币最容易携带和清点，所以，以后历代各朝都沿用秦制，铸造这种方孔圆钱作为交换工具，直至清末。人们曾习惯地把货币叫做铜元、铜钱、铜仔儿，有的人看到铜钱里边的孔是方的，又给货币送了个雅号，叫做“孔方兄。”

在我国，以金、银作为钱来使用，战国时代就已经开始，在此后近 3000 年的漫长岁月里，中国历代的货币有时以金为主，有时以银为主，有时金银并用，而民间的小额交易，则以铜钱流通为最长久。到清朝后期，由于外国银元的流入，开始仿效铸造银元，每个银元含有七钱二分白银。我国古代还曾以金子为材料来铸造货币的，据史书记载，从战国末年到东汉初年，是我国使用金币的年代，时间大约 300 余年。

在现实的经济生活中，由于铸币在买者和卖者手里倒来倒去，不断磨损，必定会丧失掉一部分价值，成为不足值的铸币。但在流通中，磨损了的不足值的铸币，仍然能同足值的铸币一样充当交换的媒介。例如银元，本来一块新铸成的银元重量是七钱二分，但是在流通中，不知要经过多少人的手，在柜台上，在人们的衣袋里，它就好像织布用的梭子一样，不住地在运动着，天长日久，银元表面的花纹和字样就渐渐被磨平，质量也随着减少了。但是，这个重量不足七钱二分的银币却仍然可以和七钱二分重的银元起同样的作用，这是为什么呢？因为货币作为交换的媒介，只是一刹那间的事情。人们拿商品换取货币，是为了用这些货币买回自己所需要的商品。交换的时候，商品所有者考虑的不是钱是由什么材料制成的，有多少重量，只要它上面有数字，是多少元，又能为大家所接受，可以买回自己需要的东西就行了。这就好比我们进电影院的入场券一样，不管它是怎样的一张印字纸，长也好短也好，反正只要能让我们入场看电影就行了。钱的作用，和这个例子有些相似。当然，作为铸币来讲，磨损也有一定的限度，所以各国都规定有法定的磨损程度。正是由于一定程度磨损了的铸币还能够同足价的铸币一样通用，这种情况就产生了金属货币能够用其他材料，甚至用纸印的符号来代替的可能。因此，铸币便日益演变成为货币的符号，后来又发展到国家发行完全没有价值的纸币，来代替金属货币流通。最初的纸币是作为金银硬币的代表使用的。例如我国从前的许多纸币上面都印有几个字“凭票换取银元一元”，就是说这张纸本身虽然不值钱，但是拿了这张纸可以换成一元钱，因而也可以当作一元钱用。成百上千斤的金属货币，变成了薄薄的几张纸片，既便于携带，又便于交换。从金属货币到纸币的出现，是货币发展史的又一个明显进步。

我国是世界上最早使用纸币的国家，远在公元1023年，即北宋天圣年间，就已经开始使用了纸币，当时叫做“交子”。但是，那时纸币流通的数量还很小，还带有很大的区域性，使用得不够普遍，大量流通的仍然是金属货币。完全取代金属货币而采用纸币流通，那已经是进入20世纪以后的事情了。在货币产生、发展的漫长历史中，特别在数百年来资本主义社会的货币制度的发展过程中，流通的货币大致先是以铿锵有声的金属铸币为主（奴隶社会、封建社会和资本主义社会的前期），然后逐渐变为以纸币为主。到了今天，许多国家都已经完全不使用金属货币了。尽管目前我国还使用铝制的金属硬币，但那只是一种辅币，主要供日常零星交易和找尾数之用的（1980年国家又发行四种金属币，一元的为本位币，一元以下为辅币）。许多年轻人不仅没有看见过各色各样的金属货币，有的甚至也没有听说过，殊不知过去市场上大量使用的并不是一张张的纸币，而是一串串的铜钱，一枚枚的银元等。这些东西，如今只有在历史的博物馆里才能看到它们的陈迹了。

（摘自《货币漫话》，河北人民出版社1981年版）

大汗“具有炼金术士的秘密”

——纸币和通货膨胀

元世祖忽必烈在位时，意大利旅行家马可·波罗来到中国，看见区区一小块纸片，能够买到各种各样的商品，大为惊奇。他在其《游记》第2卷第24章《大汗发行的一种纸币和在他整个领域内的流通》中，专门描述了我国当时使用纸币的情况。他说，这种纸币是用桑皮纸印制，长方形，票面额愈高，其形状愈大，上面盖有大汗（即皇帝）的印记。凡州郡、国土及大汗所辖之地，无不通行。大汗每年都用这种花费极小的纸币，发放军饷和收购大量商品。马可·波罗对于行使纸币的制度十分赞赏，他形容大汗“具有炼金术士的秘密”。① 从马可·波罗的描述来看，当时欧洲人还不知道使用纸币，而到元代，我们的祖先采用纸币已有好几百年了。

我国是世界上最早使用纸币的国家之一。马克思曾经说过：“在信用完全没有发展的国家，如中国，早就有了强制通用的纸币”。② 我国纸币是在金属铸币出现1000多年后产生的，从它的历史演变过程来看，一般认为其源出于唐代。据史书记载，唐宪宗元和二年（即公元807年），对货币制度进行了一项大的改革，产生了一种叫“飞钱”的东西。这种飞钱类似于今天的汇票，是一种领钱的凭证。当时都城长安是国内外贸易的中心，商业繁荣。唐代各道（相当于现在的省）的地方政府，都在长安设有办事处，称为进奏院。一些云集在长安的各地商人，在售完货物以后，如果不愿携带现钱回家，可以把钱交给本道的进奏院。进奏院发给一张写

① 参见《马可·波罗游记》，福建科学出版社1981年版。

② 马克思：《政治经济学批判》，人民出版社1964年版，第98~99页。

明钱数的收据，并当面分成两半，一半交给商人，另一半寄回本道。商人回到本道后，可以持据向当地政府取款，只要两张半券合起来核对无误，就能够兑换到现钱。至于进奏院在长安收下的钱，则被用来作为地方政府向中央政府缴纳赋税等用。这样，商人和进奏院都免除了运输钱币的花费和风险。这种便利的办法，就好像钱长了翅膀可以飞来飞去一样，因此，人们称之为“飞钱”。飞钱虽然和汇票相似，不能流通，但它在某些方面已带有纸币的性质了。

真正代表现钱在市面上流通的是北宋的交子。宋代是我国封建社会商品经济鼎盛时期，工商业的迅速发展，不仅要求货币数量猛增，而且也要求有更为轻便的货币，以适应大量商品交换的需要。当时，号称“天府之国”的四川，是我国盐、茶、丝的重要产地，商业比较发达，全国较大的商业都市多在该省。但是，那时的四川通用的却是又大又笨的铁钱。这种铁钱，大的每千枚重 25 斤，即使中等的也有 13 斤。宋初时单买一匹罗，就要两万个铁钱，有 130 斤重。在做大宗交易时，使用这种钱币常常要肩挑车载，到远处去采购更是困难重重。不仅铁钱的运输花费大，而且蜀道山高林密，多盗贼出没，携带又大又沉重的钱财，既引人注目，也很不安全。鉴于这种情况，北宋时四川有 16 家富商在地方政府的同意下，集资印制了一种叫做“交子”的纸券，代替铁钱流通。谁如果交付现钱，谁就可以领到交子。交子的“交”。就是交合的意思，指两张券合得起来就能兑换现钱。按规定凭交子兑换现钱时，每贯要扣去 30 钱，作为手续费。这些发行交子的私商，后来由于经营不善破产等原因，没有现钱收回发出的交子，失去了信用，争讼时起，最后才由政府接管。

宋仁宗天圣元年（公元 1023 年），北宋政府正式于益州设置交子务，禁止私人印行交子，改由政府发行，每一交子值一千文，三年为一期，每期发行一定限额，到时候以旧换新，限在四川流通。此时，交子实际上已成为由国家发行的纸币了。交子是我国使用纸币的开端，也是世界上最早的纸币。它的出现，使成百上千斤重的钱币，一下子变成了薄薄的几叠纸片，人们扔掉担子，放下车子，在做买卖时轻便多了。

到宋徽宗大观元年（公元1107年）又实行币制改革，把交子改称为“钱引”。钱引是领钱的证书。就是兑换券的意思，它后来也叫做“钞引”。钱引作为纸币的含义不但比交子更加明确，而且印造也比交子更加精致美观。它用黑、蓝、红三种颜色，分六次印刷成功，票面上有花纹图案，有文字。这可以说是我国多色印刷术的开始，在世界印刷史上占有重要地位。

南宋的纸币种类渐多，流通范围也有所扩大。最早是用“关子”，后来又发行在东南地区大量使用的会子。南宋的“关子”、“会子”和北宋时的“交子”虽名称不同，性质却无异，都是由政府发行，能够兑现的纸币，到了元世祖忽必烈即位的中统元年（公元1260年），才第一次出现了由国家强制发行的不兑现的纸币——“中统钞”。这种中统钞，就是《马可·波罗游记》中记述的大汗印造的纸币。它在元代的纸币中，通用时间最长久。宋元以后，在明、清封建统治时期，也曾发行过纸币，不过流行不广。

虽然我国纸币的历史久远，而且它曾在流通中与金属货币同时并用，但一般地说，无论哪个朝代的纸币都不很盛行，民间交易主要还是使用着传统的圆形方孔铸币。直到近代社会，纸币才取代金属货币而在流通中广泛使用。

纸币取代金属货币，无疑能促进商品交换的发展，但是，纸币毕竟只是金属货币的代用品，是代表金属货币在流通中发挥作用的。尽管国家有权力把任意数量的纸币投入流通，但它所能代表的终究仍然是商品流通所需要的金属货币量。因此，纸币的发行量，必须以流通过程中所需要的金属货币量为其限度。正如马克思所说：“纸币的发行限于它象征地代表的金（或银）的实际流通的数量”①。只有在这个限度内，纸币才具有和金属货币相等的购买力。如果纸币的发行量超过了商品流通中所需要的金属货币量，就会使纸币的名义价值与它实际代表的价值相脱离，造成每一单位纸币所

① 《马克思恩格斯全集》第23卷，人民出版社1972年版，第147页。

代表的金属货币量减少，从而引起纸币贬值和物价上涨。例如在一定时期内，商品流通中所需要的金属货币量为 1 亿元，实际发行纸币量却是 2 亿元。那么，这 2 亿元纸币仍然只能代表 1 亿元的金属货币。在这种情况下，每元纸币只能代表 1/2 元的金属货币，也就是说 2 元纸币仅能顶 1 元金属货币用了，纸币贬值了一半。在其他条件不变时，原来用金属货币 1 元购买的商品，现在要用 2 元纸币才能买到，即物价上涨了 1 倍。这种情况，就是我们通常所说的通货膨胀。

通货膨胀作为在纸币流通的情况下产生的一种经济现象，是由来已久的，它和纸币流通的历史差不多一样古老。据史书记载，我国早在北宋年间，纸币问世时间不久，便开始被封建统治者用来弥补财政亏空，即所谓“添支钱引，补助支遣”。南宋王朝后半期，会子曾经是比较流行的纸币，当时的南宋统治者为了满足“西湖歌舞”的醉生梦死的生活和应付抵抗金人入侵的需要，不顾商品流通的实际需要，滥发会子，常常是市面上旧会子没有完全收回，新会子又接着上市，弄得市面上会子充斥，币值猛跌，物价飞腾，应值二百贯的会子还买不到一双草鞋。在这种情况下，商人大量囤积货物不肯出售，以致市场上唯见会子不见货物，使纸币的信用完全丧失。

在元代统治的百年间，货币贬值、物价上涨的情况也很严重。以受到马可·波罗大加赞扬的中统钞为例，这种纸币从元世祖中统元年（公元 1260 年）开始印造，起初是有多少现银发行多少纸币，因而币值还比较稳定。后来由于连年战争，开支浩大，“岁入之数，不支半岁”，财政严重亏空，于是，元朝统治者滥发纸币。然而纸币发行愈多，币值愈跌，中统钞的购买力江河日下。到元世祖至元十七年（公元 1280 年）时，“一贯钞的购买力只及往日的一百文”。为了挽救币值，元朝统治者索性禁止铜钱，并于元世祖至元二十四年（公元 1287 年）另印至元钞，以一换五收回中统钞。元顺帝至正十年（公元 1350 年），又发行至正钞，“未久物价腾涌”，此时的物价，比元朝初年上涨了近千倍。在纸币如废纸的情况下，广大农民、手工业者、小商人和城市居民都要白银、铜钱，而不愿使用纸币。史书说："民间已不用钞交易，或用铜钱，或用物物交换"。后来元朝统治者也不得不取消规定的不准民间买卖金银的禁令，并且恢复铸造铜钱。

通货膨胀虽然早在中古封建时代就已出现，但那时它毕竟还只是在个别时候和个别国家发生，是一种偶然的现象。到了现代资本主义社会，随着商品经济的发展和纸币发行规模的扩大，通货膨胀才成为一种普遍的和经常的社会经济现象。资本主义国家为了摆脱财政经济危机，无一不乞灵于印钞机，无一不依靠滥发纸币，以此加强对劳动人民的掠夺。这是因为，资产阶级使用这种办法比征税等其他方法要方便得多。正像一位资产阶级经济学家所说的，通货膨胀对于资产阶级"是一种阻力最小，收益最快的方法"。我们知道，增加税收是明的，是公开的掠夺，往往会遭到人民群众的抵制和反抗，而滥发纸币则是暗的，一般不容易为人们所觉察，等人们发觉票子贬值了，资产阶级早已将钱财搜刮到手。所以，通货膨胀是种隐藏的掠夺，是把杀人不见血的软刀子。资产阶级通过通货膨胀不仅可以不声不响地降低劳动人民的实际收入，把劳动人民的一部分收入转移到自己手中，而且滥发纸币所造成的经济恶果，也会转嫁到劳动人民的身上。在物价猛涨的情况下，首当其冲、吃亏最大的是工人和农民，大资本家则可以利用市场混乱之机，囤积居奇，买空卖空，投机倒把，获取暴利。正是由于上述原因，通货膨胀成了当代资产阶级掠夺劳动人民的惯用手段。

说起通货膨胀，人们自然会想起旧中国的情景。在国民党反动派统治的旧中国，严重的通货膨胀达到了骇人听闻的地步。1935年11月，国民党反动政府在英国派来的顾问李滋罗斯等人的谋划下，宣布"币制改革"，用不兑现的"法币"代替白银，白银收归"国有"，从而为通货膨胀的泛滥打开了闸门。此后，由于国民党反动政府对外投靠帝国主义，对内坚持长期的反革命战争，浩大的军费支出，弄得国库空虚。为了填补财政上的巨大亏空，他们除了征收苛捐杂税、增发公债外，还拼命开动印钞机，大印特印伪法币，这样做的结果，不可避免地要引起通货膨胀的恶性发展。在国民党反动派的统治下，旧中国经历了长达十余年的全国规模的通货膨胀。1937 年 6 月～1949 年 5 月的 12 年当中。伪法币（包括伪金圆券）的发行量共增加了 1445 亿倍，而同期上海物价却猛涨了 36 万亿倍。抗日战争前可以买 138 亿匹布的钱，到解放前夕却只能买到一寸布。伪法币几乎变成了一文不值的废纸，甚至还出现纸币售价不及旧报纸的怪事。例如，1948 年初，有些地方小贩收购票面额 100 元以下的“小额”法币，每斤作价 2000 元，而报纸当废纸出售，每斤却值 6000 元。

伪币泛滥刺激物价像脱缰的野马，狂涨狂跳，常常一天之内出现几个行市，“早晚市价不同”。因此，引起了全国各地抢购物资的风潮。据当时报载，市民“见物即买，尽量将金圆券花去，深恐一夜之间币值大跌致受损失”；“上海抢米风潮，一天达 27 处之多，抢购的范围已经扩展到一切可供充饥的食物”；天津“99% 的货架都空空如也”；北平“米麦粮食店早已十室十空”。

以蒋、宋、孔、陈四大家族为代表的官僚资产阶级由于滥发纸币，实行通货膨胀而大发横财。如果按抗日战争以前的银元计算，四大家族从人民手中掠夺的财富总共多达 150 亿银元以上。与此同时，广大人民群众却在通货膨胀中身受煎熬，过着十分悲惨的生活。那时候，“工资增加像蜗牛，物价上涨像气球”。那些依靠工资收入为生的工人、职员、知识分子和公务人员等各劳动阶层，名义工资的增加远远跟不上物价飞涨的速度，不仅如此，在通货膨胀的袭击下，他们拿到工资后在购买生活必需品的过程中转手之间还要蒙受货币贬值的损失。在通货膨胀中，广大农民也身受其害。他们生产的农产品价格上涨慢，工业品价格上涨快，所以实际收入不断下降。据统计，1949 年 4 月，农民实际所得只及抗战前的 30% 左右。在通货膨胀的摧残下，民族工商业企业资金短缺，产品销售不及成本，亏累日巨，元气大伤，破产倒闭者无数。总之，旧中国恶性发展的通货膨胀弄得生产凋敝，市场枯缩，民不聊生，整个社会呈现出一派萧条景象。为了反抗国民党的反动统治和伪法币通货膨胀的掠夺，广大人民展开了大规模的罢工、罢课斗争，要求生存权利，反饥饿、反迫害、反内战的运动如火如荼地开展起来。罪恶的蒋家王朝也同历代封建王朝一样，在人民群众的反抗声中最后遭到了完全覆灭的命运。

（摘自《政治经济学ABC》，河北人民出版社1987年版）

“贸迁有无，用而通之”

——货币在社会经济生活中的作用

货币是商品经济发展的产物，它出世后，又进一步推动了商品经济的发展。对于货币在商品经济中的作用，古人早有一定的认识。东汉末年的荀悦说：“以钱取之于左，用之于右，贸迁有无，用而通之。”意思是说，以货币进行商品交换，互通有无，可以促使货畅其流。在商品经济发达的近代社会里，货币的作用可以说是有目共睹的。在日常的经济生活中，人们几乎一时一刻也离不开它。如果没有它，商品便无法购买，货物不能出售，生产就要停顿，人们的日常生活也会发生很大的困难。货币作为一般等价物的本质，是通过他在商品经济中所起的多方面的作用表现出来的。货币的这种作用，在政治经济学上称之谓货币的职能，那么，货币在社会经济生活中究竟具有哪些重要职能呢?

货币的首要职能，是充当商品的价值尺度。所谓价值尺度，就是指用货币来表现和衡量商品价值量大小的作用。

我们知道，价值是凝结在商品中的社会必要劳动，而社会必要劳动是一种抽象的概念，没有自然形体，它隐藏在商品内部，不像一台机器、一张桌子那样，人们一眼望去便能看的清清楚楚。用马克思的话来说，价值是一个“幽灵般的对象性”。一个商品，不管人们怎样用肉眼去看它，怎样用手去摸它，甚至用最新式的电子显微镜去观察它，或者用机器把它碾成粉末，也找不出一个“价值原子”在哪儿。那么，人们在进行商品交换的时候，用什么来衡量商品的价值，并且把它展现出来，使我们知道每一种商品价值量的大小呢?

前面说过，在物物交换的条件下，一种商品的价值是借助于另一种商品相对地表现出来的。自从货币出现后，商品的价值就不再用另一种商品来表现，而是通过货币来表现。货币好像一把尺子，各种商品只要用它来量一量，就能知道价值的大小。一种商品有多大价值，就看他值多少钱。在一般情况下，值钱多的价值大，值钱少的价值小。用货币来表现商品的价值时，并不需要真实的货币出场，不需要在商品的旁边放上一堆货币，而只要标明这种商品值多少钱就行了。

在商店里，我们可以看到各式各样的商品都用货币标价。例如，一辆自行车 150 元，一件上衣 10 元，一双布鞋 5 元等等，这就把商品的价值用货币表现出来了。这种标价，就是我们通常说的商品价格。价格和价值，是既有联系又有区别的两个不同概念。价值是价格的根据，是价格的内容；而价格则是价值的货币表现，是价值的形式，两者不能混而为一。我们在日常生活中所讲的某种商品值多少钱，实际上指的是某种商品的价值有多大。从商品的价格中，我们不仅可以看到每件商品的价值量是多少，而且还可以比较各种商品价值量的大小。比如说，一辆自行车卖 150 元，一张圆桌卖 35 元，显然，自行车的价值比圆桌的价值大得多。

由于各种商品的价值都是用不同量的货币来表示的，为了方便，货币本身也需要分成大小不等的量，在技术上确定货币的计量单位。这就如同必须规定长度单位丈、尺、寸，以便衡量物体的长短一样。按照习惯，货币（金、银）一般都是以统一规定的一定的重量（如斤、两、钱）作为计量单位的。例如，我国秦朝以前，黄金是以斤为计量单位的，即所谓“黄金方寸而重一斤”，也就是说规定体积一方寸的黄金重为一斤。我国历史上以银作为货币时，作为重量的两、钱便成了货币单位。当时买东西，都是讲值几两或是几钱银子。再如，英国的货币单位英镑，原来就是指一磅十足的白银。所以，计量单位和货币单位（即货币名称）曾经是一致的。后来由于种种原因，使金属重量单位和货币名称相脱离了。演变到今日，人们从现有的货币单位名称上，已难看出它和金属重量单位之间的联系了。尽管如此，每一单位的货币实际上仍然代表着一定重量的贵金属。例如，我国的货币单位改为“元”后，规定一元含银七钱二分。为了适应买卖大小不等的需要，货币单位还分成了更小的等分，如我国的一元分为10角，一角又分为10分；英国的一英镑分为20先令，一先令又分为12便士等等。这种包含一定金属重量的货币单位（及其等分），叫做价格标准。价格标准跟长度标准一样，是由人主观制定出来的。古典小说《三国演义》描写张飞“身长八尺”，如果用现在的尺折合，八尺合两米七，张飞有这样高，令人难以置信。其实，古代的尺寸和现在的不同。三国时期，尺的长度为0.24185米，张飞的实际身长约合现在的五尺七寸，只相当于一米九，同现在篮球队里的高个子差不多。也正像各个国家在不同的历史时期，各有自己的长度单位一样，各个国家的价格标准在不同时期尽管有所区别，但并不妨碍货币作为衡量商品价值大小尺度的作用。

价值尺度是货币的第一个基本职能，货币的另一个重要职能是充当流通手段。所谓流通手段，就是以货币作为商品交换的媒介，用它来买东西。

在货币出现以前，商品与商品是直接相交换的，每一笔交易都是由生产者双方面对面的进行。每个进行交换的人都既是卖者又是买者，卖和买没有分家，买、卖两个行为是同时发生的。有了货币之后，情况就不同了，每个商品生产者只有先把自己的商品卖掉，换回货币，然后才能再用货币去买回自己所需要的其他商品。这样，商品交换就被分成了卖和买两个阶段。在这两个阶段中，不论是出卖也好，还是购买也好，都离不开货币这个“中间人”，都需要货币这个热心者登场帮忙。在封建社会的条件下，许多痴男怨女，倘若没有媒妁之言，便不能终成眷属。在存在商品生产的社会里，如果没有货币这个“媒婆”，商品交换便不能顺利进行。社会上川流不息的以货币为媒介的商品交换，叫做商品流通。货币就是商品流通的手段或工具。

以货币为媒介的商品流通克服了物物交换在对象、时间和地区上的限制，商品生产者在出售商品取得货币以后，可以向任何一个对象购买自己所需的商品。他可以在今天买，也可以在明天买，而不受时间的限制；他可以在甲地买，也可以在乙地买，而不受地区的限制，因而货币有加强商品生产者之间的联系、促进商品经济发展的作用。但是，以货币为媒介的商品流通也带来了新的问题。因为，卖和买分为两个独立的行为后，存在着互相脱节的可能性。如果社会上某些人出卖商品换得货币后，暂时不买；或者某些人商品卖不掉，换不到货币，势必会影响到社会上某些人一系列商品的售卖。所以说在商品流通中已经隐伏着发生经济危机的可能性。货币成为交换媒介，加深了商品经济的内在矛盾。

货币作为流通手段与价值尺度不一样，它不能只是观念上的货币，而必须要有现钱，一手钱一手货，身无分文，就不可能在市场上买到任何商品。那么，这个现钱究竟是什么模样的东西呢？

作为流通手段的金属货币，最初是以大小轻重不等的块状形式出现的。由于每块天然金属的成色和重量不尽相同，每次买卖活动中都要识真假、查成色、称重量，因此，不胜其烦。为了便于交换，于是出现了由国家规定和铸造的具有一定形状、成色、重量的金属铸块。这种金属铸币在流通时无需再作鉴定，自然也就比较方便了。

各国的铸币不同。我国使用铸币的历史久远，比其他文明古国都要早，不过在我国古代社会，长期是以铜币为主要货币，而金银只是主要作为大宗交易、宝藏和馈赠赏赐之用。我国最早的铸币是仿照贝壳形状铸造的铜贝。前面讲过，我国古代长期以自然物海贝用作一般等价物，随着交换的发展，由于天然海贝来源不足，渐渐不够使用了。为了满足交换的需要，我们的祖先用石头和兽骨等物磨制的种种假贝，作为代用品。到了商代晚期，青铜的冻炼已经有了一定程度的发展，在此基础上，人们开始用青铜铸造铜贝。我国商代铜贝是世界上最早的金属铸币之一，比西方推许为铸币发明者的小亚细亚吕底人开始铸币的年代，还要早几个世纪。到了春秋战国时期，金属铸币大为流行，各国诸侯铸造的铜铸货币种类繁多，形体各异，有状如农具形的布币，有形如刀状的刀币，有很像纺轮的环线等等。当时，铜制货币是普通货币，金银则作为贵重货币。

在安徽省寿春附近出土的方形有印的金饼，就是楚国使用的金币。秦始皇统一中国后，按照当时所谓“天圆地方”的认识水平，将各种形态的铜币统一为象征天地的方孔圆钱。并规定黄金为上币，单位是“镒”（20 两），铜钱是下币，单位是“半两”，这种圆形方孔的半两铜钱，在我国历史上沿用最长久。宋代以后，逐渐以白银代替黄金，货币主要是白银和铜钱两种。到清朝后期，随着外国银元的流入，我国开始仿造银元。

19 世纪初期，俄罗斯作家克雷洛夫写过一篇叫《金卢布》的寓言，描写的是一个头脑简单的农夫，偶然在田地里拾到一个金卢布，上面沾满了尘土，有人拿三把五分的硬币，想换他的金卢布。农夫不肯交换，他想如果把金币磨光了，也许将来人家还会出双倍的价钱。于是，这个农夫便把金卢布磨得光光亮亮的，但他没有料到这个磨得光光亮亮的金卢布却失去了原来的价值，连两把五分的硬币都换不到了。现实的经济生活，与这个寓言所说的情况并不相同，在流通中，铸币就像织布用的梭子一样，在卖者和买者之间不停的转来转去，久而久之，必定会因不断磨损而减轻重量，变成价值不足的铸币。但是，这种不足值的铸币在一定限度内，仍然能同原有足值的铸币一样发挥作用，买到同样的东西，农夫磨得光亮了的金卢布仍然能够换到三把五分的硬币。为什么因磨损而减重后的铸币仍然能照常流通呢？这是由货币充当流通手段职能的特点决定的。作为流通手段的货币只是商品交换的媒介，它总是不断地由一个人的手中转到另一个人的手中，进行周而复始的运动。通常，他在每个商品交换者的手中，停留的时间都是很短暂的。商品所有者之所以把自己的商品换成铸币，并不是因为爱它的光泽，要用它来充当装饰品，而是为了用它作媒介，以便换回自己所需要的另外一些商品。因此，商品所有者首先关心的是货币能否充当流通手段，单位货币能买回多少物品，至于货币本身是什么材料制成的，是不是足值、有多少重量，则是无关紧要的。在流通中遭受磨损的铸币，只要仍然可以和原来一样充当流通手段，商品生产者在出售自己的商品时，就绝不会因为铸币已经不足值而拒绝接受它。这样，就产生了由不足值的货币或价值量很小的货币符号来代替金属货币流通的可能性。历史统治者就是利用这种情况，常常有意识的降低金属铸币的成色，减轻金属铸币的重量，而仍然铸上原有的额面价值投入流通，借以增加政府收入，维持浩繁的财政开支。这是剥削阶级通过国家货币发行攫取财富的最早手段。例如，古罗马为了弥补战争费用和宫廷开支，曾铸造仅含白银2%的“银币”。我国南北朝时，宋朝政府曾用铜铸造了一种“綖环钱”。轻到入水不沉，随手即破的程度。由于铸币不断减轻和改变成色，并在流通中不断磨损，它越来越成为货币“单纯的影子”，以至最后终于出现了由国家发行几乎没有什么价值的纸币，来代替金属货币流通。

如今世界上大部分国家和地区都使用纸币。纸币是金属铸币的嫡系子孙，“青出于蓝胜于蓝”，它与金属铸币相比，具有轻巧、便于清点和携带等优点。因此，纸币的出现和广泛使用，是货币发展史上的一大进步。

上述价值尺度和流通手段是货币的两个基本职能，除此以外，货币还有充当贮藏手段、支付手段和世界货币的职能。由于货币是一般等价物，是领取社会财富的凭证，有了它，就可以取得任何社会财富，因此，它便成了社会财富的代表，可以退出流通而被人们存放起来，发挥储藏手段的作用。当商品交换由现钱买卖发展到赊账买卖时，货币就执行了支付手段的职能。最初，货币作为支付手段，只是在商品生产者之间用于清偿债务，后来超越出了商品流通领域，发展到被用来支付工资、利息、地租和税收等等。随着商品交换走出一国疆界，产生了国际贸易，因而也就产生了货币的新的职能，即世界货币的职能。在世界市场上，作为一般购买手段，用来购买外国商品。或作为支付手段，用来平衡国际贸易的差额；或作为社会财富的代表，由一国转移到另一国。

总而言之，货币在社会经济生活中起着十分重要的作用，他是商品世界里最活跃、最有影响的“一员”。

（摘自《政治经济学ABC》河北人民出版社1987年版）

“牛贩子劳军”

——古代社会里的商品生产

我国春秋时代的郑国，有个以贩牛为业的商人，名叫弦高。有一次，他赶着几百头肥牛到周地洛阳去做买卖，半路上听人说秦国已发兵去偷袭郑国，形势十分危急。他爱国心切，急中生智，想出了一个计谋。他一面派人星夜赶回郑国通知国君，一面挑选了12头肥牛，迎着秦军走去。在滑国地界终于碰到了秦军，他拦住秦军的去路，自称是郑国君主派来迎候秦国的使臣，求见秦军的统帅，并献上12头肥牛表示慰劳。秦军将帅见此情形，误以为郑国已有防备，没敢去袭击郑国。牛贩子弦高假冒使臣犒劳秦师，挽救了郑国这件事情，是当时列国盛传的一段佳话。这个故事不仅说明了弦高破财救国的好品质，而且从弦高一次就赶着数百头牛，跨越数国，到远处去做买卖一事，可以想见远在2000多年前，由奴隶制向封建制转变的春秋时代，我国的商品生产和商品交换的规模，已有相当程度的发展了。

我们知道，商品生产并非产生于春秋时代，早在原始社会末期就出现了物物的交换，这是商品生产和商品交换的胚芽。这种商品关系的产生和发展，“就像腐蚀性的酸类一样”，渗入了原始公社的内部，促使原始社会瓦解。而随着原始社会的解体，人类便进入了奴隶社会。奴隶社会是私有制度的开始，从此也就有了完整意义的商品和商品生产，专以交换为目的的商品生产也因而正式登上了历史舞台。在长达几千年的古代社会里，它先后经历了奴隶社会和封建社会这两种社会形态。从它走过的道路来看，是漫长而又曲折的。

奴隶社会是人类历史上第一个人剥削人的阶级社会，在这个社会里，奴隶主不仅占有一切生产资料，而且还占有直接生产者——奴隶。奴隶没有任何生产资料，被强制为奴隶主劳动，遭受残酷剥削，劳动产品全部被奴隶主占有，归奴隶主支配。在奴隶制度下，由于使用大批奴隶劳动，在一定程度上突破了原始社会那种狭小的生产活动范围，因而有可能组织较大规模的生产，并能实行简单的协作和较细的分工，这就促进了农业和手工业的进步。据考古资料记载，在我国商代的奴隶社会中，农产品已经有禾、麦、黍、稷、稻等种类。在畜牧业中已经能大量饲养马、牛、羊、鸡、犬、豕（猪）等，后世的主要家畜，当时都已开始饲养。随着农业、畜牧业的发展，不仅有更多的剩余产品用于交换，而且也有可能使更多的奴隶脱离农业或畜牧业，专门从事手工业生产，促使手工业兴盛起来。在殷（商）代都城废墟中，发掘有冶炼、陶器、石器、兵器等作坊的遗址。出土的司母戊大方鼎，重达875公斤，形制雄伟，周身饰有精美的兽面纹。如果当时没有细致的分工和较高技术，这样的大鼎是制造不出来的。到了西周时期，我国的农业生产比商代有了进一步的发展，农作物又增加了粱、菽、桑、麻、瓜果等品种。在手工业生产方面，部门更多，分工也更细了，出现了掌握手工业技术、管理工奴的“百工”。我们知道，商品生产总是同社会分工紧密联系在一起的。从这种比较细密的分工看，当时的商品生产规模已经不是很小了。

在奴隶社会里，从事商品生产的既有奴隶制手工业作坊和农庄，也有一定数量的独立小手工业者和小农。随着商品生产的发展和交换范围的扩大，社会上出现了专门经营商品交换的商人阶层。《尚书·酒诰》记载有殷人“肇牵牛车远服贾”，意思是说商代有人专门用牛车到远处去做买卖。商代有一个青铜鼎的铭文像人挑贝立于船中，另一人在后以手划船，表示人带着许多船到另一个地方去进行交换活动。从人们驾着牛车和乘船远行经商的情况来看，当时商品交换活动的范围已经很广了。我国3000多年前的殷商奴隶制王朝，相传就是以经商著称的商族建立起来的。到了春秋时期，私商兴起，出现了许多专营贩运的“富商大贾”，周游列国做生意。牛贩子弦高就是其中比较著名的一个。商人和专门从事商品交换的部门——商业的出现，是人类社会第三次大分工，它标志着商品生产发展到了一个新的阶段。

在商品生产和商品交换日益发展的情况下，在交通要道、关隘、渡口以及城堡或教堂附近，逐渐兴起了市集，许多行商渐渐在市集上定居下来，开设商店成为坐商；手工业者也聚集到这里，开设作坊，为供应市场而进行生产。于是出现了“百工居肆”（“肆”是陈列货物、设立作坊店铺的地点）、手工业和商业活跃的城市。商品交换大部分都是在城市工场上进行的。当时摆在市场上出售的不仅有牛马、兵器、珍宝等一般物品，而且奴隶也是被买卖的对象。奴隶的价格一般都很便宜，相传春秋战国时代。秦穆公听说百里奚很有才干，仅用五张羊皮的代价，就把百里奚从买卖奴隶的市场上买了回来。可见，在当时一个奴隶仅值五张羊皮的价钱。

奴隶社会商品经济虽然有一定发展，但基本上还是自给自足的自然经济。奴隶社会的主要生产部门是农业，奴隶主庄园大都主要经营农业或畜牧业，此外也从事一定的手工加工业。生产的主要目的是为了满足奴隶主的奢侈需要，而不是为了出售。即使在手工业比较集中的城市里，也留有大片耕地、菜园和果园，城市居民并没有与农业完全脱离，农村自然经济的色彩还很浓厚。

在奴隶主占有制度的废墟上建立起来的封建社会，劳动人民仍处于被剥削、被压迫的地位。但是，封建制度下的农民同奴隶社会的奴隶相比，处境有所改善。他们获得了一定的人身自由，并占有少量的生产资料，有了自己的个体经济，因此，在封建制度确立后的一段时间内，农民能够在一定程度上发挥耕种的积极性，比较关心生产工具和生产技术的改进，从而推动了农业生产的发展。随着农业的日益增长，手工业更趋兴盛。手工业行业越来越多，手工业的生产水平也有很大的提高。手工业生产技术的不断进步，使越来越多的手工业成为不再是一般农民所能兼营的、具有各种专门熟练技巧的部门。于是，这些行业的手工业者便逐渐摆脱了农民的地位，而成为独立的小商品生产者。

在农业和手工业发展的基础上，独立的商业活动更加活跃，富商大贾在各地贸迁有无，商品交换日益扩大。这不仅使原有的城市更加繁荣，而且也使新兴的城市不断涌现。在战国时期，各国的都城，如齐国的临淄、赵国的邯郸等，都是商人和手工业者聚居的大城市。市内有许多手工业作坊和出售一般居民生活用品的店铺。到西汉时，全国比较著名的城市已多达 20 多个，其中都城长安是全国最大的商业城。在长安市内，手工业作坊和店铺众多，市旅云集，进行种类繁多的商品生产和市场贸易。汉武帝时张骞通西域后，开辟了“丝绸之路”，中外贸易也逐渐发展起来。这条举世闻名的商路以流通我国的丝绸为主，同时也有其他国家的商品交换，如罗马和叙利亚的玻璃、西亚和中亚的毛织品等。

在封建社会的城市里，由于手工业的发展，手工业者人数渐渐增多，而当时商品的市场又很有限，因此，手工业品的销路就成了问题。为了阻止外来手工业者的竞争，维护本地区手工业者的切身利益，为了限制本地区手工业者相互之间的竞争，以免两败俱伤，于是，同行的或手艺相近的手工业者就组成了各种行会组织。这种行会组织具有强烈的保守性和排他性，它是商品经济有一定程度的发展、但又不够发展的产物。每个行会都有自己的行规，对所属各作坊的规模、劳动时间、商品价格等都有明确规定，参加者不得违反。行会控制着当地的市场，不参加行会的手工业者不能从事该项手工业生产。我国早在唐代就有了行会组织，当时仅在长安东市就有 220 行，有数以千计的手工业作坊，各行都有自己的行规和行头。封建社会里的商人也有自己的行会，叫商业公会。它的性质、内容和任务，与手工业行会基本相同。我国宋代时，同行业的商户组成“商行”，入行的商户称“行户”。当时首都东京至少有 160 行，行户多达 6400 户以上。据说各行衣着不同，在街上行走，一看便知是哪一行的，外来的商人没有入行者不准在市场上经商。

封建社会里的商品生产总的说来比奴隶社会有了进一步发展，但以农业为主体的封建经济本质上还是自然经济。取代奴隶主庄园而建立起来的封建庄园，仍然是一个农业和手工业的结合体。东汉时崔寔写了一本《四民月令》，书中所展现的正是汉代地主庄园中的一幅自然经济的图画。在封建主庄园里，地主既要农民耕作、放牧、种粮、植棉，又要农民纺纱织布、种桑养蚕，还要农民兼搞其他手工业。在这样的经济条件下，封建地主虽然过着在当时看来是极其奢侈的生活，但他们衣食住用的物品，主要是依赖于对本庄园农民的剥削和压榨，而不是靠商品交换取得的。封建地主从农民那里榨取来的劳动果实，只有很少一部分拿去换取自己庄园不能生产的奢侈品。即使在所谓“自耕农”的家庭里，家庭成员也是按性别、年龄形成自然分工，男耕女织，从事各种不同的劳动。他们不但生产全家需要的农产品，而且生产全家所需要的大部分手工业品。只有少数自己不能生产的手工业品，如盐、铁器、农具等，才用一部分农副产品去进行交换。这种个体农民经济也是以自给自足为主，在这种经济形式下，农民家庭过着粗衣疏食的生活。

总之，在奴隶社会和封建社会里，由于生产力水平不高，人们创造的剩余产品有限，可供交换的产品数量不多，因此，在社会经济生活中占据统治地位的是自给自足的自然经济。在自然经济的条件下，劳动产品主要是为了满足自身的需要，而不是为了交换，也就是说，大多数产品是作为使用价值来生产，而不是作为交换价值来生产的。这种经济对于商品交换和商品生产的发展起着阻碍的作用。正是因为生产力水平低下和自然经济的阻碍作用，在奴隶社会和封建社会长达好几千年的漫长岁月里，商品生产虽然始终存在，并有一定发展，但却发展得十分缓慢。在整个社会经济生活中，商品生产只是处于从属地位，仅仅表现为一种简单形式。生产规模比较狭小，生产工具比较简陋，劳动生产率比较低。产品数量小，市场有限。因此，人们把这两个社会形态里的商品生产称之为小商品生产，又叫简单商品生产，是商品生产的低级形式。最典型的小商品生产是个体手工业。另外，个体农民经济虽然是以自给自足为主，但总有一部分自己不能生产的物品需要从市场上获得，因而也就必须出卖一部分自己的生产品。所以，个体农民的一部分生产也是一种小商品生产。

马克思在论及古代社会里的商品经济时说："真正的商业民族只存在于古代世界的空隙中，就像伊壁鸠鲁的神只存在于世界的空隙中，或者犹太人只存在于波兰社会的缝隙中一样"。① 在自然经济居于统治地位的奴隶社会和封建社会里，商品生产尽管受到压抑，只能在自然经济的缝隙中走着崎岖的道路，艰难地成长，然而它却具有旺盛的生命力。商品经济的渗透力量如蚁决堤，不可低估。到了封建社会后期，随着农业和手工业的发展，商品生产和商品交换日益兴旺，商品经济渐渐变成为一股强大的冲击力量，它终于冲决了古老的自然经济的长堤，使整个封建社会的基础趋于瓦解，并为资本主义生产方式的萌芽和成长开辟了广阔的园地。

在人类历史上，小商品生产是资本主义生产的前驱，最初的资本主义经济关系就是在小商品生产者分化的基础上产生的。在商品经济不发达时，封建行会对手工业者之间的竞争和分化起着一定的限制作用，因而手工业生产得以保持相对的稳定。但是，到了封建社会后期，随着生产力水平的提高和商品经济的发展，市场范围扩大，竞争加剧，行会的规定和约束便逐渐被打破了。由于价值规律的作用，使小商品生产者在竞争中逐渐发生两极分化。前面说过，就是在这种两极分化的过程中，导致了资本主义生产关系的产生，在社会上出现了两种不同地位的人：一种是占有生产资料、专靠剥削别人的劳动为生的资本家；另一种则是除了出卖自己的劳动力便无法生活的雇佣工人。

在资本主义的生产关系从小商品生产者的分化中产生出来的同时，商品经济的发展也促使一部分商人向资产阶级转化。商人原来是小商品生产者之间交换商品的中间人，后来在商品交换扩大的情况下，有的变成了定期向小生产者收购商品的包买主。这些包买主起初是利用小生产者的经济困难，向他们高价贷放现金或原料，低价预购他们的产品，从中进行剥削。后来发展到把原料发给陷于困境的小生产者，要他们按规定加工成产品，并付给他们工钱。这

① 《马克思恩格斯全集》第23卷，人民出版社1972年版，第96页。

时，这些小生产者便完全失去了独立性，变成为雇佣工人，而这部分商人则摇身变为雇工生产的资本家了。

我国在 15～16 世纪已经出现了资本主义的萌芽。如在苏州、杭州一带的丝织业中，松江一带的棉纺织业中，以及冶铁、陶瓷、造纸、造船等手工业部门中，就产生了早期的资本家和雇佣工人。我国资本主义的萌芽，也主要是在小商品生产者分化的基础上产生的。明代著名小说《醒世恒言》中有篇故事，描写一个名叫施复的织户，原来是个“本钱少”的“小户儿”。由于蚕种拣得好，丝也缫得多，而且“细员匀紧，洁净光莹”，织成的紬“光彩润新”，因此，他的产品在市场上很受欢迎，一些人甚至愿意“增价竞买”。于是他日渐富裕，从只有一张紬机、“妇络夫织”的家庭小手工业者，变为雇工劳动，“开起三四十张紬机”的手工业作坊主，“家业大饶”，“富至数千金”。与此相反，施复的一些邻居，却因连年“蚕桑失利”而破产，变成劳动力的出卖者。这篇小说比较典型地反映了我国明代丝织业中小商品生产者分化和资本主义雇佣关系产生的情况。毛泽东同志在分析旧中国的经济状况时曾经指出：“中国封建社会内的商品经济的发展，已经孕育着资本主义的萌芽，如果没有外国资本主义的影响，中国也将缓慢地发展到资本主义社会。”①

（摘自《政治经济学 ABC》，河北人民出版社 1987 年版）

① 《毛泽东选集》合订本，人民出版社 1968 年版，第 589 页。

买卖婚姻的联想

——必须破除商品拜物教的观念

买卖婚姻在历史上不知起于何时，但肯定是在商品交换发展起来之后。古时候，结婚是要送礼的。据说，送礼起源于“嫁娶取俪皮之俗”，起源于“聘则为妻”，起源于“无币不相见”。一句话，起源于买卖婚姻。到了周朝，还给“买卖”起了个雅号，叫“纳征”。过去人们举行婚礼时，喜欢在门上贴“六礼告成”四个大字。这六礼是：一曰纳采；二曰问名；三曰纳吉；四曰纳征；五曰请期；六曰亲迎。其中纳采（择偶），问名（通报姓名），纳吉（问卜），请期（迎娶的吉日），亲迎（接新娘）五礼都要用“雁”，就是要送家禽。纳征则要送货币，送钱。封建社会皇天子的姬妾成群，豪门贵族的三房四妾，都是买卖婚姻的产物。资本主义社会商品生产取得了高度发达的形式，人与人之间除了赤裸裸的现金交易之外，不知还有别的什么关系，买卖婚姻也因而更加普遍化了。马克思和恩格斯说：“资产阶级撕下了罩在家庭关系上的温情脉脉的面纱，把这种关系变成了纯粹的金钱关系。”①

买卖婚姻本来是商品拜物教（或货币拜物教）观念在婚姻问题上的表现，商品拜物教作为一种观念形态的东西，本来是以私有制为基础的商品经济的必然产物，建立在生产资料公有制基础上的社会主义商品生产取代私有制的商品生产以后，虽然商品拜物教失去了产生和存在的土壤，商品货币不再具有私有制条件下那样的大的魔力了。然而，人们思想上的商品拜物教观念的残余还不可能一下子完全消除。因此，反映在婚姻关系上，金钱交易的现象也还在

① 《马克思恩格斯选集》第1卷，人民出版社1972年版，第254页。

不同程度上存在。婚礼演变到今天，也许更时髦了一些，人们不再送“雁”，但要送家具，送三十六条腿，那是不会飞的“雁”，送电视机，录像机，电冰箱，那是发光的“雁”。至于要钱，看门第，看工资收入，看地位，更是常见的事。说买卖也许很难听，但讨价还价，互相扯皮，又和市场的商品交易有什么两样呢？特别是在农村和偏远地区，有的父母竟然把自己的亲生女儿当作捞取钱财的工具，有的青年甚至被迫轻生致死。但在有的人看来，似乎人生在世，只此一次，不捞上一把，不排场阔气一下是一件丢脸的事。当然，儿女婚配大事父母帮助置备一些必要的生活用品，或者亲友资助庆贺一番，也是符合人之常情，但男女双方讨价还价，层层加码，甚至成了负担，成了过不去的关口，性质也就起了变化，变成了买卖婚姻。买卖婚姻既然是旧观念的残余，因而和时代精神是不相容的，应该受到批判和抵制。

除了买卖婚姻之外，商品拜物教观念也在其他领域存在。人们经常喜欢用“关系学”概括这类现象。无论是办户口、调工作、买东西、看病、还是升学、招工、提干、晋级，往往都离不开“走后门”、“找熟人”。要打通关节，畅通无阻，又少不了请客送礼。这种关系不仅限于生活领域，也发生在生产领域。本来，企业与企业之间是互助协作的关系，但公事公办在许多场合并不是那么灵验，有时，私人一张条子比公章更有效。一个推销员或采购员出去签合同，谈生意，如果是秉公办理，就是公有制关系的体现；如果一定要附上交换条件，或者要通过请客送礼的办法才能奏效，就无疑是商品买卖关系的体现。

当然，在社会主义社会，商品拜物教观念并不像冬天刮的北风一样，满天都是；但也不是防空洞里刮出来的风，只有一点。“见物不见人”、“损公肥私”、贪污受贿，甚至在对外关系上丧失人格、国格一类的事，也还有一个或狭或广的地盘。

当前我国一部分人中存在着“一切向钱看”的错误倾向，就是商品拜物教观念在今天的一种典型表现。中篇小说《市场角落的“皇帝”》，对这种错误倾向的存在和腐蚀作用作了生动的刻画。

这篇小说描写待业青年吴越和芳芳在农贸市场的角落办了个“个体”饮食店。经过三个月的苦心经营，盈利达1000多元。但是，当他们打开钱匣后，却分道扬镳了。

吴越是一个眼睛盯着钱，利欲熏心的人，他干“个体户”不过是想“捞一把”，然后好好吃喝玩乐一番。为了达到这个目的，他可以不顾职业道德，到厕所里去弄人尿作为面粉的发酵剂。当他赚了1000多元后，竟得意忘形地对芳芳狂喊：“有钱了，咱们他妈有钱了！咱们是皇帝喽！”接着，他便要去冒险，将1000多元当作赌注，去做不合法的投机生意，妄图攫取暴利。

芳芳是个纯洁而有理想的姑娘，她曾经和吴越相爱过，两人共同开业，后来当她痛苦地发现，吴越爱的并不是她而是钱的时候，便真诚地劝告他曾经爱过的人：“你就不能把钱放一放……”“你不用理我，你和你的票子过一辈子吧！”正是对金钱的不同态度，使她和吴越终于断绝了来往。芳芳同吴越分手后，在亲友的帮助下又办起了“又一村”餐馆，热情为顾客服务。①

吴越和芳芳所走的不同道路，展现了现代生活的矛盾。在商品、货币拜物教观念还存在的今天，“一切向钱看”仍会使人走上歧途。在我们的时代，确实有那么一部分眼睛盯着钱的人，想发横财当“皇帝”，但终究也只能像吴越那样在“市场的角落”里得意一时而已，最后只能落个可悲的下场。芳芳所走的道路，体现了时代精神，正是我国大多数青年正在走和应该走的道路。爱国家、爱人民、爱社会主义，是我们时代的主流，买卖婚姻，“一切向钱看”等旧社会遗留下来的唯利是图的陈腐观点，必将随着时代潮流的前进，历史的冲刷，最终销声匿迹。

（摘自《经济理论浅说集》，中国财政经济出版社1995年版）

① 参见韩静霆：《市场角落的“皇帝”》，《丑小鸭》1983年第7期。

传统与改革

——人的现代化

当前，改革已经成为举国上下的热门话题。从中央到地方，从中原到边疆，谁人不在谈论改革呢？从农村到工厂，从机关到学校，哪里不在致力于改革呢？

改革的第一步是观念的解放，人们只有从传统观念中走出来，才能形成一种改天换地的物质力量。所以，我们面临的第一个问题，就是人的现代化。

中国是一个古老文明的国家，创造了光辉灿烂的文化，同时也形成了一套闭塞、禁锢 、守旧的传统。“传统是一种巨大的阻力，是历史的惰性力，但是由于它只是消极的，所以一定要被摧毁。”①我们的祖先为了摧毁旧有的传统，曾经在艰难的道路上跋涉：商鞅变法、王安石变法、康梁变法等，每一次变革都不是一帆风顺的，既有惊心动魄的成功，又有曲折和失败，甚至还有牺牲和流血。可见，传统的力量是多么巨大。那么，直接影响我们进行改革，实现现代化的观念阻力是什么呢？主要表现在以下几个方面：

一、中庸之道

左顾右盼，取法于中，在现实生活中可以说是常见的现象。你要冒尖吗？他偏说“出头的椽子先烂”；你要先进吗？他偏要“枪打出头鸟”；你要出名吗？他偏说“人怕出名猪怕壮”；你要先富起来吗？他可能心存妒意，要“均贫富”。嫉妒本来是一种偏私心

① 《马克思恩格斯选集》第3卷，人民出版社1972年版，第402页。

理，有的人的嫉妒带来了竞争，你行我要设法比你更行；有的人的嫉妒是消极观望，甚至打击陷害，你行我不行，但也不让你行。我们有许多改革者，起步时都是踌躇满志的，一旦有了成绩，随之非议、指责接踵而至，甚至被迫辞职，进入中庸之列。这种情况，岂不是“中庸之道”的阴影在作怪！

二、墨守成规

“忠顺孝悌”，“三纲五常”，曾长期禁锢着人们的思想。在古书中，一再宣扬“祖宗之法不可变”的教义。在革命的激烈变革时期，中国人民也曾表现出巨大的创造力和革新精神，但由于现代生产体系未能最终确立，商品经济不发达，小生产的封闭结构也未能彻底冲破。直到目前为止，我们的生产方法、服务方式、生活习惯、消费流行，以及民族心理，仍然充斥着古老的传统惰性。我们正在进行的改革之所以阻难重重，就是因为许多人习惯于按常规走路，你要给企业松绑吗？可是他总觉得还是绑着的好。“五花大绑”尚且知道怎样走路，一旦松开绑绳反而迈不动步子。改革者好像在一个封闭的圈子里旋转，尽管费了很大力气还是难以自主。如果要在改革的轨迹上腾飞，就一定要冲出这个封闭的怪圈。

三、闭塞心理

经济不发达，封闭的超稳定社会结构延伸到国际关系上，容易产生闭塞心理。这是一种双重效应，一是盲目排外，认为一切都是中国的好，外国的一切都应嗤之以鼻，不承认别人有可以借鉴、学习的地方，甚至把外国的技术、管理方法也看成是资本主义的东西。二是崇洋媚外，认为一切都是外国的好，见到外国人总觉得低人一等，盲目追求超前消费，盲目追求外国的生活方式，甚至在文化、学术领域也是如此，本来是我们自己的发明创造，但却不被理解，只是到了外国人承认的时候，才发现原来是了不起的发明。这种“排外”和“媚外”的心理不平衡，乍看起来是矛盾的现象，其实正来自于同一基础。我们要执行对外开放，搞活经济的政策，就要彻底扫除这种心理。

上面所举旧观念只是择其要者而言，这些旧观念的总体特征是向后看，而不是向前看；是静止观，而不是发展观。我们要成功地实行改革，首要的任务就是要大胆地摒弃一切陈旧的传统观念，实现人的现代化。

那么，现代人应该具有哪些特征呢？

第一，个人效能感。

快节奏，高效能是现代人的一个突出特征。

现代人相信自己能够控制和改造环境，而不为自然本身的力量或社会权势所左右。例如，一个现代人对下列问题会有积极肯定的答复：“你相信将来有一天人类能够在月球上建设城市吗？”“是的，我相信将来人们会做到。”

现代人不仅办事讲求效率，而且相信人性能够改变，相信人类能够解决自身的问题，相信人类能够对社会的弊端进行改造和有效的干预。

第二，观念现代化。

人的观念现代化要求具有一定的科学文化素质，但观念现代化又不仅仅是一个知识问题。古代的科学家和文人虽然具有渊博的学问，但并不能说他们的观念已经实现了现代化。有人在江苏省的某些乡镇调查时发现，在乡村工业十分发达的江苏农村，文盲的比率却高于全国水平。但那个地方农民的现代化程度，如果以经济活动的水平来间接地衡量，应该是大大高于全国平均水平的。与此相对照，印度的教育水平在发展中国家是很高的，科技人员 200 多万，仅次于美苏，居世界第 3 位，但印度的经济却相当落后，人均收入只有 200 多美元。由此观之，教育、科学固然重要，但如果没有人的现代观念的开发，仍无法形成现代化局面。

第三，思路广阔，头脑开放。

乐意接受未经历过的新的生活经验，新的行为方式，是现代人的重要因素之一。例如，我们在测度人们是否“乐意接受新的经验”时，可以提出如下问题：

“对如何才能改善国家的经济状况，人们有各种不同的意见，在你看来，需要进行改革，还是维持现状，抑或是以旧的方式行事?”

“你现在虽然生活不错，现在有一个地方，那里的语言和风俗都与这里不同，但可以充分施展你的才华，你愿意迁往异地他乡吗?”

现代人对第一个问题的回答会是“需要进行改革”，对第二个问题的回答会是“愿意迁去或考虑迁去”；而一个传统人却会做出完全相反的回答。

现代人的目光不限于个人和与他直接有关的环境和事物，而且对周围和国家的事务有广泛的兴趣，思路广阔，头脑开放。

我们改革正在深化，改革不是修补，不是局部关系的调整，而是一场深刻的社会革命。改革涉及到每个人的经济利益，因此不能不对传统力量作一次强烈的冲击。我们已经走过了一段艰苦的路程，以后的路途还会更艰苦。你要改革吗，你就应该是强者！你要做一个改革者，就要首先做一个现代人。

（摘自与王慎之合著的《趣味经济学》一书，该书于1989年由中国青年出版社出版）

柴米油盐和琴棋书画

——物质文明和精神文明

人类的生活虽然离不开柴米油盐，但同样也离不开琴棋书画。世界文明古国的标志：一是在当时来说有比较高的物质生产力水平；二是有光辉灿烂的文化遗产。我国古代曾经历了石器时代、铜器时代和铁器时代，同时也创造了象形文字、兵马俑、敦煌壁画等。古希腊不仅改造了生产工具，造就了广泛的分工协作，而且还给后世留下了荷马史诗、绘画、雕刻以及其他许许多多的神话和传说。伴随着商品交换的发展，出现了货币。古币上雕刻的花纹、人像、文字符号，不仅是物质文明的见证，也是精神文明的光辉体现。如果人们想要知道某个国家和地区的生产力状况，只要看一看金字塔、木乃伊、摩诘法典、山海经、印第安人历法、语言文字、音乐、舞蹈，以及服饰、建筑物，就能知道个梗概。马克思曾经高度评价过我国祖先的三大发明，他说：“火药、指南针、印刷术——这是预告资产阶级社会到来的三大发明。火药把骑士阶层炸得粉碎，指南针打开了世界市场并建立了殖民地，而印刷术则变成了新教的工具，总的说来变成科学复兴的手段，变成对精神发展创造必要前提的最巨大的杠杆。”①由此可见，科学文化不仅是物质生产发展的积极成果，而且还是物质生产进一步发展的必要条件。

一般说来，物质文明决定精神文明，物质生产是社会存在的基础。“人们首先必须吃、喝、住、穿，然后才能从事政治、科学、艺术、宗教等等。”② 这里说的是唯物主义的基本原理，并不是说

---

① 《马克思恩格斯全集》第47卷，人民出版社1962年版，第427页。

② 《马克思恩格斯选集》第3卷，人民出版社1972年版，第574页。

精神生活就不重要。在旧社会，劳动人民生活极其困苦，只能顾及柴米油盐，琴棋书画几乎被统治阶级垄断了。但即使如此，也还有朱买臣借灯光读书，王冕放牛学画，高玉宝“我要读书”的故事。只是由于受到物质生活条件的限制，使他们处于不自由的状态罢了。在社会主义社会，劳动人民已经当家做了主人，文化生活需要已经成为社会生产目的的一个重要组成部分。

无论是柴米油盐，还是琴棋书画，都是一个广阔的领域。在人类的消费结构中，精神需要属于更高的层次。我们在任何时候都不曾像现在这样感受到，人们是多么迫切需要文化生活的改善。过去，人们比较注重食品商店、日用品商店、家具商店，现在开始转向书店、花鸟鱼商店、图书馆、美术馆、影剧院、学校、补习班……。特别是在农村，这种变化尤其显著。农民过去最担心的是吃饭问题，现在最重要的是送子女上学、钻研技术、提高文化水平等问题。何以会发生这种变化呢？就是因为人的需求是多方面的，而且是随着生产的发展而发展的。在肚子都吃不饱的时候，不会产生欣赏艺术的情趣。但在基本生活需要得到满足之后，自然就会提出更高的要求。

由于长期形成的体力劳动和脑力劳动的分野，文化、艺术等精神生活为剥削阶级所专有，久而久之，在人们的头脑中容易形成一种偏见，认为精神生活消费是资产阶级生活方式。其实这是一种误解。资产阶级生活方式和无产阶级生活方式并不是以物质需要和文化需要来划分的，酒山肉海、纸醉金迷，虽然是物质消费，但却是资产阶级生活方式的表现。无产阶级需要丰衣足食，也需要艺术享受。游园、观景、养花，是劳动之余的休息，可以起到陶冶心性、消除疲劳的作用，这和那种无谓的消磨时光，用以填补心灵上的空虚的闲情逸致是不相同的。我们需要的是社会主义的精神文明，而不是玩物丧志。

精神文明还是实现物质文明的必要条件。首先，精神文明在劳动力再生产中具有重要作用。现代心理学、社会学、人类学、行为科学告诉我们，人的身体健康包括生理健康和心理健康两个方面，并且这两个方面是互相促进的。如果说柴米油盐用以维持生理健康，那么，琴棋书画就用于维持心理健康。人的心理健康主要表现为人的情绪、情感、意志等大脑活动的健康。劳动者体力和智力的发挥，在很大程度上受劳动者精神状态的影响。文化生活对促进劳动者心情愉快、情绪高昂，从而提高劳动者的工作热情，发挥自己的聪明才智，具有重要作用。行为科学认为，激励动力＝期望×概率。文化娱乐是一种期望，求学是一种期望，科学研究尤其是一种期望。概率表现为一定时期的平均值。人们的期望越大，激励动力也就越大。其次，精神文明又有利于提高劳动者的素质。在现代化生产中，科学技术日益转化为直接的生产力。劳动者从事有效的劳动，不仅需要专业的知识技巧，而且需要有广博的文化知识，文化生活并不仅仅是娱乐和享受，而且也是掌握新知识、新技术的手段，因此也是现代生产力的一个强大推动力量。最后，文化生活还是人民进行共产主义教育的有力手段。书籍、电影、绘画不仅向人们传播知识，还灌输共产主义思想和道德情操。人的思想觉悟是推动生产力发展的强大动力之一。

直到目前，还存在一种轻视文化生活的倾向。这是一种褊狭的物质消费观念，也是小生产意识的表现。只要仔细观察就会发现，无论是多么偏僻的地区，都不能没有最起码的物质生活需要，但却可以没有书店、学校、图书室和影剧院。越是生产不发达的地方，这种物质生活和精神生活的不平衡就越是明显。随着社会的进步，人们越来越感到这种情况和生产发展的不相适应，迫切需要改变物质生活和文化生活的结构。当然，物质文明是精神文明的基础，今后仍然需要尽最大可能解决柴米油盐一类问题，但如果没有高度的精神文明，不着力解决琴棋书画一类问题，社会主义现代化就不能实现。我们需要的是物质文明和精神文明的互相扶持而不是互相排斥，当前特别需要的是加强精神文明的建设，彻底改变愚昧、无知、不文明、不卫生的习惯，用现代科学文化知识武装人民的头脑，造就社会主义的一代新人。只有最终以精神文明改造了社会生产过程，才能创造出更绚丽多姿的物质财富和精神财富。

（摘自与王慎之合著的《趣味经济学》一书，该书于1989年由中国青年出版社出版）

赤橙黄绿青蓝紫

——创造丰富多彩的生活

大机器工业把我们推向了标准化时代，机器的式样、性能、用料，以及零部件都有统一的规格。日用消费品也走向了标准化，各种机制食品、衣服、锅碗瓢盆、烟酒灯具、文具书籍、日用五金、电视机、录音机、收音机、手表、自行车、汽车、火车、家庭住宅，甚至服务领域的饮食、照相、旅店 、影剧院，都有固定的格式。标准化给生产力带来了日新月异的变化，标准的部件、标准的操作、标准的工时，适合于大批量生产，使生产过程大大简化。标准化也促进了各部门的技术协作和产品交流，给生产提供了许多方便条件。

在工业革命史上，不乏标准化方面的生动事例。西奥多·伐尔在本世纪初创建美国电话电报公司时，首先应用了标准化原则。在1860年以后，伐尔作为一个铁路邮局的办事员，注意到没有两封信是经过相同的路线到达目的地的，一袋袋邮包来回运送，常常需要好几个星期甚至好几个月才能到达目的地。伐尔想出标准化线路的主意，把所有到达同一地方的信件，通过相同的线路传送，实现了邮局的革命化。后来，伐尔组织美国电话电报公司时，又把相同的电话机安装在美国每一个家庭里，实现了电信系统的革命化。

弗德里克·温斯罗·泰罗是一个富有创新精神的机械师。他认为，只有每个工人在劳动中的每个动作都实现了标准化，劳动才是科学的。泰罗规定的“标准方法”、“标准工具”、“标准时间”受到了普遍的赞扬。由于有这种哲学思想为武装，使泰罗成了西方世界企业管理的导师。

大众传播界同时也在散布标准化的形象。地方方言逐步被同化。标准英语、法语、俄语代替了“土话”，中国的普通话已作为全国通用语言。

总之，标准化原则已经贯穿于日常生活的各个方面。标准化不仅为人民生活提供了方便，而且也大大提高了工作效率。

但是，任何事物都有两重性。标准化也带来了一定的社会后果。标准产品、标准规格，使产品统一而单调。比如说居民住宅，从各具特色的套院演变成现代式的聚居区，一律的四五层建筑及高层建筑，楼房基本上是一两个式样。房屋是同样的结构、同样的水暖设备。人们的衣服按大、中、小号规定了统一的尺寸、色调、样式，一律的中山服、解放服，一律的蓝、灰色。这种生活色彩的单调还影响到精神领域，文章内容的千篇一律，小说和文艺作品的公式化、概念化，电视、电影好多就像用一个模子刻出来的一样，共性有余而个性不足。就是文化教育也强烈地受到标准化的影响，各个学校都用统一的教材，统一的教学方法，基本开设统一的课程，高等学校大都是必修课，很少选修课，培养出来的人大多是“通才”，缺乏适应各个领域的专家、学者，在科学领域也很少形成众多的流派。总之，标准化当今已经渗透到社会生活的各个角落，强烈地改变着我们的生活习惯。

社会化大生产不能没有标准化，即是在将来产品多样化的时代，标准化也不存在危机，机器设备、零件、铁轨、度量衡、生产报表、统计指标、文字、语言都需要规范。但是，生产越是现代化，生活也更应该绚丽多彩。机器大工业要求实现大批量生产，但是大批量产品也不应该排斥多样性。“风格就是人”，人在任何条件下都会形成自己的风格，不同的风格就会产生不同的需要。所以，在一定的意义上又可以说，风格就是产品。十年内乱时期，“四人帮”让人们穿一样的衣服，看几个样板戏，并不能改变人的个性，人们还是要追求丰富多彩的生活。马克思在抨击普鲁士政府的专制统治时曾经写道：“你们赞美大自然悦人心目的千变万化和无穷无尽的丰富宝藏，你们并不要求玫瑰花和紫罗兰散发出同样的芳香，但你们为什么却要求世界上最丰富的东西——精神只能有一种存在形式呢?”“精神只准披着黑色的衣服，可是自然界却没有一只黑色的花朵。”① 精神领域是如此，物质领域也是如此。人们需要的是社会产品的多样性，需要的色调是赤橙黄绿青蓝紫，而不是单一的色彩。

工业革命不仅实现了产品的标准化，也实现了产品的多样化。大机器工业实现了大批量生产，例如服装业，工人用同一个操作规程，用同一个纸样，经过流水作业，将厚厚一叠布用电动刀裁出，制成成千上万件一样尺寸、一样规格的衣服。到了电子计算机时代，生产方式发生了一系列革命，生产转成小规模和小批量的，用户用电子计算机测出衣服尺寸，激光机再按指定尺寸裁出衣服，再由机器制成。商店可按这种方式根据用户需要定做。产品的单一性变成了多样化，共性转化成为个性。按照高级制造专家，美国兰德公司情报服务处主任罗伯特·安德森的说法：“在不久的将来，定做某些产品，并不会比今天大规模生产困难……我们已经超越了生产许多组装件，然后把组装件装配在一起的阶段……我们正在走向完全定制产品的阶段，就像定做服装一样。”② 实际上这就是在高度技术基础上的量体裁衣。

我国的生产还远没有实现完全的机械化和自动化，很多领域还是手工劳动，在产品规范化的基础上，可以充分体现产品的个性。一个里弄小厂安上电脑，可以大大改变生产面貌。各个小厂根据用户需要生产不同的产品，更有利于实现产品的多样化。现在大家都喜欢谈论“新技术革命”，而新技术革命的特点之一就是生产向微型化发展。生产微型化更容易体现产品差别。这种变化，将扩展到产品的各个方面，如式样、规格、型号、颜色，哪怕是一个细小差别，都会影响产品的需求，从而引起消费方式的改变。在我国的产品经营中，这种发展趋向已初露端倪。1980 年上海保温瓶展销中，许多准备结婚用品的青年纷纷购买一种画着素雅大方的黑底牡丹图案的保温瓶，而绘有传统龙凤双囍图案的保温瓶却无人问津。保温

① 《马克思恩格斯全集》第 1 卷，人民出版社 1962 年版，第 7 页。

② 托夫勒：《第三次浪潮》，三联书店 1984 年版，第 262 页。

瓶行业由此深入调查，了解现在青年人的爱好。1981 年生产了大量色彩淡雅的保温瓶，很受结婚青年的欢迎。当然，并不是说龙凤双囍保温瓶就不需要，但产品色调单一，无法满足消费者的多种需要。如果牡丹图案淡雅的保温瓶多了，龙凤双囍图案的保温瓶又会成为热门货。保温瓶还是保温瓶，图案的变化就会影响到需求数量。如果式样、性能再有些变化，情形就更会不同了。其他产品也是如此，衣服色调、式样的每一细小变化，都会增加挑选机会，引起消费者的喜爱。农村使用搪瓷面盆大多喜欢花色的，但也有人偏偏喜欢素色的。人有个性，商品也应有个性。商品的个性不仅创造着审美观点不同的大众，也创造着多种需要。

物质生活决定着精神生活的一般过程。经济生活的多样化必然会渗透到各个领域。劳务消费更容易体现多样化原则，北京的大众小吃不同于南方的风味大菜，南方的丝绸制品也不同于北方的细布时装。劳务结合着人们的独特技艺和专长，也结合着不同的服务方式。文化、科学、教育领域也需要经过一番改造。我国传统剧种品目繁多，呈现着百花吐艳的景象。学校培养的人才既要求全面发展，又要求各有特长。各个学校开设的课程应该是异中有同，同中有异。一技之长的专业化，是人力协作的基础，也是创造丰富多彩生活的前提。在生产现代化的伟大历史进程中，我们既需要社会产品具有一定的广度，又需要具有一定的深度，既需要生产的标准化，又需要产品的艳丽多姿。多种需求创造着多种生产，生产的多样化又必然会引起消费方式的革命。我们要用自己的双手建设自己五彩缤纷的生活美景。

（摘自与王慎之合著的《趣味经济学》一书，该书于 1989 年由中国青年出版社出版）

第九部分

记者访谈录

为现代化建设研究经济学理论

《金融时报》记者　黄丽珠

“我出身于教师家庭，受家庭熏陶，成为一名哲学社会科学理论工作者是我孩提时心中的梦。因自幼失去父母，家境不宽裕，读书不易。我是在学校领导和老师们的无微不至的关怀下而成长起来的。”这是对外经济贸易大学邱兆祥教授在接受记者采访时首先发出的感叹。坐在记者对面这位已经白发苍苍、功成名就，但依然谦虚和蔼的老人，经过40多年的历练，已经是我国经济金融学界学贯中西的知名学者之一了。

经济学家的思想烙印在60年中国经济发展历程中

记者：今年是新中国成立60周年。60年来，我国经济学界经历了从全盘照搬前苏联的政治经济学理论到大量引进西方经济学理论的过程。您是伴随着中国经济学一起成长的经济学家，您对60年经济学在中国的发展有何评价，其中中国经济学家的作用如何？

邱兆祥：1949年新中国成立，开启了现代经济学理论在中国发展的新时期。新中国成立60年特别是改革开放30年来，经济学理论研究在服务于社会主义现代化建设的宏伟实践中获得了前所未有的大发展。如今经济学理论研究在我国已呈现出百花齐放、欣欣向荣、硕果累累的繁荣景象。经济学在我国泱泱的社会科学大园地里一枝独秀，成了发展最快和最具影响力的研究领域。

美国著名经济学家保罗·克鲁格曼在《萧条经济学的回归》一书中引用凯恩斯的话说：“经济学家以及政治哲学家之思想，其力量之大，往往出乎常人意料……”。理论是实践的先导，没有正确的理论，就不会有成功的经济实践。新中国成立60年特别是改革开放30年来，经济理论工作者们满腔热情地积极参与并推动我国现代化建设的全过程。他们中许多有胆识的学者，在对我国历史上从未有过的大变革、大发展中一些重大理论问题所作的富有创见的探讨，已为促进现代化建设和经济理论繁荣发展作出了重要的贡献。中国经济理论工作者对中国的经济改革和发展所起的作用，至少不亚于凯恩斯主义经济学家对西方国家宏观经济政策所起的作用。

近30多年来，在所有制改革、价格改革、宏观调控、金融体制、外汇外贸体制、劳动力市场与收入分配以及“三农”等诸多领域，中国经济学家们都较出色地承担了自己的使命，中国的经济学家已把自己的思想和理论贡献深深地烙在60年中国经济快速发展的辉煌历程上。

记者：是谁引领您进入这一研究领域，并使您一辈子徜徉在经济科学的园地里乐此不疲?

邱兆祥：在大学读书时，由于受谭寿清教授和侯厚吉教授二位恩师的影响，我对经济学特别是金融学产生了浓厚的兴趣。出于对所学专业的热爱和做点学问的理想追求，自从跨进北京高校的门槛开始教书和学术研究的生涯，40多年来，我已习惯于蛰居书斋，长年徜徉在经济科学的园地里耕耘。在我成为教授之后，使我有机会逐渐进入经济学界，终于如愿以偿地成为了一名经济理论工作者。

多年来，在与我国经济学界一些专家、学者的接触和交往中，我对当代中国经济学者切身感受最深的是，他们大都有着强烈的责任感和参与感，有为社会主义祖国现代化建设事业作贡献的理想信念和价值追求。

近年来，在我国现代化建设所勃发的无限生机推动下，以经济快速发展为依托的中国经济学理论研究，无论是在对政策研究还是经济学本身的学科建设上，都已呈现出创新和长足发展的态势。许多经济理论工作者尝试着把外来的经济理论与我国实际、经济理论研究与改革和发展实际相结合，从而使我国经济学研究开始进入理论建树的发展期。

记者：作为经济理论工作者怎样才能不负时代重托，使经济学理论在我国改革开放和现代化建设中发挥更大的作用？

邱兆祥：很重要的一点就是，经济理论研究必须坚持紧密联系实际，为国家现实经济发展服务。经济学是一门与社会经济发展密切相关的具有很强实践性的科学。它是专门研究资源高效配置、经济增长和财富创造秘密的学问。一般来说，它较之其他社会科学更具有实用性，历来被人们看作是一门实用性很强的学科，甚至有人把经济学称之为致用之学。所谓致用，指的是经济学研究要紧密联系实际，为现实经济发展服务。这一特点决定，在经济理论研究中，实用性占有突出重要地位。

第二次世界大战后，就连西方发达国家的政府也十分强调经济学的实用性研究。相对于英美等市场经济发达国家而言，正在从事现代化建设的发展中国家大都面临着更多的经济难题，因而经济学研究的实用色彩也表现得尤为浓烈。

就当下而言，中国经济学者面临着诸如经济结构调整、环境保护、能源短缺、收入差距、通货膨胀和通货紧缩以及金融安全等许多世界级难题。当今中国经济理论工作者的首要任务，就是要运用经济学理论和知识对上述诸多经济难题，特别是对其中那些影响我国现代化建设进程的矛盾和问题做出科学解释，并提出切实可行的解决方案，以使中国经济能更加平稳快速地向前发展。

经济学理论之树将在中国大地上蓬勃生长

记者：多年来都有学者提出，在体制转轨和社会变革特殊历史时期，促使中国经济学的研究更多地注重改革和发展中的现实问题。美国著名经济学家米尔顿·弗里德曼就曾说过：“谁能正确解释中国的改革和发展，谁就能获得诺贝尔经济学奖。”对此，您怎么看？

邱兆祥：在全世界的经济学者中，最有资格正确解释中国改革和发展的当然是中国自己的经济学家。

新中国成立60年特别是改革开放30年，使中国进入了近代社会以来最好的经济发展时期。中国经济惊人的发展成就，赢得了当今世界的普遍赞誉。当越来越多的国外经济学家把目光投向中国时，中国的经济学家更应该当仁不让地走在最前列。中国的经济学者应当坚持以对国内现代化建设经济问题的研究作为自己的主要职责，以坚定的毅力和执著的精神，花费更多的精力踏踏实实地研究本土问题。因为注重研究本土问题，才能“近水楼台先得月”，更好地发挥自己的比较优势，从而取得在国际经济学界领先的研究成果。

我国正在发生的社会经济巨变，即为经济理论工作者提供了许多重要的研究课题，也为他们施展才华，实现报效祖国和人民的价值追求提供了难得的历史机遇。回顾经济学理论60年来在中国的发展历程，事实证明，中国学者的经济理论研究工作，只有植根于本国的现代化建设深厚的社会实践沃土中，并从中寻找充实自身的素材，挖掘创新和向前发展的潜能，经济学的理论之树才能在中国的大地上蓬勃发展。

（原载《金融时报》2009年10月1日国庆60周年特刊）

孜孜以求，厚积薄发

——走近邱兆祥教授

《金融时报》记者　华青

经济学一直被称做“致用之学”。为使自己的理论创见不仅能够解释现实，而且能够改造现实，促进发展，一些经济学家孜孜以求，默默耕耘。对外经贸大学金融研究所名誉所长、博士生导师邱兆祥教授就是一位这样的学者。几十年来，他潜心经济、金融理论研究，密切关注我国经济金融发展实际，提出许多原创性的独到见解，受到经济、金融理论界的广泛关注，有些建议已被决策部门采纳。

勤于耕耘

在我国理论界，经济金融理论的通才甚少，或是精通宏观经济理论，对金融业内部发展脉络缺少系统的把握；或是熟悉货币银行业务，对宏观经济学和现代管理理论缺乏扎实的基础。而邱兆祥教授的优势在于兼两者之所长，所以他在金融理论和对策研究中，能够厚积薄发，颇有建树。1965 年毕业于中南财经大学财政金融专业的邱兆祥教授，早年致力于经济学说史和马克思货币理论研究，撰写了《论古典学派在劳动价值理论上的贡献》、《第三产业和劳动价值论》等学术文章，系统梳理分析了作为经济科学重要组成部分的价值学说的历史发展进程，从多角度深化了对劳动价值论的研究。经济学的发展依赖知识的累积，而知识累积的前提是学者的著作具有研究特征，邱兆祥撰写的《马克思的货币、信用和银行理论》一书，是国内第一部全面系统研究马克思货币理论的学术专著，任何关注货币银行理论发展史的读者都可以从这本书获得教益。30 多年来，他忘情于广阔的经济科学园地耕耘，成果丰硕。邱兆祥除在全国性刊物发表近300篇论文外，还在十多家出版社出版著作20余本，内容涉及经济学说和当前经济金融的热点问题，现代经济金融的学科分类和经济管理等方面的问题。许多著述因观点新颖，见解独到，受到经济金融界同仁的关注，并被多种刊物翻印或转载。

独立思考

扎实的功底，深厚的学养，使得这位资深的金融学博导对金融业发展中出现的种种问题有着敏锐的洞察力和准确的判断。在去年，当金融理论界一些学者把民营银行炒得热火朝天时，邱兆祥独树一帜地撰文指出，发展民营银行应该慎之又慎。他说，从构建多元化的现代金融组织体系以适应市场经济发展的需求来看，虽然应当积极而有步骤地发展包括非国有的商业银行在内的金融组织机构，但是，鉴于我国中小银行已为数不少，通过引进民间资本，对现有风险不大的中小银行（特别是城市商业银行、城市信用社）进行重组和股份制改造，使之走上市场化经营轨道应当是最佳选择。如果抛开现有的数以万计的中小银行，“大开政策之门，另铺新摊子，放手组建新的所谓民营银行，那么成本、风险和收益很可能会不成比例”。时隔一年，回头看，银行监管部门出台的一系列举措，与邱兆祥不谋而合。

“作为一名治学严谨的学者，首先就要独立思考，不被权势和利益所左右，敢于亮出自己深思熟虑的观点”。邱兆祥是这样说的，更是这样做的。近年来，金融中心已成为国内不少大城市为之努力追求的目标，国内的深圳、广州、大连、天津、成都、重庆、青岛、北京、上海等大城市都用不同程度的声音喊出了要建立金融中心的口号。尽管北京经营建设国际金融商务区的企业集团老总与邱兆祥私交甚好，经常请他对集团发展战略给予指导。但邱兆祥经过客观、周密地调查、分析后提出，上海最有条件、最有资格建设成为国际金融中心，而北京的定位应当是全国性的金融管理中心和中国北部区域性金融交易中心。他进而指出，大城市的地位重要，定位影响重大，不能喊一些不切实际的口号，不能搞盲目的跨越式的建设，而应当对本地区包括金融业在内的整体建设进行科学合理的定位，脚踏实地，合理制定能够实现的目标，这样才能使金融业对本地区及周边地区的经济快速发展真正发挥有力的“助推”作用。如此言行与某些学者当上了房地产公司的顾问或独立董事，便不顾当今中国百姓收入水平，大力倡导一个家庭要有多套住宅，形成鲜明对比。

潜心钻研

邱兆祥认为，赶时髦、造热点，不是经济理论研究的正道。经济学者应当尊重科学和学科的自身规律，力戒浮躁，潜下心就几个经济理论问题进行长时间的不断探索。因此，他的学术观点和政策建议从来不是那些众所周知的或“似曾相识”的阐述，他总是通过深入细致的实证调查和理论分析，提出有见地、可操作的对策建议。例如“两会”之后，就股份制商业银行怎样树立科学的发展观，实现规模、质量、效率协调发展，邱兆祥指出，我国银行业的发展已进入了新的阶段，客观上需要在发展理念上进行调整，应当由过去以资产规模增长为中心转变到提高资本收益率为中心上来，进而他提出了股份制商业银行完善公司治理结构目前应抓好的几项工作：即逐步调整和优化股权结构；保护中小股东利益；全面改善信贷、会计产品开发、成本财务、内部审计等规范的业务操作程序；建立更加有效的组织管理体制；完善信息披露制度。项项触及到股份制商业银行“软肋”，展示了其严谨的学术态度及深入细致的探索思考历程。

目前，邱兆祥教授年过六旬，正值学术上臻于成熟稳健之际。愿他不断创新，取得更多的优秀学术成果。

（原载《金融时报》2004 年 4 月 2 日）

辛勤耕耘四十载

《金融时报》记者　华青

邱兆祥是我国经济金融学界具有一定知名度的学者、对外经贸大学教授。他1965年从中南财经大学财政金融专业毕业后，至今已从事金融学研究教学工作42年之久，在广阔的经济学领域里，劳作耕耘，取得了丰硕的成果。

关注前沿

邱兆祥教授的学术成果不仅数量多，而且涉及面广泛，20多年来在全国性刊物上发表论文300多篇，出版著作20多本。他的著述既钻研经典，又立足现实；既有对经济金融基本理论问题的探讨，又有对当前我经济金融界热点问题的看法；既有对经济学说史问题的研究，又有对现代经济学科分类和经济管理问题的见解。

邱兆祥教授认为，科研工作者首先应高度关注所研究领域的重大问题。他多年来的研究方向可以概括为四个方面：（1）早年致力于对马克思货币理论的研究探讨，1992年出版的《马克思的货币信用和银行理论》一书，是当时国内唯一一本全面系统研究马克思货币理论的学术专著；（2）对学科分类、学科建设问题的研究，撰写了《论现代经济科学的发展趋势》、《关于现代金融科学的学科建设思考》、《用科学的发展观指导金融学科建设》、《从诺贝尔经济学奖评奖看中国经济理论研究》等20多篇学术论文，在金融界产生了一定的影响，成为国内研究学科问题发表文章最多的学者之一；（3）反对学术腐败问题的研究，撰写了《学者应有的学术品格》、《倡导潜心做学问的精神》等七八篇文章，被国内许多网站、刊物转载或引用，产生了较大的社会影响；（4）近年来关注我国改革和发展中的重大经济金融问题，撰写了关于民营银行问题、构建金融中心问题、国有银行改革和发展中小金融机构问题等大量学术著作，有些著作受到国内经济金融学界和金融业的有关管理部门的重视。中国银行监管部门出台的关于引进民间资本的一些举措，与邱兆祥教授撰写的《发展民营银行应该慎之又慎》一文中的一些观点主张有不谋而合之处。邱兆祥教授撰写的《国内大城市，谁能戴上金融中心的桂冠》一文对上海、北京和深圳等城市的定位提出了自己的独到看法，也受到了国内金融学界和金融管理部门的高度重视。2006 年发表的《也谈衡量合格经济学家的标准》、《转型时期的中国经济学家》、《金融企业的高管也应当减薪》等文章已产生了较大的反响。

邱兆祥教授是国内金融学界为数不多的年过六旬仍坚持笔耕不辍的学者之一。他对现代经济金融理论有较系统的研究和较深的学术造诣，他参加编写或独撰的论著曾多次获得中国图书奖和省（部）级奖励，并在高层学术团体兼任要职，还担任多家有全国性影响的刊物的高级学术顾问。

服务实践

邱兆祥教授强调，学术研究应为社会实践服务。他认为，经济学较之其他社会科学理论具有更强的实用性，在经济学理论研究中，实用性占有突出重要的地位。我国正在进行以构建和谐社会为目标的改革开放和现代化建设事业，中国的经济理论工作面临着诸如国企改革、环境保护、能源短缺、收入差距拉大、金融安全以及“三农”等世界级的难题。就当下而言，中国经济理论工作的首要任务，就是运用经济学理论和知识对上述诸多经济难题，特别是其中那些影响构建和谐社会的矛盾和问题，作出科学的解释。并提出切实可行的办法，以使中国能朝着构建和谐社会的目标更快的发展。

邱兆祥教授在《论创新是经济学者的基本价值观：兼论“独创”是成就大师级经济学家的必备条件》等论文中写道，改革开放使中国进入了近代社会以来最好的经济发展时期，中国经济惊人的发展成就赢得了当今世界许许多多人的普遍赞誉。当越来越多的国外经济学家把目光投向中国时，中国的经济学家更应当当仁不让地走在最前面；中国的经济学者应当坚持把对国内的现实的经济问题的研究作为自己的重要职责，花费更多的精力踏踏实实的研究本土问题。因为只有更注重研究本土问题，才能“近水楼台先得月”，更好的发挥自己的优势，从而取得国际经济学界领先的学术成果。

潜心学问

邱兆祥教授深刻体会到，经济学理论研究是一项艰苦的劳作，不仅要有强烈的创新意识，而且还要有埋头苦干、潜心做学问的精神。他认为，应当在广大经济理论工作者中，大力倡导潜心做学问和为社会主义祖国献身的精神，增强社会责任感、使命感和“十年磨一剑”的坚韧不拔的毅力。

邱兆祥教授说，唯有淡泊名利、甘于寂寞、忍得艰辛、不畏劳苦、努力探索者，才有可能取得对国家经济决策和经济理论有所建树的研究成果。

理论功底丰厚是做好研究工作的前提和基本条件。在谈到对于青年一代学术研究者的建议时，邱教授说，厚实的学术底蕴对从事经济理论工作是至关重要的。经济理论工作者能否取得高水平的学术研究成果，在很大程度上取决于自身的学识和素质的高低。一定要注重学习，认真读书，注重积累，努力提高自身的学术修养。

在谈到学术修养时，邱教授感触颇深：“学者一定要有潜心做学问的精神，切忌过于浮躁，急功近利，相互吹捧。要扎扎实实地做学问，努力探求，认真耕耘，研究出对国家经济建设和社会发展具有重要价值的科研成果。在学术界要树立起大力倡导优良学风，反对学风浮躁；崇尚实践，坚持理论研究和实际相结合的风尚。”

邱兆祥教授担任着博士生导师工作，谈到博士生的培养问题，他强调，良好的学风和文风都是非常重要的，高等学府的学生做学问事，首先要做学问人，理应树立良好的学风和文风；首先要唯实求实，端正学风，要培养学生一种老老实实学习态度；第二，不仅要端正学风，而且要有良好的文风，要培养学生写出理论性强、立论扎实、言之有理的文章。

（原载《金融时报》2007 年 7 月 6 日）

淡泊名利，潜心学问：探访邱兆祥教授的学问之路

《金融管理与研究》特约记者　李辉富

邱兆祥教授是我国资深的经济学和金融学专家，早年毕业于中南财经大学，现任对外经济贸易大学教授、金融研究所名誉所长、博士生导师，同时兼任西南财经大学和暨南大学博士生导师、北京开达经济学家咨询中心常务副理事长、中国管理科学研究院金融发展研究所所长、《经济日报——环球财富》高级学术顾问等。

邱老师从事金融教学和科研工作40余年以来，在经济金融理论研究、教学和学科建设等方面取得了丰硕的成果。邱老师非常重视理论研究工作，将其视为教学之根本，并勤于笔耕，已发表论文300多篇，出版著作20余本，已多次获得国家级和省（部）级奖励。邱老师的论著既钻研经典，又立足现实。成书于“文革”后期的力作《马克思的货币、信用和银行理论》语言流畅，材料丰富，论述严谨，系国内为数不多的全面系统探讨马克思货币理论问题的学术专著，颇显功力。近年来，邱老师积极参加各种经济金融界学术活动，密切关注中国金融业界和学界发生的重要事件和现象，对诸如宏观调控、银行业改革、资本市场发展、构建金融中心，以及金融学科建设、金融学术思想史和金融研究方法论等范围广泛的问题展开了全面深入的研究，见解独到，产生了广泛的影响。

邱老师学识渊博，为人谦逊豁达，淡泊名利，具有高尚的学术品格。从教多年来他一直恪守着一名经济学者的本分：教书育人、著书立说，时刻不忘作为一名学者所必须具备的良知，对一些社会不良风气敢于仗义执言。最近，邱老师发表了一系列关于经济金融

学术研究工作中存在的问题等方面的言论，引起了学术界的广泛关注。记者有幸就相关问题采访了他，也算是为读者朋友们探访邱老师的学问之路打开了一扇方便之门。

记者（以下简称“记”）：邱教授，您好！您作为我国经济学和金融学界资深的专家、学者，长期致力于中国经济和金融问题的研究。与很多学者不同，您的论著既关注现实，又钻研经典，不仅在诸如中小企业融资、民营银行准入、国内金融中心建设等现实问题上有独到见解，您还在马克思主义货币理论的研究方面成绩突出，颇有建树。您能不能介绍一下经过多年辛勤耕耘，您取得了哪些重要的成果？

邱兆祥（以下简称邱）：好的。我于1941年5月出生在湖北省利川市。1965年大学毕业至今，一直从事金融教学和理论研究工作，屈指算来，也有42个年头了。在多年的学习和工作中，我始终保持着高度的工作热情，坚持独立思考，勤于动笔，培养了一些学生，发表了大约300篇论文，出版了20来本著作，取得一些成绩，在金融业界和学界有一定影响。

我的研究成果大致可以分为两部分，一个是在早期对马克思主义货币金融理论的研究，另一个是近年来对现实问题的关注。1965年我大学毕业之后正赶上“文化大革命”，在此期间，我开始了对马克思主义货币理论的学习和研究。你知道，马克思主义是一个经济学流派，马克思主义金融理论是马克思主义经济学流派重要的组成部分。“文革”期间以及此后的很长一段历史时期，马克思主义政治经济学一直都是“官方的”经济学，在经济研究和经济政策的制定方面处于绝对的主导地位，在个别时期还一度被教条化了。在“文革”期间，为了教学和科研工作的需要我有很多年都在家里“啃”《资本论》，形成了一些研究成果，公开发表了十几篇文章，后来还写了《马克思的货币、信用和银行理论》。这是国内第一本系统介绍马克思主义金融理论的著作。在这本书中，我把马克思的货币思想的演变划分为三个大阶段，这种划分填补了我国学术界关于马克思货币理论形成史研究领域中的一些空白，有一定的创新意义。改革开放以后，我国经济学界提出我国社会主义经济是有计划的商品经济，肯定了商品货币关系存在的必然性，因此马克思阐述货币问题所使用的一般原理对分析现实问题具有一定的指导意义。为此，这本书在坚持马克思基本原理的同时，还对马克思金融理论和西方金融理论做了一些比较，分析了马克思主义金融理论在新的历史时期对经济建设的指导作用。

除了对马克思主义经典理论保持学习和研究的兴趣以外，我还密切关注和思考现实问题，提出自己的观点，有一些研究成果。2003 年我在《金融时报》上发表了一篇文章，反对把北京搞成国际金融中心，引起了一定的反响。当年北京市一个机构搞了一个北京经济论坛，我讲了 40 分钟来论证北京不适合搞国际金融中心，算是唱了个“反调”。事实证明，我当时的主张是正确的。我还在一些刊物上发表了一些关于中小企业融资问题的理论文章。我认为中小企业融资难主要表现为担保难，关键在于建立健全高效的融资担保体系。另外，前几年民营银行问题影响相当大，我的观点是改组，不是另铺摊子。我认为民营银行这种叫法本身就不科学，发展民营银行要慎之又慎。总之，这些年来我一直在关注金融理论与实践的前沿问题，参加一些研讨会，发表了一些意见，也引起了学术界的广泛重视，产生了一定的影响。

记：的确如此，邱教授您著作颇丰，成绩斐然。您能谈一谈取得这些成就的主要经验吗？有志于从事理论研究的年轻人如何才能取得成功呢？

邱：我从事经济金融教学和理论研究 40 多年了，写了不少文章，也积累了一些心得体会。我的最大的体会呢，就是要淡泊名利，耐得住寂寞，坐得住“冷板凳”，要有埋头苦干、潜心做学问的精神，心不静，不甘于寂寞，于热热闹闹之中不能潜心深钻，就不能成器。经济学大师亚当·斯密写作《国富论》时整整坐了十年“冷板凳”，清心寡欲，沉稳坚韧。唯有具备亚当·斯密那种宁静致远和淡泊名利的学术品格的人，方能成大器。那些把大量精力花在争名于朝、逐利于市的人，与大师级的学术成果无缘，当然也就肯定与大师无缘。一个学者要在理论研究上做出一点成绩，创新精神和创新能力必不可少。据诺贝尔经济学奖评奖委员会前主席林德贝克透露："评奖委员会在考虑什么应该是一个'值得'获奖的领域时，特别看重的是该贡献的原创性。"或者说，评奖委员会特别注重候选人在经济学理论与方法上有无创新之处。事实上，创新是治学之魂，是理论之树得以常青的不竭之源。作为经济理论工作者，要能对经济学思潮和发展方向产生影响，就必须进行大量原始创新的研究。另外，我们的年轻人还应有强烈的使命感和责任感，要有大志气。在我国，绝大多数经济学者都有着强烈的社会责任感，都很关心现实经济问题和经济政策，并以对现实经济问题的研究作为自己的职责。在我看来，我们经济学者要把个人的发展和学科及理论研究的发展，以及国家经济和金融的发展联系起来，要勇于担当起理论创新的重任，长于把学习和研究的成果应用于解释和解决社会经济金融改革和发展中的重大问题，善于用实践活动去验证理论的真伪，在解决一些重大的理论与实践问题方面真正发挥知识分子的应有作用。

最近几年来，我国学术界有一些不良风气。有的学者过于浮躁，急功近利，写了一些文章或出版过几本小册子，就再也耐不住寂寞，整天忙于发表各种所谓见解，在媒体上炒作自己。有的学者做了一点工作，便自封或被捧为"学术泰斗"、"××理论之父"。有的学者哗众取宠，生吞活剥，整天忙于搬用西方一些自己也闹不明白的玄奥术语。更有的学者弄虚作假，抄袭剽窃，既败坏了学术声誉，也辜负了社会公众的尊敬与厚爱。这些不良习气的危害很大，大家千万不能沾染上。

记：邱教授您对学术创新问题有专门的研究。您曾鲜明地提出"创新是经济学者的基本价值观"，是经济学者最重要的使命，中国的经济学者要具有超越的学术勇气。这一观点在国内学术界引起了一定影响。您能在这里谈一谈与此有关的一些情况吗？

邱：近年来，我国的经济和金融理论研究，无论在实际操作还是在理论建设上，都开始呈现出发展与创新的态势，但总体上还处于较低水平。我国至今还没有形成能自成体系且在国际上有一定影响的学术流派即是显著标志。此外，我国很少有中青年经济学者活跃于国际经济学界的学术论坛。这不仅反映我国的经济理论研究水平还不够高，而且也说明我国的经济学理论研究尚未与国际接轨。我国经济金融理论研究水平较低，究其原因，在于我国学术研究中的创新意识不强，创新能力不足，创新环境不够。

创新是经济学者的基本价值观，这是我在《经济学动态》2005 年第 6 期和《光明日报》（2005 年 5 月 17 日）发表的《论创新是经济学者的基本价值观——兼论“独创”是成就大师级经济学家的必备条件》和《创新：经济学者的基本价值观》两篇论文中的核心观点。金融时报也就这一问题对我做了专访，并在 2005 年 6 月 3 日刊登了《造就中国的经济学大师——访经济学家邱兆祥》的文章。在这几篇文章中，我都大力主张理论研究工作者要有创新精神和创新意识，要敢于独立思考，敢于“标新立异”，鼓励大胆探索和提出不同的见解。我的观点发表之后产生了一定的影响。

记：您说我国的经济理论研究水平不高，这点似乎有点令人费解。在平常人的印象里，我国有很多经济学家、学术刊物、学术论文、学术著作甚至可以用汗牛充栋来形容。这是怎么回事呢？

邱：不错，我国目前从事学术研究的人员和所出版的学术成果确实不在少数，但具有创新意义的研究成果却不多见。翻阅近年来公开出版的经济类学术刊物，更使人深切地感到：富有独到见解的佳作实在是凤毛麟角，多数论著大都题目旧、老话多、数据旧，见之则似曾相识，读之则索然寡味；有的著作虽也有所谓独到见解，能提出自己的一些看法，但学术含量不够大，理论性不够强，层次不够高。

那么，我们怎样才能提升经济学理论研究水平，促进经济学理论研究在中国的发展呢？我个人认为，在现阶段我们应当特别重视树立优良学风和崇尚实践这两种科学的治学态度。要净化学术环境，真正形成良好的学风，最要紧的是提高经济学家的学术品格，真正优秀的学者应当具有为国效劳和为民谋利的理想信念，胸怀民族的兴衰，情系民众的苦乐。一名学者，只有真正具备崇高的理想信念和价值追求，才能树立正确的学术荣辱观，不为利所惑，不为欲所动，不求闻达，忍得住艰辛，在经济学理论研究园地里辛勤耕耘，默默贡献。这一点我在前面也讲过。除此之外，一名优秀的研究人员还必须崇尚实践，坚持理论研究与实际相结合。经济生活是经济学理论的源泉，只有扎根于社会经济生活实践中去，经济学家们才能找到自己的位置，有所作为。纵观经济学说史，古往今来，大凡有成就的经济学家，无不重视理论与实践的结合，大都在实践中表现得十分活跃。置身于经济转轨和构建和谐社会这一特殊历史时期的中国经济学者，肩负着为促进经济和社会和谐发展作贡献的历史使命，面对着纷繁复杂的经济现象以及矛盾和问题，更应当深入实践，认真研究影响社会和谐的重大经济理论问题，在理论研究与实际相结合中勤读、勤思、勤写。有理由相信，转型时期的沸腾的经济活动实践必定会造就一大批善于用自己的头脑思考中国经济问题并具有创新精神的人才，中国经济和金融学理论研究也必定随之快速发展。

记：邱老师，您不仅在金融理论研究方面多有建树，在金融教学及人才培养、金融学科建设等方面也为我国金融事业发展做出了重要贡献。您能谈一谈我国金融教学和金融学科建设的一些情况吗？

邱：从 1965 年大学毕业以来，我一直从事经济金融学方面的教学、人才培养和学科建设工作，经历了最近 40 余年来我国金融学科发展的前前后后，算是一个“过来人”。总的来说，我国高等金融教育起步晚、起点低，教学质量不高。改革开放以来，特别是近十几年来，我国高等金融教育快速发展。据不完全统计，至 1999 年全国高校金融类专业的设点已超过 600 个，最近几年经过专业调整，估计总量没有太大变化。众多高校金融类专业的开办，在一定程度上促进了金融教育和金融学科的发展，但是，高校金融类专业数量虽多，却普遍存在师资力量不够强，教学内容、课程体系、教学方法陈旧、教学改革滞后等问题。目前，我国高校金融类专业正经历着从追求“量”的增加，到追求“质”的提高的转变，从处于迅速扩张转到稳定发展的阶段，稳定金融类专业的数量，提高质量。那么，怎样才能提高高校金融类专业的质量呢？关键是要树立科学的发展观，注重学科建设的内涵式发展，真正把学科建设放在突出位置。我在2004年发表了《用科学的发展观指导金融学科建设》一文对这个问题进行了比较全面系统地回顾和分析。我认为，办好高等金融教育的关键，就是要以科学的发展观为指导，充分重视学科建设的龙头地位，花大力气抓好学科建设。学科建设的发展和学术水平的提高，关键靠教师，特别是高水平的学术骨干。要牢固树立人才为本，人才强校的观念，充分认识学术骨干人才在学科建设中的重要作用。

人才问题，始终是高校改革和发展中的核心问题和头等大事。要振兴我国的金融教育，除了要重视全面提高各高校金融类专业教师的整体素质之外，还必须高起点、大力度地选拔培养优秀学术骨干人才。加快培养和造就一支与金融教育发展相适应的高层次的学术骨干人才队伍，乃是金融教育界的一项带有根本性和战略性的大事。那么，在金融教育领域，怎样才能培养和造就一批素质优良、层次更高的学术骨干队伍呢？主要有五个方面的工作：一是要改革现有的金融教育体制，重视多学科最新综合知识的通才教育；二是要努力营造有利于优秀学术骨干脱颖而出的体制、机制和环境；三是实行导师制，积极开展各种形式的学术研讨活动；四是加强国际性的学术交流活动；五是要大力倡导潜心做学问的精神。金融类院校把振兴金融教育的着力点放在培养和造就优秀学术带头人上面，就如同抓住了“牛鼻子”，可以牵一发而动全身，就能较快地推动我国的金融教育向新的更高的层次发展。

记：说到金融教育，就不能不提到金融学研究生教育。我们知道，最近10多年是我国金融教育大发展的阶段，同时也是金融研究生教育大发展的阶段，主要体现为金融学研究生数量的扩大，而研究生培养的质量却饱受非议。您长期在贵校和其他高校担任博士生和硕士生导师，您的感想是什么？您对博士生的要求是什么？

邱：金融学研究生规模扩大，这是社会对金融学专业人才需求扩大的结果。在计划经济时期，我国没有独立的金融体系，对金融人才也没有多大的需求，加之教育体制和人才管理体制的制约，我国金融学专业人才的培养数量是比较少的。但是在改革开放之后，尤其是20世纪90年代中期以后，各种金融机构应运而生，对金融专业人才的需求也急速扩大，金融学逐渐成为社会热门专业。与此同时，90年代末期，我国高等教育体制和人才管理体制改革步伐加快，高校的办学能力得到提升。在众多因素的影响下，进入新世纪以来我国高等金融教育，尤其是研究生教育实现了大发展。但研究生培养质量下降、就业困难、教育资源重复和低效配置等问题也凸显出来，并一度成为社会舆论热议的话题。

我个人认为，对我国金融学高等教育目前所出现的这些问题，要一分为二地看，既要看到金融教育的发展、对金融事业的推动作用和其他积极的方面，也要清醒地认识目前存在问题的严重性，要采取积极有效的措施继续优化教育资源的配置，做好总量控制和结构调整工作。我还是那句话，在金融学科建设方面要坚持科学发展观。另外，我也教过不少本科生的课。你可能不知道，我至今还坚持为本科生教授专业基础课。我个人认为这是非常必要的。我指导的硕士生和博士生也不少，有的也已经成为所在单位的业务骨干和高级管理者。我感觉，作为一名教师，关键在于言传身教，为人师表，只有这样才能培养出一流的、高素质的学生。我对博士生总体上是比较宽松、自由的，也有一些基本的要求。我认为，研究生，尤其是博士生做学问事，首先要做学问人，要唯实求实；不仅如此，还要有良好的文风，要写出理论性强、立论扎实、言之有理的文章。我经常向他们强调这两点。

记：谢谢！最后，请您展望一下我国经济学和金融学的发展前景。

邱：经济学理论是从实际的经济生活中抽象和概括出来的。经济生活是经济学理论的源泉，只有扎根于社会经济生活实践中去，经济学家们才能找到自己的位置，有所作为。党的十六届六中全会作出的《关于构建社会主义和谐社会若干重大问题的决定》是一个对实践具有重大指导意义的纲领性文件，反映了建设富强民主文明和谐社会主义国家的内在要求，体现了全党全国各族人民的共同愿望。置身于经济转轨和构建和谐社会这一特殊历史时期的中国经济学者，肩负着为促进经济和社会和谐发展作贡献的历史使命，面对着纷繁复杂的经济现象以及矛盾和问题，更应当深入实践，认真研究，施展才华，报效祖国和人民。我们深信：经过一段时间的积蕴，在中华大地上必定会涌现出一批能流之久远的传世之作，孕育出一批享誉国际经济学界的学术泰斗。展望未来，国际经济学大师将辈出于中国。

最后，非常感谢您的到来！请代表我向贵刊的读者朋友们问好。谢谢！

（原载《金融管理与研究》2007 年 11 期）

学者要潜心做学问

——访外经贸大学金融研究所所长邱兆祥教授

《光明日报》记者　汪大勇

“探求科学真理是每一个学者的崇高职责，而诚实则是学者的治学之本，真正的学者一定要潜心做学问。”对外经济贸易大学金融学院金融研究所所长邱兆祥教授日前在接受记者采访时深有感触地说，光明日报“呼唤学术道德、净化学术环境”这个聚焦搞得好，很有针对性。他呼吁，社会各界密切配合，大张旗鼓抑浊扬清，净化学术空气，形成讲学术道德光荣、不讲学术道德可耻的浓厚氛围。

谈起学者的学术道德状况，邱兆祥教授忧心忡忡。他说，眼下学术腐败蔓延，其危害性不可小觑。有的学者过于浮躁，急功近利，写了一些文章或出版过几本小册子，就再也耐不住寂寞，整天忙于发表各种所谓见解，在媒体上炒作自己。少数学者自吹和互吹之风盛行，“家”的高帽子满天飞。有的学者做了一点工作，便自封或被捧为“学术泰斗”、“××理论之父”。有的学者哗众取宠，生吞活剥，盲目搬用西方一些玄奥的名词术语。于自己也弄不懂和讲不清这些术语的确切含义，结果使读者和听众“如堕入云里雾中”。

“良好的学术声誉，是学者的生命。一个有良心的学者，任何时候都要维护自己的学术声誉，不能为达到某种目的而违背学术道德。”邱兆祥说，驰名中外的数学家华罗庚教授积数十年学术研究之经验，得出“科学的根是实”的结论。“实”就是诚实，就是实事求是，来不得半点虚伪。如今有的学者忘记了这个“实”字，弄虚作假，抄袭剽窃，既败坏了学术声誉，也辜负了社会公众的尊敬与厚爱。

邱兆祥认为，当前必须采取积极有效的对策，认真解决学术腐败问题。有关部门和高校要对学风不正的学者进行必要的批评教育，帮助他们克服不正当学术行为。对少数严重腐败者则应当给予严厉的处罚。比如，将其违反学术道德的劣迹公之于众并撤销其学术头衔，几年内不允许申请科研基金等。与此同时，要在广大学者中大力弘扬潜心做学问的精神。学术研究是一种艰苦的和富有创造性的劳动，需要的不是浮躁的张扬，而是冷静的观察和理性的思索。学者潜心做学问，就要耐得住寂寞，否则是不可能在学术上有所作为的。肩负历史重任的我国学术界的专家、学者应当潜下心来，不浮不漂，不急不躁，不畏劳苦，心无旁骛，以严谨、执著、求实和求新的态度，扎扎实实地努力探求，辛勤耕耘，追求真理，报效祖国，服务人民。唯其如此，才有可能取得对国家经济建设和社会发展具有重要价值的科研成果，撰写出在理论上有所建树和突破的精品力作，为推进我国的现代化建设和繁荣学术做出应有的贡献。

（原载《光明日报》2002 年 3 月 21 日）

造就中国的经济学大师

——访经济学家邱兆祥

《金融时报》记者　刘志良

古人云：群贤毕至，蓬荜生辉。5 月 30 日，备受瞩目的“2005 诺贝尔奖获得者北京论坛”正式拉开帷幕。蒙代尔、纳什、史密斯……一个个国际顶级经济学大师闪亮登场。由此不禁令人联想到这样的话题，何时才能出现中国的经济学大师？造就经济学大师需要什么样的文化环境？就这一问题，近日，记者专访了著名经济学家邱兆祥。

记者：什么样的人才能算是经济学大师？大师应具备怎样的素质？

邱兆祥：“大师”之号，既非学位，也非职称，既不能授予、选举或任命，更不能靠媒体炒作或吹捧。名气大，著作多，不足以成为大师，更不用说派头、架子大了。经济学界堪称大师级的人物，应当是在经济学领域中某个方面真正进行原始创新的研究，做出开拓性、奠基性巨大贡献者，其学术成就具有长久不衰和难以逾越的价值。作为经济学大师，不仅要学问精深，受人尊敬，而更重要的应当是富于“独创”精神，具有独立思考和批判思维能力。

大师一般都有代表性的学术成果著称于世。其研究成果都具有独立的学术价值和独特的思想体系，即都具有独创性或原创性的明显特征。虽然著作是表达学问的一个最有效的载体，但学问的大小绝不是和出书的数量成正比的。有的学者之所以能留名于经济学说史上，并不是因为他写的书多，而是因为他在经济学某个领域里做出了独创性的特殊贡献。2004 年荣获诺贝尔经济学奖的是挪威经济学家芬恩·基德兰德和美国经济学家爱德华·普雷斯科特。二位经济学家虽然涉猎的领域都较广并都曾发表过大量的论著，但他们之所以能获得诺贝尔经济学奖，主要还是靠二人于1982年合作并发表在《经济计量学》上的《置备资本的时间和总量波动》一文。这是因为，该文对他们共同开创的实际经济周期理论进行了系统的论述，对于推进动态宏观经济学领域研究做出了重大贡献。

记者：经济理论研究工作从本质上讲，就是一种创造性的思维活动。经济学上“创新”的具体含义是什么？

邱兆祥：纵观经济学说史，经济学大师的所谓“独创”或创新，主要包括两方面：一在理论上有建树，就是言人所未言和创造以往所没有的而又具学术价值的研究成果；二是独辟蹊径，自立学说或开拓新的研究领域。创新的本质就在于出新，在于创造。具体说来，经济理论的创新主要表现在以下几个方面：对前人或他人尚未曾涉足的特定研究对象作了有价值的探讨，并对这一研究对象特有的发展规律，在理论上给予了科学的论证和说明，从而拓宽了经济学的研究领域；创立了一系列可以构成一个独立的分支学科或新的学说的理论体系的概念或范畴，并运用这些概念和范畴科学严谨地构建创立了一门新学科或新的理论体系；发表了具有独到见解的新观点和新学说，并能在较大范围内获得社会特别是业内人士认可的学术论著；引进或创立了经济理论研究的新方法，为经济学方法论宝库增添了新的“器具”和手段。

记者：您认为，经济学理论的生命力就在于不断创新，那么，作为经济学者怎样才能实现理论创新？

邱兆祥：经济理论创新要有问题意识和敢于大胆质疑的精神。无数事实表明，重大现实和理论问题的提出是理论创新的起点。问题是指思维中的疑难和矛盾。通常，理论思维是在运用原有的理论不符合观察事实时，才开始产生疑问的。正是为了解决这些疑问，才开始了创新思维。因此，离开了大胆质疑和发现问题，经济理论创新就无从谈起。近100多年来，现代经济学虽然有了长足的发展，然而却仍有不少疑点需要经济学者们去探讨，而这些悬而未解中的若干疑点一旦能被人破解，经济学则有可能会在一个新的广阔领域里向前挺进。

厚实的学术底蕴是进行经济理论创新的必备条件。经济学大师们正是因为有丰厚的学养和独到的见识，才成就了他们与众不同的创造性研究。反之，如果研究者的学术素养不高并缺乏自己的见识，其成果也就难以走出他人的窠臼。因此，打牢学术根底，这对每个研究者来说，至关重要。经济理论的创新和发展，在很大程度上有赖于研究者自身的学识和素质的提高。经济理论工作者必须认真读书，注重积累，特别是要重视学习最先进的知识，不断用各种新鲜的东西充实和丰富自己。

记者：像其他科学领域一样，由西方人在最近一两百年间发展起来的现代经济学，其基础理论本身具有普遍的科学意义。对我国经济学而言也具有一定的学习和借鉴价值。我国经济学者怎样在此基础上进行超越？

邱兆祥：尽管西方经济学理论中的有些观点、原理和方法具有一定的借鉴意义，但却不能简单的用来指导和诠释中国的经济问题。中国需要既具有普遍科学意义又符合自身特点的经济学说。近20多年来，经济理论研究和经济学的发展，虽然对我国经济的发展产生了相当重要的影响作用，我国经济理论界虽然不乏有成就者，但由于我国对现代经济学理论研究起步较晚，从总体上看，仍尚处于起步的初创和探索的阶段。无可讳言，我国至今既没有形成能自成体系且在国际上有一定影响的学术流派，也没有能引导国际经济学思潮和发展方向的大师级人物。中国的经济学者要想迈向国际经济学舞台，一味地靠学习、借鉴和照搬肯定是不行的。中国是当今世界最大的经济体之一，在国际经济学界理应有中国学者的声音，而要能在国际经济学舞台听到中国学者发出的强音，就必须要有能活跃于国际经济学界的大师级著名学者，特别是要拥有重大开拓性和带动性甚至能引发经济理论或研究方法发生重大变革的原始创新性的研究成果。因此，唯有进行大量原始性创新的研究，才是中国经济学进入国际经济学殿堂的必由之路。

当前，对置身于中国这样一个正在进行伟大变革的国家的经济理论工作者来说，经济理论研究的价值不仅有助于现实经济问题的探索和解决，而且有助于产生较高学术价值的经济理论和造就经济学大师级的人物。中国经济学者面临的诸如宏观调控、国企改革、环境保护、金融安全以及“三农”等等诸多问题，都是世界级的难点、热点问题，出色地解决这些问题的本身就是对人类经济理论的重大贡献。中国学者的经济理论研究工作只有植根于本国的改革和发展的深厚的社会实践的沃土之中，并从中寻找充实自身的素材，挖掘创新和向前发展的潜能，才能促进原始性创新的产生，经济学的理论之树也才能在中国的大地上蓬勃生长。

有的学者认为，包括经济学在内的哲学社会科学的科研能力和成果，也能成为当今世界一个国家的综合国力的重要组成部分。如今的中国不仅具有活力旺盛的经济，而且还拥有当今世界最大的经济学家群体，特别是其中不乏有才华同时又富有创新精神的人才。中国的经济学者要有超越前人、超越西方经济学者的学术勇气。我们完全有理由乐观地相信，经过若干年的不懈努力以及蕴育和积蓄，很有可能如同奔突而出的岩浆，在古老的中国的大地上涌现出一批具有世界影响和中国特色的学术流派，产生出一批有创见、够分量、掷地有声的经典之作，造就一批享有长远声誉的经济学大师。

（原载《金融时报》2005 年 6 月 6 日）

人民币能否成为世界第三大货币

《光明日报》记者　孙明泉

记者：当今国际社会众人瞩目的大事之一，就是欧元将在一个月后闪亮登场，欧盟正在为欧元的登场紧锣密鼓地做最后的准备。这同时也是本世纪末全球经济生活中的一件大事。您可否简要介绍一下，欧元究竟是一种什么性质的货币？

邱兆祥：欧元是欧盟各国为建立一个联合起来的强大的欧洲而采取共同的经济政策和货币政策的产物。欧元是世界历史上没有先例的超国家性质的货币。它独立于任何一个加入欧元区的国家，同时又具有法定货币地位和货币的全部职能。1999 年之后，在欧元区内，各国中央银行将不再拥有货币政策的决定权，而把它移交给一个权力极大、独立性极强的欧洲中央银行（设在德国法兰克福），金融监管职能则仍由各国行使。历经多少坎坷曲折之后，目前可以说，欧元正式启用已成定局。按照签署的协议，将有 11 个国家首批引入欧元而成为欧元的创始国。

记者：以往，美元在国际金融市场上一直占据“霸主”地位，欧元启动后，它对世界货币力量的对比将产生什么样的影响？

邱兆祥：20 世纪 70 年代初布雷顿森林体系瓦解之后，单极货币格局宣告结束，国际货币格局开始多元化，但美元却始终扮演龙头老大的角色。尽管十多年来，人们在谈论国际货币格局的三极化，然而在美元、德国马克和日元这三种主要货币中，德国马克和日元是无法与美元平起平坐一论高低的。欧元的推出以及欧元区的形成，将不可避免地改变世界货币力量的对比，从而使国际货币格局发生重大变化。目前，在国际储备中美元约占将近 2/3，德国马克和日元加起来不过占 1/5 多一点。欧元的推出将使这种局面逐渐改变。欧元是欧洲十几个国家签署协议创建的。据统计，1996年欧盟在全球国民生产总值中占29%，在世界出口贸易中占20%，在世界外汇储备中占21%。仅以欧元11个创始国的国内生产总值的总和来看，也已经接近美国而大大超过日本。以如此强大经济实力作为后盾的欧元，完全有条件成为重要的国际货币之一。

欧元的问世使美元有了一个强有力的竞争对手。据华盛顿国际经济研究所所长弗雷德·伯格斯坦估计，随着欧元的广泛使用，全球30%~40%的金融资产最终将转换为欧元，美元仍将保持40%~50%的份额。许多经济专家认为，随着欧元的启动，国际货币将出现两极化的态势，以美元主宰地位的国际货币体系将转变为以美元和欧元并列称雄的格局。至于日元，如果要想能比较充分地发挥其作为国际货币体系中排位第三的重要角色的作用，就必须执行严格的货币政策，维持日元币值的稳定并恢复经济的增长。

记者：最近，不少西方学者和政要十分看好中国经济，有人甚至预言，人民币不久将有可能成为世界第三大货币。一种货币在什么情况下能成为国际货币，您认为人民币能否成为国际金融市场上的主导货币？

邱兆祥：这实际上是反映了西方学者和政要对中国经济的发展前景充满信心。一种货币能否成为国际货币，其国际地位怎样，主要取决于作为其基础的经济规模以及在世界贸易中所占的份额。具体来讲，货币的国际化必须具备两个最基本的条件：（1）具有雄厚的经济和金融实力，并与世界各国有着广泛的贸易联系，而且在世界进出口贸易中占有较高的比重。（2）币值稳定。只有能保持币值的长期稳定，才能使国内外居民具有信心，从而加强其作为国际记账单位、储备货币和交换媒介的职能。此外，还必须有发达的金融市场，基本上不受管制，并拥有种类繁多的金融交易工具。从我国目前的情况来看，实现上述条件还需要较长的时间。因此，人民币的国际化只能是一个循序渐进的长期发展过程。尽管如此，我国人民币的国际化却有着良好的发展前景。我国现在的经济形势很好，在未来的数十年里仍将是世界上经济增长最快的国家之一。一般认为，只要我们能坚持改革和加大发展步伐，经过不懈努力，人民币是完全能够实现充分自由兑换的。人民币一旦实现充分自由兑换，就向国际货币迈进了一大步。

记者：人民币国际化对我国经济有什么积极作用？

邱兆祥：随着我国经济实力的日益增强和人民币国际化进程的稳步推进，人民币在国际货币体系中将居于举足轻重的地位。人民币的国际化不仅有能为我国带来铸币税收入的好处，更重要的是有助于增加我国在国际金融事务中的发言权，提高我国在世界政治经济中的地位。此外，人民币的国际化还有助于推动我国对外贸易的发展，使我国在对外经济往来中拥有更大的主动权。

（原载《光明日报》1998 年 12 月 2 日）

构建金融中心慎戴“国际”桂冠

——访著名金融专家、对外经济贸易大学教授邱兆祥

《经济日报》记者　王胜颜

随着金融业在国民经济中地位与作用的不断扩大，建立金融中心已成为国内大城市之间竞争的一道壮观的风景线。北京、广州、深圳、大连、天津、重庆几大城市不同程度地表达着建立金融中心的意愿，如何看待这股浪潮，本报记者走访了对外经济贸易大学教授邱兆祥。

（一）金融中心也要避免重复建设

记者： 您如何看待国内城市争当金融中心的现象？

邱兆祥： 金融业提供的是国民经济的“血液”，是宏观经济或者区域经济要求发展的合理现象。但对于合理的现象，也要辩证地分析。

记者： 我们真需要那么多金融中心吗？

邱兆祥： 无论在国际上还是在一个国家内，或者在一个大的经济区域里，可以有一个大的金融中心，还可能存在若干小的金融中心。如果按照区域来划分，有地区性金融中心、全国性金融中心和国际性金融中心。

记者： 那么多城市在竞逐金融中心，并且抛出了各自的规划，您怎么看待这些规划呢？

邱兆祥： 应该看到这些规划大多是出自一个城市功能定位需要的，而建设金融中心是一个区域性概念，更广的范围甚至延伸到洲际、国际，所以现有城市的规划是狭义的规划，还需要更广范畴的

规划。

记者：出自某个城市的规划，其后果是什么？

邱兆祥：很明显，没有统筹，就是各建各的金融中心，就难免会陷入重复建设。不仅仅制造业有重复建设，金融中心建设的重复，其造成的资源和资金浪费的后果，会严重得多。比如西南的重庆、成都都在提创建金融中心，相邻不到五百里就搞两个中心，有没有必要，值得研究。其后果是两个城市产业结构雷同化，造成分工不明确，各自的比较优势无法显现。

所以既然全国那么多大城市在筹划建设金融中心，政府就不宜久拖不定，要及早制定出可行的规划与实施方案，从全局的意义上通盘统筹与设计。

记者：有一种说法，我国人多地广、经济规模大的特殊性决定我们可以搞多个国际性金融中心。

邱兆祥：这一点很值得商榷。首先要明确国际金融中心的概念，简单地说，国际金融中心就是国际资金的集散中心。国际金融中心的建设具有排他性。当今世界，即使头号经济强国美国在内，尚无一个国家有两个或两个以上的国际金融中心。香港回归后，维护香港国际金融中心地位已成定论。在此基础上，政府提出的重点建设上海国际金融中心已使我们拥有两个前后呼应的国际中心，除此之外再有其他五六个城市也提出“国际”概念，显然就违背规律了。有的城市至今没有一家全国性的交易机构，比如期货交易所、证券交易所，严格意义上又怎么能说是金融中心呢？

（二）上海最有资格

记者：您提到重塑上海国际金融中心地位是中央明确的决策。

邱兆祥：上海在上世纪30年代曾是举世闻名的国际金融中心，它汇集了西太平洋地区最密集的金融机构，重建上海国际金融中心的目标是改革开放总设计师邓小平首先提出的。1992年的十四大报告也明确了这一基本构想。2001年，国务院在批准上海市的总体规划中，再次提到把上海建成国际金融中心。

记者：上海建设国际金融中心有哪些优势?

邱兆祥：上海之所以成为建设国际金融中心的首选之地，与其历史渊源有关，更因为上海现在拥有的条件。首先，上海的区位优势十分明显。上海处于目前全球最活跃经济圈之一的“长三角”核心位置，是中国连接世界贸易、物流的重要门户与通道；其次，上海拥有雄厚的经济实力。人均 GDP 领先于国内其他大城市，雄厚的经济实力本身就为其发展成为国际金融中心奠定了坚实的根基；第三，上海在金融设施、交易规模、机构数量、金融产品创新和金融人才方面均取得了快速的发展。现在中外金融机构纷纷抢滩登陆上海，云集于此地的中外金融机构多达 617 家，涵盖银行、证券、保险多个金融行业。

记者：中国几乎所有银行包括中央银行总部都在北京，这一点对上海似乎是缺陷。

邱兆祥：是缺陷但不是障碍。美国联邦储备委员会总部在华盛顿，其丝毫影响不了纽约的金融中心地位。如今，全国城市商业银行资金清算中心、黄金交易所以及中国银联落户上海，标志着上海成了全国银行卡资金的清算中心、电子货币流通体系的枢纽。中国工商银行的票据中心和招商银行的信用卡中心也都在上海，加上外汇交易中心、上海证交所等，上海金融中心的地位初具规模。

（三）北京如何合理定位

记者：除上海之外，北京聚集着中国金融业 60% 左右的金融资产，控制着全国 90% 以上信贷资金，汇总着每年国内居民和企业存款 80% 以上的数据，这一个优势没有一座城市可比，所以北京构建国际金融中心的呼声也一直很高。

邱兆祥：北京是金融中心毋庸置疑，但要成为国际金融中心，就要分析具体条件了。就北京目前的情况而言，主要集中的是一些国家级的金融管理机构及国家级银行的总行，但北京没有一家全国性的交易机构，从严格意义上讲，就不是现代金融中心。

记者：那么北京应该如何扮演自己的角色呢？

邱兆祥：我一直认为，北京扮演的应是全国性管理中心的角色。北京还可以借鉴以现代商业银行体系为基础的所谓法兰克福模式，争取打造成为北方一个最大的区域性资金运营式交易中心。

记者：如何看待北京、上海功能定位的差别？

邱兆祥：北京的管理中心扮演的是政策制定和监管功能，上海则是具体的操作中心，最终决策还在北京。明确的规划与定位，划分清不同的角色，对北京、上海的发展乃至经济全局的发展都是极其重要的。

（原载《经济日报》2005 年 1 月 23 日）

金融街：打造首都国际金融中心

——著名金融专家邱兆祥与金融街控股公司总经理刘世春对话录

《经济日报》记者

顺应潮流：北京的国际化需要有一个金融中心

《经济日报》记者：构建国际或区域的金融中心是许多国家和国内一些城市的目标。作为首都，北京已不再停留于政治中心和文化中心的层面，正日益成为世界经济与中国交融的舞台，在国际金融、贸易、科技中扮演着更为突出和重要的角色。要完成好这一角色，其中构建国际金融中心的战略就呼之欲出了。

邱兆祥：在现代市场经济条件下，金融是百业之首，居于龙头地位。在金融业没有一定程度发展的情况下，没有资金的融通与推动，要有效地实施在本地区的发展战略十分困难。北京要完善国际大都市发展格局，必须拓展增强服务功能，所以构建国际金融中心的思路是适时的、正确的。

刘世春：北京设计了国际化大都市的战略定位，而国际大都市的标准与具体指标，虽然不同的专家有不同的见解，但几乎所有专家都把国际金融中心列为主要指标，甚至居第一位，其他指标还有跨国企业总部所在、其他国际性机构的集中地、商业服务部门的快速增长、重要的制造业中心、主要交通枢纽、一定规模的人口。就当前北京的社会和经济发展状况而言，有的指标已经很过硬了，而金融中心有待进一步完善，这说明加快金融中心建设的战略顺应了潮流。

夯实基础：金融街是国际金融中心的载体

《经济日报》记者：早在8年前国务院批复的《北京城市总体规划》中就提出“在阜成门至复兴门一带，建设国家级金融管理中心。”

刘世春：这正是金融街的由来。之所以选择阜成门到复兴门，我想继承了深厚的历史渊源。史书中记载，金融街的前身“金城坊”，曾是元大都最为繁华的商贸区。明清两代，该地遍布金坊、银号，清末民初，银行更是集中于此，“金城坊”在中国近代金融史留下了浓墨重彩的一笔。

邱兆祥：历史渊源为金融街建址与发展注入了丰富的文化动力，同时在判断金融街是否具备打造国际金融中心的实力，还要看其他基本条件。比如，比较雄厚的经济实力，高度集中的金融机构和发达的金融市场，健全的金融法规和管理制度，并实行较宽松的金融管制，同时地理位置优越，交通便利，通讯设备良好，具备足够多的金融专业的高级人才。

《经济日报》记者：我们不妨对照以上条件对金融街做逐一的比较和评判。

刘世春：显然金融街的区位优势是任何地域无法比拟的。金融街涵盖的地域，是北京市二环路以内唯一的一个以商务办公为主的区域，不仅交通便利，而且紧邻于各类职能部门和中国最高决策中心。

邱兆祥：金融街所聚集的经济实力与优势更是显而易见。金融街有着为数众多、实力雄厚的金融企业作为支撑，到目前为止，三大全国性金融监管机构——中国人民银行、中国证监会、中国保监会都集中在金融街上。此外，三大国有银行——中国工商银行、中国银行、中国建设银行的总行，中国最大的保险公司——中保集团总部，中国最大的证券公司——银河证券以及中国中央证券登记结算有限公司、中央国债登记结算有限公司等金融业服务机构都已坐落于金融街。金融街聚集着中国金融业50%～60%的金融资产，汇总着每年15万亿元居民存款和企业存款80%以上的数据。

刘世春： 2000年统计数字表明，全国的金融资产总量为18.8万亿元，而处于金融街的三大国有商业银行就占了9.2万亿元，达到50%，再加上位于金融街及周边的交通银行、招商银行、光大银行、中信实业银行、浦发银行、深圳发展银行、北京市商业银行等七家股份制银行和一家国有政策银行——中国农业发展银行，金融街地区及其周边所辖金融资产总额占到全国金融资产总额的60%以上。

《经济日报》记者： 可否这样认为，金融街中机构门类齐全，功能完善，是向国际金融中心发展所必要的组织结构？

邱兆祥： 组织基础的夯实是其他地方可望而不可即的。同时北京构建的是国际性的金融中心，大凡国际金融中心或区域金融中心，无不有外资金融机构，这就为金融街建设提出了新的要求。

刘世春： 现在已有100多家外资银行落户北京，18家建立了自己的分行，比较著名的包括道亨银行、丰业银行、东亚金融控股等外资金融机构。当然，随着北京国际化进程的不断加快，外资银行将会以前所未有的速度进驻金融街。

《经济日报》记者： 刚才两位谈得更多的是金融街的硬件与环境建设，同时还有一个构建国际金融中心的硬指标，就是金融街的软件构成——人才。

邱兆祥： 我曾经说过，人才特别是高级的金融专业人才的短缺很可能成为打造国际金融中心最大的障碍。世界知名国际金融中心的比拼，硬件固然重要，从根本上说还是比拼人才与管理，这是金融中心真正的制高点。

刘世春： 直接为北京金融街区域服务的各类人才达3万多人，很显著的一个变化，就是人才的聚集，吸纳越来越向高层次、高标准方向发展。博士、硕士学位的人才比例，八年间上升了68%，同时大批量的海外优秀金融专才也在金融街独有魅力的感召下加盟进来，有的直接进入最高领导层，人才战略已成为金融街区域发展的核心推动力量。

加入世贸：使金融街面临挑战更迎来机遇

《经济日报》记者：加入 WTO 后，是“狼来了”还是面临着更多的一些机遇，专家学者各有各的判断。但归之一点，机遇是在正确应对挑战的努力中产生的。

邱兆祥：从国际金融中心的发展来看，由于实行开放政策才奠定了它们今天的基础。因此人世也为提升金融街的国际地位提供了千载难逢的机遇。挑战不可怕，挑战从来就是伴随机遇而生的。中国加入 WTO 首先要开放的就是金融、电信这两个传统垄断行业。国内的金融业要做好应战的准备，走出国门，参与国际金融市场的竞争；而国外的金融业也将大量涌入中国，已经在中国设立代表处和分行的外资金融机构必定会大力拓展在中国的业务范围和经营规模。从美国和香港地区来看，它们成为国际金融中心也曾经历了由封闭到开放的发展历程。

刘世春：我想加入 WTO 给金融街的发展注入了全新的内涵，包括机构的兼并重组、做大做强，金融工具的推陈出新，市场开拓战略的调整，同时还有金融中心发展理念的深化。

邱兆祥：加入 WTO 给金融街的角色定位提出了更高的要求。金融街不但要保持住全国金融业的调控中枢和监管中枢的角色，吸引更多的中外金融机构在这里落户发展，特别是 WTO 后的金融街随着国际吸引力的加强，外资金融机构进入到这个舞台，成为其中的最为活跃的力量，更为关键的是，形势要求金融街要不断加强服务与信息传输功能的提升。把金融街建设成金融中心的服务中心的任务更为紧迫，更多的证券登记结算、法律和会计等咨询服务机构将逐步完善，从而提供金融机构全面的中介和后台服务。一句话，金融街的角色定位不能仅仅停留在原有层面上了。

刘世春：基于未来发展的考虑，北京市将把金融业的发展提到一个更新的高度。在2001年出台的北京市“十五”发展目标为金融中心的建设作出了明确的部署。金融保险业年平均增长14.3%左右，到2005年实现增加值693亿元，占北京市国内生产总值的20.34%；2006年到2010年增长13%左右，到2010年增加值为1277亿元，占北京市国内生产总值的27.23%。在进一步健全和强化北京作为全国金融中心功能的基础上，为适应北京发展成为现代化国际大都市的需要，将努力使北京作为国际金融中心的地位有实质性的提高。

邱兆祥：2008年奥运会的举办城市确定在北京，为金融街在基础设施、影响力和国际化方面提供了一个更大的发展机会。为了与北京的银行、保险等金融行业的发展和开放时间同步，金融街将提速于2008年全部打造完毕，那时的金融街将成为象征21世纪中国和北京具有勃勃生机与活力的标志性区域。我们坚信，金融街完全有可能成为东亚乃至整个亚洲地区的兴旺发达和富有活力的重要金融中心之一。

（原载《经济日报》2002年3月8日）

股份制商业银行高速扩张正常吗?

《金融时报》记者　金立新

自今年3月1日开始实施的《商业银行资本充足率管理办法》让股份制商业银行着实急了一下。一段时间以来，有关股份制商业银行融资的消息不断见诸报端。各媒体关于股份制商业银行缺钱的报道也是“炒”得沸沸扬扬。股份制商业银行为什么“缺钱”?《商业银行资本充足率管理办法》为什么让股份制商业银行开始着急了?所有这些都不得不让人联想到股份制商业银行的发展速度问题。近年来，股份制商业银行的发展速度正常吗?为此，记者采访了对外经济贸易大学金融研究所名誉所长、北京开达经济学家咨询中心副理事长、教授邱兆祥。

记者：有数据显示，1992年，我国股份制商业银行资产总额为2645亿元，在全部吸收存款类金融机构中的占比为4.9%。至2003年末，我国11家股份制商业银行资产总额为38168亿元，其在全部吸收存款类金融机构中的占比已达到15%左右。这一数字对比一方面说明了我国股份制商业银行数量的增加，另一方面也说明了其资产规模扩张速度之快（11年资产总额增长了近15倍）。这一速度正常吗?银行作为负债经营的企业，支撑其规模扩张的应该是什么?就11家股份制商业银行的现状看，它们能够支撑这样的扩张速度吗?

邱兆祥：我国的商业银行，特别是股份制商业银行，多年来一直具有很强的扩张规模的冲动。这种冲动主要来自于同业竞争的压力和内部的激励机制。我国先后成立的11家股份制商业银行，11年间资产总额增长了近15倍，如果单从数字上看，这种扩张速度不免显得过快。但是，我国股份制商业银行只不过有十多年的历史，由于成立时间短，机制灵活，包袱轻，市场化程度相对较高，加之大多数又是在较低基础上起步的。因此，在我国宏观经济保持20多年快速增长的情况下，股份制商业银行自然会表现出强劲的发展势头。

银行作为负债经营的企业，支撑其规模扩张的应当是市场环境、管理水平和风险控制能力。从我国的情况看，已告别了资金绝对短缺的时代，并已进入了资金相对充裕的时期，银行业追求规模扩张的时代已成为过去。就11家股份制商业银行的现状来看，管理水平还不够高，风险控制的能力也不够强。我认为，它们已很难支撑如此迅猛的规模扩张。在短期内股份制商业银行扩张发展的势头虽然还不会改变，但随着科学发展观的确立，其发展模式必定会更加成熟，这意味着其扩张速度将逐步稳定甚至开始减缓。

记者：来自中国银监会的统计数据显示，截至2003年年末，我国股份制商业银行平均资本充足率为7.35%，按“五级分类”标准划分的平均不良贷款比例为6.5%，结合股份制商业银行的资产扩张速度，如何看待这组数字？

邱兆祥：2003年末，我国股份制商业银行平均资本充足率为7.35%，虽然高于四大国有独资商业银行，但离巴塞尔协议规定的8%的资本充足率仍有一定的差距。这说明11家股份制商业银行并没有从根本上解决随着经营规模的扩大资本金的补充机制问题。国际优秀银行的不良贷款率大约是3%左右，而我国的11家股份制商业银行则高出很多，2003年末约为6.5%。任何银行如果只注重扩张风险资产和风险业务，而不能相应扩大资本规模和降低不良贷款率，就意味着承担的风险越来越大，业务经营的安全程度越来越低。我国银行监管部门已经充分认识到资本约束对资产扩张的重要性。中国银监会不久前发布的《商业银行资本充足率管理办法》就很符合国际惯例，很严格。相信在监管部门的要求下，股份制商业银行会逐渐克服内在扩张冲动，保持一个合适的资产扩张速度。我国的股份制银行的不良贷款率与国际优秀银行相比虽然还存在差距，但目前我国股份制商业银行的不良贷款余额和比率已出现了“双下降”的趋势，前景是令人鼓舞的。

在竞争中，扩大规模并非是股份制商业银行的唯一选择。现代银行业间竞争的最终胜利者，很有可能不是谁最大，而是谁最强、谁最好。银行业应当由过去以资产规模增长为中心转变到以提高资本收益率为中心上来。

记者：曾经有人说，股份制商业银行不扩大规模就没有市场占有率，没有市场占有率就没有利润，没有利润股份制商业银行就没有发展，也就难以消化历史遗留下来的不良资产。您是如何看待这一说法的？扩大规模是股份制商业银行在竞争中唯一的选择吗？

邱兆祥：由于多方面的原因，我国银行资产运用以贷款为主，银行主要依靠利差收入，收入总量要增长，就得靠扩大资产规模，因而使得我国的银行机构普遍存在重资产、重存款规模的心态。对中小股份制商业银行而言，适度的规模也是必要的，没有一定的规模就没有利润增长的空间，不仅难以发展，也难以化解不良资产。但是，扩大规模并非是股份制商业银行的唯一选择。

现代银行业的竞争，不是简单地看资产规模，而主要是取决于资产质量、资本实力和盈利水平。现代银行业间竞争的最终胜利者，很有可能不是谁最大，而是谁最强、谁最好。规模已不再是决定银行生存发展的唯一要素。例如，资产规模中等的英国标准渣打银行，由于其单位资本金和资产额的盈利能力最强，2000 年被评为全球业绩最佳银行。又如，据报载《亚洲货币》在 1999 年底对亚洲最重要的 88 家银行进行评比，在被评为最佳的 5 家银行中，有 4 家资产规模远小于位居 88 家参评者前列的所谓十大银行。在被评为 15 家最佳银行中还有几家中小银行。由此可见，银行的孰优孰劣并不在于其规模的大小。中国的银行业应当摒弃传统的发展思维和发展模式的影响，走出单纯追求规模增长的误区。

我国银行业的发展已进入了新的阶段，情况发生了新的变化，客观上需要在发展的理念上进行调整。我国的银行业应当由过去以资产规模增长为中心转变到以提高资本收益率为中心上来。目前我国银行业存在的一个重要问题就是资产结构过于单一，银行资产主要是贷款，约占 80% 以上，不仅风险太集中，而且盈利水平也不高。我国各商业银行的资产利润率一般在 1‰以下，资本利润率在 1% 左右，而国外的好银行这两个利润率分别为 1% 和 10% 左右，相比之下，差距不小。我国银行的盈利能力过低，使之没有足够的能力核销呆账，并积累资本，结果只能是风险越积累越高。

那么，如何增加盈利，以提高资本收益率呢？首先，通过优化资本运营效率，降低业务成本，特别是降低固定成本，可以大大增加银行的盈利收入，提高银行的盈利水平。此外，我国银行业的发展还有一个很重要的途径，就是通过加大业务创新，大力发展中间业务，拓展新的利润增长点。据统计，美国银行的中间业务收入（除存贷款业务以外的收入）占总收入的比重为 45% 左右，欧洲银行约为 50%，而我国尚不足 15%，这说明我国银行业在中间业务方面还有很大的发展空间。特别是在银行的资产扩张受到资本充足状况、资产质量以及风险管理水平等许多条件越来越严格的约束的情况下，更应当通过大力开拓中间业务来获取更多样化的、更持续稳定的利润增长。中间业务作为金融创新的重要内容，理应受到重视并在人力、物力、财力上加大投入，努力提高中间业务的收益率。只有致力于金融创新并大力发展中间业务，改变资产收入单一的状况，我国的银行包括股份制商业银行才有可能进入更高的发展阶段。

股份制商业银行必须牢固树立科学的发展观，就是讲求规模、质量、效率协调发展。其发展的效益，不仅是利润量的增加，更要使资本利润率、资产利润率和人均利润率得以提高。

记者：目前，股份制商业银行处在与四大国有商业银行和众多城市商业银行以及城信社、农信社的激烈竞争的格局中，您认为股份制商业银行怎样才能取得竞争的优势？面对竞争和风险，您认为什么才是股份制商业银行的科学发展观？

邱兆祥：银行作为一种服务性很强的行业，其服务质量的优劣，服务水平的高低，对于业务的开展具有至关重要的作用。银行业只有在提高服务质量上下功夫，认真抓好服务，才能改善与客户的关系，树立良好的形象与声誉，从而赢得更多的市场份额，获取更大的利润，提升竞争能力。因此，抓好服务，是股份制商业银行在激烈的同业竞争中的制胜之道。股份制商业银行必须坚持以优质服务求生存、求发展的方针，勇于开拓创新，不断努力提高服务质量。

面对激烈的竞争和金融风险，我国的股份制商业银行必须牢固树立科学的发展观。所谓商业银行的科学发展观，简而言之，就是讲求规模、质量、效率协调地发展。股份制商业银行科学发展观的立足点虽然还是要发展，但其发展的质量不仅要能经得起时间和市场的考验，而且还要特别注重发展的效益。发展的效益，不仅是利润量的增加，更要使资本利润率、资产利润率和人均利润率得以提高。树立科学的发展观，是解决我国股份制商业银行面临的各种难题的根本出路。

我国的股份制商业银行当前面对竞争与机遇并存的市场格局，应当在科学的发展观指导下，制定出具体有效的规划，争取能尽快做优（即资产质量优、运行机制优、服务质量优）、做强（即创新功能强、创新能力强、竞争力强）。

记者：中行、建行股改上市后，股份制商业银行“机制灵活”的优势将不再明显，股份制商业银行应该如何面对这一现实，打造自己的核心竞争力？

邱兆祥：我认为，关键是要建立和完善良好的公司治理结构。一般认为，实行了公司制改革特别是经过产权制度改革并已上市的股份制商业银行，公司治理结构问题已基本解决，而实际情况却不尽然。目前，我国仍有不少国有控股或参股的股份制商业银行（包括上市公司），其公司治理结构还不够完善，治理水平还不够高。因此，仍有必要进一步完善公司治理结构，提高治理水平。

完善公司治理结构要做的工作很多，我认为，就我国股份制商业银行目前的情况来看，应着重抓好五个方面的工作：一是逐步调整和优化股权结构。有的股份制商业银行大股东持股过多，应适当减持，以便能吸收更多中小投资者，特别要引导具有现代银行管理经验的国际战略投资者参股，逐步实现股权结构的国际化。外国银行的参股，不但可以引进部分外国资金，更重要的是有利于引进外国成熟的银行管理技术、金融产品创新经验、客户服务理念及处置不良资产的方法等，从而有助于国内股份制商业银行整体素质的提高。二是进一步保护中小股东的利益。我国现有的个别股份制商业银行高层管理人员年薪待遇高到令人难以置信的地步，这不仅脱离了中国的国情，而且实际上也是对众多股东利益的损害。这归根到底说明个别股份制商业银行的公司治理结构还不完善。公司治理中的一个核心问题是中小股东的利益是否得到充分保护，因此要逐步建立能使众多中小股东利益得到更加切实维护的机制。同时，还要建立健全对管理层的长期激励和约束机制。应借鉴西方国家银行管理的经验，通过外部力量强化监管来约束经营者的行为或提高高层管理人员的素质。三是按照国际一流银行的标准，全面改善信贷、会计产品开发、成本财务、内部审计等规范的业务操作程序。四是努力建立更加有效的组织管理体制。五是逐步完善信息披露制度等。股份制商业银行只有通过深化改革，进一步完善公司治理结构，健全经营体制和内部机制，才能打造自己的核心竞争力，其发展也才会有更加坚实的基础和旺盛的生机与活力。

（原载《金融时报》2004 年 3 月 27 日）

金融企业高管也应当减薪

《经济参考报》记者　田如柱

前不久围绕电力企业职工薪酬过高引发的热议还没有降温，针对金融企业高管薪酬过高的议论又起。日前，著名金融专家、对外经济贸易大学教授邱兆祥提出：我国目前的银行、证券、基金和保险公司等垄断色彩浓厚的金融企业高管人员薪酬过高，增加过快，特别是银行业高管人员的年薪待遇高到令人难以置信的地步，应当适度调减。

在由北京开达经济学家咨询中心等单位主办的中国市场经济论坛“效率与公平研讨会”上，邱兆祥是依据报刊发表的公开数据进行上述分析的。他说，建行在今年4月颁布的2005年年报显示，该行在2005年支付给行长的薪酬为110.5万元，支付给董事长的薪酬为85.4万元。交行披露的年报显示：行长2005年的薪酬为106.031万元，董事长的薪酬为96.031万元。有关部门已于2005年明确把工农中建交五大银行董事长的年薪定在120万元。目前股份制商业银行行长的薪酬更是高得出奇。据报载，招行行长2005年税后薪酬267.83万元，为境内上市银行中薪酬最高的行长，其他两位副行长年薪近140万元。中国民生银行行长2005年税后年薪高达191.61万元，其他几家境内上市的股份制商业银行行长的年薪也都同样很高。

邱兆祥说，这些股份制金融企业高管人员的年薪很高却还没有与业绩紧密挂钩，因经营状况出现问题而减少高管薪酬的案例极为鲜见，甚至出现股东收益下降而高管报酬大幅度提高的怪事。例如，有家上市银行2003年每股加权平均收益下降27%，高管人员的薪酬总额却增加了72%。

邱兆祥提出，金融企业员工的收入拉开差距、档次要合情合理。作为上市公司、股份制企业的商业银行等金融机构，直接关系到社会公众的利益，高管人员到底拿多少，社会公众有权“说三道四”。这是因为它关系到维护中小股东甚至社会公众的利益。机会不均等，分配不公平，是影响社会成员之间和谐相处的重要障碍。即使在机会均等的前提下，少数人的收入水平过高，也可能会引起公众的不满。事实证明，收入差距的不合理扩大，不仅会严重影响效率，还会诱发金融腐败，加大金融风险。近年来，银行系统大案要案不断，就说明了这点。凡是关乎中小股东特别是社会公众利益的金融企业，绝不能允许少数人将公众利益个人化，不能乱搞激励，否则难免会出现问题。

邱兆祥说，据国家统计局的数据，按细行业分组，2004 年薪酬最高的是金融业中的证券业。此外，基金、保险等金融企业员工的工资也都很高，这些金融企业高管人员的年收入更是高得吓人，甚至超过了股份制商业银行高管们的薪酬。其他诸如电力、电信、水电气供应、烟草等垄断行业的高管们的年薪，也大都远远超过了合理的限度，应当适度调减。邱兆祥认为，金融等垄断行业高管人员的过高收入，刺痛着许许多多低收入者敏感的神经，特别是强化了低收入者的不公平感，加大了社会心理失衡状况出现的几率，从而削弱了社会的凝聚力和对改革的支持度。他据此提出，金融等垄断行业高管人员年薪过高的问题，是影响社会和谐的因素，不能视而不见，更不能任其扩大，针对金融等行业高管人员收入过高的问题，政府有关部门应采取有效措施，加大对这些行业收入分配制度改革的力度，规范收入分配秩序，构建科学、公正的收入分配体系。这是构建和谐社会的题中应有之义。

（原载《经济参考报》2006 年 8 月 14 日）

附录：作者部分著作目录

（包括独著、与个别人合著及主编）

《社会主义的商品和货币》，河北人民出版社 1978 年出版

《资本漫话》，辽宁人民出版社 1979 年出版

《货币漫话》，河北人民出版社 1980 年出版

《资本原始积累史》，吉林人民出版社 1981 年出版

《社会主义商品生产和价值规律》，辽宁人民出版社 1982 年出版

《政治经济学 ABC》，河北人民出版社 1987 年出版

《经济学新学科概要》，中国财政经济出版社 1987 年出版

《新技术革命和工会》，北京大学出版社 1988 年出版

《新技术革命和信息管理》，中国财政经济出版社 1988 年出版

《漫话经济管理》，工人出版社 1988 年出版

《乡镇企业经营管理教程》，吉林人民出版社 1988 年出版

《简明经济管理辞典》，中国广播电视出版社 1988 年出版

《趣味经济学》，中国青年出版社 1989 年出版

《简明社会科学新学科词典》，北京工业大学出版社 1991 年出版

《马克思的货币、信用和银行理论》，中国金融出版社 1993 年出版

《证券投资学概要》，北京工业大学出版社 1993 年出版

《经济理论浅说集》，中国财政经济出版社 1994 年出版

《经济金融理论探索集》，经济科学出版社 2000 年出版

《财政与货币政策协调配合的路经研究》，中国财政经济出版社 2005 年出版

《在经济科学的园地里耕耘》，光明日报出版社 2007 年出版

《人民币区域化问题研究》，光明日报出版社 2009 年出版